信仰叢書

緒言

宗あり教ありて信仰なきはあらず、然るを驟に信仰を以て標と爲し、敢て宗と教とを云はず、蓋し隱顯に任せたる也。例せば、玄旨歸命壇の天台宗に於ける、不受不施派の日蓮宗に於ける、御庫法門の淨土宗に於けるが如し。凡そ新義異流の目ある者は、竪者の急にするが爲めか、將た該宗の機嫌に依るか、皆其の例を爲せるや二なし。故に若し懇に宗因に質し、正旁を問うて厭はず、これを罄さんには各系統せらるべきに近し。唯だ夫れ淺人の堪ふる所にあらず、是れ我寺の敢てせんやうもなけれど、果して然らんには邪義異端なる者は概して存ぜざるに至るべし。本邦の修驗道、支那の道教の如きも、早く佛教に比附して僅に形骸を持ちながらも、精神は全く原始のものにあらず、亦た類從せらるべきに似たり。

江戸幕府は信教に對して全く人衆の自由に任せ、御定百個條に三鳥派不受不施派の禁止を著はせる外、新規の神事佛事を肇めたる者と詭言異説を流布せる者とを罰せる科を規定せるのみ。前者は國憲を犯し官司に抗せるが爲めにして、後者は人心を蠱惑し世間を動搖せる罪を問はんとする掟なり。然るに當路者は僧侶神職を曲庇する習を生じ、黨同伐異の訐發者に甘んじて、立法の精神を失はんとせり、是れ幕府の本志にあらざる事、御仕置類例集に據りて十分に立證し得らるべし。彼の切支丹の如きは、一度敵國より窺窬する者と思量し、領土を簒奪せんとする企圖ある者と見做せしより、之を國家の仇讎として剿滅を期せしも、洋敎の徒が嫌疑を買ふべき形跡なく、或は一旦嫌疑せらるゝも幕府を解悟せしめんには、決して慘禍あるべからず、復た禁令も廢せられしならん。要は宗旨

信仰叢書

全

敎義にあらずして國安の爲めなり。若し幕府が誤認に出でたりとするも、洋敎禁絕の理由は彼にあらずして此に在りしなり。洋敎は暫く置きて、常に江戶の信敎自由を危殆ならしめたるは、神職僧侶間の黨同伐異なり。當路の官司は彼等に動かされて屢々敎案の獄を起し、幕府立法の大本を蔑無せり。我等は轉た神職僧侶の十方に夤緣し、恣に行ひ專に意へりし當時を怖畏して已まざるなり。故に時々に新宗旨新信仰と思はれしも、實は新ならざるが多く、宗を開き敎を立つるに至れば、擧げて佛陀に據らざるはなし、必ずや十二宗の範疇を出でず。是を以て今人の膚淺とし鹵莽として一顧だもせざるものと雖も、漫然として遺棄し難き部處なきにあらず、恁麼に說きて那個を化し、與麼に談じて這般を益せしかを吟味し、世道人心の幾微を契悟すべし。只だ是れ膚淺なりとして看過し、鹵莽なりとして輕視し、多くは之に考慮するを吝まるゝもの、眞に慊して慨すべきにあらずや。
一寶鏡抄一册　立川流の典籍は其數決して尠からざりしが如し、されど本書に云へるが如く多數なるべからず。立川流は瑜伽灌頂の轉化せるにて、本有方の持說に發したるものなり。畢竟ずるに理談としては、當然にこれあるべき筋にて、その實行せらるゝに至りて、始めて世間出世の議論を生ずべきなり。故に一個の解釋としては、密乘の典籍中、何の邊にも類同の言說あるを以て、宥快も夥多に網羅せる立川流聖敎目錄を造出したれど、公平に研究せば這般の夥しきを算ふる能はざらん。立川流の灌頂や廢絕業に久しく、論爭の主點たる實行の中古に泯びたれば、疾くに彈呵の當體を失へり。從つて爾來一流の消息あるべからず、僅に塵尻の中に、

明應八年の夏、寶鏡抄を述し、立川流の邪義を辨ず。

賢按に、中古眞言宗に武藏國立川の有信と小野の妙観律師、眞言の邪流を起し、甚世を惑す。今の世、山臥の徒、神道と佛道とを混じて荒神供抔をする事は、皆立川流の流れとゞまりしとぞ。

といひ、又

又我邦にて陰陽家と混ぜしは、仁寛といふ僧伊豆國に流されて、武藏國立川の有俊陰陽師に行法を傳へしを立川流と稱せしより、邪流也、寶鏡抄と云ふ書に見えたり。又小野の文觀が流もかゝる事にぞ、今は又是等を神社の祠官相傳して祕傳し侍る、あさまし。

といへるあるのみ。鹽尻の記者も善く寶鏡抄を披讀せるにもあらぬか、山伏等が天台眞言によりて密敎の行儀を習ふことは、眞慶仁寛の前にあり、宥快も亦た其邊を辨難詰責せんとせるにはあらず、寶鏡抄が斥破して容さゞりしは、論敵たる文觀僧正を對治せんが爲めなり。

弘法大師の滅後、本有修性の二執を生じ、本有方は東寺の杲寶、修性方は高野の宥快に極る。此の爭執は理事に偏せる者にして、生死卽涅槃、煩惱卽菩提、卽心是佛を主唱せる本有方が耽理の狀に激して、何の處にか天然彌勒、自然釋迦あらんと絕叫して修性方の起てる也、是れ事相を輕視する習氣を矯正するに就きて妥當なる見解なり。然れども二者に東寺高野の對峙抗聳の意味なくばあらず。この爭執の間に南北朝の事あり、修性方の宥快が本有方の文觀を論敵とするは勿論のことにて、當時眞言の名藍巨刹は各々宮方京方に屬し、宗義上の爭執と直に世間の榮枯を隨逐せり。文觀は三寶院六十四代の座主にて、同院には南北に荷擔せるもの交雜し居れる程に、後醍醐天皇の御歸依の故に、元德二年北條氏の爲めに遠ざかれしが、鎌倉覆滅の後に於て遂に東寺百十五代の長者となれり。斯くて彼は出塵の姿を以て、命を鋒鏑の間に懸け、戰陣の中に死せり。忠義は長く汗靑を照さんも、京方に與し修性方に在るものゝ標的たるを免れ難く、宥快の斥破のみならず、高野山衆の强訴に遭ひ、甲斐に再謫さるゝに至れり。由來權勢の消長に任せて、頻に東寺長者の位地を替へたる時世なれば、如何にも文觀の法統に利あるを得ず。さはあれ寶鏡抄の論斷は仁寬眞慶に加ふべくして、文觀を一併にせんは過酷ならずとせず、齊しく本有方なれども、文觀には仁寬眞慶の非行あらざりき。凡ての僧伽は悉く具戒なるべきに、妻妾を蓄へ子女を育ひ、寺を以て家となさんは、何の律儀と雖も寬假すべきにあらず、之を彈呵斥破すべきは宥快を待つの要なし、但し本有方の主張に至つては邪義異端と斷ずるに易からず。然るを宥快は野山の二門主と嘖稱さるゝ稀世の碩學巨匠たりながら、論敵に急なるがまゝに、文觀を仁寬眞慶と一併にせるは如何にぞや、山の衆徒が嗷訴を煽動せんとするにも近し。後來宥快に沿襲して、打ち混じて立川流を掃蕩せるあり、時勢も南朝に不利なりしより、相構へて文觀の法統を滅盡しぬ。修性方は勝てり。されど若し文觀を立川流に混ずるなく、公平正當の見解を以て、仁寛眞慶を空彈呵し、立川流を斥破せんには、勝敗の數未だ知るべからず、復た立川流の典籍を空しうすべくもあらず。立川流は謫遣の僧によりて邊陬に傳播し、有力なる教化を布くべき法流もあらず、況や京鎌倉に廣宣せられんやうもなく、天下後世に顯著すべくもあらざりしに、宥快が文觀對治の氣勢を張らんが爲めに之を利用せしより、野山の嗷訴と共に、一時に知れ渡りたる歟とも思はる故に眞言宗中の宮方京方の成敗は宥快の作略によりて、文觀のみならず立川流に及び、政權の加被して頓に剿滅せらるゝに至れり。然らざれば台家の玄旨歸命壇の如く、教理教相の辨難のみなりしならば、斷簡零墨をさへ傳へざる程に窮盡すべくもあらず。是を以て寶鏡抄を讀むに苟も用心を缺かば、忽に仁寛眞慶の立川流たるを逸して、本有方の全體をも其の中に混同せん、さまでならずとも、文觀が立川流の外にあるを辨別すること能はじ。一話一言に、武州立川村普濟寺に弘法大師の直弟天鑑といふがあり、法嗣門鑑修法不正によりて遠流せらる、此時立川流の密宗斷滅せりといへり。天鑑は圓觀、門鑑は文觀の訛傳にて、殊に法勝寺圓觀は台家の僧なれば文觀の師にあらず、爰にまざまざしく文觀が立川流を資承せりとするは、かの寶鏡抄の誤讀によること疑ひなし。若し善く讀みたらんにも、片言にして獄を斷ずるの誚を得ん。然れども今次搜羅探討勉めざるにあらざるも、到底立川流の面目を知るべき典籍を得る能はざりき、其の理由は約ば前述せるが如し。

一玄旨壇祕鈔一册　山門に久しく流行はれたる玄旨歸命壇に關するものは、本鈔の外に鐵楔章十卷、玄旨口訣、心地起盡各一册あり。今次本鈔を校訂するに當りて、本所中の鄉成就寺本及眞宗大谷大學本を以て對讎參勘せり、乃ち御橋悳言氏が黽勉從事せられたることを特筆せざるべからず。

元祿の初、靈空律師彈呵の文を著し、的指すらく是れ外道の說なりと、論辨重々或は達磨單傳に及びて厭はず、他年寺門法明院敬光和尙の台宗學則を作るや、傳敎大師四個傳法の一は則ち牛頭の禪要なるを闡說せる所以も亦た爰に存せる歟。さばれ公辨法親王の嘉奬せらるゝありて、靈空律師の所執のまゝに、永く玄旨歸命壇の灌頂を停めさせ給ふ。

一了義箭一冊　署名はなし雖も野呂日講の著なるべし。本書は正統不受不施の起源を述べて、元祿四年三月悲田派停止の令に至り、一派の沿革を概敍し、其主張を說暢したるもの也。事は永享二年足利義敎の千僧會を本法寺日親の拒絕せるに發す、此次は、日親の執義を認め、室町氏は爲めに許牒を交附せり、然れども日親の時にして未だ不受不施の名目を立つるに至らず。其後文祿四年九月豐臣秀吉の妙法院に於て千僧供養を行はんとするや、妙覺寺日奧堅く執りて肯はず、本滿寺日重等が太閤の勢威を憚りて赴請せるを彈呵し、身延に貫首たる重の弟子日乾等を併せて痛責せしより、不受不施、受不施の派別を生じ、やがて慶長四年に日奧が對馬に流謫せらるゝに迨べり。されど池上日樹、中山日汪等ありて、頗る日奧を繼紹し、寛永三年十一月增上寺大會に列せず、激しく受不施派と淩轢するのみならず、幕府の謗法をさへ糺治せんとせるより、寛永七年四月日樹を信濃に放竄し、與同せる自餘の僧侶も各罪譴を得たり。これより受不施派の追窮迫害甚しく、幕府に請ひて不受不施派の勦滅を期せるに逢ふ。恰も四代家繼の初政に際し、御朱印改めの機を利用し、從來受くる所の寺領も亦た謗施なりとの義を發し、大に日奥を祖述するものを壓迫せんとしたり。平賀日述、野呂日講盛に抗爭し、威壓に屈せず、利祿に昧まず、小湊誕生寺日明、碑文谷法華寺日禪、谷中感應寺日純等首として悲田義を唱へ、論趣を輭柔にし寺祿を沿襲するに勉めしかば、日講等の正統不受不施派は、日重の受不施に對して、三寺を新受と呼びて斥非せり。是に於て日講等は更に論敵として新受を加へ、幕府の威壓と身延一派の受不施と三處三樣に防戰するの苦境に陷れり。日述日講も亦た遠謫せられ、新受の三寺も身延の訴迫に遭ひて流竄せられ、不受不施一派は遂に降伏して剩す所なからんとせり。僅に三衣を脫し精舍に棲まず、禿頭ながら庶服を著て市廛に雜住し、只管に形跡を潛匿しつゝ、竊に內信と稱して所執を保てる計なり。此時に當りて日向佐土原に謫居せる日講は、幽囚卅餘年の間に多種の辯論を述作し、黽勉して一派の爲めに光被せり。思ふに日蓮宗が幕府に認められたるは足利義敎の時にあり、若し之を早くせば、何時にても日親なきにあらざるべし。壓迫の來れなるは秀吉の時を最とす、此の時に在りては、爾前の如く折伏せざるに壓迫の急る也、壓迫は爾後數回に及び、後々ほど抵抗の弱くなり行くは如何。不受不施衰へて一宗の精神氣魄も亦た漸く消磨し盡されしか。明治九年四月公許されて不受不施派を稱して、備前金川に妙覺寺を再興せしかども、世間多く聞く所なく、復た受不施派も徒に伽藍の金碧のみ輝けり。

日重、日乾、日遠の師資相承けて、身延は受派の棟梁たり、爾來一向に不受義を抗拒し辯論百出す。明治八年新居日薩が不受の公許を遮らんとして敎部省に呈出したる上申書は、實に最後の異議にして慶長以來の論爭を結局せる者なり。中に云へらく、日奥の徒、六百年已前日蓮一宗草創艱難の事跡を以て六百年後宗門平穩の今日に主張すと云ひ、日奥の徒、祖師隨宜の一言一行を墨守して變通を知らずと云ひ、更に不受不施の論は既に敎義上の議論に非ず、交際上の議論なりと斷じ、或は只管公難を忍ぶを法華行者の本分と誤認し、勉て不平の氣象を養成し、昇平の人氣に戻り風俗を亂し、其成跡只だ人民を慫慂して法令に犯觸するの剛戻不和の亂民たらしむるの實を得るのみと難じ、果ては豊臣氏の千僧供養を設る、固より該宗を特信せざるは勿論、諸宗をも別信するに非ず、廣大の事業を以て祖先の追福を作し、各宗協和の一大美事を創起し、人民の幸福を永久にせんと欲するものなれば、よしや我を特信せざる供養なりとも、一己の私見を主張し、天下の通義を妨害すべけんや。此供養の如きは固より之を受るが大義に適ふ事なれば、不受の義を以て不平を鳴すは、大に佛の救世拯民の本意に外れ、日蓮立正安國の宗意に悖れり。是れ日奥の宗義を盡さず、應時弘經の旨を失し、祖書の一斑を見て永規の宗制と誤認し、大に人民の方向を誤らんとす。縦令不受不施の義、日蓮の宗制なりとも、其時に當りて國家の政治と矛盾し、人民の幸福に妨害あらば、之を改る固より是なりと辯ずるに至る。日奥の法流の好みて法難を惹起せんとするは弊とも云ふべし、然れども不受不施派の見解悉く皆な是なるか。本書は主要なる論點に就きて、其主張を簡明に告白せり、精讀する者は此間に一掬を得べきなり。

一破鳥鼠論一册　了義箭は汎論と見るべく、本書は各論と見るべきにて、亦た日講の著なり。寛文九年十一月配所にありて、往ぬる寛文五六兩年間の情僞を委細に記述せしなり。洵に悲田派の生起は不受派の削弱せらるゝ根本なれば、當流の悲憤せるも至當の事にて、不惜身命の實現を逼出せずんばあらず。日講の氣宇は墨楮の表に見はれ、絶壁萬仭之を仰瞻しつらんが如く、二百年所を經たる今日に之を讀みて尚ほ啀然たる感あり。特に受派が家綱の初政に際し、論敵を抑へんとして、曩日の爭點を窮極し、一會の布施だに謗人謗國より受けずとならば、寺領寺祿は正しく謗施なり、慈愍の故に給與せるにはあらずとて、幕府を催して不受派に臨めり。故に若し堅義を堅執せば、直に寺領寺祿を失はざるべからず、小湊日明、碑文谷日禪、谷中日純等は、幕府に哀訴し交附されたる御朱印受書の文言を修正し、一時を糊塗せんとし、敢て寺領の性質が寺院保護にある事を隱し、專ら慈愍の故に惠與されたるものの如くに飾へり。是に於てか三田義は一時に喧しく配當を議せられぬ。妙本寺日圓が義敎の千僧會に走り、本滿寺日重が妙法院の供養に列したるもの、幕府の激怒を憚り一宗の前途を憂ひてなり、必ずしも子身の利養の爲めにはあるまじ、されど受派を生ずる張本となれり。日重が先づ應じて然る後に堅義を陳べて辭謝せんと云ひしに見ても、心內之を忍べることの著しきを知らる。寛文の三僧は日圓日重の前轍を知らざるにあらず、また之を忍ぶ能はざる心ありて久しく不受義を執持せしに、一朝寺祿に拘はるや、忽に半上落下して悲田義を首倡す、假令子身の利養ならずとも詮なき事なり。日講が豈に寺院の相續を以て法命相續と云はんやと云へるこそかひぐしくもあれ、斯くて蓮祖の嫡々たるを見る。本書は悲田派に就きて事理を盡せるものにして、情僞現前たれば、龜鑑たるに堪へむ。卷末の嚴有院殿薨御諷經時、三箇寺御布施頂戴之事、悲田之徒終歸身延事の二件は、延寶八年と元祿四年との事なれば、定めて追書とすべし。しかしながら日講が日向佐土原に謫死せしは元祿十一年ゆゑ、此追書も後人を待つべきにあらず、親しく補述せしものならん。

一三田問答詰難一册　亦た復た日講の著也。寺領が謗施に非ざるを執して寛文十年三田問答を出して、三寺の黨より不受派を攻撃せるに答へて本著を成せり。文中他書とあるは三田問答の文なり。從前の持論を反覆して論敵の所執六義を摧破するのみならず、悲田派が權門勢家に夤緣して首鼠百端を極むる陋態を指摘し、更に寛文五年日述處刑の後、餘類の不問に附せられありしを、悲田派が讒構して翌年日浣日講をも流罪にし、不受派の遺孽だになからしめんとせるを痛憤し、悲田派は受不施派の新たなるものにして、正統不受不施派の倫にあらず、故に新受不施派と見るべしとて、新受と道破せるに至る。

一派の首倡日奥の述作十七種は萬代龜鏡錄に收め、明治十一年に刊行せられたり。

日講の著書も守正護國章、破奠記は鑑鏡錄の附錄にあり、今は寫本三種を擇びて之を久しうせんとす。

一御袖下一冊　親鸞より如信へ傳へたるものといふ、安心決了鈔、即身佛體鈔、發願回向鈔を合綴せり。以上は御庫門徒の所依にて、特に御袖下は親鸞の作なりといへど、兩本願寺にては極力否定せり。江戸に於ける御庫法門は寶暦五年の頃より漸く盛なりしが、明和三年三月遂に敎案の獄を成せり。其の淵源は窮め難けれども、東本願寺の僧常悅が東下して八町堀に法筵を開きしを、江戸布敎の最初とするが故に、孰れにも江戸の御庫法門は一向宗と關係なき能はず。從つて已上の作者は假令親鸞ならずとも、其の法流にあるべく思はる。御庫法門は明和の大獄に依りて滅盡せず、いはれん講となり、吐保加美講となり、種々に變體異形して今日に行はるゝ中にも、揭焉として舊稱を冒し、昔ながらの傳法をなせるもの、東京京都名古屋に現在し、依然として御袖下等を祕傳し居れり。

一法要章一冊　蓮如の作といふ、これも御庫門徒の所依にして、兩本願寺の否定せること前に同じ。本書に開山滅後五百年の語あり、親鸞の示寂せし弘長三年より算へて凡そ寶暦に逮ぶ年數なることは、作者を考ふべき一據たるを失はず。旣刊新燕石十種に收めたる獨蕘閑言は、明和の敎案を訐發せし平秩東作が、一派の傳法の情狀を記せるものにて、其の中に信者の爲めに誦する文を出せるが、此の法要章の一節なるを見れば、定めて御庫法門の祕書なるを知るべし。御庫法門の敎義に就いては拙著調息の獄あり、文長ければ收錄に堪へず。

一天照理一册　武藏國足立郡川田谷村高柳新十郎信之といふ人、文政の頃に神儒佛三道の奥儀呼吸の法を自得せしとて十方に宣傳し、江戶にも出でて多數の信徒を得たり。本著の外に神代卷紐鏡、高籬ますらをの鏡等あり。此の高柳信之は菜窓莊丹の門人にて菜窻二世菜英といへり、其の家は酒造を業として富裕なりしが、呼吸法の宣傳の爲めに家資を蕩盡して顧みず、信之歿して妻智濤は尙ほ布敎を勵みて江戶擯となり、長女じゆんは遠島の刑を受くるに至れり。抑々呼吸の法は自得といへれど實は然らず、正して御庫法門を傳承せるなり。當時の法度を避けて名目を變じ、且つ吉田家に入門して唯だ神道を飾へたり、同じく御庫法門を變化したる吐保加美講の祖井上正鐵も、吉田家の門に入りて神道を粧ひしが、手段全く相類しながら、時日に於て高柳信之は先鞭を著けたり。若し御袖下、法要章と本著と井上正鐵の著述とを併讀して、我他彼此と比較し、一派の綱格を發明し、其の轉變の跡を尋ねんには、興味の賒かなるものあらん。

一神道烏傳祓除抄二冊　京都上賀茂の社人梅辻飛騨と通稱せし賀茂規清の著なり。江戸にては文化文政の頃より神道講釋といふこと行はれ、一般の講談師の如く寄席に出でたる者もあり、其の俑をなしたるは平田篤胤か、愈々下漸したるは橘三喜なるべし。梅辻は天保末に江戸に來り盛に賣講し、我が家には記紀古語拾遺以外の神傳ありとて大に異說を唱へしかば、弘化四年五月遠流に處せられ、文久元年六月二十二日八丈島に謫死せり。本著の外に岩戸開、三寶荒神眞向鏡あり、勉めて俚耳に入れんとして附會の牽强を厭はず、辯論の膚淺を嫌はざるより、一見慣々たるを感ぜんも、時に讀者を警悟せしむるものなきにあらず。却つて梅辻の得力の那邊にあるかは、精讀する者の輒く發見し得べきにて、天台眞言の他に禪門に出入せる神道とも評判せらるべきものなり。

一鎭宅靈符緣起集說一冊　靈符樣を信心するといふことは新しからず、朝鮮傳來にて道教と佛教と混同せしものと思はる。元祿六年版の祕密符法は唯だ符字を出せるのみなるに、寶永五年に出でたる本書には本尊及び其の緣起の概略を述べたり。爾前には禁厭ばかりに行はれ來りしものが、此の頃漸く現證利益を知られ、一般に利福を禱るに至りたる、信仰の展轉をも考ふべし。東京に現存せる龜塚庚申塚は元祿享保間のものの最も多く、其の前後のもの甚だ尠きは、信仰展轉期を證せんに便あらんか。

一太上惠民甲庚祕籙一册　一概に道教といへれど天文五行說を收得し、文を儒に採り理を佛に掠めたるものなれば、我國に入りても庚申の神體は猿田彥なりといひて、習俗に和せんとして容易に習合せるものならん、本より三猿を表示とするより來れるものの歟。三猿は七竅を塞げる表示にて、甲子庚申は各干支に於て七つ目に當れり、俗間七つ目を祝ふは、庚申の信仰に由來せるを知るべし。これにも符字ありて札を頒つ、亦た靈符樣の一種なるは疑ひなし。本書は安永七年の版行なり。恰も閣老田沼主殿頭意次が、己が生年より七つ目は丑なりとて、撫牛を拵へ出し當時の流行となりたるなどいへば、安永の頃に庚申の信仰の復興せるにもあらん。

著者の傳は未だ考へ得ず、暫く平安名家墓所一覧に、大江文坡號菊丘、江氏、寛政七年三月十四日歿、六十八とあるを抄して後驗を待つ。

一烏樞沙摩明王修仙靈要籙二册　著者大江文坡の靈符研究は漸く進步し、靈符の厭勝に根據を與ふるに至れり。天明元年に出せる本書には、江西省貴溪縣龍虎山仙觀二十三代の天師たる張季文が、烏樞摩明王の曼茶羅を奉じ、其の眞言を持したりとて、靈符の本尊を此の明王とし、靈要門經、百變法門經を其の所依とし、二經は夙に僞經の目あれども、慈覺智證二大師の請來に係るものなれば、俄に擯斥すべからざるを云ひ、老子は清淨無爲を說き、赤松子、魏伯陽は煉養を主とし、盧生、李少君は服食を重じ、張道陵、寇謙之に至つて始めて符籙ありとし、靈符の西漢に起原せるを考定したり。されど何故か道佛混同の談に及ばず。宋元の間に鑄たる厭勝錢に張天師錢あり、龜蛇錢もあれば、張季文が道敎に新模樣を打出せし時代を諳知すべし。江南の龍虎山にては今日も天師符を出し、其の符には張が騎虎せる像を印しあり、遺敎の尙ほ存せるをも稔知せらる。仔細に考竅せば幾許の發見を期し得べけれども、暫く本書に就いて著者が言外の旨を味ひて、僅に靈符より庚申出で、烏樞沙摩明王出で、荒神の出づる徑路を大段に揣摩せんのみ。

一北辰妙見菩薩靈應編一册　首に北辰妙見大菩薩神咒經を出し、之を和解して道教の本尊の北辰なるを說き、兼ねて本朝傳來を明かにせり。已前に神咒經直解あるに、著者は新に別解を作りたり。元來北辰の傳來に就きては、朝鮮よりせると支那よりせるとあり。前者は琳聖太子に據り、後者は航西の僧衆に依れり。故に後者は佛敎の氣味漸く多く、前者は稍寡し。孰れにも多般の佛儒を包容し居れば、著者の如き考竅方法にては原始道教に溯到し得べきにあらず、從つて本尊論も困難なるものなり。要するに支那にも唯一神道、宗源神道の如き形狀せる道教ありしなり、勿論著者は這般の見地にて北辰妙見を提起したるにあらず。

一不二行者食行錄一册　富士講といふものの第八祖食行身祿佾が、享保十八年七月十三日富士山上に入定せし時、隨從の弟子北行鏡月（田邊十郎右衛門）が、親しく末期の垂訓を筆錄せしもの也。此の身祿は江戸本町二丁目賈人富山清兵衛（伊藤氏）といふ者にて、善く鉅萬の富を致せし者也。老後には悉く資財を散じ、身に一物をも止めず、専ら布敎せしが如し。其の奉ずる所は元祖書行藤佛の遺敎にして、藤佛は肥前長崎の産、浪士長谷川某の子なり。富士山を懺禮し、天一眞元を説く。或は元祖書行角行とも、は天主教徒なりと云へり。今も天主教にては書行の弟角チヨウが其の信徒にて富士に隠れたりとの傳説を有せり。天一眞元とは後よりの附會にて、實は天帝を禮拜せしにもあるか、お中道を踏むといふも十字形に攀りて登山せる規式なるべく、罪懺のために斷食せることも彼の教の習ひなれば、旁痕跡の指摘すべきなきにあらず。所謂正統五代間の消息を探窮せば、愈々證據の明確せんも測るべからず。八世身祿に至りては該教大に興らんとする兆あれども、當派の行儀は既に甚しく變革せられたるが如し。其の系圖に依れば、

元祖書行藤佛 於二人穴一入定、——大法濱旺 後改二日旺一、白絲濱水定、——旺心——月旺——星旺 以上五代正統也、——

——妙法日旺佛——┬——月心——村上光清
　　　　　　　　└——月行劊忡——┬——日行藤仲——月行開眼日生
　　　　　　　　　　　　　　　　└——食行身祿劊

と八傳して身祿に及び、元文元年日行青山が江戸身祿同行を結成するに至りて盛

を鳴らせり。符字を書し更に一種の文字を製し一派の祕授とせる處は、爾前の靈符樣に引統すべく、眞一の說も出處を同じくせん歟。酷だ謝恩報德を急にするより、飯米を菩薩と稱し、減食斷食を以て修行を嚴勵せるは、謝恩報德の堅義に殉へんとするものと知らる。身祿は彌勒の假借とも見ゆれど、身の祿の義にて已有せる果報の意ならん。苟も謝恩報德の行を積めば、現在未來に生れ增すべしと云へり。生れ增すとは轉依の事なり、正旁の二依、譬へば人間と生れしは正依なれば今世にては轉ずべからざれど、智愚貧福等は旁依なれば修行によりて轉じ得べし。生れ增すとは現在の旁依を轉じ當來の正依をも轉ずべしといふ也。明儒表了凡が陰隲によりて現在の旁依を轉ぜんとして轉依の學を主張し、早く享保の初に和解出版せらるゝあり。近時にもエマーソンの報償論を譯刊するあり、米儒の論や轉依を說かざれども歸趣相異ならず。二宮尊德が壯時に深く斯の信仰を有し、後來の資けとせしも豈に謂れなしとせんや。若し言の鄙く文の拙きを以て棄てず、審に思辨せば、未だ必しも閣拋すべきにあらず。食行身祿俯は道家の說を仄聞し、役小角の行儀を瞥見し、只管に荒唐なる綰合を濫にせしとのみ云ひ難し、學問知見の外に於て許多の體得せるものありて、斯くも竪義せしことを感奮すべきなり。

一富士講唱文獨見祕書一冊　江戸身祿同行の結成せられし後に、一派の咒文を蒐錄せしものなり。附錄には富士山御師と身祿一派との交涉を、間接ながらに知了し得らるべき公文書を收めたり。依りて二者の相混同すべからざる趣をも辨ずべし。

此の一派の文書には獨特の文字ありて、全く校正の方を得ず、元來字劃の考ふべからざるものなるに、更に幾許の轉寫を經て、今や方物すべからざるなり。

一鈴懸衣續編一冊　覺吽院智行法印は淺草茅町鳥脚八幡の別當にて當山派の修驗なり、化政の際に於て博鴻を以て推重せられ、平田篤胤の如き、梵學を斯人に受けたり。天保三年本山派の日用見聞鈔の謗難に備へんの意ありて、木葉衣二卷に著し、修驗道の本末を辨じ、當山派の來由を明にしたり。また踏雲錄事の著あり。二者曩に續々群書類從第十二冊に收存したり。鈴懸衣正編は木葉衣を補正したるものにて頗る加除あり、爾後の發見の大に讚稱すべきもあれど、固より大旨の異同すべくもあらず、先刊木葉衣と十中八九を重複するが故に、全く交涉なき續編をのみ收存することとせり。是は専ら修験道の近世史とも云ふべきものにて、二種の前著を羽翼すべき好墨楮なり。陽春廬本によりて校合せしも、慈恩寺の事をいへる條の如きは正しく脱簡あり、他にも幾多の落着しかねたるものあれど、他に善本もなければ遺憾ながら闕疑せざるを得ず。

大正四年八月

三田村玄龍識

信仰叢書

目次

目次終

信仰叢書

寶鏡鈔

立河聖教目錄

宥快記レ之

爲レ糺二眞僞一記レ之、

弘法大師祕錄外目錄

一蘇乞史麼法　經二卷、儀軌一卷、
一大轉法輪法　經二卷、儀軌一卷、不空口傳三帖、
一二十五輪法　經三卷、儀軌一卷、論一卷、不空譯、
一五瓶體法　本經瑜祇經、經二卷、儀軌共、不空譯、
一笠懸法　論一卷、龍樹譯、
一鴈翅法　經三卷、儀軌一卷、不空譯、
一五瑜伽法　一千手敬愛法本經
一肥嗎口法　經二卷、儀軌一卷、不空譯、
一風切法　經一卷、儀軌一卷、羅什譯、
一空海大師說、白表紙二帖、黃表紙二帖
一[梵字]二字釋　口傳六帖、
一小野仁海作大內義、小內義二帖
一薄雙紙　一厚雙紙二帖
一不動愛染陰形法　一祕密行法
一後夜加持法　一蘇嗚法
一鐵塔相承法　一龍女獻珠法
一不三寸法　一非相天法
一愛染王三點如意寶珠法　一萬法極意經　儀軌一卷
一一切諸法功德皆入決定成就經　儀軌
一一切惡業消滅順次往生經
一大毘盧舍那大鵝經幷儀軌
一大鵝密法　一一心灌頂口訣附不動
一金剛薩埵肝述　已上四帖、幷口傳等、
一[梵字]二字契印口傳　御作　一髓腦灌頂大經
一大毘盧遮那金剛不二三世常住漆甜滴如變化自在陀

羅尼經上下
一十四水相承口傳 自二惠果海大師一相承口傳、
一無相至極灌頂口訣
一十二角口傳 惠果相承、不空說、
一大鵝灌頂血脈相承具書等
一金剛滦甜滴一心灌頂口訣 惠果相承、死期傳口訣、
一滦甜妙行法次第 空海作
一滦甜滴本尊建立幷十四樂種口傳 空海大師、寶惠口傳之、
一十界互具口訣
一十四度誦經祕中口訣
一一期一度口訣
一生蘇事附求聞持
一知死期口訣附聞持性相陰形不動口訣
一不退行法次第
一□字口訣二帖
一□字口訣二帖
一□字口訣二帖
一大乘戒儀口傳 御作
一瑜祇一印會行法次第七(十)人(手)手記法と云々、
一神樂法
一琰摩天深祕口訣幷儀軌一卷
一半足行法
一頓成無邊智福圓滿經

一寶鈴靈魄建立祕密陀羅尼一卷
一大智度摩精神
一寶鈴萬德衍經上下
一□枳里變成經
一蘇島祕事
一辰狐王如意輪經一卷
一內三部經
一五藏圓帝經五卷
一妙阿字經三卷
一眞如實相經二卷 已上十卷、一行譯、口訣十帖有之、
一胎內皇帝經二卷
一胎內妙阿字經二卷
一胎內眞如實相經二卷 已上六卷、不空譯、
一大妙摩尼論一卷幷亂達切出一卷
一一卷眞如實相經
一皇帝經二卷 儀軌
一大□字經一卷幷儀軌
一無行經
一世間宿無量經一卷 儀軌
一一字法
一愛染明王瑜祇經一卷 儀軌
一三女法
一孔雀明王經一卷 儀軌
一二世成就法
一不動愛染一體和合經
一大日密身經
一兩頭式神法
一生中一度卽身成佛經
一三角寶塔大日密身和合灌頂本經

一辰狐王成如意寶珠經 或說內三部經、
一十甘呂法 御入定祕法、
一三和合法
一[梵字]頂上二重蓮華法 口訣
一悔過祇法
一萬法一心眞如大乘論
一男女祕法
一一座成就愛染王建立次第
一砂密經
一變成就功德名義口訣
一愛染王祕事
一求聞持小野六帖祕訣
一佛龍寺善女龍王牛頭口訣
一石榓法
一舍利深祕口訣
一定業能轉陀羅尼經
一三亭頭廚法經
一尊勝佛深祕口訣
一變成就最第一本尊口訣
一五佛祕事
一五臟祕事
一弘法大師術作祕密口訣
一菊園十五條內最極祕密口訣二帖
一一生一度決定往生祕印口訣
一大覺灌頂大日卽身成佛所契經幷龍猛儀釋三帖 此壇上灌頂本經也、

一一切男女五體顯五佛身卽成佛經
一大功德圓滿知死期經
一萬福身著經
一權現納受隨喜功德圓滿經
一第八識與第九識均口訣
一四月口訣
一刀時念誦次第
一忍海騰供物口訣
一吒枳尼天百八咒祕術祕傳
一須臾成就經
一七日生中在本尊知事
一刹那成就經
一不動愛染祕密深法經
一一時千歲法
一下妻法
一等形法
一三亭廚法經祕訣
一[梵字]變成口訣
一鳥神經祕訣
一孔雀經祕訣
一傍子法
一諸神所願成就最極死期傳
一不動源理論
一頓成悉地敬愛祕術 口傳、
一三天子法
一利班足法
一一日成就法
一吽伽吒使者法
一日月本尊口訣
一日月主身經
一[梵字]字祕密

一舍利頓成經
一𑖀字灌頂祕訣
一字祕訣
一奉始住吉諸大神授職灌頂檀樣旁起文威儀相等最極
甚深祕々中深祕口訣
一大元明王與立劔輪印口訣
一嵯峨天王淸涼殿眞雅僧正傳
海大師十六箇字祕訣
一赤水身經
一上果成就經
一小野黃表紙
一常堯六帖書
已上

一三部合行灌頂滅授傳
一菅丞相起請
一白水身經
一下因成就經
一小野白表紙
一瑜祇經六帖祕訣御作

正流成二邪流一事

勸修寺流、良弘眞勝弟子、附弟宰相阿闍梨眞慶、起二邪見一亂行、於二天王寺一落墮、依レ之號二天王寺阿闍梨一、受法弟子云二大藏卿阿闍梨增瑜一、眞慶實子也、其受法弟子云二明玄法印一、增瑜實子也、三寶院實賢僧正、廣澤理智院僧正隆澄、此兩人眞慶物習《ニチフ》也、仍此兩人流不二淸淨一歟、根本邪流起《ヘ》、勝覺舍弟左大臣阿闍梨任覺(寬イ)後改二蓮念一伊豆州被二配流一、起二邪見一、從レ其以來、蓮念兼蓮(念イ)覺印澄鑁覺明、如レ是相承、道範眞弁惠深覺明、相二傳祕密瑜祇一、仍彼流不二淸淨一方有レ之歟、中院流、邪法交、龍光院先師源照房圓定、下野被レ流、相二傳邪法一、此明澄房尊信賢誓房觀信、勝深、一心院圓觀房、如レ是次第相承、仍彼方流邪法交也、一問、邪正分別如何、答、師云、邪流云二法甚深由《ナル》一、赤白二諦號二兩部一、此二諦冥合生身、所有所作皆法性《ト》談、此極邪見也、正流意《ヘ》、諸法色心、本《ヨリ》𑖀字不レ生、六大四曼體性也、萬法本來不レ生義《ナ》不レ悟、但着二世間事法一、起二貪等心一、邪見雖二同貪一、不生貪《ト》覺起、此正見《ツ》、何男女和合、赤白二諦號二兩部一、起二邪見一哉、付レ之多人起二邪見一、可レ恐々々、金剛王院流、二水和合、成二一圓塔一、一字轉成二齊運三業一云々、以二此義一爲二祕密一、大邪見也、諸法皆六大四曼三密法體、上無下離二法性一法上、何必

赤白二諦談ニ甚深ノ人令レ起ニ邪見一哉、大誤也、
本云、
文中四年三月十五日、以ニ寶性院快成法印御自筆本一
書寫畢、
傍正分別、尤大切也、
高野山如意輪寺、以ニ御自筆本一書寫畢、
私云、
此十重二十通內、十重口訣一卷在レ之、圖一抄
漆甜滴經ナ引成レ之、又十重卽身成佛所口訣有レ之、
一圓滿鈔、成就鈔、此十重口訣、

大事重々目錄　三寶院

一大日心王重　一祕密三部印信
一許可一通　一學法灌頂云
一具支事　一三通印可印信血脈
一一傳法灌頂
一二祕密灌頂　一印一明大許可
一三心灌頂　一印二明阿闍梨位兩部相傳

祕經自此三重、是大阿闍梨位也、
一四極祕密―初地卽極　淮狹印信　靈灌頂
法王灌頂云
一五卽身成佛―三部阿闍梨　座主灌頂　瑜祇大事
一六法性格―唯授一人　五部阿闍梨
一七瑜祇三重　又云虛圓月輪、離作業灌頂偈、(願イ)又云無相月輪、祕密灌頂印信、
一八離作業　常四重日 
一九內作業　以心傳心總許可
一十卽身成佛法　御入定大師　一如來號大事
一一諸尊心數目錄、自ニ三寶院一相傳分三百六十五通、
且記レ之目錄之外、雖レ有ニ大事一不レ記レ之、
一心數中心王分又云心王中心數、
一日月禮祕法　一光明眞言大事五
一卽身義大事　一三國相承文

一四威儀法祕
一三身印明
一醍醐
一寶篋三寶院
一二印大事
一傳法八印
一沐浴灌頂
一引念誦法
一西悟業心 蘇悉地別傳
一第三
一臨終大事
一小島
一十二曼荼羅
一第三祕訣醍醐
一彳入山大事
一觀內護摩印信
一〔梵字〕字觀
一愛染明王〔梵字〕 一印三明祕口別傳
一愛染一印三明事〔梵字〕 一印三明大事別傳
一〔梵字〕離作
一愛染王五祕密
一愛染王略行法
一愛染王祕訣
一〔梵字〕句義
一〔梵字〕大事
一日珠祕法
一愛染大事圓
一都法愛染
一智拳印大事
一不動明王
一同不動六道大事
一能延六月大事十

一除斷魔苦祕法
一又不動文事
一後七日信
不動別傳不動鈴 別傳
一求聞持
一求聞持別傳
一七日成就
一三種寶祕訣
一三尊合行
一求聞持十日成就
一求聞持灌頂
一求聞持七重大事灌頂
一後夜念誦法
一〔梵字〕口訣
一散杖事
一明星拜祕
一求聞持祕法
一荒神祕
一大荒神供次第祕
一荒神
一荒神祕訣
一耕祈灌頂
一荒神祕咒
一荒神灌頂
一理行荒神供
一五祕密
一五祕密大事
一五祕密曼荼羅
一五祕密大事祕口
一五祕密印事
一五祕密灌頂
一理趣經曼荼羅

一理趣灌頂
一密印口訣
一五祕密
一菩提心論
一菩提心論印可
一菩提心論總大事
一心經祕法
一心經祕印
一神祇灌頂
一諸社大事
一招魂
一延命招魂作法
一三衣
一三衣大事
一五色袈裟灌頂 三衣圖
一無量壽大事
一[illegible]灌頂

一[illegible]灌頂
一實惠僧都御傳
一理趣經灌頂
一菩提心論大事 三
一菩提心論灌頂
一菩提心論灌頂八通
一十萬卷心經 祕
一諸神
一伊勢灌頂
一神法樂咒
一龍神法 宀一山別
一法華灌頂靈
一三衣灌頂
一五色衣大事
一三衣一鉢法 別傳
一如意輪七重大事

一千手灌頂
一六地藏灌頂
一職位灌頂事
一東寺御即位印明
一金愛如三合
一法華大事 別傳
一疫病消除祕法
一守書祕口事
一祕密死期法
一[illegible]諸天
一聖天大事
一辨財天 七重
一雙身印明 祕
一聖天灌頂印明
一文殊
一五字大事
一一字大事

一[illegible]灌頂
一御即位
一御即位 某一
一諸大事
一法華灌頂印信
一仁王經大事
一病者加持
一不簡善惡日法封事
一定業亦能轉祕法
一大黑大事
一毘沙門天
一吉祥 天三 心身事
一灌頂本有
一六字大事
一文殊總灌頂 七重

一文殊總大事　一五字文殊灌頂
一𑖀𑖨　一𑖀𑖨第二重等
一𑖀𑖨初重等　一𑖀𑖨第四重等
一𑖀𑖨第三重等　一𑖀𑖨大事、第六重等
一𑖀𑖨第五重等　一𑖀𑖨印信
一𑖀𑖨第七重等、已上　一𑖀𑖨灌頂血脈
一𑖀𑖨大事東　一𑖀𑖨不二本有
一𑖀𑖨大祕事重大事
一金曼茶羅遍口
一九字曼茶
一摩多體文口　一𑖀𑖨𑖢𑖓
一法華曼茶　一鐃鉢印信
一鐃鉢印明東　一鐃鉢印明 曇眞傳來、
一𑖀𑖨三印明
染淨始覺上轉之明事別傳
一釋論二十七通
一釋論大事　一血脈釋論口傳大御室

一圀字輪大事三　一釋論灌頂
一釋論根本無明斷事　一大日經三十五品大事
一金剛頂經大事　一蘇悉地經大事
一祕經十二品大事　一二教論口傳
一寶鑰口訣一　一祕鍵口訣
一諸口訣　一實佛與摩異事
一塔五佛樣　一東寺講堂等事
一最勝請雨等大事　一正念藥方
一祕密々々　一太元血脈
一四種本尊

祕法大法名字分別總都合百五十一通已上畢、或人云、武藏國放光寺、不動二百六十通、愛染二百六十通印信有レ之云々、

寫本云、

永祿五年六月中旬、南山居住之砌、尊舜是書寫畢、右立河流聖教目錄寫レ之訖、正流之人者、尤此等目錄等勘知、邪正分別可レ爲二肝要一者歟、但此目錄之內、少

少邪正之名目、同名字有レ之、能々聖敎披覽時、臨ニ文句ニ可ニ分別ニ者也、

永祿第六曆六月二十一日、乍レ恐右奥書染レ筆訖、

寶鏡鈔目錄終

明曆三年丁酉正月吉旦

寶鏡鈔

沙門宥快記

眞言密敎、大日覺王所說、八祖相承祕法也、號ニ無上最上佛乘ト稱ニ諸宗超絕境界ト誠滅ニ極重之罪業ヲ度ニ難化之衆生ヲ頓證ニ佛智ヲ獨在ニ此宗ニ因レ玆上古賢哲入レ唐求レ法、傳ニ受眞言ヲ及ニ八家ニ矣、東寺在ニ五家ニ弘法大師、宗叡僧正、惠運僧都、圓行和尙、常曉和尙是也、他門有ニ三傳ニ傳敎大師、慈覺大師、智證大師是也、他宗未レ聞ニ如レ此事ヲ密藏殊勝以レ之可レ察、就レ中以ニ弘法大師御相承ヲ爲ニ嫡流ト其故者、始從ニ高祖法身大日如來ニ迄ニ于大唐青龍寺惠果和尙ニ嫡々傳來、更不レ能レ述レ之、惠果和尙付レ法雖レ多レ之、唐土義明供奉、日本弘法大師外無ニ兩部相承之人ニ自餘弟子纔受ニ一界ヲ無ニ兩部貫通之儀ニ非ニ嫡弟委附之仁ニ事明也、後入唐之諸師、皆對ニ一界相承人ニ傳レ之、不レ可レ云ニ惠果正嫡ト傳敎大師對ニ善無畏三藏御弟子順曉闍梨ニ習ニ學眞言ヲ是又

非ニ善無畏嫡弟一、加レ之傳敎大師者、大唐受學不ニ委悉一故、於ニ吾朝一對ニ弘法大師一、於ニ神護寺一高雄、受ニ灌頂一、然間弘法大師與ニ義明供奉一二人許、受ニ學兩部一、此中義明供奉雖レ受ニ兩部一、不レ云ニ瀉瓶一、又無ニ附法之人一、只弘法大師一人惠杲和尚正嫡也、御請來錄云、和尚乍見含レ笑、喜歡告曰、我先知ニ汝來一相待久矣、今日相見太好、報レ命欲レ竭、無レ人ニ付法一、乃至今則授法有レ在、文既云レ無レ人ニ付法一、義明非ニ瀉瓶一、又云ニ授法有在一、大師獨委附仁也、大師御弟子入壇授法之人頗多、於レ中十大弟子、其棟梁也、其中實惠眞雅、是上首也、此兩傳于レ今相承傳來、但似ニ眞雅御傳一爲レ本、眞雅付ニ法源仁一、號ニ南池院一、源仁下有ニ益信聖寶兩僧正一、益信廣澤根本也、益信僧正、寛平法皇、寛空僧正、寛朝僧正、廣澤名字自ニ此時一始、

濟信僧正長和親王 性信、號ニ大御室一、 ― 寛助僧正

― 覺法親王 號ニ御流一、

― 信證僧正 號ニ西院流一、堀池僧正、法淨院、

― 永嚴法印 號ニ保壽院流一、平等房、

― 聖惠親王 號ニ華藏院流一、

― 寛遍僧正 號ニ忍辱山流一、

― 覺鑁上人 號ニ傳法院流一、正覺房、已上廣澤六流、

― 眞譽阿闍梨 號ニ高野持明院流一、

― 高野御室覺法 ― 覺成僧正 保壽院僧正

― 隆遍 號ニ慈尊院流一、 ― 賢隆 八幡岩清水、唯心房、

― 寛意 觀音院大僧都性信付法、 ― 兼意 成蓮院、彼ニ諸尊法一作レ書也、

― 心覺 號ニ常喜院流一、三井寺法師、

已上廣澤流有ニ九流一、若加ニ金玉方寶壽院一者有ニ十流一、

此外有ニ成就院流一、實瑜僧正下、

眞乘院流等 又有ニ嚴覺相承廣澤流一、

小野流 聖寶僧正、醍醐寺本願也、號ニ尊師一、 ○聖寶僧正

觀賢僧正 號ニ般若寺僧正一、親奉レ拜ニ大師一人也、 淳祐內供 石山、

亢杲僧都 仁海僧正 小野名字從ニ此時一始有レ之、號ニ雨僧正一、

成尊僧都號二小野僧都一

範俊僧正嚴覺大僧都

宗 意號二安祥寺流一

寛 信號二勸修寺流一

增 俊號二隨心院流一、已上小野三流、

靜 譽住二石山一也、號二小野一

義範僧都遍知院——勝覺僧正號二三寶院流一

定 海號二三寶院流一

賢 覺號二理性院流一

聖 賢號二金剛王院流一、已上醍醐三流也、

小野醍醐合有二六流一

明算阿闍梨名二高野中院流一

觀賢付法

壹足律師——定助——法藏——仁賀——眞興號二小島流一

勝覺——定海——元海——一海號二松橋流一

雅海——全賢——淨眞——賴賢

眞儆——俊譽——公紹——信惠

叡尊律家、號二西大寺流一

已上六流之外又有二三流一、合レ之總有二九流一、別立二西大寺流一、有二十流一、離二分之一有二數流一也、

△問、眞言敎、諸宗最頂、成佛直路、事誠爾也、但至二末代一者、邪正混亂、若入二邪路一、違二成佛正道一、如三謂レ東爲レ西、見解顚倒、豈遂二自身成佛之先途一乎、尤欲レ蒙二指南一也、○答、玉石難レ辨、鼠璞易レ迷、邪正分別難二輙知一、但一説云、醍醐三寶院權僧正弟子僧正舍弟、有二仁寛阿闍梨後蓮念、云人一、依レ有二罪過仔細一、被レ流二伊豆國一、於二彼國一爲二渡世一、具レ妻俗人、肉食汙穢人等、授二眞言一爲二弟子一、爰武藏國立川云所有二陰陽師一、對二仁寛一習二眞言一、引二入本所レ學陰陽法一、邪正混亂、內外交雜、稱二立川流一構二眞言一流一、是邪法濫觴、其具書等名字粗載二豐原寺

誓顏房記二卷書、所要之人可尋見、其宗義者、以男女陰陽之道為即身成佛之祕術、成佛得道之法無此外、作妄計也、如來兼說之為魔說、為無間業、愚人不知之、執甚深祕法、爭可云正見眞實之智乎、大佛頂首楞嚴經云、潛行貪欲、口中好言眼耳鼻舌皆為淨土、男女二根、卽是菩提涅槃眞處、彼無智者信是穢言、此名蠱毒魔勝惡鬼、年老成魔、惱亂是人、迷惑不知、墮無間業、文豈無間業人、名眞言行者乎、大日經疏云、何有無間業人而能自利利他、俱成妙果耶・是故行此法者、務求明師、一々諮受微旨、曉了明白、文彼立川流、後流布越中國、覺明、覺印師資二代、參籠高野山、其時彼邪流印信書籍多流布、號敎相大事口傳多之、至于今、從來愚人習之、為至極之思、實非事相非敎相、只如裹石執玉、能々遇明師分別、可糺何流口傳、誰人所記、或又借小野廣澤之明德之名、書事有之歟、眞僞可尋、又明澄賢誓等、名字血脈相承之中、多有邪法、非是人之推度、丹生大明神之御託宣也、習彼法人、多無冥加、大略人法共當山斷絕畢、少々相殘歟、不知之、

堀出法、飛行自在法、渡天大事、手足不二大事、三世常恆法、御入定何重大事、如此大事等多之、不能具載、以一察萬、又關東方號御流三寶院、書籍口訣多之、野澤(訣イ)餘插、理趣經切出、師資並座等、不遑毛擧、或又雖非立川流血脈、為名利借大師貞觀寺勝覺已下知法之名、愚人所造書籍多之、高祖大師法、醍醐三尊帳大事、隨心金剛法等、其部類數百卷有之、又圓滿鈔、阿字觀三十重口訣、心王心數灌頂、十八會灌頂、我友之六月鈔等非一也、又經軌中、卽身成佛經、菩提心經、文殊經、虛空藏經、法出經、眞言出現本地偈祕肝鈔、祕肝有眞僞、可尋之、

又付瑜祇經、理趣經、菩提心論、邪見印信、書籍多號柿袋、載一經瑜祇、理趣、一論大事、口訣有之、成尊授範俊口傳云々、凡如實註其名字、書籍有謬捨之、有

寶者取レ之、無ニ相違一事也、借ニ佛菩薩三藏之名號一、註ニ愚人之書一、事兼ニ妄語邪見一、大有レ恐事也、△問、有ニ弘眞僧正文觀房之事也、云人一、其所レ記書籍多レ之流ニ布世間一、其眞僞如何、○答、彼相承流所レ記鈔物、尤可レ知レ之、正流之人皆知レ之、雖レ不ニ許容一、不知案內之人者信ニ受之一、或起ニ高慢之心一、或發ニ邪見一、其故者、借ニ佛菩薩祖師大師之名一作ニ書籍一、故傳レ之者、習ニ餘人所レ不レ見之大事一、我流我身之外者、不レ知ニ大事祕事一也云々、縱雖ニ眞實之祕事一、我强起ニ勝他慢心一者、非ニ正見之人一、況執ニ瓦礫一爲ニ金寶一、起ニ勝他之心一、豈有ニ冥加一乎、然間彼門流、醍醐本所無レ之、又習レ之者多無ニ冥加一、大抵有名無實也、又以ニ凡智情識一恣談ニ法身內證一、依レ之學レ之者起ニ邪見一、能々可レ知レ之、○凡弘眞僧正事委可レ知レ之、是醍醐報恩院憲深僧正之末流也、所レ謂憲深僧正、實深僧正、覺雅法印、憲淳、道順、道順下有ニ隆譽僧正、弘眞僧正一、隆譽道順僧正付法也、於ニ大和國南法華寺一逝去、弘眞非ニ道順瀉瓶一、疎弟子也、受法不ニ委細一、然而後

醍醐天皇御謀叛之企御座之時分、爲ニ御祈禱一、弘眞御信仰之間有ニ威勢一、本雖レ爲ニ律僧一、成ニ僧正一、披ニ見處々聖教一、作ニ書籍一千餘卷、重々大事、印信三十餘通、付ニ醍醐流一造レ之、其中多借レ名事在レ之、無智者見レ之、謂ニ密宗最極一、更非ニ實說一、又行ニ吒枳尼法一、以ニ咒術一立ニ効驗一、寫ニ集大師御筆文字一、作ニ印信一作ニ口訣一、其類多レ之歟、依ニ後醍醐天皇御權威一、成ニ東寺寺務一、行ニ後七日法一之時、京都諸門跡恐ニ權威一閉レ口、于レ時高野衆徒經ニ奏聞一、弘眞放ニ東寺門徒一彼狀云、金剛峯寺衆徒等誠惶誠恐謹言、請レ被下特蒙ニ天裁一停中止東寺勅進聖文觀法師猥補ニ長者一恣掌中宗務上狀、右謹考ニ舊貫一、巨唐長安城之左衞有ニ伽藍一、隋文帝勅願號ニ之大興善寺一矣、本朝平安城之東京有ニ精舍一、桓武聖主叡願、名ニ之敎王護國寺一焉、彼不空三藏翻經之梵閣也、忝授ニ五智灌頂於三朝一、此弘法大師傳燈之道場也、親致ニ三密加持一、於ニ百王一鎭國安民之祕術者、誠雖ニ一致一、令法久住之勝計者、卓ニ礫異朝一者哉、是以弘仁十四年十二月

二日官府云、東寺遷都之始、爲二鎭護國家一、柏原先朝所レ建也、我朝以二此寺一爲二最頂一云々、大師曰、東寺是密敎相應勝地、馬臺鎭護眼目、歸而敬者、王化照明、花夷太平、怠不レ崇者、朝有二妖害一、國有二災亂一云々、料知吾朝安危者、専依二此等興廢一者也、伏惟、我君仁均二上宮之憲政一、德超二太宗之鴻業一、逆浪翻而四海淸、潛亂撥而一天靜、五畿七道悉謌二周武一統之太平一、百寮兆民皆歌二漢高三章之制法一、然間元弘元年幸二當寺一、拜二鵝王護國之尊容一、建武又幸二此砌一、遂二鴈塔供養之勅願一、叡信超二他寺一、朝賞勝二餘宗一、自門光花煽二于此時一也、爰有二相似苾蒭一、其名云二文觀一、本是西大寺末寺播磨國北條寺之律僧也、兼學二算道一、好二卜筮一、専習二呪術一、立二修驗一、貪欲心切、憍慢思甚、入二洛陽一伺二朝庭一、掠二賜證道上人之職一、遂爲二東寺大勸進之聖一、苟以二隱遁黑衣身一、謬列二綱維崇班之席一、外號二智識聖人一、内稱二醍醐座主一、偏被レ繫二名利之欲一、曾無二慚愧之心一、未レ改二蝙蝠似レ鳥之質一、急成二鷹鳩變レ眼之思一、剰補二一長者一、恣掌二正法務一、未二曾有一之珍事、不レ可レ説之次第也、雖レ然憚二皇憲一、道俗側レ目、恐二朝威一、貴賤閉レ口、彼野干對二喬屍迦一也、坐二天衣一而説レ法焉、此文觀之祭二荼吉尼一也、近二龍顏一而奏レ事矣、縱雖レ好二樂世間之小術一、爭《テカ》令レ修二習無上大法一乎、爲レ法輕忽也、爲レ宗瑕瑾也、尤擯出宜二停廢一、自レ元非二大師之門徒一、蓋是小乘律師也、抑亦習二呪術詭文一、豈非二邊裔之殊俗一哉、重檢二舊記一、弘仁皇帝給以二東寺一、不レ勝二歡喜一、成二祕密道場一、努力勿下令二他人一雜住上、非二此狹心一、護レ眞謀也、雖レ圓二妙法一、非二五千分一、雖レ廣二東寺一、非二異類地一、以レ何言レ之、去弘仁十四年正月十九日、以二東寺一永給二預小僧一、勅使藤原良房公卿也、勅書在レ別、卽爲二眞言密敎庭一既了、師々相傳、爲二道場一者也、豈可下非二門徒一者猥雜上哉、爲二我弟子一者、末世後世之內、成二立僧綱一者、非レ求二上下﨟次一、以二最初成出一可レ爲二東寺長者一云々、承和官府云、道是密敎、莫レ令二他宗僧雜住一云々、凡於二東寺一一阿闍梨一耶、自二實惠僧都一迄二益守僧正一、九十餘代之長者、皆是密家棟梁、自門宗匠也、從二承和明時一暨二建武聖朝一、五百餘歲之宗務、未レ雜二勸進聖異門僧一、嗟呼選二器用一者、賢王之善政也、誰違二先王之德行一哉、制二異類一者、吾師之雅言也、爭背二大師遺誡一乎、倩見二文觀形儀一、頗非二直也事一、在二律家一破戒無慚也、入二眞言一犯二三昧耶一、非二正道一非二遁世一、既是二途不レ攝之族也、好二武勇一好二兵具一、爭昇二一阿闍梨位一乎、不レ知天魔變而滅二佛法一歟、不審鬼神化惱二僧衆一歟、爲レ世爲レ法可レ恐可レ愼、昔南天有二凶婆一、而破二密花園一、降レ彼修二奥砂子平之法一、今東寺有二異類一而黷二宗務職一、伏レ此依二金剛峯寺之奏一、口開災禍入云、雖レ憚二先言一、以レ理糺二非據一、盍レ誡二御昆一、仍捧二高祖之遺記一、欲レ達二末資之愁訴一、望請天裁被三早停二止文觀東寺之一長者并當山座主職一者、佛家繁榮、遠添二龍花樹春色一、王化照明、遙續二星宿劫之曉光一矣、不レ耐二懇款之至一、衆徒等誠惶誠恐謹言、

建武二年五月日　　金剛峯寺衆徒等上

文觀房弘眞事、以レ之可レ察、如レ此書二註之一事、更非レ爲レ謗二彼人一、只後學爲レ令レ不レ入二邪路一也、弘眞流書籍、處々流布、多有二大和國越中國一、一々不レ能レ述レ之、近比後西堂、周輔藏主、持二下鎌倉邊一有レ之、彼弘眞自筆聖敎、於二嵯峨邊一燒失云々、立川流者、是又處々遍滿、本處武藏、次越中大和國多レ之、書籍不レ知二其數一、如レ是邪流、雜二入正流之中一多レ之、有二其憚一故、一々不レ書レ之、就二明師一可レ聞レ之、京都高野邪正雜亂事多レ之歟、或多不レ知レ之皆習傳、或雖二粗知一レ之、以二情執一稱二其門流其末弟一傳レ之、外道邪見人皆爾也、抑一生無レ程、正法難レ遇、徒費二紙墨一、空經二年月一、投二財寶一致二苦勞一、書レ之受レ之、現世無二冥加一、後生入二無間一事、歎中歎、悲中悲也、能々安二住正理一、尋二正見之人一、傳二正流一可レ修二二利之行一、爲二宿善純熟人一、呈二破邪見正之旨一而已、

又大和國三輪寶篋上人蓮道房、書籍等、邪見法門多レ之、一濁鈔等立川法門也、此類鈔物口訣、通可レ思二僞書一、總彼門流中有二邪義一、何流哉可レ尋レ之、首楞嚴經云、則

有二空魔一、入二其心腑一、乃謗二持戒一、名爲二小乘一、菩薩悟レ空、有二何持犯一、其人常於二信心之壇越一、飲レ酒噉レ肉、廣行二婬穢一、因二魔力一故攝二其前人一、不レ生二疑謗一、鬼心久入、或食三屎尿與二酒肉等一、一種俱空、破二佛律儀一、誤入レ罪失二於正受一、當レ從二淪墜一、文、又云、若不レ斷レ婬修二禪定一者、如下蒸二沙石一、欲二其成一レ飯、經二百千劫一、祇名中熱沙上、何以故、此非二飯本沙石成一故、汝以二婬身一求二佛妙果一、縱得二妙悟一、皆是婬根、根本成レ婬、輪二轉三途一、必不レ能レ出、如來涅槃、何路修證、必使二婬機身心俱斷一、斷性亦無二於佛菩提一、斯可二希冀一、如二我此說一、名爲二佛說一、不レ如二此說一、卽破旬說、又云、爾時天魔獲二得其便一、飛レ精附二人口一、說二經法一、其人先不レ知二魔着一、亦言下自得二無上涅槃一、來上、彼求ル無、善男子處、敷座說法、身有二威神一、摧二伏求者一、令下其座下雖レ未レ聞レ法、自然心伏上、是諸人等、將三佛涅槃菩提法身、卽是現二前我肉身上一、父父子々遞レ代相生、卽是法身常住不レ絕、都指二現在一、卽爲二佛國一、無二別淨居及金色相一、其人信受、忘二失先心身一、命《チモテ》歸依得二未曾有一、是等愚迷惑二菩提一、推二究其心一、破二佛律儀一、潛行二貪欲一、口中好言下眼耳鼻舌皆爲二淨土一、男女二根、卽是菩提涅槃眞處上、彼無知者信二此穢言一、是名二蠱毒魘勝惡鬼一、年老成レ魔、惱二亂是人一、厭足心生去二彼人體一、弟子與レ師俱陷二王難一、汝當三先覺不レ入二輪廻一、迷惑不レ知レ墮二無間獄一、文、△問煩惱卽菩提義、大乘之妙旨也、爰以無行經云、婬欲卽是道、恚癡亦復然、如レ是三事中有二無量佛道一、文、天台宗釋云、騰拙摩羅彌殺二彌慈祇陀末利一、唯酒唯戒、和修密多レ婬而梵行、提婆達多邪見卽正、文取意、華嚴眞該二妄末一、徹二眞源一、文、或釋下遇二三毒一而三德圓上云々、眞言釋下若能明二察密號名字一、深開二莊嚴祕藏一、則地獄天堂、佛性闡提、煩惱菩提、生死涅槃上、皆是自心佛之名字、焉捨焉取、文、爾者何以煩惱卽菩提之義可レ云二邪見之類一乎、〇答、依二諦理一談二煩惱卽菩提一、大乘實敎之宗義也、不レ知二實義一、只認二妄情一、以二煩惱一執二菩提一、沈二淪三途一、是云二邪見一也、所レ謂天台依二三諦卽是陰入皆如之道理一、云二煩惱卽菩提、乃至眞言依六大無碍、阿字本不生之道理、三道流轉、運諸法本源談也、又至心明道之位、達密號名字、開焉捨焉取之悟、何只不知其因由、任妄情云煩惱卽菩提乎、只父母是理智、所生子《ハ》理智不二之佛云《ナリトハ》、有名字《ノミ》無實義、若三毒卽佛、一切迷倒《ハ》卽佛《ナリ》、不假方便、自然之佛也、顯密敎起有何詮乎、

問、知煩惱卽菩提、是卽知其所由也、不知煩惱卽菩提、起煩惱造業感果、則是凡夫也、何可云無凡聖起盡、無設敎詮乎、答、雖耳聞煩惱卽菩提、口說煩惱卽菩提、心不知其旨、認元凡情、執菩提彌行煩惱者、可增長輪廻、爭可證得如來一切智智乎、欲遂卽身成佛之先途者、依三摩地敎、觀心月輪、思惟[梵字]字[梵字]字[梵字]字等、可期纔見常見卷舒自在之一切智智、顚倒正理不可入邪路、大日經疏云、三者以此吉祥草表惠性也、此草兩邊多有利刺、若坐臥《シ》執持《スルニ》無方便者、反爲所傷、若順手將護之、則不能爲害、一切諸法亦如是、若順諦理觀之、一切塵勞、皆有性淨之用、若失《スルヰハ》方便則能損壞智身《スチ》、故以爲法門表像也、文、

法印權大僧都宥快記之、

于時明應八己未年卯月廿六日

明曆二年丙申五月吉辰

寳鏡鈔 終

玄旨壇祕鈔　上

一　天台灌頂玄旨

文殊利劍通六輪、切斷十二生類、下一刀、靭萬方、自然由出三諦、明見聞覺知（知覺イ）、示此一現三際、不知一言、若未達者、開一頌三般同無不通、知生佛自一現、謂是一言妙旨、一教玄義有此智與是境、早失三際之言矣、

一言三諦　刹那成道　半偈成道　智者記

鏡　一心三觀　　智　一心三觀

鏡　一言一心　　智　一現

夫一言妙法者、四教圓畢、離絶學无爲三諦、現前圓明、是謂一言三諦、諸佛定光三昧、十方賢聖通門、百億教行從此一現生、三四流轉從此妙用起、當知見與不見中際、本來所具三諦也、示眼前一現、法然具足離見聞覺知、只在一肘、故劫々不勞、刹那住究竟本位、皮肉筋骨冥智、一念心慮薫境、我心直遍迷悟、五體全收三千、廣狹雖遮眼、宜住一現、開兩眼覩五塵境時者、應隨緣眞如、閉五眼住无念時者、當不變眞如、故開此一言萬法茲達、一代修多羅含一言、佛界智者九界爲境、九界智者佛界爲境、境智互冥薫凡聖常恆、此謂刹那成道、解三道卽三性、諸惡翛眞善、是名半偈成道也、

註云、此一言記者、安置天台山石塔、五百羅漢常來守護云々、予延曆廿三年甲申七月廿二日於天童山傳之、將來者宜瞻一機矣、

以前血脈者、大唐貞元十八年秋七月廿二日、於天童山傳教大師傳賜、仍宗眼目也、能々守護之、

康永三年後二月十七日、於本院北谷八部尾西松井房南丈間部屋傳授之畢、

永祿五年壬戌二月吉日　帝釋寺實全上八

示法印舜慶了、

天正四年丙子九月一日　仙波佛地院　竪者舜慶判

示ニ法印惠賢一、

慶長十九年甲寅十二月九日　示ニ亮椿ニ了、

是ハ關東ニテ慶賢ヨリ亮椿ニ示ス年號云々　(月山寺法印イ)法印惠賢判

二

天台宗相承一心三觀血脈

常寂光土第一義諦

謹按、觀普賢經云、時《ニ》空中《ニ》聲、卽說ニ是語一、釋迦牟尼佛名《チバ》ニ毗《ケ上ル》盧遮那遍一切處《ト》一、其《ノ》佛《ノ》住處名《チバ》ニ常寂光一、

靈山淨土久遠實成

又按、法華論云、我《ガ》淨土《ハ》不レ毀《レ》、而衆《モハ》見《ル》ニ燒盡《スト》一者、報佛如來眞實《ノ》淨土、第一義諦之所攝故、又按、法華經壽量品云、然《モ》我實成佛《レニ》已來《ヨリ》甚大久遠若レ斯也、又云、於《テ》ニ阿僧祇劫《ニ》一常在ニ靈鷲山一、

多寶塔中大牟尼尊　又按、法華論云、同一塔座者示《ハ》ニ現化《スルカ》佛《ト》法佛《ト》報佛《ト》等皆爲《ルヿチ》ニ成《ント》ニ大事一故、

南岳惠思大師—天台智者大師—章安灌頂大師

縉雲智威大師—東陽惠威大師—左溪玄朗大師

荊溪湛然大師—瑯琊道邃大師—傳教大師

慈覺大師—(慈イ)茲叡 惟尙 承誓—理仙—慈惠大師

覺運 檀那 (イナシ) 贈僧正—遍救 靜慮院 (僧都イ)—淸朝 功德院 法橋

隆範 靜慮院 阿闍梨—澄豪 惠光院 大律師—永辨 惠光院 法印

圓輔 同坊大僧正 (僧都イ大僧都イ)

公性 惠光房僧正 (院イ)—尊惠 惠光房 大律師—(イ本)惠尋 求道上人

(イ本)祐圓 覺息院律師—公性 (惠光院僧正イ)

辨長—禪雲 定林房 阿闍梨—定仙 同房 律師—經祐 竪者

定嚴 法印—靜什 阿闍梨—什覺—覺海—覺耀

高尊—慶海—行辨—行海—行連

實全—舜慶—惠賢

一心三觀血脈、惠光坊流也、極祕藏祕藏、自ニ一人一外不レ可レ傳云々、

康永三年後二月廿七日　於ニ台嶺本院 北谷八部 尾西松井房南面部屋一傳レ之云々、

永祿五年壬戌二月吉日　實全上人

示二舜慶法印一訖、
示二法印惠賢一、
法印惠賢判

天正四年丙子九月一日　權大僧都法印舜慶

慶長十九年甲寅極月吉日　示二亮椿一了、

三

一心三觀傳　慈惠記(イナシ)

夫《レ》一心三觀者《ト》、傳敎大師顯戒論云《ク》、和尚憐二愍《シテ》我一《チ》一心三觀《チ》傳二於一言一《ニ》、菩薩圓戒《ノ》授二於至心一《チ》云々、就《テ》二此《ノ》一心一《ニ》、有《リ》二元初《ノ》之一念根塵相對之兩種一、又云《ク》一心三諦境、一心三觀智、一行一切行、恆修四三昧云々、約《シテ》レ位謂《ハ》レ之《チ》者、名字觀行爲《チ》二境《ノ》一心三觀一(諦イ)《ト》、相似分眞爲《チ》二智《ノ》一心三觀一《ト》云々、問《フ》、若爾《ハ》、約《シテ》二凡聖一《ニ》何用《ソカル》二境智一《チ》耶、答、約レ豎(從イ)論二凡觀一者、就《テ》二境界一《ニ》分レ觀二一心三諦一《チ》、故名字觀行《ノ》位也、約二聖觀一《ニ》者、分レ浮二智三觀《チ》於心上一《ニ》、故相似分眞《ノ》位也、論(横論イ)レ横者、境智本來不二《ニシテ》而衆生一念之心具也、故約二修德一(行イ)者是謂二三諦一、論二性德一《チ》者卽三身、只是境智一心也、寶塔品疏釋《ニシテ》二本覺无作《ノ》三身一《チ》云《ク》、觀心解者《ノト》、依《テ》レ經二修《スレハ》レ觀與二法身一相應《ス》、境智必會《ス》、如二塔《ノ》來證《スルガ》レ經《チ》、境智既二會《スレバ》則大報圓滿《ス》、如下釋迦與二多寶一同坐《スルガ》中一塔上《ニ》、以《テ》二大圓《ナルチ》一故隨レ機出レ應、如二分身皆集《ナルガ》一《ニ》、由《ルニ》二多寶出《ルニ》一故、則《チ》三佛得レ顯《ルコトヲ》、由《ルガ》レ持《ツニ》レ經故卽具《スルナ》二三身一云々、又云、次其有能護《ヨリハ》下第三四行能持二此經一《ク》、卽是供《スル》二養三佛一《チ》云々、上多寶釋迦分身《ハ》卽《チ》法報應《ナリ》、此三身者卽空假中(イナシ)《ト》《チ》三觀也、次釋二此經一者、行者身本來性妙法蓮華具足修《スルハ》二顯《ス》三佛一、是故無作三身也、本門之師三身者《ト》、直弟子所具三身是(イナシ)也、六凡四聖併《テ》三佛所具無作九界故《ナルガ》、弟子之增進之益其意在レ之、今三觀機何可《ン》レ隔二境界一耶、卽身成佛求二何行一《カ》矣、于時當二天曆八年八月廿一日一《ニ》、一心三觀傳授依文云《ク》、境既无量无邊常住不滅智亦如レ是、釋云、无始色心本是理性、妙境妙智而隨レ妄轉、不レ覺不レ知、今既聞レ名、知レ陰卽是卽四陰心而能成レ觀、釋云、智既是心、境亦是心、既俱是心、俱是法界、釋云、觀行卽是者、若但聞《チ》レ名〇口說《ハ》如《クニ》二蟲食《ムニ》レ木偶《レドモ》得レ成《ルコト》レ字、是蟲不レ知《ルカ》二是字非字一、既不《ニ》二通達一、寧是菩提《ナランヤ》、必須二心觀明了一、理惠相應、

云々、甚ダ銘ニ心腑一畢、
永祿五年壬戌二月吉日　實全上人　示ニ舜慶法印一訖、
天正四年丙子九月一日　竪者舜慶　示ニ惠賢法印一、
慶長十九閼逢攝提格年十二月九日　示ニ亮椿一了、
(イ本)○月山寺十世　法印惠賢判、

四

一心三觀記　覺運述(イナシ)

夫レ聞ニ一心チ於ニ一言コ、覺ニ一言チ於ニ一心ニ、只眼目ダ異ナル耳、諸法者ト幽玄尚難(イ而)レ悟チ、習學者淺智ニシテ而无レ窮ムルコト、親ク雖レ覿ト一現ニ、不レ聞ンハ是深法ノ、功勞徒ムムコウヅモル矣、如ニ蟲食レ木云々、

傳敎大師云ニ傳於ニ一言一者、兩種ト一心三觀也、止一云ク、心觀明了理惠ニシテ相應、心觀明了者ト、三觀明了也ト、理惠相應者、境智相應之一言一心三觀也、如ニ南岳心要并ニ天台一言記一、已上傳敎、次彼理惠相應兩種三觀之外、慈覺復立ニ玉ヘリ兩種三觀ノ、所謂己心中記云、以ニ无緣智チ緣ルニ无相境チスト、

問、慈覺所レ立之前念爲境後念爲智之三觀者、自己耶、

答、起(從イ)ノヨリニ・師傳一、慈覺三觀者、爲レ令レ持ニ行者心一、傳敎三觀者、爲レ令レ得ニ法體チ、修觀與ニ法體一互不レ可レ違、然則レハ前念爲境者、先ツ於テ前念之空諦コ觀ニ假中一ト故、前念之空(イナシ)諦有ニ三諦一、假中モ亦如レ是、以レ是爲ニ前念爲境三諦一ト、後念爲智者、彼能觀之智炳然トシテ三觀ナリ、故云ニ後念爲智三觀一ト、故前念後念皆一心三觀也、境者智之德、智者境之德、境智本來不ニ相離一セ、而モ不二法也、聞テニ此一言一チ達スルニ是一現チ、應レ名ニ居ク寂光土一(イナシ)トニ、釋云、若境若智同在ニ理心一云々、智旣是心、境亦是心、俱是法界、心々相照有ナリニ何不可一(双イ)云々、

已上慈覺御本云

康永三年閏二月十七日　於ニ東塔北谷八部尾西松井房南面丈間部屋一傳ニ授之一、
永祿五年壬戌二月吉日　實全上人　示ニ舜慶法師一訖、
天正四年丙子九月一日　山門遂業舜慶判
授ニ與惠賢法印一了、
慶長十九年甲寅十二月九日　示ニ亮賢一了、
法印惠賢判(示之イ)

五

鏡像圓融口決

私云(イナシ)　示云、凡圓融三諦者、明喩ツニ卽空チ、像喩ニ卽假チ、鏡喩ニ卽

中、復云三諦質者、中者相卽、空者圓融、假者互具也、色心諸法無障無碍而圓融自在也、其體自本空无障、故是鏡圓明浮萬像、依正二報功德、其體空无障、而彼此不相妨、則第一義空之德也、權大乘所談者、就諸法本性明第一義空理矣、今於隨緣生之當體所論三諦也、而圓融三諦者、爲不知心性眞如之法體者付一念心起之境、用三諦卽是法門令觀之、從此欲元付心源廢立也、故埋觀三諦者、尤雖似巧、猶是非无作本性三觀、問、本性心源三觀者何《イカン》、示云、空觀者離實有之執情、立空无性信心、住无念寂靜、次假觀者、雖諸法空无障、不止空、假如影像而存本性之有、常在靈山云々、次中道觀者、不止二觀法體、而於此二法住觀惠於絶待是也、破二觀之執不如中道觀、破中道執亦在空假二觀、互三觀圓融只可浮一心、問、三觀正體行者所期宜爾、就之山家云、鏡像圓融喩非口決不可知云々、意何、示云、是天台宗玄旨只在此一段、所謂明喩卽空、像喩卽假、鏡喩卽中、此等常所談是分喩也、正口決者、謂鏡所浮影是事、鏡是事、鏡影俱事法而互具法體也、是云喩者无有是處、問、何時浮此影耶、示云、非今始浮影、只本有之鏡中本具三千法、是云不變眞如、而隨緣生之時所具萬像顯影浮、應云隨緣眞如、問、三寸鏡上浮一尺面何《イカン》、示云、大小融卽无妨碍、天月光浮一滴之露、一粒芥子收須彌、一身一念具三千、一身一念遍三千、半日經五十小劫、皆是事々互具理々相卽、更不可疑也、古德雖禁於筆傳、予悲將來粗註之、宜選一機矣、

御本云
康永三年閏二月十七日　於東塔北谷西松井房傳授之畢、

永祿五年壬戌二月吉日　實全上人　示舜慶法印訖、

天正四年丙子九月一日　竪者舜慶

授與法印惠賢了、

慶長十九年甲寅極月吉辰　示亮椿了、

法印惠賢判

歸命壇　智者記

常居全身　乾坤一體　頂安七星　身備五行
具遍彼體　顯根境識　知自在王　法界一體
虛空等量　常同常別　十方三世　更無別法
出息入命　无前无後　常處威儀　全體眞實
眞實不實　了无實義　不思善法　不思惡法
以不變業　必爾(勿イ)忽接　寂光界會　一味果海

右謹歸命、是大師最極記、以㆓此典㆒窮㆓諸佛玄徼㆒、此超佛越祖奧體而止矣、

寬正五年甲申正月廿五日

御本云
明應七年七月廿六日探題法印玄成月藏坊傳㆓授存海㆒、
永正三年七月晦日夜事業奉㆓傳授㆒畢、存海、
月山寺舜海判
永正十四年十月廿四日奉㆓面授口決㆒畢、尊像付㆓存海上人(イナシ)㆒、
永祿五年壬戌八月八日授㆓與舜慶㆒、　實全在判
慶長八年癸卯五月晦日傳㆓授之㆒、　惠賢示

比叡山延曆寺西塔正觀院探題法印舜慶判
慶長十九年甲寅極月九日傳㆓授之亮椿㆒、
月山寺法印竪者惠賢

相傳誓規　總付㆓屬檀那流㆒

止觀心要者　爲㆓天然心君㆒　佛祖不㆑示㆑之
賢聖不㆑傳㆑之　西天二十三　皆(祖イ雖イ)祖傳㆓止觀㆒
我行无㆓師保㆒　天眞獨朗是　欲㆑示㆓此觀心㆒
必觀《ゼヨ》㆓其天性㆒　部雖㆑及㆓多道㆒　常恆自皓潔
造境各自在　能知㆑爲㆓法器㆒　一期授㆓一人㆒
餘人不㆓暫許㆒　非㆓立㆑雪斷㆑臂　莫㆑傳㆓此口決㆒
多寶請㆓證明㆒　普賢乞《ヘ》㆓知見《ナ》㆒　成佛者《スルハ》歸㆑一
流轉者《スルハ》迷㆑多　此无盡《ノ》放光　五誓示㆓智燈㆒
汝《ト》與《ニ》紹《カン》㆓將來《ニ》㆒　此爲《シテ》㆓眞宗者(旨イ)㆒　牟尼示㆓智者㆒
智者示㆓灌頂㆒　灌頂示㆓智威㆒　智威示㆓惠威㆒
惠威示㆓玄朗㆒　玄朗示㆓湛然㆒　湛然示㆓道邃㆒
道邃示㆓最澄㆒　最澄示㆓慈覺㆒　慈覺示㆓惟尙㆒
惟尙示㆓理仙㆒　理仙示㆓慈惠㆒　慈惠示㆓覺運㆒

覺運示ニ遍救一　遍救示ニ清超一　清超示ニ隆範一
隆範示ニ澄豪一　澄豪示ニ永辨一　永辨示ニ圓輔一
圓輔示ニ辨長一　辨長示ニ禪雲一　禪雲示ニ定仙一
定仙示ニ經祐一　經祐示ニ定嚴一　定嚴示ニ靜什一
靜什示ニ勢範一　勢範示ニ定祐一　定祐示ニ尊祐一
尊祐示ニ祐照一　祐照示ニ祐鍐一　祐鍐示ニ祐海一
祐海示ニ祐舜一　祐舜示ニ尊像一　尊像示ニ存海一
存海示ニ心海一　心海示ニ實全一　實全示ニ舜慶一
舜慶示ニ惠賢一　惠賢示ニ亮椿一

已上　是名總付屬

慶長十九年甲寅極月吉辰　月山寺法印惠賢

止觀心要

金口祖承三種止觀ノ、一ハ漸次、二不定、三圓頓ナリ、漸次不定置テ而不レ論、圓頓止觀容レ有ニ三觀一、一託事、二附法、三約行、託附法復置不レ論、如ニ約行觀ノ、今依ニ法華十界各ノ具互具ニ以テ開スニ百界三千ノ實相ヲ、爾前經中ノ凡所有ノ相皆是虛妄、若欲セバニ背邪歸正セント、當レ觀ニ諸法實相ヲ、大論ニ云、除ニ諸法實相ヲ、其餘一切皆是魔事ト、偈ニ曰、若分別憶想スレバ、卽是魔羅網ナリ、不動不分別、是則爲ニ法印ト一、夫一念三千本自不レ動、何止ゾレ之有コトン、三千一念本自无レ暗、何觀ゾレ之有コトン、實相觀本ハ理、唯識觀本事ハ(末イ)ナリ、事具理具體用不二識陰心王一念ニシテ如レ像、四陰心數三千ニシテ如レ影、影同居シテニ王數一同ク起ル、喧閙シテ本心ヲ而求ニ末色ヲ、猶如ニ去レ像而執ルガニ其影ヲ、如ニ十地經云ガ、三界無シニ別有ルコト、唯是一心作ト、又生死涅槃依ニ内外色心ニ、故楞伽云、心外見レ法、名爲ニ外道ト、若悟レバ自心ヲ卽是涅槃ナリ、離ニ生死一故心外有レ法生死輪廻ス、若了セバ一心ヲ生死永絶ス、又煩惱菩提約ニ因果心ニ、故仁王云、菩薩未成佛時以ニ菩提ヲ爲ニ煩惱ト、菩薩成佛時以ニ煩惱ヲ爲ニ菩提ト、於ニ第一義ニ而不二ノ故、生死涅槃體亦不二ナリト、故明文在レ玆、何勞セン斷證ヲ、煩惱菩提體不二ノ故、生死涅槃體亦不二ナリ、色心實相各得ニ淨用ヲ、如ニ法華云ガ、我爲ニ法王ト於レ法自在ナリトハ、心造ニ依正ヲ、故花嚴頌、心如工畫師造種々五陰一切世間中无レ法而不造、若人欲レ了知三世一切佛應ニ當如是觀心造諸如來ト、心造有ニ二ニ、一性具ニス理造ヲ、二修具ニス事造ヲ、事造又三《ツ》、一《ニ》三世過造レ現現造レ當、二九世變造、三聖人變造、斯《レ》乃《チ》莫レ謂《フ》下心《チ》爲ニ能生一色《チ》爲中所生上《ト》、依レ心《ニ》具ニ十界ニ而色具ニ百界一、如下一形像《ノ》具《スルガ》中十方《ノ》影上《チ》、但色即《チ》止爲ニ所觀《ノ》境一、心即是《レ》觀爲ニ能觀《ノ》智一、境智互照《シ》諦觀亦然《リ》、如ニ鳥《ノ》雙翼《ノ》一、如ニ車《ノ》兩輪《ノ》一、心《ニ》具《ス》ニ定惠《チ》一、故何《ゾ》差レ本、但正自心不ニ尙餘定一、或不レ能レ了ニ自心一、焉《ゾ》能知《ン》ニ佛惠《チ》一、心變ニ身土《チ》一、故《ニ》楞伽云、不思議變造如ニ遺敎《ニ》云《カ》一、制《スレバ》ニ心《チ》一處《ニ》一無ニ事不レ成《トシテ》(辨イ)、彼諸法隨レ心《フコト》如ニ影《ノ》隨レ形《ニ》、三世間十法界各具《ス》ニ三諦字義《ノ》句義一、空《ハ》破レ惡、假《ハ》生レ善、中《ハ》存レ體、體性本有《ナリ》、體量本遍《ス》、體德本具、空假《ノ》九界有ニ昏散《ノ》二病一、勿レ畏《ル》、レ之、中道《ノ》佛有《ニ》ニ明靜二藥一、勿レ隨レ之、若了ニ一念《チ》一即具ニ百界三千《ノ》性相《チ》一、遍《ス》ニ一切處《ニ》一、无ニ空假中一病藥俱亡《ス》、問、佛《ト》與ニ心王一何《レカ》爲ニ勝劣一、答、心數《ノ》三千佛《ハ》不レ及ニ一心《ノ》法王《ニ》一、今依ニ修德《ノ》解《ニ》一以立ニ性德《ノ》行一、昏益《ミ》明《ニ》、散益《ミ》靜《ニシテ》、而動《モ》而《モ》暗、常寂常照不《シテ》レ起ニ于座《チ》一淨用現前《ス》、而大部文義深廣《ニシテ》如レ海《ノ》、爰《ニ》嘗《テ》ニ一滯《チ》一知《レ》ニ百川《ノ》味《チ》一、使下思《テ》ニ一瀝《チツ》一見中全湖《ノ》體《チ》上、此書智者親《ラ》製《シテ》而未レ行ニ于世一、詞簡《ニシテ》旨豐《ニ》、須《ク》レ安ニ心《ニ》之一、

相傳《ノ》奧書《ニ》曰、今心要者《ト》、妙法(イナシ)經《ノ》奧義、故《ニ》荊溪尊者爲《メニ》レ折ニ世人《ノ》偏執偏見《チ》一、作《リテ》ニ抑止門《チ》一祕レ之不レ傳、假令雖《モ》ニ器量《ノ》弟子《ト》一、自レ非ニ十二年常隨給仕《ニ》一之外《ハ》一切不レ可レ授ニ與《チ》之一、況《ヤ》於《テハ》ニ非器量《ノ》輩《ニ》一、縱雖《ヒ》ニ多歷《ク》ニ年月《チ》一、不レ得レ許ニ可之一、若於下不レ蒙ニ面授口決一或偷ニ今文一而見レ之《チ》、或推ニ此書一而言上之、應レ墮ニ大罪《ニ》一、故大聖同誡《ク》レ之、少《モ》勿レ背《コト》ニ佛意《ニ》一、但雖レ有ニ此法式《ノ》一、若有《ラバ》ニ知恩報恩及求法樂法者《ノ》一、隨レ人《ニ》隨レ時《ニ》爲《ニ》許ニ可《セヨ》之一、令法久住利益人天都使ニ法莫《チシテ》一レ令ニ斷絕《ルコト》一、炳誡在レ茲、宜レ守ニ令法《チ》一耳、

永祿五壬戌年八月七日　實全上人示有レ之、

慶長八癸卯年五月吉辰　惠賢

山門西塔正觀院探題法印舜慶

慶長十九甲寅年極月九日　大和尙位竪者惠賢

顯密一致口傳

兩部不二大日

本迹不二實相

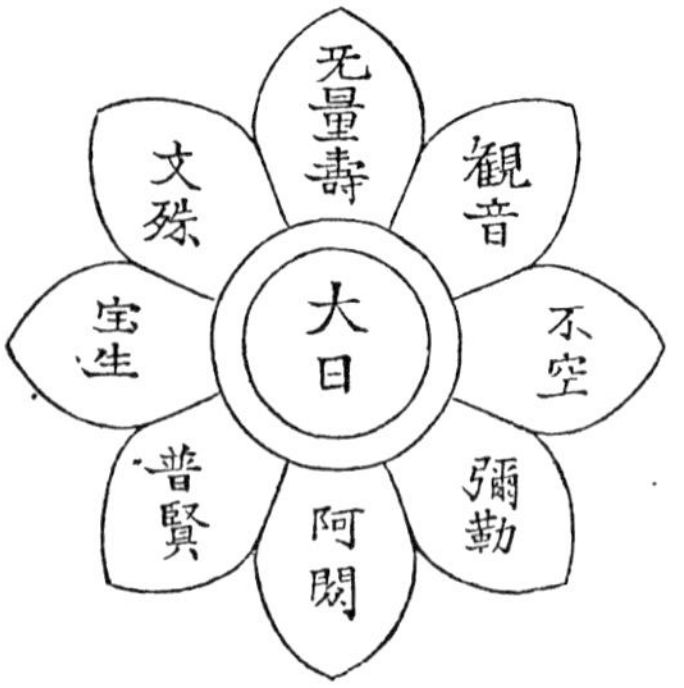

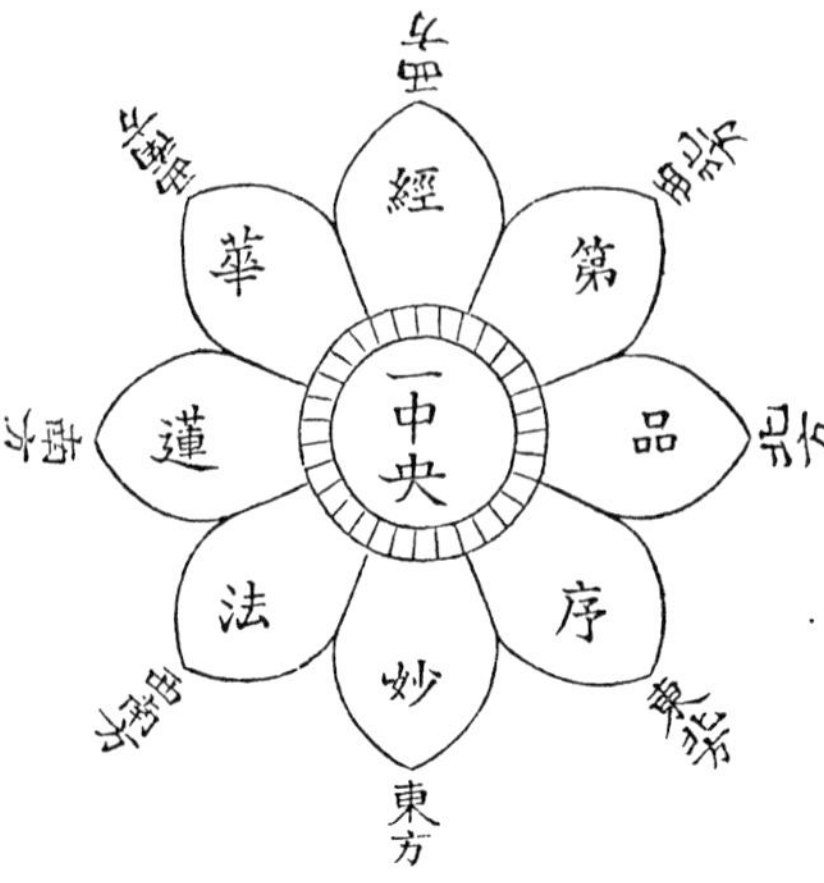

一切衆生色身實相云々、約佛界可レ思レ之、阿字不レ生ニ微妙體ノ云々、約生界可レ思レ之、夫顯密一致之法門ハ、祕密之中ノ祕密也、私ニ非レ言レ之、我カ家ノ三大師先德之所レ判也、大師又非ニ私ノ所レ判ニ、源有ニ甚深之相承ニ所レ謂大日經ト妙法蓮華經ト也、即兩箇之相承下レバ也、龍猛傳ニ龍智ニ、龍智傳ニ金智ニ、金智傳ニ善無畏ニ、善無畏傳ニ不空ニ、不空傳ニ一行ニ、一行傳ニ惠杲ニ、惠杲傳ニ法全ニ、法全(朱書)謚云、此相承次第可レ疑也云々、傳ニ最澄ニ、大師弘仁十三年六月四日入滅云々、義眞圓澄二人之御弟子、捜《サグツテ》ニ御膚《ハダエ》ニ得《タリ》ニ錦袋ヲ、開見《キルニ》三卷之小經也、大日經之住心品ト妙法蓮花經成就妙法蓮花經ト也、今世所ニ流布スル略法花經是也、成就妙法蓮花經者不空之所レ譯ナリ、是モ世ニ流布セリ、所謂不空經卷相承マデハ二箇下ニレリ、不空已後ヨリハ其上ニ口々之相承シテ云、妙ノ字ハ藥師又阿閦云トモ、法ノ字ハ普賢、蓮ノ字ハ華開如來、華ノ字ハ文殊、經ノ字ハ阿彌陀、序ノ字ハ彌勒、品ノ字ハ天鼓音、第ノ字ハ觀音、一ノ字ハ大日如來云々、

應永十七年庚寅七月四日　賴眞授ニ光榮ニ了、在御判

慶長八年癸卯夷則朔日　法印惠賢寫レ之、
慶長十九年甲寅極月吉辰　傳受
月山寺法印惠賢

心
仰云、顯密一致之法門ハ良由(有歟)故事也、此ハ是家適相承法門也、如レ此正キ血脈相承代々當流ニ有レ之、不レ出ニ家適《チ》ニ不レ出ニ王城ニ法門ナル上ハ、山王大師之御照覽モ誠ニ有レ憚《リ》間不レ渡ニ血脈《チ》ニ、然ドモ於《ハ》ニ法門《ニ》ニ御邊東關之境ニ惠心一流ノ家適タルベキ故ニ致《リ》レ之、不レ可レ云ニ名言《チモ》ニ事也、取ニ詮《チ》之詮ニ、最至極三ケ條也、不レ出ニ山中王城《チ》ニ法門也、所謂天台宗ト眞言宗ト顯密一致之法門也、其ノ中ノ隨一也、穴賢々々恐々《レレ》不レ可レ言々々々、

私曰
仰云、尊海總《シテ》九度《ノ》京上也、第七度《ノ》時依ニ夢想ニ感ニ得之ニ、雖ニ前後之相承多《ト》ニ、大正親町殿《ハ》被レ仰ニ此事《チ》ニ、血脈ヲバ拜ミタル也云々、

私云
於ニ中郡月山寺ニ自ニ山門ニ下向之刻書ニ寫之ニ了、
冥感有レ恐々々、

閉眼寫瓶密授　亦名歸命壇、

問、諸佛出世依ニ何說法ニ、答、諸佛出世依ニ心法說法ニ、問、說(依歟)何說レ心、答、依レ色說レ心、問、依レ何說ニ色心ニ、答、依ニ妙法ニ說ニ色心二法ニ、問、依レ何說ニ妙法ニ、答、依ニ四大四遷ニ說、問、四大四相依レ何說、答、无能(イナシ)依无所依於ニ无所住ニ而說、非實非虛直行、問、如何是眞正直行、答、不知過去而未(不知イ)來、於ニ陰陽中間ニ孤然寂照從ニ寂光本ニ出、於ニ無窮作用ニ起レ用、四相却歸ニ本寂理性ニ、是名ニ圓寂ニ、於ニ圓寂无邊心殿ニ實無定相歷々也、歷々中一念無念也、

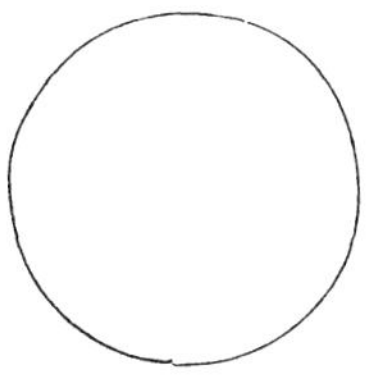

多寶佛塔　接善法戒
起七寶塔　接衆生戒
法界塔婆　接律儀戒

問、依レ何說ニ直行ニ、答、无依(依イ)說ニ无依ニ、無言而坐而說而

不說、居常寂光本理寂照矣、
（イ本ナシ）慶長十九閼逢攝提格極月九日

玄旨灌頂起請文　（イ本）私記

夫摩多羅三尊之歌舞者、至果海三吟之遊宴也、天台宗玄旨之灌頂者、最極要之嘉會也、是故覺了四教於一念、頓成五時於一時、成就此師弟以後、於師長敢不可起違謗、若背此旨者、所承諸祖鎭護神明可被加治罰者也、仍起請文如件、

弟子某甲敬白

年號月日

玄旨灌頂入壇日記

先一七日之間、備花一前閼伽可加行、每日三時懺法幷法花經一部可讀誦、自餘勤行任意、可斷五辛飲酒等、是一說、或不用加行直入也、次道場建立可方丈、堂舍佛閣殊吉、（若歟）人室可洗淨、門可丑寅角、或道場四角之室八方懸幡、中央立壇、壇上立妙經一部、幷懸釋迦彌陀像、東方壁十界名號、發心、紙書南壁垂迹名號、修行、（山王）西壁本尊摩多羅神、左丁禮多、假也、定也、右ハ儞子多童子、空也、惡也、北壁佛菩薩名號、涅槃、從果向因也、左而十二因緣書、南壁垂迹名號下六因緣、初、北壁佛菩薩名號下六因緣、終、或四方十二因緣、三世兩重故分懸之、過去二因懸北方也、又初八九懸東方、第二第十懸南方、餘七懸西方也、私云、懸四方三世爲本、懸三方三道爲本也、

玄旨灌頂私記　行海記之

堂莊嚴畢テ門前ニ出テ、起請文ヲ可讀、在前、師資共ニ沐浴ス、師ハ法服、資ハ七條ノ袈裟、略ノ時ハ五條衣、門前ニ塗香灑水兩器可置、洒水シテ師茗荷竹枝ヲ資ノ兩手ニ令持、左茗荷、右ニ竹、笏八枚ハ大壇ノ八方ニ置之、殘ル四本宛師弟ノ腰ニ指之、入堂シテ無言行道三匝、件ノ茗荷竹枝師取テ摩多羅神ノ左右ノ立花ニ立之、右ニ竹左ニ茗荷、入堂ノ時師ハ前、資ハ後、從因至果也、前佛引入後佛意也、而ニ一室ニ入ルコト能所一體因果不二ノ心也、向大壇師弟（禮拜歟）・其詞曰、取次第、南无歸命頂禮當壇々主慚愧懺悔發露涕泣常恆修證、三反、此ハ三教成道時、南无歸命頂禮當壇卽妙自體顯

本常恆顯滿、三反、私云、是ハ圓教成道ノ時用レ之、次佛像禮、次大師禮、次山王禮、次摩多羅神禮、次十六王子禮、次八方作禮、各三反、次十二因緣禮、先始自リ二無明一終至マデ二老死一、順ニ三禮、示二黑色ノ供具ヲ一、從因至果流轉門也云々、次始自二老死一終至リテ二无明一逆ニ三禮、示二白色供具ヲ一、從果向ノ因還滅門也、次十二因緣總禮シテ赤色ノ供具ヲ示ス、是因果一體逆順不二也、而モ一壇ニ合供スルハ十界一心ノ實談ナリ、次總禮、私云、三ノ伽陀、次摩多羅禮神ノ御前ニ登二高座一、法花懺法、次願我生々見諸佛、法花經總釋、讀レ之、次顯散花、次山王寶前、參詣ス、捧二幣帛ヲ一讀二般若心經一法樂了、次摩多羅神御前ニ詣テ弟子ニ示二迹形ノヲ一、摩多羅神者、此翻ニハ大日ノ、大者六大ハ是定ナリト、日者六識是惠ナリ、是則迷悟一體本迹不二ノ形、无始无終ノ神僧ナリ、此神誓テク云、吾ハ是不レ住レ天ニモ不レ住レ地ニモ、但住二一切衆生ノ心城ニ一、心城ハ即法界ナリニ、故遍二一切處ニ住ナリハ、打チレ鼓發心修行菩提涅槃ノ法鼓、開示悟入ノ弄引ナリハ、左丁禮多童子ハ、右爾子多童子ナリハ、舞則檀戒等ノ十波羅密自受法樂ノ歌舞也、十波羅密ハ戒

定惠也、攝二萬行萬善ヲ一、本有ノ二學本來ノ三諦无作ノ三身也、三世常住自受法樂ノ內證ナリ、弟子可レ歌二此語ヲ一、

摩多羅神ハ神カトヨ歩ヲハコブ皆人ノネガイヲミテヌコトゾナカリキ　次示シテ二摩都羅神ノハヤシノ神語ヲ一云ク、シツシリシニシツシリシサ、ラサニサ、ラサト、

次大壇ノ立花ヲ示シテ云ク、右ノ柳ハ動作ニシテ表シレ惠、左ノ甁水ハ澄淨ニシテ表レ定、而モ立ルハ二一壇內ニ一、表二一心ノ定惠不二ヲ一、實相ノ心地ヲ爲レ壇故也、東ノ壁ハ十界ナリ、十界ト者六凡四聖是ナリ、三善三惡是也、一室ノ內ニシテ互ニ遍ス、十界互具ノ法門也、白色ハ善、黑色ハ惡也、白黑和合ハ自二諸佛一及二六道ノ含識ニ一、人々具足己々圓成ノ諺也、是云二善惡凡聖菩薩佛一切不出法性ニ一、善ト者三善道、惡ト者三惡道、十界ト者皆无作三身ノ上ノ作用ナル故ニ、何レノ界モ非二强作テニ一、皆法爾自然ノ理ニテ、作二地獄ト一乃至作レ佛道理也、又三色ハ三道、三道ノ十二因緣即三德祕藏也、而ルニ一時ニ供スルハ三世一念ノ意也、諸供ハ非二造作ニ一、理造ノ十界法性自爾

ノ十二因緣果中ノ勝用也、故ニ善惡喜怒ハ文殊ノ智體、森羅萬像ハ普賢ノ實相也、所詮我等ガ色心卽十二因緣也、卽三德祕藏也、

示云、十二ノ布施白紙銀錢ノ事、布施ハ眞如圓理、三世ニ施ニ三道《ノ》作用《チ》一慈悲ノ形也、白紙ハ貪也、貪ハ卷集ノ故也、銀錢ハ覺體也、裹ム時ハ覺體卽貪體也、開ク時ハ貪體卽覺體也、錢ハ滿ノ形、紙ハ半ノ形、滿ハ法ニ《ル》普賢《ニ》一、半ハ法《ル》ニ文殊《ニ》一、又錢ノ形ニ有ニ長短方圓一、長《ハ》別、短《ハ》通、方《ハ》三藏、圓《ハ》圓敎也、表《スル》ニ四敎法《ノ》施《チ》一意也、又錢以《テ》ニ員數一爲レ本、自レ一至ニ十百千萬《ニ》一、百千萬歸レ一、萬法一如三千互具《ノ》顯也、又ハ錢ハ重寶也、是ヲ爲ニ價直一、出《ス》ニ一切寶《ノチ》一、自《リ》ニ一心寶《ノ》錢一出ニ生萬法《チ》一意也、又錢ハ貫義也、多錢ヲ貫ク、是レ三千一念也、又錢ハ百界ノ寶ニシテ、互ニ是ヲ用レバ彼此三千互遍亦爾ノ意也、又自利利他ノ德行法性自爾ノ所作也、又錢《ハ》圓形似《ニシテリ》ニ眼珠《ニ》一、開ニ佛眼佛智見《チ》一、故錢名《ニチ》ニ鵝眼《ト》一、佛稱《チ》ニ鵝王《ト》一、次十二《ノ》布施《ト》者、三世一念平等布施《ナリ》、三世《ト》者十二因緣也、十二因緣《ト》者煩惱業苦《初八九第二第十餘也》卽空卽中ナレバ、三世一念一心三觀ノ修行也、雖《ト》レ然法界ノ色心永ク隔テ輪ニ轉自身所具《ノ》六趣界《ニ》一、三世十二因緣無レ絕《ルコト》、九法界善惡喜怒愛樂等ノ念體倂智惠ノ體也、智體ナレバ當體全ク文殊也、法界森羅萬像情非情ノ諸法皆實相也、實相ナレバ普賢也、普賢ノ理ハ非《レハ》ニ造作《ニ》一天眞ノ妙體、文殊ノ智ハ圓明ナレバ獨朗ノ法體也、而《ル》ニ此普賢實相ノ理ハ一念、文殊ノ諸法體ハ三千、三千《ト》者全ク我等ガ色心也、仍无差別、故ニ玄旨ノ序ニハ文殊利劍云々、十二《ト》生類《ト》者、十二因緣三世常恆ノ報身无作ノ智體也、切斷《ト》者、彼ノ無間相續ノ十二因緣倂境智冥合也、一刀《ト》者、文殊ノ全體利劍ナリ、故ニ切ニ斷无明强師《チ》一也、三世ノ十二因緣、是一心自在法界融通ノ義也、色法ノ一ニシテ色心自在ヲ刀ノ當體ニ互融スル振舞ナリ、爰ニ知ヌ、色心元來不二ニシテ境智全ク一體ナリ、下賤《ノ》寶ハ皆從レ錢涌出《ス》、心法亦復如《レ》レ是、是則チ一念三千ナリ、心色俱ニ有ニ收接一、故若《ニ》從一心生一切法 ○是心、文、圓

融圓滿无レ疑、從ニ心ノ一法一生ズニ萬法一、萬法還ニ歸スニ一法一、實ト錢トモ亦以如レ是、員數ノ事ハ半ハ不滿ノ義、前三敎ハ皆不滿ノ故ニ半字也、滿ハ圓敎也、是衆德具足ナリ、一ハ半ノ初メ、十ハ滿ノ初メ、百ニ滿レバ除クニ衆算ヲ一歸レ一ニ、千萬亦以如レ是、此則一ニシテ顯レ多、多亦歸レ一ニ、一多自在ナレバ互具融通ナリ、超八圓ト者、以テニ一多自在圓融圓滿ヲ一爲レ義ト、可ニ此意ナル一、一家ノ奧藏諸佛ノ己證ハ一念三千ナリ、三諦ナリ、錢寶ノ員數可レ思シレ之、甚深ナリ、諸法三千互具互用俱體俱用ノ義也、百ハ滿ノ始、千ハ百ノ互具、萬ハ千ノ互具也、サレバ釋ニ重重无盡ナリ可ニ數知ト一釋セリ、心法ハ周圓无際ニシテ无障碍ナルコト如ニ因陀羅網ノ一、億ト者人意不レ到方ナリ、十ハ一ノ極ル處也、阿僧祇者數極大ナリ、極大ハ同スレ小、是則初後平等一多不二ノ義也、阿ト者無ナリ、僧祇劫ハ无窮ノ心ナリ、一念三千法界天然ノ貌ナリ、又復學者縱知內心○亦爾此ノ意ナリ、一家天台ノ宗旨ハ、色心本來不二ニシテ不レ知ニ非ニ不知ニ一、而是知不知ナリ、圓覺

經云、智惠愚癡爲ニ般若一文、卽此意ナリ、如意輪觀音以ニ念珠ノ手ヲ一化ニ度ス畜生界ノ愚癡ヲ一、可レ思レ之、如レ此以ニ事法ヲ一顯ニ一念三千ヲ一、一念三千ト者、非ニ知不知ノ法ニ一、法爾必然ナリ、十界ノ衆生己々ノ諺、是レ法然自覺ノ一念三千ノ修行ナリ、所レ成所レ作皆成スニ大益ト一成ニ我益ニ一故ニ、併法爾无化ニシテ自利利他願行皆饒益形貌ナリ、故ニ法性自爾非作所成如ニ一微塵具ニ十方分ト一、若於ニ此等道理ニ一有ラバニ破法不信輩ノ一、守護ノ摩多羅神御罰可レ新ナル者也、汝等可レ愼レ之、以上初入道場了、私云、此下ニハ四教ノ成道一ツドケニ示ス樣ニ書タリ、無レ左先前三教ノ成道了テ出堂シテ二度目ノ入堂ノ時圓教成道云々、私云、受者門外出、次諸方ノ佛供ヲ取リ聚テ大壇ノ前ノ机ニ合物セヨ、開會ノ意ナリ、其前ノニ禮盤ヲ立テ四敎ノ成道ヲ示ス、先ヅ草座ヲ敷テ弟子ヲ登ニ高座ニ一、三藏ノ成道數息觀ヲ修ス、六妙門云、釋迦詣シテニ道場ニ一內思フニ安般ヲ一矣、數息觀ヲ又云ニ安那般那《アナハナ》觀トモ一云ニ遣來遣去ト一、遣來ハ入息、遣去ハ出息ナリ、俱舍云、入ニ修要二門不淨觀ト息念ト一、貪尋增長者、如ニ次第ニ一應レ須、文、觀想後可レ說ニ諦緣生六波羅密ヲ一、如レ常、必當レ取ニ草座於道場ニ一文、通敎ノ成道天衣爲

㆑座、經云、天衣其上有㆓佛結跏趺座㆒、文、色卽是空空卽是色、文、釋云、權智開㆓三藏生滅四諦法輪㆒、實智說㆓摩訶衍无生四諦法輪㆒、文、次別敎ノ成道蓮花爲㆑座、次第三觀、釋云、二觀爲㆓方便道㆒得㆑入㆓中道第一義諦㆒、心心寂滅自然流入、薩波若海名㆓中道第一義諦觀㆒、文、次圓敎成道虛空爲㆑座、四敎所座其意同㆑之、何レモ无着法界ノ義ナリ、山王院云、草座天衣蓮花虛空皆ナ在㆓道樹㆒、文、可㆑凝㆓一心三觀㆒、一心三諦境、一心三觀智、一行一切行、恆修四三昧、長講法華經、恆說一切經、文、法花一部可㆑讀㆑之、廿八品別號計、次天台御入定手印、圓頓者禪門口決云、安庠トシテ以㆓左ノ手チ㆒置テ㆓右ノ手ノ上ニ㆒、合テ㆓左手ノ小指ノ端チ㆒柱サヘ㆓右手大指ノ本チ㆒下、上兩手大指ノ頭纔ニ令メヨ㆓相詣イタラ㆒、安ニ住シテ此印相ニ㆒、大師所傳ノ多寶塔中ノ一心三觀ノ法體觀㆑之、師資介爾ノ一心色心六大五陰和合ノ當體一體ノ全體也ト可㆓觀達ス㆒者也、凡智者大師道場開悟自解佛乘ノ御說法モ、己心ノ多寶塔中ニシテ奉㆑値㆓己心ノ釋迦ニ㆒、一心三觀ヲ傳㆓於一言コ㆒、顯㆓本地本覺ノ三身チ㆒、得㆓一ノ現法體チ㆒給へ

リ、自㆑爾以來師資相承于㆑今不㆑絕、只今ノ一心三觀ノ相承モ、多寶塔中ノ儀式全體也云々、次授記號、實名佛號、定光如來云々次授鏡、授㆓五通印信チ㆒、法花宗傳記云、山家白銀眞圓鏡一面、面六寸、徑一尺八寸、隋煬帝鏡也、昔隋ノ開皇年中ニ、帝於㆓金城㆒設㆓千僧會ナ㆒、屈シテ㆓天台智顗禪師チ㆒受㆓菩薩戒㆒之時、帝《ミカト》自用テ㆓皇鑑ノ鏡チ㆒彰ス㆓剛璽誠ノチ㆒獻㆑師ニ、今鏡是也、赤銅八葉ノ鏡一面、面八寸、徑二尺四寸、白道猷ガ鏡也、昔晉ノ大元年中ニ、有㆓沙門白道猷㆒、獨リ住ス㆓天台山ニ㆒、懸テ㆓鏡於禪居ニ㆒、晝夜ニ修㆑道焉、猷去テ後鏡尙在㆓舊居ニ㆒、山神藏シテ㆑之、陳大建年中ニ、智者登㆓天台山ニ㆒、宿ス㆓花頂峯ニ㆒、山神現シテ㆓獸形チ㆒戴テ來テ上ル㆓大師ニ㆒、今鏡是也、境智二面鏡不㆑求自得、鏡像圓融ノ譬豈待㆓口決チ㆒乎、文、口決云、獸者猴也、眞圓鏡者智ノ鏡ナリ、八葉ノ鏡ト者境ノ鏡ナリ、眞圓鏡ノ者空ノ鏡ナリ、以㆑明爲㆑本、故ニ智ノ鏡ナリ、八葉ノ鏡ト者事々差別以㆓萬像㆒爲㆑本、故ニ境ナリ、而ルニ以㆓左手《定ノ》チ㆒持㆓八葉ノ鏡チ㆒、以㆓右手《惠ノ》㆒持㆓眞圓ノ鏡チ㆒、互ニ移㆑影チ、境智圓融シテ无㆑隔事ヲ顯ス、境智ノ二法

无《レハ》レ隔、中道宛然也云々、三諦相即ノ法門可レ思レ之、籤六云、自他不二門下、若《シ》一《ノ》形《チ》對《スルコ》不レ能レ現《ルコト》レ像、則《チ》鏡《チノ》理有《リ》レ窮《リ》、形《ノ》事《ジ》未レ通《ゼ》、若《シ》形與レ鏡隔《アレバ》、則容《シ》レ有《ル》二是《ノ》理一、无《シ》レ有下形《チ》對《ルニ》而不レ像《ズトシ》者上、若《シ》境未レ現《コトハ》レ像《ゼ》由《ナ》二塵《ナリ》所《ニル、ニ》一レ遮、去《ルコトハチ》レ塵由二人《ノ》磨《クニ》一現《ハ》レ像《チ》非《ズ》レ關《ルニ》二磨《ク》者《ニ》一、以喩《テ》二觀法《ルコト》一大旨可レ知、文、十不二門ハ妙樂出世ノ本懷ナルガ故ニ、此釋ニテ天台出世ノ鏡像ノ法門可レ顯者也、文々句々ノ深義、更問、

一、鏡ノ形ハ眞圓八葉ニ可レ限歟ト云ニ、方鏡ト云事アリ、四方ノ鏡ナリ、歌道ニハ眞隅《マスミ》ノ鏡ト云也、釋云、多蓄二方鏡一掛二之《チ》座《ノ》後《ニ》一、文、惠光院ニハ六面ノ鏡ト云深祕アリ、眼等ノ六根ヲ以テ色等ノ六塵ヲ緣スルヲ六面ト書タル也、總ジテ心鏡心月心蓮何レモ心法ノ異名ト習事ナリ、生死本際ノ八分ノ肉團ノ中ノ圓ナルハ、心月トモ心鏡トモ云也、邊ニ出タル八方ノ角ヲ八葉トシテ心蓮ト號シタル也、心月輪ハ圓月ニ可レ限歟ト云ニ、半月ヲモ可レ觀《ト》見タリ、眞言ニハ降伏ノ時半月ヲ觀ズル也、五大ノ中ニハ風大ガ半月ノ形也、六字ノ曼陀羅ニ大威德ヲ半月ノ中ニ書キ、不動ヲ三角ノ中ニ書タリ、證據ニモ可レ勘歟、雖レ然圓月ガ可《ナル》レ本者歟、總ジテ鏡像圓融ハ一家ノ至極ナル故ニ、口決相承容易《タヤスク》不レ可レ窮、故擱《ム》二毫《コ》竹《チ》一者也、以上、

上總長南郡三途臺長福寺什覺法印ヨリ第七代住持行海法印御在判

天文十九年庚戌三月廿九日　授二與舜慶一了、亮珍示、

慶長八癸卯年六月初八日、於二山門西塔北谷正觀院一探題法印舜慶御足下相傳了、常州中郡月山寺法印惠賢

私云、此本手日記極祕々々、私云、无言行道三返了、師資俱ニ向《テ》二本尊《ニ》一禮拜、三反、次着座、先懺法可レ讀レ之、師資同音ニ不具足偈可レ讀レ之、天台釋ニ、不具足偈者安樂行一品ヲ釋シ玉ヘリ、次引二外陣一可レ唱二伽陀《チ》一、所謂、一切業障障海、願我生生見諸佛、和光同塵等、次法則、次神分、次表白、次打レ笏、三反、已上向二本尊《西方》一、次師登二中臺一向レ東、結二九个印一、次資禮レ師、此時ハ師匠ノ後ヲ通テ向師、三反、其詞曰、歸命頂禮○常恆修證、三反、而登二禮盤一向レ師坐、次師授二弟子一曰、七佛通戒偈、三反、

又諸行無常○爲樂、取次第三反、　次師從レ壇下、弟子令レ登ニ中臺ニ一向レ東ニ結跏趺坐、結ニ法界定印ヲ一、授ニ前三敎觀ヲ一、凝ニ數息觀ヲ一、住ニ折空觀ニ一、是三藏草座成道也、次住ニ如幻卽空觀ニ一、通敎天衣爲座成道也、次凝ニ次第三觀ヲ一、蓮花爲座別敎成道也、次資從ニ禮盤ヲ一下、師敎ニ弟子ニ一、道場中自ニ發心門ノ十界ノ壇ニ一一々ニ敎レ之也、西方ノ本尊ノ前ニテ北方ノ涅槃門ノ六因緣マデ談《ズル》レ之也、而出ニ堂外ニ一、次圓敎虛空爲座ノ莊嚴致レ之、堂內ノ供物布施等悉ク本尊ノ前ノ机ニ聚レ之置也、次師座ニ中臺ニ一、向レ東、弟子直入ナリ引入向レ師禮拜、三反、其詞、如ニ私記ノ一、次師起滅再岸之印信讀レ之授レ之、二通印信幷天台心要圓頓者等授レ之略レ之、次從ニ中臺ヲ一下、弟子令レ登ニ中臺ニ一、天台定義例夫實心繫實境、印可レ授レ之、如來號、定光佛、定光菩薩、然弟子從ニ中臺ヲ一下テ又師登テ中臺ニ一坐ス、弟子向レ師投レ花ヲ可レ禮、是報恩謝德之義也、次鏡像、中央、挑ニ三燈ヲ一兩方ニ持レ鏡、以上畢ヌ、

イ本慶長十九甲寅年極月九日於ニ月山寺ニ一書レ之、

第一玄旨灌頂私聞書

法印惠賢判

惠光房流相傳

仰云、本朝相傳ニ惠檀兩流相分タリ、此ノ兩流ノ中ニ餘タノ碩德御座ドモ、惠心流ニハ大和庄ヲ爲ニ正機ト一、檀那流ニハ惠竹兩流ノ中ニ惠光院ノ流ヲ爲ニ棟梁ト一、其ノ惠光房流ニ五个ノ血脈有レ之、謂ク玄旨、三句、慈惠記、檀那記、鏡像圓融一心三觀也、何モ一紙ノ切紙也、第一ニ玄旨ト者、今ノ口傳ノ切紙也、

抑此ノ玄旨トハ、天台二通ノ切紙ヲ直ニ筆記シ御座シテ、授クニ章安ニ一時ノ御遺言ニ、一通ヲバ吾ガ全身ニ副ヘテ塔中ニ可レ收ム、一通ヲバ世ニ流轉セヨト云々、如ニ御遺言ノ一大師御遷化ノ時、天台山ノ佛隴ノ西南ノ角ニ石塔ヲ建立シテ、大師ノ全身ニ少モ手ヲ不レ付、其ノ儘塔中ニ收メ、同一通ノ切紙ヲソエテ收玉ヘリ、サテ一通ヲバ章安、智威、惠威、玄朗、湛然、道邃和尚迄相傳シ來リヌ、然ルニ道邃ノ時可ニ相傳ス一機無シテレ之、例シテニ般ノ印篋ニ一天童山ノ西南ノ角ノ石塔ニ收レ之、般ノ印篋ト者、佛々出世

ゴトニ法滅ノ時節來テ相傳ノ機無レハレ之、佛敎ノ簡要ヲ持テ篋ニ封ジテ菩提樹下ニ埋ム也、例シテ二此義ニ一道邃和尚此玄旨ノ一通ヲ天台山ノ石塔ニ收メ玉ヘリ、然ルニ傳敎大師入唐ノ時、道邃和尚傳敎ノ御器用ヲ感見シテ、天童山ノ石塔ヨリ取リ出シテ、龍興寺ノ極樂淨土院ノ西廟ニテ傳敎ニ授ケ玉ヘリ、此事ヲ顯戒論ニ和尚有二慈悲一、一心三觀傳二於一言一、菩薩圓戒授チ二於至心一、文、和尚ト者道邃和尚傳敎大師自レ元圓乘ヲ可二傳給フ一御器用ヲ感機シテ上ニ入唐ノ志ヲ感ジテ有二慈悲一、一心三觀ヲ一言ニ授玉ヘリ、凡ソ此ノ傳於一言ノ一言ニ付テハ、惠光院ニ重々ノ義ヲ申ドモ、實義ハ此ノ玄旨ノ事也、故ニ是ヲ一言ノ記トモ云也云々、

一題號事　仰云、天台ノ才覺ハ如レ常、灌頂ト者、此ノ法門ヲ相傳ル時灌頂ノ儀式繪圖有レ之、抑灌頂ト者、本說俗家カラ起ル也、此事委細ノ旨ヲバ五大院菩提心義ニ載玉ヘリ、其ノ趣ハ轉輪聖王卽位ノ時ノ儀式也、此王家ノ灌頂ニ付テ、立太子ノ灌頂、職位ノ灌頂トテ二有ツレ之、立太子ノ灌頂ト者、春宮《トウグウ》太子ニ立玉フ時行レ之、職位ノ灌頂ト者、天子ノ位ニナヲリ玉フ時ノ、佛敎已前ニハ外道等ガ成テ二國師ト一、卽位ノ時取二四海ノ水チ一灌二天子ノ頂ニ一也、是卽四海ヲ掌ニ握ル意也、日本ニテ此行ヒ儀式ハ關白ノ行ヒ也、佛敎ニ取テハ通敎ニ授職灌頂ヲ明ス、是ハ論談也、惠檀ノ異義也、是ハ十如是義ノ下ノ沙汰也、圓敎ニ明二授職灌頂チ一、是モ有二沙汰一事也、大段ハ別敎ノ報佛ノ上ノ沙汰也、付二此別敎ノ上ノ灌頂ニ一、敎道ノ灌頂證道ノ灌頂有レ之、敎道ノ灌頂ト者、諸敎ノ說キ置ク分也、此敎道ノ灌頂ニ灑水ノ灌頂光明ノ灌頂有レ之、灑水ノ灌頂ト者、前佛ノ智水ヲ灌ク二後佛ノ頂ニ一義也、此灌頂ハ地上ノ談位ニ通ジテ有レ之、此事ヲバ瑠璃經ニ說リ、光明ノ灌頂ト者別敎ノ事、十地法雲地ノ菩薩ノ上デ云也、此十地ノ菩薩心身分(イナシ)ノ十處ヨリ放二十種ノ光明チ一照玉フ二十界ノ衆生チ一時、十方ノ現在ノ諸菩薩又放二光明チ一、此第十地ノ菩薩ヲ照玉フ也、此ノ光明ガ入二第十地ノ菩薩ノ位ニ一時、此菩薩無邊ノ三昧ヲ獲得シ

玉ヘリ、此ノ菩薩ノ功德振舞如《ナル》二雲霞一ノ故ニ法雲地ト云也、其時報佛如來此十地等覺ノ菩薩ニ授《玉フ》二妙覺《ノ》職位《チ》一、故ニ授職灌頂ト云也、此旨ハ華嚴經ニ說玉ヘリ、今ノ經ニハ安樂行品ノ深入禪定見十方佛ノ下ノ釋ニ此灌頂ノ樣ヲ釋シ玉ヘリ、見《ルト》二十方佛《ノチ》一云ガ十方現在ノ諸佛ノ光明ヲ感見ル義也、然カ云義ハ敎道ノ灌頂也、今時ノ眞言家ノ灌頂トテ行ハ此ノ敎道ノ灌頂也云々、證道ノ灌頂ト者、是ヲ引下シテ當今ノ行者ノ上デ授職灌頂ヲ云也、住上ノ證位ハ不レ及《ヨ》レ云、名字觀行ノ凡位カラ妙覺ノ職位ヲ授ト云ガ圓敎ノ希奇一家ノ規模也、今此ノ一紙ノ灌頂ト云ハ、此ノ證道ノ灌頂ノ事也、此法門ヲ不レ得レ意者、授職灌頂ノ法門得レ意、抄立正觀抄等ノ御書ノ御文體ヲ不レ可レ得レ意也、サテ其ノ證道ノ灌頂ノ形ハ何事ゾト云ニ、抑此授職灌頂ト者、要ヲ取テハ師資相承也、然ルニ名字已上ノ諸位ニ境智冥合ヲ申ス也、其趣ハ境ヨリ智ヲ發ル其智ガ進デ全體境ニ冥スルヲ境智冥合ト云也、然ルニ眞ノ境ハ師ナリ、

依レ境所レ發《ニ》者ハ弟子也、此弟子ノ智ガ全體師ノ境ニ冥スル所ガ授職灌頂也、然ニ究竟卽ニ在ル所ノ境智冥合也、名字卽ノ境智冥合、此ノ體ヲ尋テ見レバ別體無レ之、然ト云ヘバトテ圓人ハ凡位カラ極果ノ內證ニ乘リ居タル故ニ、名字觀行カラ佛果也、此ノ法門ノ本據ハ方便品ノ除諸菩薩衆信ガ堅固者ノ下ノ習ニ、唯佛與レ佛乃能究盡ノ數ニ名字觀行ノ行者ヲ入ル丶也、仍テ名字觀行ノ凡夫カラ佛果ノ灌頂ニ乘リ居タル也、此ノ旨ヲ境智ノ一言ニ傳ルガ天台ノ佛敎ノ深旨也、玄旨トハ深旨也、仍天台灌頂《ノ》玄旨ト題スル也云々、仰云、敎道ノ灌頂ノ分ナラバ、我等凡夫ハ得分ヲ一向讓《テ》二聖境《ニ》一可レ非《ニ》二其境界《ニ》一也、今此ノ證道ノ灌頂ヲ傳ルガ天台ノ規模、圓頓行者ノ得分也云々、

一序下　文殊利《ノ》劍《ハ》通二六輪一、切二斷十二生類《チ》一云々、仰云、凡此一紙ハ高祖ノ御依用有ル故ニ今ニ習傳ル也、文殊ノ利劍ト者一心三觀也、六輪ト者六道也、一心三觀ノ智光ハ廣ク雖レ通《ト》二十界依正《ノニ》一天台傳敎ノ御出世ノ本

意ハ然圓頓敎本被凡夫ナレバ、約《シテ》ニ御本意《ニ》一今六輪ト取出玉ヘリ、是法花ノ規模也、十二ノ生類ト者、十二ハ十二因緣也、生類ト者衆生也、此六道ノ衆生ト者過去ノ二因現在ノ五果、現在三因未來兩果ヲ三世常恆ニ十二因緣ノ故ニ衆多ノ生死ヲ送ル也、然ルニ此迷ヲバ以ニ一心三觀《ノ》觀惠《チ》一止ルト云事ヲ切斷スト云ヘリ、十二因緣雖レ廣《シト》、初八九煩惱第二第十業、餘七皆是苦テ、押取バ三通也、然ニ今切ニ斷十二因緣《ノ》生類《ヲ》一者、迷ハ三道ノ流轉、悟ハ則果中ノ勝用デ、三道ノ當體則三德ト達ル也、此三道押取テハ又色心ヲ不レ出《デ》、其色心ト者、无始色心本是理性妙境妙智ト達ガ體達斷也、仍敵對斷トハ不レ得レ意、是迄ヲバ迹門ト習也、體達斷トハ云ヘドモ、斷迷開悟ヲ面トスル故也云々、

下ニ一刀《チ》一轫《フレハ》ニ萬法《ニ》一、自然由《ナチ》出ニ三諦《ニ》一明ニ見聞知覺(覺知イ)一也云々、仰云、此十七字ヲバ本門ト習也、一刀トハ境智ノ一言也、境ハ假、智ハ空、境智不二ハ中道、仍境智ノ一言ト者一心三觀也、此一心三觀ハ可レ遍《ス》ニ十界依《ノ》正《ニ》一、故ニ萬法ト云也、總ジテ云バ十界ニ可レ通《ヤ》ナレドモ、別シテハ然圓頓敎本被凡夫ナレバ、此萬法トハ六道二十五有ヲ指ト習也、轫ト云ハ一心三觀ノ智光廿五有ヲ照スト云意也、此重カラ見レバ六塵六根ノ法々皆三諦ト顯ルト云事ヲ、自然ニ由《ナチ》出ニ三諦《ナリ》一明ニ見聞知覺《ニ》一ト云ヘリ、見聞知覺ト者、見色聞聲嗅香別味覺觸知法ナレバ、此ニハ嗅香別味計リ殘レリ、意ハ六根六塵三諦ニ現前シテ明了也ト云意也、

一大智ノ文殊ヲバ約《ハ》ニ迹門《ニ》一、大理ノ普賢ヲバ約ニ本門《ニ》一故ニ、對《シテ》ニ上《ノ》文殊《ニ》一普賢下《シテ》ニ一刀《チ》一等可レ有レ之事ナレドモ、略之意ハ、迹門ヲバ擧《テ》レ人《チ》顯レ法《チ》、本門ヲバ擧《テ》レ法顯レ人意ト習也云々、

一此《コ》ヽヲバ本門ト約束シテ上ノ壽量品ノ文ニ習合ル時、一刀トハ如來如實智見智見《ノ》也、萬方ト者三界ノ相也、此ノ三界ヲバ彼釋《コン》ニハ界內ノ三界界外ノ三界ヲ釋シ玉ヘリ、故ニ界內界外不レ殘也、自然由出三諦ト者非如非異也、譬バ方便品ニ諸法實相ト云、佛智佛

見ノ前テバ諸法ガ全體實相也ト云様ニ、三界ノ相ト者諸法也、此ノ諸法ヲ二乘ハ如ト見、凡夫外道ハ異ト見、偏教ノ菩薩ハ亦如亦異ト見ル也、サテ如來如實智見ノ前デハ、此ノ界内外ノ諸法ガ二乘ノ非ニ偏空一ニモ、凡夫外道ノ非ニ偏教一ニモ、偏教ノ菩薩ノ亦如亦異ニモ非ル所ヲ非如非異ト云ヘリ、サテ何物カト云ヘバ中道也、明ナリニ見聞知覺一ニト者、如來明見無有錯謬ノ所ニ習合ル也、仍テ以ニ一心三觀光ノ一照ニ此界ノ諸法ヲ一チ智自然ト三諦ニ現前シテ明了也ト云事ヲ、今壽量品ノ如來如實ノ智見カラ見レバ、非如非異ノ圓融ノ三諦也ト云處ノ文ニ習合也、深可レ廻レ案チ云々、仍此十七字ヲバ本覺ノ理ヲ顯ス故ニ本門ト習也、此デ云ヘバ三諦、壽量品デ云ヘバ此ノ三諦ガ無作ノ三身也、三諦三身一物也云々、

示ニ此ノ一現ノ三際チ一不レ如ニ一言一云々、仰云、此ノ一言ノ三際ト者、一心三觀ノ觀惠ニ住シテ見レバ、諸法皆本來トシテ三諦ノ法體ト現前スルト云事也、故ニ一現ト者三諦現前ノ法體ヲ指ス也、三際ト者、一義ニ云、三諦也、其ヲ際ト云意ハ空ノ實際假ノ實際中ノ實際ト云心也云々、一義云、三際ト者、三色兩重ノ十二因緣也云々、其時ハ指シテ二三色チ一三際ト云也、迷ノ時コソ十二因緣ト被レ云、悟レバ果中ノ三諦ヲ機ニ指ス時ハ但不レ如ニ一言ニ一ト云事也、其一言ト者境智ノ一言也、仍テ此一言ト者、示ニ一心三觀チ一能觀ノ智也、上ノ一現ト者、諸法差別ノ所レ現ノ法體也云々、

若未レ達タ者開クトニハ二一頌チ一、仰云、一頌ト者、一言三諦、刹那成道、半偈成道、智者記、鏡一心三觀、智一心三觀、鏡一心一言、智、一現、是ガ一頌也、此ノ一頌計リ天台ノ記也、上根ノ者ハ聞テ二境智不二ノ一言チ一ハ譬バ如レ吸ニ磁石ノチ鐵一直ニ達ニ法體ニ一也、故ニ一頌ヲ聞クニ不及ザレドモ、未達ノ中下ノ機ノタメニ開ニ一頌チ一也、是故觀教多附下根ト云ヘル如シ云々、

三般同クシテ無レ不ニ通知セ一、生佛自カラ一現謂ニ是チ一言ノ妙旨ト一云々、仰云、三般ト者三根也、意ハ三根ヲ分別スレドモ、開ニ此一頌チ一上ニハ、三根ノ悟リニ不レ可レ殘ト云事ヲ同無不通知ト云ヘリ、通知ト者得脫也、其ノ得脫ノ體ハ何物ゾト

云時生佛自ラ一現云々、是ノ上ニ一現三際ト者一現也、後悟ノ内證ヨリ見レバ生佛自然ト三諦ニ現前スト云事也、取レ要《ラバチ》阿鼻ノ依正モ全ク處ニ極聖自《ノ》身《ニ》ハ毗盧ノ身土モ不レ逾ニ凡下《ノ》一念《チ》ニト云ヘル重也、是併ラ本門ノ内證也、今生佛ト者、下ニ佛界智《ノ》ハ九界ヲ爲レ境、九界《ノ》智ハ佛界ヲ爲レ境ト云ヘル處ヲ表ル也、序ナレバ正宗ニアル事ヲ預メ皆表シ置也云々、サテ其ノ現前ノ三諦ト者、境智ノ法體也ト云事ヲ習、是ヲ一言ノ妙旨ト云々、

一敎玄義有ヨ此智《ノ》與《ト》ニ此境ハ、早失《クフ》ニ三際言《ノチ》ニ矣、仰云、一敎ト者法花獨一ノ敎ト云心也、玄義ト者、玄ハ幽微ノ心微妙ノ心也、義ハコトワル心也、仍玄義ト者深ク所以有ルト云心也、其ト者何物ゾト云ヘバ、法花一敎事廣シト云ヘドモ、大綱ヲ取テ云ヘバ境智ヨリ外ハ不レ可レ有レ之、本迹兩門ニ各智與レ境共ニ可レ有レ之、サレドモ大綱ヲ取テ云ヘバ、迹門ハ始覺轉迷ヲ旨ト談ル故ニ智ガ面《テ》也、境ヲバ以レ智斷《レバ》レ之也、サテ本門ニモ境智倶ニ有レドモ、隨緣ノ諸法本有ト談ル故ニ境ガ面也、此ノ境智ガ冥合ル所ガ理智一體本迹不二ノ果成也、仍テ迹門ニモ境ト智ト境智不二トノ三義アレドモ智ヲ面トシ、本門ニモ三諦共ニ有レ之共境ヲ面トスル也、此ノ法門ヲ顯サン爲メニ、大智ノ文殊ハ經ノ最初ニ居シ一經ヲ發起シ、大理ノ普賢ハ經末ニ居シテ流通シ、釋迦多寶ノ二佛ハ塔中ニ並座シテ境智不二ヲ釋シ玉ヘリ、故ニ兩門雖レ廣、境ト智ト境智不二ヨリ外ハ不レ可レ有レ之、サテ其ノ境智ト被《ル》レ云物ハ何物ゾト云ヘバ、正報ヲ云ヘバ色心也、色ハ境、心ハ智也、依報國土デ云ヘバ動靜ノ動ハ境、靜ハ境也、是ヲ說相デ云ヘバ、色ハ多寶、心ハ釋迦也、我等ガ五尺ノ形骸百由旬塔婆色心一體所ヲバ二佛居ニ塔中《ニ》ニト顯玉ヘリ、此ノ一體ノ色心ガ生々ノ生死ヲ送ル也、是ヲ今經《ノ》ヲ顯ス時、多寶ハ已入滅ノ佛ナレバ生々ノ死ヲ顯シ、釋迦ハ現在ノ佛ナレバ生々ノ生ヲ顯也、多寶ノ釋迦ニ並座シ玉フハ、死モ非ニ實死《ノニ》ニ即《スル》レ生《ニ》死ナル事ヲ顯シ、釋

迦ノ多寶ニ並座シ玉フハ、生モ非二實生《ノニ》一即レ死《シテ》生《ニ》ナル事ヲ顯シ玉ヘリ、生死《智境》ノ二法色心《境智》二法押取テハ境智ノ二法也、境智ト云ヘバ自ラ不二ガ顯ルヽ也、如レ斯深奥ヲ法花一實ノ敎ト說キ顯シ玉フゾト云事ヲ、一敎ノ玄旨有二此智與《コ》二其境一ト云ヘリ、如レ此《ノ》旨ヲ此記ニ談ル故ニ、此記ヲバ多寶塔中ノ一心三觀トモ云也云々、早失《クセコト》二三際之言《チ》一者、何モ覺悟ノ心要カラ見ル時ハ、尙ヲ境トモ智トモ不レ可レ云、凡此惠光房流ニ五兩一个ノ相承有レ之、五个ト者、名別ノ斷位四句成道證道ノ八相一心三觀無作ノ三身也、此五个ヲ促《ツヽメ》テ簡要ヲ拔テ兩个ニ相傳ル時ハ、一心三觀無作ノ三身也、一个ノ時ハ覺悟ノ心要也、一心三觀ハ迹門ト習（智歟）也、無作ノ三身ハ本門境也、覺悟ノ心要ト者境智不二ノ內證也、此重ニ達シタレバ尙ヲ三諦トモ境智トモ示シテ無用也ト云事ヲ早ク失二三際之言《チ》一云々、序分畢、

仰云、此序若天台ノ作ナラバ、天台灌頂玄旨ト云下ニ智者記ト可レ有レ之、既ニ無レ之故傳敎ノ作也ト覺タリ、サテ一頌ノ下ニ智者ノ記ト置キ玉フハ、章安ノ筆也ト覺タリ、大師ノ義トシテ智者トハ不レ可二書玉《フ》一ナリ云々、

一正宗下一言三諦、刹那成道、半偈成道、仰云、一言ト者境智不二ノ一言也、境ハ假、智ハ空、境智不二ハ中道也、仍境智不二ノ一言ガ三諦也、此ノ一言ノ三諦ヲ達スルガ刹那ノ成道也、雖二實敎一中有レ長有レ短、若依二實道一定短爲正テ、長短ノ二ツ有ル中ニ速疾ガ圓乘ノ至極也、凡夫ノ當體ニ此ノ一言ノ三諦ヲ聞テ刹那ニ成道スル事ハ法花ノ規模也、此ノ刹那ノ成道ノ本據ハ須臾聞之即得究竟ノ文也、サテ刹那ノ言ノ本據ハ提婆品ニ龍女成道ヲ說トシテ於刹那頃發菩提心ト云、三周得悟ト云モ、龍女ノ刹那ニ成道スト云モ、此ノ一言ノ三諦ヲ達ル外ニ別ニ成道不レ可レ有レ之、刹那ト者、此ニハ翻二一念《ト》一、大師龍女成道ヲ釋トシテ此則《卽イ》一念坐二道場一成佛不レ虛也、文、此ノ旨ヲ云トシテ圓家ノ規模トハ申也、凡就《テ》二成道《ニ》一體分ノ成道用ノ成道ト云事有レ之、其

中ニ今所《ノ》レ云刹那成道ト者體分ノ成道也、位ヲバ名字卽ト習也、名字卽ノ位デ一切諸法本是佛法ト聞テ其ニ住ルヨリ外ニ佛果無レ之、是ヲ體分ノ成道ト云也、付レ之機法無盡ナレバ聞所ニ體用ノ諸惑ヲ卽時ニ斷ジ、解行證同時ニ極ル機モ有レ之、是ハ上根也、サテ下機ハ體分ノ成道有レドモ、用ノ成道ニ生ヲ送リ位ヲ經テ行也、是レハ解行輪轉ノ機也、又斷惑モ色々也、圓頓直行ノ機ハ先ヅ斷ニ體惑《ノチ》一後斷《ニル》ニ用惑《ノチ》一也、三惑同時斷ノ下ノ沙汰也、此刹那ノ成道ノ所ニ機類無盡ナル事ヲ序ニ表シテ置ク時、三般同無不通知ト云ヘリ、サテ一言ノ妙旨ト云一言《ハ》、一言ノ三諦ト云一言ヲ目懸テ表テ置也云々、サテ半偈ノ成道ト者、諸惡莫作諸善奉行ノ半偈也、此ノ半偈ハ本依小乘經ノ面デハ七佛通戒偈ト云也、諸惡莫作ハ止持ノ戒、諸善奉行ハ作持ノ戒也、サテ此ノ偈三千觀ノ上ニテハ何ナル所ガ諸惡莫作ゾナレバ、三千ノ觀ニ住ル時ハ不レ見ニ一迷《チ》一所ガ諸惡莫作也、サテ純一實相ノ無作果海ヨリ外ハナキ所ガ諸善奉行也、下リハテタル所ノ小乘半偈ヲ引キ上テ、圓ノ三千觀ノ上デ沙汰スルガ圓敎ノ至極也云々、是マデハ正宗一頌ノ題也、

鏡一心三觀、智一心三觀、　鏡一言一心、智一現

仰云、是ガ眞實ノ正宗也、付ニ此頌ニ多ノ約束アリ、一義ニハ前三重ハ迹門、後ノ智ノ一現ハ本門也云々、一義四重皆迹門也ト云々、一義云、前二重ハ迹門ニ留メ、後二重ハ智門也云々、已前一敎ノ玄義ト者、一敎ハ法花獨一ノ敎也、此法花一經ノ深奧ハ境智不二ノ一言ヨリ外ハ無レ之ト云約束ヲ不レ忘《シテ》得レ意可レ行也、前ノ三重ヲ迹門ト云義ノ意ハ、分位對聞ノ意デ云時、境ノ一心三觀ヲバ約ニ名字觀行《ニ》一、智ノ一心三觀ヲバ約ニ相似分釋《ニ》一、境ノ一言一心ヲバ約ニ究竟卽ノ大法圓滿ノ重妙覺果海ノ境智不二處《ノニ》一也、智ノ一現ハ本門也云々、サテ四重ナガラ迹門デ云法門ハ、境ノ一心三觀ハ名字觀行、智ノ一心三觀ハ相似分釋ニシテ、是ハ約《ル》レ竪《ニ》也、約レ橫《ニ》云時ハ位々ニ境智不二可レ有レ之、就レ之二義アリ、一義

ニハ、約レ竪ニ一往敎門、約レ横ニ實義也云々、一義云、竪ノ義ハ敎門トハ不レ可レ云、其ノ故ハ、名字觀行ハ凡夫未斷惑ノ位ナル故ニ一心三觀ト云ヘドモ、觀行ニ細念前後有レ之、サレドモ一心ト云ヘルハ境ノ故也、境ガ自レ元同時ナル故ニ一心三觀ト被レ云也、故ニ此能觀ノ智ハ境ノ得分也、故ニ名字觀行ヲ境ノ一心三觀ト云ハ、境ガ家ノ智ナル故也、サテ相似分釋ハ斷位ナル故ニ、境ノイロナケレドモ、智自ラ現前シテ三觀同時也、故ニ一心三觀ト云也、仍テ相似分釋ニ在ル處ノ境ハ智ガ家ノ境也、智ガ面ナル故也、故ニ敎門トハ不レ可レ云フ、サテ第三境ノ一言一心ト者何ゾナレバ、是ハ已前住前住上ノ境ノ一心三觀、智ノ一心三觀ヲ知識經卷ニ値テ聞ク事ヲ一言ト云ヘリ、故ニ一言ト云ガ三諦ノ事也、此ノ三諦ヲ一心ト云ヘバ自ラ一心三觀ナル故ニ、如上三諦共ニ三觀トモ不レ云也、サテ鏡ノ一心三觀等云ニ鏡ミト云字ヲ書ク心ハ、鏡ノ一心三觀ト者、名字觀行ハ鏡ガ家ノ智ナレバ、境ノ鏡ニ智ノ像ガ浮ブト云心也、相似分釋ハ智ガ家ノ境ナレバ、智ノ鏡ニ境ノ像ガ浮ブ也、サテ第三ノ鏡ノ一言一心ト者、境ヲバ師ニ譬ヘ、依レ境發ル智ヲバ弟子ニ譬ル也、仍鏡ノ一言一心ノ鏡ハ師也、此鏡ニ所レ浮ノ像ト者弟子ニ譬ル也、是何事ゾナレバ、住前住上ノ境ノ一心三觀、智ノ一心三觀ヲ値レ師ニ聞クト云事ヲ鏡ノ一言一心ト云ヘリ、サテ師ノ説クヲ聞テ弟子ガ智發ル所ヲ、第四ノ智ノ一現ト云ヘリ、詮ヲ取テハ第三ノ鏡ノ一言一心ハ稟承南岳ノ重、第四ノ智ノ一現ハ證不由他ノ重也、是卽止觀行者ヲ云ハヾ、初隨喜品ノ行者ノ相ヲ云トシテ隨心起念止觀具足、觀名二佛知一止名二佛見一於二念々中一止觀現前ト云ガ如ク也云々、是ハ四重ヲ皆迹門デ云義也、サテ四重ヲ皆迹門デ云義ニ相似分釋迄云テ究竟卽ヲ不レ云意ハ、觀因名果ノ心也、妙覺ノ位ニモ一心三觀ヲ云樣有レ之、是レハ別途也、今ハ觀因智果ノ心デ不レ云也、因位デコソ觀トハ云ヘ、果位デハ智ト被レ云間、一心三觀ノ義不レ被レ云也、一義云、前ノ二句ヲバ略シテ、第三第四ノ句ヲ本門デ云時ハ、若但(祇1)只信ニ事《セハ》ノ中ノ遠壽ハ、何能令ヨ此諸菩薩等增レ道損レ生到ニ於極位ハ、故信ニ解《ス》本地難思《ノ》境智ニト云ガ本門ノ至極也、此本地難思ノ境智ノ一言ヲ聞ヨリ外ニ修行ヲ不レ立也、是第三ノ境ノ一言一心ノ重也、如レ此聞取テ諸法皆境智ト顯シ居タル也、其ヲ第四ノ智ノ一現ト云ヘリ、此ノ智ノ一現ノ重カラ見レバ塵々法々皆境智也、無作三身也云々、

一此ノ本地難思境智ノ釋ヲ本地ノ三身ノ依文ト習事隨分ノ祕藏也、其ト者難思ハ應身、境ハ法身、智ハ報身也、難思ト者化用ノ義也、故ニ應身ニ取ル也、境智ハ可レ知《ヌ》、サテ是ヲ傳敎ノ御釋デ云ヘバ無作ノ三身也、サテ七个ノ相承デ云ヘバ、是ガ圓敎ノ三身也、受境爲法身受智爲報身起用爲應身ノ釋ヲモ無作ノ三身ノ依文ト習也、サテ此ノ無作ノ三身ト者、我等ガ上デ云ヘバ色心用、依報デ云ヘバ動靜用也、色ハ法身、心ハ報身、色心和合ノ上ニ所レ起《ス》用ハ應身也、動ハ報身、靜ハ法身、動靜ノ上ノ用ハ無作ノ應身也、此重カラ見レバ塵々法々皆三諦境智無作ノ三身ヨリ外ハ無レ之、此重ヲ智ノ一現ト云ヘリ、刹那ノ成道半偈ノ成道ト云《モ》此重也云々、

一無作ノ三身互ニ本迹《ニ》歟ト云ニ、此ノ惠光房流ニハ迹門ニ亙ルト申也、迹門ハ先ヅ置レ之、本門ガ無作三身本意也、付レ之此流ニ事成ノ無作ノ三身、始本冥一ノ無作ノ三身、唯本無作ノ三身ト三重ニ約束シテ習也、第一事成ノ無作ノ三身ト者、應身ノ當今出世ノ三世益物ノ化導ガ無作ノ三身ノ振舞ト云ガ事成ノ無作ノ三身也、第二ニ始本冥一ノ無作ノ三身ト者、報身ノ功德法門也、本果ノ成道ノ時圓果成一成果ノ重ガ報身ノ上ノ無作ノ三身、此二重ヲバ佛果ノ上デ云也、第三ニ唯本無作ノ三身ト者、化身ノ功德法門也、是卽九果ノ當體我等ヨリ外ハ無作ノ三身トテ別ニ無《キ》レ之也、今所レ云《ノ》智ノ一現ト者此重ノ法門也、是卽我等ガ得分也云々、

一此上ニ一段相承ノ法門有レ之、今ノ唯本無作法ヲ聞テ惡ク得レ意可レ起ニ惡見《チ》一、然ニ爲レ止ニ此邪見《チ》一捨《テ》レ佛得《ルト》レ佛《チ》名目ヲ使習也、依正ノ萬法皆無作ノ覺體ト云重カラ見レバ、我等皆佛果ナレバ一迷ヲ不レ見、サレドモ先此重ヲバ指置テ始覺ヲ立テ、修法顯現シテ釋迦多寶等ノ如ノ佛果ヲ成ヨト云々、此名目者惠心流ニ申セドモ、此流ノアッカイハ然也云々、

一然我實成佛甚大久遠等ノ下ノ釋ニ所成卽法身、能成卽報身、法報合故、能行益物、文、是已前ノ三重ノ無作三身ヲ釋スル也、所成卽法身ハ唯本無作ノ三身、能成卽報身ハ始覺冥一ノ無作ノ三身、法報合故能行益物ハ事成ノ無作ノ三身也ト習也云々、

一本迹ノ境智ヲ習ニ、迹門ニテハ一心三諦ハ境、一心三觀ハ智、是ガ冥ハ境智不二也、本門デハ無作ノ三身ハ境、是ヲ行者ガ證レバ一心三觀、是ガ智也、一徹スル所ハ境智不二也、

一夫一言《ノ》妙法《ト》者四教圓畢離ニ絕學無爲《ノ》三諦《チ》一、仰云、自レ是傳教ノ御釋也、一言ノ妙法ト者、妙ハ心法、法ハ色法也、此色心又卽境智也、故ニ一言ノ妙法ト者、上ノ一言ノ三諦境智不二ノ義也、是ガ法花ノ首題ノ妙法也、四教圓畢ト者能詮ノ教也、離絕學無爲《ノ》三諦者三諦所詮《ノ》理也、意ハ此一言ノ妙法ト者、能詮所詮教門ノ重ヲバ絕タバ法體也ト云心也、一義云、四教圓畢ト者、圓ハ能詮所詮ヲ立ル故ニ爾前ノ圓、サテ一言ノ妙法ト云ガ法花也云々、サレドモ此ノ相傳ノ本意ハ觀心證道ノ重デハ能詮所詮不レ立也、サレドモ法花ニハ教門邊ニハ能詮所詮ヲ不《シテ》レ立ハ不レ叶也、其ノ本說ハ覺大師本迹二門皆存ニ教道一云ヘリ、是能詮所詮ヲ立ル重ヲ釋シ玉ヘリ、故ニ四教圓畢ノ圓ハ法花本迹兩門ニモ爾前ノ圓ニモ可レ在也、サテ觀心證道ノ重ト者、本迹離絕ノ重也、是ヲ法師品ニ是法花經藏《ハ》深固幽遠無《ニンテ》ニ人《ノ》能到《ル》一、文、是法花經藏ト云ガ本ヨ迹ヨト出過シタハ觀心證道ノ重也、此是ハ深固幽遠難レ得也、サテ其法花經藏ト云ハ何物ゾト云ヘバ、境智不二ノ一言ノ妙

法也云々、現前圓明也、是ヲ謂ニ一言ノ三諦ト云々、
仰云、能詮所詮ヲ立ル敎門ノ重ヲ絶タル一言ノ妙法境智不二ノ法體ハ何物ゾト云ヘバ、現前圓明ナリト云ヘリ、心ハ此一言ノ妙法境智不二ノ法體ニ住シテ見レバ、萬法皆三諦ト顯ル丶事現前ノ圓明也、此重ヲ一言ノ妙法トモ境智不二ノ法體共一現ノ三諦共云也、仍テ此妙法ノ法體ト者、能詮所詮ヲ立、其ノ所詮ノ理ノ不レ可レ見ノ法體ト云故ニハ非ズ、只萬法歷々ト三諦ニ現前スル也、諸佛ノ定光三昧、十方賢聖ノ通門、百億ノ敎行從ニ此一現ニ生、三四ノ流轉ハ從ニ是妙用ニ起ルト云々、
仰云、定光ト者寂光ト云心也、三昧ト者中道王三昧也、此一現ノ三諦ト者、諸佛ノ常寂光土、中道王三昧ノ內證ヲ云法門也、十方ノ諸佛薩埵ノ普門示現種々ノ應用モ、一代ノ敎法萬行萬善モ、皆此ノ一現ノ境智不二ノ淵源ヨリ起ルト云事ヲ、十方賢聖ノ通門百億ノ敎行從ニ此ノ一現ニ生ズト云ヘリ、此ノ一現ノ三諦ト者、五兩一个ノ相傳ノ時キハ尙ヲ一心三觀、無作ノ三身ハ始覺也、覺悟ノ心要境智不二ノ重ヲ一現ノ三諦ト云也云々、
顯戒論云、稽首十方常寂光、常住內證三身佛、實報方便同居土、大悲示現大日號、文、此釋全體今ノ文也、稽首十方○三身佛ト者、諸佛定光三昧ノ所ハ實報方便同居土大悲示現大日號ト者、十方賢聖門等ヲ云ヘルハ一物也、付レ之眞言宗ハ大日號ノ內證ヨリ釋迦成道ヲ現ジ玉フト申也、山家ノ今ノ御釋ハ大日釋迦ト者常寂光土ノ三身ノ內證ヨリ出現スル也云々、百億敎行從ニ此一現ニ生ズト者、萬法於總ニ一心ニ衆途於了ニ三觀ニト云ヘル重也云々、三四ノ流轉ト者十二因緣也、此ノ十二因緣モ源ハ一現ノ三諦ヨリ生ル也云々、此ヲバ病藥相對シテ習也、百億ノ敎門ハ能治ノ良藥也、十二因緣ハ所治病也、サレバ十二因緣ハ三道也、三道ト者色心也、然ルニ無始色心本是理性妙境妙智ト向ヘバ、三道ノ迷ノ外ニ三德ノ悟リ無レ之、故ニ此ノ一現ノ三諦ノ

內證ヨリ見レバ、病藥一體也、此重ニ足ヲ立テ丶、煩惱卽菩提トモ生死卽涅槃トモ菩提卽解脫共談ル也、此ガ現前圓明ノ一現ノ三諦境智不二ノ法體也、法花一部此ヲ所期ニシテシツラウ也、法花一經ヲバ境ト智ト境智不二トニ習也、サレバ天台四要品ヲ詮玉フ事ヲ妙樂大師方便安樂壽量普門並是是本迹之根源此經之樞鍵ト云ヘリ、此ノ四要品ガ本迹ノ根源一經ノ簡要也、是何事ナレバ方便安樂ハ迹門是智也、壽量普門ハ是本門境也、サテ寶塔品ハ在《テ》ニ經中《ニ》二佛塔中ニ並坐シテ、釋迦ノ智ハ迹門ヲ顯シ、多寶ノ境ハ本門ヲ顯シ、サテ約ニ菩薩《ニ》ト云ヘバ、大智ノ文殊ハ經ノ最初ニ居シ、大理ノ普賢ハ經末ニ居シ玉ヘリ、サテ二佛一基ノ塔婆ニ並坐シ玉フハ境智不二ヲ顯シ玉フ也云々、サテハ何トテ五要品《ト》不レ云四要品ト云歟ト尋ル時、四要品ヲ詮ル事ハ先而二敎門ノ上デ本迹兩門境智ノ二邊ヲ顯ス也、サテ寶塔品ハ觀心證道ノ重ニ一段ニ傳《ル》レ之故ニ、四要品ト云テ五要品トハ不レ云也云々、此流ニハ爾カ申也、サテ惠心流ニハ何トテ五要品トハ不レ云歟ト云ニ付テ、附文ノ四要之意ノ一品ト云名目ヲ使テ習也、法門ノ底ノ心ハ同レ之也云々、

一四要品ヲ大意ノ五略ニ習入《ル》時、方便ハ發大心、安樂ハ修大行、壽量ハ成大果、普門ハ裂大網也、サテ歸大處ハ三德祕藏ノ妙理結歸ル故ニ、是本迹一致境智不二ナル所ガ寶塔品也、仍テ法花一部ハ此ノ五品ガ根源也、止觀一部ハ此五略ニ收ル也、止觀トハ假令法花ト云名目ヲ替テ說マデ也、內證ハ一體也、然カ云ヘバ百億ノ敎行此ヲバ不レ出、其故ハ四味八敎ハ迹門ノ一乘ヲ開ル也、迹門ノ時《キ》ハ又從多歸一也、而ルニ迹門ノ一乘ト云モ本門ノ一乘ト云モ體ハ同物也、此ノ一乘ト者押取テハ境智不二ノ一言也、サテ此重ヲ我等ガ上デ云ヘバ色心ノ二法、依報デ云ヘバ動靜也、是ニ而二モアリ不二モアリ、往テハ動靜無礙色心一體也云々、

一當知見與ニ不見一中際ハ本來所具ノ三諦也云々、

仰云、中際ト者見與《ト》ニ不見一眞中程ニ此ノ三諦ノ法體ヲ具ルト云ニハ非ズ、只目閉テ居タル當體ノ中際ニモ目ヲ開テ向ニ萬法《ニ》一、當體ノ中際ニモ三諦ヨリ外ハ無レ之ト云事也、サテコソ現前圓明ナリトハ云ヘ、此流ニハ四種ノ三諦ト云事ヲ習也、謂ル一唯法性ノ三諦、二ニハ體徳合説ノ三徳、三ニハ性相合ノ三論ノ三諦、四ニハ唯法相ノ三諦也、今所《ノ》ニ沙汰《スル》一現前圓明ノ三諦ハ、此四種ノ中デハ第四ノ唯法相ノ三諦也ト習也云云、

一四種ノ三諦ト云事　仰云、第一ニ唯法性ノ三諦ト者、法性ハ中道、此ノ法性ハ萬法ノ所レ依也ト云、其ノ萬法ト云方ハ假、サテ法性ノ理行デハ不レ見ニ萬法異《ノチ》一方ハ空也ト云々、第一體徳合説ノ三諦ト者、法體ハ中道ナレドモ、其ノ法性ニ明靜ノ二徳有レ之、明ノ徳ハ假、靜ノ徳ハ空也云々、第三性相合論ノ三諦ト者、性ハ法性是中道也、相ハ事相也、此ノ事相ノ萬法ノ上デ具ニ備テ云也、諸法ハ皆因縁和合シテ生ル也、是ハ假也、サレドモ色目ヲ見レバ假和合シテ非《ル》ニ實有《ニ》一所ハ空也、第四ニ唯法相ノ三諦ト者、性相合論ノ三諦ノ中ノ空假ヲ其儘置テ、空モ假モ一體ト云ヘバ中道也、生死デ云ヘバ生ハ假、死ハ空、此生死即不思議一心ト云ヘバ中道也、一切皆然可レ得レ意也、是ハ只一向不《シテ》ニ性《ナ》寄《セ》一事相自起ノ諸法ノ上デ三諦ヲ云也、今沙汰スル一現ノ三諦ト者、此ノ唯法相ノ三諦也、

仰云、已下三行イナシ處々ノ釋ニ三諦ノ形各別ナルヲバ、此四種ノ三諦ヲ以テ可レ得レ意也、中論ノ因縁所生法等ノ句ハ、唯法相ノ三諦也云々、

示ニ眼前一現一法然具足《トシテ》離ニ見聞覺知一、只在ニ一肘《ニ》一、故劫《ニ》劫《ニモ》不レ勞、刹那住ニ究竟本意《ニ》一、

仰云、此一現ノ三諦ヨリ見レバ萬法皆本來トシテ三諦三身ヲ具足シテ有リト云事ヲ示、眼前法然具足ト云ヘリ、離ニ見聞覺知一者六根ヲ四ッ出ス也、於ニ諸法一凡夫ハ見レ異《ト》、二乘ハ見レ如《ト》、三敎ノ菩薩ハ亦如亦異ト見ニ墮ル也、然ルニ佛智佛見ノ前ニハ、塵々法々皆三諦

三身ト顯ル丶故ニ、六根六塵ノ迷ヒ無レ之事ヲ離ニ見聞覺知チ一ト云ヘリ、是壽量品ノ如來如實ノ知見ノ重也、此重ヲ今其儘示ス一現ノ三諦也云々、只在ニ一肘ニ一者、大方ハ[illegible]有ニ眼前ニ一ト云事也云々、サテ立入テ云時ハ、是ハ止觀ノ簡境用觀ノ心也、去丈就尺去尺就寸テ、十八界十二入ノ丈ヲ去リ、前四陰ノ尺ヲ去リテ、第五ノ意識心王ノ寸ヲ取テ觀ノ境ニ用ル也、是何事ゾナレバ、初心ノ行者ハ觀ノ境ガ廣レバ觀門難レ成故ニ、簡境用觀シテ觀門ダニ成シツレバ法々三千ト達ル也、今只有ニ一肘一ト云物ハ第五意識心王也、我等ガ上デ云ヘバ鳩尾ノ下在ニ巨闕ノ上ニ一八分ノ肉團也、其ヲ一肘ト云心ハ、八葉白蓮一肘間、頤ヨリ巨闕マデ一肘有レ之也、一肘ノツモリハマワリ一尺八寸也、此ノ八分ノ肉團ヲ託胎ノ時最初伽邏藍ト云也、此肉團ガ鳩尾巨闕ノ間ニ在テ、生ル時モ此ヨリ生ジ、死ル時モ此ヨリ死ル也、迷時モ悟ル時モ此ヨリ起ル也、故ニ是ガ生死根本迷悟ノ根源也、此ノ肉團ヲ十二因緣ノ時ハ名識ト云

也、止觀デ簡境用觀シテ第五ノ意識心王ヲ取ト云ハ此ノ肉團ノ事也、此用チ觀境ノニ一達ハ觀門ニ一三千ノ法々ニ達シテ行也、此ヲ達テ身土一念三千故成道時稱此本理一身一念徧於法界云々、此重ヲ稱此本理ノ成道ノトテ自受用成道トモ云也、故ニ刧々不レ勞ニモ刹那住ニストキ究竟ノ本位ニ一者、此ノ意識心王ノ處ニダニモ達シツレバ修行ニ不レ經ニ刧勞チ一刹那居ニ究竟極位ノニ一也、此ニハ義眞和尚ノ不レ經ニ三祇チ一頓ニ備ニ薩埵行チ一、不レ越ニ一念チ一直ニ(進イ)分ニ菩提ノ果ニ一、三身究竟無シテ有ニ過上コト一、虛空爲レ座チ成ニ於妙覺トチ一、一家ノ所期實在ニ是果ニ一云々、此釋ヲ合ル也、不レ經ニ三祇チ一頓ニ備ニ薩埵行ノチ一者、刧々不勞處也、不レ越ニ一念チ一直ニ進ニ菩提ノ果ニ一、去バ一念ト者一肘也、其菩提ノ果トハ三身究竟等云ヘリ、此究竟ノ果ヲバ名字卽ノ機分ノ成道ト習也、其故ハ刹那住ニトニ究竟本位ノニ一云ヘル刹那ト者、一言ノ三諦ノ下ニ刹那成道ト記ル刹那也、究竟本位ト者理卽ト習也、是稱此本理ノ理也、分釋究竟ト云フ究竟ハ尚チ始覺也、究竟ノ本覺トハ實ニハ理卽也、サレバ天台家

ノ習ニ理即ノ凡夫ト云ト只タ理即ト云トハ不レ同也、理即ノ凡夫ト云ハ迷ノ事也、只理即ト者佛果也云々、
仰云、皮肉筋骨ト者色法也、是ガ冥レ智之智ハ心法也、此境ガ冥レ智ト云智ハ心法也、此境ガ冥レ智ト云事也、一念ノ心慮薫レ境ト者、智ガ冥レ境事也、是何事ゾナレバ、八分ノ肉團最初伽邏藍ノ重ト者、赤白二渧和合シタル處ニ識塵ガ宿ル也、故ニ色心不二也、其ヲ見レバ色ガ冥レ心心冥カレ色ニ也、仍皮肉筋骨冥レ智者、境發智爲報ノ重也、一念ノ心慮薫レ境ニ者、智冥境爲受ノ重也、是ハ八分ノ色心ヲ置テ如レ此談ル也、此色心境智不二ノ重ニ達ルガ自受用ノ成道遍法界ノ重也、
我心直遍ニ迷悟ニ一、吾體全ク收ニ三千一、廣狹雖レ遮レ眼コ、宜レ住ニ一現ニ一云々、
仰云、我心ト者、此八分ノ肉團也、此心ガ直ニ十界迷悟ニ遍ル也、是ハ普賢經ニ我心自レ元罪輪無量ト云ヘル我心ト一物也、吾體全ク收ニ三千チ一者、此ノ八分ノ肉團色心不二ノ處ニ達シツレバ、此五尺ノ形骸ガ全三千ノ依正、依正ガ全五尺ノ形骸也、此ノ境智不二ノ色心一體ノ故也、此ノ觀心ヲバ何ナル心外偏墜ノ無窮ノ細念ガ起テ作ニ障碍トモ一、此チノ眼前圓明ノ一現ノ三諦ノ所ニ實固ト住レバ、諸法ガ自ラ三千三諦也ト云事ヲ、廣狹雖レ遮レ眼コ宜レ住ニ一現ニ一云々、
開ニ兩眼チ一覩ニ五塵境ノチ一時者、應ニ隨緣眞如ナル一、閉テニ五眼チ一住ニ無念ニ一時者、當ニ不變眞如ニ一文、
仰云、此眼前圓明ノ一現ノ三諦ノ所ニ住レバ、法々カ非ニ別物ニハ一、不變隨緣ノ兩種ノ眞如也、意如レ文、付レ之此流ニ三種ノ二眞如ヲ習也、謂ル法性理內ノ二眞如、性相合論ノ二眞如、唯法相ノ二眞如也、此ノ三種ノ中ニ今所レ言二眞如ハ、第三ノ唯法相ノ二眞如也云々、
一三種ノ二眞如ノ事　仰云、第一ニ法性理內ノ二眞如ト者、法性ノ理內ニモ佛眼種智眞空冥寂ノ切德有ハレ之不變眞如ト云也、四眼二智萬像森然ノ功德有ハレ之隨緣眞如也、第二ニ性相合論ノ二眞如ト者、法性ノ方ハ不變眞如、事相ノ緣起ノ方ハ隨緣眞如也、第三ニ唯法相

ノ二眞如ハ去今如レ云、開《カ》レ眼向《チ》ニ五塵境《ノニ》一時、法々差別ヲ見ルハ隨緣眞如也、閉レ眼住《チ》ニ無念《ニ》一時不レ向《ニ》ニ萬法《ニ》一不變眞如也、生死ヲ云ヘバ生ハ隨緣死ハ不變也云々、故聞《コ》ニ此一言《チ》一萬法茲達、一代修多羅含《ニシ》ニ一言《ニ》一云々、

仰云、聞ニ境智不二《ノ》一言《チ》一、其法體ニ達レバ何事非《モ》ニ境智《ニ》一事無レ之、三千ノ諸法モ一代ノ敎法モ皆悉ク此ニ收ムル也、是卽記三云、君得《レハ》ニ此意《チ》一如レ視《ノチ》ニ掌菓《ニ》一、法花一部方寸可レ知、文、一代敎門刹那ニ便識《チ》リナントト云ヘル如ク也、方寸ノ肉團ニ達レバ十界ガ一念也云々、佛界智九界爲《ノハ》レ境《ト》、九界智佛界爲《ノハチ》レ境、境智互冥薰《ニシテ》ニ凡聖《ニ》ニ常恒《ナリ》、此謂《チ》ニ刹那成道《ノ》一、解《ニ》ニ三道卽三性《ト》一諸惡儵眞《ニ》善《ナリ》、是名ニ半偈成道一云々、

仰云、第三ニ唯法相ノ二眞如ト者、隨緣不變共ニ事相緣起ノ上ニテ云也、仍テ人間ノ一生涯ノ仕立卽兩種ノ眞如也、胎內ノ五位、胎外ノ五位ノ生年盛年マデモ隨緣眞如、老年ニ成終ニ歸《ル》レ滅ハ不變眞如也、是又止觀ノ二法寂照ノ二德也、朝ニ起ルハ觀也照也、夕ニ臥ハ止也寂也、朝ニ闇ヨリ起キ出ルハ寂而常照也、夕ニ闇ニ入ルハ照而常寂也、依報テ云ヘバ靑得《チ》ニ陽氣一草木萌《エ》出ルハ隨緣眞如、又觀也照也、是荷レ葉ルハ不變眞如、又止也寂也、仍諸法皆隨緣不變止觀寂照ヨリ外ハ無レ之、此眼ヨリ見ル時ハ生ル時モ不レ可レ欣、死ルトキモ不レ可レ厭也云々、極祕藏也、不レ可ニ口外一、不レ可ニ口外一、私云、此ノ一个條ノ法門ハ、後日談議能々可ニ思案一云々、

仰云、佛界智九界爲《ノハチ》レ境《ト》者、是ヲバ迹門ノ至極ト習也、其故ハ九界ハ所轉境、佛界ハ能轉ノ智也、サレバ迹門ニ欲令衆生開佛知見ト云ヘリ、九界ノ迷境ヲ轉ジテ佛界ノ覺智ヲ開ト云心也、九界智佛界爲《ノハチ》レ境ト者、是ハ本門至極ト習也、意ハ佛界ノ境ヲ轉ジテ九界ノ智ニ立還ル意也、是卽等覺一轉入于理卽ト立ル意也、サレバ法花ノ二所三會ト者、靈山會ヲ轉ジテ登ニ虛空《ニ》一、九界ヲ轉ジテ登ニ佛界《ニ》一事ヲ顯ス也、是迹門ノ至極也、又虛空會ヲ轉ジテ屬累品ノ時靈山會ニ還ルハ、佛界ヲ

轉ジテ九界ニ還ル意也、是本門ノ至極也、此重ニダモ達レバ十界三世常恆ニシテ、境智互ニ冥ト云事ヲ、境智互冥ニシテ薫ニ凡聖ニ常恆ナリト云ヘリ、此ニ達ルヲ刹那ノ成道ト名ル也、序ニ十二ノ生類ト云ヘルハ、十二ト者十二因緣也、十二因緣雖レ廣、押取テハ三道ヲ不レ出、然ルニ三道卽三德ト達レバ、惡ヲ不見之迷不見之所ハ諸惡莫作也、其ノ迷惡ガ全體三德祕藏ノ妙理ナル所ハ諸善奉行也、是チ名ニ半偈成道ト云事ヲ解ケバ三道卽三德ト等云ヘリ、然ニ小乘ヲ止持ノ機作持機ト敎ヘシ下リハテタル諸惡莫作諸善奉行ノ半偈ヲ、壽量品ノ極談ヘ引登セテ沙汰スル事ハ、是塔婆ハ佛法ノ根本ト云ヘル義也云々、

一註云、此一言ノ記ト者、安ニ置天台山ノ石塔ニ、五百羅漢常來守護スト云々、

仰云、天台二通ノ記ヲ授ニ章安ニ、一通ヲバ我ガ廟ニ收ヨト御遺言ナレバ、天台山ノ石塔ニ收レ之時五百ノ羅漢常ニ來テ守護スト云々、サテ一通ヲバ邃和尚天童山ノ石塔ニ收シヲ、傳敎大師入唐ノ時、天機秀發ノ機ニテ御座ス故ニ、極樂淨土院ノ西廂ニテ授レ之也、自今已後ニモ一機ヲ撰テ可レ授レ之云事ヲ、予延曆廿三年甲申七月廿二日於ニ天童山ニ傳之、將來者宜レ瞻ニ一機ヲ一文、

天台灌頂玄旨私聞書

第二　三句切紙相傳

仰云、三句ト者、常寂光土第一義諦、靈山淨土久遠實成、多寶塔中大牟尼尊、是ノ三句也、凡此三句ヲバ天台一宗ノ血脈相承ノ最初ニ、惠檀兩流共ニ載レ之也、今惠光房流デ云時ハ、五个ノ相承ノ中ニ玄旨ハ第一、此三句ハ第二番ノ相承也、傳敎御入唐ノ時値ニ道邃和尙ニ玄旨ヲ相傳シテ、其ノ玄旨ノ意趣ヲ取テ此三句ヲ結玉ヘリ、此三句ヲバ山家ノ內證佛法ノ最初ニモ置レ之、又如レ今別シテ書ニ出之ニ傳レ之也、當宗ニモ內證佛法ノ血脈ト申ス御相承御座ス也、其レニモ此三句ヲ載タリ云々、

一此三句ヲ結玉フ本據ヲ云ニ、第一常寂光土第一義

諦ノ句ヲバ、普賢經ノ釋迦牟尼佛名毗盧舍那遍一切所其佛住處名常寂光ノ句ヲ本據トシテ作リ玉ヘリ、釋迦牟尼佛遍一切處ハ第一義諦、其佛住處名常寂光ハ常寂光土也云々、第二ノ靈山淨土久遠實成ノ句ヲバ法花論ノ報佛如來眞實淨土ノ文、壽量品ノ然我實成佛已來等ノ文ヲ本據トシ玉ヘリ、報佛如來ト者、修一圓因成一圓果ノ本果ノ成道ナレバ、是ガ久遠實成也、眞實淨土ハ靈山淨土也、然我實成佛已來久遠若斯《ハ》久遠實成、於阿僧祇刧常在靈山ハ靈山淨土也云々、第三ノ多寶塔中大牟尼尊ノ句ヲバ、法花論ノ同一塔座者示現化佛法佛報佛等皆爲成大事故ノ文ヲ本據トシ玉ヘリ、同一塔座ト者多寶塔中也、示現佛佛法佛報佛ハ大牟尼尊也云々、仍二經一論ノ文ヲ本據トシテ三句ヲ成シ玉ヘリ、

一此ノ三句ニ何レモ八字宛有レ之、是ヲ約束ル時上ノ四字ハ所依ノ土、下ノ四字ハ能依ノ身ト習也、所依ノ土ト者四土ナリ、能依ノ身土ト者三身也、故ニ此ノ三句ガ三身三諦也、已前ノ玄旨灌頂ノ簡要ト者境智不二ノ一言一現ノ三諦也、其玄旨ノ意趣ヲ取テ三句ニ結玉フ故ニ此三句ノ上デ三身ヲモ三諦ト習也云々、

一第一第二ノ句ハ寂光土、第三ノ句ハ實報已下ノ三土ト約束ル也、是ヲ眞身開應身合ノ意ト習也、第一義諦ハ法身是境也、久遠實成ト者是智也、此境智ノ二佛ハ共ニ一ノ寂光ノ内證ナルヲ開シテ二句トスル故ニ眞身開ノ意也、第三ノ句ノ大牟尼尊ノ所ニ化佛法佛報佛ノ三佛アレドモ、一句トスル故ニ應身合ノ意也、仍上ノ二句ヲ共ニ寂光ト云ニ付テ、第一ノ句ハ理ノ寂光、第二ノ句ハ事ノ寂光ト習也、故ニ常寂光土ト者理ノ寂光、第一義諦ハ法身、靈山淨土ハ事ノ寂光、久遠實成ハ報身也、此第二《ノ》句《ハ》壽量品《ニ》、常在靈鷲山《ノ》句《ヲ》釋ル時《キ》、常在靈鷲山此《トハ》謂ニ實報土ニ也ト立ルヲ、妙樂大師據《ハ》ニ常在之言ハ、即屬自受用土ト云ヘル意也、此ノ時ハ自受用ノ所居ハ無レ偏《マギレ》寂光土也、サテ第三ノ句ニ多寶塔中ト者、實報已下ノ三土、大牟尼尊トハ他受用以下

ノ身也、上ノ四字ハ所依ノ四土、下ノ四字ハ能居ノ三身ト云約束是也、

一付テニ法花經ノ文ニ習ニアリ、報佛如來ノ眞實ノ淨土ハ第一義諦ノ所攝故ナルニト云ヘル何事ゾト云ニ、第一義諦トハ寂光法身ノ理也、然ルニ寂光土ハ何トシテモ理ガ本ナレバ、報佛如來ノ智惠ハ理ノ所攝ナリト云ヘル意也云々、

一付ニ三身ノ廢立ニ三ノ樣アリ、一ニ境智不二、二ニハ境智相、三ニハ境智用、此ノ三ノ上デ三身ヲ習也、是ヲ一々三句ノ上デ習時、先ヅ第一ノ境智不二ヲ云ハバ、第一ノ句ハ境智不二ノ重是法身也、第二ノ句ハ是智是報身也、第三ノ句ハ是境應身也、是上ノ玄旨ノ口傳ノ時、境智不二ノ一言ヲ三諦ニ習フ法門也、境ハ假、智ハ空、境智不二ハ中道也、是ガ又三身也、假ハ應身、智ハ報身、中道ハ法身也、仍テ此ノ三句則三諦也三身也、サテ第二ノ境智相ノ三ヲ云時ハ、第一ノ句ハ境是法身、第二ノ句ハ智是報身、第三ノ句ハ相是應身也、付レ之境ト云モ色法、第二ニ相ト云モ色法也、色心ノ二ヲ置テ心法ハ報身、色法ノ上ニ法應ノ二身有レ之、此ノ不同ヲ習時、法界ノ實法ノ四大ハ法身、四大所成ノ假法ノ形色ハ應身ト習也、サレバ十如是ノ初ノ三如是ヲ三身ニ習ハ此ノ境智相ノ心也、相如是ヲバ相唯在色、文、是法身也、性如是ヲバ性唯在心ト云ヘリ、是報身也、體如是ヲバ主質名爲體ト云ヘリ、是四大所成ノ體也、是ヲ應身ト習也、サテ第三ノ境智用デ云時ハ、第一ノ句ハ境是法身、第二ノ句ハ智是報身、第三ノ句ハ用是報身也、意ハ我等ガ色法ハ法身、心法ハ報身、色心和合ノ上ニ所レ吐クノ用ハ應身也、是ハ止觀ノ就境爲法身就智爲報身起用爲應身ト云ヘル釋ノ意也云々、サテ此ノ三重ノ三身ヲ都合シテ云ヘバ、法身ニハ不二ト境トノ二ノ配立有レ之、應身ニモ境用相ノ三ノ形有レ之、報身ハイツモ智ノ一ヨリ外ハ無レ之、是迄約束習也云々、

一三句ヲ三身ニ配當ル事ハ如レ此、往テ云ヘバ一々ノ句ニ三身可レ有レ之也、是ヲ大ニ約束シテ習時、第一ノ

句ニ所ノレ有ル應身ノ三身ハ、應中論三ノ三身也、如レ此習意趣ハ何ゾナレバ、併ラ是ガ壽量品一品ノ意趣也、出シテ二經文チ一云ハヾ、一切世間天人及阿修羅皆謂今釋迦牟尼佛○三菩提云々、釋迦牟尼佛トハ今日ノ敎主是應身也、此ニ有ル所ノ三身ハ應中論三ノ三身也、是ヲ三身狹メ云ヘバ第三ノ句也、大牟尼尊ノ言可レ思レ之、然我實成佛已來久遠若斯トハ、修一圓因成一圓果ノ本果ノ成道也、是レ報身也、此所ノレ有三身報中論三ノ三身也、是ヲ三句ニ狹レバ第二ノ句也、サテ如來ハ如實ニ知ニ見三界之相チ一無レ有ニ生死若ハ退若ハ出一等ノ六句ノ知見ヲバ法身ト習也、此ニ所ノレ有三身ハ法中論三ノ三身也、是レヲ三句デ云ヘバ第一ノ句也、仍上ノ玄旨ノ相傳ノ時キ一現ノ三諦ノ上デ三身ヲ云ヘドモ、面ガ三諦也、今ハ無作ノ三身ヲトメテ習也云々、

一無作ノ三身互ルニ迹門ニ一歟ト云ニ、檀那流ニハ互ルトニ迹門ニ一云々、サレドモ無作ノ三身ノ本體ハ本門也、付レ之惠坊流ニハ本門ノ上デ三重ノ無作ノ三身ヲ習也、如ノレ上

第一ニ事成ノ無作ノ三身トハ、是ガ壽量品ノ三世利物ノ化導也、近情唯見ニ現在八十一不レ出ニ過去無央數刧未來不滅一、故約ニ三世一開レ近顯レ遠チ如ニ今日ノ一前三後一前近後遠化導三世無ニ廢退トニ一云ガ事成ノ無作ノ三身也、是ヲ始覺ノ面ガ成ル法門也、是ハ應身ノ上デ云也、第二ニ始本冥一ノ無作ノ三身トハ、若得始覺還同本覺心也、本覺ノ心也、本實成ノ昔シ修一圓因成一圓果テ因果ヲ立テ成佛ノ始ヲ云方ハ、始覺ノ悟リ已ヌレバ還同本覺スル也、始本冥一ノ無作ノ三身ト云也、是ハ報身ノ上デ云也、第三ニ唯本無作ノ三身トハ、一向不レ寄ニ始覺ニ一本覺ノ重テ成ル也、事成ノ無作ノ三身ハ三世利物ノ佛果ノ振舞ノ上デ云レ之、始本冥一ノ無作ノ三身ハ九界ガ歸トニ佛界ニ一云面ハ若得始覺也、歸シ已ヌレバ還同本覺スル也、サレドモ未九界ヲ迷ト見テ行ク故ニ、上ノ二重ハ我等ガ爲メニハ遠キ也、未始覺ヲ殘ス故也、第三ノ唯本無作ノ三身トハ、一向生佛ノ沙汰ヲ不レ云ハ也、是ガ眞實ノ無作ノ三身也、其ノ重ハ九界

ノ當體我等ガ當位ヨリ外ニ三身ノ直體無レ之《ト》云ガ唯本無作ノ三身也、此法門ガ我等ガ得分也、是ハ法身ノ上デ云也云々、此無作ノ三身ヲ三句ニ習合ル時《キ》第三ノ句ハ事成ノ無作ノ三身、第二ノ句ハ始本冥一ノ無作ノ三身、第一ノ句ハ唯本無作ノ三身也云々、

一唯本無作ノ三身ト云ガ眞實ノ無作ノ三身也、依正ノ萬法本來トシテ三身ノ直體ト成ル重也、此重ヲ分別功德品ノ記ニ、若但只《(秖イ)》信ニ事中遠壽一、何能令ニ此諸菩薩等増レ道損レ生至ニ於極位一、故信ニ解本地難思境智一、信心動轉《(初イ)シテ》自在無礙《ナルチ》、方《ニ》名《テ》爲レ力《ト》云ヘリ、倚壽量品ニハ、事成始本冥一ノ二重ノ無作ノ三身ヲ說《リ》、唯本ノ重ハ中中言說ヲ不レ費《ツイヤサ》也、此事ヲ爾カ判ル也、心ハ只信ニ佛壽長遠一ヲ計リデハ損生ノ益ヲバ不レ可レ成也、此本地難思《ノ》境智唯本無作ノ重ヲ信解シテ成《ル》ニ増損《ノ》益《チ》一也、此故《ニ》信解本地難思境智ノ機ヲバ、在世デハ一念信解ノ人ト云ヒ、滅後デハ初隨喜ノ人ト云也、是直行ノ圓人也、法花一經ハ此境智不二ノ重デ極ル也、是ヲ立チ入テ見レバ、境智トハ色心也、是ヲ止觀ニ無始色心本是理性妙境妙智ト云ヘリ、此色心ガ本來ノ境智也、此重ヲ三身ヲ云ガ唯本無作ノ三身也、故ニ已前ノ境智不二、境智相、境智用ノ三重ノ三身ハ、此唯本無作ノ三身ノ重ノ法門也、此重ガ我等ガ得分壽量ノ至極也、是ハ第一ノ常寂光土第一義諦ノ上デ云法門也云々、

一仰云、無作ノ三身ノ自迷自起トテ大事ノ習法門有レ之、謂ル萬法雖レ廣《ト》十界ヲ不レ出、然ニ十界ノ法體ノマヽデ置ケバ無作ノ果海也、然ルニ天然トシテ心外偏墜ノ念起ルガ自迷自起也、心ハ無作三身我ト迷ヒ我ト起ルト云事也、意ハ心外遍墜ノ念トテ、果海ヨリ見レバ三身ノ外ニ非ル故也、サレバ又此念終ニ歸ニ本心《ニ》也、謂ル地獄ハ地獄ノ本心ニ歸リ、乃至佛界ハ佛界ノ本心ニ歸ル也、仍テ本門無作ノ果海ヨリ見レバ十界常住也云々、是ハ法體ノ開癈ノ上デ云法門也、祕藏云々、

一此上ニ一重ノ深義有レ之、上件ノ心ハ、第一第二ノ

句ハ寂光土法報二身、第三ノ句ハ實報已下ノ三土應身也云々、此上ニ一重習有レ之、謂第三ノ句ガ至極也、其故ハ三土ノ外ニ置ニ寂光《クハ》一未《チタ》始覺也、眞實ハ三土ノ外ニ寂光無レ之、豈離ニ伽耶一別求ニ常寂光一非ニ寂光一外別有ニ娑婆一ト云ヘル是也、仍テ第三ノ多寶塔中大牟尼尊ノ句ガ寂光土是壽量ノ至極也、此ニテ多寶塔中ノ一心三觀ト云法門ヲ習也云々、夫何事ゾナレバ、多寶塔法花論ノ會場虛空ニ涌現シテ塔中ニ二佛並座シ、分身ハ樹下ヱ集リ玉ヘリ、サテ其ノ塔トハ何ゾ、五百由旬ハ我等ガ五尺ノ形骸、五體五輪也、是色法也、サテ塔中ニ二佛居玉フハ我等ガ心法也、心法ニ動靜有レ之、靜心ハ多寶、動心ハ釋迦也、然ニ此寶塔法花已前ニモ地ノ底ニハ有レ之也、其ノ地トハ無明ノ大地也、法花ニ不レ値時ハ無明ガ不レ破、故ニ我等ガ色心迷ニ住ル事ハ寶塔ノ地ノ底ニ有ルガ如ク也、値《ヘハ》ニ法花《ニ》一破ニ無明《ノ》大地一、我等ガ色心全體佛果ノ形ト成ルト云事ヲ顯ンガタメニ寶塔從レ地涌出ル也、無明ノ大地破裂シテ己心ノ寶塔涌現スト云是也、是一重、又五百由旬ノ寶塔ハ我等ガ五體五輪也、サテ釋迦多寶ハ我等ガ色上ノ無始已來ノ生死也、生ハ釋迦、死ハ多寶也、並座シ玉フ事ハ非生現生非滅現滅ヲ顯ス也、三諦ト云フハ、生ハ假、是レ釋迦、死ハ空、是多寶、不生不滅ナル所ハ是レ中道也、是ヲ多寶塔中ノ一心三觀ト習也云々、此三諦ヲ置テ境智不二ノ上デ云ントモ、境智相ノ上デ云ントモ、境智用ノ上デ云ハントモ儘也、サテ草木ノ上デ云ヘバ、依報ノ動靜卽チ釋迦多寶塔婆也、仍天台玄旨ト者深奥ト云事、深奥トハ境智不二ノ重ニ結ル也、是ヲ山家ノ大師三句ニ結ルヲ、內證佛法ノ血脈ノ最初ニモ置レ之、又別シテ書出シテ如レ今傳レ之也、是ヲ師資相承ル時繼圖有レ之也、如ニ切帋一、仰云、道邃道邏智度行滿ノ妙樂ノ四人ノ弟子ヲバ末師ト云也、是ノ外ヲバ人師ト云也、此中ニ傳敎御入唐ノ時ハ、道邃行滿ノ兩師ニ遇テ法門ヲ相傳シ玉ヘリ、其中ニ此玄旨ハ道邃相承ノ法門也云々、

第三　一心三觀傳　　　　　　　　慈惠記

一仰云、此ノ一心三觀ノ切紙ハ慈惠大師ノ記也、凡ソ惠光坊流ニ五个ノ相傳ト者、第一ハ玄旨、第二ハ三句、第三ガ此切紙也、第一ノ玄旨ハ智者ノ記也、其ノ大意ト者、要ヲ取テハ一現ノ三諦也、是ヲ境智不二ノ一言ニ傳レバ卽刹那成道半偈成道云々、第二ノ三句ト者、要ヲ取テハ境智色心ヲ不㆑出、第一ノ句ニ常寂光ト云、是色心也、寂ハ色、光ハ心ナレバ、法界ノ色心倂ラ常寂光土也、次ノ句ニ靈山ト者、是色心也、靈ハ心、山ハ色也、是又法界ノ色心、倂ラ靈山也、第三ノ句ニ多寶塔中大牟尼尊ト者、如《ク》ニ上《ニ》云《カ》㆒法界依正境智色心一體ノ重ヲ此ノ塔婆ニテ顯ス行也、サテ此ノ第三ノ一心三觀ノ傳ノ大綱ハ、於《テ》ニ境智二《ノ》法《ニ》㆒約《メ》㆑位分別スルヲ意趣トスル也、何モ相傳ノ源ハ一心三觀也、サレバ玄旨ノ時モ一心三觀傳於一言《ノ》一言《チ》置テ境智ノ一言ト釋リ、三句ト云モ三諦三身也、今モ又夫ノ一心三觀ト者、傳敎大師傳顯戒論云、和尙憐ニ愍我ハ、一心三觀傳ニ於一言《ニ》ハ、菩薩圓戒授ニ於至心《ニ》㆒云々、和尙ト者道邃ノ事也、我ト者傳敎ノ事也、憐愍ト者傳敎渡《テ》ニ萬里《ノ》波濤《チ》㆒入唐《シテント》傳ニ圓乘《ノ》敎法《チ》㆒思召志《チ》憐愍シ、又天機秀發ノ機根ゾト感ジ、施テ一心三觀《チ》傳ニ於一言《ニ》㆒玉フト云事也、此ノ一言ニハ諸流ノ義色々也、サレドモ境智ノ一言ト云習ヲ爲《ス》ニ祕曲《ト》㆒也、菩薩圓戒授ニ於至心㆒ト者、圓戒傳授ノ相也、凡ソ此ノ圓頓戒ノ相傳ハ、大唐ノ貞元十九年(二十イ)三月(二イ)二日ノ初夜二更ノ天ノ比、於《テ》ニ臨海縣龍興寺極樂淨土院《ノ》西庇《ノヒサシ》㆒傳授シ玉ヘリ、其ヲ授《ト》ニ於至心《ニ》㆒者、至誠ノ信心ニ授クト云意也、是ヲバ師ヲ信ズル志ゾト習也、凡ソ於ニ戒家㆒信入機悟入機《ノ》ト云事ヲ沙汰セリ、悟入ノ機ト者佛法ヲ天然ト悟テ入ル者ノ事也、信入ノ機トハ佛法ヲ深ク信ズル重ヨリ入ル者也、中ニモ戒家ニハ信入ノ機ヲ正意トスル也、受戒ノ作法更ニ無《テハ》ニ信心㆒不㆑可㆑叶也、一通《リノ》義云々　一心三觀傳ニ於一言㆒ト者妙解、菩薩圓戒授ニ於至心㆒ト者妙行ノ重也、一心三觀ト者不生ノ心地ノ義ナレバ妙解也、菩薩圓戒ト者上ノ行儀ナレバ妙行也、サレバ此ノ圓戒ト云ハ、無作ノ三身證得ノ上ノ妙用ノ威儀ト習也、付《テ》レ之惠檀兩流ニ申ス仔細アレドモ、先ヅ大方ハ然也云々トハ、一心三觀ノ事ヲ云ハント出テ立ツ故ニ云々ト云ヘリ、就二此一心《ノ》一有《ニ》二元初之一念根塵相對之兩種《チ》一、仰云、根塵相對スベキヲ悞テ報塵相對ト云也ト云事、自二往古一批判也、總ジテ自レ古悞ル事ヲバ不レ直《サ》其ノマヽ置ク事モ有レ之、如何樣ニ此ハ根塵相對ノ心ナルベシ、圓頓行者妙解成滿ノ上ニ一心三觀ノ觀惠ヲ成スル所觀ノ境ニ、元初ノ一念ト根塵相對ノ一念ト二ノ境有レ之、付レ之圓頓行者ノ所觀ノ境ハ六識歟八識歟ト云ヘル題目有レ之、今ハ兩種ヲ出玉フ故ニ何ノ意モ可レ有レ之、サレバ止一ニ圓頓行者ノ所觀ノ境ヲ云トシテ、一念《ノ》心卽如來藏理、如《ノ》故《ニ》卽空、藏《ノ》故《ニ》卽假、理《ノ》故《ニ》卽中ト云ヘル、是レハ元初ノ一念ヲ所觀ノ境ト云也、是ハ第八識ノ念也、サテ根塵相對ノ念ヲ所觀ノ境ト釋スル釋ハ、第六識ヲ所觀ノ境トスル釋也、止觀ノ第五卷ニ此沙汰マデ也、或ハ止一《ニハ》若根若塵《ハ》並是法界、並是畢竟空ト判ジ、或ハ「フ六塵境六作緣、並是因緣生レ心、常用二一心三觀一トモ云ヘル釋ハ、根塵相對ノ第六識ノ念ヲ所觀ノ境トスルト云ヘル釋也、仍テ二ノ意可レ有レ之也、但シ一念心卽《ノ》一念ハ刹那ノ一念歟一切心ノ一念歟ト云尋ノ時、若シ根塵相對ノ第六識ノ念ニモヤ有ルラント云疑有レ之、云レ是《ニ》只《チタ》一念ト云ハ皆《ナ》元初ノ一念也、仍テ一念心卽ノ一念ハ元初ノ一念也、サテ第六識ノ念ヲバ處々ノ釋ガ根塵相對ニ約シテ釋セリ、如レ上、サレバ覺大師ハ、一念心卽ノ一念ヲバ元初ノ一念ト約束シ玉ヘリ、サテ何ニトテ所觀ノ境ニ二ツ有《ルゾ》レ之、サレバ圓頓行ハ妙解ノ心地成就ノ上ニ自レ元凡位ナレバ、立還テ凡心ヲ起ス處ニ麤細ノ念有レ之、其微細ノ念ノ押《テ》二元品無明《チ》一一心三觀ト了達スル行者モ有レ之、故ニ所觀ノ境ニ元初ノ一念モ根塵相對一念モ有《ル》レ之也、仍テ麤細ノ起念ト共ニ所治一心三觀ハ能治也、付レ之名字觀行ノ未斷ノ凡位ニハ麤分ノ見思ノ念ヨリ外ハ不レ可レ有レ之、微細ノ念元品ノ無明ハ爭カ可レ起耶ト云ニ、圓頓行者ハ凡位デモ微細元初ノ一念ヲ可レ起レ之也、是卽圓家ノ規模也、サレバ其ノ證據ヲ云ニ、退大ノ聲聞流轉ノ根源ヲ云トシテ、耽障中道微細無明、故失ニ於大志一復耽ニ現行麤欲無明一、忘ニ本所受一ト云ヘリ、退大ノ聲聞ノ位ハ、或ハ五品初、未入相似テ居《スル》ニ凡位《ニ》一也、此ノ位ニ麤(微歟)細ノ念ヲ起ス事ヲ云トシテ、耽障中道等云ヘリ、微細無明ト者元初ノ一念也、現行麤欲ノ無明ト者見思麤欲ノ惑也、仍テ最初ノ耽障中道微細無明ノ處ヲ飜セシ者ガ出離スル也、此ノ細念ヲ不《ス》レ捨、次デ復耽現行麤欲無明、忘ニ本所受一セシ者《ノ》ガ送《ル》ニ三千塵點《チ》一也、仍テ此ノ釋ガ三周ノ聲聞ノ昔ノ凡位ヲ釋スル故ニ、於《テ》ニ名字觀行位《ノ》ニ一元初ノ念ヲ起スト云證也、又云、一心三觀一行一切行恆修四三昧云々、

仰云、是ハ山門ニ三部ノ長講トテ有レ之、中ニ法花長講ノ文也、供花ノ時《キ》此ノ釋ヲ唱テ供スル也、今ノ文ヲ一心三觀ノ依文ニ出ス也、一心三觀ノ智ト者智ノ一心三觀也、一行一切行ト者一心三觀ノ上ノ立行也、恆修四三昧ト者一心三觀ノ上ノ立行、雖ニ事廣《ト》一四種三昧ヲバ不レ出レ之云事也、總ジテ此ノ文ハ已上六句ノ文也、而ルヲ後ニ三句略シテ三句出セリ、而ルニ一心三觀ヲ一言ニ傳ル時《キ》ハ、境智ノ一言ニ傳ル故ニ、三句ノ中ニモ最初ノ一心三諦境ノ句ヲバ傳ヲ出シ度キ事也、何トテ略《スル》レ之耶ト云ニ、一義云、書落ル歟云々、一義云、一心三觀智ノ句ニ自ラ境モ聞(開歟)スル也、殊ニ今ハ一心三觀ノ方ガ所用ナレバ略《ル》レ之歟云々、約《メ》レ位《ニ》謂レ之者、名字觀行爲ニ境《ノ》一心三觀一、相似分眞爲《チ》ニ智《ノ》一心三觀《ト》一也、

仰云、是ハ境智ノ一心三觀ヲ分位對判スル也、名字觀行ニ雖レ修ニ一心三觀《チ》一、未斷惑ノ凡位ナレバ、細念前後有《テ》レ之境ヲバ不レ寄《セ》、觀惠不レ成故ニ名字觀行ハ境ノ一心三觀ト云ヘリ、サテ相似分眞ハ斷惑證理ノ聖位ナレバ、自ラ智現前《ル》故ニ智ノ一心三觀ト云ヘリ、此事ヲ

問答ル時、問、若爾者約ニ凡聖ニ何用ニ境智ヲ耶、答、約レ竪得ニ凡觀ニ者、就ニ境界ニ分レ觀ニ一心三諦ヲ、故ニ名字觀行ノ位也、約ニ聖觀ニ者、合レ浮ニ智三觀於心上ニ、故ニ相似分眞ノ位也ト云ヘリ、凡聖ノ觀ノ不同ヲ約メ境智ニ辨ル也、委ハ如ニ玄旨ノ云々、論レ横者、境智本來不二ニシテ而衆生一念之心具也、

仰云、約レ竪云時ハ如レ前、名字觀行ハ境ノ一心三觀、相似分眞ハ智ノ一心三觀ト約束スル也、サテ横ニ云時キハ位々ニ境ト智ト境智不二ノ義可レ有レ之也、此ノ境智ト云ハ、本來不二ノ法ニテ衆生ノ心具ナレバ、名字觀行ノ凡位ニモ境智境智不二ノ義一々可レ有レ之也、況ヤ相似已上ヲヤ、故約ニ修行ニ者是謂ニ三諦ヲ、論ニ性德ニ者卽三身只是境智一心也云々、

仰云、此一段ハ本迹ノ約束也、約ニ修行ニ者是謂ニ三諦ニト者迹門也、迹門十四品ニハ談ニ一心三諦理ヲ明ス修行覺道ヲ故也、論ニ性德ニ者卽三身ト者本門也、是本有無作ノ三身ノ理ト云心也、故ニ性德トハ本覺ト云心也、只是境智一心ト者、迹門ニ所レ詮三諦ト云モ境ト智ト境智不二也、其ヲ三諦ト者、境ハ假、智ハ空、不二ハ中道也、

本門ニ所レ談無作ノ三身ト云モ、境ト智ト境智不二也、境ハ應身、智ハ報身、不二ハ法身也、上ニ如レ云、仍テ本迹共ニ境ト智ト境智不二ヨリ外ハ無レ之云心ヲ只是境智一心也ト云ヘリ、凡ソ此ノ流ノ相似ト者如ニ前前ニ五个ヲ一心三觀無作ノ三身ノ二个ニツヾメテ是ヲ所詮ト相傳ル也、其ノ上ニ本迹一致ノ重ヲ傳ル時キ、此ノ二个ヲ又覺悟ノ心要ノ一个ニツヾメテ傳レ之也、付テ此ノ一心三觀無作三身ニ大切ノ約束有レ之、謂ク一心三觀ハ、安樂行品ニ初テ觀音品ニ入眼シ、無作ノ三身ハ寶塔品ニ事始テ壽量品ニ入眼スト約束習也、是經ノ大綱也、先ヅ一心三觀ハ安樂行品ニ事始ルト者、第三ノ意安樂行ノ下ニ一心安樂行云々、此ノ言ガ先ヅ一心三觀也、所レ謂安ハ中、樂ハ假、行ハ空也、是又上ノ法師品ノ衣座室ノ三軌也、衣ハ中、座ハ空、室ハ

假也、又身安樂ハ中道也、口安樂ハ假也、意安樂ハ空、誓願ハ三安樂ニ亙ル、故ニ三觀一心ノ內證也、仍テ四安樂行ヨリ一心三觀ハ起ル也、サテ觀音品ニ入眼スト者、眞觀清淨觀ハ中道也、廣大智惠觀ハ空觀也、悲觀及慈觀ハ假觀也、是一心三觀也、無作三身ハ寶塔品ニ始リ久成品ニ入眼スト者、二佛塔中ニ居シ分身樹下ニ來集ス、是ヲ多寶表法身、釋迦表報身、分身表應身ト大師判ジテ無作ノ三身ヲ表シ顯スト見タリ、此ノ事相所表ノ三佛ヲ至《テ》ニ壽量《ニ》一說キ顯ス時《キ》、一切世間天人〇三菩提ト者應身、然我實成佛已來甚大久遠ト者報身、如來如實知見三界之相無有生死若退若出等ノ六句ノ知見ハ法身也、法花論ニ爾カ宣タリ、付《テ》レ之《ニ》何トテ應報法トハ次第スル耶ト云ニ、今日ノ面《テ》ハ先ヅ至法花會攝三ト迹歸寂光本スル次第ヲ顯ス也云々、寶塔品ノ疏ニ、釋《シテ》ニ本覺無作《ノ》三身《チ》一云ニ觀心解《ノチ》一者、依《テ》レ經修《ス》レ觀《チ》與ニ法身一相應《ス》、境智必《ス》會《ス》如ニ塔成證《テルガ》レ經《チ》、境智旣會《ニスレハ》則大地圓滿《ス》、如下釋迦與《ト》ニ多寶一同坐《クスルカ》中一塔《ニ》上、以ニ大

報圓《ナルチ》一故《ニ》隨《テ》レ機《ニ》出レ應《チ》、如ニ分身皆集《ルカ》一由《ルカ》ニ多寶出《ルニ》一故《ニ》則三佛得レ顯《チ》、由《ルカ》レ持《ツニ》レ經故《チ》卽《チ》具《ス》ニ三身《チ》ニ云々云ヘリ、

仰云、寶塔品ノ時《キ》、釋迦多寶分身一處ニ集リ御座事《スチ》約《メ》ニ滅後《ノ》圓頓行者《ノ》修觀《ニ》一釋スル下ノ釋也、依レ經修レ觀者、行者ガ向《テ》ニ經卷《ニ》一修《ストチ》レ觀云事也、其ノ所《ノ》レ向《フ》經卷ハ境、行者ノ修觀ノ方ハ智也、與ニ法身一相應ズト者、經ハ所觀ノ境是法身也、此法身ト行者ノ觀心ノ智惠境智冥合スト云事也、凡ソ經ヲ稱《スル》ニ法身《ト》一事ハ、法師品不レ須ヨ復安ニ舍利《ノ》一舍利ヲ判トシテ生法二身ノ舍利ヲ判ゼリ、多寶ハ生身ノ全身ノ舍利也、釋迦ハ生身ノ碎《サイ》身ノ舍利也、餘經ハ法身ノ碎身ノ舍利也、分別說三ノ故也、法花ハ法身ノ全身ノ舍利也、於ニ一佛乘一ノ故也、仍テ妙經法身ノ境與《トト》ニ行者觀《ノ》心智《ノト》一必ズ相應スル也、多寶ノ來テ釋迦所說ノ經ヲ皆是眞實ト證誠シ玉フガ如ク也、釋迦經ハ法身ノ境、多寶ノ證明ハ修觀ノ智也、是卽境智相應亦爲行ノ行ノ重也、依《テ》ニ此《ノ》境智相應行《ノニ》一感《ズル》ニ境智冥合大報圓滿果《ノチ》一事ヲ顯シテ、釋迦多寶ノ二佛一

基ノ塔婆ニ坐シ玉ヘリ、境智既會則大報圓滿一座ト
ハ是也、此ノ大報圓滿ノ境智冥合ノ內證ヨリ施《メ》ニ無邊《ノ》
應用《チ》ニ應《ジテ》ニ萬機一住《ニ》事《ル》顯《チ》時《スキ》分身來集セリ、此事ヲ以《ノ》ニ
大報圓《ナレチ》一故隨《ニテ》レ機出《ニツ》レ應如《コト》ニ分身皆集《ルガ》一云ヘリ、寶塔涌現
スレバ二佛並座シ、二佛並座シ玉ヘバ分身來集セリ、
故ニ三身歷々也、如レ是《ノ》持《テバ》レ經《チ》三身具足スル也、其ノ事
ヲ由《ルガ》ニ多寶出《ルニ》一故《コ》則三佛得《ルヽコトナ》レ顯、由《ルガ》レ持《ツニ》レ經故《ニ》卽具《スト》二三身《チ》一
云ヘリ、又云、次其有能護下第三四行ハ能持ニ此經卽
是供養三佛《チ》一云々、上多寶釋迦分身卽法報應、此三身ト
者卽チ空假中三觀也云々、仰云、持《テハ》ニ此經《チ》二三身《チ》具足シ、
自ラ三身ヲ供養ルニ成ル也、此釋迦多寶分身ノ三身
卽空假中ノ三諦也、其ノ時ハ多寶ハ法身中道、釋迦ハ
報身空、分身ハ應身假也、分身ト者分々ノ身ナレバ假
諦歷々タル形也、サテ空中二佛一基ノ塔ニ並座シ玉
ヘバ、空中二諦二無二也ノ重ヲ表玉フ也、是多寶塔中
ノ一心三觀ノ時《キ》習也、此ノ三身三諦ヲ滅後ノ圓頓行
者ノ心地デ云ガ觀心ノ釋ノ意趣也、詮ヲ取テハ、依《コ》レ經

修《スト》レ觀《チ》云經ハ法身是境、行者ノ修觀ノ方ハ報身是智
也、此ノ境智冥合ノ內證ヨリ用ニ所《ノ》レ起音聲等ハ應身
也、仍テ是ガ卽釋迦多寶分身也、サテ是ヲ約《メ》ニ菩薩《ニ》一云
時《キ》、所觀境ハ普賢、能觀ノ智ハ文殊、境智冥合ノ上
ノ用ハ彌勒也、仍テ約《レハ》レ佛《ニ》釋迦多寶分身、約《レハ》ニ菩薩《ニ》一文、
普、彌也、是ガ全體行者ノ修觀ノ上ニ顯ルヽ也云々、尙
委ク云《ハヾ》レ之、能持此經ト云ニ本迹兩門有レ之、迹門ノ所
詮ハ三諦、本門ノ所詮ハ三身也、其ハ何物ゾト云ヘ
バ、釋迦多寶分身ノ三佛證前、迹門ノ方デ云ヘバ三諦
起後、本門ノ方デ云ヘバ三身也、故ニ能持《テバ》ニ此經《ノチ》一三佛
ヲ供養ルニ成ルト云ヘル也、此ノ三諦三身ヲ我等ガ
上ニ本來トシテ具足也、具ト者我等ガ無始ノ色法ハ
中道法身是多寶也、無始ノ心法ハ空諦報身是釋迦也、
色身和合ノ上ノ用ハ假諦應身是分身也、如レ此本來
雖《スト》ニ具足一、今ノ經ニ不レ遇時《キ》ハ、此ノ三諦三身ガ迷ニ
陰レテ不レ顯、此經ニ奉《レバ》レ値、此ノ三諦三身ガ修顯現ル
ト云事ヲ顯トシテ三佛經ノ中ニ現シ玉ヘリ、是法花

一經ノ深奥也、上ノ玄旨ノ相傳ノ時《キ》、方便安樂ハ境壽量普門ハ智、寶塔品ハ境智不二ノ法體ヲ顯ス、觀心證道ノ重ヲ云ヘル法門ハ是也云々、次ニ釋ニ此經《チ》一者行者ノ身本來性ニ妙法蓮花具レ之、修ニ顯ニ三佛一、是ノ故ニ無作ノ三身也云々、

仰云、此ノ經ト者能持此經ノ々々《マヽ》也、行者ノ一心本來トノ性ニ具《スト》ニ妙法蓮花《チ》一者ノ無レ樣《モ》無始已來ノ生死ノ色心也、妙ハ心法、法ハ色、蓮ハ心、花ハ色也、仍テ要ヲ取テハ、妙法蓮花トハ我等ガ無始已來生死ノ色心也、如レ此云ハ、猶ヲ妙法ノ色心ヲ蓮花ノ譬ヲ以テ顯ス故ニ喩ノ蓮花分也、眞實妙法蓮花ト者何ゾ、人人所具ノ鳩尾巨闕ノ中間ニ八分ノ肉團有レ之、此ノ全體ガ妙法デモ蓮花デモ有《ル》レ之也、是ヲ當體ノ蓮花ト云也、境智寂光釋迦多寶境智冥合ナドト云法體ノ根源ト者此ノ肉團也、胎内ノ五位ノ時《キ》、最初伽羅濫ト者、赤白二渧和合シテ二色不二ナレバ黄色ニ成ル、ソコニ託《シテ》ニ虛空《ノ》識神《ガ》一色心一體ナル處ヲ最初伽羅濫ト云也、其ノ形ハ八葉ノ蓮花也、仍テ人師釋云、凡人胸ノ間ニ有ニ汗栗駄心一、體有ニ八分一、男ハ仰ギ女ハ覆、以テ爲ニ妙法蓮花經《ト》一也、文、是カリタ心《ト》云《ガ》八分ノ肉團ノ事也、赤白二渧ノ色法、ソコニ託《シテ》ニ識神《ガ》一成《ル》ニ色心一體《ニ》一也、其ノ色ノ方ハ法身也、多寶也、心ノ方ハ報身也、釋迦也、又心ノ方ハ妙、蓮ハ光ナリ、色ハ法、花ハ寂也、此《コ》ヲ本來ノ如來トモ云ヒ、第九識淸淨無染ノ當體トモ云也、不レ具レ之《チ》衆生ハ一衆生モ不レ可レ有之、假令居レ迷《コ》時《キ》不レ知ニ此理《ノチ》一、悟ル時《キ》ハ是ガ卽三諦共無作三身トモ顯ルヽ也、此ノ重ハ本來ノ所居ナレバ、無思無念無雜造作故名無作ニシテ、誰カ造クリ作スニハ非レドモ、本來トシテ一切衆生此ノ重ヲ具レ之也、サテ是ヲバ何レノ所ニシテ悟リ顯ゾナレバ、法花經ニ奉《テ》レ遇《ヒ》修行觀心ヲナセバ、此ノ八分ノ處ヲ悟リ顯シテ、上ニ是ガ境智共妙法トモ蓮花トモ釋迦多寶共三諦共被レ云也、此ノ重ヲ寶塔品ノ時《キ》全體事相ニ顯シ玉ヘリ、我等ガ五大ノ形體ハ五大五輪也、足ハ

地大、腹ハ水大、胸ハ火大、口ヨリ下ハ風大、頭ハ空大也、此ノ八分ノ肉團ハ水大ニ有《リ》レ之、人ノ託胎ト云ハ水大ニ託スル也、是ヲ全體寶塔デ顯ス時《キ》五百由旬ノ寶塔ハ五大五輪也、境智ノ二佛ハ寶塔ノ中間水輪ニ並座シ玉ヘバ、八分ノ肉團ト習也、此ノ色心和合ノ上ニ、胎内胎外デ無窮ノ用ヲハクヲバ分身ト習也、尙ヲ委ク立入テ得レ意時《キ》、先ヅ多寶塔婆ニ乘ジテ涌現シ玉ヘバ、二諦和合シテ顯シ、後ニ釋迦ノ塔婆ニ入ルハ託ニ識神《ノ》ニ事ヲ顯シ玉ヘリ、識神ハ二諦和合シテ後ニ託スル故也、分身來集ハ迹門ノ面ハ恆沙ノ用皆歸《ナスル》ニ眞如一理《ノ》ニ事ヲ顯ス也、二佛ハ我等ガ無始ノ生死ヲ顯シ玉ヘリ、サレバ皆是眞實ノ眞實ヲ釋ル下《タ》ニ、廣略處中ノ三ノ釋ヲ作ル、其ノ處中ノ下ニ、生滅去來一異斷常ノ八不中道ヲ釋スル、其ノ中ノ生滅ニ約シテ、釋迦多寶ヲ釋ル時《キ》、多寶ハ舊滅度ノ佛ニテ御座セバ、生生ノ死ヲ顯シ、釋迦ハ現在ノ佛ニテ御座セバ、生々ノ生ヲ顯シ玉ヘリ、仍テ我等ガ生々ノ生死ヲ抑取テ云ヘバ、釋迦多寶也、而ルニ迷フ時《キ》ハ此ノ生死ガ各別也、故ニ二佛各別ニ御座スハ、我等ガ迷ノ生死ヲ顯シ、二佛並座玉フハ、悟テ見レバ不生不滅亦大涅槃ナル重ヲ顯玉ヘリ、釋迦ノ多寶ニ並玉フハ、生モ非レ生《ニ》事ヲ顯シ、多寶ノ釋迦ニ並玉フハ、死モ非レ死《ニ》事ヲ顯シ玉ヘリ、此ノ重ヲ生死卽涅槃煩惱卽菩提菩提卽解脫共云ヘル也、然云ヘバ二身成佛也、是ハ何ゾナレバ、聞《テハ》ニ妙經《チ》一無《ク》ニ一分疑《ノモ》一、其《ソコ》ニ住シテ信ヲ取ルガ卽身成佛也、(已下廿七字衍歟)是クナレバ聞《テ》ニ妙經《チ》一無《ク》ニ一分疑《ノモ》一、其《コ》ニ住シテ信ヲ取ルガ卽身成佛也、是ヲ上ニテハ刹那成道半偈成道《ノ》ト云ヘリ、詮ヲ取テハ此ノ經ノ時《キ》寶塔涌現ルハ、奉《レハ》レ遇ニ此經《ノニ》一悟ガ顯レ、不《レハ》レ遇《アワリ》悟不レ可レ顯《ル》云事《チ》表スル也云々、本門之師ノ三身ト者、直弟子所具ノ三身是也、六凡四聖併《ヲ》三佛所具ノ無作九界云々、

一仰云、本門ノ師ノ三身ト者如レ上、壽量品ニ釋迦牟身佛出釋氏宮等云ヘルハ、約《シテ》ニ釋迦《ニ》一三身ヲ宣ル故ニ師ノ三身也、此ノ三身卽弟子所具ノ三身也、其ノ故ハ上

ニ行者ノ身ニ本來性ニ妙法蓮花具足修ニ顯三佛一、是故無作ノ三身ト云ヘル可レ思レ之、是卽毗盧ノ身土ハ不レ逾トニ凡下ノ一念ニ云ヘル重也、六凡四聖トハ十界也、此ノ十界併ラ三身所具ト云ヘル意也、是卽阿毗ノ依正モ全ク處ニ極聖ノ自身ニト云ヘル重也、是卽師弟ノ顯本也、廣ク云ヘバ十界ノ顯本也、取テレ要チ只一念三千也云々、故弟子之增進之益其意在レ之云々、仰云、弟子ノ增進ト者、聞テニ釋迦ノ顯本チ一成スルニ增損ノ益チ一是ヲ云也、三世常恆ニ佛界ハ歸ニ九界ニ一、九界ハ歸ニ佛界ニ一也、同シテニ衆生ニ一說ニ半滿說ノチ一云ハ、佛果ノ歸ルニ九界ニ一形也、聞テニ佛壽長遠チ一成スルハニ增損ノ益チ一、九界ガ歸ニ佛界ニ一形也、仍テ佛界ガ無ンバレ歸ルコトニ九界ニ一者、九界ガ登ルトニ佛界ニ一云事不レ可レ有レ之、故ニ三世常恆ニ下リ、三世常恆ニ上ル也云々、

今三觀機何ゾ可レ隔ニ境界チ一耶、卽身成佛求ニ何行ニ一矣云々、

仰云、上件ニ所レ云フ法門ハ皆一心三觀法門也、此ノ一念三觀ニ機ヲ立ル程ノ事ナラバ、一念三千ノ法門ニ境界ヲ不レ可レ隔ツ也、

抑一心三觀ト者境智不二ノ重也、此ノ境智不二ノ一心三觀ノ立行ヨリ外ニ、卽身成佛ノ修行別ニ不レ可レ有云々、

于レ時當ニ天曆八年八月廿一日一、一心三觀傳授ノ依文云、境既无量无邊○智亦如是、釋云、無始色心本是理性、妙境妙智而隨妄轉、○而能成レ觀、釋云、智既是心、境亦是心、既俱是心、俱是法界、釋云、觀行卽是者、若聞名乃至如レ說蟲ガ食ノハムコレ木、偶《タマ〳〵》得レ成レ字チ○既不ニ通達一、寧是菩提、必須ニ心觀明了一、理惠相應云々、甚銘ニ心腑ニ一畢云々、

仰云、是ヨリ境智不二ノ一心三觀ノ依文、傳受ノ年號ヲ慈惠大師出レ之玉ヘリ、此ノ依文唯ダ境智ノ二字ヲ取ラン爲也、委キ旨ハ可レ明レ之、但シ觀行卽是者等ノ釋ハ、境智ノ二字雖レ無レ之意有レ之也、此ノ釋ハ止一ニ理卽名字ヲ釋シ下テ、觀行卽ヲ云時キ然カ釋玉ヘリ、心觀ト者一心三觀也、明了トハ一心三觀ノ德ヲ云也、理ト者境、惠ト者智也、相應トハ境智不二ノ重也、仍是等皆一心三觀ノ依文也云々、

第三ノ相傳慈惠記ノ分畢云々、

第四　一心三觀記　覺運述

夫聞ニ一心《チ》於一言《ニ》一、覺ニ一言《チ》於一心《ニ》一、只眼目《ノ》異耳矣、

仰云、聞《ト》ニ一心於一言《ニ》一者、一心三觀ヲ傳ル時《キ》ハ一言ニ傳ル也、覺《ト》ニ一言《チ》於一心一者、一言ヲ聞テ一心三觀ノ法體ヲ覺ル也、仍テ一心三觀ヲ聞《クト》ニ一言《ニ》一云モ、聞《チ》ニ一言《チ》一覺《ルト》ニ一心三觀《チ》一云モ、少シ不同ニシテ意ハ同ジ物也ト云事ヲ只眼目ノ異ト云ヘリ、一言ノ沙汰ハ如ニ玄旨《ノ》相傳一云々、

諸法者幽玄而難レ悟、習學者《ノノ》淺智《ニシテ》而无レ窮《ムルコト》、

仰云、諸法雖レ廣不レ出ニ三千《チ》一、三千ヲ促ムレバ十界也、十界《ト》ノ依正雖レ廣不レ出ニ色心《チ》一、色心ヲ促ムレバ一心也、而ルニ此ノ色心ガ境智ノ根源也、諸法幽玄難レ悟《ニシテシト》云ハ、色心ノ二法ガ境智ノ根源ゾト云事ハ圓家ノ深奥ナル故ニ難レ悟也、縱ヒ佛法ヲ雖ニ學ブ者《ナリャ》一、權敎執心ノ者《ノ》ハ不レ可レ悟レ之、淺識聞レ之迷惑不レ解ト云ヘルガ如ク也、聞テ尚《チ》不レ覺レ之、況ヤ不レ聞レ之耶、

親《ク》雖レ覩《ミルト》ニ一眼《(現イ)ナンハ》一、不レ聞ニ是《ノ》深法一、功勞徒《ラニナツム》ムム矣、如ニ蟲食一レ木云々、

仰云、境ノ一心三觀、智ノ一心三觀、境智不二ノ法體ナルヲ迷惑シテ不レ知レ之、無始ヨリ功勞シテ成ル也、譬バ蟲ガ文字ノ形ヲ食スレ共、我ト文字トモ不レ知レ之、牛羊ノ方隅ノ內ニ居ナガラ方隅ヲ不レ知レ之如ク也、云々

傳敎大師云ニ傳《ト》於一言一者、是《(イナシ)》兩種《ノ》一心三觀也、

仰云、兩種ノ一心三觀トハ、境ノ一心三觀智ノ一心三觀ノ事也云々、是ハ玄旨ノ相傳ノ時ハ第三ノ鏡ノ一言一心ノ處ヲ師弟相對ノ心ゾト云ヘル重如レ彼《ノ》云々、止一云、心觀明了理惠相應ト、心觀明了トハ三觀明了也、理惠相應トハ境智相應之一現ノ一心三觀也、如ニ南岳ノ心要幷天台ノ一現ノ記一、已上傳敎、

仰云、止ノ一ノ釋境智ノ依文也、唯ダ爲《メ》レ取《ンガ》ニ境智ノ言一也、故ニ具ニハ不レ出レ之也、一現ノ一心三觀ト者、一心三觀ヲ境智不二ノ一言ニ傳《テ》レ之見レバ、諸法ガ皆目前ニ一心三觀ニ現ジ居タル故ニ一現ノ一心三觀ト

云也、其ノ旨委ハ如ニ玄旨《ノ》一云々、
次ニ彼ノ理惠相應ノ兩種ノ三觀ノ外ニ慈覺復立ニ兩種ノ三觀一、所謂己心中記云、以ニ無緣智一緣ニ無相境一云々、
仰云、此ノ切紙ノ意ハ、一心三觀ノ師資相承ヲ云也、又傳敎慈覺ノ師弟ノ間ノ兩種ノ一心三觀ノ所立ノ樣ヲ分別ル也、慈覺所立ノ兩種ノ一心三觀ノ樣ヲ云トシテ、以無緣智緣ノ無相境云々、是ハ止一ニ無作ノ境智ヲ釋ル時《キ》、以ニ無緣智一緣ニ無相境一、無相之境、無緣之智、而言ニ境智一故名ニ無作一、是レ境智ノ依文也、無相ノ境無相智ト者法體也、無相ノ境ト云モ實相ノ境、無相ノ智ト云モ實相ノ智也、是ハ機ニヨセズ法ノマヽナル處ノ境智也、是ハ第九識ノ重也、此ノ境智ノ文ヲ己心中ノ記ニ別テ一心三觀ヲ釋シ玉ヘリ、
問、慈覺所立《ノ》前念爲境後念爲智之三觀者自己耶《ナル》、答、起ニ師傳《ヨリ》一云々、
仰云、此ノ問ノ心ハ何事ゾト云ニ、己心中ノ記ニ一重ノ問答有レ之、謂問《ク》一心之中分《ニツヤト》ニ境智《ナ》一問答《シアル》レ之前念爲境後念爲智ト云ヘリ、此ノ重デ一心三觀ノ形ヲ判《ノ》ジ玉ヘリ、仍テ今ノ一紙ニ結レ問也、詮ヲ取テハ此前念爲境後念爲智ノ重ノ一心三觀ト云モ、全ク非ニ自己《ニ》一、從ニ傳敎一師一傳レ之也ト云ヘル問答也云々、凡ソ今ノ己心中ノ一重ノ問答ノ釋ハ、惠心流ニモ一心三觀ノ習ノ時沙ニ汰《ス》之一也、
慈覺ノ三觀者、爲レ令レ得ニ法體一、修觀與《ノ》ニ法體一互不レ可レ違、然則前念爲境者、先於ニ前念空諦《ニ》一觀ニ假中一故、前念之空諦有《ニ》ニ三諦一、假中亦如レ是、以ニ如是一(衍カ)爲ニ前念爲境三諦《ト》一、後念爲智者《ト》、彼能觀之智炳然《トシテ》三觀《ナリ》、故云ニ後念爲智《ノ》三觀《ト》一、故前念後念皆一心三觀也、境者《ト》智之德、智者《ト》境之德、境智本來不ニ相離一、而不二觀也云々、
仰云、是ヨリ師弟ノ兩種ノ三觀ノ不同ヲ云ヘリ、一義云、傳敎所立ノ三觀ハ境ノ一心三觀也、慈覺所立ノ三觀ハ智ノ一心三觀也云々、此義難レ得レ意義也ト仰アル也、
一義云、傳敎ハ諸法ノ法體ノ上ニテ一心三觀ヲ成玉

ヘリ、謂ク諸法ノ上ニ色心モアリ、動靜モ有レ之、是ガ圓乘ニアレバ、無始色心本是理性妙境妙智ト顯ル、故ニ、動靜色心ノ上ニ一心三觀有レ之、是ヲ靜色ノ重カラ云ヘバ境ノ一心三觀、動心ノ重カラ云ヘバ智ノ一心三觀也、仍テ傳敎ハ法體ノ重ニテ兩種ノ一心三觀ヲ成玉ヘリ、サテ慈覺ノ心ハ、一心三觀ヲ示ニ行者《ニ》一時《キ》、諸法ハ廣クシテ觀門難レ成、サレバ花嚴ニハ諸法押取テ三法ト云ヘル時《キ》、心佛及衆生是三無差別ト云ヘリ、是モ尙《チ》衆生法ハ廣ク、佛法妙ハ高クシ、高廣ハ難レ取《リ》物ナレバ、行者ニ示ニ觀心一時《キ》ハ佛衆生ノ二法ヲ置テ、行者ノ己心中ニテ示ニ觀心《ニ》一時《キ》前念爲境後念爲智ト云ヘリ、サレバ止觀ノ觀心ト云モ三法妙ノ中ニ心法妙ヲ云トシテ觀心ヲ釋スル也云々、然則前念爲境ト者ト云ヨリ覺大師所立ノ兩種ノ三觀ノ形ヲ書キ玉ヘリ、此ノ書ノ面ハ得レ意ニクシ、己心中ノ全文ヲ見ルニ、後念ノ觀智照《ト》ニ前念《ノ》妄想《チ》一云ヘリ、是得レ意易キ也、前念ノ迷ノ妄想ヲ以《テ》ニ後念《ノ》智《チ》一照《ト》ニ空

假中《ト》一云ヘル、卽一心三觀也、是止觀ノ若根若塵並是法界○此一念心不縱不橫不可思議ト云ヘル根塵相對ノ釋、又一念心卽如來藏理○一心中具不可思議ト云ヘル釋ノ意也、而ルニ此ノ書ノ面ハ得レ意ニクキ也、乍レ去先《リ》於《ツテ》ニ前念之空諦《ニ》一觀ニ假中《ト》一等者、於《テ》ニ前念《ノ》空《ニ》一後念ニ空卽假中ト觀ズレバ一心三觀也、又於《テ》ニ前念《ノ》假《ニ》一後念ニハ假卽空中ト觀ジ、於《テハ》ニ前念中《ニ》一後念ニ中卽空假ト可レ觀云事ヲ假中亦如是ト云ヘリ、然ラバ前念爲境ノ三諦也、サテ後念ノ方カラ云ヘバ、此ノ三諦卽後念爲智ノ三觀也、仍テ前念ノ三觀ヲバ境ノ一心三觀ト云ヒ、後念ノ三觀ヲバ智ノ一心三觀ト云也、然リト云テ如ニ權敎權門所談《ノ》一、境智相離ストハ不レ可ニ意得一、境智本來不ニ相離一、前念爲境ノ處ニモ智アリ、後念爲智ノ處ニモ境アリ、境智自レ元不二ナル上ニ、又境智宛然也ト云事ヲ、境《ト》者智之德、智《ト》者境之德、境智本來不ニ相離一故不(而イ)ニ二《ノ》法也ト云ヘリ、一此ノ上ニ立入テ深旨ヲ習仔細有レ之、前念ヲ空ト

云、後念ヲ假中ト云、物ノ體ハ何ゾト云ニ、是ヲ習フ誠ニ臨終ノ要期也、凡ソ死此生彼ノ衆生ニ死有中有生有ノ三ツ有《リ》レ之、死有ト者臨命終ノ一刹那也、其ノ後ニ軈テ中有有レ之、其ノ中有ノ識神ガドノ界ヘモ生ゼヲ、託胎ノ一刹那ハ生有也、是ヲ三觀ニ習フ時《キ》、死有ハ空觀、中有ハ中道、生有ハ假諦也、生死覺用ノ一心三觀ノ習ト者是也、是誠ニ我等ガ得分也、死有ノ空觀ノ處デ用心スレバ、中有ノ處デ一心三觀ノ妙理ヲ悟テ得脫スル行者モ有《リト》レ之云ヘバ後念爲智ニ成ル也、性相デサヘ中般生般トテ中般有テ涅槃スル有《ト》レ之云ヘリ、況ヤ圓乘ノ極理ヲヤ、仍テ此コヲダニモ得《レバ》レ意、念々ノ生死モ又然也、前念ノ滅スルハ死有是レ空觀也、後念ノ生ルハ生有是レ假諦也、前念後念一心ナル處ハ中道也、仍テ大衆ノ死有中有生有ヲ能々可ニ意懸一也、是ハ臨終要期ノ願トテ用心スル事也、簡要ハ但ダ閉眼ノ砌ノ用心マデ也、晝夜十二時モ無ニ廢退一可ニ用心一事也、サテ是ヲ今ノ經テ習フ時《キ》、文殊ハ生

有、普賢ハ死有、仍生死ノ二法ヲ見セテ二菩薩經ノ最末ニ居玉ヘリ、サテ生死一體ナル事ヲ顯シテ二佛一基ノ塔婆ニ乘ジテ經中ニ居玉ヘリ、是ハ生ヲ最初ニ置ク廢立也、是ノ二佛二菩薩ノ廢立又三觀也、如ニ前《ノ》一此《ノ》上ニ尙ヲ委ク習フ時《キ》、因位デハ生死各別ナルト云事ヲ顯シテ二菩薩兩處ニ居玉ヘリ、サテ生死不二ノ重ハ至テ果位ニ達ルト云事ヲ顯シテ二佛並座シ玉ヘリ云々、

聞ニ此一言一達《ルチ》ニ是《ノ》一現一應レ名レ居《スト》ニ寂光土《ニ》一云々、

仰云、聞ニ此一言一達ニ是一現一ト者、如ニ上《ノ》智者《ノ》記《ノ》一、應レ名レ居ニ寂光土一ト者、圓乘ノ行者ハ最初ヨリ居ニ寂光土《ニ》一也、譬ヘバ本結大緣寂光爲レ土、其心不契法界爲レ機ト云ヘル如也、心ハ諸法ノ動靜、色心ガ寂光也、色ハ寂心ハ光也、此ノ色心一體境智不二ノ一言ヲ聞テ三諦ノ理ヲ達スレバ、法界ノ諸法ガ皆三諦ニ現ジ居タル也、是ヨリ外ニ寂光土トテ別ニ無レ之、仍テ圓人ハ名字觀行ノ位ヨリ居ニ寂光土《ニ》一也、此ノ意ヲ以テ

本結大縁土ヲ寂光ト釋ル也云々、
釋云、若境若智同在ニ理心一云々、智既是心、境亦是心、倶是法界、心々相《(雙イ)》照有ニ何不可一云々、
仰云、是境智ナレバ此出《コヽニシ》レ之玉ヘリ、本疏ニハ若境若智同在ニ一心一ト云ヘルヲ、今此同在《コヽニ》ニ理心一ト出シ玉ヘルハ何ニゾト云ヘバ、第九識ヲ指シテ理心ト習也、サレバ縁中道發菩提心亦名中實理心第一義空菴摩羅識ト云ヘリ、菴摩羅識ト者第九識ノ事也、此ノ菴摩羅識ノ内證ヲ云時上ニ中實理心ト云ヘリ、仍テ今色心ト置玉フモ此意也、此ノ一現ノ三諦ノ重ノ境智ト者、智既是心境亦是心デ、心外ニ法ヲ不レ置、境智皆一心《ゾ》、全體倶是法界ノ重也、此ノ重カラ見レバ境智互照スル故ニ、心々雙照《(相イ)ス》有ニ何《ランノ》不可《カ》一云ヘリ、仍テ此ノ釋ヲバ慈覺所立ノ一心三觀ノ本據ニ出レ之也云々、
一仰云、惠光坊流ノ五个ノ相承如レ上、五个ニ互テ簡要ハ一心三觀無作三身也、一心三觀ト者迹門ノ轉迷開悟ノ重ノ修行也、無作ノ三身ト者本門ノ果德也、是ハ只ダ境智ノ一言ヲ聞ヨリ外ニ修行ヲ不レ立、諸法皆本來ノ成佛也、但シ然云處ノ法門ハ唯本無作ノ三身ノ重也、本門デ其修行ノ沙汰ノ有ルハ第一第二ノ事成ノ無作ノ三身始本冥一ノ無作ノ三身ノ重ノ法門ナルベキ也、是ハ住迹顯本ノ重ノ法門也云々、
已上第四覺運記分畢、

第五　鏡像圓融口決

一仰云、五个ノ相承ノ簡要ト者、一心三觀無作ノ三身也、而ルニ此ノ一紙ノ所用ハ一心三觀無作ノ三身ノ兩个ヲ鏡像圓融ノ譬ヲ以テ云顯ス也云々、
私《(示イ)》云、凡圓融《ツノ》三諦《ト》者、明喩ニ即空一、像喩ニ即假一、鏡喩ニ即中一云々、
仰云、是ハ止一ノ釋也、是ハ惠心流ノ七个ノ相承ノ中ノ一心三觀ノ下ニ重々ノ習有レ之、中ニ此文ガ依文也、今モ又出レ之云々、
復云ニ三諦質一者、中者相即、空者圓融、假者互具也云々、

仰云、是ハ圓教ノ三諦一諦ノ入角也、此圓融互具ノ相卽ノ形ハ、家要ニハ十界互具ノ時キ一段ノ申事、付テハ二三諦ノ義ニ一色々ノ約束有レ之共、是ハ先ヅ一通リノ義也、中ト者相卽ト者、爾前ニ如レ明ガ非ズ二二物相合ノ義ニハ一、體不二故故空爲卽ノ重也、空ト者圓融ト者、融ノ字ガ空ノ義也、假ト者互具ト者互ニ具スト云、心ハ諸法ヲ歷々ト置テ上ヘニ談ズトレ之チ聞タル故ニ假諦也云々、

色心諸法無障无碍而圓融自在也、其體自レ本空ニシテ无レ障、故ニ鏡圓明浮ニ萬像一、依正二報功德、其體空无レ障、而彼此不ニ相妨一、則第一義空之德也、權大乘所談者、就ニ諸法本性ニ一明ニ第一義空ノ理一矣、今於ニ隨緣生之當體一所レ論三諦也云々、

仰云、三諦ト者色心ノ諸法也、此ノ諸法ガ無障碍ナルハ界內也、サレバ處々ノ釋義ノ樣ヲ案ルニ、空觀ヲ無障碍トモ云ヒ、或ハ無數トモ云ヒ、又ハ亡泯ノ上デモ釋ル也、今ハ諸法ノ無障碍ニシテ自在ナル處ヲ空觀ト云ヘリ、是ヲ譬テ云時キハ、鏡ノ明カニシテ無障碍ナル處ヲ以テ圓融ノ空觀ヲ譬ヘ顯ス也、明ナレバ所ノレ浮像ヲバ假觀ニ譬ヘ、鏡體ヲバ中道ニ譬ル也、サテ今此ノ無障碍ノ重ヲ空ト云ハ第一義空也、權敎ニモ第一義空ノ旨ヲ明セ共、其レハ諸法ノ本性ニ約シテ云也、今所ノレ云圓乘ノ第一義空ト者三諦一諦ノ重也、是ハ隨緣生ノ當體ヲ置テ所ノレ得スル三諦ナレバ空ト云ヒ、法々緣起ノ上デ云也、

而圓融三諦者、爲下不レ知ニ心性眞如之法體一者上、付テ二一念心起之鏡ニ一、用ニ三諦卽是法門ノ一令レ觀レ之、從レ此欲レ(元イ)取ニ付ント心源ニ一廢立也、故ニ理觀ノ三諦ト者、尤モ雖レ似タリト巧ナルニ、猶是非ニ无作ノ本性ノ三觀ニハ一云々、

仰云、圓融ノ三諦ト者、委キ事ハ二諦義ノ沙汰也、付レ之ニ玄文ニハ立ニ五个ノ三諦ヲ一、謂ク易解、得意、圓融、復疎、不縱不橫也、止觀ニハ立ニ四个ノ三諦ヲ一、謂ク圓融、復疎、雙非雙照、不思議也、如レ此四个五个ニ分レタル中ノ圓融ノ三諦ト者、機情ニ對ル上ノ三諦也、サテ打チ放テ云圓融ノ三諦ハ佛意也、止觀ノ理ノ境ノ時キ夫一心

具十法界等云ヘル一心ヲ妙樂本在一心圓融三諦ト云
ヘル圓融ノ三諦ハ佛意也、此ノ佛意ヲ爲レ令レ覺ラ、先ヅ
敎フル二理觀ノ三諦チ一也、其ノ理觀ノ三諦ト者、前六重ノ間ニ
處々ニ釋セリレ之、或ハ約シ二根塵相對ノ一念ニ一、或ハ約シテ二刹那ノ一
念ニ一、理觀ノ三諦ヲ置テ自レ是元付テ終ニ佛意ノ無作本
性ノ三諦隨緣緣起ノ法體ヲ令レ知ント也云々、
問、本性心源ノ三觀ト者何カン、示云、空觀ト者離二實有之執情一、
立二(空・イ)・无性信心ノ一、住チ二无念寂靜ニ一、次假觀ト者、雖二諸法空ニシテ無一
レ障、不レ止レ空ニ、假リニ如クシテ二影像ノ一而存ス二本性之有チ一、常在二靈
山コ一云々、次中道觀ト者、不レ止二二觀ノ法體ニ一、而於二此二法ニ一
住二觀惠於絕待一是也、破ルコト二二觀之執一不レ如カ二中道觀ニ一、
破ルコト二中道ノ執チ一亦在リ二空假ノ二觀ニ一、互三觀圓融シテ只可レ浮二一
心ニ一云々、
仰云、六道生死ノ凡夫ト云ハ住ス二妄想ノ實有ニ一、離テ二此ノ實有ノ一
執情ヲ一住ルガ二無念寂靜ノ處ニ一空觀也、若又此ノ空ニ止テハ執
情也、此ノ空ヲ離テ本性ノ有ノ念ニ住レバ假也、此ノ
本性ノ有ト者六道ノ妄想ノ有ニハ非ズ、譬バ鏡ニ所ノ
レ浮ブ如クノ二影像ノ一有也、常在靈山ト云ヘル在ノ字本性ノ有
ノ心也、サテ此ノ空假ノ二觀ニ不レ止、二法ノ待對ヲ
絕テ心性不動ノ體ニ住ルガ中道也、若又此ノ中道ニ
止マラバ執情也、故ニ空假不二ノ中道ヲモ不レ執、二
觀宛然ノ處ニモ可レ住也、仍テ三諦ノ執情ニ片落ル事
モ無クレ之、一心圓融ノ處ニ住ルガ圓融ノ三諦ノ形也、
是ハ以二無緣智一緣境(无相境歟)、無相之境、無相之智、而言二境
智一故名二無作一ト云ヘル重也、圓頓行者ト云フ者、自二
最初一此ノ無相境智ノ重ニ心ヲ置ク也、サレドモ最上利
根ノ機ハ此コニ乘リ居テ達ス、下根者ノハ此コニ住セントスレド
モ偏墜ノ諸念ガ起ル故ニ、此ノ妄念ヲ止ントスルマ
ニ六里妙解ノ位ヲ經テ行ル也、サレドモ終ノツボハ
此ノ無相ノ境智ノ重ニ落着《チツク》也云々、
問、三觀ノ正體行者ノ所レ期宜レ爾ル、就レ之ニ山家ノ云、鏡像圓
融ノ喩ハ非ンバ二口決ニ一不レ可レ知云々、意何カン、示云、是天台宗ノ玄旨
只在二此ノ一段ニ一、所謂明喩卽空、像喩卽假、鏡喩卽中、此
等常所レ談是分喩也、正口決キト者、謂ク鏡ニ所ノレ浮ア影トハ是事、鏡トハ是事、鏡影ト

倶ニ事法而コシテ互具ノ法體也、是チ云レ喩ト者無レ有ルコトノ二是處一云々、
仰云、問意ノ三觀ノ正體ト者無作本性ノ重也、此ノ法體ニ
直ニ住ル機ハ無シ二造作モ一、此ノ重ニ直ニ不ルレ住者ノハ解行移
轉スル也、此ノ無作本性ノ重ノ三觀ヲ云トシテ、山家
大師鏡像圓融ノ三諦ハ非ニ口決ニ一難シレ知釋シ玉フ、口決ト云
ハ何ナル事ゾト云ヘル問也、答ルレ之時キ是天台宗ノ玄旨
只在ニ此ノ一段ニ一等云ヘリ、此ノ問答ガ此ノ一段ノ所詮
也、本疏ノ上ニ重々ノ三諦ヲ釋シ來テ、譬如ニ明鏡一、明
喩ニ卽空一、像喩ニ卽假一、鏡喩ニ卽中一、文、是ヲ妙樂以テレ事喩
レ法、皆是分喩、於レ中鏡喩其意最親ト云ヘリ、以テニ事
法チ一譬ルレ法ニ皆分喩也、而ルニ分喩ノ中ニ取テモ此ノ鏡ノ
譬ハ最モ親シト判ゼリ、然ルヲ今山家非ンバニ口決ニ一難レ知
敎玉フハ何事ゾト云フニ、鏡モ事法、所レ浮像モ事
法、仍テ此ノ鏡像ガ事々圓融十界互具ノ形也、理具ヲ
バ目ニ不レ見ヘ、十界事具ノ法界ガ本門ノ極談也、此ノ
鏡像ガ然ト事具ヲ目ニ見ミスル也、彼々三千互通亦爾
テ、諸法ノ事々歷々トシテ互具スト云ガ天台ノ鼻目

也、仍テ此ノ鏡像ノ譬喩ト云者、無レ曲唯ダ鏡像圓融
ノ當體ガ其ノ儘法體也、サレバ蓮花ニ當體譬喩ヲ釋
スルガ如ク、鏡像圓融ニ當體譬喩ヲ習フ時キ、於レ中
鏡喩其意最親ト云ヘルハ譬喩ノ鏡像也、今事々互
具ゾト云ヘル重ハ當體ノ鏡像也、此ノ重カラ見ル時キ
ハ、萬法皆非ニ鏡像ニ一法一法モ無レ之、此ノ重ノ鏡像ヲ
バ非ンバニ口決ニ一不レ可レ知云也云々、惠心流ニハ自浮自影ノ
鏡ト云事ヲ申ス也、如ニ二條抄ノ私ノ一、
問、何ノ時浮ブルニ此ノ影ノ一耶、示云、非ニ今始テ浮ブルニ影一、只本有之鏡
中ニ本ヨリ具ニ三千法一、是云ニ不變眞如ト一、而モ隨緣生之時ハ、所ノレ具
萬像顯ハレ(影・イ)・浮應レ云ニ隨緣眞如ト一、
仰云、サテ何ヅレノ時キ此ノ鏡像ノ互具顯ハルヽゾト
云ニ、無レ樣モ此ノ鏡像ノ互具ト者正行ノ一念三千
也、鏡ハ一念、像ハ三千、而ルニ一念ト云モ本來ノ一
念、三千モ本來ノ三千ナレバ、一念ガ全ク三千、三千
ガ全ク一念、鏡ガ全ク像、像ガ全ク鏡也、是ヲ兩種ノ
眞如ニ分別スル時キハ、一念ノ鏡ニ浮トニ三千像ノチ一云ヘバ

不變眞如也、サテ此ノ一念所具ノ三千ガ事相ニ縁起スト云ヘバ隨縁眞如也云々、凡ソ付テ二此ノ事ニ一約束シテ習時キ、鏡ハ一念、像ハ三千、圓ハ一念、融ハ三千也云々、

問、三寸ノ鏡ノ上ニ浮ニ一尺ノ面チ一何、示《カン》云、大小融卽無ニ妨碍一、天月ノ光リ浮ニ一滴之露ニ一、一粒ノ芥子ニ收ニ須彌チ一、一身一念ニ具ニ三千一、一身一念遍ニ三千ニ一、半日ニ經ニ五十小刧一、皆是事々互具理々相卽、實(更イ)不レ可レ疑也云々、

仰云、鏡像ノ法門諸宗多レ之中ニモ花嚴宗ニ專ラ明レ之也、サレバ花嚴ノ香象大師天皇后(則天歟)ニ事々圓融ノ法門チ示ス時キ、十面ノ鏡懸テ二十方ニ一、此ノ鏡ノ影ヲ互ニ浮値フニ付テ、事々圓融用々無碍ノ法門ヲ示ス也、又八角ノ燈爐ニ八ノ角ニ八面ノ鏡ヲカケ、中ニ火ヲ燃シテ、此ノ一火ガ八面ノ鏡ニ浮ビ、又鏡ノ移リ値《アウ》ニ付テ、一心ニ具スル萬法チ一事ヲ示ス也、サテ付テハ二天台ノ佛法ニ一傳敎御入唐ノ時、遇ニ邃和尙ニ一傳ヘ玉フ二境智ノ法門チ一時キ、一面ノ鏡二面ノ鏡、此ノ二重ノ相傳有也、二面ノ鏡ト者赤銅八葉ノ鏡、白銀眞圓鏡也、此ノ事ヲ境智二面ノ鏡不レ求ルニ自ラ得タリ、鏡像圓融豈ン待ニ口決ニ一耶云ヘリ、サテ一面ノ鏡ト者邃和尙傳敎ニ示シ二境智互具ノ法門チ一玉フ時、白銀ノ鏡ニ浮ブト二師弟ノ像チ一付テ示シレ之玉ヘリ、此ノ一面ノ鏡ハ傳敎御歸朝ノ時所持シ玉ヘリ、今ニ山門ノ法藏ノ重寶ニ收ムル也云々、サテ都率先德ノ己心中記ニハ、二面ノ鏡ニテ介爾有心卽具三千ノ法門チ示シ玉ヘリ、夫ト者密室ニ東西ニ懸レ鏡チ、西ニハ本尊ヲカケ、東ニハ行者ヲ置キ、中ニ燈明ヲ置ケバ、本尊ト行者ト燈明ト鏡ト互ニ移ル相ヲ以テ十界ノ事具ノ法門ヲ示玉ヘリ、謂ク西ノ鏡ハ佛界ノ己心ヲ表シ、東ノ鏡ハ表ニ生界ノ己心チ一、燈明ハ表スルニ依報チ一也云々、而ルニ都率二面ノ鏡ニテ事具ヲ示玉ヘリ、サテ此ノ流ニハ事具ヲ云規模チ申ト也云々、サテ姚興《ケウ》皇帝羅什三藏ニ須彌芥子相入ノ法門ヲ被レ尋時キ、一寸ノ鏡ニ一尺ノ龍顏《レツガンチ》浮ベテ示レ玉フ之云々、大梵天王ノ因陀羅ニハ三千界ノ依正ガ浮ビ、帝釋ノ羅網ニハ閻浮提ノ依正ガ浮ビ、帝釋ノ羅網ニ閻浮提ノ依正ガ浮ブゾト、

云々、是等ハ目ニモ不レ見《ヘ》、三寸ノ鏡ニ一尺ノ面ガ浮ビ、一渧ノ露ニ五十由旬ノ月光ガ浮ガ皆不思議也、又淨名ノ方丈ノ室內ニ三萬六千ノ高座ヲ嚴リ、無數ノ聖者來集セリ、今ノ經ノ時《キ》ハ、或《ハ》五十小刧謂如二半日一云々、又神力品ノ時キ、現二神力一時滿二百千歲一云々、如レ此一代ノ間ニ不思議ノ事ノ有ルハ、唯十界互具ノ法體ヲ爲レ顯レ之也、仍此ノ一紙ノ所詮ハ、鏡像ノ上ニテ事具ヲ顯スヲ全ク譬トハ不レ可レ云、其ノ當體ガ卽法體也ト云ガ詮也、

一仰云、五个ノ相承ヲ押取テハ一心三觀無作ノ三身也、是ガ法花ノ至極也、是ヲ本迹デ云事前々ニ事明タリ、乍レ去三周ノ聲聞迹門デ斷無明證中道ト者、一心三諦ノ境置《チテ》、一心三觀《ノ》觀惠ヲ用テ、諦觀相應シテ斷無明證中道スル也、サテ本門デ無數ノ菩薩ノ增道損生ト者、無作ノ三身ノ境ヲ置テ信解ス、成二增損《ノ》益《チ》一也、是ヲ信解本地難思境智ト云ヘリ、本地難思ノ境智ト者無作ノ三身也、此無作ノ三身ヲ信解シテ增損ノ益ヲバ成スル也云々、付レ之本門ノ心ハ聞ク處ヨリ外ニ修行《チ》不レ立、何ゾ信解スト云耶ト云ニ、本地難思境《ノ》智ハ本來無作ノ果海也、是ハ住本顯本ノ重也、是ガ正ク唯本無作ノ三身ノ重本門ノ至極也、サテ此ノ本地難思ノ境智ヲ信解シテ增道損生スト云ハ、住迹顯本ノ重也、是ハ事成ノ無作ノ三身始一冥一ノ無作ノ三身ノ重也、此ノ重ハ未ダ非二本門至極《ニ》一故《ニ》、本門修行《ノ》邊見《ノ》タルヲバ皆此ノ重ノ修行ト可レ得レ意也云々、古德雖レ禁二於筆傳《チ》一、予悲二將來《テ》一粗注レ之、宜《ク》レ選二一機一矣云々、

仰云、此ノ一紙ハ檀那ノ仰ヲ後人書レ之歟云々、

第五鏡像圓融決畢

天正四年丙子三月吉日

仙波佛地院廿代住持舜慶書寫了、

慶長八癸卯年五月廿八日

山門西塔正觀院相二傳之一書寫了、

月山寺法印慶賢

正覺院探題豪親

右本純海法印予讓附了、

此本純海孫弟元託附屬了、

玄旨壇祕鈔 下

玄旨血脈面受口决

傳云、天台灌頂義相有ニ口傳之詞一也、所謂密敎ノ灌頂ハ密ニシテ顯也、天台ノ灌頂ハ顯ニシテ密ナリ、其故ハ眞言ニハ云ニ灌頂《ト》一事ハ在ルト、在家出家共ニ雖レ知レ之、正入壇灌頂《ヲ》不《レバ》レ遂不レ知レ之也、諸人知ル方ハ顯也、諸人《ハ》不レ知邊ハ密也、次ニ天台ノ灌頂ハ顯ニシテ密也、雖レ見ニ其義式《ノ》一、其理《ヲ》不レ知、密也、雖レ不レ知見聞ル方ハ顯也、所以ニ密敎ノ談ハ置レ之、天台ノ心ハ顯ニシテ密ナル灌頂ノ義式、諸寺諸社ニ勤修ル處ノ講說是也、此ノ義式經卷ニ合時、寶塔一會ノ義式也、故ニ讀師ハ多寶以ニ無言說《ナ》一證誠スル故ニ、講師ハ釋迦、述ニ法花義理一故ニ、題者ノ結衆ハ影向分身十方釋迦也、是則顯敎灌頂ノ相也、但道場莊嚴ノ事ハ大師一卷ノ疏有リ、弘決第二法花修行處引《玉ヘリ》レ之、所謂法花三

昧義是也、

灌頂事

傳云、以テ二法花法水一受者ノ頂ニ置レ之也、其法水ト者、當流ニハ玄旨也、惠心流ニハ一心三觀ノ一文也、如レ此書テ三度頂カセテ後師弟共ニ開レ之講讃スル也、頂上ニ戴コトハ一心三觀等、諸佛頂上明珠覺悟知見ナル相ヲ表ル也、此ノ事相傳ル時、下座ニ有ル時、可レ用二凡夫座一、登シ二高座一散花已前ハ菩薩座可レ用、頂上戴レ之後可レ用二佛座一、此ヲ三重成道トハ云也、然後論義經ヲ可レ說也、問答講說是也、

次登壇卽明事

傳云、師弟共ニ可レ用二九个ノ印一、此ノ印相、天台ノ御釋禪門口決也、此釋可レ見二印相口決一云々、

次一心三觀ヲ欲レ談ント時ハ可レ用二法花印一、此ノ印相ヲバ眞言ニハ名二妙見印一、經ニハ說二實相印ト一、但シ實相印ヲバ常ニハ合掌總印ト被レ釋コト在レ之、夫モ一義也、不レ可二相違一、口決又禪門口決在レ之、可レ見レ之云々、

次起滅再岸事

傳云、於レ之有二事理ノ二再岸一、先ヅ理再岸ト者鼻臍再岸也、心ハ一心三觀也ト者數息觀ナリ、一心者我等息也、此息ヲ一ツ二ツ數ル智惠ハ假也、是ヲ無孤智ト云、數ノ前後離斷ル空ナリ、離斷形ハ無テ數跡モ無ク、本來清淨ニシテ絕體ナルハ中道也、故ニ能觀心ヲ云レ能ト、出入ノ息云レ所ト、此能所鎭ニ破二能所一還テ歸二能處一也、是ヲ妙法ノ心要トハ云也、

次披二心性一開二達ス三軌三諦軌トスル也、一心ノ外ニ無レ軌故ニ不レ限二三觀ニ一、萬法ハ一心ヲ爲レ軌也、次ニ迷悟二際ト者以二臍輪一迷悟ノ二際トハ云也、惡念自レ臍起テ出レ外成二惡事チ一還テ歸二臍輪一也、覺悟知見モ自二臍輪一生ジテ外成二善事一還テ歸二臍輪ニ一也、故ニ禪門口決云、心自レ臍起テ還テ歸レ臍、心ハ是念ノ起・念慮(處・イ)(滅歟)所也ト釋リ、取意、

次性海動靜者、傳云、臍輪法性ノ性海也、此性海本來起滅故有二動靜一、迷テ動靜ル時ハ昏散二病ト被レ云、悟

テ動靜ル時ハ寂照ノ止觀也、然則迷悟動靜無レ之處ニ用心スルヲ本性ノ實義トハ云也、

次一句玄旨ト者、傳云、此事當時ハ學者殊聞レ之、此ニ云持ト云ヘドモ所詮ヲバ不レ知也、所以ニ一句玄旨ト者、明靜一句是也、此ノ一句ニ立ニ修行ヲ會ニ法性一理ニ也、一音法輪ト者止觀法輪也、以ニ止觀二字ヲ通ニ衆機ニ故說ニ衆途ニ云也、

次一念成佛、傳云、傳敎大師一念成佛義見(道イ)タリ、所謂夫以廣刧多生間修ニ無量行願ヲ、正覺待ニ未來ヲ權敎權門ノ心、明ニ萬德圓明性ヲ談ニ自心本覺理ヲ期ニ成佛於一念ニ法花圓經實說也、文、是傳敎一念成佛論ノ文也、世間流布ス、可レ見レ之云々、

次元无生死事、傳云、本無生死ト云事也、無ニ生死ニ云ヘバトテ非ニ無生死體ニ、生死自在ニシテ本有無作ナルヲ元無生死ト云也、依レ之傳敎大師、本有無作生死無レ終無レ始、圓理有無非レ斷非レ常生死本淨也、人迷ニ見苦ニ須レ除ニ此見ヲ、當レ至ニ佛地ニ、文、是本無生死論ノ文也、所詮無ニ迷苦生死ニ云ニ元無生死ト、本來淸淨ノ生死ヲ云ニ無作生死ト也、

次序事、傳云、此序ハ傳敎ノ御言也、始天台灌頂ト云ヨリ一法出世無量義マデハ傳敎ノ序也、夫一言ト云ヨリ下ハ天台ノ御釋也、可レ思レ之、已上普通談、但雖レ爲ニ普通ニ非ニ淺近義ニ也、普通ト云也、

灌頂之事

祕決云、一家ノ法門ハ收ニ此序ニ習也、先灌頂ト者天地和合ノ處ナリ、心ハ我等衆生載テ第一義天ニ爲ニ衆生(生死イ)ニ也、此灌頂ト云、

次起滅再岸ト者事相ニ習レ之、天ハ起岸、地ハ滅岸、是ヲ云ニ再岸ト也、心ハ一切衆生ハ日月衆星ヨリ生ゼリ、然レバ日月衆星ノ三魂也、此ノ三魂ノ下テ衆生ノ主ト成レリ、次ニ衆生滅ル時、還テ本元祖日月衆星ニ歸ルナリ、此理ヲ地ニ下テ現ルヲ名ニ靈山會ト、十界皆歸ニ虛空ニ本分ヲ說時ヲ云ニ虛空會ト也、故ニ多寶昇ニ虛空ニ、分身昇ニ虛空ニ、是卽歸ニ三身本分ニ形、攝ニ諸大衆ヲ皆在ニ

虛空ト者九界ノ衆生也、是皆虛空ニ有ト云ヘルハ、卽歸本相也、起滅ノ再岸モ天地人也、破ニ能所還テ天地也、如法《ノ》心要《ト》云モ此事也、一句玄旨ト者、寶塔會一句也、一切法門此ノ品可ニ習合《(入イ)》也、爾ルニ日輪ハ釋迦我等智體也、月輪ハ多寶我等理體也、衆星ハ分身我等《ノ》念々也、此ノ輪ハ日夜ニ自身三身果成ヲ見、我等元祖ヲ知ル也、日月星ヨリ起滅スル日月星ニ滅ス、凡始自ニ地獄星出テ天上ヘ進ミ、上界顯ヲ小乘權門ニ談ズ、寶塔品ノ時《キ》可歸ニ虛空會本《ノニ》前方便也、是ヲ生死本際ノ一現ト云也、本際、有三之天地人是ナリ、一現ト云事ハ、日月星ノ三體一現セシヨリ已來全ク無終、是ヲ一現ノ法門トハ云也、是又明靜ナリ、止觀ナリ、日輪ハ明觀也、月輪ハ靜止ナリ、是ヲ約本時ハ、月輪ハ本妙理普賢實相如來、日輪ハ迹妙智文殊如來也、於ニ此事《ニ》二字合三ト云大事有リ、都テ人不知事也、所謂《ル》明星是也、明ハ日月釋迦多寶也、星ハ衆生分身應身也、此ノ菩薩ハ一心ニ修ニ三觀一身證ニ三身ハ、虛空會ニ得ニ自在ハ、一切衆生成ニ生死本際《ノ》ハ、得ニ心生死根元《ノ》ハ、此ノ明星一切衆生ノ能藏ノ菩薩ナレバ、虛空藏菩薩也ト云、此玄旨大事デハ相ニ傳玄旨《チ》修ニ行《スルニハ》玄行先ニ習ニ此本尊《ト》也、其習ト者以ニ明星可爲ニ本尊也、サレバ止觀心要ニハ一心三觀能證ノ證人ニ引《リ》ニ此《ノ》菩薩《チ》ハ、又大師後夜ノ開悟ニ、明星出時豁然大悟トモ云ヒ、又明星漸出ル程古僧形ヲ現ズト惠心《ノ》和讃ニモ結タリ、顯密ノ諸師欲《ハヾ》成ニ就法ハ、明星天子ニ可歸、此ノ天子ニ歸行人悉地ヲ不成《ト》云事無シ、能々可思之、所詮一家ノ相傳ハ寶塔品ニ可ニ習合《(入イ)》也、不爾者未極ノ學者也云々、凡佛法者淺深共ニ自身ト云法ヲ顯シ、明ニ自身生死法ニ可得ニ自在也、虛空會ヲバ法界塔婆ト習也、三身安住《ル》故也、又三身我等ガ本分ト知リ、我等ガ皆本地果海三身下《テ》ニ地下《ニ》利ニ益《シ玉フ》衆生《チ》ニ可得意也、生《ノ》始《チ》欲《ヘヤ》知《ント》、日月星《チ》可知、生《ノ》終《リチ》欲知、日月星《チ》可仰、止觀等ニハ於ニ衆生本命元神當年屬星ヲ沙汰ス、而《ニ》陰陽家ニハ生死本命元神當シ虛空會ノ義式也、諸敎幷ニ密敎等ニ本命元神ノ本地ヲ佛菩薩ト淺々ト談ジケルモ、一切衆生ノ本分ノ虚空會ノ果海ノ體ヲヒソカニ顯シタル也、而レバ人ノ死ル時ソラ目トテ見《ル》二虚空《チ》一、欲レ歸二虚空一心也、一心三觀天於一眼ノ有《ル》二口傳一也、此ノ心ハ空眼ヲ天ニハト可《(イ》レ讀《ニア)》、最後《リノ》一眼ヲ開テ虚空會ノ本地三身ニ歸ル處ヲ天於一眼ト云也、此口傳黑谷ノ聖人極祕藏ノ口決ナリ、臨終ノ大事只是也、最後一眼ハ右日輪釋迦ノ體ニ居ル也、左ハ多寶月輪ニ歸ル也、諸念ハ歸二衆生一也、如レ此相傳不レ可二口外一、能々可レ思レ之、唯授一人ノ相傳也、縱ヒ雖レ傳二法門一、事相ニ我迷悟本際見聞覺知スル處ヲバ只收二內證一不レ可二口外《ニ》一、況ヤ載二紙面一哉、眞言ニ以二兩眼一マタ二《ノ》字トセリ、マタ《ト》者定惠也、是一家ハ止觀ト被レ釋《セ》、凡此ノ口傳ハ可レ亙二一切一、以レ一知レ萬、四个ノ大事モ三个ノ大事《(イアリ)》モ只此上ニ談也、尋云、何ナル處ガ玄旨ノ本意ナル乎、答、傳云、病藥共亡《ニシテ》只泛々《ノ》廬知也、文、此ノ一句ガ所詮ニテ有ル也、心ニ有ニ

强弱一、强心ト者第二念已去流來ノ念力也、泛々廬知ト者刹那介爾ノ念也、此ノ泛々ノ處ニ用レ心ルヲ一心三觀ノ行人トハ云也、所詮學道ハ泛々微弱ノ心、無二義味一無《ク》二强盛力一、ホレ〲トシテ而モ明々ナル處ニ元付ケル觀法日夜ニ進ミ修行モ彌々微細也、尋云、內證安置一心三觀者欲界六天中ノ內證歟、答云々、傳云、常ニハ如レ此云レ之、當流ニハ、今ノ玄旨一心三觀ト者、衆生心內ノ己證心性都率內證安置ト云也、此ノ內證ヲバ諸天薩埵常住守護《ル》也、一心三觀《ノ》行人生《タル》二都率《ニ》一事ハ、勸發品ニ被レ說《カ》也、所詮妙法ト者、法界衆生ノ心地妙法ヲ載ケル都率忉利ナルガ故ニ、心性ノ忉利內證ヲ都率ト云也、此書ハ三小ハ菩薩所持《カ》六欲天中都率《ノ》內證《ニ》安置シタリト云ニ申合也、此聞《タル》二玄旨一人《ヘ》卽身直道佛也、何條自身《ノ》外《ニ》求《メン》二中天一、文、次石塔安置ト云ヘル、大師石塔ニ此書ヲ安置セル樣ニ思ヘリ、其レハ不レ爾《ラ》、一切衆生ノ白骨卽石塔ナリ、此白骨ニ三觀依託生ズル時モ此ノ法攝レ心、死ル時モ此法ヲ

具足ル也、サレバ止觀ノ二ニ死後成《シテ》ニ白骨《テ》一見《ト》ニ法性一《チ》、文、妙樂云、依緣死骸到ニ彼岸一文、此ノ白骨ヲ色家(差歟)三昧ノ一心三觀ト云也、一切衆生ノ色心ヲ內證石塔ト云也、爾レバ內證安置ノ一心三觀妙法《ノ》因分、是ヲ煩惱卽菩提一心三觀トモ云也、石塔安置ハ妙法、則是ヲ自分不改ノ寂光土トモ、寂滅ノ三身トモ云也、此等ノ大事ヲ存知シ玉ヘリ、サレドモ寶地房ノ書タル者ノ有ル也、

尋云、聞《ク》ニ此《ノ》玄旨一《ヲ》人ノミ歸ニ虛空會《ニ》一、內證石塔安置ヲ可レ顯歟、答、云々傳云、念前念後ノ別ハ法爾ノ道理也、但シ知者有德、不レ知者無德(イナシ)、是淺劣ノ敎也、更叶《ニ》ニ此《ノ》玄旨《ニ》ニ事ハ注ニ見聞覺知《チ》獨一圓明也、自然《ノ》死歸レ天、自然《ノ》生ハ地ニ生ル也、天地和合シテ所レ得人體ナレバ、其終何不レ歸ニ天地一、六根性ハ歸レ天、六根相ハ歸レ地、或時ハ合ス故ニ得ニ人身一、或時離ニ人體一分離ス、生死自在也、非ニ十界作《ニ》一、能々可ニ通達《ス》一云々、此下卷ノ口ヨリ是マデ溪ノ本ニ無レ之云云、

玄旨口決　三句血脈事

口傳云、無作三身血脈ハ三句ノ血脈ヲ習也、此ノ三句ハ色心業ノ三也云々、又三々九个ノ三身ナリ、一心三觀也、俗諦常住寶塔也云々、

玄旨之事

一句玄旨事明靜ノ二字也、昏散日夜迷悟云々、

輪ノ事　三世輪轉ノ十二因緣也、十二光佛、十二神將、十二月、十二時、併《ナガラ》十二周緣也、依正相順ノ道理、此十二《ハ》三身也、三觀也、三諦也、煩惱業苦ハ本來ノ修行也、只凡聖ノ不同ハ知不知ノ境

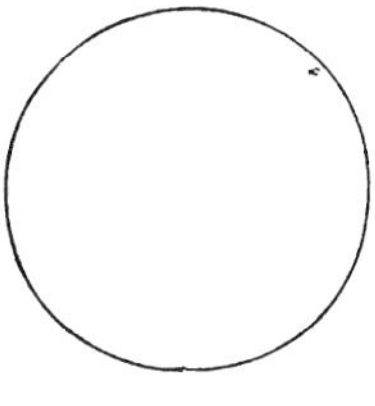

ナリ、但以レ信可レ送ニ生死《チ》一、信身不ニ斷絕《セ》一、生死總報ハ饒益有情ノ形也、捨レ佛取レ佛口傳云々、生死本際大事ト者、父母所レ與本名卽本來(因イ)本佛ノ佛號也、已上、輪與ニ本名一是ヲ玄旨兩个ノ大事ト申レ之、

一本尊之事　眞實ノ本尊ハ明星天子也、最祕云々、

一鏡像圓融ノ口決事兩面鏡事籤六、大論、大佛頂經有レ之、又眞言經有レ之、論(濟歟)淨實相經第二心地本性清淨品見《ニモ》タ

リ、重累無盡ノ一念三千ヲ表示スル也、當體ノ鏡ハ我等ガ心性也、覺悟ノ眞妄ノ重ニ成リヌレバ、兩面ノ鏡ヲモ破シテ可レ捨ツ、是ヲ惠光院ノ破鏡《ワリカヾミ》トハ云也、一眞實(言イ)行者己心觀ハ、水精ノ盤上ニ瑠璃ヲナゲヨト口傳スル也、峯高ケレバシグレ《時雨》スル也、谷ハ幽遠ナレバ晴レ、春ハ春、秋ハ秋、只ルリト盤ト互ニツクロハデ照テ守ルガニ己ガ自體一眞實ノ奥旨也、

公性房相承也

檀那一流ノ祕曲不レ可レ過レ之、聊爾ニ不レ可レ有ニ他見一候、堅師誡言、

檀那一流雖ニ相傳一、非ニ其器一物非ニ末弟一者ハ、一流之奥旨許レ之書レ之コト不レ可レ令レ有、唯授一人外深ク誡、相構相構不レ可ニ口外一、面授口決對レ師云々、此行榮雖レ非ニ其器一、三世宿習之薰發歟、又當來三寶之照覽歟、玄旨歸命之兩壇結緣之後、彼ノ書感(得歟)德畢、

三車一心三觀

傳云、是ハ傳敎ノ御釋也、此ニハ無ニ別ノ仔細一、但證據ヲ得ルヲ爲ニ祕曲一也、所謂玄旨ハ法說ノ一心三觀、三車ハ解說、中周ノ聲聞ノ得益(處イ)ノ一心三觀也、又三道卽三德トテ十二因緣ヲ三道ト云、其三道ヲ三德トシタル一心三觀、因緣說ノ一心三觀也、又ハ以ニ此三種一三諦三觀ト習也、法說ハ中諦所具ノ三觀、解說ハ假諦所具ノ三諦、因緣說ハ空諦所具ノ三諦ト云也、是等ハ皆ナ敎相ノ廢立也、所詮三車ノ本意ハ、一心ガ不レ止ニ空假中ニモ一、迷悟十界ニモ不レ止、十八羅密流轉還滅ニモ不レ止、本法處三車ノ流轉無始無終ナル處ヲ爲ニ能解ト一、顯ニ心性ノ無始無終一也、所詮此ノ三觀ニハ有リニ四字ノ口傳一、所謂不レ留ニ一法一ノ四字是也、此ノ四字ヲ口傳スル文有ル也、所以ニ火炎向(上イ)レ空、理趣咸ク滅ス、衆流入レ海、法爾トシテ無レ停ト云ヘリ、不留一法ノ一心ヲ一法ニ墮ツレバ流轉ス、不レバ留ニ一法一解說ス、心法ハ三世ニ輪轉シテ無始無終也、(已下十五字イニアリ)色法ハ三世ニ輪轉シテ無始無終也、是ヲ妙法十二因緣ト云也、三車ノ義口決如レ此、

天地五戒口傳事

傳云、是ハ無ニ別仔細一ハ一心ヲ覺悟スレバ十界生死ヲ離テ出ニ迷悟境ノ一也、而ニ世間通用行軌ニ令法久住利益人天ト金ヲ打也、如レ此人天利益セント打事ハ、人道ハ出ニ四惡趣一終リ、天道ハ進ムニ四諦ニ一始也、故於テニ此中間ニ一致セバニ利益ノ思ヲ一人間又不レ歸ラニ四惡趣ニ一、天道昇進シテ至ニ佛界ニ一也、此圖ハ常ノ鼓ミ也、是ハ昇進增進シテ法門ヲ事相ニ顯ス在家通用也、佛事神事是ヲ打也、心ハ地獄等ノ五界ノ方ヲ打テバ、其ノヒヾキ天ノ五界ニ至ル也、所ノレ打ツ五指ハ五大五輪五智ナリ、此ノ五智卽五佛也、五佛ノ手ヲ以打ハレ之チ五界ノ迷ヲヒヾガヱス、悟ノ五界ニ進歸スル也、但是ハ常行堂ノ祕法也、始ノ一圖ハ煩惱卽菩提ノ心ヲ顯ス、下ノ五界ハ煩惱、上ノ五界ハ菩提、煩惱與トニ菩提ニ一心ノ具德ニシテ無レ隔道理爲チレ顯ンガ、一ノ絲ヲ以テ上下ヲカラクルナリ、是卽十界一心ノ意也、次ノ圖ハ上ノ圖ノ時十界一心ト顯ハレ、迷悟不二ト顯シタレバ、其後ノ下ノ五界ハ惠方願力智ト顯シ、上五界ハ檀戒忍進禪ト顯タル也、此事ハ雖レ似ニ淺略ニ一家ノ深義也、總ジテ佛法ノ大事ト云ハ、世間ノ世事ヲ佛法ニ習合ルガ大事ニテ有ル也、眞俗二諦一法二義ナル故也、能々可レ思レ之、

𑖀字之事

傳云、是ハ四字合ノ字也、カライクノ四字也、是ハ心法ノ種子也、顯敎ニハ云レ心ヒト、密敎ニハ云ニ𑖀字ト一、此𑖀字ヲ一返誦スレバ、一代ノ諸敎ヲ讀誦スルニ當ル也、サレバ高野ノ大師ハ、誦ニ𑖀字一返一當レ讀ニ誦法花百部ニ一文、法花ノ祕號ノ文也、總ジテ此ノ大事ハ天台眞言ヨリ事起レリ、偏ニ顯敎ノ談ニ非ズ、能々可レ思レ之、

臨終之事

傳云、於ニ臨終ニ一有ニ二種ノ義一、一ニハ相對、二ニハ種類也、相對ノ時ハ、起シテニ煩惱心ニ一死タルハ報身ノ入滅也、起シテニ菩提心ニ一死スレバ應身ノ入滅也、苦ノ一念ニシテ死スレバ法身ノ入滅也、是ハ三道卽三德ノ種子ナル故也、眞言ハ以ニ此三道チ一大定大智大悲ト釋シ玉ヘリ、次種類ノ

臨終ト者、一句ノ法門ヲ思惟シテ死スレバ、其ノ一句了因ノ種ト成テ報身ノ入滅也、起ニ慈悲《シテ》心ニ死スレバ應身利物ノ入滅也、不生ノ心地ニ安住シテ前後際斷シ、不覺不知ニシテ萬事ヲワスレテ死スレバ法身ノ入滅也、故ニ善惡共ニ死テ後成《ルナリ》ニ三身種子《チ》ニ、

臨終三力之事

傳云、一ニハ佛力、二ニハ法力、三ニハ知識力也、佛力ト者、佛ノ本誓也、法力ト者法ノ功能也、知識力ト者最後ノ敎化力也、所以ニ衆生存日ノ間ハ行レ善雖レ修レ道、最後刹那ニ臨テ修善ノ心ヲ取返シテ、惡念惡事ヲ成テ、只今三惡趣ニ可レ墮、剩《ス》以ニ此三力ニ助ル道有ル也、所以病人有《リ》ニ出入息《ノ》ニ、知識ノ口ヲ病人ノ口ニ並ベテ、何レノ字ニテモ有レ思ニ肝要ニ一句ノ法ヲ可レ唱也、然バ病人ノ出ル息ニ知識念佛《ノ》ノ息ヲ出シ交ナリ、知識ノ念佛ノ息、病人ノ入レ息《ニ》被レ引、自心他心體無レ二、自利利他ノ心平等ニテ、知識念《ノ》佛《ハ》成ニ病人之念佛ニ滅ニ無量罪《チ》ニ、前念ニ命終シテ後念ニハ可レ生ニ十方淨土《ニ》ニ、是三力《ガ》ニテ有ル也、是ヲ俊範ノ筆ニハ依他臨終《ノ》ト被レ書云々、

一心三觀行法事

傳云、一心三觀ヲバ意地ノ修行ト計リ習ヒ得テ、身口ニ一心三觀ヲ修行スル事ヲバ不レ知也、故ニ此ノ大事ヲバ當流ニ申樣ハ不レ傳ニ餘流ニ、傍流又不レ知レ之ト云テ、當流家嫡相承ノ流ト名稱スルハ、三業相應ノ一心三觀ノ習ト相傳也、所謂意地ニハ數息觀心ニ懸テ、口ニハ唱ニ南無阿彌陀佛《チ》ニ、身ニハ珠數《チ》可レ廻也、此即意地ハ中、口ハ空、身ハ假也、三業ガ三諦ニテ有ル故ニ、事相ニ一心三觀ヲ成ル也、依レ之止觀ノ第二ニ歩々聲々念々唯在阿彌陀佛《ト》文、夫ヲ解釋ニハ歩々身業聲々口業念々意業ト釋玉ヘリ、如レ此談顯密《レバ》一致ノ修行ハ顯《ル》、也、凡ソ密敎ノ心ハ、意ヲ懸ニ心月輪《ニ》ニ、口誦ニ陀羅尼《ヲ》ニ、手廻《ス》ニ念珠《チ》ニ、此立《レ》ニ事理倶密義《ノチ》ニ、顯敎又如《ハ》レ此、身口意ノ三業ガ同時ナル故ニ、十返數ヲ取レバ十坐、一返スレバ百坐、千坐萬坐以レ之可レ得レ意也、此ヲ事理不二三業

一體同時倶起ノ一心三觀トハ云也、此口傳ヲ出ノ知（不敢）シテハ三觀ハ水火ノ法也、不レ可ニ倶起一ナンド疑フ也、如レ此ノ處ニ安住シタル處、一家ノ一心三觀行者トハ云也、能々可レ祕レ之、不レ可レ爲ニ口外一、私云、念珠ヲ三諦ト釋シタル釋ノ有ル也、

六重境智冥合事

傳云、常ニハ境智冥合鏡像圓融ト云事ヲバ談ズレドモ、有リニ重々之口傳一ト云事ヲ不レ存歟、但シ當流ニハ六重大事有ト習也、所謂六根ハ六面ノ明鏡也、六塵ハ六重ノ鏡也、像也、是ガ不思議ナル處ハ眼根方寸ナリト云ヘドモ、見ニ大小ノ色チ一是レ一多自在、須彌芥子ノ相入、境智冥合ノ形也、見ニ大小色一レドモ大小跡形眼ニ無レ之、眼根清淨ノ明境ナルガ故也、耳根微少ナリト云ヘドモ聞クニ大小聲一、爾レドモ大小無レ跡、耳根清淨故也、乃至意根緣レドモニ諸法チ一、諸法ニ不レ違（違イ）無ニ諸法ノ跡一、意根清淨故也、六根爲シニ能浮チ一、六塵爲ルニ所浮一時、六根ハ鏡、六塵ハ像也、根塵能通ズ、是チ鏡像圓融トハ云也、又六根爲レ智チ、六塵爲レ境チ、根塵無ニ相違一處ハ境智冥合也、六根ハ少一也、六塵ハ多無量也、根塵不ニ相隔一處ハ、一多自在大小融通須彌芥子ノ相入也、是ヲ法師功德品ニハ六根清淨ト說キ、餘經ノ中ニハ六自在王經ト說キ、六卽佛トモ云也、總ジテ此ノ大事ヲ習ヌレバ、六重ノ一心三觀、六重ノ三千、六重ノ三諦、六重ノ妙法、六重ノ境智冥合、六重ノ鏡像圓融等ノ法門正ク習合スル處有レ之ト云ヘリ、人ニモ尋ネ可レ聞也、此等ノ重ハ以レ心可レ知レ之、以レ言不レ可レ極、仍云々、義例云、散引ニ諸文一、該ニ乎一代文體正意唯歸ニ二經一、一依ニ法華本迹顯實一、二依ニ涅槃扶律說常一、文、有ニ口傳一、可レ思レ之、

本地三身

尋云、圓教ノ心轉ジテニ煩惱業苦ノ三道一成ニ法身般解脫三德一ト時、法身轉トニ色法一、心法尚云ニ法身一時、萬法無レ隔皆（皆イ）法身體、然而對當一往歟、實事轉レ色成レ般可レ有レ之歟、師云、一家ノ心ハ不レ談ニ色心各別一、只心是一切法、一切法是心也、有ニ色法一處ニ智モ宛然也、故ニ只是於ニ一

法一有ニ三義(二イ)一ハ、是レ色心不二ノ上ノ(已下十二字イナシ)對當也、雖レ似ニ一法ニ不二ノ上ニ論レ之、此ハ所詮以ニ無作ノ三身ノ義ナ一可レ得レ心、此則傳敎大師所ニ傳受ニ三个ノ大事ノ中ノ圓敎三身也、先法身ト者萬法ノ體己々法體ガ本來無作チ云ニ法身ノ周遍法界一、絕ニ色相相貌一、而モ其ノ相顯著ナリ、次報身ト者、彼ノ法身己己ノ當體チ押テ得レ心也、卽萬法一心ト得レ心ト云ハ上長短等形チ互ニ相照ス、此卽心ガ照レ心故ニ云ニ自受用身自體顯照ノ智一也、次ニ應身ト者、於ニ萬法一體成ニ一切衆生依怙一方ハ皆是慈悲利生應用也、此則萬法ノ當體、不動不變法身、自體顯照ハ報身、利益衆生ハ應身也、故云ニ一身卽三身三身卽一身一トモ、本地無作ノ三身トモ云也、

尋云、本地ノ三身ト者歷ニ萬法ニ一、無作三身ト者如ニ上ニ云一得レ心、本門壽量ノ中ニハ何ンカ此義ノ見タル云々、有情非情倶ニ云ニ無作三身ナリト事經文分明ナラバ彌可ニ信仰一、爾前經ノ中ニハ云ニ一佛成道觀見法界等一、如レ此明白ノ說(說相イ)權敎スラ有レ之、何ニ況ヤ成佛手本タル今經ノ中ニ何無カルベキ云々、又經ニ萬法ニ一雖レ見ニ無作三身タリ事ナル一、不レ及ニ感(官イ)見一歟、又界如三千ノ萬法ニハ尤可ニ本門至極ノ指南ナル一、而ニ此理本門壽量ノ說全ク不レ見、此不審如何、師云、此條不審雖レ似ト各別一、落居只一致也、總ジテ圓宗ノ至極談ニ事理色心本迹一者非ニ各別一、一家ノ立行本意ハ不二ノ立行也、而ニ隨ニ衆生根性ノ不同一各別也、故ニ本迹ハ地體一物ト得レ心不レ苦也、所以ニ迹門モ云ニ理圓一、事談ジテニ萬法不變一理ト、聞レ之得脫スル者在レ之、故ニ界如三千ノ法門皆元ニ付テ眞如一理ニ云フ故ニ云レ理ト也、而ニ悟ニ此界如三千ノ法門一時ハ情非情无レ不ニ具足一、經ニ說云ニ諸法實相等一故也、

次ニ本門事圓ト云事ハ、所(イナシ)談不動(已下十七字イナシ)迹門ノ界如三千ノ萬法當體事々差別卽チ談ニ無作本來ト一、是ナ云ニ本門一也、別ニ改レ體不レ易レ色故ニ至ニ本門一、別ニ建ニ立界如三千ノ法門ヲ一、中々似ニ各別ナルニ故ニ、迹門ニ既ニ其相法體顯然ノ上ヘ押ニ其體一云ニ當處本然ト一事也、故ニ無作三身チモ以レ之可レ得レ心、十界既云ニ本來一、顯スカニ無作三身相體チ一故ニ、本門事新ニハ非ク改レ體チモ可レ說レ之、如レ此迹門ニ被レ云ニ一體ト一、所詮ハ云ニ本迹不同ト一隨ニ機ノ入門ニ一分レ之、尙彼云ニ本門一、迹門法門別ニ建立スルコト無事勿論也、然而開迹顯本ノ故ニハ亦云ニ此法コト卽無作ト一何ゾ無ヤレ之、

隨テ可レ云二事圓ト一覺於コトハ二釋尊一説二本覺三身ト一畢ヌ、又云二如來祕密神通ト一云二無作三身法體法爾ト一、此事尙幽カニ覺ル也、師云、十界互具シテ彼々ノ三千互具者ト自他共許ス、若然者迹門ノ時談ルニ界如ト一顯シテ二萬法互具スル樣ヲ一、故ニ本文壽量ノ面ハ先付テ二敎主一論二開迹顯本一、此無作ノ三身也、（已下廿八字イナシ）諸法無作ノ三身ナル事自ラ聞タリ、所以ニ十界中ノ佛界ノ三身已ニ無作也、隨テ不レ亙レ餘ニ云者、三千互遍ノ亦爾義又不レ可レ有レ之云々、仍テ談レバ二釋尊無作ナルコトナ一顯二餘ノ一切諸法無作三身ナルコトナ一也、共界ニ如三千ノ法門ナルニ故、然云レバ二如來如實知見三界之相ニハ等一、如來如實知見ニハ三界ノ所居ノ萬法無モレ不ト二無作ノ三身ヲ一照見シ玉ヘリ、尋云、佛ニハ皆有二種子一、爾者無作三身ノ種子如何、師云、當流ニハ一字三句傳釋尊于（三イ）時成道者ト是也、所謂瑜祇經三身ノ體卽丞[illegible]《ホ》也、空點報身報土不中了假從寂光本垂三土迹（イナシ）可レ知レ之、可レ祕レ之々々々、

持經本尊口傳　　巖吽在判

傳云、傳敎大師御誕生之時、左手ニハ持二本尊一、右手ニハ持レ經玉ヘリ、其御經本尊ニ有レ銘、宿生ノ持經宿生ノ本尊ト被レ書也、然御經コハ四字也、所謂一心三觀（イナシ）佛是也、本尊ハ南無佛ノ三字也、是ヲバ藥師佛ト云也、故ニ中堂ノ本尊ニハ建二立藥師一玉ヘリ、サレバ手自造レ之玉ヘリ、白レ佛云ク、像法轉時可レ度レ衆（生イ）也、其時佛有二言語一有二領掌一也、惠光院流ニハ草木成佛ノ證據トスルトモ被レ云事也、

一傳云、經ハ斷悟二字、佛ハ藥師如來ト云也、此斷悟ハ二字合字也、此又本迹二門ノ心也、斷字ハ迷ノ字ヲ篇ニシテ斷ノ字ノ作ヲ取テ作ニシタル也、是卽迹門ノ斷迷開悟ノ心也、又悟字ノハ作リハ吾ノ字也、忄ノ篇ハ情字也、此字點ノ心ハ、吾情ガ本門當位卽妙不改凡位ノ經ト云心也、所詮此モ一心チ本迹二門ニ分別ル也、

一或說云、在世ニ龍女ガ髮ヲモテ釋尊ノ御形ヲ縫タル佛有レ之、是自二佛在世一傳二于今一不レ絕經ナリ、妙法蓮花經ニテ有ル也、是惠光院流ノ相傳ニテ唯授付法所持ト申ス人ノ有ル也、

私傳云、以二一心三觀佛南無佛ノ七字一持經本尊ト習也、

所謂一切衆生ノ一心ヲ持經體トス、以ニ一切衆生《ノ》色法ニ可レ爲ニ本尊《ト》一也、經《ノ》時モ佛經一體也、心不レ離レ色故也、本尊ノ時モ佛經一體也、色不レ離レ心故、只面裏ノ異也、經ヲ持ツ本尊ナル故ニ心ノ持テル佛也、佛ノ持ツ經ナル故ニ本尊ノ持タル經也、然バ中堂ノ藥師如レ常者可レ持ニ瑠璃《ルリ》ツボ一、佛梵筐納《ニヘテ》ニ法花一持セリ、是佛經一體ノ心也、サテ此ノ本尊ノ色法ト云ヒナガラ、藥師ト云心ハ、一切衆生ノ色體無作三身ト開顯シヌレバ一切流轉生死ノ衆病ガ卽悉除スル也、故ニ無作三身ヲ藥師佛ト云也、故ニ藥師壽量品ニモ智惠聰達、明ニ練方藥一、善ニ治衆病一文、以ニ無作三身一治ニ衆病一相也、サテ於ニ此本尊一有ニ廿四尊像一、順逆十二因緣是也、妙法本尊ナレバ本ヨリ十界色體皆本尊生身如來也、故ニ順流生死十二因緣モ本尊也、又妙法本尊ナレバ逆流ノ十二因緣モ本尊也、蓮花ノ本尊蓮花ノ十二因緣ナレバ迷悟共ニ清淨也、清淨ナレバ佛也、佛ナレバ本尊也、又此ノ本尊十二因緣ノ心性ハ大乘法花ノ十二部

經也、順逆合スレバ廿四部經也、離《テ》ニ一心《チ》一無ニ順逆十二因緣一故也、論ニ迷悟差異一、辨ニ修性別一、佛經各別ノ心ヲ致ス事ハ、色心各別ノ權宗ノ所レ談也、非ニ圓敎實《ノ》說《ニ》一、委細明《バ》レ之者、在纏眞如之時《ハ》順流生死ノ相ナレバ法身本尊也、持經也、空假報應《ハ》迷也、作用也、出纏之時ハ三身三諦共ニ俱體俱用皆《ニシテ》本尊、皆持經也、此法門ニハ裏ノ佛面ノ佛ト云名目ヲツカフベキ也、裏ノ佛ト云時ハ順流ノ(也イ)、面ノ佛ト云時ハ逆流、生死ノ故也、我等ガ色心本地ノ佛經ナレバ、根本本尊ハ色法也、根本經ガ四陰心也、無始色心ヲ妙境妙智ト云《ハ》其心也、所詮見ニ我身一見ニ本尊一也、思ニ惟我心一經ヲ讀誦スル也、見ニ他色《ノ》心《ナ》一見ニ他佛一、量ニ他心一讀ニ他經一也、心佛衆生三(・身イ)・無差別モ此ノ時顯レ、已界及佛界衆生界亦然トモ被レ云邊貴事也、凡夫亦得三身之本ト釋シ玉ヘルハ衆生本地佛也、此三身之本ノ內證心地妙法經王也、故《ニ》本經也、佛於三世等有(イナシ)三身ナレバ、心色共ニ佛經也、三世常住《ノ》佛也、十二因緣常住《ガ》故也、尊像常住ナレバ內證本地經

モ常住不變也、如レ此順逆廿四ヲ佛ト信持スルヲ圓頓戒相トハ云也、止二云、於ニ閑靜處一莊ニ嚴道場一、香泥塗ニ地《ナリ》及室《ビ》内外一、作ニ圓壇一綵畫、懸ニ五色幡(滿イ)一、燒ニ海岸香一、燃レ燈敷ニ高座《チ》一、請ニ廿四尊像一、文、又云、道場卽清淨ノ境也、治《シテ》ニ五住糠《ノ》一顯ニ實相《ノ》米一、亦是用(定惠用イ)ニ定惠一莊ニ嚴法身一也、香泥(塗イ)者卽无上尸羅也、五色蓋者觀ニ五陰一免ニ子縛一、起ニ大慈悲一覆ニ法界《チ》一也、圓壇《ト》者卽實相不動・(・地イ)也、繒幡(旛イ)者卽飜《シテ》ニ此《ノ》界《ノ》上迷《チ》一生《ズ》ニ動出之解《チ》(旛イ)《ト》一、幡壇不《ルハ》ニ相離一、卽動出不動出不ニ相離一也、香燒(燒イ)卽戒惠也、高座者諸法空也、一切佛皆栖《ム》ニ此空《ノニ》一、廿四像者是逆順觀《ニ》ニ十二因緣(淨イ)《ト》一覺了《ノ》智也、餙饍(餝饌イ)者卽是無常 苦酢《ニガシスシト》助道《ノ》觀也、新請衣者卽寂滅忍也、嗔(瞋イ)惑重積《クルチ》(稱故イ)爲レ衆、飜(飜瞋イ)《ナ》レ嗔起レ忍名爲レ新、七日卽七覺也、一日《ハ》卽一實諦也、三淸《タビ》(洗イ)卽觀ニ一實《チ》一修ニ三觀《チ》一蕩ニ三障《チ》一淨《ル》ニ三智《チ》一也、一師《ト》者卽一實諦也、廿四戒者逆順十二因緣發ニ道共戒一也、文、凡三學倶傳名曰ニ妙法一釋ル故ニ、順逆十二因緣ノ色心ヲ佛經ト信持スレバ、乘戒一體ノ故ニ廿四戒也、寶塔品末ニ此經難レ持、若暫持者、我卽歡喜、○是名ニ持戒一、文、凡持經ハ如レ常ノ易也、一心ヲ妙法ト信持スル事眞實難シ有也、故ニ難持ト云、難持ヲ能持テバ持戒ニテ有ル也、除諸法實相餘皆・魔(・各イ)事ナレバ、一心實相餘ノ事ヲ留テ一心卽佛ト信持スレバ、捨惡持戒ニテ有ルヲ不レ犯持戒也、開許スルヲ持ハ戒體功德也、三密一體ノ心有レ之、故ニ一心ヲ法寶ト云ヒ、色心ヲ佛法ト云ヘル、必ズ戒體具足スル也、是一體三寶共三學倶傳共云也、如レ此得レ心之時ハ、我等立處ニ一體三寶ノ身《ニシテ》三身相卽ノ如來也、

五陰
色 受 想 行 識
尊像也　持經也
信知受戒也

此ノ道理ヲヤ智證大師ハ互爲ニ法界一爲ニ假合一、卽是自受用也、文、天然不思議無誰造作ノ三寶足具ノ身ナレバ自受用身トハ云也、經モ自受用也、佛モ自受用、戒

モ自受用タル我等ガ身ナレバ、自受用身トハ云也、
持經持本尊持戒ノ三持究竟ノ持經ニテ、今始テ非ニ持
經シタル者ニハ一也、能々可ニ思擇一也、々々々々々、爲徒瑠
璃王取レ之以レ之爲レ便ト、値ニ明師一可レ糺ニ明眞僞一、於テレ之
生ニ執受ヲ一不レ可レ落ニ見計之道ニ一也、願邪正智解共ニ究
竟證ニ菩提一、南無妙法蓮花經々々々々々々々々、已上畢、

法華經相承口決　二通之內

塔中相承大總持妙法蓮華經　口傳

口傳云、王家相承直授天台ノ相承有レ之、其旨一卷ノ書
ニ見タリ、又傳敎大師持レ手ニ誕生シ玉フ生々世々持經
ト云モ一ノ相傳ニハ此經也、
尋云、大總持者如何、答、一心一念不レ生ノ重、生佛未分ニシテ
大總持法位也、是顯バニ根本法花ノ內證ヲ一也、
尋云、永斷生死、文、如何、答、一心法界ニシテ萬法一如
ノ重、不レ見ニ生死之二法一、如來如實知見三界之相○無
有生死ト云ヘル此ノ意也、
尋云、必證天悟、文、天ノ字如何、答、事理ノ意有レ之、此
經ヲ修行スレバ必證ニ中道法界ヲ一、故云ニ天悟ト一、是卽第一
義天ノ心也、此ハ約レ理ノ沙汰、常談如レ此、
約シテレ事得ニレ心時、我等皆天ノ衆星和合ノ體也、天ノ衆星
施ニ假用一時、成ニ五陰和合ノ衆生ト一、施ニ空德ヲ一時、五陰離散シテ
還ニ本之天位ニ一、故生ト云モ天ノ衆星ノ假用ナリ、死ト云モ
歸ルニ本ノ星宿ニ一也、開ニ此內證ヲ一必證天悟ト云也、
依レ之ニ傳敎一言ノ相承ニ天於一眼ト書テ傳ル事有レ之、天ニ於ニス
一眼ヲ一ト可レ讀ム也、一眼ト者最後終焉ノ一眼也、天ト云ニハ
歸ニ本ノ虛空ニ一也、サレバ人皆歿後近クナレバ天目虛空
ヲ見ル也、又虛目ト云也、
尋云、我等衆生衆星和合ノ體ナル事如何、口傳云、父
母交懷シテ赤白ノ一滴ヲ下ス時、本命元神ノ二星下ニ
父母肩ノ一經ニ七日ヲ一入レ耳ヨリ、經ニ一月ヲ一成ニ赤白二水ト一、男女
ノ赤白合シテ根門ニ浮ブ、其量七分ノ圓形也、此ノ圓
形次第々々長マシテ成ニ我等衆生ト一也、此故ニ衆生皆七星ノ變
作ニテ有ル也、
又有ル口傳ニハ、赤白二渧和合時、本命七星ハ母ノ頂

上ヨリ入テ衆生ノ心法ト成リ、元神ハ趺《アナウラ》ヨリ入テ衆生ノ色法ト成ルト云々、我等ガ色心但本命元神ニテ有ル也、サレバ無始色心本是〇智ト釋シ玉フ本意有レ之ニ、此ノ心ハ如來ハ如法ト說キ、大師ハ開ニ止觀ト一也、然則我等ガ兩眼卽日月也、頭上ニ總ジテ有ニ七穴一、是七星ノ全體也、身ニ有ニ九穴一、是九曜ノ正體也、又身ニ有ニ無量ノ毛孔一、是レ無量ノ衆星也、七穴ハ卽七菩提分ノ法門、九穴ハ卽九尊九會ノ曼陀羅九品淨刹也、諸毛穴八萬四千ノ功德法門、重々互具法門也、兩手ニ有リ廿八節一、二十八宿也、是レ二十八品也、仍我身七星九曜廿八宿幷ニ無量ノ衆星合シテ造ニ立《ルナリ》五陰依身ヲ一、分散スレバ皆歸ニ本地ノ衆星一也、又歸ニ虛空ニ二入ルトニ寂光ニ一云也、又我等ガ心法ハ三魂七魄ト云、三魂ハ三台星日月明星也、七魄ハ七星也、仍慈覺大師依ニ此等ノ口傳ニ一、我山ニ安ニ總持院一、天子本命道場ト號シ玉フ心ハ、彼ノ總持院ニハ安ニ置ス熾盛光曼陀羅ヲ一、此ノ熾盛光曼陀羅卽七星也、此ノ七星一切衆生ノ本命星也、行バニ此曼陀羅ヲ天子及ビ萬民得ニ長壽ヲ一云々、是卽一切衆生ノ色心皆七曜九曜和合ニテ有ル故ニ、其ノ本身ニ供養スレバ衆生モ隨テ安穩ナル心也、天子本命ノ事口傳有レ別ニ、サレバ今ノ世間ニ爲メニ息災延命ノ一星供行ナル也、

尋云、一切衆生皆天星ノ精ナル證據如何、口傳云、我ガ祖師智者大師御誕生有テ七个日ノ程七星ノ中ノ破軍星不レ見、是レ天ノ星我ガ祖師ト顯ル丶故也、又白居易出生シテ七日ノ間文曲星不レ見云々、一切衆生皆雖レ可レ然ル、凡下ナレバ不レ令レ見也、又天台山ノ本記云、三人化レ星ト住ニ天台山ノ上ニ一云モ、本ト星ノ化現ナル故也、又本トノ星宿ニ歸ルニテ可レ有也、凡天台宗ト云ハ、必證天悟ノ內證ヲ顯ス故ニ、得ニ此嘉名ヲ一歟、

尋云、法花ノ上ニテ如何可レ得レ心歟、口傳云、靈山虛空二處三會者、一切衆生必證ニ天悟一顯時靈山攝シテニ諸大ノ衆ヲ一皆在《アラシム》ニ虛空ニ一也、此ノ虛空卽本有寂光也、終ニ歸ニ本有ノ寂光ニ一也、

又覆ニ靈山ニ一事ハ本有寂光界會ヨリ出テ、隨緣化現シテ利生ヲ作ス心也、所詮一切衆生皆悉一字金輪界ノ

七星和合ノ化身也、分散スレバ可レ生ニ本有ノ寂光靈山一、
開ニ此内證一即永斷生死人ノト云也、眞言ニハ一切衆生
熾盛光ノ三昧地ヨリ生ズト云也、可レ思ニ合之一、
右此相傳分如レ此註集訖、是皆終窮究竟ノ祕事也、無ニ相
續弟子一者投ニ火中一、又可レ埋ニレ地、唯授一人擲千金起請
文可レ授レ之、

大總持妙法蓮花經　一部

諸法實相、所謂諸法如是相如是性如是體如是力如是
作如是因如是緣如是果如是報如是本末究竟等、諸法
空爲レ座、柔和忍辱衣、大慈悲爲レ室、非如非異不如三
界、見於三界、如レ斯之事、如來明見無レ有ニ錯謬一、慈眼
視ニ衆生一、福聚海無量、永斷ニ生死一、必證ニ天悟一、妙法蓮
花經、

右此法花者、三世諸佛内證甚深祕曲奧懷、衆生頓成佛
明珠闇夜大燈有レ之、必證ニ天悟一、相構々々朝夕可レ加ニ
思惟一云々、選レ機可レ授レ之、不レ惜ニ身命一相承是也、可
レ祕々々、

一今夜ノ相傳ハ、萬法ノ中ニハ心法正體、三諦ノ中ニ
ハ中道ノ實義ヲ見顯シ、三諦一諦非三非一ノ内證ニ落チ
付キ、究竟佛果ノ内證ト同ジ、是ヲ得ニ意納ムル、是ヲ歸命
壇トハ云也、仍テ先此ノ大事ノ時ヲ云ヘバ、今ハ丑寅
ノ時也、而ニ丑寅ノ時ト云ハ夜晝ノ中間也、晝ヲ悟ニ
取リ、三諦ノ中ニハ假諦ニ主ル也、サテ夜ヲバ迷悟ノ
中ニハ迷ニ取リ、三諦ノ中ニハ空諦ニ取ル也、去ル程
ニ丑寅ノ時ハ迷悟不二穴假一諦ノ中道ノ時分也、サ
テ本尊ハ明星天子也、而ニ明星天子トハ迷悟一體陰
陽不二ノ精ガ明星天子トハ顯ル也、去程ニ陽ノ精タ
ル日天子ハ、明星ノ陽精ガワカサツテ日天子ト顯レ、
陰精タル月天子ハ、明星ノ陰精ガ月天子ト顯也、而ニ
日ヲバ三諦ノ中ニハ假諦ニ主ル也、迷悟ノ中ニハ悟
リニ取也、月ヲバ迷悟ノ中ニハ迷ニ取リ、三諦ノ中ニ
ハ中道ニ主ル也、仍テ明星天子ト者、迷悟不二三諦一
諦ノ正體也、サテコソ三世諸佛開悟ノ、一切衆生得脱ト
云モ、明星出時豁然大悟テ、必明星天子ノ力ニ依也、

又方ヲ云ヘバ丑寅ノ方也、是モ東ヲバ發心ノ方ト云ヒ、因果ノ中ニハ因方、北ハ涅槃ノ方ト取ル也、因果ノ中ニハ果ノ方也、仍丑寅ノ方ト者東北ノ中間ナレバ、因果不二迷悟一體三諦一體ノ方也、サテ相傳ノ法門ハ何ナルゾト云ヘバ、先我等ガ心法ト者、一法界ノ空大ガ我等ガ心法ノ總體也、其上ニ七星ノ精ガカケヲヤトス、是ガ分別ノ念々トハ成ル也、サテ壇ノ上ニ一面ノ鏡ヲ置タルハ我等ガ心法也、夫ハト云フニ、事ノ鏡ハ本來ハ金也、此金ト者地大也、ミガケバ明々トナルハ地大ガ卽空大精也、去程ニ我等ガ心法々々モ事ノ鏡也、明喩卽空鏡喩卽中ナレバ假中ノ二也、此上ニ天文ヲ浮バ像喩卽假ナレバ假諦也、而ニ七星ノ影ヲ浮ルヲ、天ヨリ是ニカゲヲ浮ルト云ハ他宗他門ノ得ㇾ心、一家天台ノ心ハ、地ノ五行ノ精ガ天ニ登リ、取ツテ返テ又地ノ鏡ニ影ヲ浮ル也、去程ニ我等行者ガ餘處ニ有ル處ノ三諦ノ法門ヲ一心ニヤドシテ觀ル、是ヲ一心三觀ト得ㇾ心惡事也、但元來我等ガ心見レバ三諦一諦非三非一ノ體也ト今夜相傳ル、是ヲ成佛トモ開悟トモ云也、是卽唯中道ニ不ㇾ落、二乘ノ道ニモ不ㇾ可ㇾ入、假諦ニヒヅマザレバ、六道輪廻モ不ㇾ可ㇾ有、十界具足方名圓佛ノ果德ヲ可ㇾ感也、去程ニ此法相傳ノ人ハ、六卽ノ階級ヲ一日一夜ノ中ニ經、究竟極位ニ至リ、速疾頓成ノ圓ノ本意ヲ遂ト云也、仍テ歸命ト云深祕有ト聞ハ名字卽、サテ卽聞卽行ナレバ、聞ガ觀行卽、次ニ壇ノ上ニ打向ガ相似卽、法門ヲ相傳ガ分眞究竟也、但如ㇾ此相傳スト云ヘドモ、我等ガ心法モ不ㇾ開本ノマゾ凡夫也ト人ハ思ベキ也、夫ガ卽身成佛ノ實義也、故ニ心法モ不ㇾ開本ノマヽナル處ハ凡夫肉身卽身也、サレドモカヽル尊キ究竟極果ヲ見顯ガ成佛也、去程ニ本ノ凡夫ナル處ガ卽身成佛ノ實義也、彌々貴キ事也、サテ此等ハ銅鏡ノ相傳、此外ニ仁王經ニハ亦名天地鏡ト說リ、已上畢、

右此抄者、檀那一流深祕之法門載ニ書之一故、不ㇾ可ㇾ致ニ他見一々々々々々、

玄旨重大事

口決私書

師云、鏡像圓融ノ三諦ハ非《ンバ》ニ口決一難レ知、師資《ノ》相承誠有ニ所以一哉、付レ之歸命壇ノ大事ハ、經祐ノ仰ニハ全《ク》不レ載ニ紙面ニ一、口決重也、雖レ然凡慮易ニ忘失一故ニ、如レ形《ノ》唯授一人ノ重ヲ紙上ニ載《テ》深ク守リニ懸ケテ可ニ隨《シト》身《ス》一被レ仰間、信州ノ龍實坊モ御同心ノ事也、此宗ハ正ク一大事ノ因緣ノ宗旨ナル故ニ、直ニ生死ノ本源ニ達シテ、一心遮那ノ妙位ニ居一大事ヲ眼見玉フヲ事ニ顯ス、サレバ肉身ニ得ニ三昧《ノ》法身《チ》一處也、全ク凡見及ビ凡行者ノ所見《ノ》不レ及者也、仍此宗ヲ一大事ノ宗ト號ス、大聖ノ金言ニハ、唯以ニ一大事因緣一故出ニ現於世一ト說キ、法華ヲ大々事ノ敎ト述給フ、高祖大師東土小釋迦トシテ止觀修行ヲ述テ天台宗ト立給フ、此宗結緣之輩正ク一大事ヲ遂ル條、全ク不レ可レ有レ疑、人間ノ最後臨終亦云(巳下七字イニアリ)全生死一大事《ト》一大事因緣ノ重也、此灌頂ハ正ク生死一大事ニ達シテ、一心ノ本源ニ歸ル至極ナリ、法花ハ如來出世ノ一大事也、止觀ハ大師出世ノ一大事也、末世ノ我等ガ生死一大事是也、此旨ヲ深ク不《シテ》ニ信知一只聊爾ニ思、親《ナリ》リ山王大師ノ冥罰ヲ蒙リ、現世ノ人身ヲ損亡シテ、來生ニハ無間ノ業ナルベシ、依レ之一大事トハ能々可レ得レ意也、天台ノ二字ハ、天ノ字ハ一大也、一大者空大トモ識大トモ可レ云、五大ノ中ニハ識ヲ空大ニ攝ル也、事ト者台ノ字也、一大事ノ法ナル故也、一大卽事也、一大ハ虛空ノ體ニテ眞如法性ノ色事ニ顯タル貌也、事ト者三台星也、三諦卽是ノ理ヲ顯ス、一大法性卽三諦卽是也、天ハ理、三諦ハ事也、事理不二ノ體ニシテ、自爾天然ノ體无作本覺理性ノ貌也、諸星千萬ナル、又事々三千ノ妙理ヲ顯ス、彼彼三千互通亦爾ノ理也、本有依正森羅萬像ノ元氣也、其中ニ取テ三台星ト顯ズ、三千卽三諦ニ歸シテ數ニナスハ煩惱卽菩提ノ一事也、諸星ハ无窮无邊ノ煩惱ノ念也、三台星ハ卽菩提ノ三諦也、日月ハ本明星天《ヨリ》起テ主《ル》ニ晝夜《チ》一生死ノ二法ヲ顯ス、生死卽涅槃也、晝夜六時輪轉スレバ六趣輪廻ノ貌也、六時ハ六道ヲ顯ス、晝ノ六時ハ生ノ六道、夜ノ六時ハ死ノ六道也、合テ十二時ハ亦十二因緣ノ振舞也、一日二日乃至千日萬日ト遷リ行ハ生ノ遷リ行貌也、一月二月乃至一年二年移リ行ハ死ノ移ル貌也、六趣輪廻ノ間別シテ生死ノ移リ替ル貌也、三十日ハ三世ヲ顯ス、三諦也、十二月ハ十二因緣ヲ顯ス、サテ日月ノ本體ハ星也、明星天子ハ寅ノ一點ニ出テ終リ日輪ト成ル、申ノ時出テ終リ月天子ト成ル也、サレバ字ニモ日月ヲ並テ書ク也、虛空ノ薄墨ナルハ法性ノ色ナリ、星ノ色ノ白色ナルハ本有清淨ノ色ナリ、日月常住ニシテ而モ晝夜ト分タルハ生死卽涅槃ノ理也、日輪ニ增減无キハ連持壽命ノ體ヲ顯ス、月輪ニ增減有ルハ老少不定ノ旨ヲ顯ス也、サテ七星ヲ三台星ト云事ハ、一夜ノ中ニ初中後ニ轉ズルヲ三更ト云也、サレバ五更トモ三更トモ云時ハ、例セバ三季四季ノ如シ、西天ニハ三季、唐土ニハ俗典四季也、或ハ此七星ニ三ノ形像有リ、夫ヲ云歟、所以ニ如ニ印信圖ノ㆒、七星ノ本體ガ此形ナリ、亦三更ノ形ハ心ノ字ノ

貌也、字ニ書ク時モ七星ノ貌ヲ心字ノニ書ク也、台ノ字ニ書クモ七星ノ貌也、如レ圖、地體三更ト云ガ本ナリ、五更ト云ハ地ノ五行ヲ例シテニ五更ニ云也、上台星二更ト轉ズレバ中台星ナリ、三更ト云ハ下台星也、サテ此七星ノ本有ノ數七ツナル事ハ六道界、卽チ佛界ノ體相ヲ顯ス、卽身成佛ト云事ハ、六道界卽佛界ト達ルヲ爲レ本、三聖ハヨコ入故ニ直達ノ處ニハ非ズ、或ハ二乘超エニ生死ナ㆒、或ハ菩薩ハ入ルニ生死ニ㆒、如レ此不定也、六道界卽佛界ノ所ガ正ク煩惱卽菩提生死卽涅槃ノ直路也、六道界數ヲ云ヘバ七ナル故ニ、表シテレ之七星ト顯レテ而モ心性ノ體相也、前念爲境後念爲智ト云故ニ、煩惱六道ノ前念卽菩提ノ佛界ノ後念ト可レ達、前念後念共ニ一心性也、陰陽ノ數ヲ云時、三五七九ハ陽也、三ハ三諦本有ノ數、五ハ五重ノ三諦、七ハ七重ノ二諦、九ハ九个ノ三諦、可レ思レ之、非シバニ此宗ニ不レ可レ知ニ此旨チ㆒、サテ歸命壇ノ大事ト云ハ、壇ハ心月輪ノ體也、心性ヲ月輪ト呼ブ事ハ、大定智悲ノ意也、此圓壇ニ一形對ノ鏡ヲ置テ、天

文本有ノ心性ヲ移ス、鏡モ文モ同等ニシテ一心ノ全體ヲ是ニ顯ス、自爾天然ノ一心ノ本源ヲ是ニ悟ル也、天文モ事也、壇鏡モ事也、事々圓融ノ理也、理性一如ノ所ヲ事ニ顯セバ事理不二ノ意也、生死ノ二法ハ一心ノ妙用等云々、迷則三道ノ流轉等云々、地體此ノ一流ニハ鏡像圓融ノ鏡ニハ二面ト習也、サレバ入壇灌頂ノ時、三身ノ成道同時ニ唱テ後還チテ一心三觀ノ境智冥合ノ所ヲ事ニ顯ス時、事々圓融ノ旨ヲ見ル也、中央ニ一燈ヲ置テ二面ノ鏡ヲ左右ノ手ニ持テ一燈ニ付キ向テ捻リ、念ズル時重々无盡移リ互具自在也、サテ此重ノ大事ト者、一面ノ鏡ト習也、所詮一形對ノ鏡也、若一ノ形對不能現像ト云々、壇鏡與ニ天文ニ全ク一如平等ナレバ一形對ト云也、全ク自爾天然ノ一心ノ本源ナレバ不能現像也、一心ヨリ外ニ餘(全イ)物无キ故ニ不能現像ト云也、此本ヲ无作ノ顯本トハ云也、无始流來ノ生死ヨリ以(已イ)來未ダ見今(眞イ)見ノ重也、此時ヲ如來如實知見三界之相ト說也、サテコソ生死モ涅槃モ共ニ夢中ノ事也トハ

云、始知衆生本來成佛云々、是則遮那止觀ノ天眞獨朗ノ重也、迹門ノ十如實相ハ初住ノ鏡像圓融ノ二面ノ鏡重也、サテ顯密一致一印ノ大事ト者、一心三觀ノ印也、三辨(遍イ)寶珠彌陀定印也、天台大師御入定ノ印也、是又七星ノ形ヲ印相ニ顯ス、色心不二ノ全體三密相海ノ重也、依レ之入壇ノ本尊ニ摩多羅神ヲ可レ用ト云事ハ、一心三觀ノ本尊ナル故也、中央ノ本尊ハ中道、左右ノ童子ハ空假ノ二法也、中央ハ生死即涅槃ヲ顯シ、左右ハ煩惱即菩提ヲ顯ス、左右ハ兩部ノ大日、中央ハ兩部不二ノ大日、サテ阿彌陀ノ三尊ト習也、地體彼ノ三尊ハ只是レ阿彌陀ノ變化(イナシ)一尊ナレバ空假中ノ阿彌陀ナリ、觀音勢至ハ空假也、サレバ三諦都總ノ大日トハ阿彌陀ヲ習也、自レ元己心ノ彌陀ナレバ、一心三觀ノ入眼ノ本尊也、亦自レ元一大事ノ本尊ナレバ、我等ガ最後臨終ノ一大事モ來迎ノ三尊ト顯レ、引接安(乘イ)樂玉フ也、摩多羅神ハ煩惱生死ノ妄想顚倒ヲ顯シテ狂亂舞歌ノ形ヲ顯シ玉フヲ、此一大事ノ本尊ガ我等ガ守護神ト成テ

一期ノ化導ヲ授テ、終ニ一心三觀豁爾開明シテ來迎引接ノ阿彌陀ノ三尊ト顯ル也、臨終ノ印相ハ、此傳《ニハ》阿彌陀ノ定印ナルベシ、サテ神咒ハ圓頓者(淳歟)ヲ用也、中ニモ繫緣法界一念法界ノ句也、歸命壇ノ時モ天文ヲ見ルニ繫緣法界也、壇鏡ハ一念法界也、是ニ習フ仔細有リ、人ノ死ル時空眼《天目》《ソラメ》ヲ仕フハ天文ニ歸ル故也、其ハ不レ知不レ覺、此州ハ圓機純一ノ州ナル故ニ、死ルヲ卽チ自然成佛ト習也、此理ヲ不レ知バ徒ニ死ル也、サテ此《ノ》宗ノ守護神山王七社ト顯《ハ》レ玉フ事亦七星ノ體相、上七社ハ上台星也、中七社ハ中台星等也、本山ノ修正ニ正月七日七草ヲ取リ、七佛藥師ノ供養法ヲ行ジテ、七草ノ粥ヲ煮テ藥師ニ供シ、天子ヲ始テ關白已下ニ備玉フ、天地和合ノ祭事也、此則天長地久圓宗開白ノ治國利民ノ祭《リ》事ナル故ニ、世擧テ正月七日用レ之、圓機純一州ナル故ニ終ニ一大事ノ因緣ノカイシヤ(キイ)、亦三台星ヲ六星ト云釋有レ之、是ハ一心六卽ノ意也、其ノ星ノ圖有レ之、天文博士ガ星ノ合ヲ見テ人ノ吉凶ヲ祭ル事モ、此宗ノ天子本命ノ道場ナルヨリ起レリ、七曜九曜二十八宿共ニ本體ハ七星也、七曜九曜ハ開合ノ不同也、サテ四七廿八宿也、只星ノ大事ト云ヘルハ、人皆聊爾ナル樣ニ思フ條、山王大師ノ冥慮ニ不レ可レ叶《フ》、什覺《長侑》貞覺《江戸》ノ仰ニハ、註ニ《ニ》此《ノ》一大事《チ》ニ有レ恐事《ナレドモ》、經祐靜什聊爾《ナンドハ》ニナシ(シイ)ト申ケル歟、名匠ニテ御座有ケレドモ依レ之亂僣ニ御成有テ御繁昌モ无リケル歟、彌々此ノ大事ヲ深ク可レ祕《ト》被レ仰ケルト行覺ノ物語也、此《ノ》口決惠吽ヨリ有ニ御受傳一、行覺ノ口決ヲ移傳授畢《ヌ》、

一レ心《モッパラニシテチ》　三レ《ミタビニス》觀《ミルコトチ》　內院　玄旨習

心字形

台ノ字形

信州龍實房天ノ字ハ一大ト書故ニ、天ノ字一大也ト被レ仰也、

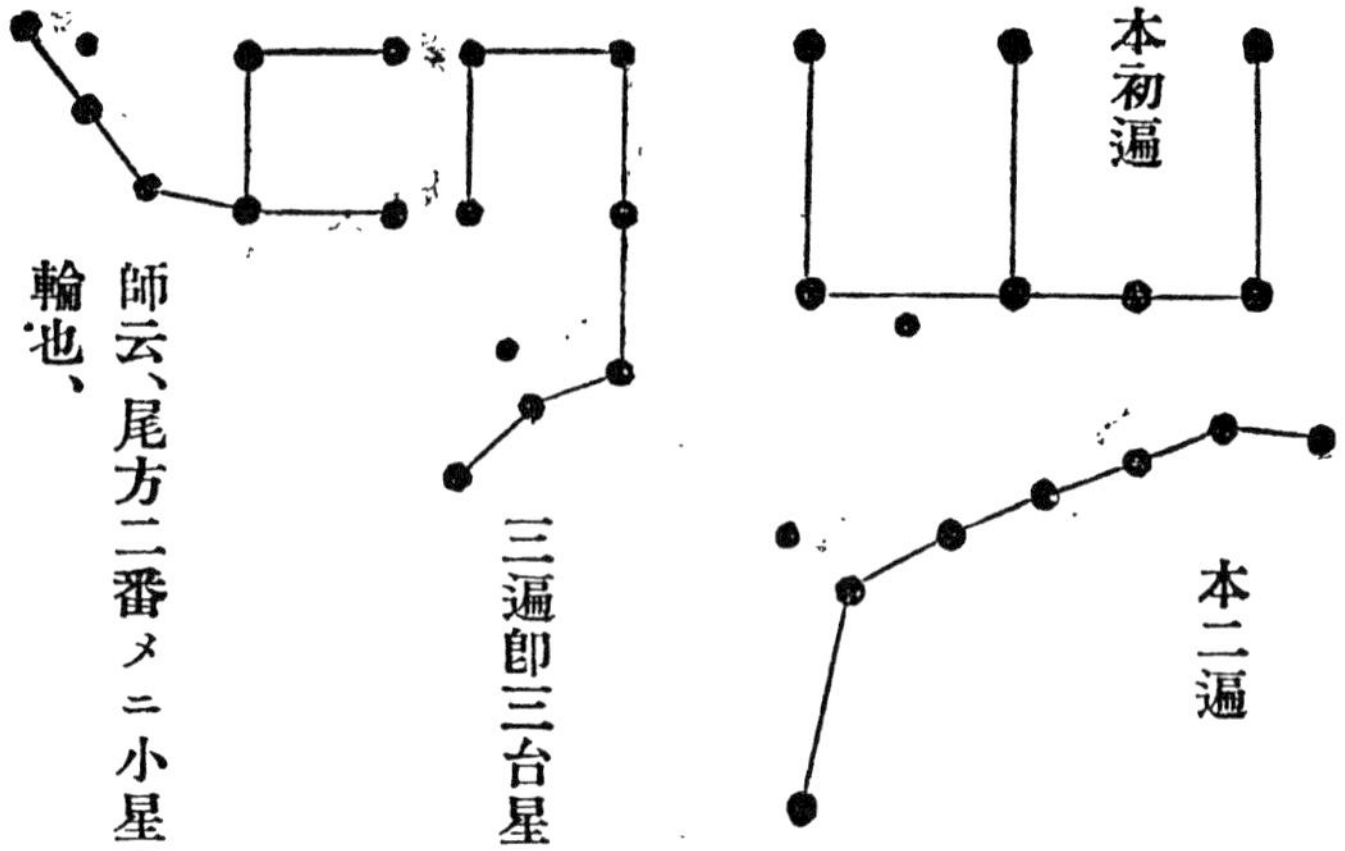

師云、尾方二番メニ小星ノ有ルハ一字金輪也、

三　三車一心三観　已下印信也、

夫一心三観ト者、天然自體本來不思議ノ三諦、(イナシ)一切色心諸法共不思議不留、一法心性不思議本法、所謂三世一念十二因緣常住矣、

圓覺經云——澄爲レ天、濁爲レ地、

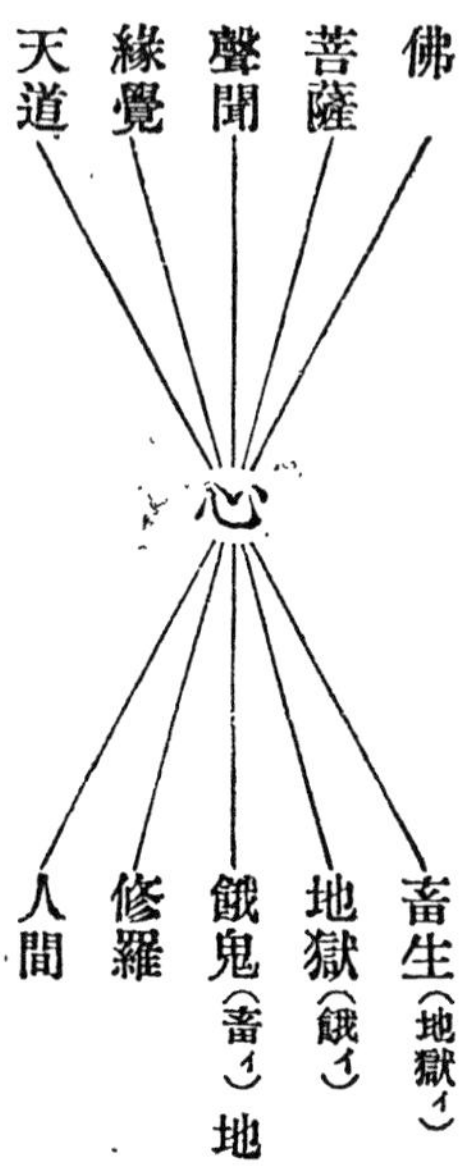

丁禮多童子

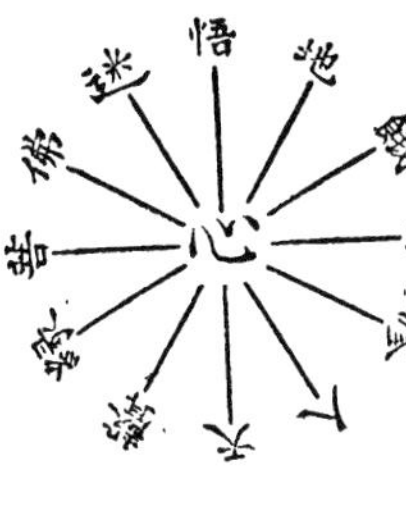

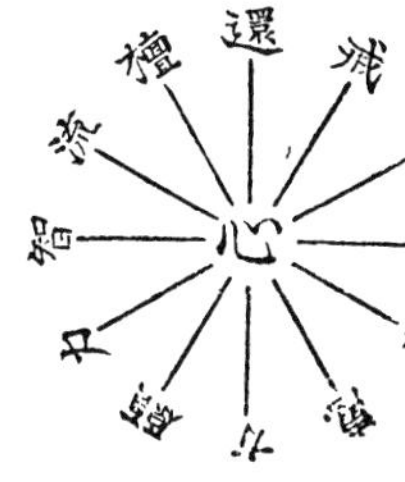

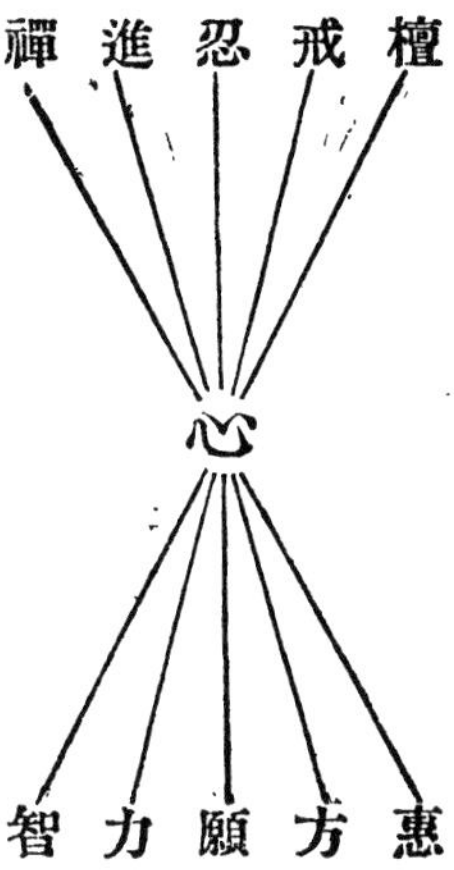

倆子多童子

傳敎釋云迹門胎藏界凡本門金剛界系一字、含二藏一切法一矣、右代々口傳雖レ被レ禁二筆端一、爲レ資二末代自他迷暗一、強テ記錄可レ祕レ之云々、

四　顯密一致口決

師云、天台ハ一心、眞言ハ三密ナリ、一心三觀ナル時三密スル處ヲ不レ知《ノ》人ノ意ナリ、一心三觀ハ三密相海ノ眞言ノ行法ナリ、身ハ假諦、口ハ空諦、意ハ中道ナリ、高祖大師云、翫二一心《ノ》利刀一顯敎也、震《ルハ》二三密《ノ》金剛一密敎也、終《ニ》一心三觀三密相《ノ》海金剛觀《ル》事《ナ》不レ知故也ト五大院ハ被《ナリ》レ仰、

五　歸命壇

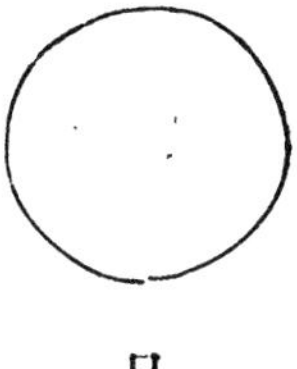

日月顯

經祐　定嚴　嚴吽　什覺　行覺　貞覺　惠吽　行覺　澄覺　行玄　通辨　尊像　存海　忠藝　實全

圓壇大事　星口決　三内

若得始覺還同本覺

師云、南斗北斗ト者、圖ノ第二遍ノ星ハ南斗ナリ、第三遍ノ星ハ北斗ナリ、一念三千界也、繫緣法界ハ一心三觀也、一念法界ハ一念三千也、南方ハ修行ノ方ナル故ニ一心三觀ノ內證ヲ顯ス、北方ハ正覺ノ方ナル故

ニ一念三千ナリ、斗ノ字ヲ星ト讀也、衆生ノ本命元神ナル時ハ星ノ體也、是ハ本覺ノ貌也、サテ衆生ノ命ヲ助ル地ニ下テマストナル、斗ノ字ヲマストヨム、若得始覺也、ホシハ心法也、マスハ色法也、還同本覺ノ故ニ色心不二天地和合ノ元祖也、四方《ヨホツ》ノ星ハマスノ體也、三角ナルハトリエ也、是ハ一念三千北斗ノ口決也、南斗ノ一心三觀ノ口決如レ先、

師云、總ツテハ此重ノ大事雖レ非二入壇相承一、宗ノ大事ナレバ守機可レ傳也、起滅ノ玄旨內院安置ノ血脈ニ生死本際ノ一現ト者是也、

六　一心三觀之來報事

傳云、是顯密兩宗日記大事臨終閉眼ノ法門也、而ル間存生ノ時ハ此法門ヲ不レ出レ色不レ及二口外一ニモ、內證至極口決也、雖レ然露命(イナシ)不定也、住シテ二慈悲心一ニ所レ授也、然ニ一心ヲ必ズ三諦ト云、此ノ三諦ヲ三觀ト修行スル事ハ、生死ノ一大事ヲ明ニシテ自在ニ爲レ知ンガ二生前生後ノ在所果報一ヲ也、此ノ事ヲ知ルヲ實ニ智者トモ學匠トモ云也、所以ニ我ニ有二三魂一、此三魂ハ生前ハ住ス二虛空一ニ、知ヌ虛空ヨリ下テ住二胎內一ニ也、出二胎內一ヲ後老病ノ終リ歸ル死時、又三魂本ノ歸ル二虛空一ニ、所謂三魂ト者在レ天日月星ノ三諦也、故ニ一心ヲ空ト觀ル時我空魂歸二日輪一ニ、卽生身釋迦報身如來也、我心觀二假諦一ト時、此假魂歸二衆星一ニ也、衆星者十方分身釋迦牟尼應身如來也、我心觀二中道一ト時、此中道不思議魂ハ歸二月輪一ニ也、月輪卽多寶法身也、然間一心三觀ノ行者我ガ生前ノ形日夜奉レ見、日夜知ル二死後ノ生所一ヲ也、依二修行ノ功一ニ者其ノ三魂終ニ歸二虛空ノ三諦一ニ、无レ知二此口傳一ヲ時ハ不レ知二生前一ヲモ不レ辨二死後一ヲモ、愚癡ノ人ニテ有ル也、以レ之思ニ我等ガ心ノ身體ハ生前モ現在ノ死後モ、虛空ニ圓明自在ニシテ无レ陰也、故ニ傳敎大師於二唐土ノ龍興寺西廂極樂淨土院一ニシテ於二朝日一ニ被レ授時、向レ日一心三觀ノ大事ヲ御相傳有シモ此謂也、此法門者一度相傳シテ後納チ二心中一ニ不レ可レ及二口外一ニ、若背二此誡一ヲ有ラバ下及二口外一ニ事上、定テ可レ有二山王七社ノ御罰一、能々可レ祕レ之、穴賢々々

已上存海自二尊像一相傳《ノ》次第也、
右件《ノ》口決等者、尊像上人爲《メ》二他國遊行一《ノ》此一帖ニ書連
テ令二隨身一、以レ之不レ可レ爲レ例《ト》、正《ク》於二後日相傳之輩《ニ》一、
一々(・別々イ)・卷物ニ相認可レ有二面授口決一者也云々、

此宗ヲ一大事ノ宗ト云事

仰云、天台ノ二字ハ一大事ノ三字也、然レバ一大ヲ事《アラハス》
ト可レ讀、生死ノ本際ト者心性也、是則一大也、六大ノ
中ノ一大ヲ呼出《ビス》事、五大具足ノ一ノ大空大也、是《チ》云二第
一義空一、第一義天是也、虛空正ク生死ノ本際ナレバ一
心ノ一現也、非色非心ノ體性ヲ初テ見ル也、心法ノ一
現トモ不レ知《レバ》、虛空ノ時《キ》ハ三妄ノ雲ニ被レ隔、誰カ此ノ
虛空ノ色ヲ五色ノ中ニ何レトモ定ン乎、五色皆終ニ
歸《ル》二此《ノ》心法《ノ》色《ニ》一也、所詮薄墨ノ色是也、薄墨中道トモ是
ヲ習也、我等ガ息風モ薄墨也、心法ノ體是也、地水金
ノ三ハ自レ元薄墨也、誰カ爭《ハン》レ之、サテ火大モ火ノ消レ
バ歸《シテ》二本體《ニ》一爲レ炭《ト》薄墨色也、風空ノ二大元來薄墨也、
木竹モ舊ク成レバ歸二本體一成二薄墨色《ニ》一也、青黄赤三

色モ終ニハ成二薄墨《ニ》一也、一心ト本有法性ノ薄墨ノ色
也、又傳《レバ》二此《ノ》一大事《チ》一晴天ノ夜分ヲ爲レ本、此《ノ》薄墨也、何
ニモ祈誓シテ持《ツ》二天氣《チ》一、天氣惡ク荒《アレバ》傳受ヲ可レ閣《ク》、傳受
ニ取《リ》向《ニ》晴天ナレバ利生也、其《ノ》故ハ晴天ノ色モ薄墨也、
一面ノ鏡ノ色モ薄墨也、天鏡ノ三法共ニ一心性ノ色
也、天ノ星ハ鏡ノ一心三諦也、圓壇ニ移レバ智ノ一心
三觀也、移ル外ニ无《シ》二心性一、然レバ境智不二ノ全體本
有ノ心性也、以二无緣智一緣二无相境《ノ》理一是也、於《テ》二還同
本覺《ノ》重《ニ》一、本與レ本境智冥合ナルヲ、二重ノ境智冥合ト
云也、不レ向二是《ノ》一面《ノ》鏡《ニ》一時ハ、始覺ノ分有爲ノ報佛夢
中ノ權果也、向《ヘバヤガテ》頓无作ノ三身覺前ノ實佛也、成論ノ乘
如實道來成正覺ト者、證二圓《ノ》二如來一ヲ云ヘリ、旣《ニ》彼《ノ》
前世妄執、招二今四大一圍二於虛空一假名爲レ身《ノ》文、銘《シテ》レ肝《ニ》
正ク圓頓ノ至極ト述ル也、生死煩惱悉ク忘執也、本有
ノ四大召集シテ虛空ヲ圍ミ、五體造作シテ非《レバ》二空大《ニ》一
心法《チ》不レ可レ存《ス》、心法不《バ》レ存命息モ難レ持、知《ルチ》二見此《ノ》本源《チ》一
无作三身ノ如實知見トハ云也、釋迦本果ノ成道是也、

今ノ傳受又是也、此後又不レ可レ求ニ照見一、亦以心傳心ト云是也、付レ之ニ何ニモ不審ナル事ハ、六卽六佛ナレバ一聞ノ名字ハ名字卽佛也、卽聞卽行ナレバ、相似分眞ハ一體ノ知見是也、雖レ然動スレバ以ニ我等ガ肉眼チ一知見スル虛ハ眞實ノ開佛知見トハ難シト云ヒフリ云有ニ不審一、然チテ離ニ其情識チ一見ヨト可レ示ス、雖レ有ニ肉眼一而名ニ佛眼一也、肉眼ノ知見ノ外ニ不レ可レ有ニ佛知佛見一、佛果ノ位ニモ五眼具足シテ、肉眼ノ時ハ十界ノ見ルナニ麤色チ一云ニ肉眼ト一也、今夜ノ知見ノ後ニ六根淨ノ佛也、可レ思レ之、衆生ノ本命星ト云天子本命ノ道場モ山門ヲ申也、一切衆生ヲ天子ノ一仁ニ讓ル意也、地ノ五行（形イ）ニ依テ其司《ツカサドル》星ハ別ナレドモ、倶ニ一地一天ノ所生也、人間ノ死ル時ハ五大ガ次第シテ去ル也、地水火風空ト去ル也、其動性ノ風大ニ取テ息風去ルニテ有ル也、所詮空大ガ天ヨリ動シテ下テ成ルニ衆生ノ命ト一也、是卽風大ノワザ爲也、然サテコノ祐風大ガ覆ニ空大チ一命ヲ得ルニテ有ル、是モ人間ノ生ル時如レ此、死ル時本ノ如ク歸シテレ天ニソラメ天眼ヲ仕フ也、歸ニ天星ニ一也、歸リレ天ニ一

息不レ返ル刻ヲ斷命トハ云也、空大ガ成ルチニ一人息ノト一息トハ云也、然《サテ》コソ息ノ字ヲバ自心トハ書ケ、五大ニ足ヌ也、何ゾ六大ト云テ立ニ識大一耶ト云ニ、識大ト云モ不レ可レ有ニ五大（空イ）ノ外一、於テニ心性ニ一六識七識等ノ別有レ之、眞言家ニ六大無碍ト云不レ可レ過ニ台家ノ五大所立ニ一、三識同在理心ノ故也、顯密一致ノ理也、風大ガ吐ニ萬法ノ生用ノチ一、地大ハ吐ニ萬法ノ死用ノチ一、水大ハ地大ノ用、火大ハ風大ノ用也、皆是本有ノ智斷二德也、七星及諸星ノ如ニ日月ノ一西行表ヘハス下趣ニ菩提ノ一事チ上、北ニ落付クハ歸ニ涅槃ニ一意也、東ヨリ出ルハ發心、南行ニハ修行也、此ノ三光天子顯ハニ衆生ノ流轉還滅ノ二門チ一、晝ハ流轉門、夜ハ還滅門也、顯密ノ灌頂ヲ夜行フハ還滅門也、

北斗ト云事

裏書
七星ヲ北斗ト云ハ、習フニ斗ノ字ノチ一、橫ノ三點ハ三諦也、竪ノ一點ハ一心也、一心ノ三諦顯テレ事成ルニ三星ト一、然《サテ》數ノ七事ナルハ、如レ先一切衆生ノ迷悟ヲ量ル故ニ斗《ハカル》ト讀ム也、顯ルトキレ事ニ人間ノ斗《マス》ト被レ云也、灌頂ト云事非ンバ此ノ大事ニ一難

レ知也、七星ノ頂ニ灑《グ》二智水《チ》一意也、七星即智水ト顯ル丶、我等ガ頂上ニ又事ニ顯二七星《ト》一、事々圓融本有本覺ノ灌頂也、密法ニ灌《グモ》二五智瓶《ノ》水《チ》一此意也、五智如來ハ五不變《(所イ)》ノ七星也、只是文解ダニモ發明スレバ自ラ入眼スル大事也、

九

一形對鏡事附摩多羅神

我等ガ面像ハ一形對ノ鏡也、依レ之不レ能レ現レ像ト云也、天文一形對ヲ在《ニ》二胎内一感得セリ、成《テ》二戒善人《ト》一移《テ》二天文頭《ラニ》一借《ル》二七星《チ》一也、所以頭面耳兩目兩鼻《ハ》六也、副《テ》レ口七也、一面ハ虚空天也、兩耳兩目《ノ》在所自ラ四方也、其形如《シ》二四星《ノ》一、兩鼻口ノ形ハ在所自ラ似《タリ》二三角《ニ》一、如二三星《ノ》一、可レ思レ之、天文ノ一形對ヲモ以レ鏡見《ミ》、自身ノ一形對ヲモ以レ鏡見《ル》レ之、只是鏡也、即チ鏡又像也、事々圓融ノ初重ノ口決ノ時、一燈ヲ置《リ》二中央《ニ》一、兩方ニ持《テ》レ鏡《チ》、互ニ鏡ニ移《ス》レ鏡《チ》、是即チ像也、面文ノ七星一心ノ本源天文ノ七星ニ歸ルハ、我等ガ死ントシテ先兆ニ兩耳兩目等ノ衰ルハ歸《ル》レ天《ニ》故也、一大事ノ刻ニ一息不レ歸《ルハ》歸レ天《ニ》也、兩目天目《ソラメ》ヲ仕ト云ハ歸レ天也、閉二耳目《チ》一閉《ルニ》二鼻口《チ》一歸レ天也、天文ハ自天而然《(自而天然イ)》ノ一心呼本源也、面文ノ七星ハ生死ノ一心也、一心ガ色心不二ヲ振舞ヲ以テ顯《玉フ》二七星一也、

一摩多羅神三道三毒ノ體也、二童子ハ業煩惱、中ノ神ハ苦道也、中ノ神ハ癡煩惱也、二童子ハ貪嗔ノ二也、三道三毒生死輪廻狂亂振舞ヲ表シテ歌ヲ歌ヒ舞ヲ舞フ也、中ノ神ノ打《テ》レ鼓拍《チハヤス》、苦道即法身ノ振舞也、二童子ノ歌《フニ》レ歌《チ》、左ノ童子ノ歌ハシヽリシニシヽリシト歌フ、大便道ノ尻ヲ歌《フ》レ歌《ニ》也、右ノ童子ノ歌ハソヽロソニソヽロソト歌ハヽ、小便道ノソヽヲ歌フ也、男子女子童男童女振舞ヲ舞ニ舞也、殊勝ノ本尊也、生死煩惱ノ至極ヲ行ズル跡事ヲ舞歌也、所以《ニ》シリソヽヲ爲《シ》々スル其ノ便道《チ》爲スル婬欲熾盛處《ノ》也、可レ祕レ之、不レ可二口外《ス》一、祕々中深祕ノ口決也、鏡像圓融ノ口決ハ以心傳心ノ故ニ不レ載二紙面《ニ》一重也、此歌ノ言ヲ世人傳レ之來テ、男女ノ持物ノ名ヲ呼ブ也、

一灌頂ト云テ灑《ギ》㆓三智智《ノ》水五智智《ノ》水㆒灌《チ》㆑頂《ニ》事ハ天台眞言ノ奥旨也、所以ニ水ノ體柔和ニシテ持《ツ》㆓濕性《チ》㆒物也、持㆓濕貌《チ》㆒故ニ三智五智和合ノ處也、灌㆓頂上《ニ》㆒事ハ一念ノ全體ト水ノ體也、三智一心ノ意(心イ)也、五智一心ノ心《ロ》也、此《ノ》時ハ正覺ノ內證ヲ事ニ顯ス、前佛ノ成道モ一心、後佛ノ成道モ一心、心々相照有㆓何不可《ノ》㆒意也、三智一心中得不可思議《ノ》重也、智水《ニ》有㆓事水理水㆒、眞言ノ灌頂ハ事水ヲ爲㆑本、天台ノ灌頂ハ理水爲㆑本、其故ハ天台宗ハ理ヲ爲㆑面《ト》弘通スル故ニ、一大事マデモ其旨ヲ徹《トウ》ス、眞言ハ事ヲ爲㆑面、可㆑思㆓此意《チ》㆒、

釋云、天眞獨朗〇妙樂之理非造作〇釋云、一乘獨圓動靜无碍云々、都率御釋云、三魂五陰朝希《ハアサノマレ》人去《テ》受㆓苦樂(七イ)㆒、三四蛇ハ宿房之主、留《シテ》守《ルト》㆓舊骨《チ》㆒云々、

十
一摩多羅神事、只是三寶荒神ト習也、是又三寶荒神卽三諦本有无明卽明法性ナレバ、元品无明ハ荒神ト習フ間、誠以テ本尊トスベシ、サレバ本山ニ摩多羅神ヲ最極大事ニ祭、脩正ナンドモ慇懃ニ山王祭事ノ根元トナシ玉フ、此謂也、所詮本覺法身ノ妙體ニシテ御座ス故也、隨テ利生モ新《タ》也、

尋云、天台宗ノ傳燈大阿闍梨心鏡ヲ持ツニ二鏡歟ト云フ、先ヅ二面也、當流ノ傳也、雖㆑然一形對ノ鏡ナレバ心鏡ニシテ一面也、

異本
永祿五年壬戌霜月吉日

山門西塔北尾住侶之時竪者舜慶相傳了、

慶長八年癸卯六月三日

法印慶賢於㆓山門西塔正觀院㆒書㆓寫之㆒了、

于㆑時慶長十九閼逢攝提格　十二月吉日

於㆓常州中郡月山寺㆒十禪房內供奉亮椿法印相傳了、

內院安置　　題目義如㆓石塔㆒

起滅再岸破㆓能所㆒事

口傳云、起ハ謂《ク》生、滅ハ謂《ク》死也、生死ノ二法ハ元來法爾ノ一心ノ功能、妙用無窮獨一ノ圓乘、動靜無碍之理

至極、此即金剛不壞ノ心性無作本佛也、故ニ云レ起《ントスレバト》無始法爾トシテ不動不退也、故ニ經《ニ》云、觀ニ一切法《ノ》一空《ナリ》、如實相《ナリ》、不ニ顚倒ニ不レ動、不レ退不レ轉、如○實無ニ所有一、文、又云、云レ滅《ントスレバト》法界ノ色心去來動靜間斷ス、故ニ經《ニ》云、但以ニ因緣一有、從ニ顚倒一生、文、故ニ知ヌ心法ハ無始元來不動也、色法《ハ》器世間也、不ニ相離一諺《ノコトワザ》也、例バ如ニ氷水差別一也、全《ク》無ニ二法各別一《ナルコト》只是法性《ノ》起滅妄謂《シテ》ニ起滅《チ》一、起是法性、起滅是法性滅、文、非《ズ》ニ無常轉變《ノ》起用一、法性自爾非作所成、如ニ一微塵具ニ十方分(イナシ)一、文、不レ立ニ能所《チ》一故《ニ》云ニ破能所《ト》一也、如レ此不ニ思議分別《セ》一處《ニ》又能所ニ宛然一也、是《ヲ》云ニ還歸能所《ト》一也、雖レ無ニ能所一依正宛然也云々、

次妙法心要者

妙法《ハ》謂十界半々《ノ》慮知心、第六意識邪々《ノ》念體也、心要《ト》者謂此《ノ》慮知《ノ》心《ハ》、面々各々《ノ》自己本心用全非ニ作用《ノ》一《ニ》、地獄《ノ》灯燃猛火餓鬼飢饉、乃至佛界《ノ》上ノ諺《リ》、總ジテ十界三千ノ依正ノ二法悉作《ク》ニ功能《チ》一、春萌《ハモヘ》秋紅葉《ハ》、冬落《ハ》葉(花イ)流水、自體自體皆心源自體《ノ》本分ニシテ、施ニ一能々々《チ》一全《ク》非ニ他物《ニ》一、邪々念々全《ク》非ニ別心一、法々無ニ別法一、心々無《シ》ニ別法一、故《ニ》云ニ只心是一切法一切法是心《ト》一、又云下披ニ心性《チ》一開中達《スト》三軌上、不レ直ニ改邪々塵勞《チ》一、直下《ニ》云ニ三身妙體也《ト》一軌則法也、

次迷悟二際事

謂《ク》此《ノ》迷悟非下對レ迷知《ルニ》中迷悟《チ》上、只天眞獨朗《ノ》清淨也、迷悟未レ分者《ト》、尋常人《ノ》落《テ》ニ未分《ノ》言《ニ》一無ニ目鼻《モ》一、指《シテ》ニ迷悟《ノ》言語《チ》一云《フト》ニ未分《ト》一思也、此《ハ》不レ知ニ當宗本意《ノ》一、闇《キ》ニ心地《ニ》一故也、今所《ノ》レ云迷悟《ハ》非下對レ迷《ニ》云レ悟《ト》對レ悟《ニ》云上迷《ハントニハ》、夫偏落《ニハ》迷常沒流轉也、止觀《ハ》從來從當萬法《シテ》無《ニ》レ不ニ本覺《ト》一、迷《ナラ》ハ迷ニシテ不レ得レ悟《リチモ》、悟《リ》ハ悟ニシテ不レ對レ迷、物々《ニモ》變々自位面々《シテ》ニ提《チ》ニ自體一、サテ有ル所ヲ云ニ果海《ノ》立行《ト》一也、未分ト云ヘバトテ無レ迷《モ》無レ悟《モ》云ントニハ非ズ、故ニ古人云、迷迷《ヒフ》迷迷《ハフ》ニ無レ迷迷《コ》一、悟悟《リル》悟悟《ハル》ニ無レ悟悟《ニ》一、文、五大院ハ諸佛以《ハ》ニ衆生《ノ》本迷《チ》一爲ニ所覺《ノ》本迷《ト》一、衆生《ハ》以ニ諸佛《ノ》本覺《チ》一爲ニ所迷《ノ》本覺一、文、故ニ萬法ハ皆位ノ一字ト口傳ル也、當位即妙不改本位ナレバ、或ハ當體即理更無所依《トモ》當體全是トモ云レ此也、皆離ニ二邊《チ》一中道也、一乘獨圓動靜無礙也、此時ハ無ニ

生佛差異モ一、法非法ノ沙汰モ無レ之、佛ニ無ニ高尚ノ義モ一、六凡ニ無ニ卑劣ノ相モ一、十界平等大會云々、一乘無二ノ大事トモ何度モ圓宗ノ學者ハ皆是大乘倶圓實相ノ立行不レ可レ有ニ癈退一事也、

次性海動靜者

性ハ以ニ不改チ一爲レ義、海ハ以ニ清潔チ一爲レ體、性海ハ法性果海ノ體、動靜ハ緣起妙用也、生死モ涅槃モ本有ニシテ强テ非ニ所作ニ一、天眞體自獨朗タリ、證者用必ズ同時也、斷ニ除レバ妄想チ一重テ增スレ病チ、趣ニ向レバ眞如ニ一渾ステテ是邪見也、萬法不レ闕ニ一法モ一、修得圓明タル行者所レ向卽實相也、進退共ニ實相ニシテ付ニ吹風立波ニ一無レ不ニ實相一、云時故ニ云ニ玄旨トハ一、一句者極一法ノ義チ一非レ云ニ一句トハ一、法界皆畢竟シテ一句也、法界擧コゾツテ法體也、故ニ云ニ起是法性起、滅是法性滅、以(・是イ)法性繫法性念法性常、是法性無レ不ニ法性一、文、此時ハ多言モ多慮モ無レ終、絕言絕慮モ無ニ不足一、麤言軟語皆歸ニ第一義諦ニ一、治ニ生產業一皆與ニ實相一不ニ相違背一、能々可レ染ニ心地(府イ)一也、玄旨一言ハ說ニ萬法チ一盡タル故ニ一言(音イ)法輪(性イ)蔬衆途ナリ、世上ニ所レ云

十界互具等也、此法チ聞ニ一言(音イ)一時成佛ス、一言ニ成佛スレバ無ニ生死一、是ナ云ニ一念成道元無生死一也、一念成佛ト者不生成佛也、無作ノ本佛也、無作本佛ナレバ、生死涅槃モ非ルニ始本ノ義ニ一無作ノ生死涅槃ナレバ、任運妙用無生死云也、故ニ始知衆生本來成佛〇昨夢、文、

次神通妙用廣攝衆機者

一心妙用自在也、衆機ト者十界三千ノ諸法也、三千卽一心ナレバ、一心遍シテニ三千ノ諸法ニ一無窮無邊也、一心卽三千ナレバ、三千ノ妙境相ニ應ス一心妙智ニ一、是チ云ニ境智不二能所體一函蓋相應ト一云々、只心是一切法、一切法是心トモ、一切諸法皆名神變トモ云也、

一心卽神通妙用ナレバ、萬法又神通妙用也、此ノ上ニ見聞覺知シテ、一心自在ノ振舞ニシテ、法性果海ノ水波隨緣ノ逆浪ノ貌也、見聞覺知ヲ尋常ノ思立ルニ能見所見チ一不レ爾事也、大ニ背ケリニ實知實見無ノ有錯謬コハ一、付テニ只十界三千依正二報見色聞聲ニ一、是靑是黃無レ所レ疑、不トレ容ニ擬疑チモ一云處也云々、

止觀明靜

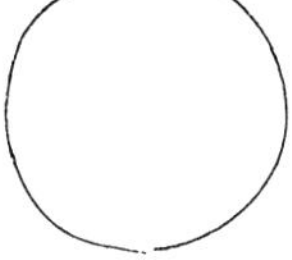

明靜止觀體止觀ハ萬法ノ總體也、下ノ圓相ハ止觀天眞獨朗萬法圓備ノ體ヲ圖ニ顯タル也、圓相ノ體ハ圓融圓備シテ一法モ無ニ闕減一者也、萬法總體一分モ偏執闕減有レ之ハ非ニ圓相ノ義ニ一、

尋云、止觀ハ迺ニ衆機ニ故ニ攝ニ萬法ヲ一、爾者無記根性者不ニ化導ノ機ニ一、故ニ諸宗皆以ニ兼ニ力量ニ一棄ニ捨チ之一、若今宗モ捨ニ此機一云ハ非ニ獨一圓乘ノ宗ニ一、止觀迺ニ衆機ニ一歟如何、答、當流極祕藏、餘流絶大事口傳ニシテ禁ニ筆端チ一云々、

次生死本際一現者

十界三千依正二報生ト一現シ、住ト一現シ、異ト一現シ、刹那モ不レ留體、皆一現々々スル也、於ニ刹那ニ不レ留處更ニ無ニ可レ執法モ一、是云ニ生死本際ノ一現ト一、亮椿即是定光佛也、餘皆可レ知、一現即定光也、次第相承ノ佛菩薩ナレバ、能所不二ニシテ一現々々ノ體一也、如レ此得レ意之時キ無始根本元來性德ノ定光也、今ハ皆修德ノ定光也、其故ハ、定光ト者定惠不二ノ義也、萬法皆定惠不二定光體也、止觀立行也、於レ之無ニ疑者一也、無作佛也、非ニ奇特嚴妙ノ佛ニ一、此ノ佛ハ非ニ高貴尊嚴ニ一、故ニ削テ佛ノ名言チ一云ニ無作ノ三身ト一、自己本來定惠一體ナル處ヲ開覺スルヲ値ニ定光佛ニト一口傳スル也、天台於テ多寶塔中ニ奉レ値ニ釋迦多寶ニ一、相傳一心三觀一念三千事ク全非ニ事ノ釋迦多寶ニ一、開ニ覺ルナ己心ノ境智チ一云也、

又定光菩薩招テゾ往クテ末へ鑑テ敎シト云事、非ニ事ノ定光ニ一己心ノ定光ナルコト當處ニ解リ、極テ無ニ廢退一之處也、所詮壇樣ノ儀式能禮所禮體空定光也、

次本妙理普賢實相如《(イナシ)》來迹妙智文殊諸法如來事

口傳云、普賢文殊ノ二菩薩ハ本迹二門境智體也、又止觀二法、定惠依正、事理二法、隨緣不變二眞如也、所以ニ普賢ト者實相萬法ノ總體ナリ、文殊ト者諸法差別之體也、所詮當體ノ理非造作、天眞不思議也、普賢理體也、萬

法當體證智圓明獨朗ニシテ自體顯照スルハ文殊ノ智體也、爰以テ山家御釋ニハ普賢理非造作天眞妙法、文殊證智圓明獨朗ノ法體、文、二大士境智二法天眞獨朗ナル處、止觀ノ直體、身ノ開遮、口ノ説嘿、意ノ止觀、三業ノ四威儀、併ラ三密相應シテ歩々《身》聲々《口》念々《意》本覺果海ノ實知實見無有錯謬ナル條無レ疑、如レ此了達スル此ノ解了冥ニ薰シテ法界ニ、有縁無縁情非情無レ非レ佛ニ、無レ非ニ止觀明靜ノ體ニ、誠ニ貴キ事也、萬法ヲ普賢ノ理體ト云事、所詮十界三千ノ依正二報皆歸ニ第一義ニ貌也、於テ普賢ノ二字ニ可ニ字訓ス、十界悉ク普賢ノ立行ナル條、面々ニ佛ノ説法利生ス、佛ノ能ナレバ無ニ契當一時ハ佛《チモ》欲フ也、此ニ尋ニ有縁機ノ、乃至地獄省《ハブキ》レ己チ、欣樂一切情非情、皆立レ己非レ他、利レ他云事、皆我化度思ト事ナル故ニ是非行ズ、如スレバレ此十界ハ皆面々各々普賢智ノ分己分、是ヲ名ニ普賢ノ立行ノ、故ニ釋當體即理《ヤガテコトハリ》更無ニ所依ノ、文、十界面々當體皆三惡ハ、當體厭離欣慕ノ理ヲ皆勵マス、乃至佛果モ如レ此、(已下三十字イナシ)是時佛ノ慈悲モ非ニ高尚ニ、菩薩ノ慈悲モ非ニ重恩ニ、只黄ト思テ苦辛ハ苦等《ニガシ》ノ一能々々ヲ絕玉フ也、

次萬法文殊智身ト云事

所詮是モ十界三千ノ依正二報體々獨朗ニシテ備ニ自他受用ノ二報ヲ、吐キ自己本分智ノ名乘居タル所也、三千ノ法々ガ各皆吐キ自己本分智ノ、不レ被レ染ニ餘物ニ、是名ニ實智ト也、

次但點遠本々妙自彰者

雖ニ久遠ト非レ遠、雖ニ今日ト非レ近ニ、一念非一念即是久遠劫、無量非無量即是一刹那ト云テ、十世古今當念不レ改ニ當位チ、萬法皆松ハ松ト顯本シ、竹ハ竹ト顯本シ、烏ハ黑ク鵠ハ白ク面々顯本也、昨日ハ生死ノ終リ今日ハ無始ノ始ナレバ、因ニ無ニ不滿過ノ、果モ無ニ始滿ノ疵ノ、鼠ノ唧々モ烏ノ皎々モ是即本妙自彰之當位即妙、可レ思レ之、

次一法出生無量義者

迹門開經ノ意也、止云、若從ニ一心一生ニ一切法一者此即是縱、文、流轉門是也、所詮爲レ顯ニ能々二德一也、

口傳云、本迹兩段ヲ分ツ事モ、一法ノ二義ヲ分ニ一德一ト也、實事ハ境智モ一物ノ上ノ二德、普賢文殊觀音モ一體ノ二能也、故ニ若從ニ一心一生ニ一切法一者此卽是縱、若心一時含ニ一切法一者、此卽是橫、縱亦不可、橫亦不可、只心是一切法、一切法是心、文、

次茗荷竹林者

茗荷ハ定ノ形法性寂然ノ貌也、竹林ハ惠ノ形寂而常照ノ智也、茗荷ハ一心一念也、竹林ハ三千三觀也、

尋云、當知依正一心三觀實證如何、

口傳云、涅槃半偈文、安樂行品ノ觀一《假》切法空《空》如《中》實相、普門品ノ眞觀淸淨觀等ノ文、造境卽中是也、又云テニ三處ノ依文ト一必須ニ心觀《一心三觀》明了理惠相應一、文、玄三云、若境若智同在ニ一心一、文、一心三諦境、一心三觀智、○三昧、文、此次ニ流ノ大事ト云事也、

正相傳云、天台御得法ハ、正ク不レ依ニ經論ニモ一不レ依ニ師ノ敎ノ言語ニモ一云也、四敎三觀ハ神僧古德ノ來テ奉レ與ニ竹林茗荷チ一下テ有ニ御得法一故ニ云ニ道場開悟ト一、御得法已後悉ク道場也、如スレバレ此云ニ幸與修多羅合ト一、大師ハ十五御高鑒ナレドモ、御內證合ニ修多羅一、文、

尋云、迹門理圓本門於(妙イ)事、文、常ノ所談ハ、迹門ハ不變眞如、本門隨緣眞如ト治定ス、有ニ何ノ所以一迹門チ云レ智、本門チ定レ理耶、口傳云、迹門不變眞如、本門隨緣ト云事ハ、從レ因至レ果從レ果向レ因ノ貌ニシテ分明者ナリ、今ノ血脈ノ面ハ二法未分ノ體本覺果海ノ立行ナレバ、迹門隨緣不變備レ之、本門ノ處ニ定惠二德必然也、故ニ迹門ニハ已分ノ執情爲破之未分ヲ爲シテレ面ト如レ此立ル也、隨先(光イ)被三智道理經文顯著也、所以名ニ開經ト一、所說ノ法體ハ一法出生無量義也、從ニ一心ノ本源一出ニ生諸法一、是卽從一出多證ノ人文殊序品ニシテ彌勒ヲ爲シテニ對告ト一、決ニ除人天大會衆八部ノ疑網チ一、從多歸一ノ義於ニ勸發品ニ一、普賢菩薩勸ニ進末世ノ弘通チ一、理ト者普賢實相ノ理也、諸法ノ千差萬別ハ受用ノ智也、其ノ差別ノ法體ハ卽理體普賢ノ大士也、普賢文殊於ニ一經ノ始末ニ一顯ス二境智ノ二地チ一、詫ニ一經ノ首尾チ二兩品開結二經、誠ニ境智ノ二德ナル事貴事

云々、所詮如レ此得レ心ノ時キ、釋尊一代說敎ハ爲ニ我等(筭椿イ)一人ト可ニ得心一也、(イナシ)人々以テ如レ此云々、

又口傳云、本門云レ理、其理ノ者理チ卽チ爲レ本ト、理卽ト者無ニ覺知氣分一、只愚癡蒙昧ノ體也、是則實知見如來也、故ニ三昧耶ニ備ニ茗荷一、茗荷チヲバ名ニ鈍根草ト一、所詮鈍ノ體ハ顯ニ本覺一故也、本覺ト者、如實知見、如來明見、無有錯謬、文、鈍癡ノ者ハ、見色聞聲端直也、本覺者不レバ加ニ了知チ一、於ニ其ノ了知ニ不レ辨ニ眞實チ一只有ノ儘ノ知見也、欒特ヲ備ニ其證人ニ一、

次竹林者、三千三諦事ニ顯ル丶貌也、諸法三千形也、所詮茗荷竹林ハ、本迹境智迷悟定惠理智事理隨緣不變ノ事ニ顯ル丶形也、故ニ神僧是ヲ奉レ與ニ天台ニ一、傳敎御渡唐ノ時キ(入唐)又傳敎ニ如レ先奉レ授●(委イ)別有ニレ之ト、

口傳云、總ジテ迹門開經本門諸經習レ之ト、其故ハ、迹門ハ從一出多ノ道理、本門ハ從多歸一ノ道理也、一念自ニ第八賴耶藏一出ニ生諸法チ一、又諸法ノ智體歸ニ入一心ニ賴耶藏ニ一、故ニ若從ニ一心一生ニ一切法ヲ一者、此則是縱、○是心、文、出入ノ息卽本迹也、出ル時チ名ニ迹門ト一、入ル時チ名ニ本門ト一、出デテ止ニ宿草庵ニ一、遍ニ周圓無際土ノ一、入テ聞ニ寶炬陀羅尼チ一、譬如下開ニ寶藏チ一取ニ出萬法チ一取收上、(●只イ)一心ナレバ中道也、假諦ハ出假利生ノ形也、空諦ハ死ノ形也、後日云、極樂都率ノ習深密ノ義有リ、依ニ先規誡ノ一、有レ恐々々、又依ニ密宗ノ意ニ一者、有ニ丸亢亢ト一云事云々、

次一言妙法者

十界十如ノ當體皆三觀ノ體也、於ニ此ノ一現ニ一皆有ニ妙用一、生死ノ二法ハ一心妙用、有無ノ二道ハ本覺ノ眞德、如レバ此今妙法蓮花者、十界皆妙法蓮花也、一花開レバ天下皆春也、一人成佛スレバ法界悉ク道場ナリ、敗種尙生、可レ致ニ何疑チ一哉、(不敗イ)故知ヌ法花一部ハ始終鉤鏁皆爲ニ亮椿(人名)一人ト一可レ得レ意也、如レ此十界人々皆自己本分々々ト可レ得レ心也、故ニ生死ノ本際一現也、此ノ一現妙法ハ、非ズ一代說敎々々分域ノ一、

次四敎圓畢離絕學無爲文

其故ハ、一代ノ諸敎ハ已分ノ上ニ所レ儲ノ說敎也、本

迹二門ノ法門ハ爲ニ三周得悟ノ一也、既ニ今壽量攝ニ在ス安樂已前ノ一、尚本迹相對非ズ幽微實本ノ一、今所レ云一現者、於テ機法未分處ニ一无ニ能處ノ一、无ニ依正ノ一滅ニ里路ノ一、斷チ生佛見計ヲ一无シ法非法義ノ一、十界三千當體天然自體森知抓勝振舞一現々々指顯シ、獨體現成スル處也、全ク非ニ見聞覺知分ニ一、爰元ヲ大經云、復有ニ一行一、是如來行、所謂大乘般涅槃、文、今經諸有所作常爲ニ一事ノ一、文、一事ノ一現也、此時无キ斷惑證理義ノモ、十界皆本有也、斷惑者捨ト離着チ也、故ニ破レ惑證レ理、解深密經ニハ貶オトシテ斷无明之者チ以テ爲ス五逆ニ一、所以斷者煩惱之家談、无明之蒙訓也、圓覺經云、若(居歟)一切法不レ起ニ妄念ニ一、(時歟)於ニ諸妄念ニ一亦不ニ見滅ニ一、(自歟)住ニ妄相境ニ一不レ可ニ了知ニ一、(加歟)於レ无ニ了知ニ一不レ辨ニ眞實ヲ一、文、古人云、看ニ經教及古德入道因緣ニ一未ニ明了ニ一、覺得迷悶、設ニ滋味ニ一如レ咬ニ鐵橛ヲ一、相似タル時正ク着方ヲ第一不レ得レ放、於乃(是イ)虛意識不レ經ニ思想ニ一不レ到ニ絕了ニ一、別滅理緣尋常ニ說得ン道理ヲ一、分別得行スル處ハ悉是情ナリ、是レ情識邊事ナリ、經云、(往々イ)多認メテ賊ヲ爲レ子不レ可レ知、文、如レ此心地入觀力見道無ニ可レ行處一、法无トシテ得處モ一、機无トシテ利益者モノ一、十界面々自行化他相互爲ニ能處ト一、別无ニ方示ヲ一、所レ示自行也、故ニ智覺禪師云、不レ了ニ同體慈悲ヲ一、墮ニ愛見妄執ニ一、文、口傳云、地體當流ニハ於テ此等重法門ニ一无ニ貴義勢ニ一、何度モ佛法高下ハ機根引攝ノ教ナリ、

今云、三諦現前云事、只有處法々他顯ニ(現イ)タル諸法形也、自レ元云ニ機法未分ト一、似レ不レ思、此ヲ果海立行ト云、云ニ止觀明靜ト一、俗諦常住ト云、前代未聞ト云、同ジ事也、前代未聞者、離ニ教味ニ一絕ニ言語ニ一故、得者言下承當、鈍癡者輒難レ到、此等ハ云ニ修行ト一、非ニ强可ニ修行ニ一、若有下可ニ强作ニ修行一者上、非情草木生住異滅非ニ修行體一哉、於ニ色心二法ニ一任運法爾天然トシテ一心三觀一念三千修行无ニ退轉一、所詮云レ法、他時自性可レ由ニ物解道理天然ニ一也、然ルニ本迹三諦三觀者非ニ情識邊處ニ一、卽一現ノ體德也、未分法花者无ニ能說教主ク一、无ニ所說法體モ一、定量ニ顯時ハ十界ノ色心皆法花ノ體也、淸淨也、故ニ釋尊眉間白毫ノ中ニ照ニ于東方萬八千世界十界依正色心ヲ一、浮ニ十界水ニ一不

レ息ニ己心ニ者不レ顯レ之、陰時十界十界ノ色心皆迷妄也、
眼前分明也、迷トモ云ヒ悟トモ云モ、只天眞ノ德分獨朗ノ
法體也、

次定光三昧者

定光ハ止觀也、三昧ハ禪定也、是レ首楞嚴定ノ異名也、故ニ
一現ノ三諦ハ諸佛ノ定光三昧ナリ、三世諸佛所說ノ法
體皆ナ從ニ定惠門一入テ歸ニ不二圓道一、却テ開クハ四敎三觀門ノチ是レ
流轉還滅也、本覺ノ勝用也、故ニ云ニ通門ト一也、

次三四流轉者　三惡四趣也、此流轉者、卽一現ノ作用
也、迷則三道ノ流轉、悟則果中ノ勝用也、

次見與不見者　開レ眼照ニ諸法ヲ一、最四浮眼處卽チ三千果
成咸稱ニ常樂一也、不見者付ト見色ニ一着ニ落ス一切一物ニ一、三千
在理同名无明是也、

次中際本來所具者　寂照不二本來所具三諦三觀也、
卑劣執之者、漸次不レ定ニ機根一歟、止云、止觀者、高尙者高
尙、卑劣者卑劣、文、天眞獨朗者ト、執ニ其言語ノ一者ハ不レ知ニ
天眞ニ一、又雖モ殺盜婬ニ一不レバ執ニ其言語ニ一者非レ得ニ罪障チ一鎭ニ

雖レ呼レ火其口不レ燒、故ニ知ヌ於ニ一法ノ上ニ一立ニ(有イ)レバ執心ニ一成レ惡ナ、
无ニ執心ニレバ一法體、恆沙如ニ喜根勝意二比丘ノ一、

次能達一代施化者　一代藏敎是也、此諸敎隔情ノ機ニ
ハ三乘各別ノ諸敎也、雖レ然圓頓行者直行ノ前ニハ自他
不二十界皆常住ノ故ニ、云テ一成一切成ト(爲イ)一而亮椿一人也、
故云ニ直道ト一也、

次利鈍差降隨緣不變直示者　利鈍ハ茗荷竹林卽チ法ノ直
體也、所詮利鈍不二ノ法ニシテ一念ノ寂照也、故ニ圓覺經
云、智惠愚癡爲ニ般若一、文、

次境智相契者　隨緣不變ノ直體ハ无ニ能契《カイ》モ一无ニ所契一、
本來不思議ノ境智也、此卽諸法實相摺形木也、一切常
住故ニ流轉常住還滅常住也、故ニ隨意觀法集ニ云、无常常
住俱時相卽隨緣不變一念寂照、文、流轉還滅俱ニ常住ノ故ニ
无ニ可レ治病一、无ニ可レバ治病一无ニ可キ顯全身モ一、故ニ云ニ病藥俱ニ
亡ストト一、念卽非色非心無ニシテ定量一、

次半々慮知者　介爾也、一剎那无トシテレ非ルニ修行ニ一、其菩薩界
常修常證、无始无終、自受法樂、報身如來(イナシ)、常滿常顯、

无始无終、文、
古人云、只安身心終ニ靜ニシテ紛々ノ處正好可レ作ニ工夫チ一矣、道ト者心也、心者菩提也、菩提ト者无事也、
次示記者　傳敎記也、凡ソ此脈譜者三大師ノ御筆ト相傳スル也、所以ニ從ニ起滅再岸破能處一至マデニ契會法性而已ニ章安ノ御筆也、正段ハ天台ノ御(●自イ)●筆也、自ニ示記一下ハ傳敎ノ御筆也、註(請イ)云、天台大師於ニ花頂峯大蘇道場多寶塔中三處ニ一御得法也、餘宗難云、已ニ付法藏血脈絶タリ、而ルヲ當宗血脈絶ト被レ云條、尤於ニ當宗ニ一爲ニ規模一、其ノ故ハ云ニ三世諸佛但獨佛ト一、我ガ大師內證既ニ天機秀發シ玉ヘリ、是證不由他超(思議イ)ニ過諸宗ニ一、就中云レ機時天機秀發爲レ本ト、本法天眞獨朗タリ、當レ知以ニ本覺敎本覺佛體チ一全不レ借ニ修行チ一、不レ知ニ他知識チ一、如レ此內證眞實本覺無作三身本住法何ナレバゾ依ニ外護知識ニ一可レ尋哉、故古人云ニ、不レ離ニ當處一常湛然、求則知君不レ可レ見云ヘリ、全ク內證ノ開覺ハ不レ可レ依ニ先代一歟、何ニモ他宗ノ難破ハ、生佛迷悟自他大小權實相望シテ二法已分時キ三乘敎ノ邊也、仍テ非ニ沙汰限リニ一歟、
口傳云、於テニ當流一越テニ餘流一勝ルトハ彼ノ三通血脈是也、是皆表示有レ之、此正ク天台御自筆也、傳敎大師以ニ八舌ノ鑰チ一自ニ唐朝一開ニ何寶藏一何等ノ聖敎ヲ將來シ給ト云事有レ之、所詮此血脈三通也、餘流等无ヤニ此血脈一故ニ不レ知レ之、只世流布ニ申傳タル樣ハ云ニ草繼本ノト一、止觀末再治本ノト云々、此所詮何事耶、不審々々、傳聞餘流ノ人難云、傳法要偈四个大事、檀那流无レ之ニ云々、會ニ云、傳法要偈ハ傳敎大師於ニ唐朝ニ一御相承、於ニ自他宗ニ一十二个條也、此御相承目錄也、而ルニ四个大事ハ十二ノ內ノ四个也、此ノ四个ハ即內院安置ノ血脈ニ皆見タリ、所以ニ一心三觀法門ノ下ニ既ニ盡ニ此奥義一也、心鏡義者即一念三千ノ法門、此又无所詮止觀ノ大旨、又○《マロク》上ニ申(乎イ)シ極ム法花深義○《マロク》下ニ又總ジテ此血脈等以テニ凡慮チ一難レ察、不レ知ニ此等ノ相傳チ一者不レ可レ知ニ流深義チ一、仍不レ得ニ破轉法輪過ノチ一、文、

内院安置

御本云、寶德二年六月廿六日
右口決相承後非ニ師匠面許一不レ可ニ披見一、穴賢々々、
本云、
永正十三年丙子十月十六日於ニ山門東塔西谷一書レ之相
承訖、關東下向紛失之間、重而求書而已、
本云、
御本損《ル》間文字无ニ正體一、追而以ニ他本一可ニ校合一者也、
右筆祐舜　五十四歳
享祿三年大歳庚寅十一月廿一日八(日カ)ケ市小屋草結向ニ寒窓一
深雪吹ニ筆端一染レ墨訖、
私云、御本巖《ニ》吽ト有ル處ニ舜慶ガ名ヲ書替ル也、本來
ハ巖吽抄物得解心地有(イナシ)ノ儘(イナシ)ニ御遊物《タル》也、雖レ然玄旨口
決何モ如レ此ナルニ、相傳ノ者ノ名乘ヲ書載事《ノスル》可レ思
レ之、
永祿五年壬戌八月十三日
豎者舜慶書訖
御本
慶長八癸卯年季春爲ニ大會執行一雖レ令ニ登山一、山門勅勘
之間、入ニ寶山一空レ手歸間、於ニ西塔正觀院一檀那一流
相承致レ之、令ニ下着一之條、歎中之喜謂ニ之此一歟、

六月初六日　　月山寺法印慶賢(惠賢イ)判有
(以下イナシ)
慶長十九甲寅極月九日ヨリ常州中郡月山寺惠賢之於ニ
御下《ニ》一、檀那一流之相承令レ致レ之者也、誠雪中ニシテ筆
墨氷リ雖レ難レ叶、二世成就爲レ令レ如レ此也、仍多生宿
緣廣刧之宿習有レ之耳、
宿ハ羽黑南泉房十八日夜中ニ書レ之畢、
以ニ他本一加ニ一校一了、
探題僧正豪親

紅葉赤山影響祕奥(イナシ)密記　◎以下大谷大學本ヲ以テ補フ、

比叡山　惠光院(坊イ)　澄豪記

妙法蓮華經首題密記

澄豪白言、妙法蓮華經首題奥藏如何、
赤山告曰、昔薄伽梵告言、妙法蓮華《ト》者阿彌陀如來密
號《タリ》、已上、澄豪白言、阿彌陀如來亦名ニ觀自在如來一、亦名ニ
妙法蓮花《ト》一、蓮花部本尊《ナリ》、是故觀自在手持《ニヘルハ》ニ蓮花《チ》一妙法蓮

華《ナリ》、極樂九品蓮臺《モ》妙法蓮花八葉《ノ》中臺《ナリ》、具如《ニハ》大樂金（剛イ）・、丶丶丶丶丶丶經、神明許言、善哉々々誠如所言、

本迹二門密記

澄豪白言、本迹二門奥源如何、

神明告言、昔薄伽梵言、本佛五百塵點劫本初（却イ）三世十方諸佛覺母《ナリ》、右執《ニハ》利劒、左持梵篋云々、右利劒《ノ》本佛《ハ》自受用智劒《ナリ》、左梵篋《ノ》迹佛《ハ》三乘一乘篋《ノナリ》、已上、澄豪白言、本佛三世十方佛覺母《ナリ》、右執金剛界利劒《ハ》自受用智劒《ナリ》、自受用智劒《ノ》《ハ》本門壽量正意《ナリ》、是故天台智者禪師曰、此品詮量通明三身、若從別意正在報身、已上、左梵篋《ハ》開三乘蓋《ノ》、感一乘實相自受用身、神明郎言、善哉々々、

四要品密記

澄豪白言、妙樂寺湛然阿闍梨立四要品《チ》意如何、

神明告言、法花方便安樂壽量普門爲四要品、發心修行菩提涅槃《ナリ》、已上、澄豪白言、方便品《ハ》開諸法實相《チ》、初發《テ》心《ス》、安樂行品《ニハ》立實相安樂《ノ》修行《チ》、壽量品《ニハテ》依實相安樂《ノ》修行得自受用菩提、普門品《ニハ》涅槃常住《ノ》上《ニ》三世常恆出普門示現利生《ニ》、又方便品《ノ》發心《ハ》向《ナリ》安樂行《ニ》、安樂行《ノ》《ハ》入本門壽量《ノ》无量壽佛《ノ》安樂內證《ニ》、觀音品《ハ》无量壽佛觀自在如來遊《ナリ》觀自在菩薩《ノ》三摩地《ニ》、妙樂曰《ク》、方便安樂壽量普門並是本迹之根源斯經樞《ノナリ》、已上、道暹曰、五重玄意《ノナリ》云々、方便品明體、安樂壽量明宗、宗因果《ハ》、安樂行因《ナリ》、壽量自受用菩提果《ハナリ》、普門品現身說法斷疑生信用《ハノナリ》、是以發心修行《テ》菩提涅槃次第與《ノハ》體宗用生死宛如符契文、神明曰、善哉々々々々、

諸佛出世本懷在迹門密記

一本澄豪白言、大事因緣在迹門《ハ》奚意如何、

神明告言、迹門經云、諸佛世尊唯以一大事因緣故出現於世〇欲令衆生開佛知見、已上、又本門壽量經云、如來如實知見三界之相无有生死若退若出亦无在世及滅度者《ナリ》、已上、本佛常在《ハ》靈鷲山、自受法樂故无出世成道、出世成道《ハ》在迹門中《ノ》《ニ》、故佛世出《ノ》正在《ハク》迹門《ニ》、已上、澄豪白（決イ）言、妙樂曰、大事因緣雖有迹門《ト》、據理應須雙指《テ》本迹《ニ》、但佛出正爲顯實故且從迹、又復讓下本迹顯也、已上、

實《ニ》佛出世正《ハ》為《ニハ》レ顯二迹門實相一、故從二迹門一據レ埋應三須
雙《ベテ》指二本迹一、文、本迹倶大事因縁《ナリ》、本門大事者《ト》天台開二
迹中佛界十如一顯二出本中《ノ》佛界十如一《ヲ》、已上、妙樂云、一念
三千自心常寂光中《ノ》遮那《ナリ》、故聞二長壽復行宗旨一、故本門
聞レ壽益倍《セルコトハ》餘經《ニ》良《ト》由《ニルカ》所聞異レ常故也、開二迹門中《ノ》佛一顯《セル》二
本佛中佛一自行常寂光中《ノ》毗盧遮那《ナリ》、本門聞《ニテ》二長壽《ヲ》一增道
損生益《セシ》二倍《セルコトハ》餘經一、本門是本懷中《ガノ》本懷《ナリ》、故傳教大師守護章釋二本
門一云、大果圓開本懷《ケテ》此盡《ヌ》、文、神明印宣曰、善哉々々、

開示悟入四佛知見密記

澄豪白言、方便品四佛知見奧藏如何、
神明告曰、昔薄伽梵言、法花開示悟入四佛知見《ハ》四方四
佛《ノ》知見《ナリ》、法花肝心極祕密《ノ》眞言也、已上、
澄豪白言、法花經《ハ》五佛知見、然則妙法蓮花《ハ》中臺《ヲ》為レ蓮、
八葉為レ花、四方四佛知見《ト》四隅四菩薩《ノ》知見《ト》中臺毗盧遮
那如來知見《ナリ》、八葉《ノ》中臺《ニ》中四方四佛知見《ヲ》以《テ》為二四佛知見
祕法一、所以者何、四方四佛如《ハ》レ次發心修行菩提涅槃《ナリ》、衆
生成佛祕要先《ツ》發《ハ》心《ス》、發心修行《スレバ》、修《ス》行《スレバ》證《ス》二菩提一、證《シテ》二菩提《ヲ》一
入《ナリ》二涅槃一、而《ルニ》中臺《ノ》毗盧遮那《ハ》非二修行《ニモ》一、非二菩提一非二涅槃《ニモ》一、
不レ說二五佛知見一、神明許可言、善哉々々、

十如實相密記

澄豪白言、十如實相深祕如何、
神明告言、十如是《トハ》九尊幷《ニ》本末究竟等《ノ》總體《ナルガ》故《ニ》毗盧遮那《ノ》
種子也、已上、澄豪白言、如是阿閦如來、性《ハ》寶性、體《ハ》彌陀、
如是力《ハ》不空、如是作《ハ》普賢、如是因文殊、如是緣《ハ》觀音、如
是果《ハ》彌勒、如是報《ハ》大日如來、本末究竟總體《ノ》大日《ナリ》、然則
妙法蓮花《ハ》中臺八葉《ノ》上《ハ》有總體《ノ》大日號《ス》二十如是一云々、神明
印可云、善哉々々、

十眞如密記

澄豪白言、有二十眞如一云々、意如何、
神明告言、十眞如《ハ》十法界《ナリ》、十如來地《ナリ》、已上、然則妙覺《ノ》上《ノ》十
如來地十法界《ナリ》、地獄如來地餓鬼如來地乃至佛果如來
地云々、

十羅剎密記

澄豪白言、法花經十羅剎本地如何、

神明告云、十羅刹有三覺本、一者等覺、二者妙覺、三者妙覺上本、第一等覺本者、初羅刹者上行等四大菩薩、第五釋迦牟尼如來、中四普賢等四大菩薩、第十多寶如來、又五大尊大威德示現、第二妙覺本者八葉九尊是、第十中臺變化、第三妙覺上本者如是現成十羅刹、還守護持經者、八羅刹八葉、第九自十諦有阿闍梨口傳、第十羅刹如是本末等、該中臺八葉、已上、

澄豪白言、叡山相承上名藍婆、東方阿閦佛形夜叉、右手持獨古當右肩、左手持念誦、即立左右膝、面色紅色、二名毗藍婆、南方寶性佛、形如龍女向大海、左手把風雲、右手括念持、衣色碧像、面色白、前立鏡臺、三名曲齒、西方无量壽佛、形如天女、衣色青、面少低、前捧香花、長跪居、半跏坐、四名花齒、北方不空成就佛、形如尼女、衣色紫雲、右手把花戲、左手把花盤、左方面少低居、五名黑齒、大日如來、亦不動明王、形如陳女、衣色都妙、右手持刃、左手軍持、守護形、半跏坐、六名多髮、東方普賢菩薩、形如童女滿月、衣色如乾闥女、左手取銅鈸、右手未儛長跪居、七名厭足、无能勝菩薩形、如頂經女、恆守護經蘇利華鑠、衣色淺綠、八持瓔珞名、觀世音菩薩、形如吉祥天女、左右手持瓔珞、九名皐諦、大聖文殊、形如須烏女、衣色紅青、右手把未衣、手持獨古、如打物立膝居、十名奪一切衆生精氣、大自在天形如梵帝釋女、帶鎧甲忿怒形、右手持三古、衣色抵(マヽ)採、奪一切衆生精氣茶吉尼變化、鬼子母諸佛總體、已上、然則法花經守護神十羅刹、十羅刹本地有三重、第一重等覺本、第二重妙覺本十羅刹、第三重妙覺上本羅刹、妙覺上本者十如是本、垂十羅刹女迹、十如是本者八葉九尊本、是以超妙覺超八葉九尊十尊、十羅刹本十如是也云事、

澄豪自非神明告、安得知之、神明印言、善哉々々、

提婆品文殊密記

澄豪白言、提婆品時出海文殊相如何、

神明告言、法花前十四品者、以文殊師利菩薩爲其本尊、所以者何、灯明佛告授八相記在持法藏釋

迦佛今入二龍宮一說二妙法一爲二滅後修行一結二四安樂行一、今此文殊尊海中形相最祕也、若顯呂說淺識聞レ之、迷惑不レ解應レ知、首戴二八葉寶冠一表二妙法蓮花一、抑文殊獨往二龍宮一說二妙法一者、文殊師利大聖尊三世諸佛智母、龍宮畜生、畜生愚癡、是故世尊遣二智德一破二愚癡一意在二於此一已上、

澄豪白言、法花經時入海文殊、文殊八大童子中不思議童子、不思議童子首戴二八葉寶冠一坐二千葉蓮花一化二八葉(ヲイ)龍女一令二卽身成佛一、

本門壽量五百塵點如來名號尊形密記

澄豪白言、法花經本門壽量五百塵點如來名號幷尊相(形イ)如何、

神明告言、妙法蓮花經開迹顯本久遠實成如來其名號无量壽命決定如來、其手結二定印一、首戴二寶冠一、寶冠非二常五佛寶冠一、是二佛寶冠、二佛寶冠者戴二釋迦如來一、是胎藏界盧遮那如來、故結二定印一、在二寶塔中一集二无量分身諸佛一、是諸佛一體法身、妙法蓮花八葉深祕八葉非二常八葉一、是故多寶東門置二上行菩薩一、南門置二无邊行菩薩一、西門置二淨行菩薩一、北門置二安立行菩薩一、是卽四方四佛示現、是以雖二菩薩形一、結二四佛菩薩一、

次塔東南角置二普賢菩薩一、西南角置二文殊師利菩薩一、西北角置二觀音菩薩一、東北角置二彌勒菩薩一、是則法花八葉九尊別立曼荼羅、依二金剛薩埵敎示一密傳レ汝已、

次眞言八葉句義者、曩謨者歸命句、阿跛路哩弭東方句、欲枳孃曩云者南方句、尾顙室者西門句也、羅逝㮈羅也北方句也、怛他蘖路也者中臺句也、唵者三身義、眞言中間置二此字一、薩縛僧塞迦羅者東南方句、跛里縛糅者彌勒句、娑婆呵者決定成就句、此有二深祕一、欲レ示有レ憚、妙法蓮花最深祕密、可レ須二面授一、已上、

澄豪白言、五百塵點如來无量壽命決定王如來云古不レ知、故唐坊先德云、无量壽命決定王如來者普賢也、山王院私記中出普賢延命眞言時用二无量壽命決定王如來眞言一、此在二山王院御經藏眞言中一、都率先德云、无量壽命決定王如來者亦釋迦報身云々、有傳云、无量壽命

決定如來者、阿彌陀如來云々、勝範座主云、无量壽命決定如來者非ニ釋迦報身一、亦非ニ阿彌陀如來一別佛、故无量壽命決定如來經別有ニ所居國土一云々、如レ斯重々相傳未レ知ニ實正一、今承釋迦如來五百塵點最初成道密號、神恩爭生々世々奉レ報乎、

澄豪白言、釋迦五百塵點本初成道奉レ號ニ无量壽命決定王如來一、三身如來中何如來耶、神明告言、我前已說、久遠實成如來云者、无量壽命決定如來是、此本佛者手結ニ定印一、首戴ニ二佛寶冠一、二佛者左釋迦如來、胎藏界毗盧遮那如來、右多寶如來、是金剛界毘盧遮那如來、戴ニ胎金兩部大日一、无量壽命決定王如來者、胎金不二大日如來云々、

澄豪再拜白言、無量壽命決定王如來非ニ應身釋迦一非ニ法身多寶一、亦非ニ西方十刧成道阿彌陀一、亦非ニ普賢菩薩一、只是三世諸佛本初者云ニ釋迦一不レ違、亦言ニ多寶一不レ違、亦言ニ彌陀一不レ違、亦言ニ普賢一不レ違如何、神明告言、我是本初、世所依、我者本初如來、本初如來世諸佛所依、一切世間所依、所依者遍ニ一切處一、毗盧遮那說ニ何佛一不レ可レ違、亦云ニ何菩薩一不レ乖、已上、澄豪白言、善无畏三藏曰大日經義釋、妙法蓮花最深祕處此宗瑜伽意也、故說ニ我淨土不毀一、此壽量品最深祕處、瑜伽大日如來五百塵點本初一佛无量壽命決定王如來否、神明告言、如レ是、

澄豪白言、若爾五百塵點本初一佛上有ニ尙勝佛敎一耶、神明告云、我前已說妙法蓮華等有ニ三學本一、一者等覺、二者妙覺、三者妙覺本、第一等覺者、普賢文殊觀音彌勒等諸菩薩、第二妙覺者、八葉中臺內阿閦寶性彌陀不空大日等諸如來也、第三妙覺上本者、削ニ地位漸階一絕ニ等妙頓首十如實相、十如實相无始无終超過、五百塵點本初一佛上、已上、

澄豪白言、天台宗妙樂曰、頓超ニ等妙一覺ニ心實相三千一十如三千在ニ一念一、安然和尙曰、妙法蓮花最深祕處、斯宗瑜伽意也、故說常在靈鷲山我淨土不毀者因分久遠、未ニ果分久遠一、果分久遠者、天台無始一念三千本理毗盧遮那、

已上、是以天台本門壽量果分久遠無始無終本理一念三千毗盧遮那超(本イ)大初大日、秀妙覺果上、神明印云、善哉々々、

天台一宗五字口決密記

澄豪白言、天台一宗妙如何、神明告言、一念三千一心三觀、已上、澄豪白言、妙樂四人弟子中道暹云、即見一心百界千如而空假中、只此三千空假中五字接一切佛法、大師觀心及釋義妙專在此、人少知之、已上、然則五字口決者三千空假中、已上、此五字攝一切佛法攝天台妙、上代人少知之、神明印云、善哉々々、

澄豪白言、三千空假中五字攝一切佛法妙意如何、神明告言、三千諸(法イ)佛實相見三千空自受身惠眼、見三千假應身法眼、見三千中法身佛眼、一心三觀一體三身不縱不横知見、若住一心三觀即是衆生開佛知見、已上、澄豪白言、一念三千鏡見空无見思陰、又三念三千鏡見假无塵沙陰、一念三千鏡見中无無明陰、若住一心三觀、三惑同時破三身一時顯頓語(悟カ)菩提五道无如一心三觀、三觀常住寂光矣、又云、一念三千自心寂光、已上、神明印云、善哉々々、

序品即身成佛密記

澄豪白言、序品即身成佛如何、

神明告言、法花序品曰、佛說此經已結跏趺坐入於无量義處三昧身心不動、已上、森羅三千无量義歸處法性一念三昧身虚空不動、心虚空不動、衆生若住斯三昧不起于座即身成佛、已上、

澄豪白言、身心不動者、身之本源湛若虚空、心之理性畢竟常寂、寂而常照能知、世間從此一法出无量法、已上、開定三千(イナシ)、天台然則虚空不動心出無量法、無量法歸入虚空不動心號一念三千三昧、稱三千一念三昧、神明印言、善哉々々、

方便品即身成佛密記

澄豪白言、方便品即身成佛如何、

神明告言、法花經方便品云、諸佛智惠甚深无量其智惠門難解難入、唯佛與佛乃能究盡諸法實相所謂諸法如

是相《ナリ》、乃至如是本末究竟等是法不可示言辭相寂滅《ナリ》、衆生處々着引レ之令レ得レ出、是法非ニ思量分別之處ニ能解一〇衆生開ニ佛知見一諸佛兩足尊知ニ法常无レ性佛種從レ緣起一、是故說ニ一乘一是法住法位世間相常住〇自知當作佛諸佛之知ニ法常无レ性知レ無ニ一念性一、知レ无ニ无念性一、衆生處々着着レ有以レ空引レ之令レ得レ出レ有、着レ空以レ假引レ之令レ得レ出レ空、着レ中破レ中令レ得レ出レ中、言辭相寂滅非ニ思量分別之處ニ能解一、不レ思ニ量空假中一、不ニ分別一一心三觀衆生開ニ佛知見一、知見甚深無量其智惠門難解難入若解若入、世間相常住自知、當作レ佛、已上、

澄豪白言、妙樂云、經中一无性言具ニ二无性一、卽是无ニ性性一无ニ相性一本自有レ之故曰レ常、常知云照也、具如ニ止觀第五不思議境中一念三千一、一念无卽是性空、无念亦无卽是相空、若本自空卽是性德、若推檢入レ空卽是修德、少有レ曉レ此、乃至一念三千自心常寂光光中遍見ニ十方一切身十遮那一、已上、然則无性者无ニ一念性一、无ニ無念性一入ニ自心常寂光中一見ニ靈知一念三千一不思議、不思議不レ當レ有不レ當レ空不レ當レ中、如ニ鏡中影解處々无レ着如ニ月遊一號ニ自心常寂光中靈知三千諸法實相毗盧遮那如來一爾時顯ニ世間相常住遮那一爲ニ方便品卽身成佛一也矣、神明印言、善哉々々、

譬喩品卽身成佛密記

澄豪白言、譬喩品卽身成佛如何、

神明告言、法花經譬喩品曰、有ニ大白牛一〇乘ニ是寶車一遊ニ於四方一直至ニ道場一已上、白牛自受用身牛、寶車者十如是實相車、然則乘ニ自受用身一念三千車一遊ニ於住行向地四方一直至ニ中央妙覺道場一其疾如レ風、是譬喩品卽身成佛、已上、

澄豪白言、天台智者諸法實相正是車體、已上、妙樂曰、譬說委明ニ輪廻相一法住ニ法位一世間相常住、三界尙如、何引レ之有、已上、又法花經曰、如來如レ實知ニ見三界之相一无レ有ニ生死一已上、智證大師云、諸教之中斷惑成佛只是遺ニ於遍計所執一〇三界本來毗盧遮那、虛妄見レ之爲ニ

八苦境《ノト》一、已上、然則三界見《テ》二火宅《ニ》一憂悲苦惱衆生《スルハ》遍計所執《ノ》相《ナリ》、若遣《レバ》二遍計所執《チ》一三界《ハ》本來毗盧遮那《ノ》常寂光宮《ナリ》、爾《ノ》時處二自心《ノ》常寂光靈知《ノ》一念三千車《ニ》一、嬉戲快樂《シテ》即身成佛《スルナリ》、羅什所譯經云、牛頭天王《ハ》是藥師如來《ナリ》、頂上《ノ》牛頭《ハ》妙法蓮花大白牛也、已上、藥師如來頂上《ノ》牛頭《ハ》妙法蓮花大白牛也、藥師尚敬《テ》頂戴《玉フ》大白牛《ナリ》、況菩薩乎、況凡夫乎、神明評可言、善哉々々、誠如二所言一、

紅葉赤山影嚮祕奥密記

事濫觴如(●山イ)●王影向密記

兵部卿親王(●道イ)●尊雅

應永廿四年十月廿七日、於二吉野山一書寫了、

證祐年四十三

康正二年十月五日、於二東塔(谷イ)阿彌陀房一書レ之、

賢存生年七十三歲

永正三年七月廿二日、以二件祕傳一、台嶺沙門存海示二舜海法印一了、

傳祐示二舜好一了、舜好《ハ》亮珍本名也、亮珍示二舜雄一了、

天正十四年丙戌彌生廿五日　舜雄年七十三歲

文祿五歲丙申三月吉日

竪者舜慶書了、

慶長八年癸卯六月九日、法印惠賢書二寫之一、於二山門西塔北谷正觀院一

探題法印舜慶相傳記、

慶長十九甲寅極月吉日、竪者亮椿書二寫之一、

月山寺法印惠賢示レ之判

玄旨壇祕鈔　終

了　義　箭

夫行施の德たるや衆行の本六度の始なり、施すものは福利を得、受る者は明道を輝かす、されば施に三種あり、財施法施無畏施なり、法施無畏施はしばらくをく、財施の境に又三田あり、一には報恩田、二には貧窮田、三には功德田なり、施に差別あれば受くるにも用捨あるべし、儒典なを無功の祿、不義の施を受けず、況や當家折伏の立行に於て、みだりに施さんや、今略して受くると受けざるとの用捨をのべ、受くるときは佛祖の制誡にそむき、謗法の重罪となることを明すに、大に分て五門とす、初には由來をのべて宗門の盛衰をあらはし、二には受けざるの道理を立て、三には經文幷に先聖の證文をあげ、四には古來の現證を示し、五には受不施の邪難をふせぐ、初に由來を明すことは、物必ず因緣あるが故なり、次に深心なる人は道理に依て是非を知るべし、次に常人は更に文證を尋て信をますべし、次に鈍人は迷執はれがたければ、現證を引て正理に誘引す、次に最鈍人は内にいかりを含で邪難をかまふ、これがために難をふせぐ、なをいまだ信せず解せずんば是一闡提なり、佛なを化し玉はず、況や我ら如きの凡僧いかんぞ化すべき、但だ是れ毒鼓のみならん、

夫れ佛の世に出玉ふこと懸遠にして値ひがたし、たとひ世に出玉ふとも、此の法を說き玉ふことかたし、無量無數劫をへて此の經を聞くことかたし、たとへ此經を聞くとも、能持つ智識にあひ、能聞き能受ることと最もかたし、若内にもその師謗法あらば弟子檀那隨て阿鼻にしづまん、されば大莊嚴佛の滅後に五人の比丘あり、第一の普事比丘ひとり正法をたもち、その餘の四比丘は謗法の者にても、六百四萬億の弟子檀那にうやまはれ、その德日月の如くありしかども、命終弟子檀那と共に阿鼻に墮ち、あをのけに臥せて

九百萬歲、俯向けにふせ、右にふせ左にふせ、皆各々九百萬歲苦をうけ、更に七大地獄にをちて、一々の地獄にして苦を受くること又前の如くして後、又更に阿鼻にをち、又前の如く苦を受け、夫より人間にうまれて五百世盲人となり、その後一切明王佛と申す佛にあひて出家し、十萬億載難行苦行して頭髮をはらふ如くせしかども、一分の利益もなくして、又前の如く地獄にをち乃至盲人となり、佛に逢ひ、かくの如く九十九億の佛にあひしかども終に得道せずして、師檀共に地獄にありと佛藏經に說き玉へり、又不輕菩薩の昔を尋ぬるに、增上慢の忍比丘は有大勢力と說て信せざるもの多く、不輕菩薩は有一比丘とのべて但一人なり、涅槃經には、謗法の者を大地の土にたとへ、信ずる者を爪の上の土と說き、吾祖の妙判には、謗法の者は大海の如く、信ずるものは一滴の如し、若は一人若は二人とのべ、我弟子等の中にも無間地獄は多かるべしとの玉へり、此らの金言の如んば、眞實の法華經の行者は希有なること古今皆同じ、怪むに足らず、當世の受不施者、塔堂いらかを並べ、佛閣軒を列ね、檀那供養をもうけ、衆僧は威をふるひ、是を廣宣流布と思へり、すべて當家の本意知らず、全く折伏の規模をうしなふ、智有る者これを笑ひ、愚なる人はこれを惑ふ、かなしむに堪たり、難信難解の金言あたれるかな、

第一に受不受の由來を明さば、抑も三田の中に、報恩田と貧窮田と功德田の中の信者の布施とは、受るも施すも異論なし、只他宗謗法の佛事供養は、元祖よりこの方堅固の法度に、代々の先聖水火の難に及ぶと雖この法制を破り玉はず、これ先聖一同の宗法也、身延日向、富士の日奥、中山の日高日像門流の法式、寬正年中總法華宗の法式、本法寺日親の傳燈抄、身延日朝合譬集、日澄啓運抄、池上日現日尊日詔等は皆是れ一宗の棟梁門家の法將也、これらの先聖かたく謗法の施を誡玉へり、中にも本法寺日親は殊にかたく此

を制して大難にあひ玉へり、即ち人皇百三代後花園院の御宇、將軍義敎公千僧供養の法會を設け、法華宗も亦出仕すべきの下知ありしかども日親固く辭退し玉ふて、種々の責にあひ玉へり、義敎公は罰を受け赤松満祐に殺れたり、妙覺寺も同じく下知にしたがはずして六人から風呂の責に値へり、其時妙顯寺一人下知にしたがひ受べき由領掌せしに依て、京關東の一宗一統に附會せる事七十餘年なり、其後永正十四年八月十三日に、妙顯寺日圓日蹟靜祐妙覺寺立本寺に對して改悔し、頂妙寺へあやまりの一札を出せり、其文言の略に言く、已前六條同心申上げ末代の爲めに令二悔悔一畢、自今已後僧侶堅く可レ加二炳誡一候云々、私に云く、已前六ヶ條と云は、今永正十四年より五十二年まへ、寛正七年二月十六日一致勝劣和睦之時、都鄙一統同心一札をさすなり、則其六ヶ條とは、一高祖所立本迹一體之事、但し可レ有二機情昇進等勝劣一、一異體同心の志を以て可二專折伏弘通一事、一於二謗法之寺社一不レ可レ致二物詣一、堅相互可二禁制一之事、一不レ可レ受二謗者供養一事、但除二世間仁義受禮一、一就二法理一雖レ有二强弱之兩篇一以二强義一可レ為レ正事、一眞信之輩不レ可レ向二背初發心各寺一、然者互為二餘寺一不レ可二許容一事、右諸門流契約狀如レ件、已上略文、私に云く、此六ヶ條は一致勝劣一統の上諸寺同レ心ことなり、然るに妙顯寺一ヶ寺は、日親の時分謗施をうくべしと領掌せしに依て諸寺として不通なりしかども、永正年中に又同心して諸寺一統せり、其已前妙顯寺は他宗の供養をうけて苦しからずと云ひしを日親破し玉へり、則傳燈抄に云、四條妙本寺今云妙顯寺なり、繼圖事、日朗日像大覺朗源通源月明等なり、又通源を日霽と云、此人謗施をも誡ず、結句自身三島へ参らる、誤り至極也、取レ意、此文にて妙顯寺は一旦宗旨の法度に背き、謗法供養を受けて日親の呵責を受けしかども、後に謗法治定して六ヶ條に同心し改悔せるうえに、祖師よりこのかた三百餘年の間、一宗一統に不受不施なることあらざるべからず、今の世を見るに、人ごとに日親を信ずれども一人として日親の本意にかなう人なし、傳燈抄を見るに、中山妙本寺をして京本法寺を建立し玉ふ日有に謗法有りし故也、又妙顯寺の謗法を責め玉ふ御文章を以て當世法華宗を照らすに、皆悉く日親の御意に背くなり、今若し日親世に在しまさば如何が嘆かせ玉ふらん、一生の大難も空しく一宗の法度も亂れてなきが如し、されば今世に日親を信ずれば却て御意を苦め、結句日親に敵する大罪也、已に先德身命に及ぶ大難を凌ぎて守り玉へる大切の法度を、末弟として輙く之を破りて謗法とならざる可んや、若し謗法とならずんば、先師先德は徒らに棄て身を好み玉ふ醉狂といふ可し、此先德を侮づる大罪なり、大論に云く、若は實にも若は不實にも、師の過を見ては其心破れて法の勝利を失ふと云云、若し又謗法とならば當世一宗の僧俗共に一人も無間地獄を免るゝ人なし、御書十三に云、謗法と申す罪は我とも知らず、人も失ふとも思はず、只佛法を傚へば貴しとのみ思ふて候程に、此人も又此人に從ふ、弟子檀那等も無間地獄に落つる事あり云々、又曰く、たとひ義理を知る樣なる者なりとも、謗法の人にてあらん、上は三千塵點無量塵點も經べく侍る云々、又云く、十惡を作る人は、等活墨繩なんど申地獄に落て五百歲或は一千歲を經て、五逆を作れる人は無間地獄に落ち一中劫を經て後には、又却て地獄に落ちず、如何なる事にや候らん、法華を捨る時は、さしも父母を殺しなんどの樣に夥しくは見え候はねども、無間地獄に墮ては多劫を經候、設ひ父母一人二人十人百人千人萬人乃至十萬人億萬人なんど殺して候とも、如何が三千塵點劫を經候べき、一佛二佛十佛千佛萬佛乃至億萬佛を殺したり共、如何が五百塵點劫をば經候べき、然るに法華經を捨候ける罪によりて、三周の聲聞が三千塵點劫を經、諸大菩薩の五百塵點劫を經候けるとぞ、おびたゞしく覺候と云々、私に曰く、謗法罪の重きことは今新にのぶべきにあらねども便にちなんで略示す、此の御書に法華經を捨るとの玉ふは則ち一宗の法度にそむくことなり、御書に曰く、法にそむく豈謗法とならざらんや、謗法とならば、なんぞ苦果をまねかざらんと判じ玉ふにて知るべし、當世一宗すでに先師に背き、幷に法度を破る謗法又治定せり、豈阿鼻の苦果をまねかざらんや、哀なる哉、知るも知らざるもともに、此惡知識にくるほされ無間の業因をます、御書に云、法華經の御敵を知り不レ知由にて交りぬれば、無間地獄無レ疑云々、ねがわくは一時の世事をとゞめて、法の邪正師の善惡を尋よ、むなしく惡知識にしたがつて未來の苦果を受くることなかれ、されば御書に、後世をねがわん人は一切の惡緣を恐るべし、一切の惡緣よりは惡知識を恐るべしと云々、此の誡を見ながら等閑にすぐるなかれ、かやうに元祖ねんごろに謗法を誡め惡知識を遠ざけ玉ふ故に、日親等の先覺すでに三百餘載、身命をかへりみず謗法供養を誡來り玉えり、又むべならずや、

○日親聖人難の後百七十餘年を過て、人皇百八代後陽成院文祿乙未四年、太閤秀吉公大佛妙法院に於て千僧供養の大會を修せり、法華宗も亦その數に入るべき由の下知によつて度々衆議をとげ、最後に六條本國寺にて本滿寺日重日乾、本國寺日禎、頂妙寺日敎、立本寺日栖、本法寺日通、妙覺寺日奥等なり、其中に本國寺日禎、妙覺寺の日奥をのぞきては、皆ともに一度は受、二度目より上訴をとぐべきに治定せり、其時日奥すゝんで云く、抑宗旨の法理を上聞に達したきことは一宗年來の望みなり、今度幸に各々目安一通づつさゝげて本懷をとげられ候かし、其上御當代御政道は、世間佛法者すぐれて明察也、其上へ前代の御一札と申す事に、去年法中仰こさるゝ御法度の中にも、宗體のつとめをこないたしなん申すべき旨、すでに起請文をかきてさゝげ候上は、只今このことはりを申上るに、いかで曲事と仰らるべきや、結句この仔細をも申上ずして供養を受けなば、宗旨法度を破

るのみならず、上意として仰せ下さるゝ起請文をも破るになりなんと強て申せば、日顏をのぞきて外の諸聖は當惑の氣色と見えたり、私に云く、開目抄に日蓮が弟子檀那は臆病にてはかなふまじといさめぬ、つたなき者の習ひには、約束せしことをまことの時はわするゝなるべしとの玉ふは、今仰の如くかなへり、時に日奥ひそかにぞんずるやうは、今度此法度をやぶりなば、國土の謗法を除かざるのみならず、釋尊の令法久住の御願もむなしく、祖師先德の大難をしのぎ玉ふもいたづらになり、又先師の大恩を報ぜざることと無念の至りなり、是非ことわりを申しひらかんと思ひしかども、寺にありながら申上ぐるは緩怠に似たれば、卽日に寺を出で、丹波の小泉にうつりて六年なり、其間受不施の僧侶、我誤をかくさん爲めに讒訴せしこと筆につくし難し、宛も祖師の配所の如し、其砌上聞に達せんがため、目安一卷を認め德善院殿へ申入しかば、太閤樣萬事御とりこみにて沙汰なされがたきよし仰せらるゝに付、三び傳奏をたのみ、奏聞旣に三度に及び、又私に曰く、祖師の云く、謗國の失を脱れんと思はゞ國主奏ニ諫曉一死罪歟流罪かに可レ被レ行也、我不レ愛ニ身命一、但惜ニ無上道一と被レ說、身輕法重死レ身弘レ法と被レ釋是也云々、今又身命輕し法度重し、國土の謗法をのがれ玉へる事まことに此祖かなひ玉へり、時に慶長四年己亥十一月二十日大坂の御殿へ召出され、奉行の衆を以て仰に、此度只一度の出仕は御公儀への時宜なれば宗旨の疵とはなるべからず、然れども後日の人の口をいかゞと思へば、宗旨のきづにならざるやう御一行下さるべし、文言は好みのまゝなるべし、そのうえ諸寺の僧と同座を嫌ならば別座にてつとむべし、其上にも一飯を受まじと思はゞ、只膳に向て箸をとる計にて一度の出仕をいたすべし、なをこのうえにも同心せずば、天下の御政道の手始め萬人の見せしめに嚴重の御成敗あるべし、其身は云に及ばず、親類檀那に至るまで

嚴科にをこなわるべしと仰出さる、
私に云、御書十四に云く、法華經を敎ゆる如く解行すれば、第六天の魔王或は國土或は父母等に付て、或はしたがふて法華經の行者さえ、或はたがふてさふべき時也、法華經を行ずるには强盛にさふべし、經の如く時機に當て行ずるには殊に難かるべし、略文、この文の順魔逆魔の敎示あたれるかな、時に日奥はしばらく按じぬ、按じかへして存ずるやうは、千丈の堤も蟻穴よりくづるゝとかや、世間佛法大事は小事より起る、今此一札を規模として一度も出仕をとぐるならば、必ず後代の瑕瑾となるべし、さるにてはこの年來の大難をせしことも、湯をわかして水に入れたるが如しと定めて、私に云く、御書に云く、いはずば今世は事なくとも後世は必ず無間地獄にをつべしといふならば、三障四魔きそひ起るべしとしりぬ、今度强盛の菩提心を起して退轉せじと願ひぬ云々、此の御發心の御恐慮と今の奥師の用心と同じかるべし、御奉行衆に申上る樣は、いかやうの御一行下され候共一度も出仕候ては宗義に相背き候、昔より國主の御供養を免がれんために、代々祖師公儀の武家へ奏聞をへて敎宣御敎書を申うけ、先代より一宗のことは御供養を受けたるためし終にこれなく候、幸今御政道立たざる時節に候間、法度を破りたる者をこそ曲事にてをこなはるべきところに、還て法度を守る者にかやうの難題をかけられ候は、所詮日奥が身命の果つべき時節にてこそ候らめ、但しうき世に交る不祥としては、謀叛殺害等の餘殃に掛ても咎なきにはたさるゝこともある習なり、今是れは左程外聞あしきにも候はず、只佛法の道理を立つる御とがめにて、故なき親類まで果され候はゞ、必ならずとも後世のたよりともなるべし、所詮出仕の儀は一遍存切候、重ては御詫に及ぶべからずと申上しかば、其座に並び居玉へる大名小名、是は餘りなる强議なり、其上内府是程迄心を盡し玉へるに、少しは思ひなをして和ぎの御返事有るべしと異見せさせ玉ふ、日奥申す樣は、世間の御政道に候はゞいかにも仰にしたがひ奉るべく候へども　是は佛祖已來の制法なれば聊も上意をかろんじ奉るには非ず、其上沙門の身としては國恩を報ずる儀別に是れなく候、佛祖のおきてを守るを以て報謝と仕候、今上意にしたがひ奉るは還て不知恩となり候云々、私に云く、御書に云く、詮ずる所は天もすて玉へ、諸難にもあへ、身命を期せん大願を立てん、日本國の位を讓らん、法華經をすてゝ觀經等について後世を期せよ、父母の頸を刎ん、念佛申さずばなんどの種々の大難出來すとも、智者に我義をやぶられずんば用じと也云々、又曰く過二一期一無レ程、何に强敵重なるも努々無二退心一無二恐心一縱頸をば鋸にて引切り、胴をしほこを以てつゝき、足にはほだしを打て錐を以てもむとも、命のかよはん限り南無妙法蓮華經々々々々々々云々、祖師の勇猛なることかくの如し、又奥師書入に云、深く銘肝骨髓に徹して拜すべし、たゞ口にあつらへたる分は詮なし、當代一宗の學者、口には此御書をよみ談ずれども心身を深くためざる故に、大難のときに退かぬ人は一人もなきなり云々、私云、受不施日乾嚴命辭しがたきむねありて供養の席につらなるといへる心肝と、いづれか祖師の誡文に符合せりや、心を虚にしてこれを按ぜよ、御書にかれらが心行をかねて示して云く、我弟子等の中にもかねて聽聞せしかども、大小の難きたる時今始めておどろき肝をけして信心をやぶり、又云く、祖師懸鑒たがふことなし、さて夜に入てしばらくありて、奉行衆其外日奥に仰せらるゝやう、事すでに大事に及べり、あはれ今少しやわらぎの御返事候へかし、御前のことはいかやうとものぶべしとありしかば、日奥申すやう、最前より申上筋目の外にあたらしき思按のかはることは候まじ、とく〳〵いかやうにも召し行れ候へかしと申せしかば、日奥をひつたて奥の座敷へ召しつれ、國主の前へ引すへぬ、かの邪僧共並み居て、日奥を申しつめんと種々の邪僞たくみ、國主をうしろだてにして狼藉をなす事、輿さめたることどもなり、則ちその御とがめにて對島の流罪にさだめらる、然れどもたゞ日奥一人にて、關東其外出仕に及ばざる國々は堅固に宗義相續せり、私に云く、御書廿三に云く、眞實如說修行の師弟檀越とならん、こは三類の敵人決定せり、されば此經を聽聞し始ん日より思ひさだむべし、況や滅度後の大難三類はなはだしかるべしと、又廿二卷、末法法華經の行者は人ににくまるゝ程に持を、實の大乘の僧とす、又經を弘めて人を利益する法師なり、人によしと思はれ人の心にしたがふて貴と思はれん僧をば、法華經の敵、世間惡智識也と思ふべし云々、これら祖判の如くなれば、日乾等がたぐひすべて元祖の本意にそむく惡智識、三類の敵人の張本なりしも、日乾等法華經の智解人に勝れたりと云はゞ、御書に何に持戒智惠かたく法華經を進退する人なれども、謗法の者を責ざれば無間地獄の底にをつべしとも、又法華經に如法に修行すとも、謗法候はゞ無間地獄は疑なしとも判じ玉ふ上は、信者にも學者にもよるべからず、もし又一宗の滅亡をいたみて暫く國主の命に隨と云はば、頸をきりて命をつがんと云が如し、法度已に破るれば何を以てか法命を相續せん、又何を以てか不惜身命の立義とせん、然るに奥師は一度も法度を破らず、强議をつのり、國主をいさめ玉へども、十三年を經て國主の免許をうけ、不受一派又衰微に及しは、日乾日遲等が讒言によりてなり、誠に祖師の仰に、法華經は他宗よりは門弟の中より滅すべしとの玉ふは是れなり、豈に獅子身中の蟲にあらずや、私に云、已上は奥師の筆記を以て由來を示すまゝ、又その私ならざることをしらしめんが爲に、祖判を引て其趣を合す、

○それより十四年の後、慶長十七年正月五日の夜、權現樣板倉伊賀守殿に奥師流罪の御赦免の儀を仰付ら

れ、同年六月四日妙覺寺脇房延藏院にうつり、同十八年に權現樣へ出仕をとげ玉ひぬ、

○元和二年三月二十三日公儀より本房へ移るべきよしの上意にまかせ、近藤源左衞門を案內として大房にうつり、又同月二十五日妙覺寺滿山一統に改悔の作法あり、同年四月に筑前博多より唯心院日忠上京して、諸本寺一同に改悔の儀をとりもち、五月十九日に諸寺同心の上和睦の一札をとりかはし、又其文言に云、法理通用の上者、互に心底を殘さず世出世に就て萬端申合すべき者也、仍爲後日狀如件、妙覺寺人人御中、會合本本滿寺日深判、已上、同年六月二十一日妙顯寺日紹總寺の總名代として妙覺寺において改悔せり、同月二十七日妙顯寺において諸寺一同の會合あり、左座の頭は日奥、右座の頭は日紹にて、次第に列座せり、

○元和六年十月廿日妙覺寺脇房住善院において諸寺會合して、御教書頂戴一味同心の契約あり、其文言に云く、今度板倉伊賀守殿繼目の御折紙に付而、遂衆會重々談合仕、任先規申請の上者可爲諸寺一統候、於此儀毛頭私の異議有間敷候、爲其連署如此候已上、妙覺寺、實成院、同本立房、妙顯寺、法音院、同增長院、本法寺、常光院、妙蓮寺、芳德院、本隆寺、安住院、本國寺、龍華院、同一要房、本能寺、吉祥院、同圓光坊、妙滿寺、成就院、要法寺、信行院、妙傳寺、最上院、寂光寺、信行坊、頂妙寺、學立坊、本禪寺、本光坊、立本寺、東陽坊、同玉藏坊、本滿寺、玉持坊、各有判形、元和六庚申十月二十日、已上、此の連判に依て後藤彭乘、伊賀守殿へ具に申入られけるに、彼の日乾日深等一旦改悔せしかども、一度法度を破りてより嫉妬の心いよ〳〵盛にして怨念やまず、還て伊賀殿へ種々讒訴をなし、諸寺一統せざるよし申し含めしによつて、申酉戌亥四ヶ年をこえたり、時に元和九年御上洛の時、伊賀殿具に權現樣仰置るゝ御下知の趣を申上、重て公方樣の御下知を承り、九月十二日に折紙成就せり、其御文言に云、法

華宗のこと、祖師の制法たるに依て他宗の志を受け施さず、殊に諸勸進已下之を出さゞる旨、尤も其の意を得候、向後京中へ勸進の儀申出旨之れ有りと雖も、當宗の儀は先師の例に任せ相除くべき候、仍如レ件、慶長十八丑十月十三日法華宗眞俗中、板倉伊賀守勝重判、此の年號は元和九年なれども、已前慶長十八年に日奥權現樣へ出仕の節、伊賀殿へ仰せ置れたる故に、その時の年號を用ひられたり、又元和九年は伊賀殿隱居のゆへ、在勤の時の年號にしたゝめられしと云云、右の御下知は權現樣台德院樣御兩代仰せ下さるるおもむき也、その上狀に云、貴寺の儀相國樣被二仰置一候樣子御尋被レ成候間、拙者承り候通、具に申上候處、公方樣奇特に被二思召一、無二相違一御書付被レ遣候、彌御宗旨可レ爲二繁昌一と存候、誠に御滿足察入候、恐恐謹言、霜月二十一日、妙覺寺日奥上人尊答、板倉伊賀守勝重、判、

○寛永七年三月十日奥師御歳六十六にして妙覺寺に於て化し玉へり、先きに日乾破奥記を作りて非義を長せしかども、日奥制法論を以て答へ玉ふに今に至て答釋なし、奥師一期の始末、要を捨て略して示す、池上は身延と對論のこと、既に元和二年日紹を總名代として日奥へ改悔せりと雖も、身延隱居日遠日乾、當住日暹等先非を改め難く、おのがとがをかざり權門に諛び種々に讒を構へ、不受の立義は國主の命にそむくよし内々申上しにより、寛永七年二月身延と池上と對論仰付られ、酒井雅樂守殿屋敷にて土井大炊助殿島田彈正忠殿その外大老衆列座ありき、對論の記錄は引ひまなし、但し池上身延の兩記あり、たくらべ合せて是非を知るべし、こゝに日樹道理をたて文證をひき、身延の邪難氷の如く死の如く解釋するといへども、日乾が謀計に依て池上六分身延四分の和を入れたり、日樹法理に四分のとがあることをなげき、此の和をもちひざれば、上意違背のとがに落ちて信州伊那にはなたれたり、その餘の列座五人は追

却せられぬ、又同四月二日京妙覺寺、池上本門寺兩寺御公儀へ取上げられたり、然れども不受の宗義においては餘寺は別儀なく相續せり、只一分其席につらなりしもの御とがめにあづかりぬ、妙覺寺は出席なしと雖も、日乾殊に遺恨ふかき故に讒言尤もはなはだし、委しくは古記の如し、

私に云く、天下の理正ふして勝つものは少く、不レ正而勝つものは多しとは誠なるかな、經に曰く向二國王大臣一誹謗說二我惡一と、文の心は、佛の如くなる貴き僧が高位高官にへつらひて權威をかりて、眞實の法華經の行者が惡名をあげて讒訴する也、又數々見二擯出一とてたび〳〵處をおはれ、遠二離於塔寺一とて寺をとられなんどすべしと說き玉へり、又涅槃經に曰く、是の禿人輩見二持戒比丘護二持正法一驅逐して令レ出、若は殺し若くは害せん云々、開目抄云、常在二大衆中一○波羅門居士等、今世の僧等日蓮を讒奏して流罪せずば、此經文むなしかる可し、日蓮法華經の故に度々流されずば、數々の二字いかんせん、此の二字は天台傳敎もいまだ讀み給はず、況や餘人をや、末法の始のしるし、恐怖惡世中の金言のあふゆへに、但日蓮之れを讀めり云々、予當世を見るに、この經文祖判を身にあてゝよむ人まれなり、されば涅槃經に云、諸有弟子、受持讀誦書寫是經、演說流布せんに諸惡比丘所殺害、時に惡比丘共に相聚集して立二嚴峻の制一を當二爾之時一、若衆生有レ信二此經乃至半句一、當レ知是人眞我弟子云々、これらの經文を以て見べし、時はこれ廣宣流布の時なれども、惡比丘國中に充滿して他宗の怨嫉よりも自宗の讒奏つよくして、すでに嚴峻の法度をたて、不受一派を衰微せしめたり、心をとゞめて此をおもひ當世受不施の者は不受の門派といづれか惡比丘とせん、いづれか經文にかなふとせん、然れども今此謗法の國に於て、乃至半句も如法にたもち謗法なくんば、現在はしばらくいたむと雖も、佛すでに眞我弟子と印可し玉ふ上はなげくべきにあらず、

大集月藏に云、寧ろ最勝の人に罵詈せらるゝとも凡下の者に讃歎せらるゝことえざれと云々、祖師曰く、愚人にほめられたるは第一のはぢなり、日蓮が流罪は今生の小苦なればなげかはしからず、後生には大樂をうべければ大に悦ばし云々、

○寛永八年、日延より不受不施停止の願をいたせども、御取あげなきにより、大猷院様御在世はやみぬ、

○承應元年に又身延より停止の願を上しかども御さたなし、明暦三年に至て不受の僧めしよせられ僉議の上、申わけ立て別儀なし、それよりうちつゞき停止にねがひしかば、寛文元年八月に身延池上末寺の分は、本寺違背の儀を停止せらるゝに付て、こと〲く寺をあけて出寺せり、然れども別寺の儀は御かまひなく不受門相續せり、

○寛文元年に諸寺諸社の御朱印くださるゝのさたをきゝつけ、受不施の僧も便りをえて、數年の望みこゝにとぐべしとやおもひけん、不受不施門派へ地子寺領の御朱印は、公儀よりの佛事供養なりと云手形を御とりくださるべきよしねがひしかば、早速かなひぬ、是によつて不受の門派迷惑し、とかうして案じ出して、手形の文言に慈悲の二字を加へたきよし申上げしかば、これも叶ひぬ、さて受不施の巧には、地子寺領を佛事供養とするときは不受法度たちまちにやぶれなん、若しそれをきくなど申せば、上意をそむく流罪になりて、不受一流破滅すべしと計りて申出ぬ奸謀なり、さて一類の不受不施これに迷惑して慈悲の二字を加はゆる心は、三田の中の慈悲報恩の二田は世間にして受も施も苦しからず、たゞ功德田に付て不受の法度を立つることなし、慈悲に受くるは苦しからずと思て申出せる遁辭ぞ、これ則急難にのぞんで私諍の短才より出たる事なれば、不受の制法を守ると思へども、還て公方様へ法華の行者を輕しめさせらるゝ大罪をかけたてまつる、僧寶の破滅となることを思はざる不覺なり、これを悲田法華宗と云ふ、

さて手形いたさゞる僧は、本土寺日述、蓮華寺日完、妙興寺日講、興津妙覺寺日堯、法明寺日了、法蓮寺日感等、也、皆上意違背の御とがめによりて流罪となれり已上東の次第かくの如し、已上、至二寛文五年一、

○寛文九年五月五日京洛中洛外の不受門流へ右悲田の手形仰付られける時に、吾先師日題東山白川村心性寺に住職せり、みづから悲田の儀、大に佛祖の清流をけがし國主を誑惑し奉る邪僞なる事を知て國恩報謝のため謗國のとがをまぬがれんと欲して、一通の諫狀をしたゝめ、五月十一日に京都奉行へことはりをたて、六月十日に出京、同廿四日江戸につき、同二十九日にはじめて上訴せり、それより七月九日に至て總て三度上奏に及べり、然るに心性寺はもと寺領なき故手形に及ばずと雖も、日題が意地は僧寶のおちぶれを悲しみ、國恩を報じ幷に遊民のとがをまぬがれんがためなり、そのとき當御番所山城の守殿の仰に、その方の道理最もよくつくせりと雖も、先年すでに事落居して賞罰さだまる上は、今更一人に對して御政道あらためがたし、しばらく嘉會の時をまたれ候へ、居住の儀はいづくなりとも心に任すべしとねんごろに慰諭し給へり、日題申上るは、沙門の儀に候へば居住に勞なきことは勿論に候へども、又有待の肉身なれば衣食なくしては法命もつぎがたし、時運もまつべからず、京都はわが久住の處にて助縁も候と申して、右御領掌の上、京都に處々隱居せり、

日行日壽日調日現日惺日朗日輪日山日叡、(已上本門寺)日題(蓮華寺開祖)日教日悟(蓮華寺三祖、心性寺開祖)日題二世心性院日悟を師とし仕ふ、十一歳にして出家し、十三にして關左は學室野呂交はり、廿五にして傳法受業し、心性寺二世につらなり、兼て又律師に任ぜられて、三十八にして悲田派をこりて破悲田の記を述す、寺を出て東西に踟躕し、廣く一代藏經を開き、普く他宗の悲田を斷る、中正論、二十卷、同或問、五卷、陳善記五卷、顯正論、五卷、女人成佛抄一卷、これ世に流布し

て人の知るところ也、初心要學論二卷、世間に流布す、是れ檀那加藤元眞と云ふ人の作なり、題師には非ず、其外いまだ流行せざる密書百餘卷におよべり、況や六時の勤行寒暑をいとはず、旦夕の禮讃寢食をわする、別寺の讀經七千餘部、書寫妙典十卷二十餘部、所誦の久遠偈等幾億と云事を知らず、いづれとも席につかず、法語にあらざれば其行德かけて云ひ難し、年八十二にして化を示す、具に行業記の如し、予不敏なりと雖も其法孫につらなり、又其法雨にうるほふ、是故にむなしくすぎぬ云々、

○元祿四年三月二十八日身延日脫、池上日玄、玉澤日宗等の受不施の僧、牧野備後守殿へとり入、種々に讒訴をせしによりて、悲田派御停止せらるゝ、悉く身延へ改派せり、其時印判書判血判の三判とりて悲田は邪僞たる旨を決定せり、則一本寺の分十一ヶ寺身延へつきたり、京にては紫竹常德寺、西京大圓寺、冠井石塔寺、松原壽延寺等なり、大坂にては天滿妙福寺上寺町正覺寺等也、誠に受不悲田共にあさましきことなり、夫依法不依人とは如來最後の嚴誡なり、沙門釋氏たれか思はざらん、思て修せざるは、まことに露命きえがたく名利すてがたければ也、吾祖日蓮ふかく佛勅をおもんじ、我不惜身命の玉璽をにぎつて、あまねく他の謗法をせむ、是れ卽ち佛法中怨の遺命をおそれ玉ふがゆへなり、然るに身延受不みづから宗義の制法を破るのみならず、偏に嫉妬諂曲を以て全く理非邪正によらず、文祿より今元祿に至るまで、旦夕に正法をほろぼさん事をはかり、歲月に行者をなやまさんことをねがふ、若もとより不受不施邪法ならば、依法不依人の金言に任せ、道理文證を以て糺明せずして、權門にたより威勢をかつて向國王大臣○誹謗說我惡と、御書に云、極めて貴き相を形にあらはし三衣一鉢を帶して山林の閑かなる處にこもり、羅漢の如く諸人に貴まれ、佛のごとく萬人にあふがれて、法華經を說のごとくよみ奉らん僧を見てはにくしみそね

みて云、大愚癡の人大邪見の人等云々、今受不施の所行かくのごとし、實に三類の敵人にあらずや、獅子身中の蟲、かれにあらずんばたれをかさゝん、其とが他宗にすぎ、其心禽獸におよばず、あゝあはれなるかな、彼の受不施の惡比丘におどされて、悲田の僧其心狂酔し、遠離於塔寺の龜鑑をわすれ、不受より悲田におち、ついに受不の不敵にくみせり、然るに吾先師日題は元祖已來の正傳をうけ油鉢をさゝぐるが如く、聊も謗法のけがれなく信じとほし、剩へ身命をかろんじ正法をおしむを以て、かたく悲田にくみせず、寛文九年にその邪僞をまとはり寸志の諫曉を奉る、是則國恩を報ずるの忠義、與同をまぬがるゝ善巧なり、然るに悲田は既に停止せらるゝと雖も、日題が正義いまだあらはれず、結句邪法の惡名をふれ、人みな切支丹のごとく思へり、予幸に日題が正傳をうけ宗義の清流をくむ、このゆへにやむことをえず略して宗義の由來をあかす、委くは述することかたし、已上不受の由來を述ぶること畢れり、

○第二に道理を立つることを云はゞ、傳來すでに如レ是、又必ずしもこれによらん、依法不依人は如來のおしへ、莫レ信ニ口傳一は先達のいましめ、傳敎大師の云く、自宗の義なりとも若邪義ならば、これを以て後學を誑惑すべからず云々、されば佛法の相承は實に道理を本とすべし、何ぞ强て師資によらんや、このゆへにさらに又道理をいひて、師資の相承、深くゆへあることを知らしめん、厚信の人はこゝにおいて思擇せよ、是に又分て七義とす、

一には、世間の仁義にそむくが故に受くべからず、凡そ世間の五常は人道のつね、天地に於ては五行、人間にあつては五臟五體、方にしては四方の中央、時は則四季と土用也、もし是五常にそむけば人道に非ず、佛法中には五戒とす、これを破れば五分法身一切の佛法を破す、共にこれ佛道の初門なり、これに依て人間となり而して佛道にすゝむべし、金剛明經に云、一

切世間所レ有の善論皆因二此經一、法華に云、治世語言皆順二正法一、天台云、若深識二世法一即是佛法、吾祖云、禮樂を敎て內典にわたらば、戒定惠をしり易からしめんがため、君臣を敎て尊卑をさだめ、父母を敎て孝行をしらしめ、師匠を敎て歸依をしらしむ云々、元祖すでに世俗の禮儀を佛法の初門とし玉へり、又御書によき師と云は世間のとがなく慈悲ある僧といひ、又世間のこと隨分穩かにとりたまへり、然るに世間の法は施すときは受べし、旋さずんばまたうく可らず、孔子の云く、見レ得思レ義、孟軻曰、非二其義一也、非二其道一也、一介不二以與一レ人、一介不三以取二諸人一云々、これ道理に依て施す、又若ほどこさゞる道理あらば必ず受けざること、世間儒敎の常なり、世俗すでに然なり、況や佛門に於て施すことをきらふて受くることを願はんや、若し世俗の人道にそむくときは則畜生なり、豈に吾祖のおしへ畜生にみちびかんや、南山の云、人道は道緣なり、違レ之則同レ畜云々、人間にあらずんば佛道の緣にあらず、誰かともに是か非を論ぜんや、尙儒道に及ず、誰か一乘の行者と云はんや、

二には、謗法の施は行者を輕賤すると、かるが故に受くべからず、御書に云く、持つ處の御經諸經に勝れてましませば、能持の人又諸人にまされり、爰を以て經に云く、能持二是經一者、於二一切衆生中一亦爲二第一一と說き玉へり云々、天台の云、法貴きが故に人貴し云云、旣に人法一體なれば、法華の行者は萬人の中の尊人、四生の中の尊生也、諸佛はつねに御手を授け、八部はとこしなへに之を守る、他宗の謗人は罪を無間に開き、一乘の信者は三德を寂光に顯はす、尊卑貴賤天の如く地の如し、然るに第一の尊人同座供養すらなを受くべからず、況や下座をや、大佛供養のとき始めは第五番に坐せしが、淨土宗に難ぜられて第六番、淨土宗の下座にておめ〳〵と其供養をうけたり、道理のさす處、法華經を第六に下す、大罪かの法然が捨閉閣抛の謗法にすぎ、吾祖を淨土宗の下におくと

が、弘法が第三戯論の邪見にこへたり、何を以て念佛無間と云ふや、豈に大謗法にあらずや、若謗法治定せば何によつてか地獄をまぬがるべき、されば身は五根の總體なれば、身くだれば色心ともにおつる也、しかるに日乾等すでに身を以て第六にくだす、そのとが身おちねども心おつる者にすぎ、弘法法然が口業の謗法にまされり、凡そ法華の行者は、たとへば勅書を持てる侍の如し、たとひ時の相國といへども下馬せざれば還て勅勘を蒙る、豈に法王の勅宣を持てる第一の行者、第六謗法の下座に坐して佛祖の御罰を蒙ざらんや、

三には、輕賤の供養をうくるときは、自ら謗法となるのみならず、施主も亦大罪を受る故に、すでに日乾等法華經を第六に下す謗法人なる上は、是を供養する施主また同く謗法となる事、云はずして知るべし、たとひ日乾謗法の人にあらずとも、輕賤の施を受るときは其施主大罪となるべし、然ればその人を毀れば其法を毀るなり、其親を賤しむれば即其子を賤しむ也云々、一乘の尊人を同等に思ふもなを罪を受く、況や第六座に下すをや、世俗のまじはり人に物を送るに、其禮なければ千金といへどもこゝろよしとせず、孟軻が曰く、一簞の食一豆羹得レ之則生、弗レ得死、嘑爾として而與レ之、行道の人も弗レ受、蹴爾として與レ之、乞人も不レ屑也云々、況や最上の佛子においてをや、經云、輕賤憎嫉而懷二結恨一、其人命終入二阿鼻獄一と、すでに輕賤は十四謗法の中の二なり、入二阿鼻獄一まぬがれがたし、御書に云く、たとひ法華經を如法に修行するとも、行者を恥辱せば無間地獄はうたがひなし云云、同じ行者をはづかしむる者、なを無間地獄におつる、況や他宗として第六に下すをや、されば菩薩は萬行ひろしといへども身行化他にすぎず、元祖の化導あまねしといへども、上求下化にあらざることなし、然るに乾遠等みづからかたき法度を破り、不義の施をむさぼり、施主には財寶を費しながら阿鼻の業

を作らしむ、自利の行すべてなく、豈にまた利他に及ばんや、二利すでになし、名聞をもとめ、つたなく世間の權威を振て利養にふけり、或は高座に昇てむなしく雜談を長じ、或は結緣と號して甚だ施物をむさぼる、これ皆乾遠が所行よりおこる、佛はこれを狗犬ときらひ蝙蝠とそしる、吾祖の云く、法師の名をぬすむ盜人、法師の皮をきたる畜生といましめ玉ふ、現世には遊民國賊となり、後世には長く火境にしづまん、予當世を見るに、わざを折伏によせて（◎以下缺文）四には、他宗の供養は師檀の儀なきが故に、功德とならざれば受くべからず、如何となれば、釋には供養者表二機成一と判じて、先づ法を聞て内に信仰を催し、外に布施を以て信心をあらはし、聞法の恩を報ず、他宗の如きは機いまだ成せざれば聞法の心なし、法を聞かざれば信心なし、信心なければ我檀那にあらず、出家はこれ一乘の信者なれば、彼の師にあらず、師檀はるかにそむき、信謗ながくことなく、既に聞法隨

喜の布施にあらず、知ぬ不義の供養無功の布施なることあらそふ可らず、不義無功の施は世間の聖賢なを受けず、いかんぞ一乘の行者これを受けんや、今ために師檀の正義を示さば、一乘如說の僧を師とし、其の師の法を受け信伏隨從するものを檀那とす、こゝを以て師檀函蓋の如きも應じ、感應亦むなしからず、二世のいのりこゝにかなひ所得の福利倍增す、御書に云く、これらをよく／＼あきらめ信じてこそ、法のしるしも佛菩薩の利生もあるべしとはみえたり、譬へばよき火うちとよき石のかどとよきほくちと、三つより合せて火をもちゆるなり、祈りも亦如レ此、よき師とよき檀那とよき法と、この三つより合せて祈を成就し、よき檀那と云は、貴人にあらず賤人にあらず、一切の人をもちひず、一切經の中に法華經をたもつ人、一切の人の中によき人なり云々、此の祖判のごときは、不信の施は利生のしるしなき法譬ともに分明なり、すでに二世の功德なきを知りな

がら受くるは、非法不義のとがまぬがれがたし、南山の云、五分律に、非法に求レ施、施非法の求、二倶に犯レ罪といへり、師檀ともに罪とならば、何を以て自行化他とせん、豈に人を引て惡道に向はしむる惡知識にあらずや、おそるべし、

五には、不共同止の法度にそむくが故に受くべからず、十輪經に云、不レ應レ誹ニ謗大乘經典乃至一句一偈一、若誹謗する者には不レ應ニ共住一、亦不レ應ニ親近一、若し親近し共に住すれば、即趣ニ阿鼻地獄一と、他宗人法は諸佛并に法華經を一字一點もすつるときは、千萬の父母を殺し、十方の佛の身より血を出す罪にも過たりと云々、然るに法華經の行者として、かくの如き大敵に親近し共住し、その供養を受けて謗法とならざらんや、世間の忠臣なを主君の敵に共住し共に音信せず、況や法華經の方、又諸佛の家臣として誹謗の敵人にしたしみまじわらんや、又御書に云く、月氏のならひ一向小乘の持者は王路をゆかず、一向大乘の僧は左右の道をあよぶことなし、井水河水同じくのむことなし、何に況んや一坊に住すべけんや云々、其外往々謗法のものに親近し共住することをいましめ玉へり、親近共住なをゆるさず、然るに日乾等共住するのみならず、同じく勤行をなし、共に其謗施を受く、何を以てか當宗と云はんや、又御書に云、いかに信ずるやうなれ共、法華經の御敵をしりしらざるよしにてまじはりぬれば、無間地獄はうたがひなし云々、しりしらざるよしにてまじはるすら無間におつ、豈に同じく其の供養をうけて阿鼻をまぬがれんや、おそるべし、

六には、他宗の供養を受くるときは末法下種の大格にそむき、汚雜のとがとなりて、倶に墮獄すべきが故に受くべからず、御書秋元二十一云、法華經を行ずる人の一口は南無妙法蓮華經、一口は南無阿彌陀佛なんど申は、飯に糞を雜へ沙石を入たるが如し、法華經の文に、但樂レ受ニ持大乘經典一、乃至不レ受ニ餘經一偈一等

是也、世間の受匠、法華經に餘行を雜へて苦しからずと思へり、日蓮もさこそと思ひ候へども、經文は不辟は後の法華行者、大王の種子を佛種、妊めるか、又民となつては餘行等又他宗布施をまじゆるなり、王種と法花下種、民種と他宗行、雜て天の加護と氏神の加護とに被捨、其國破る、緣となる、現世より佛にすてらるる、父二人法花行他宗行、出來れば王にあらず民に非ず、人非人なり、未來地獄、法華經の大事と申すは是なり、種熟脱の法門、法華經の肝心なり、已上私に註之、文の中に法華經の大事との玉ふは、三周の聲聞の三千塵點、諸大菩薩の五百塵點迷ひしも、法華經に餘行をまじへし故也、私云、此御文章は當時の龜鏡、當家一宗の眼目なり、この故に祖師みづから大事肝心と念釋し玉へり、予ひそかに當世僧侶の所行を見るに、たま〳〵學室にまじはり歲月を送ると雖も、多くは我身の榮花の爲、大寺の住持を望み名聞を求めんがためにして、法のため佛の爲にせざれば、心肝にそむるものまれなり、予昔檀林に入てまのあたりこれを見る、又近年秀才博識のほまれある人の著述を見るに、すべて當宗の元意にくらし、一盲衆盲を引き師徒ともに深坑に沈まんこと、哀れむに堪たり、今幸に此の祖判を引て謹で大意を辨せん、初めに法華經を行ずる人の一口は題目、一口は念佛申は、飯に糞を雜へたるが如くとの玉ふ、私に曰く、今世學者云、謗法の施は受て他宗に法華の緣を結ばしむると云々、是全く下種結緣の祖意をしらず、無智道俗みな是のごとくまどはさる、すでに御書に、法華の行者の上の餘行を飯に糞を雜ゆるにたとへ玉へり、飯をば題目にたとへ糞をば念佛にたとふ、他宗の施行若成佛の下種ならば、法華の行者の題目はいよ〳〵結緣となるべし、若ししからば糞を雜へたる飯を汝は食ふべしや、是若尙よく分て食へとならば、また御書に、法華經を修行すとも謗法候ては無間地獄疑なしとも、うるし千杯にかにの足一つ入たるが如しとも玉ふ、くさりたるうるし、いかんか用ゆべき、是に況や正法像法のとき、熟益脱益の機にはしばらく餘行をまじへて、過去法華下種の助けとす、末法一向熟脱を論ず、但下種益に限る、下種のときはかたく餘行をまじへず、今の御書に種熟脱法華の肝心との玉ふはこれなり、すでに行者の餘行をゆるさず、いかんぞ他宗謗法者の供養に下種結緣を論ぜんや、是若又逆緣下種の義を論ぜば、いよ〳〵強毒の行化によりて折伏を專にすべし、是もし折伏を專らにすれば、他宗の布施に下種結緣をゆるさず、ゆるさゞるが故に、かの施行を受くべからず、還て是を逆緣の下種とす、是若し又信ずべき機を見て受くると云は、天台云、等しく是れ大を說くにとがなしと釋して、他の機をかんがみることは聖師の化導なり、末法凡師にはすべてゆるさず、祖師なを名字の凡師なり、本地は地涌の大士也といへども、時にかなひて機をかんがみ玉はず、況や其の已下をや、然れば他宗の施を受けて緣の義を論ずるは、攝折二門の大意にくらく、順逆二緣の儀則を失ふ、是若し强て緣の義をつのらば、受くるのみならず、施すも亦緣となるべし、何ぞ他に施すをゆるさんや、凡そ菩薩の布施を波羅蜜と名く、是則ち施を以て善道に入れ、自他同く薩婆若に流入せんがため也、又涅槃經に財寶をむさぼるには、あたへを以て大經を讀ましむるの文あり、然るに何ぞ受くるのみ緣の義をゆるして、施す事を制するや、是若又御書に施すことをいましむるが故にとならば、さてはたしかに他宗の供養を受くべしと許し玉ふ文ありや、ありと云はゞ其の文を出せ、是たとひ祖判に受くるの文ありとも、有文無義は智者の用ひざるところなり、すでに緣のために受ば、不緣のために施す義あり、これ元祖に無義のとがをかけ奉になりぬ、こゝに知ぬ、たとひ受ざるの文なりとも、施さゞる文あれば、則ちうくべからざる道理自ら知るべければ也、また〳〵知るべし、施さゞるの制は末法折伏の故なり、受けざるも亦折伏によること道理缺如たり、豈に受くるかたは攝受にして、施さゝる邊のみ折伏ならんや、是この故に末法下種はかたく餘行をまじゆべからず、自宗なを餘行をまじゆるときは緣とならず、況や他宗の施行に於てをや、故に受て緣となると云はゞ、今の御書にそむくことを知るべし、△次に不レ受二餘經一偈一の文を引く、よつて世間の學者は法華經に餘行を雜へて苦しからずと思へり等云々、受不受の云、餘經を受けざるは經文の如し、布施を受ることは苦しからずと云々、今詰めて云、經文の不受、餘經の文を引き玉ふて餘行と判じ玉へり、これ則ち經は本行は末にして、經によりて行を立つ、經を受けざれば行も亦雜へず、經行一體なるが故なり、然るに他宗の布施は、餘經によつて立つるところの餘行なり、祖師すでに餘經餘行ともに受けず、汝何ぞ布施の行をゆるすや、是次に五種民種の譬をあげて末法下種の時は、かたく餘行をまじへざることを判じ玉ふ、此の文意は、正法千年は多く脱益、像法千年は多く熟益、末法萬年は下種益也、正法像法はしばらくおく、今末法は別して佛種をはじめて宿すときなれば、餘經餘行をまじゆることをかたく制すべし、若餘行をまじゆれば王の后、始に王のたねをもちたれども、いまだうまざる内に民ととつげば、うまれて後、王の太子にも非ず民の子にも非ず、天にもすてられ人非人となるべし、されば祖師弘道の本化、下種の題目は王種の如く、他宗謗法の餘行は民種の如く、今日の行者は王の后の如し、しかるに今日の行者、すでに佛果の王子をはらみながら、謗法の民ととつげば、後生には不義のとがによつて、三世十方の佛にすてられて阿鼻大城に沈むべしとの心なり、これ則法華經の肝心、大事の肝心と判じ玉へり、こゝを以てしるべし、謗法供養は他宗の行也、然るに法華の行者として、この施を受るときは他宗の行をゆるすになりぬ、ゆるすときは的面に今の御書判にそむく道理、おのづから餘行を雜ゆるになりぬ、すでに謗法の行をまじゆれば無間地獄まぬがれがたし、又すでに自身謗法の墮獄の人となりぬ、これを供養せん人、なんぞ法華の縁とならんや、云べしかくの如き惡智識を供養せば、謗法與同の惡縁を結んで師檀ともに阿鼻にしづまんこと、源濁れば流れきよきならざるが如く、針ゆがめば絲これに隨ふが如く、谷の石のおつるごとく、雨の天に止まらざるが如く、決定して苦海にしづまん、今これを哀むが故にことばを費すのみ、

○七には、國主を諫曉し奉らずして施を受くるときは、是を遊民國賊と名け、是を與同罪國士の謗法と名け、是を折伏の本意をうしなふとす、是故に受べからず、先初めに遊民の義を明さば、夫恩に四恩あり、三恩はこれをおく、中に國王の恩と云は、八荒を統御し萬姓を撫育し政道正しく百穀しげく、四民悉く風にのぞみ百姓ともに德に化す、其恩實にあさからず、故に士農工商各々其職分をいとなんで國恩を報じ奉る、祖師云、されば此讒言の人、國主こそ我身に恩深き人にはおはしまし候らめ、佛法を習ふ身には必らず四恩を報ずべきに候、三には國主の恩、天の三光に身をあたゝめ地の五穀に身をやしなふ、皆是國王の恩なり云々、若しこれを報ぜずんば遊民なり、されば士農工商は各々其職分を以て其恩を報ずれども、沙門には佛家業を制止し玉へり、もししからば何を以て國恩幷に衆生の恩を報じ、遊民のとがを免がるべき、然るに沙門の報恩は國主に謗法不義あるをみて默せず、身をわすれてこれをいさめ奉るを以て國恩を報ずべし、御書に云、日蓮此大なる失を兼て見しゆへ、與同罪の失を脱れんがため、佛の呵責を思ふゆへ、知恩報恩のため國の恩を報ぜんと思ふて、國主一切衆生に告げしらしめしなり云々、是れに依りて大難きそひおこれり、然るに日乾等時に當て、一言の諫言もなく他宗謗法の下座に居て、二十年が間毎月其の供養を受けたり、これみな大難を怖れてなり、すでに日乾受てほどこさゝる法度を立つ、然るに太閤

自他宗に施せり、これ汝が家の法度にそむくつみ大たり、何ぞ是を見ながらいさめざるや、是臆病の故ならん、いかんか國賊のとがをのがれんや、次に與同罪、國土の謗法を云々、御書云、謗國と申すは、謗法の國に住すれば其一國みな無間となる、謗國のとがを脱れんと思はゞ、國主を諫曉し奉り、死罪歟流罪歟可レ被レ行也、我不レ受二身命一、但惜二無上道一と被レ說、身輕法重、死レ身弘レ法と釋せらるゝは是なり、過去遠遠劫より今に佛に不レ成けることは、加樣のことに恐れて不二云出一ける故なり、未來亦々可レ如レ是、今日蓮が身に當てつみ知れて候、設ひ此事を知る弟子等の中にも、當世の責の怖しさと申、露の身の難レ消に依て或は落ち或は心計は信じ或はいかのす、御經文に難信難解と被レ說候が、身に當て貴く覺え候は、謗する人は大地微塵の如し、信ずる人は爪上の土の如し、謗する人は大海、信ずる人は一滴云々、この祖判は一宗の肝心の安心なればつぶさにしめす、此の御書に法華弘通の導師たる人は、かならず三種の謗法をのがるべきよし判じ給へり、今の世の僧俗すべて其沙汰なし、元祖の妙判もむなしくうづもれぬ、今幸にこれを示さば、一には謗人、是は自身の謗法なり、譬ば我は謀叛をたくんで罪過に遇ふが如し、是をまぬがるゝには清淨の智識にあひ、慚愧涕泣して先非を悔ゆ、二には謗家、自身は謗法なけれども、謗法家に生れぬれば與同罪となり、しばらく地獄まぬがれがたし、譬ば親謀判を起すに子は知らずと雖、共同罪なるが如し、是をのがれんには父母兄弟をいさめて信ずれば尤もよし、信ぜざれども自身のとがなし、三には國土の謗法、これは身にも家にも謗法なけれども、此一國すべて謗法なれば、またその與同にかゝる、譬ば一國の國主朝敵となれば、其國上下萬民知るも知らざるも官軍のせめうくるが如し、是をのがるゝには身命をおしまず國主を諫め奉て、流罪の難にあふべし、例せば吾祖の如し、然るに太閤秀吉公は元來他宗のうへ千僧供養のいとなみ、他宗を敬ふのみならず、當宗を第六に下す、謗法の上の大謗法なることは、いはずして知るべし、是を一言もいさめず、剩さへ知て知らざるよしにて交り、その供養を受て二十年をへたり、今の祖判を以て見るべし、國土の謗法をまぬがれたりと云べしや、若しまぬがれずんば未來墮獄いましめも亦のがれがたし、日乾が如きは國土の謗法までもなし、すでに一度宗の法度にそむき、自身の謗法をまぬがれず、何ぞ謗家謗國に及ばんや、抑も妙覺寺日奥上人は、始に寺を出て太閤をいさめ、次に天子を諫曉し奉ること、すでに三度に及べり、この故に丹州に六年、對馬に十三年、其外日乾日紹等の怨嫉讒言云はんばかりなし、請ふこれを思へ、又いづれか今の祖判にかなふや、自他の偏執をすてて明斷すべし、日乾が云、年來の風儀を立んと欲して德善院僧正に託して、數回數に漏れんことを望むと雖も、固辭し難き嚴命の旨有故云々、これにて日乾も受てよきこととは思はざれども、さすが寺のおしさ身命のすてがたくて受しことと知るべし、今の御書に、我弟子の中にも當世のせめのおそろしさを申、露の身のきえ難きに依て、或は落ち或は心計は信じとの玉ふ御未來記は、日乾なくては恐は空しかるべし、固辭し難き嚴命と云は、當世太閤の威光におびへ、露の身のおしさに祖師のいましめをわすれ、犬の虎におそわれたるやうに淨土宗の下に膝をくゞめて、おめ〳〵其の供養を受けしありさまは、いか計りか祖師も無慚とおぼしめすらん、かねて約束せしとも大小の難來る時は今始て肝をけし神をうしなふと仰せおかれし御意見も、人々も思ひ出さず、よからぬことと知りながら、宗旨古來の法度に神をうしなひ祖禁を無にする事、心中のほどあさましさ申計りなし、露の身だにすてなば、何の固辭しがたきことあらんや、皆是平生不覺悟なる故に、時にのぞんでおどろき肝をけすらん、祖師云、此經をたもち始ん日よりおもひ定むべしとの玉ふに、其覺悟なかりしは、元來宗義にうとく名利をむさぼるが故也、或は心計りは信との玉は、其時多勢にせめおとされし者也、或はとかふすとの玉ふは、虛病をかまへ他國へ引しりぞきなんどせし者なり、これらは少しこゝろざしあるやうなれども、御書に我は謀叛を起さねども、謀叛の者をしりながら諫めざれば同罪、かの謀叛のものゝ如しと判じ玉ふ上は、其座をしかれたりとも與同罪、國土の謗法をまぬがれざれば詮なし、今の御書に御經の文に難信難解と說れて候が身に當て貴く候、謗する人は大地微塵、信ずる人は爪の上の土と判じ玉ふは、誰をかさすべき、心を止めて是を案ぜよ、予小量人といへども先師の正傳を慕ひ、身を東西にはせ心を祖誡にとゞむ、吾智識に國主をいさめる力なしと雖も、先師すでに諫鼓を東西にならし、寺を出て身をひそむ、我亦其のあとをふんで同くし、民外に流浪し謗國にありといへども、一足の分地なし、是則數々見ニ擯出一の一分にして、國謗をまぬがるゝに似たり、是併ら先師日題が深恩なり云々、

○次に別して折伏の宗制を明さば、夫れ一宗建立の發軫、元祖化導の本懷は、折伏にすぎたるはなし、此を以て宗義の法度、代々の制誡、其枝葉多しと雖ども皆折伏に依て立つ、若し是の本意を失ふときは、法度としてやぶらざるはなく、宗義の制法にそむかざるはなし、故に元祖大師は折伏によつて身命に及び、代代の先哲も亦折伏のゆへに諸難にあひ玉ふ、御書に云、佛禁じての玉はく、佛の如くなる持戒智惠高くおはしまして一切經法華經を進退する人なりとも、法華經の敵を見てせめとり、國主にも申さず人を怖れて默止するならば、必ず無間大城におつべし、法華經のあだを見て呵責せざるものは謗法の者なり、無間地獄の底におちて彼の地獄の有らむかぎりは出づべからず、日蓮をいましめておくるゝがために國中をせめて候ほどに、一度ならず流罪死罪に及び云々、折

伏を以て本懐とし成佛すること、文の如く知るべし、すでに念佛無間等の强言を以てつよく他宗の謗法をせむる時は、必ず彼に施さず、施さゞる故に必ず受くべからざる道理決然たり、また何の異議をか構へん、口に念佛無間と云ひながら、しかも其供養を受けなば、則ち成佛をゆるすになり、又もしゆるさば、祖師すでに一宗の中の信心よはきものなをゆるし給はず、御書に信心よはくうすきもの臨終に阿鼻の相をあらはすべしとの玉ふ、況や他宗のものをや、世間の賢人になを行は言をかへりみ、言は行をかへりみる、況や一宗において口には無間と云ながら、身には其の施をうけて義にあらんや、この故にしるべし、他宗の布施を受るときは當家大節の折伏忽にやぶる、元祖の大難も無益の苦行となれり、實におそるべき大罪なり、師おつれば弟子檀那亦隨ておつ、つゝしまざるべけんや、上來略して七箇の道理を明す、吾先師日題十六箇の道理を説くといへども、多く高才博達の上にして愚俗にたよりならず、故に今初心を導かんためにその要をとく、幷に當今の諸人に古來の正義をしらしめんために、祖判をひき合てその趣をのぶ、已上道理を明すこと訖る、

○第三不受の文證を引くことは、およそ文は必ず學理によつて立つ、道理すでに立ば、何ぞさらに文證を求めん、有文無義は暗者のよるところ、依義不依語は學佛の定軌なり、然れども今常人の爲に義あるの文を引て信をまし、義をしてとましめん、是又分て三とす、△一には、直に經文を引て證せば、法華經方便品云、正直捨二方便一但說二無上道一云々、私曰、文の心は法華已前は共に邪曲にして正直の道にあらず、今かの昔の邪曲方便の敎行人理をすてゝ、但法華經正直無上の敎行人理をとく也、此の旨天台の文句に釋し玉へり、すでに爾前の敎行人理をすつるときは、他宗の布施は四の中の行なることあらそふべからず、何ぞ但敎のみをすてゝ人行をすてざるや、たとへば木

の根本をきれば枝葉をのづからかる丶が如く、方便の敎は根本の如く敎によつて起る、施行は枝葉の如し、すでに敎をすてば何ぞ行をゆるさんや、もし行人をすてずんばこれ有餘不了義なり、なんぞ正直了義の説といはん、經文多しと雖も此の一文すでにたる、故に多文をひかず、更にたすけに他經の一文を引かば、悲華經に云く、爾時に梵志先要ニ施主一、汝今若能歸ニ依三寶一、發ニ菩提心一、然後に乃當受ニ汝所施一、文、其外寶積經涅槃經等しげければ引かず、△二には祖師先德の誡文を引かば、錄內の御書に云く、但し當レ除ニ眞言禪宗念佛者等の謗法供養一、譬如下崇ニ重修羅一歸中敬帝釋上、文、又錄外云、諸佛諸神も謗法供養を全く受とり給はず、況や人間として是を請べしや、○いかなる智者聖人も無間地獄はのがるべからず、文、此御書は錄外なりと雖も、元祖已來代々の先師皆引用しきたり玉へり、四宗問答抄、本尊相傳抄、錄內見聞、日親傳燈抄等の古來の書にこれを引き玉へり、近くは日乾が師匠日重愚案記第三第五に引て眞書とせり、然るに日乾謗法供養を受てより後、此御書に妨難をくはへて、眞書にあらずと云へり、誠に小人のあやまちは必ずかざるならん云々、則先師日題つぶさに是を會し玉へり、爾れば略す、身延開山日向上人、祖師の口訣をうけ云、謗法供養を受けざるを以不レ染ニ世間法一と云、大石寺日興上人の云く、法華經の行者、南無妙法蓮花經ととなへ奉るもの、謗法供養を受けざれば貪欲の病を治す、(同祖師口訣)中山二世日高上人の云く、忘れても謗法の供養を受くべからず、二六時中忘る丶なかれ(祐師へ御誡示)本法寺日親上人の云、それ供養とは成佛の望みなく、請るは成佛の約束なり、謗法はこれ墮惡道の業なるがゆへに受くべからずと云よりして、おのづから謗者を責むる方あり、身延日朝上人合譬集に六箇處にいましめ玉へり、日澄上人の啓運抄に六箇處まで制止し玉ふ、しげきをいとふて引かず、日像門流九箇條の法式に云く、一設ひ雖レ爲ニ誘引之方便一、直不レ可レ受ニ謗法供養一事、一於ニ謗法之擲錢一者、衆僧一同可レ捨レ之事、不士大石寺日興二十六箇の法式の略に云、一不レ可ニ謗法同座一、可レ恐ニ與同罪一、一不レ可レ請ニ謗法供養一事、私云、餘は今の詮あらざれば略す、當世日興門派となる者も同く謗法不淨の施にまとはる、かへつて不受をなやます、この文に此中一箇條もそむくものは日興が門弟にあらずと云へり、されば今勝劣派日興が門弟とは云べからず、寛正年中一致勝劣一同の法度の六箇條は、上の由來の中に引くが如し、△三には御代將軍家御下知の御教書を引くことは、人皇百七代正親町院將軍義昭公御下知、又同御宇信長公御下知、又人皇百八代後陽成院御宇太閤秀吉公御下知、又人皇百九代後水尾院御宇東照大權現幷に台德院殿御下知云々、私に云、上の由來の中に台德院殿御下知を引く文言は大旨同じく、この故にこゝに略す、かやうに上訴を經て御下知を頂戴し給ふ事は、口退し難き時にことはりを申上んが爲めなり、然るに御下知を申受ながら一言の申わけもなく、二十年が間大佛供養をうけたり、若しもとより受て苦しからずとならば、先德この下知を申受け、うくるに及ぶべからず、結句は御上をあざむき奉るになるべし、已上文證を引く事如レ此、△第四に不受の現證を引くことは、上來すでに道理文證ねんごろなり、何ぞ疑をのこさんや、然れども鈍人は執情深くして晴れがたく、文をうたがひ義にまどふ、此の人のためにさらに一つの現證を出さん、祖師の文證より現證と又むべならずや、總州藻原妙光寺の第四世日海上人、文句小善開會の文をあやまり、金堂建立のため自他宗をすゝめて銅錢六萬貫を受たり、しかるに身延叡上人是を聞き大にきらへり、時に日海身延にのぼり叡師と議論せしに、叡師文句記の釋を引て詰難し玉ふに、日海卽座に屈伏してあやまりを悔改せり、爾れども心中に疑惑をいだき、うたがひを決せんため、祖師の尊影に向て誓ひを立て云く、われすでに謗施を受たり、此儀實に元祖の本意に背き謗法とならば、願は我舊寺にかへる途中にして命をとりて後代の不審をはらし、幷に我が謗罪を消滅せしめ玉へと申しあげて發足せしに、途中鎌倉六浦にして急死せり、此證、古記にのせて日乾もいなとは申さゞりき、日海一度謗施を受たりといへども、改悔の寸志をはこばし、また命を以て後人のうたがひをはらせり、然るに日乾は悔心なきのみならず、結句宗義の制法を守る人をあだみそねみすること比類なき惡人なり、△第五に受不施の邪難をふせぐことは、上來すでに道理文證現證を明す、其文甚だわづらはし、何ぞ更に疑をのこさん、若しなを不信をいだかば、是祖師已來三百餘年の先聖をこと〴〵く疑ふになりなん、然れども今最鈍根の人のために問難をあげて、略して答釋をもふくること左の如し、

問ふ、そも〳〵元祖宗旨建立のそのむかしは、萬人一同に謗法の者、人若し其施をきらひ玉はゞ、何を以て命をつぎ玉ふべき、この故に船守彌三郎、一谷入道、阿佛房等のいまだ他宗たりしときの食物をうけ玉へり、已に祖師みづから謗施を受けながら末弟には是をいましめ玉はゞ、自教相違のとがのがれ難しいかん、

答云、上來すでに道理分明なる上に、しかも元祖これを受け玉はゞ忽ち道理違背のとがめをうけ玉ふべし、是一、次に又文證を出す、祖師自ら謗施をいましめ玉ふ事分明にして、然も自らうけ玉はゞ、言行相違のとが又まぬがれ玉ふべからず、是二、故に汝が愚難はかへつて元祖を難ずるなり、されば元祖阿佛房等の施をうけ玉ふは、全く不受の道理にそむかず、然るを優婆塞戒經の三田の義をしらずして、いたづらに難を構ゆるなり、云ふところの三田と云は、一には報恩田、これは父母師長等の如く、わが身に恩ある人に、その恩を報ずる供養なり、二には貧窮田、これは或は飢渴にくるしみ或は重病にいたみ、すべ

てよるかたなき窮人に、あはれみの心にて施すなり、此の二田はともに世間の布施にして、受も施も宗義のかまいとならず、三には功德田、これは世間の恩もなく又窮人にもあらねど、佛法の功德をえんがため成佛を期せんが爲に、うや〱しく三寶に供養する也、この一はたゞ法義に付て論ずるなり、さて今元祖阿佛房等の供養をうけ玉ふは、三田の中に恩と云はゞ、いまだ祖師に恩なし、功德田と云はゞ又未だ祖師の功德をしらず、いまだ法をきかず、故に恩田にあらず、功德田にあらず、されば三田の中にはまさしく貧窮田なり、阿佛房の元祖單己獨身にして難にあひ玉ふ苦身をあはれみてほどこせしこと必せり、すでに貧窮田なれば、これ世間にして法義法度のかぎりにあらず、あはれなるかな、日乾等おのれがはぢをかくさんがために、世間の貧窮田を佛事供養ととりなをし、しかも祖師に無故の失をかけ奉ること、重罪いつのときか消滅せん、

問、若爾ば祖判の中にまさしく貧窮とし玉ふ文ありや、

答云、道理すでに分明ならば、又何ぞ文を求めん、然も汝が不信をすくはんがために文を引かば、一谷抄に云く、先世のことにやありけん、內々不便の心付ぬ、○宅主內々心あたて外にはおそるゝやうなれども、內には不便氣にありしかど、いつの世にかわすれん、已上、既に不便と思てほどこせしこと必然なり、豈に功德田佛事供養に不便と思て施さんや、又船守抄に曰く、いまだ名をもきゝ及ず候處に、船よりおりてくるしみ候處、ねんごろにあたらせ給ひ候云々、阿佛房又しかなり、祖師流罪のくるしみを見て世間憐愍にほどこせしこと、あやしむべからず、先師これに四義を以て會し玉ふと雖も、今たゞ一義をあぐ、

問、在世のむかし佛、婆門城の漿をうけ、或は惡人或は邪見の供養をうけ玉ふ、佛弟子も亦信謗の差別なく鉢をかたむけ請ひ玉ふ、汝何ぞ佛をそしり聖をあ

ざむくや、

答て云く、これすべて信謗の差別をしらず、在滅化道にまよふ愚難なり、別して論ずれば、かくのごとき經說は、多く法華經より前のことなり、すでに今法華を說ざるに法華誹謗のものあらんや、是一、又在世に法華を說き玉ふは聊爾ならず、四十餘年機をとゝのへ、謗法の人なきをまつてとき給ふなり、若いまだ謗法の人あれば佛力を以て座をたゝしむ、五千人の如きこれなり、すでに謗者なし、豈謗施の受不受あらんや、これ信謗時をしらざる愚人なり、是二、また滅後の時に三時あり、正法千年は衆生の機順緣にして、いまだ末法の如き謗人なし、あれば則ち爲めにとかず、導師も亦聖師にして機をかんがみる德あり、このゆへに受ると受けざるとの機をかんがみて、おの〳〵益をえせしむ、滅後すでにしかなり、いはんや在世をや、是三、末法今時は逆緣にして謗者の國に充滿す、このゆへに强て法華を以てこれを折伏し、折伏のゆへにうけず、又ほどこさず、その師を論ずれば名字の凡師、鑑機の德なし、このゆへに權敎をまじへず、たゞ法華經をとり、敎すでにまじへず、行施豈に混ぜんや、是四、故に知ぬ、汝が愚難は全く在世滅後幷に正像末の差別をしらず、攝受折伏の化道にまよふ不覺なり、御書に云、夫れ攝受折伏と申す法門は火水の如し、火は水をいとふ、水は火をにくむ、攝受者は折伏をわろふ、折伏のものは攝受をかなしむ等云々、すでに水火の不同あり、なんぞ在世正法順緣攝受の化道を以て末法逆緣折伏の立行を難ぜんと欲するや、末法の謗國において攝受を用ひば、御書に法華經の敵を見て折伏せずんば、いかなる智者なりとも無間地獄におつべしと云々、是五、末法においても、若惡國にして謗國に非れば、攝受を用ゆることあり、

問、古より法華一宗、天下の寺領をうけきたれり、ことに妙顯寺には二通の口宣御敎書あり、諸寺にまたおの〳〵御朱印を頂戴せり、これ今にはじまらざる

ことなり、爾を何ぞあながちに天下の布施供養を受けずと云ふや、

答云、是れ四恩の義を知らず、三田の別をわきまへざる妨難なり、もし寺領供養則佛事供養にして、代々の先師これをうけながらしかも不受の御教書まで申うけ、不受の制を立て玉はゞ、自立廢忘の失あり、是一、もし日親日朝等の先覺は、文盲短才にして寺領を受けながら謗施をいましめ玉へるを、末弟の日乾等博學秀才にして、これをあらため、已後は謗施を受くべしとならば、太閤の貴命なき已前に改めかゆべきに、大佛供養の急難にのぞみ、諸本寺會合に及び、一度は受けて二度より辭退すべしと一決せしは、さながら窮していつはるの風情に似て、折伏の宗義とは云がたし、是二、凡そ恩に四種あり、一父母恩、二師長恩、三國王恩、四施主恩なり、爾るに今論ずる所は、四恩の中には施主の恩、三田の中には功德田に付て、受不受を論ず、然るに寺子寺領は是れ四恩の中には國王恩也、これたゞ萬人一同の恩にして、佛事供養、施主の恩にあらず、何ぞ世間國王の恩を以て佛事供養の施主の恩を難ずるや、是三、原とそれ一切の有情、共にこの國の水穀を喰ふて共にこの國に住することは、衆生共業の所感にして、おの〳〵皆過去の業因によるといへ共、別してこれを論ずれば、國王は生れ玉ふことは過去の戒行萬人にすぐれて、此國を統御し玉ふ上は、有情非情ともに國王の所領なる事あらそふべからず、しかればその國人畜皆國主の水土を以て命をつぎ身をやしなふ、これ則さだめて現世一旦の世間恩分にして、第四の佛事供養施主の恩にあらず、故に御書に云、天の三光に身をあたゝめ、地の五穀に神をやしなふ、皆是れ國王の恩なりと判じ玉へり、これを以てしるべし、萬人一同にかふむる世間の恩なることを、爾に法華の行者同くこの恩をうけ露命をつぎ、夫より佛法を弘通す、沙門はこれを報ぜんために、天下泰平武運長久を祈る、

これによつてまた別に寺領を給ふことあり、併ら四恩の中の國王の恩なり、もしこれを直に佛事供養とせば、國王の恩と施主の恩との差別なけん、是四、たゞしこれに二途あるべし、國主もし信者にして寺領を玉はるときは、佛事供養の義をかねたり、しかるに今の國主は不信の人なり、なんぞ信施施主の恩と混亂せんや、これに付て日題ひろく發明せりと雖も、しげければこゝに略す、

問ふ、身延山は元祖舊跡最上靈地なり、元祖自眞の靈山、事の寂光とほめ、心を身延にとゞむべしとの玉ふ、爾るにたやすく參詣をとゞめ、結句この山をそしる、豈に祖敵の大罪にあるにあらずや、

答云、これまた佛家の大意をしらず、祖師の本意にくらきが故なり、小乘の中には心六道を生ずと明し、大乘には心能く十界を造すとなり、故に一切の國土非情は、皆是有情の心變に依て或は清淨土或は穢土の別あり、これ佛敎定まれる法相なり、然るに身延も元來謗法の土の一分なれば、謗地なる事あらそふべからず、然も祖師こゝに於て一乘の行をつゝしみ玉へば、能居の人にしたがつて一乘の妙土となれり、是則土は穢にあらざれども、人によつて寂光地獄の別あり、然るに身延の貫主日乾日遠すでに謗人となりて、この山を領知すれば又したがつて謗地となること理在目前なり、是一、もし又祖師の神ひたゞ身延のみにすみ玉ひて餘所に通達し玉はずんば、恐くは遍法界の德ましまさず、普現三昧の用なきになりなん、神明なを心のにごる人の所にいたらず、慈悲の室に入るべしとちかひ玉へり、況や本化上行わづかの分地をまもり玉はんや、是二、佐渡の御書に云く、我等が居住して一乘を行ずる所は、何れの處にても候へ常寂光の都なるべし云々、又云く、龍の口は日蓮が命をとゞめおくことは法華經の故なれば、常寂光土とも云べし、神力品に云く、若於㆓園中㆒若於㆓林中㆒、乃至卽是道場云々、これ身延にかぎらざる明文なり、

人貴ければ處貴しとはこれなり、是三、又御書に云く、謗法のものの住する國は、その一國みな地獄となる、飢渇おこれば、その國餓鬼道となる云々、これ則謗法人の住する處は、焦土なりと雖も無間となること必然なり、是四、又御書に云く、謗法の土には守護の善神法味にうえて天にのぼり玉へば、やしろは惡鬼入りかはりて、多くの人を惡道にみちびく、佛陀は化をやめて寂光にかへり玉へば、堂塔寺社はいたづらに魔縁のすみかとなる云々、佛神既に謗法の寺社にとゞまり玉はず、祖師なんぞ靈場をおしみて謗法の身延にすみ玉はんや、是五、叡山はこれ天子本命の道場にして法華最初の靈地、祖師も亦三國第一とほめ玉へり、然ども慈覺已後謗法の山となれば、則ち無間なるべし、御書に云く、延暦寺の戒壇は、叡山の座主はじまつて第三第四の慈覺智證存じの外、本師傳敎義眞に背き、○思の外延暦寺の戒は清淨無染中道の妙戒なりしが土泥となりぬること、云ふても餘りあり、悲しみてもなにかせん、彼の摩梨山の瓦礫の土となり、栴檀林の荊棘となりしも、之をすくふべからず云々、例するに身延も亦かくの如し、元祖九年の行德をつみ玉ふ靈場なれども、乾遠等の謗人存じの外、此の淸淨の山をけがせること、なげきてもかなしみてもなをあまりあり、これを以てしりぬ、乾遠の重罪いよ〳〵深きことを、心あらん人はよくよく簡擇すべし、是六、已上受不者の邪難をふせぐことかくの如し、こゝに於て、なを邪執はれずんば、これ實に一闡提の人ならん、先師日題二十四難を防ぐ、今しげきを恐れて述せず、更に明師に値て決を求めよ、豈に玆に盡きんや、況や門流祕文、筆に記することかたし云々、

了義箭 終

破鳥鼠論序

頃日新たに供養の手形を書れたる人、一巻の書を作て世間に披露せらる、開てこれを見るに、大むね荘厳已義の浮説、曲會私情の假見なり、擧て論ずるに足らずと云へども、彼の臭を逐る人の風情に、萬一に一つも此虚談を信じ、不覺に誹法毀人の重罪を招く方もあれば、恐慮なきにしも非ず、又は萬代の末までも迦羅鎮頭の薬毒混亂し、牛驢二乳の眞僞顯れがたきやうに、法水の清濁其流れに迷行く人を將護する等口志にも引れてやむ事を得ず、或は流聖衆の御物語を窃かに記し置し事、或はまのあたり見聞したる分明なる證跡など、筆に任て書きぬ、さて草藁事終て此書を何とか題せんと思案を廻しける折節、友なる人、佛藏經の文を引出して才覺とせられたるこそいみじけれ、佛藏經に譬如下蝙蝠欲レ捕レ鳥時則入レ穴爲レ鼠、欲レ捕レ鼠時則飛レ空爲レ鳥、而實無上有二大鳥之用一と説玉へり、されば新受の人達も、名をば悲田不受不施にかりて名聞のはかりごととし、姿はさながら敬田受不施の私欲にくみして利養の媒とせらるれば、海のものにも非ず山のものともみえず、天にもつかず地にもつかず、虚空なるすぞろ事をのみ宣らるれば、これやこの鳥にもあらず蝙蝠のと列ねたる古歌にもよそへて、彼書をも鳥鼠とや名け侍らん、さらば此書は鳥鼠を破る論ぞと云心あてにて、破鳥鼠論と題を置るにこそ侍れ、誠に狂人走れば不狂人もはしるの責は、吾儕ものがれがたからんにや、日講門人無名子序す、

破鳥鼠論

○他書云、去年十一月不受不施の本寺三箇を公儀へ召出し、仰渡しの趣は、今度御朱印頂戴仕候儀、御供養と奉レ存候、不受不施の意得とは各別にて御座候、かやうの手形致し、御朱印頂戴いたすべきとの事也、右の旨八月勝劣方へ仰渡され、勝劣の諸寺無二異議一手形さし上る事、

○右の仰渡以後、宗門の破立此時にありとて、三箇寺を始め一派の諸寺談合僉議まち〳〵なり、或は歴歴女中方を頼み或は日光御門跡に託し、上の重々手形御免の儀を訴訟申上ると雖ども、勝劣の先例すでに目前たる上は、曾て異議に及ぶべからざる旨にて、更に御許容これなし、依レ之平賀日述は、もはや法命相續の籌策果て畢、いかにもあれ勝劣の如く手形はなるべからずとて、霜月十三日同十六日二度まで公儀へ出座有て、上意背きがたしと雖も亦宗法破がたき間、手形すまじきよし堅く申切らる、次に小湊日明、碑文谷日禪、谷中日純相談に云く、經文に我不レ愛二身命一、但惜無二上道一と見えたり、章安云、身は輕く法は重し、死レ身弘レ法、儒門亦有二殺レ身以成レ仁云々、若一身を捨て法命相續するてだてにならましかば、誰か法の爲に身を捨て砂に玉をかへるを痛まんや、平生望む所なり、一念もひるむべからず、然るに此度若上意に違背せば、四百年來の宗法一朝に亡びて、日本國中不受斷絕、掌を反すべからず、何とぞ法燈相續の巧略はあるべからずと、數日晝夜殆ど寢食をわすれ玉へり、しかればとて勝劣のごとく手形を書すれば、祖師の立義忽に破る、書ざれば上意違背の御とがめ目前たり、進退惟に谷れり、とやせん角やあらん、しかし萬事を擱て、佛意をこゝろに護惜建立の志に住して、文言添削の訴訟を企て、かなはざる時、難にあひ身をすてんにはと、果して此儀に治定し、不

受不施各別の文言をのけ、其上に慈悲の二字御入下さるゝ様にと、明禪純の三聖訴訟數般に及ぶ、爰に於て御奉行仰に云、不受不施各別の文言をば除くべし、慈悲の二字是非入れたきとの訴訟、其意趣何事ぞや、兩寺答て云、慈悲二字入ぬれば、供養の二字ありても、先規のごとく悲田供養なる故に、祖師の立義に相叶ひ、天下安全の御祈禱を抽ても、佛神の感應揭焉たるべしと心づよく、國恩報謝の一分たり、若慈悲の二字入らざれば佛祖の內證に違背するが故に、國土豐饒の祈願も勝利を失ひ、國恩報謝の儀全闕如して、國賊の罪科のがれがたき故に、悲哀のあまりやむ事を得ずして、慈悲の二字訴訟申所なりと、義を立理を盡して申達せらる、御奉行御あいさつに云、訴訟の趣、由緒なきにしもあらず、其理分明なり、彌御相談の上にて追て仰渡さるべしと云々、さて霜月廿二日兩寺を加賀爪甲斐守殿へ召出し、此度文言の御訴訟叶ひがたき事ながら、各公儀にも違背なく、祖師の立義を筋目に申さるゝ所を神妙に思召、相叶の間有がたく存ぜらるべしとて、則ち加樣の下書を賜はる、

此度御朱印頂戴仕候儀、難レ有御慈悲に御座候、地子寺領悉御供養と奉レ存候、

卽座に手形さし上、極月十日御朱印頂戴の事、

今破斥に便ならんと欲し、一章の內又分て多節とす、

○右の仰渡以乃至御許容なし、已上、評入曰、これ世人を迷はせる誑惑の申分なり、凡そ此仰渡の趣、七月末方內證の沙汰ありしに付て、八月二日同十二日廿一日自證寺大乘寺感應寺にて諸山の衆會合あり、初兩度の會合の趣は無二別儀一故不レ及レ記レ之、感應寺の談合は、久世和州八月十九日に諸談所の能化を呼で池上日紹の例を引て書物をすゝめられたり、其評議なり、日講はや和州仰出の時卽席にて、日紹書物已に一宗のかきんなりと云て諾せずと云々、此日談合に日禪麤惡の言を出し、既に衆を分つて兩とせんと欲

す、日述の會釋に依てわかず、既にして日禪、和州への返事の役に當れるを辭す、然るに次の日廿二日勝劣方のもの寺社奉行へ出でて、已に書物を捧ぐ、日禪これを聞て心を轉じ、和州への返事を諾し、廿三日に日浣と同道してゆく、兎角書物なるまじき儀一同の返事なり、然るに日浣物語云、日禪和州の耳邊へよりて何やらんさゝやけり、氣味あしき爲レ體也云々、其時分は八月中の書物の埒明筈に和州の仰也、さて八月中終にことなし、九月又僉議なし、或方よりの內證に云、藝州御簾中の御肝煎に依て此儀僉議なき筈也、又酒井雅樂頭殿御母堂光壽院殿雅樂殿の內意を聞て、藝州御簾中へ書札を被レ遣、其趣に云、とかく一派うちは異議なくんば別儀あるまじ、異議あらばあやうしと云々、既にして無事を祝し、日講日浣十月二日歸談、其後日明は終に御朱印をとらざる事を本意なく思ひ、修行寺老僧和州と入魂なる間、密に是を遣して悲田供養の興行やむ事なし、日純はまた藝州御簾中を誑し、書物をばさせて、不受不施をば立させ給へと諂言す、是に依て又書物の議十月末に再發して、談林へ飛脚來るに依て、日講廿七日出府、日浣に船橋にて値はる、日浣は病氣に依て廿八日到府せり、此の御簾中を頼むは日禪日純が興行、さて日明は始終彼悲田書物の訴訟也、然るに日禪十月末方養安寺談所より出でて已後、いよ〳〵此儀を興し、日述も此儀相談の人數なりと、藝州御簾中へ知せんとのはかりごとに、いつはりて文の奥書に日述の名をつらぬ、霜月始藝州屋布より日述日禪とある文、すぐに三崎の日述へ來る、開て見らるゝに、彼書物をばして不受不施をば立さするのぞみ大形相調り云々、日述かつて合點せられず、此に至て日禪等が誑惑始て顯る、さて日述はこれよりさき十月廿六日に、和州へ出でて堅く書物成まじきよしを理を盡していへり、日純等已に無味に書物をばさせん、不受不施をば立させ玉へと、簾中を頼で老中に申入也、故に日明がのぞむ悲田の事も無沙汰に成て、勝劣の如くの書物にて濟すの首尾になれり、雅樂殿のうちはに異議あらばあやうしの處へ、はやひしとあたれり、さて日講日浣出府の後、諸寺へ廻り、いよ〳〵八月の如く異體同心に急度覺悟御するあるやうにと、たつて異見せられけるに、禪純もをもてむきは既に流罪の覺悟なりと云て、本尊等を書する事晝夜にやむ事なし、さて諸檀那群集なごり惜て、なげきさけぶもの多し、其後日浣日講等相談を遂、上野を賴で施主を立、御朱印を申うくる相談に谷中へゆけり、谷中等も諾して、さて梅嶺寺本源寺は表むきの諸山の使、內證の肝煎は谷中日純の筈也、十一月五日加賀爪甲州より平賀碑文谷を破レ呼、無味に書物之儀を云付らる、日明は古湊へ會式に往て、やう〳〵六日に着府せり、さて日明和州へ出でて悲田の事をいへども、和州あいさつに云、とかく公儀の思召入は三寶供養也云々、其後明純禪一味して密々に內談ある體なり、此已後三人ともに悲田供養の訴訟の內談なる事、後に顯れたり、さて十一月九日に日述谷中へゆかれたる時、坂部三十郎懷中より悲田訴訟の一札を出して、此旨井上河州へ申入るれども承引なし、上野よりも隨分申さるれどもかなはずといへり、時に日述驚て、さては此方へかくして悲田手形の訴訟をしたるとみへたり、上野へも表には施主の儀を賴むやうにもてなして、內證は悲田手形の訴訟なりと始て知れり、是までは隨分日述も異議なきやうにと思はれ、講浣と明禪との間へたてとなるやうにして、相談もある樣にせせられたれども、彼藝州御簾中の書狀、直に日述に來れるを、酒部三十郎日述をも明禪同心かと思ふて不圖隱密の訴訟を顯せるとに思ひたらん、十一月十日日講日浣を梅嶺寺へ呼にこされたり、講浣此日日述十に八は流罪なるべしと思て、暇乞の心持に一樽を持して三崎へ訪れたり、不忍の池のはたにて迎の者とひしと合て、急ぎ馳付、日述に對面一禮畢て、述の云、兩處を明純禪へ使に賴候べし、昨日これ〳〵の首尾あり、内談にては箇様の手くろうある間、向後隱なき様に表向の相談にすべしと、云々、明純禪へ口上の趣は甲州五日に既に書物の事いひ渡さるゝに、餘り延引也、一兩日中に急度返事致すべし、八月以來の約束書物なるまじき返事に致すべし、各定て同心たるべき間、時日を定て甲州へ出べしと、則講浣同道、先日明へ行、右の旨被ニ申渡一、日明色め惡くて、あしらひも大形にて法門の穿議あり、返事には、御慇懃の案内承屆候、諸事御意にはもるべからず、委は對談の時申すべし、さて浣講を送て出でて、そなたしゆはをれをば受不施にしてさるゝほどに、もはや對面もこれまでならん云々、あゝ思ひ内にあれば色外に顯はるゝ也、（此八日の朝、深川妙榮寺弟子貞園梅嶺寺へ來、日講へ語て云、昨夜日明處に滯留、諸人群集、奥にて密談あり、其談合の旨趣を日明弟子從眞貞園に語りしなり、其趣は、先慈悲の二字入るゝ訴訟一往して見て、不レ叶時は、不受不施の心得各別とある言ばかりをぬいて、其外は勝劣の如くに書物する筈にきはまれり、此内談料簡究れる故、講浣に對して暇乞のあいさつなり、）さて日暮に及んで谷中へゆき、禪純に對して口上の儀をのぶる、返事に云、萬事御意にまかすべきの處に、新に御使御隔心のやうなり、明日參て申べしと云へり、講浣、日述の處へ還て返事をいひ、滯留して諸事密談あり、明十一日の朝、日純來て日述の書院へ通り、講浣に對して云、何としたるものであらんぬるぞ、一日には十度も機が變ずると云々、日浣あいさつには、よく思案してされよと會釋せらるゝ、日講あいさつの趣は、道理一筋にきはまらば別に思案も御座あるまじ、我等は八月の筈が今へ延たると存ずれば、八月以來の思案にていよ〳〵究れり云々、此日青山より飛札有て、日講を藝州屋敷へ被ニ呼寄一、御簾中より以ニ芳野三左衞門一種々被レ加ニ異見一、先諸方へかけまはり肝をいらずとも、青山へ引込で樣子を見合られよ云々、日講時に當て返事理をつくして申達し、向後御懇意を蒙らずとも此儀に於ては同心申がたし、内々の學問は加樣の時の爲にてこれあり云々、

これよりしばし廣島屋敷とは往復なし、さて十二日に日講又三崎日述の所へ往れしに、日浣の物語云、昨

日日明日禪日純三人同道にて、日述へ暇乞に來れり、日述別して日明をさしつめて、後世は扨置今生の義理を思案いたされよ、講席に上て不受不施を云ひ、不惜身命を云て、檀那の歸依を受たるものが、今急に臨で節を變ずるは、先世間儒道の理にも相違せり、ひらに余と同心、甲州へ往て書物すまじきの返事をいたされよ、日明云、拙者に對して彼檀那あひしらいは御無用と云て、やがて座を立去云々、是より分明に兩派にわかれたり、さて十二日の夜、日述和州へ暇乞に行る、此中諸旗本衆手わけをして、老中よりの內證にて色々異見あり、述師へも蒔田甫庵同名權之助等を以て異見せらるゝ間、其返事の心持なり、夜のふくるまで閑語あり、先日委細申如く、別にかはる分別もこれなし、自身手形を致して末寺等をたすくる分別も、一往は一道あるべく候へども、それは末とく（マヽ）すかにす、清濁二派にわかれなば、檀那は淸方へつくべし、又濁派をあしく云べし、左ある時は私は堪忍致すとも、後住持或は留守居寺家の者までも堪忍いたすべからず、私分別からがひたものあしくいはれば、決定其淸派をくむものをかたきに致すべし、然ればわれら手形をいたすより起て、還て淸法を立る衆の頸をてづから切るとがにまかりなる間、とかく是非に及まいらせず、誘引の儀も別に御座あるまじ、明日は甲州へ罷出べしと云々、和州も道理に服して、誠に餘儀なく笑止に思はれたる體なりと、深更に歸りて日講へ物語也、日浣は今朝より休息の爲め下谷立善寺へ行る、此夜日述留守の內、谷中より使をつかはす、口上の趣は、昨日は御暇乞を申したれども、今少相談可レ申候間、明日甲州への御出をば且く御止候へと云々、日講彼等が內意已に極まれる事を知り、其上彼等日述をたばかり、だしぬいて前へ出、書物いたすべき由をいへば、大に日述の手前をくれになりて、法義のさはりになる事をかへりみらるゝ故、使に對して云、日述ははや久世和州へ暇乞に參られ、明日甲州へまかり出らるゝ筈に候間、別にかはる事は御座有まじ、もし日述と御同心の分別ならば明日御同道尤なり、又儀さへ一味なれば一日二日遅御出候ても苦しかるまじ、乍レ去今夜日述還られ次第、口上の通は申渡すべしとあいさつして使をかへされたり、日述歸宅の後、日講の返事の通を聞て稱美せられたり、十三日日述加賀爪甲斐へ被ニ罷出一、書物なるまじき道理を云切かへられ、さて歸宅の後平賀諸末寺三崎にあつまり、末寺の外も群集、書院せまきほどなり、日講に命じて八月以來の樣子、別しては今度彼等が誑惑顯るゝに依て二派にわかれたる次第、夜前和州までのあいさつまで、一々末寺に對して披露せらるべしと云々、これに依て書院の上座に居して次第をのべらるゝ事、長談義一座ほど也、蒔田甫庵等えんがはにてきかれ言語次第梯磴ありて倉卒越次ならずと、述に對して稱美せり、此前後彼邪徒が奸謀あげて數ふべからず、或は久世和州の回狀也と云て、作り文をして古湊の末寺寂光寺を江戸へまはして人の心を誑らかし、或は岩部安興寺所化各存、日達弟子後號體量院、公儀より書出しの御朱地十一箇寺の内也、流さるれば安興寺も流さるゝ筈也と、寺の名を書付公儀出しの寫し也と云て、世上にまはしたり、これ底心は、安興寺廣島御簾中のとり立、無比のねんごろなるを知て、御簾中をおどしたぶらかし落さんとするの巧なり、當年は一本寺ばかりの御朱印僉議の筈也、何ぞ平賀末寺の安興寺をのせん、はたして終に安興寺の沙汰なし、或は日述もいまだながされざる内に、日述のあとをば此方へ申請、安興寺を平賀の住持にすべしなどいひて、藝州の屋敷をたぶらかしたる事數ふべからず、十三日にしのばずの池に高札を立て落書をかけり、明純禪等をそしれる事目もあてられぬ體也、さて檀那は此中までながさるゝ筈に思てなき悲しみ暇乞ひ迄をしたるを、忽に變じて書物する筈になれると聞て、谷中の堂或は坊內へも本尊を破り、判など切拔うちちらしたる事かゝらざるてい也、これ等の有樣に驚て、少々悔みの心きざしたる時分、梅嶺寺惠眼院日珖十四日暇乞の爲とて谷中へ往かる、一夜逗留して種々密談せられたり、明純禪或は本寺は書物し末寺をば助けん、或は書物するも大悲代受苦の義也など條目を立つ、其上ひそかに語て云やう、和州の內證にて今度以ニ御慈悲一被ニ成下一御朱印頂戴、難レ有奉レ存候、則御供養と奉レ存候と云文言出たり、此文體にては日述方へも今一談合とげたき事也、貴邊幸今日御出なれば、その手段をめぐらさるべしと云ければ、梅嶺も其趣げにもと思はれけるに依て、日堯日浣三崎に居られたるを夜中に呼寄て、谷中にて一談合あり、夜明方に日堯日浣谷中より歸られて、日述へ其趣を披露せられければ、又諸寺へ人を廻し三崎に於て一會合あつて、種々僉議の上、日述申されけるは、此儀本意に非ずと雖も、衆議の上なれば且く相談に順ふ、但し其文言に付て望みありと云て、此儀は迚も調ふべからずと思て、難題に右の案文を出せりと事畢て日述物語ありき、慈悲供養と言をつゞけ敬田供養と各別にて御座候の案文を出して、此旨調ひたらば相談もあるべしと云はれければ、其趣谷中へ衆中より以ニ使僧一申通じければ、明純禪も左樣の儀はなるまじと云けるに依て、終に此あつかひとゝのはず、後に檢れば以ニ御慈悲一被ニ成下一とある文言、和州より出たりと云事大きなる作り事也、日講は始終此儀にはとりあはれず、自身分別ばかりかたくして居られたり、谷中よりも日講をば强者にきはめて談合にもいれず、この往復は十四日十五日兩日の內の事なり、十五日甲州より指紙あるに依て、日述十六日の朝甲州へ被レ出、日講日瑤同道也、日浣は十五日甲州よりの指紙以前、休息のために青山へゆかれけるに依て、今朝同道これなし、此度の指紙は日述へ甲州より書物の儀共許せられよと異見の爲なり、諸寺無レ殘供せられけり、今日は一大事の儀と思ひけるにや、諸檀那身命をもをしまざる體にて門より內へ入こし、後には甲州の廣間へとり上り、或はうたれ或はひき出さる、又々法蓮寺せんもなき事を表てへ出でてわめき、狼藉がましき事あり、然るに諸檀那甲州の廣間へ推參しける事、世間儀にては狼藉のやうなれども、已に一命を捨てゝ上りしは、佛種の薫發したるものなれば、此時の一念にてもはや納種在識永劫不失なるべし、さて甲州、日講日瑤等日逑に指次で出られたるを見て、法門の筋目などを尋られたり、日講外典の例をかんがへ、近道に道理をたてゝ殘りなく返答せられたり、さて廿二日に古湊碑文谷等甲州へ出て手形をしたり、其晩に日講は所用あつて梅嶺寺へ往かる、日浣も立善寺へゆかれ、兩人ともに三崎に居られざる隙を檢てや、日禪日逑に對面せんとて三崎へ來りつれども、近習の者とりつがせず、せんなくかへる云々、さて廿三日飯後日堯甲州より梅嶺へすぐに來り、日講日珖へ語て云、已に今朝甲州へ罷出、兩派に分れたり、小松原を上座として谷中等書物を頂戴し有難しと云て判形を加て、日堯手前へ廻りし時、此文體にては宗旨の義に違背申候間、書物なり申まじきよし申きり候、又日了も同前也、然るに小松原谷中等、一言も書物文言くるしからずといはず、又甲州もいつもの如く井水河水皆御供養なるに、書物せまいと云は盜人也と、大なぐりのあいさつにて、終に書物の文體直りたる間、書物せよといはれず、則其書物の文言には、此度御朱印頂戴仕候儀難ㇾ有御慈悲にて御座候、地子寺領悉御供養と奉ㇾ存候云々、日堯云、先日谷中には以二御慈悲一被ㇾ成二下御朱印一と和州の文章也といへり、それなれば能施の人からの御慈悲なるやうに聞ゆる間、談合もあるべきかと思ひしに、唯今の文言は御慈悲にて御座候とあれば、まことの火を水と此方より思ひなすほどのことなり、その上不受不施の心得と各別と云へる文言をのぞける事、少も規模にあらずと云事は、先日はや谷中にて日純等をつめたり、其故は、勝劣と一致の不受不施とは本より兩個のものなるが故に、簡異の言を立たり、其上各別と云は結文なり、各別の儀は上に顯れて供養と存る儀なり、此度は彼勝劣と簡異せられたる一致の不受不施のものが、則義を轉じて書物して供養と存るとかく上は、別に所別のあひてなし、さあらば何ぞ各別の言あらんや、譬へば敵味方わかれたる時は、わきの物の敵へ與せざる怠状を書する事あるべし、其敵が降參せば已に敵なし、何ぞ又敵の心得と各別と云儀あらんやとつめたりといへり、其時日講此書物の文章を見られ、更に難を加へられて云、公儀の心得かしこし、是は少し色をつくるやうにして少しも支證にはならず、かけかまわぬもの此手形を見ては云べし、内々公儀ふさがりのものにて候へば、當年の御朱印も彼此と延引申候處に、此度御朱印頂戴、誠に難ㇾ有辱御慈悲也と先一禮を述て、さて降參仕候上は御供養と奉ㇾ存候と書なしたりと聞ゆべし、其上地子の言を入たるは、勝劣方よりは嵩かけたるあしき言也、推するに地子の言を入んと望は、談林等をかり出すべき下地なるべし云々、此推量後に當れり、又後日或人の內證に云、慈悲の二字さへ入候はゞ、日述も何れも異議有間敷と達て訴訟する故に、和州の肝煎にて慈悲の二字入たり、則評定所にて和州申さるゝは、公儀かゝ三寶供養と仰渡上は、下にて何に供養と名を付て受るとも、儘になされよといはれたり、是によつて此案文出たりと云々、此書物の案文と此和州のあいさつとわりふを合せたるが如くなり、此後身延日奠、右の案文に兩寺社奉行の加判を乞て取て認おけりと云へり、これ後日の禍を殘せる事必定なり云々、然るに同日に谷中日純より梅嶺寺日珖へ使僧を以て一札の趣を示すには、御慈悲にて御座候の次に則の字を入たり、今朝の文體の趣、日堯に早くきかれし故に、則の字虚設なる事、日講も日珖もはやく知られたり、彼が心を推するに、上の句の慈悲の二字と下の句の供養の言と、何としても不二連貫一故、人はかたりおとしたし、あまりせんかたなさのまゝに、則の字を入て上より下へ是非ともにひきつゞけんとしたるものなり、淺間しき心得に非ずや、日講其時座にあり合され、日珖へ助言して返事をさせられたり、其言に云、此手形御文言は、內々の大悲代受苦の御志と存て難レ有存候云々、墮獄の手形に究てのあいさつにてありし也、此日書物の人數小松原谷中村田妙法寺代僧依智妙純等なり、さて廿四日の晩に自證寺を甲州へ呼びて、出寺の儀を被ニ申付一、自證寺千代姫君へ暇乞を致して出寺申さんと云れたれば、甲州のいひ分に、又寺を惜でと云はるゝ時、自證寺居なおり甲州へ對して破をたされたり、數年重恩を蒙りし故に、今一度寺へかへり一禮のべて寺を出んと云事なるに、寺を惜むとは何事ぞ、已に佛法の爲に身を捨る上は、只今手打にしてされよ少もひるむべからず、人體には似合ざる言なりと云て座をたゝる、其時甲州此は上意にてはなきと陳放せられたり、已に餘の衆へは上意と云ひ乍ら、自證寺ばかりへかく陳じたる仔細を推するに、此已前自證寺の住持に、受不施より天意と云ふ者をなをさんとして、種々公事がましき事を構へたる時に、千代姫君登城なされ、大猷院殿より直に寺を御貰ひ有て、小湊日遵に下されし先例ある故に、此度も若上意と云はゞ、千代姫君より若御城へ直に穿議あらんやとの遠慮なるべし、かやうの手づくりなる首尾不レ合の仕置は前代未聞なる事也、やう〳〵をとろへたる事也、極月三日又日述日堯日了法蓮寺甲州へ被ニ召出一、日講日浣日瑤梅嶺寺爲ニ見舞一、此日同出られたるに、甲州の内の侍一人、色目あしき體にて硯料紙を持出、今日は日述等四人へこそ指紙を遣したるに、餘の衆は何として出られたるぞ、日講等の四人も徒黨かと云て、一々に名と所とを書付、まことにきびしき體也、暫し有て城より人來て日述等の四人を傳奏屋敷へ召出さる、日講も同道して傳奏屋敷へ入んとすれども、雜色あたりを拂て入れざる故に、よしなく川向ひへ往て其終りのやうすを見とゞけらる、暫し有て日述法蓮寺は伊豫の伊達宮内少殿、日堯日了は讃州京極百助殿へ御預なり、諸人悲歎蚊のなくが如くなりし、殆ど一萬人に及べりといへり、日講それより三崎へ行て諸事下知せられ、自然公儀よりあとの穿鑿などする事あるべしと用心させて、一日有て駒込本淨寺へをもむかる、日講三崎へ出入の事、はや甲州へ聞へたりと、同八日に青山より飛札にて內證あり、同十日に三箇寺等出でて御朱印頂戴、十一日早朝甲州より日講宿坊駒込本淨寺へ指紙付、其次第は野呂妙興寺、松崎妙講寺、玉作蓮華寺、梅嶺寺、林應是は日述の跡、三崎法光寺の留守居分の者也、五人なり、日瑤は已に松崎へかへらる、日浣は病氣にて使僧を遣さる、梅嶺寺も藝州屋敷へ遠慮ある由にて代僧をつかはる、依レ之日講計出らる、堅く不受不施の義をつのり、命のあらんかぎりは祖師の立義を守んと云ひ達せられたり、さて甲州日述派かト問れしに依て、日述は平賀、我等は祖師以來一本寺の野呂にして、平賀の末寺にてはこれなく候、日述派と申事は候はず、祖師以來の不受不施を相守と申ものにて候、日述も祖師以來の制法を相守られ候故、法義は一味にて候と答へられたり、是則或人甲州の出頭人丸三左衛門一宗へ懇志の筋目あるに依て內證あり、日述派と仰られば、只世間の徒黨の咎になりて新義のやうになり申候條、只法義の筋目ばかり御答あるべしと、前方に日講へ內證有し故、且又平賀より野呂を末寺と云かくる公事追付これあるべき事、急度思ひ合せられける故、彼是に就て右の趣に返答せられたり、淺草本寶寺等の諸寺も野呂の所化分にて出られ、殘清嘉運ト次の間にて此旨をきかれたり、此日日講駒込を出られし時は再び歸らざる分別にて、跡の事まで委く云置れたる處に、不思議に其分にて歸らる、十七日日瑤出でて口振弱ト云々、十九日に日浣被レ出、梅嶺寺始終不レ被レ出、林應も三崎の後住かと思ふて呼れたれども、其故無故に別儀なし、日浣日瑤は月迫に談林へかへらるれども、いかさま穿議あるべしと思はれ、日講は二月まで江戸につめて待るれども、公儀より何のさたもなきに依て、餘類には御構ひあるまじきかの沙汰を聞れて二月十三日先歸談せらる、去年冬より一向に藝州屋敷と不通すべしと思はれけれども、古湊等の三箇寺とは世間通用ばかり也ときかれぬ、日浣英然等誘引して今少し様子を見合せられてしかるべしと、日講へ達て異見せらるゝを聞受られて、舊冬月迫より又屋敷と通用せらる、さて三月廿九日に小西より平賀の指紙の裏判を届けたり、是野呂を平賀の末寺と云かくる公事也、これも日禪切々甲州にて平賀日領に對面し、野呂は末寺なるべき間公事をめされよ、若めされずんば此方より野呂へ申分ありなどと云へる故に、急に取立たりと確に聞へたり、さて重々公事の用意有て、卯月六日日講諸生數輩を引率して出府せられ、先青山梅嶺寺へ落つかれ、則玉作へも飛脚を遣はさるゝに依て、日浣も追付出らる、日講七日の晝青山より駒込の本淨寺へ行れ、さて同九日に衆議の上にて、世間の公事なれば先上座計甲州へ出されたり、其日の公事思ひの儘に日領に勝てかへり、諸人歡喜の眉をひらき、野呂は清派の總本寺なりと悦ぶ、已にして十一日談所へ歸んと欲して

駒込より青山へ行れけるに、其跡へ又甲州より指紙到來す、指紙の趣は、尋度旨有レ之間十三日に甲州へ可ニ罷出一之儀也、新受野呂等の儀を不ニ指置一寺社奉行へ邪訴するに依て指紙付たる事、此時顯れたり、十三日日講名代として、兩人の上座を甲州へ出されたり、日明日禪文恕日純名代也、前にあり、即甲州野呂も三箇寺の如く書物可レ致由被ニ申渡一、其時日明等申さく、此方の所化を談林へさへ入申さば、手形なしにも堪忍申すべしと云々、其時甲州彼等を呵して云、左樣の自由なる事を云ものか、それは甚だ非義なりと云々、其時野呂代僧隨光益遠申さく、不意の御意なる故に適時に御うけは申しがたし、日講病氣にて此中の公事にも不レ被レ出候へば、御うけ申に出られ候事少延引申儀も御座あるべしと云て座を立れたり、十四日江戸中一派の諸寺の衆駒込へ會合、種々評議あつて、純に十七日甲州へ日講出らるゝ筈に決歸あり、さて十四日の夜より日講俄に思ひ立たれて諫状を認らる、十六日に成

就して理元に淸書せしめ、水戸殿の儒者辻了的に見せらるゝに、訴狀の書式言遣ひ等別にあやまりなしと云るゝに依て、十七日日講是を持參せらる、さて重々穿議有て、此方よりも世出の道理を委くのべらる、故に甲州腹立して急に硯紙をとりよせ、卽座に書物するか、否と云かの一筆をかゝれよと云々、此時諫狀出されては中々取上げらるまじき氣色なる故に、明日は幸公事日にて井上河州もそろはるゝ間、其時出すべしと思案せられて、口上の覺とくしたゝめて、明日指上べしと云て靜に座を立たる、さて十八日口上の覺幷に諫狀を遣はさる、口上の覺は目安よみ兩奉行の前にてよむ、諫狀はかへる、其時甲州は愈々うはぬりするよとて、殊外立腹の氣色也と云々、十九日早朝に和州へ行、卷物を納め暇乞せらる、和州の云、廣島御前樣よりもねんごろに御意被レ成たり、笑止也云々、其時日講申さるゝは、口上の覺にて申達する如く、日講一身のことは如何樣に成候ても苦しからず、日本國に數萬個寺の寺ども御座候處に、古湊等加樣に訴人申候はゞ一時に滅亡致すべし、なげかはしき事也といはれければ、和州のあいさつに、一身の事は是非に及ばず、餘類には御構ひあるまじ、又此中古湊などにも重ては訴訟をやめらるべし、又談義等にて沙汰も無用也と異見を加へたり云々、此より靑山に行て屋敷の衆ト暇乞せらるゝ、時分柄なる故に遠慮して屋敷へは行れず、同日暮に駒込にかへらる、藝州御簾中彼方の三個寺が野呂等の三談所の事を訴訟するにつき、彼が邪義治定と思定められ、此より世間の通用も堅く停止、一筋に流入ての歸依也、甲州の內廣島屋敷へ懇なる侍あつて三箇寺訴訟の樣子を內證にて廣島屋敷へ告ぐ、又甲州の家老奧津武兵衛より織田の百助殿の母儀玄勝院殿へ、彼黨訴人の次第かくれなく注進ある事を傳聞るゝに依て、藝州の御簾中彼三箇寺の非義を知り玉へり、廿二日の朝酒井雅樂殿へ行て卷物を納めんとせらるゝに、しばし有て先帳に付てかへるべしと云に依て、委く帳に付れたり、日蓮宗不受不施の沙門下總野呂妙興寺住持日講、宗義に付て訴訟の儀ありて被二罷出一卷物持參、先かへると帳に付させられたり、それより井上河州へ行て對面閑談あり、則巻物を獻ぜらる、河州諾せられずといへども、日講再三申さるゝに依て諫狀ををさめらる、それより板倉内膳正へ行て對談あり、其次でに是へも巻物を獻ぜんと申されければ、内膳正挨拶に、和州河州へおさめらるれば同じ事なり、月番なる間明日評議あるべしと云々、其より駒込に歸て門外不出にて、公儀の裁許を待るゝ處に、終に五月廿八日朝甲州へ可二罷出一之指紙到來す、時刻を不レ移諸方より注進、野呂妙興寺日講島津飛驒守へ御預、玉作蓮華寺は相良遠江守へ御預と今朝城にて仰渡なり云々、則此夜はねられず、或は來客の涕泣するを慰め、或は下火の句を授けられ、又藝州御簾中へ法門一巻認め置かれたり、既にして日出に及んで輿を出すに、齋藤市兵衞乘物の口に伺候してなく、日講金吾殿の事を引て、是程の悦をば笑へかしとなぐさめらる、已にして甲州の表に至て、しばし日浣をまたる、内より呼入るゝに依て廣間に入て待る、日浣來臨の後同道して出座、御目付兼松氏某子と並座す、日講は上座、日浣は次の座也、已にして仰渡に云、今度手形致さゞる事、上意違背の儀に罷成間、御預に仰付らる、去年なれば同じなみもあれども、再返なる故に遠所へ被二仰付一云々、日講内々遠島とも存設候處に、存外輕罪に被二仰付一候とあいさつせられ、日浣も井水河水迄も御供養となり、殊に寺領もなき寺を御僉議あるは合點參らずといはる、其時甲州の云、いやさて寺領を下さるれば、うけぬ義なる故に同じ事なり云々、時に日講又巻物を出して、宗旨の作法なる間指上る也といはるれば、甲州それに及ばすといはれたり、再三指上る時、甲州の云、其方一人宗義を見究められたるにても有まじ、其にも及ばずと云々、此に至て色代あつて兩人ともに座を立る、兩人預所の奉行へはさきに密に云渡しあり云々、それより日講は飛州の屋敷、日浣は遠州の屋敷へ赴かる、乘物の腰を細引にてしばる、輿出るを見て男女聲をあげて哭泣し地にまろぶものをほし、甲州の表へ群集せる分千人にあまれりと云々、道すがら辻々の人は其數をしらず、さて日講、飛州の屋敷長屋の狹き所にもがりまでゆひきり、窮屈なる體にて日數を送らる、其間に預主島津飛驒守長屋へ見舞の時、右の卷物を讀で其趣を談ぜらる、預りとなる仔細を具にのべらるゝに、飛州も甚だ感歎せられ、家老松木十郎左衞門内外の才智あるに依て、別して深重の志を稱歎せられ、後まで萬端懇切なり、既にして六月廿六日發足あつて日州佐土原へ赴かる、警固の侍馬乘幷に歩行衆等嚴重の樣體なり、柴口品川川崎金川に至るまで諸人の群集數限りなし、伏見大坂の群集亦驚レ目、日浣と日講と道中前後しば〳〵遠見に及ばる、日講七月十二日に船を出され、海上十餘日あて七月廿日佐土原の草庵につかる、ほどなく江戸よりの注進に云、松崎日瑤、中山と公事にはかち、手形の儀に至つて新受と一味云々、又云、前方より日瑤は新受へ心を合たる事慥に廣島屋敷へ聞へたり云々、此寛文第五第六兩年のあらまし也、能此次第を見ば、邪記の虚說の顯るゝ事も既に半過なし、彼新受の徒、重々誑惑の手段を見れば、誠にこれ羊質虎皮の贋僧、龍頭蛇尾の徒ら者なり、

○次に古湊日明乃至一念もひるむべからず、

彈じて曰、此言聞ごとくなり、常に大悲代受苦を云へる人なる故に、これもまことゝも思はれず、凡そ大悲代受苦と云へるは、後心證理の菩薩、利他門に赴て三道即三徳の觀見を以て、代て苦を受る事なり、委〳〵は大悲代受苦に七義あり、皆初心始行のものゝ規則となる事には非ず、倘一朝の飢渇一夕の寒風にもかはりがたかるべし、豈一毫末斷の凡夫、自身墮獄して人をたすけんと云ほどの超越の道念あらんや、只初心始行の人は實心を以て如說修行の趣を守り、なくなくも身を捨命を亡して人をすゝめば、實に大悲の極なるべし、現世流死の二罪を恐怖するもの、豈永劫

の墮苦を忍ばんや、これ即ことを目に見えざる未來へ讓て、底心は因果を撥無せるものなり、かくの如きの人、不惜身命を本よりのぞむ處と云へるは受けがひがたき事也、世話に云ふ拔かぬ太刀にて人を切とは、かやうの事なるべし、

○然るに此度もし乃至掌を反すべからず、

彈じて曰、是七十年以前大佛供養の時、受不施相談の趣也、又常樂院法難の時、諸山の談合の儀是なり、太閤機嫌あしき時分、家康腹立の時なりと云て、義を曲て後代の妖怪をし出したる事なり、豈寺院の相續を以て法命相續と云はんや、苟も眞實の道念を以て說の如く修行せば、豈感應唐捐ならんや、再興時を移すべからず、況や佛神諸天常に護法の心に住して、冥密の擁護を垂玉はん、日明日純等邪曲の分別よりは遙にまさるべし、何ぞ私情の計略を以て佛神をこばまんとするや、法實に正法なりと信せば、何ぞ只如法に修行せざるや、法力佛力に尙猶豫の心を起す故、凡情を以て計度する事なり、これ義戰を起す時に臨で、自ら將る軍徒の死亡すべき事を慮て其義をやむるが如し、春秋に義戰なしと云へるが如く、私欲の軍ならばやみぬ、義に契ひたる軍ならば、あに死亡を顧んや、況や上に大旨をのぶるが如く、此方より御朱印をほしがり再三手を作れる故、かやうの異議出來て淸流還て滅亡に及ぶ、故に實には汝が招く處の禍なれば、責も又汝等が身に歸すべし、

○數日晝夜乃至角やあらん、

彈曰、寢食を安せざるに本二筋あり、一には眞實に正法の衰弊を思て身命をも捨んと思へるものは、まことに寢食もやすかるべからず、已に今日もしらずと思へる故也、二に邪義をかまへて身を全し、しかも身の失なきやうにせんと思ふ、其工夫にとりまぎれ寢食をやすんぜざるものあるべし、例せば盜人の物を盜ながら、顯れぬやうにと思案をめぐらさば、まことにやすき事あるべからざるが如し、一には我執、

二には利養より起りたる護惜建立なる事、具に下に評するが如し、

○不受不施と各別の文言を除くべし、乃至御朱印頂戴事、

彈曰、不受不施と各別と云文言をぬきても、少も規模にならざる事、又慈悲の二字入ても、同聽異解にして支證にならざる事なり、さて公儀にてあいさつ、甲州にてのありさまなど皆作り事也、上に日堯の甲州へ出られたる時の儀式を述るが如し、又書物文言を難ずる事も具に上の如し、

○邪記次段云、問、地子寺領をば昔より仁恩と名て受來れり、然るに今般悲田と云へるは、前代未聞の新儀に非ずやいかん、答、古來地子寺領を仁恩と云事は勿論にして諍ひなし、然るに其仁恩と悲田とは少のちがひもなく、全く同じ物なり、儒道の言にて仁恩と名けたるを、佛法の上にて三田と云物にあてがふ時は則ち悲田なり、仁恩と悲田と少しも異ありと思ふは大なる誤り也、問、若し爾ば昔より日蓮宗に悲田の施を受し事、又寺領を悲田に配したる事、その例ありやいかん、答、先證一にあらず、分明なる證據をあぐべし、寛永七庚午の年、京都頂妙寺の日遵より關東日樹等の六聖へ送らるゝ不受の書に、祖師日蓮悲田受用の儀分明に見えたり、此書の奥書に關東の六聖より御褒美の連判あり、自他ともにしれるかくれなき事なり、正本自證寺にありしなり、又萬治元年八月九日、日誠、平賀、日運、小湊、日晴、碑文谷、三聖より公儀へ捧げられし訴狀の略に云、地子寺領は四恩の中には第三國主の恩、三田の中には悲田にて、世間の仁恩にて御座候故に拜領仕候云々、又去年巳の八月公儀より寺領供養の仰出しこれなき前に、谷中にて歷々の相談を以て相認訴狀の略に云く、次に物を施すに付て三田と申事御座候、一には恩田、二には悲田、三には敬田なり、寺領は世間の仁恩にて第二の悲田にあたり候と云々、此訴狀八月十二日三田大乘寺にて會合の刻、諸

寺一同一覧をとげられしに、是にすぎたる事有べからずとて、非難を加へたる人乃至一人もなし、依レ之則其訴狀去る御方へ内證にて差上をきし也、又日誠去る人の懇望に依て、かながきに不受の書一册あり、それに云、次に三田の中に寺領は是悲田也、謂く國主は主君、萬民は被官なる故に、御慈悲を以て國民を撫で、地子寺領を安堵せしめ玉ふなり、所以に三田の中に是悲田也云々、是は寛文年中の書也、直判の正本關本氏某が處にあり、如レ是祖師も悲田を受用し玉ふ事分明に、又中古の先哲も悉く寺領をば仁恩悲田と書玉へり、此則仁恩と悲田とは名異義同なる所以なり、何ぞかやうの先哲の書物訴狀ある事、其を知りながらをしかくし、悲田は日明日禪日純等の新儀也と云や、是一、又悲田あしきと云事、去年始めて心づきたるや、日蓮宗に悲田受用と意得儀僻見なりと非難を加えずして信仰し來たる其末流をくむや、是二、其上日述も悲田の手形は同心にて望の文言あり、此度御慈悲供養の御朱印頂戴難レ有奉レ存候、敬田供養とは各別にて御座候、已上、歴々三人使の衆あり、諍ふべからず、是三、悲田をひがごととそしる衆は、これらの難勢共何とはずとものがれがたかるべし、いかん／＼已上、

彈曰、あゝこれ何事ぞ、綿々とせんもなき事をかきあげたる事、かくべきことにことかゝば、面白き舞にても謡にても書ぬけかし、丫角の小兒もしりふるしたる事を、珍きやうにかきあげて愚俗を惑亂するや、講浣等の儀は彼等悲田にてもなきものを悲田といひなすに依て、此儀を難じて敬田の財體終に改轉せざれば、何ほど悲田と名を付ても、謗法の性罪のがるべからずと云へる儀なり、譬へば筑紫の彌太郎と云者罪を犯して咎に行るゝ時、奥州の彌太郎と云ものを身がはりに立てゝ、咎を遁んとするが如し、彌太郎と云名は同じ事なれども、東西萬里を隔てゝ各別の人體なり、全く其如く、供養と云名は敬田悲田に通ずれども、堅く三寶供養と仰渡さるゝに、悲田供養を以ては

づさんとするは、大きに愚なる事にあらずや、然るに世間に彼を悲田といへるは、異名ほどの事なり、例せば、世間に聖人賢人の德をそなへざる者聖賢のふりをすれば、かの例の聖人と人ゆびさして笑ふが如し、かくの如き類例、和漢に其例多しといへども、これを引に遑あらず、近比野呂によき證據あり、哲晴後號日晴弟子分のものに、こびたるものあり、歳はたけたれどもせいちいさき故に、十二三歲の時も七つ八つ程に見えたり、經釋の要文などをよくをぼえければ、內はより無理にほめたてゝ、權者のやうにいひなし、諸方の屋敷へも徘徊せり、さてちく／＼せい大きになれども、別にかはる事もなし、或人料理を振舞ふ時つよくしいけるに、彼のもの斟酌するをひたものしひて後に、權者と云ものが、そのやうに食もくはれぬやうに不自由のものかなどと云てなぶりけるほどに、彼小僧まことに心得て、腹にあまるほどこそくひつらめ、散々食傷せりといへり、かのものを、人權者といふはあに實の權者ならんや、只是異名なり、悲田と云も亦かくの如し、悲田にてもこれなき敬田の直中なるを悲田とうけ、さて供養の二字をつゝけて、悲田供養と我物顏に云故に、日講の訴狀にも悲田供養の新儀とかゝれたり、三田相配の事は云に及ばぬ事也、或は此儀をしらず、愚俗京都に悲田寺と云て乞食の在所あるを思合て、悲田とは乞食に成て取事なり、乞食になりてとれば所持の法をも輕じたるものなりなどと心得て、悲田乞食と名を付たるを、世話にひろくいひふらし、はやり小歌に作り、熊野比丘尼も謡ひ、童までも彼の流類の道を通るを見かけては、悲田乞食の小歌を唄ひかけたりと云へり、此等は末々愚俗の推量の儀なり、あに支離蔓延の巷說を以て開闢の導師に當つけて難ずる事あらんや、今問悲田の二字は自他共許なり、供養の二字を悲田につゝけて祖師以來つかひつけたる言あらば、これを出すべし、これ則祖師以來供養の言をば、總屬別名して出世の義に用來り、さて寺領供養各別の證據は本日向記に出たり、しかるを祖師先哲の筆跡にもなき事を巧出して遁辭を設るをば、誰か之を用んや、まことに日遵の不受決は別して義理分明なる書なるが故に、日講なども常に翫習せらる、豈これを見當られざる事あるべしや、淺猿き破言也、人もまことゝは思ふまじけれども、餘りにかれらがせんなき事を永々と書ちらし、又講席にて專らいひし事ときけば、筆をついやすなり、日述の手形の案文を潤色とする事、大きなる僻言也、上に已に所以を辨るが如し、

○邪記次に曰、問、日蓮宗に悲田を受くるの義、亦は古來より寺領を悲田と名たる事は分明、中古の文證を引出さる故に、疑悉くはれ快得心し畢ぬ、然に去年の仰出し地子寺領悉く御供養と云々、手形文言亦如レ是、然るに日蓮宗の法終に他宗の供養を受たる事なし、既に供養の手形をさゝぐ、知ぬ是法義破れたりと、故に日述一味の衆そしりて云二新受不施一と云々、此義いかん、答、供養の名を開て義に迷ふべからず、昔より日蓮宗に他宗の供養を不レ受と云供養は、三田の中に敬田供養の事なり、恩田悲田に亙ると思ふべからず、今度受る供養は國主仁恩の悲田供養なり、敬田供養とは天地の不同なり、問、供養の二字、三田に亙る證文ありやいかん、答、經論釋疏に證文あげてかぞふべからず、今少分を引出すべし、輔行四に云、以レ下薦レ上爲レ供、以レ卑資レ尊曰レ養云々、是は敬田供養の釋なり、經に曰、供二養一切沙門婆羅門及諸外道貧窮下賤孤獨乞人一云々、戒疏の註に云、供養二字、供應二平聲一、養應二上聲一、謂供給養育令差也、若輔行中云、以レ下薦レ上曰レ供、以レ卑資レ尊曰レ養、並作二去聲一者、此約二恩敬二田一言レ之、今在二悲田一應レ作二平上二聲一也、文、止觀八云、忽見二福田勝境三寶形像聖衆大德父母師僧有レ行人受二已供養一、或見二悲田受二已供養一、文、此三文は三田に通ずる證文なり、太賢師古迹云、供養父母妻子云々、是は恩田と悲田との二種に通ずるなり、如レ是供養の二字は

三田に通ずる事證文明なる故に、三田の中の悲田におちつきぬれば、先規の仁恩と全く同じ物也、悲田か慈悲の二字か是非入れたきとの訴訟誠に所以有哉、彈曰、供養の言、三田にわたる事は本より經論に出たりといへども、宗家終に用ひ來らず、祖師幷に代代列祖終に供養に言を世儀に亙したる事なし、又四十年以前の身延池上の問答も寺領供養同異の義なり、然るに今新に經論に僻依して遁辭を設る、あにこれ道人のする處ならんや、經論の中に念佛申すべき證文多しといへども吾祖終にゆるさず、法華の中に彌陀の名ありといへども又ゆるさず、これ則寒食のまつりに火を忌の心切なるが故なり、又總屬別名の例これ多し、大小共に三藏ありといへども、終に三藏の名は小乘に屬する等の如し、外道の見計を難破する日は、常樂我淨は名はよかりしかども、佛は名をもいみ玉ふと、祖師の判じ玉へる事をしらず、然るに迦羅鎭頭の二菓まぎれやすきを辨明し、牛驢の二乳わきまえ難きをわかつは佛祖の制戒なり、況や只いま末世濁亂の衆生、金石迷ひやすき砌りに、宗家の大格を破て供養の言を混亂せんや、供養の言、一途に出世の義に定め堅く禁じてさへ、遠國遐方は其の規矩を亂りて供養をむさぼるもの多し、不受供養の儀はもと伯夷が清介を帶する者に非れば持がたくまもりがたし、況んやまぎらはしく供養の言を濫用して、これをゆるさば、なにをかも悲田供養と名を付て受るのみなるべし、これ謗法の增上緣にして、其弊大なる事なり、又吾祖以來明匠碩德經論止觀與咸註等を、供養を見當らずして供養を堅く辭し、乃至水火の責にあへるや、供養の言泛爾にしてかやうの心やすき逃道あるを知らざる、愚人也と云べけんや、又四十年以前受不受の明哲、義を盡して論ずるのみに非ず、台宗の明匠乃至儒林の棟梁たる道春永喜も判者人たり、豈内外典の中に供養の言の通ずる事をしらず、供養の字平仄にてかはる事を知ずして、無益の論をさせて寺領供養の同義を穿議したりや、何ぞ供養の言は通ずる間相論御無用と云てとゞめざるや、故知ぬ本朝の風俗、諸宗の約束、供養の言は定つて三寶崇敬の義に屬する故に、此寺領供養同異の論起れる事なり、然れば諍論の源已に崇敬供養の事なるをいとかしこ顔に字訓の穿議をして今更遁るべしと思へるは、拙きわざに非ずや、誠に孟子にしかれる詖隱邪遁の四の失を懃ろに備へたる惡黨也、供養の字義に付て彼義を辨明し、及び與咸の註の可否を評する事、下の別章にあり、

○問、上來に述する如く、悲田供養の書物少しも法義に瑕つかずんば、何ぞ日述幷諸能化此儀に同心なく、憂獄の難に遭れんや、此段不審はれがたしいかん、

答、悲田供養の義に付き、日述二つの難を加えられたり、一には設ひ、當位悲田供養の手形にて相すみたりと、も其まゝ身延より訴訟を出して、却て公儀を掠めたるやうにとりなさば、此方の越度になるべし、是一、又重て別時御供養の時の證文になる故に手形いや、是二、今云身延より其後も樣々訴訟せしかども御取上もなし、ありやうに悲田の御訴訟を申上つるぞ、何とて掠めたると思召れんや、是一、又別時供養の時も却て御訴訟の文言は敬田を不レ受、證文になるべし、何ぞ是をいたむや、是二、此等の心入あしかりつる故に、天下の諸人惑亂する事恐るべし悲むべし、然ればとて手形をせずにすむ事ならば、せざるほどの事はなし、偏に思べからず、次に日浣日講兩人は初より法門の心得自餘とは各別なり、仁恩と悲田とは不同なりと見立てられたり、是は祖師の行跡幷に日遵等の近代先哲の義に背く也、日述の義は仁恩と悲田は同一なれども、只供養の二字に深く泥み、能施の人の心を強て危ぶまれしと見えたり、畢竟勝劣の手形と此方のと文言を並べ置、訴訟の次第をかんがへば千萬の妨難も風前の塵芥、日下の霜露なるべし、

○付たり、自證寺などは目前に愚癡と我慢にて改宗せしめたり、爾る故には自證寺御朱印に云、爲ニ自證

院菩提一寄ニ進之一云々、是は御文言諍なく敬田供養の御朱印なり、是故に先規は千代姫君より御施主を立られしなり、故に此寺は訴訟に及ばず、敬田供養の手形を書べき事なり、若供養いやならば、先代に受つるは謗法なりやいかん、破佛法師敵對言語同斷の出家なり、

彈曰、日逃の二難は公道の難也、初難を口がしこく會せんとする事、還て胸懷の淺事を顯す、身延の訴訟すべきは當然之理也、取上ざるは公儀の理不盡なり、然るに公儀より後々まで宥免の儀ならば、推するに二つの仔細あるべし、一には供養の手形の事、老中うと云出されて、思外に人も損じ世もさはひで治めかねられたる時分に彼黨隨順するが故に、上意に隨ふ事を幸にして宥免せられたるか、二にはたしかに阿部豐州の言をきゝし者の物語をきくにいはく、受不施も萬民の供養までをうくべしといへるは、餘りにいひ過しなり、日蓮宗古來の作法に非ず、糺明あるべしといへりと云々、爰に知んぬ新受の徒、國主の供養をば受といへども、萬民不受不施の儀、身延と異なる故に立置るゝかなるべし、何ぞ口器量にのゝしるや、第二の難は、已に別時供養の義未だ現前せざる故に、公儀の裁許も時々に轉變して剋定せざる事多ければ、先是をば擱くべし、手形の文言にて別時の難をのかんと思ふは、決して愚かなる事なり、其文言の理屈になりては一言も聞く事なるべからず、若寛仁大度の慈悲を以てみ逃さるゝ事はあるべし、是則はや正轍の不受不施をば大形根だへさせられたる故に、のこりすくなる新受の、然も寺院も衰滅し世上にも嘲哢して、朝三暮四の便りもなき體たらくを見聞て、又別時供養にていためんよりはと思ひ謀りてゆるさるゝ儀はあるべし、書物にてのがす儀は毛頭もなきことなり、是はいまだ現前せざる故に強て論せず、彼徒あまりにうかべ顔に利口する故に、少し右ばりを加て後を期するなり、然るに一往のがると云ふとも、

身延より其砌訴訟し、今度の書物を以證てとして別時供養をも許すべからずといはゞ、終に其難のがるべからず、實に遠慮もなき申分也、次に日浣日講兩人は初より法門の心得各別なり、仁恩と悲田とは不同也と見立られたりと云事是にして他に無實をいひかくるの儀也、是は定て谷中にて八月廿一日相談の時、法門の穿議ありしを耳にはさんで居て、なにがな取てかゝらんと思ふて難じたるものなるべし、悲田仁恩の相貌たれか是を知さんや、谷中にての論は、田の字に付て意地づくの穿鑿なり、三福田と云に付て、田の字のあたりは只所依所託の義か、又後世田中不受果報幷に田是生義の釋相の流例を以てみれば、來報を引く心もある義か、來報をひく義ならば、悲田の時其處までをば取べからず、只悲の邊を取て、古來仁恩に屬對する義なるべしと云へり、是則秋元抄の今日本國も又如ㇾ是持戒破戒無戒王臣萬民を不ㇾ論一同の法華經誹謗の國なり、設ひ身の皮をはぎて法華經を奉ㇾ書、肉を積で供養し玉ふとも、必國も滅び身も地獄に墮給べき大なる科ありと遊したる御妙判をひかえにして、謗人無功德の文言を定規とする義なる故に、來報をば許すべからず、多劫墮獄善體本妙に約して、遠く三際の萬善を開する時用に立事は有べし、然るに現世は國主萬民共業の所感なる故に、國土の萬民修する處の善惡六分一は國主へむくふ義、目前に因緣由籍の義あるが故なれば、來報とは別なるべきかとの事也、殊に優婆塞戒經三田所依の文は、題號に供養三寶品と云故に、刻めば供養の二字敬田に歸すべきかと云議を立てゝ論ぜられたる事、されども日述人天有漏の善果と佛邊の所作の義と兩途をわけて、現在に、有漏の功德を許し、是に依て國土も安全なりといはゞ、有漏來果も許すべし、無功德と云は、順次生決定の惡果に約して奪ひ玉へる御文體なるべし、其上田と云は只所依の境と云事なるべし、又供養三寶の言も悲敬を含容する意なるべきかと會釋ありし故に、此儀其分にて講浣も長く諍はれず、八月廿一日の儘にて再發の霜月時分などは沙汰もせられざる事也、悲田仁恩轍を同ふする事、日講日浣も同心の儀分明なる證據には、其歳の九月此兩人梅嶺寺に於て巻物を認められ、岡邊主税幷に同人の御母堂圓通院殿其外屋敷の奥方へ遣はされたるに、三田の中の悲田仁恩に相當る事を明かにのべられたり、其上日講道理を刻定して公儀へ訴狀を上られたる時も、悲田の言を難せられたる事はなし、性罪の財體不變と供養の二字譏嫌惟重き儀、畢竟二箇條の難也、供養の言を悲田に加て呼をとがめて、悲田供養の新義と云へる也、これをも見ざるふりをして、はるか已前の八月の頃の法門みがきの意地づくの穿議を取出して、講浣は仁恩と悲田とは不同也と被レ得たり、初より法門の心得各別也などといへるは、あさましき儀に非ずや、自證寺の事、下の別章にあり、

○邪記次に曰、問、悲田方も同く不受不施ならば、何とて書物なしに其儘立すます、不受不施の野呂玉作などを訴人するや、元來の不受不施を訴人したにて、三箇寺は受不施になりたる事疑なし如何、答、先此度の事を訴人と云事大なる僞なり、公儀よりの御穿鑿也、其儀は御奉行能御存知の事なれば論じても詮なし、若三箇寺より訴人してつぶす事自由ならば、佛法の大敵たる身延を訴てつぶしたき事なれども、一切自由にはならざる也、其上野呂玉作の事は舊冬日述一味の首頂なる故に、たとひ公儀より其まゝさしをき玉ふとも、地子寺領供養の仰を聞ながら、悲田の料簡もなく寺におり、公儀より御尋の時は、日述方にてはこれなきなど陳答あるは、甚だ誑惑非道なり、故に御奉行度々此仰渡をきゝながら其儘をるは盜人なりと云々、又たとひ三箇寺より訴人してつぶすとも、是亦無理には非ず、如何となれば手形かゝれぬ日述も、不受不施書ける諸寺も不受不施なり、其中に日述は眼前の不惜身命なる間、此儀をばよきにもせよ、あた

ら不惜身命を諸人への勸誡あしき故に、日述一人の所行に依ていくばくの諸人立義滅亡の思をなし、多く他宗になる、其上平賀興津の本末寺其外歷々の大地悉くつぶれ、殊に自證寺を他門の掌中に握らるゝ等の罪科不レ可二勝計一、自身は手形いやの心入ならば、何とて名代にかゝせて不受の靈地を相續せられざるや、さて三箇寺の事は不惜身命目に見えずと雖も文言ぬきさしの訴訟叶はざる時は、罪科に行はるべしとの談合に相究りたる事分明なる故に、此段隱顯の異ありといへども、其功をばなみすべからず、日述と同等なり、其上にたへなんとする法命を相續し、滅せんと欲する寺院を興隆し、受不施を折伏の法鼓を鳴して諸人を利益す、莫大の勳功得て稱すべからず、さて手形かゝるれども、悲田供養の義、上に記するが如く道理文證實正明白なる故に、曾て法理に瑕のつきたる事はなし、如レ是一疵不レ存萬理整足の導師を無理非道に謗法人のやうにいひなし、をびたゞしく俗男俗女に謗らせて、不受不施の法義をいひ潰す事は、偏に日述に根柢し浣講に枝條す、此儀を思ひつゞくる時は、此人々はしらずはからず法燈相續の大邪魔、不受不施の大敵なり、此科のがれがたき故に、三箇寺より訴へてつぶしても毛頭無理には非ず、然れども此度の御穿鑿は實に訴人には非ず、疑しき人は御奉行に出でて慥にきゝ屆けらるべし、訴人じや訴人にあらずと無益の論をばなすべからず、眼前の例證あり、松崎をば誰か之を訴へん、若中山よりと云はゞ野呂玉作も平賀と云大敵をもてり、豈安堵ならんや、然るにいかにも立すましたる兩談所を、三箇寺より訴へたる故に潰れたりなどと云ふらし、公場までも書上らるゝ事、あまりに愚なる所存なり、多分は事をそれによせてます／＼悲田方を疎まんとの巧なるべし、誠に小子鼓を鳴して責ば可ならんの類なり、

彈云、訴人をせぬと陳ずる事のいつはりなる事は、上に委く述たる總論の所に已に明なる故に、今亦論る

にも及ばず、公儀供養の言を聞ながら悲田の料簡もなく寺におるといへるは、彼徒思惟を盡さゞるの謬なり、若爾ば四十年以前にはや寺領は供養と公儀よりは落居せる事なり、然るに其以後諸山の明哲そのまゝ領じ來れるは、皆悉く盜賊なりやいかん、已に明なる文證道理ありて、寺領と供養と各別なりといへる宗家眞正の義と、公儀おしかけの寺領即供養の義と兩途區別して後、餘類にかまはず立おかるゝ故、穿議あるまでは受來れる儀也、故に今度も宗家の義を守て仁恩を受て法を弘る儀なり、流死の二罪を公儀へ任せて、何時にても穿議次第寺をあけ處をおはるるをかへりみず堅く歷代の儀を守る上は、何ぞ盜賊の儀ならん、吾祖の妙判に、王土に生れたれば身は隨ひ奉るべからずと判じ玉ひたると同一の格式也、身は公儀へ任せ置故何時にても穿議次第流死の失にあふべし、心はまかせざる故に、宗家の正義仁惠通恩の法門の義理までも公儀へまけて聞逃はすべからず、

四十年來は此兩義のはりあひにて居たるもの也、殊に大猷院殿の時は御納受にて、明に兩派に立をき玉ふ、それより後は難をのがれて寺に居りし者は、彌其分になり來りしをや、國内の人民は國主の進退に任するなり、已に見のがしのあるは儀をゆるすになるべし、其上日講諫狀に道理を立て、世出通別の儀を言上せられたる上は、天下一同いひ分の儀は事すめる儀なれば、此以後とても彼邪徒の訴人しのこしたる寺などある事あらば、其寺に住して法を弘るに、何の恐慮かあらんや、公儀よりおしかけて理不盡に、天下の内に居て供養を受けまいと云は盜人と云ひ、或は日蓮の義を習ひ損ひたるなるべしなど云は、今にはじめぬをしかけ破也、其上公儀のは三寶供養にしていはるゝ事也、汝は陳じて悲田とはづしながら、今は亦公儀無理なる言を味方にしてうは氣なる事をいへるや、悲田と名を付て難にもあはずのがれ濟したりと思ふは無雙の賣僧也、次に公儀より御尋の時は、

日述方にてはこれなきなど陳答あるは、甚だ誑惑非道也といへるは、一向其座の様子を知らずして風説に任せたる難題也、是も上の總論の下に委く其仔細を宣たるが故に、重て書するに及ばず、次に手形かゝざる日述も不受不施、かける諸寺も不受不施といへるは、汝はさこそ思つらめども、立義を破りたる道理必然なる上、佛天にも捨果られ、自身の非義ども自然にかくれなく顯れて、世上より自ら捨るなり、古語に人のさゝめごと天の聞く事雷の如し、暗室の虧心、神の見る事いなびかりの如しといへるが如くなれば、何ほどつゝみかくしても善惡はかくれなきものと見えたり、然るに所立の義分正轍ならば、何ぞ寺院の破滅を痛まんや、相續は法理に在て寺院にあらず、且くも寺院に拘はるはもはや受不等の遁辭にして、日比領じ來れる寺院惜く思へる我執と檀那の歸依をむさぼらんために不受のやうにいひなせるとの私曲にして、眞正の義にあらず、汝が義若不受不施明白ならば、何ぞ法力を以て人を化せざるや、作り文を廻し手分をしてすゝめ、講席までもちあがりていへども、陰毒陽報の道理にて自他宗共に合點せざるなり、それに非理の嗔恚を起して、あげくには公儀へ失なき清派の衆を讒して、正く僣聖增上慢の凶惡を抱けり、然に此方は一言も勸めざれども、祖師以來の的流を水いらずに修行すれば、普天率土自流他派其義には伏する也、論語にいはゆる其身正不レ令而行る其身不レ正雖レ令不レ從と云る聖言、恰も符契の如し、若法義を立てゝ寺院滅するを難ぜば、何ぞ先年の妙覺寺池上等の貫首を難ぜざらんや、寺のかたきをのこす分は空器の如し、何のやうかある、たとひ古受不施に渡ても、寺のなりをば汝等が衰微よりはましに持成すべし、彼は面をぬいで他宗の物をとる、故に結句埒明きて人も迷はぬ、池上江戸中を勸めて石壇を修理せるを、他宗迄が見限りはて、京都妙顯寺が他宗を勸進して塔を立たるは、世間より無間塔と名をつけたり、念佛無間といひながら其施を受けて建立する故なり、此古受の邪義まことにあやまりの至りなれども、汝が如く表裏はなきなり、汝等はかくれなき受不施の手形をしたゝめ、又日比の檀那には不受不施と思はれ、兩の手にうまき物をもちたるやうして渡世を心がけたるものなれば、彼鍋盗人が見付られ急に追れてとりみだし、あたまへ鍋を被りて手をたゝき、我は盗まずと陳放したると少しも違はぬ事也、後には次第に衰微すべき故、そろ〳〵他宗の者をも悲田と名をつけ、緣のためにとるなどと言を作りて、古受不施の義と一つになるべき事治定なり、次に三箇寺の不惜身命も功を論ずれば日述と同と云事、誠にをかしき事なり、ぬかぬ太刀にて人を切る事かな、清流の諸聖は祖師のあとを繼で命を塵芥よりかろんじたる志にて、終に流人となれり、汝等は內心に兼々臆病をかまへながら、始の程は化かへりて流さるゝ分別なりと世間に披露し、諸人の暇乞をうけ、本尊をうり物に出したる、誑惑第一の無道人なり、此兩途胡越をへだてたるが如くなるを同日に語するは、天も地も同じ事なりと云ほどのあやまり也、天をもはぢず人をもはゞからず虛空なる威言をいひ廻り、露命をつゞくなかだちとするは、古今無雙の惡人なり、次に法鼓をならして受不施を折伏すると云事笑ふべし、汝が鳴す法鼓には犬もおどろくべからず、古受不施の方よりも汝をばなま〳〵とした賣僧と見立べき故に、人交りをもいやに思ふべし、畢竟至誠金石に徹すと云て、何とたぶらかしても眞僞は天公より判斷する故に、かくれなき者なり、然るに自身の行跡かくれなき謗法の故なる事をば夢にも思當らず、只流人のながれ世上にあるに依て、人も參詣せず寺も衰微すると心得て邪見を起し、飢渴に堪ざる嗔恚の餘りに、正義をくむ者をかり出して根絶させんと思ふ、邪義責てもあまりあり、次に松崎をば誰が訴人したるぞと云事、まことにそらとぼけしたる申分なり、今問、野呂玉作を訴人したる事は先治定にて、松崎を陳放するや、已に野呂玉作分明に平賀と本末の公事に勝利を得て事治定したる處を、彼が訴陳して野呂玉作の手形の儀をのぞむ故に、再び僉議起りたる事也、松崎の事は舊年日述一味のさしがみ付たる者なれは、此時はたとひ別の訴訟をするもの也とも、初め已に兩談所の引付ある故に、をのづから殘黨全からざる儀なるべし、況や松崎は内々彼三箇寺等とひそかに心を合たる由慥にきけば、彼日瑤はすゝんでも手形をして新受の追從にすべし、何ぞ龍頭蛇尾のをこの者を以て正統の法燈に一例して論ずるや、況や亦野呂も平賀と云大敵あればのがすまじなど書ちらし、天はれ地明かに諸人群集の中にて野呂一本寺の公事にかたれるをみぬふりをいたす事、あまりにつたなき筆のあとなり、

○邪記次云、問、日述一味の衆の云、地子寺領は其體不レ定、仁恩と信施と二種に亙る、蓋能施の人の心地によるゆえんなり、能施の人三寶崇敬の心なれば信施供養となり、哀憐慈悲の心なれば政道の仁恩となるなり、今既に身延の訴訟に依て寺領供養の仰出あり、崇敬供養の義たる事勿論に非ずや云々、此儀いかん、答、不レ可下牛羊眼評中量人上、いまだ他心通を得ざれば能施の人の心地をば評ふべからず、下輩尚爾なり、況や上意をや、凡そ意業は幽微にして計りがたく、口業は麤顯にして知りやすし、仰出しの御言に云、寺領供養不受各別と云々、此に於て訴訟して云、不受各別をば除き慈悲の二字をば加へんと欲と云々、微望終に達し手形書き顯す、麤顯の知り易きを以て幽微の計りがたきを恐察するに、寛仁大度にして法に御構なし、不受の法に御構なき上は、何れの田にても御咎めあるべき儀にあらず、悲田御構なくんば豈供養の言に泥まんや、口業を以て意業を察するに、豈改轉の儀に非ずや、道理の所レ極不レ可ニ深執一、若強て能施の人の心をあやぶむと云はゞ、其恐慮は仰出しの有無に

も依べからず、手形かくかゝずにも依べからず、地子寺領御免の地は二六時中恐慮を懐くべし、謂く只今は國主の心地、地子寺領御免三寶崇敬の御心にては有るべからずや、若かりにも其御心きざす時は謗罪のがれがたしと、とりわけ寛永年中に寺領即供養といひ立し身延をば理分に御檢斷ありし故に、其後は國主の御心ますゝ〱危ぶまずんばあるべからず、故に無二無三に思入れたる人は、時々刻々に公場に出でて窺ひ上るべき筈なり、謂地子寺領三寶崇敬の御祈念にてはなきや否や、寺領は其體不定なるが故に、かりにも崇敬の御祈念なれば信施供養にして謗罪となる故に、堅く辭して是を受ずと、かやうに尋ね明むべき也、然るに一宗の内從レ昔以來誰の輩が如レ是吟味したる人ありや、又若偏に能施の心地をあやぶまば、一宗の先達都て地子寺領も領じ玉べからず、いかんとなれば凡そ一心は十界に遍滿し三千を具足す、故に時に依り境に隨て其念不定なるべし、謂く寺領をゆるす刻みはたとひ政道仁恩の祈念なりと云とも、一朝に心轉じて若三寶崇敬の祈念也と思召意になり玉ふ事あらば、其時の主持不レ覺して謗罪を招くべし、此遠慮ある故に寺領を領せざるべき事なり、故幽微なる心地を察するには麤顯なる文字言句を以てせずんばあるべからず、文字言句は悲田の供養なり、已上、此段綿々とながき故に、能破に便ならんとして切て三段とす、

彈云、此初にあげたる日述一味の寺領別體ある故、能施の人に依て轉ずといへる料簡、彼が頭腦をひしとをさへたる儀なるを以て、なにともせんかたなさにこしらへたる者也、せつなきていたらくにあらずや、衆生法妙の下の證文を引來して、俄に諸人を權者に其格ならば一切の法門をも沙汰せずして一向に維摩の如く杜口せざるや、汝が義の如くならば、末法不鑒機の師は皆牛羊の眼となりて、何事も口外はなるまじきか、偖亦汝は此經文にたふてみだりに評量し、自

身のあやまりをば言多く詮なき事をいゝつゞけて、此一義に至て評量すべからずと云は何事ぞや、たれ人か能施の人の心地を穿鑿するや、此方は專ら口業に付て論ずる也、されば公儀已に顯著分明に三寶供養と仰わたさる、豈口業に非ずや、然るに四十年以前、延池の諍論雙方訴狀是非の異目赫々明々たり、されば判者人明ならず、又權現樣の御仕置に違背せりとて、是非なくて池上方放謫の難に處せりと雖ども、其義は殘て公庭に留れり、人いづくんぞかくさんや、然るに餘類連々と繁榮し、殊に大猷院殿政道の仁恩の御朱印被ニ成下一上は、其儀明にゆるされて立來りたる故に、元來の仁恩にして數年受來れる儀にあらずや、然るに其後延山の訴訟に依て終に當代御朱印の時に至て、更に寺領を供養と仰渡さるゝ故、是新なる御仕置なり、豈此時に當て是非の決斷を加へざらんや、されば寺領は別體ありて仁恩なる者を三寶供養と仰渡さるれば、堅く口業に付て受べからざるの義治定するが故に、是をうけざる義なるに非ずや、さて手形の文章少も後の證據になりがたし、先不受各別の言は除不除の論にも及ばず、不受の僧の當體全く轉じて受者となるが故に、能別の言を用べき道理なし、上に具に辨るが如し、慈悲の二字の事も、上に評する如く入りがひもなき儀にして公庭は三寶供養の義治定したる處に、火を水と思ひなしたる文體なれば、其謗施の體少も轉ぜざる故に謗供受用に治定したる事也、是書物も身口の二業に約して分明に究まる事なり、然るを意業の穿鑿のやうにいひなしてわきへ廻さんとし、こと〴〵しく十界互具迄ひゞかし、似つかぬ觀念の法門名目をさへづり、をく深きやうに思はせあへませて云ひかすめんと巧み、剩へ身延を理分に仰付られたる故に、寛永以後は寺領受す筈なりなどと先哲になき難をつけ、政道仁恩御許容の仕置をばおほひかくしたる彼が邪心、比量すべきものなし、

○邪記次云、又偏に能施の心に約して敬田治定と云

は、獨地子寺領のみに非ず、飲水行路悉皆供養云々、自繩自縛自立廢忘なるべし、日述方此義を料簡して云、飲水行路等は御供養と仰出しありても別體なきが故、寺領とは各別、人界の衆生共感果報なり、所以に謗罪にあらず云々、此義道理に應ぜず、亦經釋に背き甚謬りなり、ゆるすべからず、凡そ土水は共業の所感と云事勿論なりと雖ども、其共業の所感の水土を國主より供養と思召すとある故に、了簡なくして濫に是を受用せば、立義に背べし、寶積經云、若有下非二沙門一自言中我是沙門上於二此大地一乃至無レ有二涕唾分處一、況擧レ足下レ足、去來屈伸、何以故、過去大王持二此地一、施二與持戒有德行者一、令三於レ中行道一云々、梵網經云、毀二犯聖者一、不レ得レ受二一切檀越供養一、亦得二國王地上行一、不レ得レ飲二國王水一云々、天台疏云、帶レ罪無レ愧、不レ得レ受レ施、國王本以二地水一給二有德人一、無レ有二德行一不レ應二受用一、文、古迹云、言レ不レ受二檀越供養一者、非二但自増レ罪、於レ他損レ福、故不レ得レ飲二國王水一者、出家避レ役而非二福田一、註に經文を科釋して云、一供施無二一毫分一、二大地無二一足分一、三飲水無二一滴分一云々、心地觀經云、國王恩者、於二其國界山河大地一、盡二大海際一、屬二于國主一人一、福德勝二過一切衆生一故云々、此等之經釋の意を案ずるに、衆生共感の水土ながら而も衆生の自有にあらず、國主の自在なり、然るに在家の士農工商は各々所役有て共に國恩を報ず、若自感を以て云はゞ、國恩とも云べからず、自分の果報なるが故にすでに國恩と名く、あに國主の進退にあらずや、祖師の書に云、天の三光に溫レ身、地の五穀にたましいをやしなふ、皆國主の恩なり云々、出家には世役なし、若不義非道にして戒法を不レ守、行學を不レ修、恣に飲水行路すれば、國賊の科遁れがたきなり、然則地子寺領は勿論の事、井水河水まで歸依の國主に約しては、悉く敬田の供養なる事當然の道理ならずや、

彈曰、此總別の料簡、諸文を一貫し古今を通徹して妨碍なき故に、彼徒重難をうちかね、誠に術なき體

なり、總別の二途を以てさばかずんば、諸文を會釋するによしなけん、優婆塞戒經第四云、善男子無レ財之人、自說二無則一、是義不レ然、何以故、一切水草人無レ不レ有、雖二是國主一、不二必能施一、雖二是貧窮一、非レ不二能施一、何以故、貧窮之人有二食分一、食已洗レ器、棄レ蕩滌レ汁、施二應レ食者一、亦得二福德一、若以二塵麨一施二於蟻子一、亦得二無量福德果報一、天下極貧、誰當レ無二此塵許麨一耶、誰有下一日食二三揣麨一、命不レ全者上、是故諸人應下以二食半一施中於乞者上、善男子極貧之人、誰有下赤裸無二衣服一者上、若有二衣服一、豈無下一綖施レ人繫レ瘡、一指許財作中燈炷上耶、善男子天下之人、誰有下貧窮當レ無レ身者上、如レ其有レ身、見二他作レ福身應二往助歡喜無レ厭、亦名二施主一、亦得二福德一、或時有レ分、或有二與等一、或有二勝者一、以二是因緣一故、受二波斯匿王食一時、亦咒願、王及貧窮人所レ得福德等無二差別一、文、此文の中に雖是國王不必能施といへるは國王別體の施行ある明證也、又雖是貧窮非不能施貧窮之人亦有食分といへるは萬民の財體別にある明證にあらずや、かくの如きの明文を見ずして、何ぞ總別を混雜するや、只佛家のみに非ず儒道亦爾なり、伯夷叔齊が如く一身をよくするは、儒には聖之淸なるものと許し、或は隘なりと論ず、佛家に沙汰する二乘根性の如し、孔子孟子は世間に交て身命をつゞき、仁義の道を弘められし、是れ人を捨ざる聖人の儀則にして古今のゆるすところなり、かくの如く共業所感のものをば仁恩に受て法を弘め、別體あるものをば辭して受ざるなり、孔孟已に別して送る處の不義の俸祿を固辭して受ずと雖ども、其土地の水食をば用て身を養へり、然るに其總體の水食は、已に一法の二義なる故に共感にかぎるに非ず、一半は國主に屬する邊あり、此時は仁恩にして領分萬民に通用せる恩澤なり、この一半の義に約して國主の恩と名て、是を報ずるに國家安全の祈念をなし、或は諫曉を勵して身命を輕じ國恩を報謝し國土の謗法をのがるゝ事也、與咸註の心亦爾なり、共感の義を遮するにあらず、凡そ共感の義は經論常途の掟也、與感何ぞ是を拒ん、若共業の義を捨ば、國中の萬人所修善惡六分一國主に酬ふと說る、新華嚴の文如何消釋せん、汝が義の如んば、領分には國主の進退の儘なる故に、國中所修の善惡六分七分共に國主に歸すべし、如何々々、たま〳〵心地觀經を引と雖ども、屬于國主の屬の字を解せざれば、還て此方の例證となる事をもしらず、目くら引に引ちらし、日講の諫狀守正護國章に義を盡して、總別の不同、仁恩供養の異を辨ぜられしを、曾て見ぬふりをする徒者也、歸依の僧の手前に在ては所有の施物皆別の義になる故に、井水等も供養になる義邊あるべし、されどもこれも歸依の上に世出の二途はあるべし、不歸依には必總別を用て料簡すべし、

○邪記次云、さて不歸依の國主、若寺領供養仰出の時は、先法門を以て不歸は古來仁恩たるの旨、幾度も訴訟申べし、若今般の如く法義には御構なく、不受不施をば立べし、只供養と思召とある時は、仁恩悲田の供養と料簡して是を受ずんば、何と迦すとも井水河水悉皆供養の言は銷しがたし、祖師以來の不受の立義烏有となるべし、其上共業の果報と會する事本據あり、與感の註に自問自答していはく、問、供養無レ分可レ爾、王水衆生同感、何以故、亦々無レ分、答曰、白衣無戒、食二王水土一、皆有二輸稅一、出家不レ稅、良爲二戒行一、今旣二種俱無、豈有二其分一、無レ分而用、豈非二是賊一、文、何とて此釋の本意に背くや、假に問の時、共感の義をのぶるといへども、會通の時かたく是をゆるさず、共感ながら妄には受がたきぞとなり、若共感の會釋破れぬれば、日述一味の立義悉く泡沫に同ず、差事毛端を以てすれば誤れる事千里を以てすといへり、努努容易にする事なかれ、克思惟あるべき事なり、成事不說と見えたれば、日述日浣日講等の事は論じても益なし、唯來者の追べきに示す耳、

彈曰、此段別して僞妄をつくせり、誠に手を拍て一笑

すべき儀也、汝最前より悲田供養と仁恩と内外典の異にして全同一の義也といへり、しかるに此に至て自立廢忘して亦兩途にわけたり、心に此度の作り悲田と仁恩と別也と云氣ある故に、思はずしらず吐出したるもの也、汝が義の如くならば、何ぞ悲田供養の一義に究ずして、むづかしく時々にことをつくるや、不受不施には御構ない手形をばすべしと云やうなる理不盡なるねごとを囀づる事、よく〳〵闇鈍なる事也、今度の如く手形せば、不受不施は破れはてたるものなり、然るにかくの如く言をつくるは、譬ば頸をば切れて命をばたすかるべしと願ふほどの事なり、其上與咸の註の問答を僻解せる事、言語同斷の誑惑なり、問難已に供養無分と王の水土と二段に分たり、返答の下、一向共感の義を拒にあらず、無戒無德にしては共感の上にても受がたき道理を示せり、是則一法の二義にして共感の邊と王の土と名て、王に屬する邊と兩向あるが故に、共感に執して無戒無德なる

を誡めたる文也、此等の義、日講の訴狀に理を盡して書れたるを推隱して、邪難を加るは何事ぞや、今日講の訴狀を引て汝が妄說を顯さん、訴狀云、梵網の文に初の一段には檀越供養といひ、次の行路飮水は通じて仁恩を擧るなり、與咸の註に供養無分可爾と云て、別に水土を料簡す、豈供養と仁恩と異るに非ずや、破戒無行にしては、供養は申に及ばず、國主の通恩をも報ずる事あたはず、されば是盜賊の義なり、乃至地水は本一切衆生の同業の感ずる處、亦是面々の恩所あれども、王は是統領の主なるが故、王の水土と名けてこれをのみこれをゆく、是則國主の通恩にして尤も報ずべき義なり、乃至在家は士農工商の役をつとめて、其國ようを辨じ其厚恩を謝す、若在家の中にも端拱無爲にして空く國用をついやすは、豈賊の義に非ずや、沙門に在ては專ら戒行を勤め佛法を弘めて、國中の諸人をして勸善懲惡せしめ、國家安穩の懇祈を凝す、これ國王の恩を報ずるなり、若破戒無慚

にして徒に光陰ををくり、報ずべき恩をも報せず、行ふべき道をもしらざるは、これ僧の中の盗賊なり、何ぞ飲レ水行レ路平等云々、豈淄澠の水を分ち、虎彪鞹を辨せられたる消釋に非ずや、凡此土は一佛の化境にして敎主に屬する邊これあれども、又業感に約して衆生に屬する邊之あり、されば玄義六廿八云、此用二神變一、若多若少、俱表レ妙也、文云、今佛入二于三昧一、是不可思議、現二希有事一、現二希有事一是妙神通也、若應二同依報一者有二兩意一、若國土苦樂、由二於衆生一、非二佛所作一、佛但應同而已、若作二折伏攝受一者、佛鑒二機緣一、或作二苦國一、或作二樂國一、苦樂由レ佛、不レ關二衆生一、今且釋二初意一、大論云、有國土純聲聞僧、或國土純菩薩僧、或菩薩聲聞共爲レ僧等、文、釋籤六卅三云、次應同依報中、二先重判二所屬兩意不同一、次今且下正釋初文者、論二其正報一、尙乃亦可二生佛相攝一、但衆生唯理、諸佛事成故、一切衆生悉皆攝二在佛境界中一、況所依土、本是諸佛所化之境、如二世王土一、必屬レ王而萬姓所レ居、各謂二自得一、其實王爲二

萬世一以治レ國、萬姓歸レ王而立レ家、是故以レ慈以レ忠、更互相攝、彼此相望、而從レ王義强、今爲レ分二於機應義異一、前從レ機說、故云二且釋一、況諸佛寂理、神無二方所一、所依寂境、號二常寂光一、是故砂石七珍、隨二生所感一、若依二此意一、復由二生造一、是故從レ之、以立レ土爲レ機、文、維摩疏垂裕記唐訣等類文ありといへども、繁き故に之を略す、所引の文分明なれば細釋するに及ばず、籤の六に强弱の義を作るといへども、兩屬の義必然なり、生佛相對せば迷悟懸に隔たり、妄相と實境と胡越萬里なれども、悉檀機越の日、自他兩向の義を存せり、況や國主と萬民と共に實業の所感にして迷中隔歷の差相宛然なる時、豈全く庶民業感の邊を泯して、偏に國主の所有也と云義を作らんや、若汝が如きの遁辭に任せば、祖師以來の先達明哲、水火の難を辭せざるは鈍なる事なり、悲田供養の料簡もなく、徒に井水河水を受たる人也と云んや、汝がせつなき儘につくり出したる事を定規にして、先哲をそれにしたがへん

とするは、蚍蜉が大樹を動さんとするが如し、又汝が如く時々に兵法を遣ひうけながして、國主にそむかざるやうにと調義をせば、末法萬年の間に泥滅度後の難はあるべからず、末法逆化の方法、祖師以來諫曉國主の本意、遠くは勸持品廿行の偈、涅槃經の護持正法の文等、忽に泡沫に同べし、不惜身命は口にさへづる一邊なるべしや、御書云、國主等にたがへばはや法華經の行者にてはあるなり云々、何ぞ不忍の言を出して祖師に違背し、嘲りを博の士にとるや、景行錄云、大丈夫見レ善、明重二名節於泰山一、用レ心剛也、故輕二死生於鴻毛一、有レ斷則生、無レ斷則死、大丈夫は以レ斷爲レ先矣、良に所以あるかな、

追加

供養字義通局幷與咸註可否之辯

然るに養の字は下より上に奉るを養と云と、養育の義と上聲去聲分明に分れたれども、供の字平去二聲共に設也供給也の字訓あつて、其意通ずる事あり、彼は供給の言を定て悲田口施に約す、爾るに今諸文を勘るに、敬田に約して又供給の言を用たる事多し、提婆品云、供給走使、又云、供二給於所ロ須、觀佛三昧經云、須達請佛及僧供二給所ロ須等云々、荊溪敬田供養の釋を設る下に、還て供給の言を置り、下に引が如し、本供の字已に通ずれば養ノ字亦一概には定め難し、本より字義の分ちなきには非れども、彼れ通局をもしらず、偏に泥みたる失を辨ずる也、又與咸の供の字聲を失念せられたる事あり、奉也進也は平聲の時なり、故に敬田は平去二聲、悲田は去上二聲と云べし、敬田は共に去聲に約し、悲田は平上二聲と云へるは、大なる訛轉に非ずや、かやうの事をも勘へずしてめくら引にひき、與咸の註を天子の一言と守りけるこそ墓なけれ、又古迹の供養父母妻子の文を引て、是は恩悲二田に通ずと云へり、若爾ば初に引る維摩經の文も敬悲二田に通ずべし、何ぞ定て悲田にかぎるやう

に引來せるや、又彼維摩經の文を引に、經の題を顯さずして、たゞ經に云と引て、戒疏の本文、梵網經の文のやうにかすめたる事は何事ぞや、凡そ此與咸の註、所據の經幷疏文、敬田約して消釋するに少も相違なし、本文を敬田と見定れば、與咸の註は詮なき事に非ずや、今本文を引て汝が無稽の浮說を顯さん、梵網經に云、若佛子見ニ一切疾病人一、常應下供養如レ佛無上レ異、八福田中、看病福田、是第一福田、若父母師僧弟子、病ニ諸根不具、百種病苦惱一、皆供養令レ差、而菩薩以ニ嗔恨心ニ不レ看、乃至僧坊城邑曠野山林道路中、見レ病不ニ救濟ニ者、犯ニ輕垢罪一、文、疏云、序事三重、一擧ニ病人是勝福田一、二應、三不應、言ニ供養病人如レ佛、極敬爲レ語、此明ニ在レ心不レ在レ田、如ヨ阿難分レ飯與ニ餓狗一、以ニ此心明好ニ故、與レ佛一等、菩薩見ニ一切病人一、隨ヨ力所レ能皆應ニ看視一、文、已に疏に擧病人是勝福田と云、勝の字敬田を指に非ずや、是則病人を敬重する心に約するなり、故に次の應の段の經文に常應供養如佛無異と云へり、是佛の敬田を供養するが如く病者を敬ひ、敢て輕めざるやうに大切にせよと云經文の意なり、されば疏に極敬爲語、此明在心不在田と釋し玉へり、已に餓狗に施と佛に施と平等の運心を擧玉へり、是亦維摩の施主等心施一、最下乞人、猶如ニ如來福田之相一の文に類せり、正しき例文を出さば、止觀四六十五云、卽便退レ戒還レ家、求ニ覓欲境一、不レ見不レ知レ足、或偸或刧、或逼或貨、如レ是等種々求レ欲而生ニ罪過一、若得ニ此境一、大須ニ供養一、文、弘四末五十八云、若得ニ此境等一者、夫以レ下薦レ上爲レ供、以レ卑資レ尊曰レ養、是人棄ニ於三寶勝田一、唯徇ニ五欲穢境一、供ニ給所須一、故云ニ供養一、文、是則欲境を敬重して父母主君の如くする故に、彼多欲の人をうこづく心にて、別して供養の字を敬田に約して釋し玉へり、今亦斯の如く行者の病人を敬重する事佛の如くせよとの文也、彼は欲境を敬ふ事をのべ、是は病人を看する事を擧る、其所緣異なりといへども、敬重して供養する義は宛かも符契の如し、さて梵網の徇菩薩の下は、病者貧人等を嗔恨し輕蔑すべからざる旨を説く文なる故に、大師不應と分科し玉へり、かくの如く經疏を消釋してこれを見れば、與咸の字義分別入らざる事なり、餘文にあつては或は爾るべし、此文には一向あたらざるなり、

會下自證寺不レ被レ捧ニ供養手形一之難上

自證寺は本より菩提のための寺領なる事はかくれなき事なり、是に依て遵師自證寺へ入院の時、千代姫君へその理りあつて施主を申受られたり、然るに此度は總別の分ちもなく、井水河水皆御供養とある義なれば、御朱印の文體の同異を論ずるに及ばず、此時に當つて公儀へ施主の義を披露し或は施主を申受るとも、あに承引あらんや、然れば流聖衆と同じく手形の儀を辭退し寺を捨られたる事、道理至極せり、小寺を捨るすら道念なきものは大節の事に思へり、況やかやうの大地の伽藍を抛擲して流浪の身とならるゝこと、豈無分別にして怱卒の儀なりといはんや、若し施主の沙汰なしに供養の手形を指上られば、汝等が手形と何のかわりあらんや、かくの如きの儀をも思惟せずしてみだりに評量する事、淺懷のいたす所なり、

三箇寺誑ニ藝州御簾中一僞而改悔事

其後寛文九年己酉の夏三箇寺内談をとげ、藝州御簾中へ三箇條の書物をして法義改悔の印とし、其上青山龍土の番神へ參詣し、事相の改悔を勸めたり、彼等が邪謀をば知られず、實の改悔と思はれたり、然るに其三箇條の内には、往々公儀へ訴訟して慈悲供養の一札取返すべき趣、或は流人御赦免の訴訟を三箇寺より肝煎べき抔とある條目也、然るに書物捧し後二三日あつて又藝州の屋敷へ來て云、此中書物を捧し事、我等檀那へ洩聞えては、流人の正義なる事疑なし、參詣を止むべしなど申者數多これあり、今更迷惑に及ぶの間、御憐愍を以て此中の書物御返したのみ入るの旨訴訟しければ、簾中より件の書物を返されたり、されど既に和融の上は又々不通になりがたきに

依て、龍土の番衆にて改悔したるをとりこにして、彼徒と通用せられたり、日講下の伴頭本地院二老觀也、日浣下の伴頭英然二老英碩等、流人の内意をも受ずして此三箇改悔の内談を幸にし、京都日精の下知を受て御簾中を誑し、和融を調て我身を安穏にせんと邪謀を廻したる次第也、殊に本地院英然等内證にて起請をかき、此和融の談合是非共に決定すべき由連判せり、此趣或方より一々書付にて日講へ注進ありし故、日講此以後藝州御簾中は勿論、本地院英然等京都日精とも不通せられたり、然るに日講は藝州簾中より數年世間の重恩を蒙らし、殊に左遷の砌は兄弟の契約まで致され、法中へも内證にて我等弟分の儈なる由披露せられたる程の懇志なれば、若邪義をあらためらるゝ事もあるべきかと、一卷のまき物をしたゝめ、寢語問答と題して彼屋敷へ送られたり、されどもはや簾中寺社奉行にて、向後三箇寺と通用致すの旨披露せられたる巨障等ある故に、終に改悔の儀なきに依て永く不通せられたり、殊に其歳の秋は、老中へも日講御赦免のなり難き儀に於ては廣島へ預り替の儀御肝煎賴み入るの旨、内證を申されければ、稻葉美濃守嫡子丹後守を廣島屋敷へ使として、御赦免の儀は相調はずとも、預り替の儀は相違御座あるまじ、餘の老中へも急度其旨御内證仰られ然るべき由懇の口上これあり、内々口ごはき美濃守かくの如申越れたる上は、來春は預り替の儀急度埒明べきの由御簾中より日講への書中に具に申越れたり、され共日講預り替の儀にも曾てとりあはれず、其暮に江戸より佐土原迄はる〲送られたる呉服并に資緣等をも、松木十郎左衞門へたのみ江戸へ返進せられたり、其後京都眞俗中も堅く不通にてありしなり、日精彼是につき誤の儀は寢語問答にも其外別處にも具に示されたり、今試に此三箇寺の改悔の虚實を糺明すべし、若實心より起て改悔懺悔する理ならば、何ぞ檀那の不參の儀を恐慮せんや、又それほどの分別は書物以前にあるべき事也、何ぞ書物以後檀那不參の儀に俄に驚く儀あらんや、是一、又若此三箇條の書物實義ならば、何ぞ邪書を作て諸國へ廻し、專ら流人を誹謗して凶惡を盡すや、但此邪書を作るも心より起らずして檀那不參の儀を防がんが爲の計略を以て作れる書なりや、是二、若又心中には始終邪義を改めずして、ただ藝州御簾中通用を望む志ならば、眼前の賣僧所論にたらず、是三、況や一人の女姓の歸依を求んが爲に、大妄語を紙面に顯し、龍土の番神弁に御本尊の前に至、心に改悔の作法を勤めたるは、三寶を忽緒して假令のものになし、諸人を誑惑して虛僞の相を現ずる、豈是沙門の作業ならんや、是四、況や其以後彌邪義盛にして清法を守る者を惱し、種々の謀を廻して邪義を一天に廣布せんとす、是五、決して知ぬ、彼の徒は二途不攝の蝙蝠、敵にしても味方にしても曾て取所なき妖僧なり、（此中に三箇寺内談といへるは、小湊誕生寺、碑文谷法華寺、江戸谷中感應寺なり、）

嚴有院殿薨御諷經時三箇寺御布施頂戴事

其後延寶八年庚申五月八日、嚴有院殿御薨御の砌、上野へ諷經をつとめ、小湊碑文谷谷中一言の辭退に及ばず、御布施五十貫充拜領しぬ、前の邪書に公儀へ捧たる一札とひけらかして、慈悲の二字入たる上は、重て別時の敬田供養を受ざる證據となるべしといへる妄說、忽に顯れたり、其上法難の砌は、別時供養の時には身命を捨ても訴訟すべしと、諸檀那に對して荒言しながら、今無味に受用する事、淺猿き自語相違に非ずや、何の面目あつて猶邪義をかざるや、但し此御葬禮の御布施も、悲田供養と意得れば受ても苦しからざるや、誠に無慚無愧の惡僧、受不施他宗のおもはくも恥かしき事にあらずや、其時分は公方も未だ壯年にも及び玉はぬ折節なれば、當分目に見えざる事なる故に、事を後へ讓て、別時供養の時は身命をも捨べしと云ひふらし、檀那を誑かす謀ごととしける處に、幾ほどなく十五六年の內、不慮に嚴有院殿御薨御ありし故、日比のいつはり忽に顯れたる事、且は彼等が誑惑の現罰とも云つべきか、殊に日明は小湊に於て寺家末寺をあつめ評議しける處、其落居の趣は、諷經には御出勿論、御布施を頂戴なされ御歸りの後、早々施物を何方の堀へも御捨させ然るべきよし、衆議一決しけるに、日明出府の後、其首尾をたがえ、曾て捨つる沙汰もこれなく、まれにも今般は一往の御訴訟もあるべきかと云ものあれば、還て呵責して、小僧何を知て異見だてをするぞ、唯我にまかせよと放言して、無味に御布施を頂戴せるとなり、誠にかくの如きの惡僧、誕生寺の住持と成て、濫りに法燈の名を犯し、飽まで邪義をたくましくせる事、時の不運是非に及ばざる儀なり、

悲田之徒終歸㆓伏身延㆒事

其後元祿四年辛未の夏、身延の訴訟に依て、小湊誕生寺、碑文谷法華寺、谷中感應寺、年來悲田不受不施、謀僞露顯し、公庭裁許の上、一言の陳答に及ばず、熊野牛王の裏に起請文を書て身延に歸伏し、剩末寺等を掠て意業にも不受不施を存ずまじき趣、起請文を催促し、終に天下一同の受不施となせり、嗚呼悲田の徒、先年正統を守れる不受の徒を訴人して根をたやせる現報、踵を廻らさざるにあらずや、誠に唇つきて齒さむきためしを知ざる癡人なり、他宗の嘲哢、當家の恥辱、責ても餘りあり、悲ても不ㇾ足、

破鳥鼠論 終

三田問答詰難序

頃ロ大坂ヨリ一巻ノ書ヲ送ル、開イテコレヲ見レバ、題ニ三田問答ト顯シテ、二十八條ノ目錄ヲ列ネタリ、則暫時ニ電覽シテ其卷ノ終ヲ見レバ、跋ノ心地ニヤ、無常ヲスヽメテ述作ノ意趣ヲ顯セリ、誠ニコレ龜毛ノ長短、兎角ノ有無ヲ長々ト論ジテ、詮ナキ莠言ナリ、凡書ヲ著ス事ハ誠心ヲ以テ其義ヲ究竟シ、虚談ヲヤメテ得意ヲ思定ムベキ事ナルニ、段々皆己ガ義ヲ莊嚴スルノ邪曲、條々他ノ是ヲ覆藏スルノ妄難ナリ、ソノカミ彼新受ノ徒、一巻ノ抄ヲ作テ都鄙ニ廻セルヲ一覽シ、條ヲ逐ヒ篇ニ隨テ、一々難破セル故ニ、今更ニ筆ヲ染ルニ及バザル事ナレドモ、綿々ト詐僞ヲカマヘ、論語孟子ノ拔書ヲ加テ、言ニ華ヲサカセ興フカキ様ニ書ナセルヲ見テ、又似タルヲ友トカヤノ風情ニテ、千萬人ニ一人モ、サモヤト思ヒ誤ル事モヤト思ヒ侍ルマヽニ、聊水グキノアトヲ染侍リ、誠ニ狂人走レバ不狂人モ走ルノ譏リハ、遁ルヽ處ナキモノカ、

日講門人　無名子序

三田問答詰難

凡此書ノ首尾ヲ検ルニ、始終無實ノ誹謗、無顧ノ諂曲ナル事、彼ガ意ヲ量テ預メ點示ス、先四恩三田ノ事ハ諸經論ニ散在シ、本ヨリ我宗ニテ盛ニシレル事ナレバ、流人等モ皆覺悟ノ前ニテ、今般ノ所論ハ三寶崇敬ノ財體轉ゼザルヲ、此方ヨリ悲田ト名テ領納スル故、謗法ノ性罪ト成ト云義ヲ體トシ、サテ經論幷ニ儒書ニ供養ノ二字兩義見エタレドモ、本朝ノ風俗、昔ヨリ供養ノ語ヲバ佛事作善ノ義ニ約束シテ用ヒ來リ、世間仁恩ノ義ニ用タル事コレナシ、サレバ宗祖以來供養ノ言ヲ一概ニ敬田ニ用來レルヲ、今俄ニカケカヘヲ分別スルハ第一譏嫌戒ナリ、又愚ナル事ナリ、譬バ筑紫ノ彌太郎ト云ヘル者咎ニ行ハル丶時、關東ノ由緒モナキ彌太郎ト云モノヲ身ガハリニ立テ丶難ヲ遁レントスルホドノ愚ナル事ナリト、流人衆ノ立ラレタル義ナルヲ、アリヤウニ云テハ邪義建立ナリガタキ間、流人ハ皆一文不通ニシテ三田ノ名目モシラヌヤウニイヒカケ、供養ノ字意ヲモ合點セヌモノノヤウニイヒカケテ、邪義ノ利運ニイヒナスベシ、サテ其上ニ一切經ヲモ見タルフリヲシテ、經論ナド引加ヘ、頭書ノ四書大全マジリニ儒書ナド引カケ、新義ノ方ハ博學廣才内外周覽ノヤウニカザリ立ベシ、與咸ノ註ナド小僧モ常々モテアソブ書ナレドモ、今俄ニ唐ヨリワタル様ニ上聲去聲ノ字サバキマデ究タルヤウニ云ベシ、サテ日奥日樹日遵等ノアメル書ハ、モトヨリ流人ハ常ニ眼ニサラシテ流通セラレタル事ナレドモ、ソレヲモエ見ヌヤウニ云ケスベシ、サテ此悲田供養ト悲田ノ二字ニ供養ノ二字ヲ加ヘテ呼事ハ我宗始ツテ終ニナキ事ナレドモ、本ヨリ約束シテ用ヒ來レルヤウニイヒナシ、日奥日樹等ノ義ト今度ノ邪義トハ浦原ノ相違ナレドモ、此衆ヲ用ズンバ眞俗彌新義ト云ベキ間、此衆モ悲田供養ノ事ハ合點セラレタルヤウニモテナシ、心ニハ此衆ヲモアマリ信仰ニハ思ハネドモ、愚俗タラシノ分別ニハ、コレニ過タル調義アルマジケレバ、方人トスベシ、サテ仁恩ハ共業感ノ義ト國主ノ恩ノ義ト兩向ニモタレタル事ハ、日講等ノ諫狀ニモクドキホドアル事ニテ、日本國ヘ弘マリタル事ナレドモ、コレヲモ云カスメテ國恩ヲモシラズ無方モノノ樣ニ云ナスベシ、サテ同聽異解ノ一札ハ證據ニナル事テモ無レバ、他日執權モカハリ身延ノ住持ナドモカハリテ敬田供養ナドノアル時、彼方ヨリ受不施ト一ツニスベシト云タテバ辭モナルマジケレドモ、今ノ身延ノ住持訴訟ギラヒニテ、未ダ訴訟ノ沙汰モナク、公儀モイツハリヲロカナル體ニテ、サテ無沙汰ナレバ、先此砌ハ公儀ハレテ不受不施ヲ立ルヤウニ云ナシ、公儀モトクト悲田ノワケヲ合點メサレテ、能施ノ人ノ心モ轉ジタル樣ニ明君賢臣トホメ立テ人ヲカタムクル根ダテトスベシ、サテ受不施ハモトカラ墮獄ホドノ失ニテハナシ、三學ノ中ニハ破戒ノ一分ナルベシ、實體ノ謗法ニハ非ズト、日明等人ニモカタリ心ニモ思ヒシカドモ、公儀ヨリ幸身延ト一味セヨト催促モナケレバ、身延方ヲモ次デニシカルマネヲシテ、愚人ニ明ナル不受不施ナリト思ハスベシ、サテ流人等ハ吾祖已來ノ嚴密ノ制戒、日奥日樹ノ的傳ヲ汲テ身輕法重ノ義ヲ守リ、寺院ヲ捨テ、名利ヲモカヘリミズ、身命抛テ佛法ヲ重ンゼラレタル事ハ、水イラズノ修行ナレバ別ニ水ヲサスベキヤウハナケレドモ、コレヲモ悲田仁恩ノ料簡ナク我慢ニテ立タルヤウニイヒケシテ、日奥日樹ノ流罪トハカハリタルヤウニカキナシテ、信仰ノ道ヲフサグベシ、サテ身命ヲ捨テ、名利ヲムサボルト云事ハ、イカニ云カケテモ人モ合點スマジケレドモ、コレモ十人ニ一人ハサモヤト思事モアルベケレバ、名利ヲ思テ不惜身命ヲ立タル血氣ノ勇者ノヤウニ云ナスベシ、サテ流死二罪ヲモカヘリミズ其身ヲ公儀ニ打任テ、祖師ノ義ヲ守リ天下ヲ諫曉セラレタレドモ、公儀ヨリ流罪ニ仰付ラルレバ王土ニ生レタル上ハ身ハ任セ奉ル志ニテ、公儀ヨリ扶持方ヲ受ラレ、其上仁恩敬田ノ異目ヲ立諫曉セラルヽ事ナレバ、仁恩ナル事無レ隱事ナレ共、無理ニ悲田ノ料簡ナシニ受ル様ニイヒナスベシ、サテ宗家ノ檀越改守スル事ハ新受方ヨリ累年强訴ヤマザル故ニ日本國中一同ノ寺請ノ僉議ニ成テ糺明密敷故、サスガ身命ヲバエ捨ズ、當敵ヲサケテ他宗ニナルノ義ナレバ、コレモ改宗ノ根本ヲ尋レバ新受强訴ノ過失ヨリ起リタレドモ、コレヲモ流人ガスヽメテ他宗ニシタヤウニ云ヒナシテ人人ニ見限ラスベシ、既ニ預ケノ身トナリヌル上ハ、オモテハレテ云ヒ分スル事モナルマジケレバ、イカヤウニモ云ヒカスムベシ、又新受ハ第一臆病ニテ邪佞ノ巧フカク節々表裏アリシ事ハ諸人ノ知ル處ナレドモ、コレモ心持ハ不惜身命ノ義也トスカス、太刀ニテ人ヲ切ベシ、サテ慈悲ノ二字入レズシテモ書物スル談合ハ究リタル事、江戸中ノ眞俗知リタル事ナレドモ、コレモ遠國モノナドヲ誑スニハ一筋アル手ダテナレバ、慈悲ノ二字入ネバ不惜身命ヲ立ル筈ニテアリシ様ニ云ヒナスベシ、サテ此文言入タル事、公儀トクト悲田ト領納ノ義ニテナキ事ハ書キ物ノ文言ニモ顯レタレドモ、不思議ノ佛智ニテ調タルヤウニ云ヒナシ、サテ書物ノ文章少シナヲリタルヲ幸ニシテ、寺社奉行ノ三寶供養ノコトハリヲモキカヌフリニテ有難シト頂戴シ、盗ミ物ヲヒキ出スヤウニトシヲソシトアハテヽ判ヲシタル事ハ、日堯日了モ同座ニテ見ラレタルコトナレバ、諸眞俗モ皆知リタレドモ、コレヲモカスメテ流ルヽ魚ヲヱビスニタムクルトヤラン云フヤウニ、コレヲ以テ公儀ヲ諫メタル様ニ云ナスベシ、又大悲代受苦ヲ云テ人ヲ誑ントセシホドノ事ナレバ、因果撥無ノ底心ナレドモ無常幻化ノ世ヲオソルヽヤウニイヒナスベシ、正法ノ行者ヲ落シ入ントテ節々訴訟シタル事ハ歴然タレドモ、コレモ還テ流人等ノ上ニ謗法師敵ノ失アル様ニ云ベシ、又陰毒陽報ノ道理ナレバ、イカニ作リ文ヲ廻シ高座ニ登テワメケドモ諸人モ聞入ズ、邪義ノ程陳報シ難ケレバ、大名ノ奥方ヲタバカリ入レテ方人トセント思フテ改悔ノ一札ヲ捧ゲタル、其文體ニ公儀へ供養ノ手形致シタル事ハ不レ及二是非一次第也、内意ハ流人ノ衆ト同意ニ候條、向後ハ時節ヲ以テ流人御赦免ノ訴訟ヲ致スベシ等ト二箇條ヲカキノセ、三寶ノ寶前ニテ改悔懺悔ノ作法ヲツトメ、其上ニ此改悔ノ義世間へ聞へ候ヘバ年來ノ諸檀那即時ニ離レ申べシ、必御沙汰コレナキヤウニト深ク頼ミタレドモ、ウテバヒビクノ道理ニテ世間ニ隱レナシ、サレドモ彼新受方ノ惡僧ノ思ハクニハ、奥方ノ口ヲカタメタレバ此改悔ノ義ヲモアマネク世間ニハ知べカラズ、其上例ノ同聽異解ノ一札ニテ思ノマヽニダマシスマシタレバ、又此上ハ表裏ヲカマヘテ、カ様ノ邪書ヲ作リテ廻シタリトモ、世上ノ者ハ鈍ナル間、新受ヲ日本第一ノ表裏モノ賣僧ノ皮ト思フモノナカルベシ、アリトマヽヨ、一寸サキハヤミナレバ、マヅ當座ノ恥ヲカクサバ一人ヅツモ思ヒツカスル手立ニナルベシト、三箇寺相談ニテ此書ヲ編立タルモノナラン、

○他書云、或人來テ問曰、吾宗ノ元意祖師ノ法制ハ堅ク不受不施ノ所立ニシテ受用謗施ノ文義ハ曾以テ無キ事也ト云事ハ、前ニ粗コレヲ聞得タリ、今且クコレヲ置ク、サテ不受一流ニ於テ、頃マタ二派ニ分レテ或ハ悲田ノ供養ハ受施トモニ妨礙ナシ、或ハ悲田供養ヲ受施スル事ハ甚キ謗罪也ト云テ、互ニ刃ヲケヅリ諍論屢ヤマズ、孰カ是ニシテ孰カ非ナル事ヲ敢テ問、マタ將失イカンゾヤ、答云、汝若ヨク受不施優劣ノ議論辨別シヲハラバ、又ナンゾコヽニ於テ深ク疑惑スル事有ンヤ、凡ソ夫所施ノ境ニ三種ノ福田アツテ、能施ノ心マタ三種ノ供養アリ、所レ謂敬田恩田悲田ナリ、敬田ト者、佛法僧ノ三寶コレ也、恩田ト者、國王父母師長主君等也、乃至然ニ又當世末流ノ中ニ猶悲田供養ヲモ受施スベカラズト云テ、私曲

臆見ノ新義ヲ企テ、剰ヘ嫉妬ヲ旨トシ我慢ヲ先トシテ他人誑惑シ法義ヲ詐僞スル事、實ニ無文無義ノ僻見ニシテ謗佛破祖ノ大罪也、且ク今要ヲ以テ此ヲ評論セバ、夫レ他宗敬田ノ施ヲ受クルモノハ是甚ダ不及ニシテ祖師ノ所制ヲ亂リ、カノ悲田施ヲ受ザル人ハ又却テ大過ニシテ吾宗ノ元意ヲ失ヘリ、アヽ過タルハ猶及バザルガ如シ、誠ニ中正ノ得ガタキ事宜ナリ、已上他書、

彈ジテ曰、此問答ノ大旨、先大キナル虚誑罪也、凡今般ノ所論ハ寺領等ヲ公儀ヨリ三寶供養ト仰渡サルヽ義ナル故、謗施ノ財體轉ゼザル故ニ性罪ヲ犯ス義ト、悲田ニ供養ノ二字ヲ加ヘテ悲田供養ト名ル事、混亂ノ咎ヲ招テ譏嫌戒ヲ犯ス巨障アルト、此二箇條ヲ以テ謗法トナル義ヲ立テラレタリ、敢テ悲田ニ付テ受不受ノ異論アルニ非ズ、サレバ日講ノ諫狀、守正護國章ニ云、カクノ如ク堅約ノ上ニ、一派ノ内邪謀ヲイダキ公儀ヲカスメ事ヲ文言ニヨセテ悲田供養ノ新義ヲ立テイツハリ愚ナル義ヲ巧出シ愚俗ヲ勸誘セリ、公儀已ニ三寶崇敬ノ義ト被二仰渡一處ニ、悲田慈悲トウクルハ能施　施大ニ相違セリ、木ニ竹ヲツギタル風情、水ヲ火ト思ヒ成ス義ニシテ謗施ノ財體轉ゼズ、況ヤ手形文言幽遠ニシテ後代ノ文證ニナリガタシ、供養ノ言タマ〳〵悲田ニ通ズル事アリト雖ドモ、已ニ諸經論ノ大旨專ラ敬田ニ約シテ供養ノ義ヲ成ス、況ンヤ自宗他宗通同シテ布施供養ノ言、專佛事作善等ノ義ニ用ヒ來レリ、凡君子ハ嫌疑ノ間ニヲラズ、瓜田ニ履ヲイレズ李下ニ冠ヲタヾサズ、孔子渴ヲ盜泉ノ水ニシノビ曾子ハ車ヲ勝母ノ里ニカヘセリ、必也名ヲ正サンカ乎、供養ノ言、誠ニイムベシ、已上、此語數行ヲ不レ越、萬世ノ規矩トナル明ナル格言ナリ、彼徒此諫狀ヲ見ザル事ハアルベカラズ、然ルニ其義ヲ隱覆シテ悲田受不受ノ論端ヨリ起ルト云事、誠ニ野狐精ナリ、今先右ノ二箇條ヲ推廣メテ彼徒謗法罪ヲ犯ス道理ヲ點示スベシ、一ニハ公儀ヨリ始終三寶供

養ト仰渡サル丶處ニ、此方ヨリ强テ悲田ト受ルト能施イ施大キニ相違シ、謗施ノ財體一向轉ゼザレバ供養ノ言亦色モカハラズ三寶供養也、二ニハ彼徒手形ノ文言、添删ヲ以テ其義ヲツノルトイヘドモ、曾テ後代ノ支證ニナラザル故ニ性罪遁レガタシ、（此段ハ下ニ具ニ論ズ、）三ニハ彼徒急ニ臨デ相似ノ語ヲ考ヘ遁辭ヲ設ル事、内外相違公私矛盾ノ証惑ニシテ、世間ニ於テハ公儀ヲカスムル咎ヲ招キ、佛法ニ付テハ覆藏謗法ノ罪ヲ犯ス故ニ、四ニハ自身邪義ヲ企ルノミナラズ、祖師已來正統ノ義ヲ堅ク守ル衆ヲ怨嫉シ非ニ落サントシテ、公庭ヘ訴ヘ廻狀ヲ廻シテ誹法毀人ノ大罪ヲ生ズルガ故ニ、五ニハ公儀ヨリ流人ノ外餘類ニ御構ヒナキ筈ナルヲ、屢訴訟シテ天下ノ寺院正統ヲ汲ム類ヲ一字モナキヤウニ斷絶セシムル故ニ、檀那又寺請ニ當惑シテ、サスガ身命ヲ捨ル事ハナリガタシ、サス敵ノ新受ヲバ甚嫌故ニ止ム事ヲ得ズシテ皆宗旨ヲ改メテ他宗トナル、此大罪皆新受ノ徒ニ歸スルガ故ニ、六ニハ吾宗ノ格式逆化ヲ表トシ尋常モ國主ヲ諫曉スルヲ以テ本意トス、然ルニ今度寺領ニ付テ公儀ヨリ難題ヲ仰カケラル丶ハ、誠ニ身命ヲカヘリミズ、宗義ヲ呈露シ諫曉ノ忠ヲ盡スベキ時ナルニ、公庭ヲ恐レ書物ヲ捧ゲ宗家永代ノ瑕瑾ヲ生ズルガ故ニ、七ニハ悲田ノ二字ニ供養ノ二字ヲ加テ仁恩ノ義ニ用ル事、祖師已來終コレナキ新義ナルガ故ニ、八ニハ錄内錄外寺領供養各別ノ證據、古來ヨリ相傳スル義幷ニ日向記ノ寺領供養各別ノ明文等泡沫ニ同ジ、供養ノ言世出混亂シテ宗義立テガタキ故ニ、九ニハ謗法供養ノ語モト熟語ニシテ、供養ノ語敬田ニ用ヒ來リ、コレニ付テ不受供養、不施供養ノ二箇條ヲ制シ來ル事、吾宗祖師已來ノ旗印ナリ、末弟トシテ少モ紛ハシキ語ヲ加ヘテ此法度ヲ亂ルベカラズ、例セバ禮樂征伐、帝王ヨリ出デテ諸侯ヨリ出ザルガ如シ、然ルニ今事新シク字義ヲ考ヘ平仄ヲ論ジテ、供養ノ言悲田ノ義ニ混亂セシムル事最モイムベキ事ニシテ、必ズ名ヲ正スベキ事也、凡不受不施ノ制戒ハモト守リガタキ義ニシテ、伯夷ガ清介ヲ懷ク者ニアラザレバ均等ニ守リガタシ、邊鄙野僧薄信ノ愚俗等ハ、ヤヽモスレバ敬田供養ニ付テ制戒ヲ犯ス者コレ多シ、然ニ猥ニ悲田ニ又供養ノ語ヲ加ヘバ、何ヲモ悲田ト名ヲツケテ受用ノ媒トシ利養ノ便トスベシ、宗家モト相似ノ謗法ヲ嫌フハ、カクノ如キ害ヲ招クモトヲフサグ義ナリ、然ルヲユルガセニセバ宗家ノ旗印忽ニ倒ルヽガ故ニ、十ニハ本朝ノ風俗、諸宗トモニ供養ノ語ヲバ佛事作善ニ屬シテ敬田ノ義ニ用ヒ來レリ、縱ヒ誤リニテモ國風ノ約束シ來ル事ハ俄ニ改メザルハ故實ナリ、例セバ鍛冶ヲ假治ト用來ルガ如シ、又南斗北斗共ニ兩音アリトイヘドモ、南ヲバ斗《ジュ》ノ音ニヨビ北ヲバ斗《ト》ノ音ニ用テ紛レザル樣ニ約束セリ、尋常已ニ總屬別名ノ例アリ、サレバ供養ノ語世間ニ亙ル事アレドモ、國俗古來出世ニ屬シ來ル格ヲバカフベカラズ、隨方毘尼ト云ヒ須善方言ト釋スル、此意ニモ通ズ可シ、若強テ異國ノ儒書佛經ト本據ニ准ジテ新ニ理局ヲ立、吾朝ノ風俗ヲ破ラバ、今淺事ヲ以テ詰難スベシ、檀那ハ梵語、布施ハ漢語ナリ、サレバ出家ノ在家ヲ檀那ト稱スルハ布施ノ義アルガ故也、又下人其ノ家家ノ主君ヲ檀那ト稱スルモ施ス義アル故也、出家ニ在テハ出世ノ布施ノ義ヲ成ス、下人ニ在ハ世間ノ布施ノ義ヲ成ス、サレドモ國風トシテ御布施ト云ハ出家ノ上ノ義ニ限テ用ヒ、梵語ヲバ世出通ジテ用ルナリ、若翻名ヲ僉議シ字義ヲ論ジ、主君ヨリ給ハル知行ヲ家臣トシテ御布施ヲ拜領セリト云ハヾ諸人手ヲ拍テ笑ベシ、今新受ノ方ノ供養ノ字義世間ニ亙ル事ヲ考出シテ、世間ノ悲田ヲモ供養ト云ベシトツノルハ、彼物シリガホニテ知行ヲ御布施ト云テモ苦シカラズト種々證據ヲ引テ義ヲ成スル嗚呼ノ者ニ似タリ、心アル者誰カ嘲哢セザランヤ、略シテ十義ヲ擧テ彼徒謗罪ノ梗概ヲ示ス、一派ノ中ニモ此義ヲ納得セザル人ハ或ハ悲田ノ語ヲトガメテ仁恩ト別ナリト執シ、或ハ相似ノ謗法ニ屬シテ破責ヲ加ルハ正當ノ義ニハアラズ、然ルニ世間ノ人專彼ヲ呼テ悲田ト名ル事ハ二ノ由緒アリ、一ニハ敬田ノ供養ヲ無理ニ悲田ト名ヲ付テコレヲ受用スル故ニ、其誑惑ニ附准シテ異名ヲ悲田ト云ナリ、例セバ賢人ノ德ナキモノ賢人ノ眞似ヲシテ濫リニ僭上スルモノヲ世間ヨリ異名ヲツケテ賢人ト呼ブハ、彼ヲ嘲ル義ナリ、近代七賢人ノ詩ヲ作テ諷刺スルガ如シ、然ルニ異名ヲ呼ル丶ヲ幸ニシテ悲田供養ニトリナシ、其身モ悲田者トナッテ人ヲ誑ス事、姦曲ノ至リ、諺ニスグバケト云者ニ似タリ、又一ニハ京都ニ悲田院ノ遺跡、今ハ悲田寺ト云テ乞食ノ栖也、是ヲ思ヒ合セテ悲田トハ乞丐人ノ事ナレバ、乞食ニナッテ受ル事ハ、法ヲモ輕シムルナルベキ等ト邪推シテ彼徒ヲ呼ツケタル歟、是皆或ハ嘲哢シ自身ノ推量ニ任セテ其名ヲ呼ブ義ナレバ、街談衢話ノ說ニシテ其義ニアタラズ、サレバ流人等ノ衆ハ新受ト呼デ悲田トハ名ヲ立ラレズ、是則古來ノ受不施ニ附傍シテ名ヲ悲田トカヘテ、受ル品ヲ付タル計ナレバ、新古ノ不同ノミニテ少シモ不受不施ニテハアラザル義ヲ簡ビアテハメ新受ト呼バル丶事道理至極セリ、然レバ則汝ガ私ノ悲田供養ニ落着シテ還テ正統ノ義ヲナミシ、受不施ト相對シテ大過不及ヲ論ズルハ無稽ノ談ニシテ、佞人ナル事明ナリ、

○他書云、客曰、凡敬田ノ施ヲ以テ供養ト名ケタル事ハ、我嘗テ是ヲ聞ケリ、恩悲ノ二施ヲ以テ又供養ト名ケタル事ハ、イマダ聞事ヲ得ズ、サレバ妙樂大師弘訣ノ中ニ供養ノ二字ヲ釋シテ云、以レ下薦レ上爲レ供、以レ卑資レ尊曰レ養、已上、是釋ノ義ニ准ズルニ、供養ノ名ハ本ト尊重崇敬ノ意アリト見ヘタリ、ナンゾ又悲田ノ施ヲ以テ供養ナリト云ハンヤ、答、一指ヲ以テ千尋ノ底ヲ測ルモノハ海水ノ極ル所ヲ知ルベカラズ、短綆ヲ提テ百仞ノ深キヲ汲者ハ井中ノ涸ル事ヲ疑フ事勿レ、サレバ供養ノ名ヲ考フルニ略シテ三種アリ、所謂三種福田ノ施、並是供養ナルガ故也、豈

但敬田ノ施ニ限ギレルト云ハンヤ、是故ニ經論及ビ釋疏ノ中ニ、往々ニ恩悲ノ二施ヲ以テ又供養トノベ玉ヘリ、其文今引用スルニ暇ナシ、故ニ且ク三五ヲ出シテ局執ヲ蕩スベシ、乃至ナンゾ供養ノ名、必ズシモ敬田ナランヤ云々、已上他書、

彈ジテ云、上ノ段ニ珍シカラザル三田ノ本文ヲ引用シ、此段ニ供養ノ二字恩悲二田ニ亙ル本據ヲ綿々ト引事、皆是無益ノ剩語ニシテ、龜毛ノ長短ヲ論ジ兎角ノ有無ヲ諍ニ似タリ、擧テ評論スルニ及バズトイヘドモ、愚者ノ迷ヲ將護シテ再ビ言葉ヲ費ス、凡今度寺領卽供養ノ儀公儀ヨリ仰渡シノ通ハ、始終三寶供養ノ儀ナリ、然ルニ此方ニテ名ヲ悲田トツケテ受ルハ、謗施、財體轉ゼザル故ニ實體ノ謗法ナル事、コレ其所論ノ體ナリ、其ノ上悲田ノ二字ニ供養ノ語ヲ加テ悲田供養ト呼ブ事、宗家古來コレナキ新義ナリト責ル義ナリ、然ルニ己ガ情ニマカセ、悲田供養ニ落着シテ、段々虛語ヲ重疊セルハ何事ゾヤ、且ク次ノ供養ノ語ニ付テ論ゼバ、供養ノ二字恩悲ノ二田ニ亙ル事ハ、經論ハ申ニ及バズ、與咸ノ註ニモ委曲ニ點示セル事ナレバ、誰カ是ヲ知ザラン、然ルニ祖師已來謗法供養ノ語堅ク敬田ニ屬シ、悲田ニ亙シテハ用來ラズ、凡ソ佛說ハ一代五十年ニ亙テ無量ノ法相アリ、サレバ諸宗各依經有ツテ宗々ヲ建立セリ、サレドモ成佛不成佛ノ大旨ニ付テ、諸宗ノ依憑スル處ノ諸經ヲ破シ、釋尊本懷ノ法華ノ宗旨ヲ建立スルハ吾宗ノ綱格也、若破若立、皆是法華ノ意ノ掟ナレバ、其餘瑣細ノ皮膚毛彩、出在衆典ノ分齊ハ用捨意ニ隨ベシ、若我宗ノ格式ノ潤色ナルベキ文ヲバ引用シテ助證トシ、吾宗弘通ノ故障トナル文ヲバ置テ論ゼズ、吾祖一代ノ判釋、歷代諸門ノ列祖其意コレニアリ、此格式アカラサマニモ忘失スルモノハ倶ニ道ヲ論ズルニ足ラズ、サレバ供養ノ語恩悲ニ亙ル經論釋疏、祖師己來ノ先哲誰カ是ヲ見ザル事アラン、然ルニ捨テ引用セザル事ハ、我宗謗法供養ノ格式ノ故障トナル

文ナル故ニ猥シク引ザルナラン、是一、其上供養ノ語、本朝ノ風俗作善供養ノ義ニ限テ用ヒ來タレルガ故ニ、餘田ニ亙ル文ハ閑言語トナレリ、本朝ノ國史幷ニ本朝文粹、元亨釋書等ヲ檢尋セバ、供養ノ語出世ニ屬シテ用ヒ來ル事自ラ是ヲ知ベシ、サレバ宗家ノ先哲モ國風ヲ守テ悲田ノ二字ニ供養ノ語ヲ亙サズ、是二、況ヤ牛驢二乳ノ相似タルヲ辨ジ、鎮頭迦羅ノ藥毒ヲ辨ルハ佛家ノ通規ナリ、君子ハ嫌疑ノ間ニ居ラズ、必ヤ名ヲ正スハ儒道ノ炳誡ナリ、供養ノ語誠ニイムベシ、若シ強テ混亂ヲ顧ミズ其語ヲ通用セバ、開會ノ念佛ヲ許ス、台宗ノ權實雜亂ニ同ズル事必然ナリ、此義具ニシモニ論ズルガ如シ、是三、問、彼徒ノ云、公儀ヨリ三寶供養ノ仰渡ノ後訴訟ヲトゲ、一札ノ文言ヲ增減シテ公儀ヘモ悲田ノ趣ヲ申達シ、其上ニ御朱印成下サルトイヘリ、然ラバ謗施ノ財體モ亦轉ゼルニ非ズヤ、何ゾ強テ不轉ノ義ヲ募リ彼ヲ破責スルヤ、答、財體曾テ轉ゼズ、一札ノ文言理不盡ノ事、具ニ下ニ廿一段、論ズルガ如シ、

○他書ニ云、問、或人ノ云、凡供養ノ名ニ通別アリ、三田トモニ供養ト名ルハ是通ノ一途ナリ、別シテハ但敬田ノ施ヲ供養ト云ヘリ、何ゾ別ノ義ヲ捨テ通ノ義ヲ用ヒ、供養ト名ケタル悲田ノ施ヲ受クベケンヤ、況ンヤ又世人皆供養ノ名ハ敬田ノ一施ニ限レリト思ヘルガユヱニ、尤モ人情ヲ慮ベシト云々、此義如何、答、三田ノ施ヲ以テ並ニ供養ト名ケタル事ハ、經論ノ誠諦聊モ紛ル所ナシ、知ラズ又何レノ處ニカ供養ノ名ニ通別アリトノベタル事ヲ、乃至有智ノ道人且クモ與シ玉フベカラズ、已上他書、

彈云、性罪ノ財體ノ不轉ナル事幷ニ供養ノ語恩悲ニ通ズル證文ヲ引テ、宗家ニコレナキ邪義ヲ企テ、謗法ノ增上緣トナル事治定セバ、強テ通別ヲモ論ズベカラズ、サレドモ一代經論敬田供養ノ文ハ多ク、悲田ニ亙ル義ハ少シ、サレバ多分ニ付テ別ノ義ヲ論ジ、通ノ邊ヲ一往トスル事ハ其義ナキニ非ズ、サレバ記

ノ十ニ同居類多何必極樂ナラント問テ、六故ヲ以テ答ル時、敎說多故約ニ多分一故ニトイヘルハ、多分ニ約シテ極樂ヲ勸ムル別意ヲ點示セルニ非ズヤ、サレバ經論ニ直ニ悲田ハ通、敬田ハ別ト斷ル事コレナクトモ、義ノ趣向ニ約シテ通別ヲ論ズル心ナルベシ、又支提ハ梵語、此ニハ可ニ供養一處ト翻ズル時ハ、梵語ニ既ニ敬田ノ義ヲ備ヘタリ、尤敬田ヲ別意トスル潤色ナルベシ、是ハ既ニ論ニ付テ論ヲ生ズル程ノ事ナレバ、詮ナキ事ナレドモ、汝ガ言端ヲ逐テ點示スル處ナリ、又此中ニ世人多ク直道眞實ノ良藥ヲ苦ガミ、遷廻方便ノ鴆毒ヲ甘ンズト云ヘルハ、定テ改宗ノ徒ヲサスナルベシ、コレ原ト汝等ガ公庭ヲ味方ニシテ正統ノ行者ヲ陷墜スルヲ惡ムガ故ニ、サスガ身命ヲ捨ル事ハ成難ケレバ、一向ニ轍ヲカヘテナク〳〵他門ニ入レリ、サレバ改宗ノ義モ本ニ歸シテ論ズル時ハ汝等ガ罪障ナル可シ、曾子云、出ニ乎汝一者反ニ乎汝一、恐慮セザルベケンヤ、

○他書云、問、縱令然リト云ドモ、奧師樹師等ノ先聖スデニ供養ノ名ヲ以テ、タヾ敬田ノ供也ト定メ已テ、寺領ト供養ト各別ナリト云ヘリ、何ゾ古德ニ乖角シテ悲田ヲ供養ト云ハンヤ、答、上來ニ引所ノ文義已ニ分明ニ悲田ノ施ヲ以テ供養ト云ヘリ、先聖何ゾ是等ノ文ヲ見テ却テ供養ノ名ハ但敬田ノ施ナリト云ハンヤ、抑々又奧師樹師等ノ先哲、何レノ處ニカ悲田ノ施ヲ供養トイヘル文釋ヲ以テ而モ敬田供養ナリト判ジ玉ヘルヤ、正シク其證據ヲ出スベシ、出サズンバ敢テ許容スルニ足ラザレバ、日遵師不受記ノ中ニ阿佛房ノ悲田ノ施ヲ指テ正ク阿佛房ノ供トイヘリ、供ノ一字ハ既ニ是供給養育ノ字義ニシテ以下薦上爲供ノ釋義ニハ非ズ、豈日遵師親リ悲田ノ施ヲ以テ供養ト云ヘルニアラズヤ、乃至株ヲ守ルノ弊ヘナリ、彈曰、上古ノ明哲ハ申ニ及バズ、奧師樹師等ノ撰述ノ書ヲ、彼鬼界ガ島ノ俊寛ガ赦免狀ニ我名ノ載ザルヲ懇ニ尋ネシヤウニ、イカニクリ返シテ供養ノ語ハ敬

田ニ限テ恩悲ニ亙レル事ハ曾テナケレバ、餘ノアラマホシサニ遵師不受訣ノ中ノ相似ノ文ヲ一句引拔テ愚人ヲ惑亂セントスル事、彌天ノ大罪、提婆ガ虛誑ヲモ過タリ、カヤウノ分明ナル事ニスラ誑惑ノ義ヲ巧メルヲ以テ彼ガ陳報ノ萬端僻見ナル事イハズシテ知ヌベシ、今不悲訣ノ現文ヲ引テ其僞ヲ目前ニ顯スベシ、不受訣ニ云、第三遮防難者問註畫讃云、自二由井濱一獨乘レ船着二河名津一、宿主號二船守彌三郎一、元祖下レ船苦、夫妻同レ心慇懃奉事、及二洗足手水飲食等一、乃至阿佛房亦先謗後信之人也、如二阿佛房彌三郎一者、未レ信已前、而設二供養一、又如二一谷入道一者、終不レ信二妙經一、而奉二獻飲食一、是非三元祖受二謗施一耶、答、纔見二此文一而言三元祖受二謗者施一、嗚呼悲哉、但見二文相一、不レ知二其義一、不レ得二其意一、何者伊東配流之時、元祖下レ船苦、所以彌三郎夫妻見二左遷之危難一、不レ堪二悲哀一、及二飲食等一、豈是所レ論作善供養乎、蓋是世間愍念飲食矣、吾宗雖レ禁レ設二供養於謗者一、然又許下以二飲食醫藥等一而施中貧人病人配流困厄之輩上、憐愍一施、立敵共許、非二今所一レ述未レ足レ爲レ怪也、又阿佛房供、其旨一揆也、以二自思量一、不レ假レ染レ筆、文、此文昭々タル事晴天ノ杲日ノ如シ、問者既ニ供養ノ語ヲ船守三郎阿彌佛房等ノ未信ノ時ニ亙シテ、祖師敬田供養ヲ受玉ヘル證據トシテ問端ヲ設タルガ故ニ、其問難ノ語ニ准ジテ、阿佛房供其旨一揆ト云ヘル也、意ヲ取テ云ハヾ、阿佛房供養ノ難題ノ事モ彌三郎ガ未信ノ時ノ愍施ト同ジ心ナリト點示セル文也、然ルヲ前後ヲバ略シ、但此一句ヲ拔出シテ供ノ一字悲田ノ義ナリナドト云弘ムルハ、誠ニ無慚無愧ノ至リ讐ヲ取ニ物ナシ、他又身延池上諍論ノ時ノ寺領供養各別ノ語ヲ會シテ云、コレ則問答ノ語ノ便ニ隨テ寺領供養各別トイヘルナリ、敢テ悲田ノ施ヲ以テ供養ト名クベカラズト云ントニハアラズ云々、是又覿面ノ虛談ニシテ、其恥ヲ顧ミザル事小兒ノ手ヲ擧テ日月ノ明ヲ掩ントスルニ似タリ、且ク一文ヲ擧テ示サン、延池問答記錄云、第二寺領與二供養ニ不レ同事、凡寺領者國主政道仁恩也、供養者佛事作善之信施也、吾宗所レ立有ニ世間佛法之殊一、約ニ佛法一者有ニ大小權實信不信一、故不レ可レ受ニ權宗供養一、約ニ世法一者以ニ國主政道仁恩一、常恆崇ニ君恩一、鎭受ニ寺領田園一、若不レ崇ニ君恩一、得ニ誰人許一建ニ立宗旨一乎、故專受ニ君子仁恩一、令ニ佛法相續一、其御恩自レ天高自レ地厚、心地觀經云、世間之恩、有ニ其四種一、乃至 明知ニ寺領國主仁恩一也、供養佛事、在ニ第四施主恩一、祖師所レ判明白也、何爲ニ末學一企ニ新義一耶、若第三第四合曰ニ信施一、以レ何名ニ國主之恩一、明分ニ四恩一、可レ成ニ會道一、身延第一祖筆記ニ云、國主大臣ヨリ所領ヲ給ハリ官位ヲタマフトモ、其レニハ不レ染不レ受ニ謗法供養一以レ不レ染ニ世間法一トハ云也、文、既上擧ニ官位所領一下擧ニ供養一、明知下寺領與ニ供養一天隔上、何云ニ寺領供養同一一乎、文、サレバ寺領供養カ供養ニアラザルカノ所論、別時供養ニモ過タル大キナル異論ナリ、問答ノ始終、供養ノ語出世ニ屬シテ曾テ世間ヘ亙サヾル事分明也、豈延池兩派ノ諸聖、汝ガ引處ノ供養ノ語悲田ニ亙ル證文ヲ見ザル事アランヤ、然ルニ曾テ沙汰セザル事、日向記ノ謗法供養ノ言ヲ初トシテ宗家古來ノ格式ニ准ジテ、供養ノ語出世ニ屬スル故ニ、寺領供養カ供養ニ非ザルカノ論題ヲ立タリ、汝ガ如ク心易キ遁道アルヲ樹師等ノ流聖是ヲシラズ、身命ヲ捨テ無レ詮寺領供養各別ノ義ヲ諍論セリト云ハンヤ、又其時ノ判者人台宗等ノ明匠道春永喜儒家ノ博才ナリ、然ルニ供養ノ二字ニ亙ル事ヲシラズ、平仄ノ差異ヲモ辨ゼズシテ、無益ノ問答ヲセラレタリト云ハンヤ、何ゾ供養ノ語世出ニ通ズレバ、寺領供養各別ノ所論刻定セザル義ナル間、此問答ハ御無用ト云テ制止セザルヤ、故ニ知ヌ延池ノ諸聖、判者ノ眞俗、本朝ノ國風供養ノ語出世ニ限リ、宗家ノ約束供養ノ二字悲田ニ亙ス事終ニコレナキ故ニ、供養ノ語ヲバ出世ノ一途ニ究テ、寺領ハ供養カ供養ニ非ザルカノ問答興行アル事也、汝ガ義ノ如ンバ、歴代ノ諸聖水火ノ難ヲ顧ミズ不受ノ制法ヲ

守レルハ、皆無調法ノ至リニシテ、悲田供養ノ遁道ヲシラズ、平仄不同ノ遁辭ヲ設ケザル無益ノ巨難ナリト云ハンヤ、

○他書ニ云、問、先聖ハ既ニ寺領ヲ以テ仁恩ナリト會スルニ、今何ゾ却テ悲田ノ施ニ同ズルヤ、答、今仁ト云ヘルハ是慈悲愛憐ノ義ニシテ孟子四端ノ中ニハ怵惕惻隱心是也、サレバ莊子ノ天下篇ニ云、以レ仁爲レ恩、乃至薫然トシテ慈仁アル謂二之君子一云々、方是仁恩ト云ヘルハ但是慈悲哀愍ノ恩惠ニシテ全ク悲田ノ給與ナリ、乃至果シテ仁恩ト慈施ト本來一體ニシテ敢テ不同有ル事無シ、何ゾ相違スル事有ン耶、已上他書、

彈云、此段又無益ノ論ナリ、仁恩悲田名異義同ノ事ハ自他共許ニシテ曾テ所論ニアラズ、心地觀經等ノ文、先聖既ニ引盡シテ國主ノ仁恩悲田ノ愍施ナル事誰カコレヲ諍ンヤ、然レドモソノ愍施ノ中ニ總別不同アリ、飲水行路等ハ總體ノ仁恩ニシテ制ノ限ニアラズ、今度ハ別體アル寺領等ニ付テ三寶供養ト仰カケラルヽ上ニ、固辭シテ不レ受、流聖モ一札ヲ捧ラレザル事ナリ、此事又日講ノ諫狀ニ分明ナレバ筆ヲ勞スルニ及バズ、只彼等初メ諸國ヘ廻セル邪書ト此三田問答ノ義ト自語相違セル事アリ、具ニ下ニ指摘スルガ如シ、

○他書云、問、或師云、仁恩ト悲施ト其義同ジト云ヘドモ而モ其旨實ニ懸隔セリ、何トナレバ悲田ノ施ハ來報ヲ求メンガ爲ニ施與ス、仁恩ノ惠ハ來報ヲ求ムルガ故ニ施スニハアラズ、又悲田ノ施ニ依テハ來報ヲ得ルト雖ドモ、仁恩ニ依テハ善果ヲ得ル事ナシ、故ニ仁恩悲施並ニ是慈悲ノ施ナリト雖ドモ、而モ是等ノ異目アルガ故ニ三種ノ勝境ハ別シテ福田ノ名ヲ立テ、常途ノ仁恩ヲ簡ベリト云々、是義當レリ耶如何、答、是甚ダ佛經檀度ノ法相ニモ背キ世俗恩惠ノ道理ニモ違ヘル浮疎淺薄ノ判斷ナリ、誰カ是ヲ信承センヤ、且ク先父母ニ孝養シ師長ニ給仕シ主君ニ忠ヲツクス如キハ、是偏ニ彼廣大ノ恩德ニ報ハンガ爲ノ微意也、然

ルニ是心既ニ是レ善行ナルガ故ニ、施主曾テ招ズト云ヘドモ任レ運自然ノ二善報ヲ感得ス、此ノ陰德陽報ノ理リ積善ノ家ニ餘慶有ノ類例也、乃至又丈夫論ニ云、悲以施ニ一人ニ、功德如ニ大地ノ、爲レ己施ニ一切ニ、得レ報如ニ芥子ノ云々、此正經論ノ通義、釋門ノ常談ナリ、何ゾ妄ニ悲田ノ施ハ來報ヲ求ムト云ハンヤ、乃至若然バ仁恩ニ依テハ全ク來報ヲ得ルコトナシト云ヘルハ、太ダ此レ經文幷ニ祖師ノ妙判ニ背ケル僞妄也、已上他書、

彈云、此ノ或師トサセルハ誰人ゾヤ、最不審ナリ、當初新受方ヨリ都鄙ヘ廻セル邪書ノ中ニ云、日浣日講兩人ハ初ヨリ法門ノ心得、自餘トハ各別ナリ、仁恩ト悲田トハ不同ナリト見立ラレタリ、日述ノ義ハ仁恩ト悲田ハ同一ナレドモ只供養ノ二字ニ深ク泥ミ、能施ノ人ノ心ヲ强クアヤブマレシト見ヘタリ云々、是ヲ以テ例シテ知ヌ、日浣日講ヲサス義ナルベシ、然ルニ是大キナル虚說ニシテ無體ノ筆跡ナリ、去ル寛文五年八月ノ比、公儀ヨリ此度ノ御朱印即三寶供養ナル間、其手形ヲ指上ゲ寺領第拜受スベキヨシ仰渡シノ時、諸聖諸寺節々會合アリ、谷中感應寺ニテ相談ノ時法門ノ義味ヲ論ゼラル丶ニ付テ、仁恩悲田古來配當ノ義同異ノ穿鑿アリシ事アリ、三田ノ時ハ田ノ字アレバ來報ヲ引ク義、仁恩ハ今日ノ上ニ約シテ國主ト萬民ト因緣由藉ノ義アルガ故ニ萬民ノ善惡六分ガ一國主ニ歸スル義ニシテ、來報ヲ論ズルニハ非ザルベキ歟、サレドモ悲田モ世間ノ慇施、仁恩モ政道ノ恩澤ナレバ、來報ノ有無ニハ構ハズ配當セシ者カト僉議セラレタル事アリ、是則祖師ノ秋元抄ニ今日本國モ又如レ是、持戒破戒無戒、王臣萬民ヲ不レ論一同ノ法華經誹謗ノ國ナリ、設ヒ身ノ皮ヲハギテ法華經ヲ奉レ書、肉ヲ積デ供養シ給トモ必ズ國モ亡ビ身モ地獄ニ墮給ベキ大ナル科アリト遊シタル御妙判ト、金珠女鈔ノ謗人ノ供養無功德ノ義等ヲ控ニセラレ、其上古來他宗所修ノ善根、法花ノ開會ニ預ル時種類種カ相對種カヲ論ジテ相對種ニ屬スルト云義邊ニ順ジテ、

謗者ニハ善根ノ來報アルベカラザルカト僉議セラレタル事アリ、サレドモ日述ノ料簡ニ、人天有漏ノ善果ト佛邊所作ノ義ト兩途ニ分テ現在ニ有漏ノ功德ヲ修シ、コレニ依テ國土安穩ナリト云ハヾ又有漏ノ來報ヲモ許スベシ、無功德ト遊シタルハ敬田ノ邊或ハ順次生決定ノ惡果ニ約シテ遠緣ノ來報ヲ奪ヒ玉ヘル御文體ナルベシ、其上田ト云ハ只所依ノ境ト云事ナルベキ歟ト料簡アリシカバ、日浣日講モ其義同心ニテ、其後悲田仁恩轍ヲ同スル事諸聖一同ノ義定ニシテ更ニ異論ナシ、講浣モ其日一往論ゼラレタルバカリニテ重テハ沙汰モセラレズ、其年ノ九月ノ比ハ講浣兩人卷物ヲ認ラレ諸大名衆ノ奥方ナドヘ遣ハサレタル書ノ中ニ、寺領ハ三田ノ中ノ悲田卽仁恩ニ相當ル事ヲ明ニ述ラレタリ、其後日講道理ヲ刻定シテ公儀ヘ諫狀ヲ上ラレタル時モ、悲田ノ語ヲ難ゼラレタル事ハ曾テ以是ナシ、只性罪ノ財體不變ト供養ノ二字讖嫌コレ重キト畢竟二箇條ノ難ナリ、悲田ノ二字ニ供養ノ語ヲ加ヘテ呼ヲトガメテ悲田供養ノ新義トイヘリ、然ニ是ヲモ見ザルフリヲシテ無實ヲ云カケ、講浣ハ仁恩ト悲田ハ不同ナリト意得ラレタリ、始ヨリ法門ノ意得自餘トハ各別ナリト云チラシ、今又此書ニモ或師云ト書擧テ詮ナキ評論ヲナスハ何事ゾヤ、且又此邪書ニ載タルガ如ク來報ヲ求ムルト求メザルトノ不同ヲ立テ人ノ意樂ニ約シテ仁恩悲田ノ違目ヲ沙汰セラレタルコトハ、始終曉ノ夢ニモナキ事ナリ、然レバ丈夫論等ノ引證、只筆工ヲ勞セルノミニシテ數紙ヲ書汚シタルバカリナリ、

○他書云、或人云、仁恩ト悲田トノ施ト一往其意同ジト云ヘドモ、再往實義ヲ論ズル時ハ仁恩ノ名ハ本ト俗典ヨリ出テ世間ニ局リ、悲田ノ名ハ佛經ニノベテ世出ニ通ズベキ故ニ未ダ全ク一同スベカラズ、亦假使悲田ノ名ハ全ク仁恩ニ同トモ、既ニ供養ノ名ハ限テ佛語ニ出タルガ故ニ悲田ノ供養ヲ受ル事ハ甚キ謗罪ナルベシ云々、此義如何、答、凡ソ寺領ハ此レ佛經所

說ノ四恩ノ中ノ第三國王ノ恩也ト云事ハ既ニコレ吾宗古今ノ常說ナリ、乃至何ゾ供養ノ名ハ必ズ出世敬田ニ在リト云ン耶、已上他書、

彈云、一往再往ヲ以テ悲田仁恩ノ同異ヲ分別シ、供養ノ名佛語ニ出タルガ故ニコレヲ受ル事謗法ナルベシトイヘルハ、理不盡ノ義ニシテ全ク法燈ノ任ニアタレル流聖等ノ義ニ非ザレバ、兎角評スルニ及バズ、サレドモ其所出ヲ論ゼバ、仁恩ハ世間政道ノ義ニシテ佛法未渡ノ時ヨリ是アリ、悲田ハ佛陀ノ所制ナレバ外典內典ニ配スルニ妨礙アルベカラズ、又仁恩ノ語佛經ニ亙リ、供養ノ語儒典ニ通ズル邊モ遮スベキニ非ズ、サレドモ今ノ所用ニアラザレバ畢竟無益ノ論ナリ、然レドモ餘リニ通ノ義ヲ云過シ、儒典ニ三田ヲ作レルハコトオカシキ事ナリ、又佛說ニ於テハ供養ノ二字供給ノ語ト通用セル事アレバ、一向ニ字書ノ平仄ノ義ヲ以テ一例シテハ論ジガタキ事アリ、且ク今ノ經ニ過去ノ檀王阿私仙人ニ奉侍スルコトヲ供給走使ト說キ、釋氏要覽ニハ善生經ヲ引テ供給舍利ト云ヘリ、然レバ悲田ノ時バカリ供給養育ノ義ナリト概論スベカラズ、コレハ便ニ因ンデ通局ヲ示スモノナリ、

○他書云、問、文義既ニ然ト云ヘドモ國主國王ノ別時作善ニ於テ亦非人施行等ノ營アリ、此豈悲田ノ施ハ出世ナルニ非ズヤ、答、國君先祖ノ追修ノ時或ハ施行大赦等ノ善事ヲ行フ事ハ、此但世間ノ事善ヲ以テ佛道追薦ノ助道トスルガ故也、例セバ父母孝養等ヲ以テ亦佛道ノ助行トスルガ如シ、敢テ出世ノ善根ナルガ故ニハ非ズ、何ゾ此レニ依テ悲田ノ施ヲ出世ナリトイハンヤ、若但ダ出世作善ノ時ニ望デ是ヲ用ルガ故ニ出世ノ名ヲ被シムベシトナラバ今且ク此レヲ許スベシ、然モ終ニ其實體ハ世善也、問、若シ然バ吾宗亦別時供養ノ修善ナリトモ悲田ノ供養ト名ル時ハ此レヲ受用スルニ咎ナシヤ、答、凡ソ別時作善トハ三寶崇敬ヲ以テ本意トス、三寶トハ何ゾヤ、佛法及僧寶

ナリ、此ノ三寶ヲ渇仰シ歸依シテ以テ供養スルガ故ニ無窮ノ福利ヲ成就スルナリ、然ルニ若此時ニ望デ三寶崇敬ノ供養ヲ以テ悲田供養也トイハヾ、甚名字ト實儀ト乖角ヲ致セリ、宛モ珠ヲ以テ石ト云ヒ劒ヲ名ケテ氷トセンガ如シ、豈其レ悲田ノ供養トナランヤ、又復三寶ヲ崇敬スベキニ望デ却テ僧侶ヲ抑下シテ悲田ノ供養ニ屬在セバ、施主ノ功田却テ徒然トナルベシ、何ゾ是ヲ受テ以テ國賊ノ譏リヲ求メンヤ、乃至學者正ニ能ク件ノ三段ヲ評品シテ少モ混雜スルコトナカレ、已上他書、

彈云、非常ノ大赦亦佛法未渡ノ時ヨリコレアリ、平等ノ施行ハ一無遮ノ善トテ佛出世以前ヨリアル事ナレバ、最世善ニ可屬、只汝アクマデ三寶供養ノ施ヲ常恆受ナガラ別時作善ノ事ヲ各別ノ樣ニ取ナス事誑惑ノ至リナリ、暫時ノ一飯邂逅ノ施物ヨリハ常恆三寶供養ヲ受用スル其咎重カルベシ、然ルニ常恆ノ三寶供養ヲ既ニ悲田ト名ヲツケテ是ヲ受用スル上ハ、別時作善ヲ何ゾ悲田ト名ケ受ザルヤト、延山激訴セバ遁ルヽニ所ナケン、其上汝等ガ覺悟定マラズシテ自語矛盾セル誑惑ヲ目前ニ露顯スベシ、汝等今ノ邪書ニ分明ニ別時作善ハ敬田治定ナル間堅ク受ベカラザル旨ヲ宣タリ、先年モ諸檀那ニ對シテ慈悲ノ二字入タル上ハ別時ノ敬田供養ヲ受ザル證據トナルベシトノヽシリ、其上別時供養ヲ受ヨト仰カケラレバ身命ヲ捨テモ訴訟スベシト荒言セリ、然ルニ延寶八年庚申五月八日嚴有院殿御薨御ノ時上野ヘ諷經ヲ勤ヌ、小湊碑文谷谷中一言ノ辭退ニ及バズ御布施五十貫ヅツ拜領セル事、諸人天晴レ地明カニ知レル處ナリ、爰ニ知ヌ彼等只口才ヲ以時ニ望デ無智ノ檀那ヲ誑シ不惜身命ヲ口ニアツラヘ前後不覺ノ嘲哢ヲモ顧ミザル事、責テモタラズ悲テモ餘リアリ、

○他書云、問、或人ノ云、凡ソ三田ノ大抵ヲ案ズルニ、諸文ノ中ニ多ク三寶ハ此レ敬田、父母ハ此レ恩田、乞食ハ是レ悲田也トイヘリ、出家ヲ敬フハ是レ敬田ノ

德ヲソナヘテ最尊敬ノ施ヲ受ルニ堪タリ、何ゾ却テ慈悲ノ施ヲ受用シテ以テ僧寶高貴ノ德ヲ穩蔽シ、而モ猶施主ヲシテ輕賤犯逆ノ大罪ヲ造ラシムルヤ、答、優婆塞戒經ノ供養三寶品ニ云、世尊ニハ是二種ノ田アリ、一ニハ報德田、二ニハ功德田ナリ、法モ亦如レ是、衆僧ニハ是三種ノ田アリ、一ニハ報恩田、二ニハ功德田、三ニハ貧窮田ナリ云々、此文顯然ニ出家又三田ノ功德ヲ具足セルコトヲノベ玉ヘリ、乃至甚ダ嗚呼ガマシキ麤義也、問、來難ノ如ク天下ノ萬民悉ク王ノ地上ヲ行キ君ノ五穀ヲ食テ莫大ノ慈哀ヲ蒙ル事勿論ナリト言ヘドモ、而モ是但悲田所屬ノ一分ニシテ正キ悲田ノ施ナリトハ云ガタシ、其上此娑婆世界ヲ以テ國王ノ所領ナリト云事ハ、此一徃ノ判斷ニシテ再往ノ實義ハ敎主釋尊ノ本土ナリ、故ニ我等タヾ本師ノ國土ニ住シテ敎主ノ五穀ヲ食ムナリ、敢テ國主國王ノ悲田ノ施ヲ受ニハ非ズ、故ニ奥師ノ守護正義論ニ云、此世界ハ本師釋迦ノ國土ナリ、故ニ此レヲ受クルニ妨ゲ無シト云々、略抄、若爾ラバナンゾ必ズシモ悲田ノ施ナリト云ハンヤ、答、古ヨリ今ニ至テ識達ノ英士碩學ノ秀才、スデニ國王ノ恩ヲ以テ正ク悲田ノ施ナリト判ジヲハレリ、何ゾ但ダ所屬ノ一分ニシテ正キ悲田ノ施ニアラズトイハンヤ、乃至學者ナヲヨク彼文ヲ熟見シテ詳ニ穿鑿アラバ、是等ノ浮言自ラ著見シツベシ、已上他書、

彈云、是ハ彼世間ノ者悲田ヲ乞人ト意得テ評判スル義ヲ心ニカケテ兎角會通シタルモノナレバ、擧テ論ズベキ事ニアラズ、優婆塞戒經ノ明文僧ニ三田アリトトキ、古來國主ノ恩ヲ哀愍ノ施ト約束シタル事ナレバ受ベカラズト云者是ナシ、何ゾ無義ノ剩語ヲ宣ルニ及ンヤ、言多シテ品スクナキハ賢者ノ嫌フ處ナリ、又次ノ答ノ中ニ奥師ノ正義論ニ付テ理不盡ノ評ヲナセリ、汝ハ偏ニ國恩トバカリ意得ル故ニ、實義ノ釋尊御所領ニシテ行者受用スル義ハ同心ニテハアルベカラズ、正義論ノ始ニ而ニ法華行者雖レ受ニ生於謗

國一、專二心佛道一、弘二通正法一、不レ顧二身命一、諫二曉國主一、先免二謗國咎一也、爰以住二其國土一無レ障、食二其土地一無レ失、祖師以來一宗ノ行者所二以慕二上奏一、意在二於茲一トイヘルモ、汝ガ爲ニハ禁句ナラン、然ルニ世間ノ義ヲ一往トシ出世ノ義ヲ再生ト云ヘルハ佛法ノ大旨ニ約シテ論ズルナリ、然レドモ此兩義一モ廢スベカラズ、

○他書云、客猶難ジテ云ク、夫レ此土ニ生ヲ受テ飲食恣ニシ、覆載ニ身ヲイレテ手足ヲ措事、皆是過去戒行ノ所感ニシテ人天自得報果也　何ゾ必シモ國主ノ恩光ニ依テ身命ヲ安ンズトイハンヤ、

今反詰シテ云、凡ソ又父母ノ體骸血肉ヲ分ケ乳哺撫育ノ慈悲ヲ蒙リ、一飯ヲ喫シテハ飢ヲヤメ滴水ヲ飲メバ渇ヲ止ムルモ、又此レ前生往因ノ牽所ニシテ自業ノナセルモノ也、然リト云テ汝又父母血肉ノ恩分ナク提攜慈育ノ德惠無シト思ヘルヤ如何、乃至經論含蓄ノ旨ヲ探ラバ相互ニ表裏スル事ヲ見ベシ、已上他書、

彈云、凡ソ此土ニ生ヲ受ケ飲水ヲ受用シ一身相續スル事、國恩ト業感ト二義相用テ其義刻定ス、汝一偏ニ論ズル事大キナル誤ナリ、サレバ前段ニ論ズルガ如ク、實義ニ約スレバ此界釋尊ノ所領ノ土ナリ、此所領ノ土ヲ論ズルニ付テ佛ニ屬スル邊ト衆生ニ屬スル邊ト兩向アル事、天台妙樂經論ニ依テ判ズル處ナリ、玄義六廿八丁、云、此用二神通一、若多若少、倶表レ妙也、文云、今佛入二于三昧一、是不可思議、現二希有事一、現二希有事一トハ是妙神通也、若應二同依報一者有二兩意一、若國土苦樂、由二於衆生一、非二佛所一レ作、佛但應同而已、若作二折伏攝受一者、佛鑒二機緣一、或作二苦國一或作二樂國一、苦樂由レ佛、不レ關二衆生一、今且釋二初意一、大論云、或國土ニハ純聲聞僧、或國土ニハ純菩薩僧、或菩薩聲聞共爲レ僧等、文、釋籤六三十三、云、次應同依報中、二先重判二所屬兩意不同一、次今且下ニ正釋一、初文者論二其正報一、尙乃亦可レ生佛相攝一、但衆生唯理、諸佛事成故、一切衆生悉皆攝二在佛境界中一、況所レ依レ土、本是諸佛所レ化之境、如二世王土一、土必屬レ王、而萬姓所レ居、各謂二自得一、其實王爲二萬姓一

以治レ國、萬姓歸レ王而立レ家、是故以レ慈以レ忠、更互相攝、彼此相望、而從レ王義强、今爲レ分ニ於機應義異一、前從レ機說、故云ニ且釋一、況諸佛ノ寂理、神無ニ方所一、所依寂境、號ニ常寂光一、是故砂石七珍、隨ニ生所感一、若依ニ此意一、復由ニ主造一、是故從レ之、以立レ土爲レ機、文、生佛相對セバ迷悟遙ニ隔タリ、妄相ト實境ト胡越萬里ナレドモ悉檀赴機ノ日、機應ニ約シテ兩向ノ義ヲ作レリ、例シテ知ヌ今日國恩ヲ受テ一身ヲ養育スル邊ハ國土ノ恩ナリトイヘドモ、衆生ノ共業ニ約セバ業力ノ所感ナル事諍ベカラズ、サレバ日講ノ諫狀云、其外飲水行路擧足下足、天ノ三光ニ身ヲアタヽメ地ノ五穀ニ神ヲ養フ等ノ義モ、御供養ト仰ラルトイヘドモ、コレハ佛法ニテハ共業ノ所感ト云テ面々ノ過去ノ業因ニ依テ受ル處ニシテ、分々ノ果報力也、儒道ニテハ天地ノ間ニ萬物ヲ生ジ人畜草木各々生長スル陰陽五行ノ自然ノ德化ナリ、サレドモ統領ノ主ニ約スレバ、國王ノ所屬ニシテ世間政道ノ仁恩コレ國家通用ノ御恩ナリ、四恩ノ中ニ國主ノ恩ト施主ノ恩トノ差別アリ、何ゾ僧侶ノ上ニ國主ノ恩ヲカヽンヤ、故ニ戒經曰、雖ニ是國王ニ不レ能ニ必施一、文、國土ノ總體其國主ニ屬ストイヘドモ、別シテ施ノ體アリ、施ノ心ヲ行ゼザレバ施ノ行トハナラザル也、乃至梵網ノ文ニ初ノ一段ニハ檀越供養トイヒ、次ノ行路飲水ハ通ジテ仁恩ヲ擧ルナリ、與咸ノ註ニ供養無レ分可爾ト云テ別ニ水土ヲ料簡ス、豈ニ供養ト仁恩ト異ナルニ非ズヤ、破戒無行ニシテハ供養ハ申ニ及バズ國主ノ通恩ヲモ報ズル事アタハザレバ、是盜賊ノ義ナリ、一切檀越ノ中ニ何ゾ國主ヲ除ンヤ、若國主ノ所施皆供養ナリ、國中ノ所有皆布施ナリトイハヾ、四恩ノ中ノ國主ノ恩ト云モノナシ、何ゾ諸經論ニ國主ノ恩ヲ報ズル事ヲ說玉フヤ、吾祖四恩抄ノ中ニ亦國恩ヲ報ズベシトイフ、若シ供養ナラバ報ズベキ恩分ナシ、抑亦一切ヲ皆供養トイハヾ、面々各々ノ主君父母ノ賜フ處ノモノ皆國主ノ供養ナリヤ、若爾バ父母ノ恩トイフモノナク面々ノ主君ノ恩モナシトイハンヤ、地水ハ本ト一切衆生ノ同業ノ感ズル處亦是面々ノ恩所アレドモ、王ハ是統領ノ主ナルガ故ニ王ノ水土ヲ名テ是ヲ飲之ヲ行、是則國主ノ通恩ニシテ尤モ報ズベキ義ナリ、寒浪白龜ハ毛寶ガ恩ヲ報ジ昆明池ノ大魚ハ夜中ニ玉ヲ捧タリ、畜生スラ恩ヲ知レリ、況ンヤ人倫ヲヤ等云々、此文分明ニ飲水行路等ノ國主ノ通恩尤モ報ズベキ道理ヲ顯ハセリ、何ゾ偏ニ共業ノ所感ニ主ヅケテ非難ヲ加ヘンヤ、此日講ノ總別ノ料簡諸文ヲ一貫シ古今ヲ通徹シテ妨礙ナキ論判ナル故ニ、彼等アリヤウニ了解スル事能ハズ、種々ニ轉計シテ彌邪義ヲ興ズ、但佛家ノミナラズ儒道亦爾ナリ、伯夷叔齊ガ如ク一身ヲヨクスルハ儒ニハ聖ノ清ナルモノト評シ或ハ隘ナリト論ズ、佛家ニ沙汰スルニ二乘根性ノ如シ、孔子孟子ハ世間ニ交テ身命ヲツヾキ仁義ノ道ヲ弘メラレシ、コレ人ヲ捨ザル聖人ノ儀則ニシテ古今ノユルス所ナリ、カクノ如ク共業所感ノモノヲバ仁恩ニ受テ法ヲ弘メ、別體アルモノヲバ辭シテ受ザルナリ、孔孟已ニ別シテ送ル所ノ不義ノ俸祿ヲ固辭シテ受ズトイヘドモ、其土地ノ水食ヲ用テ身ヲ養ヘリ、然ルニ其總體ノ水食ハ已ニ一法ノ二義ナルガ故ニ共感ニ限ルニ非ズ、一半ハ國主ニ屬スル邊アリ、此時ハ仁恩ニシテ領分萬民ニ通用セル恩澤ナリ、此一半ノ義ニ約シテ國主ノ恩ト名テ是ヲ報ズル國家安全ノ祈念ヲナシ、或ハ諫曉ヲ勵シテ身命ヲ輕ジ國恩ヲ報謝シ國土ノ謗法ヲノガルヽ事ナリ、與咸ノ註ノ心亦爾ナリ、一向共業ノ義ヲ拒ムニハ非ズ、共業ノ上ニテモ國主ニ屬スル義アルガ故ニ、輸稅戒行ノ二トモニカケテハ受用セラレザル義ナリ、凡共感ノ義ハ經論常途ノ掟ナリ、汝國主ニ阿リテ一向ニ國主ノ恩トスルハ却テ佛說ヲ遮スルニナリナン、又今ノ邪書ニ云、世尊既ニ共業所感ノ旨ヲノベ已テ而モ又屬于國王ノ義ヲ說玉ヘリ、豈タヾ意ナシトセンヤト云々、汝一章ノ内ニ向來ノ義ト相違シテ、業感ノ邊ト又屬于國王トノ兩途ヲ以テ結セリ、覺ヘズシラズ日講ノ兩向ノ義ニ潤色セルニ非ズヤ、誠ニ笑フベシ、若共業ノ義ヲ捨テバ心地観經ノ若王國内、一人修レ善、其所レ作レ福、皆爲ニ七分一、於ニ彼國王一、常獲ニ二分一ノ文幷ニ是故所レ修一切功德、六分之一常屬ニ國王一ト説ル新華嚴ノ文如何消釋セン、汝ガ義ノ如ンバ領分ハ國主ノ進退ノ儘ナル故ニ國中所修ノ善惡六分七分トモニ國主ニ歸スベシ如何、タマ〳〵心地観經ヲ引トイヘドモ屬于國王ノ屬ノ字ヲ解セザレバ還テ此方ノ例證トナル事ヲモシラズ、メクラ引キニ引チラシタル計リナリ、又汝サキノ第九段ノ文ノ中ニ、凡夫擧足下足飲水行路及父母ノ乳哺鞠養等ハ、モトコレ悲哀ノ施與ナリ、タトヒ强テ敬田ノ施ト名ケタリトモ終ニ敬田ノ施トハナルベカラズ、亦別時作善ハ元來已ニ三寶貴敬ノ施也、豈悲田ノ施トスル事ヲ得ンヤ、若地子寺領等ノ如キハ已ニ此レ別ニシテ給ハル所ノ施物ナリ、故ニ施主ノ名ヲモ立ルニ隨テ或ハ敬田ノ施トナリ或ハ悲田ノ供ト成テ其體從容也、若此等ノ大意ヲ了知シヲハラバ義ニ於テ惑亂スル事ナケント云々、是モ亦總別ヲ分タル義ナル故ニ、不意ニ日講ノ義ニ附傍セル事前後乖角又笑ベシ、歸依ノ僧ノ手前ニ在テハ所有ノ施物皆別ノ義ニナル故ニ、井水等モ供養ニナル義邊アルベシ、サレドモ歸依ノ上ニ世出ノ二途ハアルベシ、不歸依ニハ必總別ヲ用テ料簡スベシ、

○他書云、十三段問、優婆塞戒經ニ衆僧ニ三田ヲ具セリト述玉ヘルハ、只是衆僧ノ中ニ或ハ貧者病人或ハ有德厚恩ノ僧侶アルガ故ニ推ツカネテ衆僧具ニ三田一トノベ玉ヘリト見ヘタリ、必シモ衆僧各三田ヲ具スルニハアラズ、何ゾ衆僧皆三田ノ德アリトイハンヤ、答、此甚ダ文理ニ乖角セル妄説也、乃至二十段問、權宗乞食ノ沙門モ亦是優婆塞戒經ノ衆僧具三田ノ中ノ貧窮田ニ攝在セラルベシヤ、乃至苟モ乞食ノ名言ニ拘テ悲敬ニ惑亂スベカラズ、已上他書、

今云、十三段ヨリ十五段ニ至ルマデハ優婆塞戒經ノ

三田ノ文ヲ問難ニ因テ料簡シ、第十六段ニハ船守等ノ施ニ付テ諸聖ノ異議アル事ヲ和會ス、別義ナキ故ニ評スルニ及バズ、十七段ヨリ二十段ニ至ルマデハ、他宗乞食ノ沙門ニ鉢ヲ入ルヽ事古來ノ制禁ナルニ付テ、悲田敬田ノ通局ヲノベタリ、是又吾宗尋常鍛錬ノ義ニシテ新ニ論ズルニ及バズ、其間細科ニ付テ理不盡ナル事モアレドモ、今所論ノ義ニ非ザルガ故ニ評スルニ及バズ、

○他書云、問、或人云、忝モ吾祖師親ク靈山ノ佛勅ヲ被リ在世ノ遺經ヲ守テ五濁鬪諍ノ時刻ニ降誕シ玉ヒテヨリ已來、命ヲ法華經ニ奉リ身ヲ土芥ヨリモ輕ンジテ刀杖ノ重障ヲ怖レズ謫戮ノ巨難ヲ憚ラズ、專ラ妙法ノ利劍ヲ振テハ宗軍ヲ摧破シ無礙ノ懸河ヲ瀉テハ三度國主ヲ諫曉シ玉ヘル事、コレ偏ニ我不愛身命ノ誠諦ヲ重ンジ死身弘法ノ嚴誡ヲ崇メ玉ヘルガ故也、コヽヲ以テ祖師ノ末流トシテハ又專ラ强議ヲ以テ本意トスベシト云コト書判ノ妙文今數フルニ遑アラズ、然ルニ今國主ノ權勢ヲ恐レテ直チニ悲田ノ供養ヲ受ケ、ナヲ又諫ヲ天下ニイレザルコト、實ニ師敵ノ罪過ノガレガタク破法ノ因緣オソルベシ云々、若ロノ理ニ依ラバ今悲田ノ施ヲ受用セルコト尤モ不惜身命ノ立義ニ乖背スルニ似タリ、是義如何、答、盆ヲ戴ケルモノハ皇天ヲ見ルコト能ハズ、陷井ノ蛙生ナンゾ大海ノ廣キコトヲ知ランヤ、抑モ志士仁人ノ死生ヲ濫ニセザル事ハ本トコレ義理ノ重キヲ知ニ在テ死生ニ心ヲ費スニハアラザルガ故也、ソレ義ノ生クベキ時ヲ見テハ命ヲ全ウシテ忠ヲ盡シ、理ノ死スベキ時ヲ知テハ身ヲ輕ンジテ心ヲ安ンズ、コレ士卒ノ嗜ベキ道ニシテ天下ノ貴ム所也、聊モ臆病ノ故ニ生ジ血氣ノ故ニ死スルニハ非ズ、乃至故ニ心アラン人ヨク此義ヲ思惟シテ若ソレヤムコトナキニ至テハヤミナン、苟モ力ノ堪タランホドハ晝夜常ニ寢食ヲ忘レ法命ヲ重ンジ惠燈ヲ挑グベシ、然則若ナヲ已事ヲ獲ザルニアラズンバ亂ニ身命ヲ捨テ法義ヲ顧ミザルモノ

ハ、コレ却テ自ラ破法ヲ招ノ逆罪ニシテ血氣第一ノ僻人ナルベシ、全ク以テ佛法弘通ノ正師トハ云ヒガタシ、アニ愼マザランヤ、然ルニ今明君賢臣スデニ宗制ノ通塞ヲ簡辨シ玉ヒテ正ク祖師ノ制戒永々流傳ノ宰判也、ナンゾ徒ニ强議ヲ企テ却テ自害ヲマネカンヤ、若夫レ今般ナヲ非理ニ敬田供養ヲ受用スベシトナラバ誰人カマタコレヲ肯ゼンヤ、尤モ身命ヲ抛テ法水ヲ濁サズシテ後代ノ流通ヲ俟ニ定レリ、今スデニ然ラズ、豈コレ大幸ナルニアラズヤ、又今般スデニ吾宗ノ所制ハ堅ク他宗ノ敬田供養ヲ受ザル義ヲ、先立テ若悲田供養ハ元祖制禁ノ限リニ非ザルガ故ニ年來コレヲ受用スルノ旨ヲ言上セリ、コレアニ正シキ諫曉ナルニアラズヤ、輕キ下位ノ訴訟ヲ以テ重キ上意ノ文言ヲ添削センコトマコトニ至テ難澁ノコトナルニ、不意ニ改定ノ案文ヲ玉ハリ、貞正ノ簡斷ニ預レルコト豈人事ノ能スル所ナランヤ、必ズコレ冥應ノ照シ玉ヘルモノニシテ妙機ノ感ズル所ナランノミ、乃至信手ヲ空ニシテ後悔スル事勿レ、已上他書、

彈云、此段問難ハ嚴密ニシテ返答幽遠ナリ、宜ナルカナ自身臆病不覺ノ擧動ヲ隱覆シテ、シカモ祖師ノ死身弘法ノ勇猛ノ行ニ雷同セント欲スルガ故也、汝ガ護惜建立ト云ハ只寺院ヲ相續シ身命ヲ存在スルヲ法義相續ト思フト見ヘタリ、初段ニ擧ル所ノ十條ノ性重譏嫌ノ法罪遁ルベキニ處ナケレバ、法水ノ護惜建立ノ義ハ一向ニカケタリ、自身非ヲ飾ルノミナラズ、還テ正統ノ師ヲ誹謗シテ世人ノ信路ヲ斷ント欲ス、誠ニ彌天ノ罪人ナリ、凡ソ尋常スラ法鼓ヲ鳴シ國主ヲ諫ルハ祖師以來代々列祖ノ樞機ナリ、國主念佛無間等ノ四箇ノ名言ヲ信得及シ吾宗ニ歸伏シ玉ハザル內ハ諫曉ヤムベカラズ、吾祖佐州ノ流刑ヲ公儀ヨリ赦免アッテ鎌倉ヘ歸入シ玉ヒテ、ナヲ平ノ左衛門ニ對シテ强言ヲ吐玉ヘリ、サレバ選時抄下卷ニ第三ニハ去年四月八日ニ平ノ左衛門尉ニ語テ云、王地ニ生レタレバ身ヲバ隨ラレタテマツルヤウナレドモ心

ヲバ隨ラレタテマツルベカラズ、念佛ハ無間地獄、禪ノ天魔ノ所爲ナル事ハ疑ナシ、殊ニ眞言宗ガ此國土ノ大ナルワザハヒニテハ候也、大蒙古國ヲ調伏セン事、眞言師ニハ仰付ラルベカラズ、若大事ヲ眞言師調伏スルナラバ、イヨ〳〵イソヒデ此國ホロブベシト申セシカバ、賴綱問云、イツ頃カ一定ヨセ候ベキ乎、予云、經文ニハイツノ日トハミエ候ハネドモ天ノ御氣色イカリスクナカラズ、急ニミヘテ候、ヨモ今年ハスゴシ候ハジト語申タリキ、此三ノ大事ハ日蓮ガ申タルニハアラズ、只偏ニ釋迦如來ノ御神ノ我身ニ入カハラセ給ケルニヤ、我身ナガラモ悅ビ身ニアマル、已上、汝ガ義ノ如キハ旣ニ赦免シ玉フ上ハ公儀ヘモ隨逐アルナラバ法モ次第ニ弘マルベキニ、血氣第一ノ祖師ノ擧動也ト云ベシヤ、シカノミナラズ賴綱西ノ御門ニ御房ヲ造テ愛染堂ノ別當ト成シ奉ルベク候、彼御堂ノ寄進其他一千町ニ及ベリ、天下ノ御祈禱アルベキノ由申サレタル時、祖師ノ玉ヤウ、別ニ御祈禱アルベカラズ、只念佛眞言禪律等ノ邪僧ノ御歸依ヲ止玉フベシト云捨テ、卽チ座ヲ立玉ヒ程ナク身延ヘ入玉ヘリ、是則タトヒ鎌倉殿祖師ヲ信仰アリトモ謗者ノ歸依ヲヤメ玉ハザル內ハ本意ト思召サヾル義ナリ、是則末弟永代ノ規矩ヲ殘シ玉ヘリ、サレバ前代ノ嚴有院殿縱ヒ法華宗ニカタムキ玉ヒタリトモ謗法諸宗ノ御歸依止ザル內ハ、修羅ヲ崇重シナガラ帝釋ヲ歸依スルガ如クナル故ニ名君トハ申ガタシ、何ゾ諫曉ノ儀ヲヤメンヤ、況ヤ吾宗古來終ニコレナキ難題ヲ懸玉ヒテ御朱印ヲ卽供養ト仰懸ラレ、其時ノ執權專ラ其義ヲ推廣メテ手形ノ儀ヲ云カケ、ソレニ隨逐セズンバ上意違背ノ咎ニ落シ不受供養ノ徒ノ根源ヲ可レ斷トハカレルヲホメテ賢臣ト云ベシヤ、纔ニ書物ノ文言少シ直リタルヲ以テ幸ノ事トシ、公儀モ宗義ヲ納得シ玉ヘリト云ナスハ比類ナキ誑惑ニ非ヤ、公儀ハ始終三寶供養ノ義ニシテ御仕置モ改轉ナキ事、來由アリ道理アリ、又一札ノ文言ニ顯レタル旨アリ、先來由ヲイハヾ、先年身延池上諍論ノ時ヨリ寺領ニツキ供養非供養ノ義アリ、判者明了ナラズ、時運否塞シテ日樹等權現樣ノ筋目ニ相違セリト云難ニ落テ放謫ノ難ニアヘリ、然ルニ其後餘類ニ御構ヒナク大猷院殿ノ時大ニ繁榮シテ快ク仁恩ノ御朱印ヲ成下サレ、一派安堵ノ思ヒヲナセリ、然ルニ時移事去テ法運亦塞リ、身延ヨリ內々啾訴セシ砌、今度コノ御朱印ノ沙汰コレアルヲ幸ヒノ折節ト思ヒ寺領即供養ノ義ニ付テ訴訟スルニ依テ、老中ノ評議一決シテ身延ノ申分尤ト受玉ヒテ此仰渡シアリ、已ニ身延ノ訴訟ニ依テ三寶供養ノ義ヲ命ジ玉ヘリ、サレバ身延ニモ談合ナク何ゾ俄ニ格ヲ替テ三寶供養ノ義ヲ變ジ玉ハンヤ、故ニ日明等屢內緣ヲ以テ和州ヘ悲田ノ義ヲ望ムトイヘドモ和州諾セズシテ云ク、兎角公儀ハ三寶崇敬ノ御心入ナリ、公方樣法華宗ニナリ玉ザル內ハ此義カハル事ナシト云々、公儀ハ始終此格式ニシテ變ズル事ナシ、聖人ニ非ズト云トモ何ゾ始終相違ノ御仕置アランヤ、是其謗施ノ財體不變ノ來由ナリ、次ニ道理ヲイハヾ若悲田ノ義公儀領納ノ義ナラバ則仁恩モ亦御許シナルベシ、同ジ不受不施ノ中ニ何ゾ一類ヲ罰シ一類ヲユルサンヤ、公庭豈ニ五ヲ知テ十ヲ知ラザルノソシリヲ招ンヤ、是一、若又悲田ノ義、公儀領納ニシテ心口トモニ改レル義ナラバ書物ニモ及ブベカラズ、一旦書物ノ儀仰出サルト云ドモ後々ハ其儀ヤムベシ、悲田ヲ許シ玉ハヾ仁恩ヲモ許シ玉フニナル道理ナルガ故ニ、何ゾ始終書物ノ儀ヤマズ、宗旨請狀マデニ書物セズ、不受ニテハナキノ語ヲ載テ簡別シ玉フベキヤ、汝已ニ仁恩悲田名異義同ト云ヒ、公庭若其義ヲ領掌シナガラ私意ヲ以テ一方ヲ罰シ一方ヲ許サバ、豈只不仁不義ノ仕置ナルノミナランヤ、非禮不明ノ瑕瑾ヲ招クニナリナン、然ルニ公庭如レ此私情アルベカラズ、故ニ知ヌ三寶供養ノ格式アラタマルベカラズ、是二、況ヤ若格式改ラバ流人トナル衆ニ其趣ヲ寺社奉行ヨリ語ラルベキ事ナリ、苟モ其實義ヲ隱シテ流罪ニ處スルヲ悦トスル事アランヤ、一夫一婦モ其處ヲ得ザレバ市ニ撻ルヽガ如シトイヘル古語アレバ、アリヤウニ判斷セザレバ仕置スル人ノ恥トナル事ナリ、悲田ノ義ニ公庭若實ニ轉ゼバ、小湊等ノ訴訟ニ依テ已ニ悲田ノ義ト公儀ニモ領掌シ玉フ上ハ何ゾ書物セザルヤト公儀ヨリノ異見尤アルベキ事ナリ、然ルニ寺社奉行始終此儀ナクシテ唯井水河水皆三寶供養ノ仰渡シナルニ、其上意ニ順ゼザルニ依テ曲事ナリト計リノアイサツナリ、又谷中等ノ書物スル時ハ日堯日了モ同座ナリ、日堯彼一札ヲ見ラレ、此文體ニテハ宗旨ノ瑕瑾ニマカリ成候間カキ申マジキト申サルヽ時、甲州谷中等ノ訴訟ニ依テ文體轉ジタリト一言ノアイサツモナク、又谷中等モ此文言ニテハ苦シカラズトモイハズ、ヲヅ／＼判形シタル事カクレナキ事ナリ、公庭始終三寶供養ノ轍ヲ改メラレザル事分明ナリ、是三、サテ又日浣或時日明等ト參會ノ序ニ三寶供養轉不轉ノ穿鑿アリシ時、日浣申サルヽハ、此義大節ノ事ナレバ私ノ諍論詮ナシ、只今各ヲ寺社奉行ヘ同道シ日來ノ三寶供養ノ義ハ公儀ヨリ向後御改メナサレ候ヤ否ヤヲ直ニ尋ネ究テ其返答次第ニ致スベシト、急ニ催促セラレケレドモ、日明等曾テ同道ノ儀ヲ領掌ゼズ、コレ則公庭格ノ替ラザル事決然ナレバ同道ヲ諾セザル儀ナリ、是四、次ニ手形ノ文言後代ノ支證ニナリ難ク、三寶供養ノ格改ラザル事ヲイハヾ、初メ谷中ヨリ和州ノ内證ニテ今度以二御慈悲一被二成下一御朱印頂戴有難奉レ存候則御供養ト奉レ存候トアル文言出タリトテ、日浣日堯并ニ梅嶺寺三人ヲ谷中ヨリ賴ミ日逑ヘ其儀ヲ披露シ、此文體ニテハ重テ御相談モアルベキ事ナリト三人モ申サレケレバ、則日逑心ニハ諾セラレズ共且ク衆議ニ隨ヒ、日逑ノ所ヘ諸寺ヲ集ラレ、其上日逑ノ案文ノ好ニ和州ノ案文ノ有難奉レ存候ノ次ヘ即御慈悲供養ト奉レ存候、敬田供養トハ各別ニテ御座候トアル案文ナラバ相談モアルベキカト申サレケレバ、日浣等ノ三使、谷中ヘ其旨ヲ傳ヘラレケレドモ其文言ハ調フベカラズトテ終ニ扱ヒ破レタリ、日逝ノ意得ハ此案文迚モ調ベカラズト納得之上、谷中等ヘ難題ニ右ノ案文ヲ出セリト、事終テ日逝物語也、然ルニ和州ヨリ此文言出タル事、大キナル虚説ナル事程ナク露顯セル故ニ、日逝ノ分別自然ト正轍ニアタレル事諸人感心セリ、今且ク與ヘテ論ズル時、御慈悲ヲ以テ成下サルヽトアル文ナラバ公庭ヨリ三寶供養ノ格ヲ改メラレタル樣ニ聞ユレバ責テノ事ナリ、然ニ御慈悲ニテ御座候ト此方ニテ領納スル分ハ實ニ火ヲ水ト思ヒナスガ如クナレバ、其謂クノ分齊ヲ許シテ言ノ加リタルハ少モ三寶供養ノ義ヲ公庭ヨリ改メラレタル儀ニハナラズ、サレバ和州ノ老中ニ對シテ公儀ヨリ三寶供養ト仰渡サルヽ上ハ下ニテイカヤウニ名ヲツケテ受ケンモ彼ガマヽニナサレヨ、少モ公儀ノ三寶供養ノ御仕置ノ障ニハナラザル事也ト挨拶アリシニ依テ、此文體ノ口ニナリテ老中ヨリ加賀爪甲州ヘ仰渡シ有シト、公庭ヘ徘徊スル慥ナル人ノ物語ナリ、サレバ和州ノアイサツ

ト此手形ノ御慈悲ニテ御座候トアル文體トワリフヲ合タルガ如シ、是一、其上カケ構ザルモノ此手形ヲ見テ義ヲトラバ内々公儀フサガリノ者ニテ候ヘバ、當年ノ御朱印モ彼是ト延引心モトナク存候處ニ、此度御朱印頂戴誠ニ難レ有忝キ御慈悲ナリト先一禮ヲ述テ、サテ降參仕ハ上意ノ如ク三寶供養ト奉レ存候トカキヲサメタリトモ見ラルヽ文體ナリ、カヤウニ佛在世ノ不定教ノ同聽異解ノヤウナル文體ノ分齊ニテ慈悲ノ二字入レ、上意モ悲田供養ノ義御納得ニテ冥應冥機ノ致ス所也ナド荒言スルハ何事ゾヤ、是二、後日ニ又或人云、慈悲ノ字サヘ入候ヘバ日逝其外一派異議コレナキ筈ナリト虚言ヲ作テ和州ヘ訴訟スル故ニ、和州ノ肝煎ニテ慈悲ノ二字入タリト云々、又谷中日純甲州ニテ手形セシ日、梅嶺寺日珖ヘ使僧ヲ以テ一札ノ案文ヲ指越ス時ハ、御慈悲ニテ御座候ノ次ニ則ノ字ヲ加ヘタリ、是則彼ガ心ヲ推ルニ、上ノ句ノ慈悲ノ二字ト下ノ句ノ供養ノ語ト如何モシテ連貫セザル故ニ、人ヲバスカシ入レタシ、センカタナサノマヽニ則ノ字ヲ入レテ、上ヨリ下ヘ是非トモニツヾケントシタルモノナリ、サレドモ谷中ノ使僧ヨリ、前ニ日堯甲州ヨリ直ニ梅嶺寺ヘ來テ日講日珖ヘモ手形ノ文言語ラレシカバ、日純ノ僞リ卽座ニアラハレテ卽日珖ヨリ日純ヘノ返書ニ、此手形ノ御文言内々ノ大悲代受苦ノ御志ト存有難存候ト墮獄ノ手形ニ究テノアイサツニテアリシナリ、又彼勝劣ノ手形ニ不受不施ノ意得ト各別トアル文言ヲ訴訟シテ除ケリト云事少シ

モ規模アラザルノミナラズ、大キナル僞リヲ顯ハセリ、其故ハ、勝劣ト一致ノ不受不施トハ本ヨリ兩派ニ分レタル者ナルガ故ニ、簡異ノ言ヲ立テ各別ト決セリ、是則手形致シテ供養ト存ル上ハ一致ノ不受不施方ノ寺領ハ供養ニアラズト云意得トハ各別ナリト書ルモノ也、然ルニ今度ハ彼勝劣方ニ簡異セラレタル一致ノ不受不施ノモノ義轉ジテ書物シテ御供養ト存ズルト書ク上ハ、別ニ簡異スベキ合手ナシ、何ゾ各別ノ語アランヤ、喩バ敵味方分レタル時ハ餘ノ者敵方ヘクミセザルヤウニ堅メテサスル事アレドモ、其敵降參シテ味方トナル時ハ既ニ敵人ナシ、何トテ敵ノ義ト各別トタイ狀ヲカヽスル儀アランヤ、サレバ此ノ文體ハ訴訟セズトモ公儀ヨリ書出サルベキ文章ニハアラズ、サレバ訴訟シテ此語ヲ除ケリト云事大キナル僞也、是三、其上霜月八日ノ夜、日明處ニ於テ内談ノ趣ハ、一併慈悲ノ二字訴訟ヲシテ若叶ハザル時ハ不受不施ノ意得ト各別トアル語バカリヲ拔テ勝劣

ノ如クノ書物スル筈ニ内談究リシコト、日明弟子從眞、野呂ノ所化貞閑ニ語リシ事也、世間ニ其隱ナシ、然ルニ幸ニ慈悲ノ二字入タルヲ悅ンデ此訴訟調ハザレバ身命ヲモ捨ル筈ノ樣ニ云觸セシハ、例ノ誑惑ナリ、喩ヘバ逃ル事五十步ナルモノ、俄ニ不慮ノ味方ヲ得タチ留テ、逃ル事百步セルモノヲ笑フガ如シ、勝劣ハ逃ル事百步セルニ似タリ、新受ハ五十步逃タルニ似タリ、慈悲ノ二字入ル、味方ツヾカネバ勝劣ノ如ク百步逃ルハ必然ナリ、是且ク與ヘテ慈悲ノ二字入ト不入トヲ分テ臆病ノ人ノ中ニテ比量シテ論ジタルモノナリ・上件ノ如クナレバ慈悲ノ二字入タルトテ少モ公儀三寶供養ノ義改轉ノ儀ニ非レバ謗法ノ大罪ヲ招テ宗旨ノ命脈ヲ斷絕セル事敢テ疑ナシ、是四、凡ソ佛法ハ世間ノ儀ト替テ謗法ノ根源ヲ糺シ法水ノ濁ヲスマサヾレバ何程寺院繁榮シ眞俗群集シテモ少モ利益ナク、却テ天魔惡鬼力ヲ添テ便ヲ得シムルナリ、迦毘羅外道ハ八百年ノ後陳那菩薩ニセメラレテ忽ニ威光ヲ失ヒ慈覺智證ハ三百年

ノ後吾祖初テ謗法ノミナモトヲ顯シ玉ヘリ、然ルニ只今新受ノ徒ハ流聖衆等朝暮參會シテ彼等ガ邪佞虚僞ノ多キ事、法義ノ心入微弱ナル事底ヲ盡シテ能存知セル故、其流ヲ汲ム者ハ傳聞シテ迷フ事ナシトイヘドモ、時移リ事去テ正統ノ派ハ彌衰滅シ邪徒ノ流レハ益々増長シテ其實義ヲ唱ヘ失ハン事ヲ慮テ、委細ニ其謗法ノ根源ヲ點示ス、其上ソノ流ヲ汲ム人モ年月少シ隔タリヌレバ最早正轍ノ義ヲ失シテ新受方ヲ謗法ト云道理、財體不轉ノ性罪、供養混亂ノ譏嫌等ノ謗罪ヲモ納得セズ、只悲田ノ義ヲ破スルトバカリ意得タルモノアレバ、自他ノ龜鏡ニ備ンガ爲ニ筆ヲ勞シテ懇ニシルス、有智ノ人老婆親切ナル事ヲ思惟シテアカラサマニモ他ノ非ヲ數フル事ヲ好ムト云事ナカレ、

○他書云、問、或人云、祖師書判ノ中ニ多ク相似ノ謗法ヲ誡メ玉ヘリ、サレバ法華開顯ノ念佛ダモナヲ唱ベカラズト判ジ玉ヘリ、然ルニ今悲田ノ供養ヲ受ル事、經釋及ビ祖師ノ筆跡文義彰灼ナリト云ヘドモ、而モソノ供養ノ語ハナヲ已ニ敬田ノ供養名紛亂セリ、豈是レ相似ノ謗罪ニアラズトイハンヤ云々、此義可否イカンゾヤ、答、正鵠ヲ失スルトキハ反テ其身ニ求ムトイヘリ、若其心正シカラズンバ豈マタ當事ヲエンヤ、夫吾祖師相似ノ謗法ヲ誡メ玉ヘル事ハ、タヾコレ擧テ用ルニ及ズシテ而モナヲコレヲ修行スルトキハ却テ損害アルベキモノヲ以テ深クコレヲ禁止シ玉ヘリ、敢テ濫リニマタ相似ノ謗法ヲ制シ玉フニハアラズ、サレバ彌陀ノ名號ノ如キハ、正クコレ意ニ開顯ノ旨ヲ了知セル人ナリトモ若口ニタヾ南無阿彌陀佛ト唱ル時ハ、則チ法然所立ノ念佛ニ混雜シテ少智頑魯ヲ迷亂シ易キ所也、故ニタトヒ内心ニ開會ヲ存ト云トモナヲ唱ヘザルガ勝レルニハシカジ、況ヤ又開顯ノ妙音ニクラキモノヲヤ、又スデニ一タビ佛母ノ實相タル妙法ノ五字ヲ唱ヘ奉ル時ハ自ラ十方三世ノ諸佛ノ功德ヲオサムルガ故ニ、滅セヌ罪モナク來ラヌ

功德モアルベカラズ、求メザルニ十方ノ淨土ヘモ往生シ彌陀如來ニモ面奉スベシ、故ニ生十方佛前トモ卽往安樂世界阿彌陀佛トモ見ヘタリ、ナンゾ萬人ノ聞キヲ亂ル事ヲモ顧ズシテ頻ク別段ニ彌陀ノ名號ヲ唱ヘンヤ、則祖師制戒ノ元由ニシテ最モ恐慮スベキ所也、凡法華開顯ノ妙理ハ諸乘ヲ融會シテ一乘ニ會入セシメ實相ノ外ニ更ニ餘法アル事ナシ、故ニ經ニハ、十方佛土中唯有二一乘法一等トノベ、釋ニハ一乘外更無二餘乘一ト判ゼリ、然ニ若シ法華受持ノ上ニモマタ彌陀ノ名號ヲ唱念スベシトイハヾ、コレ恐クハ却テ開顯融會ノ旨ヲ忘レテ帶權隔異ノ情ヲ懷ケルモノナルベシ、乃至今般ノ一札モ亦文言分明ニ慈悲ノ供養ナリト刻成シ、已テ而モナヲ敬田供養ノ文義ヲ簡去セリ、豈カノ開顯ノ名號ノ法然所立ニ相似スルノ等倫ナランヤ、冀クハ後來有智ノ君子ヨクカノ佞者ヲ惡メ、已上他書、

彈云、吾宗ノ元意ハ末法下種ノ義ヲ專要トシテ衆生成佛ノ眞因ヲ殖ル時ナルガ故、逆化ヲ表トシテ覆漏汚雜ノ失ヲ糺明シ、アカラサマニモ權實雜亂ノ濫觴トナル事ヲ深ク誡シム、サレバ身口意ノ三業ニ經テ制戒ヲ立ル中ニ、別シテ事相ニ約シ身口ノ二業ヲ誡ルニ付テ相似ノ謗法罪ヲモ誡メ來レリ、是則末代ノ愚人能弘ノ師モ一惑未斷ニシテ鑑機三昧ヲ得ザレバ身口ニ付テ究メ外ヲ制シテ內心ヲ立ル砌ナル故ナリ、サレバ彌陀ノ名號ヲ勸唱アル事ハ爾前諸經ニ金口ノ明文繁多也トイヘドモ、既ニ謗法ヲ誡メテ念佛無間ト立玉フ故ニ法然流ノ未開會ノ稱名念佛ヲ禁止スル事ハ申ニ及バズ、天台宗ノ如ク開顯ノ旨ニ則テ融通ノ念佛ヲ立タルヲ吾祖ハ堅ク嫌玉ヘリ、吾祖所々ノ妙判枚擧スルニ遑アラズ、且ク十章抄ニ云、外道ハ常樂我淨ト立シカバ佛世ニ出サセ玉テハ苦空無常無我ト說セ給キ、二乘ハ空観ニ着シテ大乘ニスヽマザリシカバ、佛誡云、五逆ハ佛種トナリ、塵勞ノ儔ハ如來ノ種トナルベシ、二乘ノ善法ハ永ク不成佛ト嫌ハ

セ玉ヒキ、常樂我淨ハ義コソ外道ハアシカリシカド
モ名ハヨカリシゾカシ、然レドモ佛ハ名ヲモ忌給キ、
惡ダニモ佛種トナル、マシテ善ハトコソ覺ユレドモ、
佛二乘ニ向テハ惡ヲバ許シテ善ヲバ禁メ給キ、當世
ノ念佛者ハ法華經ヲ國ニ失フ念佛也、縱ヒ善タリト
モ義分アタレリト云共、先名ヲ忌ベシ、其故ハ佛法ハ
國ニ隨ベシ、天竺ハ一向小乘ノ國一向大乘ノ國大小
兼學相分レタリ、震旦モ亦復如レ是、日本國ハ一向大
乘ノ國、大乘ノ中ニモ一乘ノ國也、華嚴法相三論等ノ
諸大乘猶相應セズ、何況小乘ノ三宗ヲヤ、乃至何況當
世ニ開會ヲ意得タル智者モ少クコソオハスラメ、設
ヒサル人アリトモ弟子眷屬所從ナンドハ如何アルベ
カルラン、愚者ハ智者ノ念佛ヲ申給ヲ見テハ念佛者
トコソ見候ラン、法華經ノ行者トハヨモ見候ハジ、又
南無妙法蓮華經ト申人ヲバ何ナル愚者モ法華經ノ行
者トコソ申候ハンズラン、當世ニ父母ヲ殺ス人ヨリ
モ謀叛ヲ起ス人ヨリモ、天台眞言ノ學者ト云ハレテ
善公ガ禮讃ヲウタヒ然公ガ念佛ヲ囀ル人々ハ怖シク
候也、已上、此御文體又破權門理ノ日ナルガ故ニ、事相
ニ約シテ初心ノオモハクヲ詮ニ誡メ玉ヘリ、又祖師
已來謗法供養ヲ嫌フテ受ザルモ權實雜亂ノ咎ヲ誡ル
ニアリ、サレバ今昔相對シテ破廢開會ヲ論ズル時、敎
行人理ノ四一ニ約シテ是ヲ沙汰スルハ通途ノ格式ナ
リ、經體既ニ權實ヲ簡別スルガ故ニ敎ヲ受テナス所
ノ行體ヲモ混同スベカラズ、然ルニ謗法供養ハ六度
ノ中ノ檀波羅密ニシテ謗法ノ上ノ佛事作善ナル故ニ
堅ク受ル事ヲ誡メタリ、是ニ依テ供養ノ言又堅ク出
世敬田ノ一途ニ限テ用ヒ來レリ、經論ニ證據アリト
テ供養ノ語ヲ世間ヘ亙セルタメシナシ、サレバ祖
師一代ノ妙判ノ中ニ供養ノ語ヲ世間ヘ亙シ玉ヘル事
一文トシテコレナキ事也、就レ中日向記ニ官位所領ヲ
給トモソレニハ染セラレズ、謗法供養ヲ受ザルヲ以
テ不染世間法ト云ナリト記シ玉ヘル文ヲ明證トシテ
古來ヨリ寺領供養各別ノ義ヲ立タル事、諸門流列祖

ノ明判ニ出タリ。サレバ供養ノ二字ヲ敬田ニ屬シテ謗者ノ施ヲ制スル事、宗旨ノ骨目吾家ノ命脈ナリ、然ルニ今紛ハシク悲田ニ通ジテ供養ノ語ヲ亙スハ大キナル僻事也、自餘ノ香華燈明剃髮染衣等ノ相似ノ例ト同日ニシテ語スベカラズ、是一、況ヤ澆季ノ風俗、魚目ヲ明珠ト混亂スルハ目前ノ事ナルニ猥シク供養ノ語ヲ悲田ヘ亙シテ遁辭ヲ設ンヤ、孔子ハ渴ヲ盜泉ノ水ニ忍ビ曾子ハ車ヲ勝母ノ里ニ返セリ、世ノ君子尙其名ヲイム事此ノ如シ、況ヤ佛祖ノ掟ヲ守ル者豈譏嫌ヲ愼マザランヤ、若强テ供養ノ語ヲ通用セントナラバ、開會ノ念佛ヲ許ス台宗ノ權實雜濫ノ義ニ混同スベシ、其故ハ、若只開顯ノ上ニハ妙法ノ五字諸佛ノ功德ヲ具スルガ故ニ別ニ彌陀ノ名號ヲ用フルニ及バズト槩論セバ、彌陀ニハ限ルベカラズ、諸佛諸尊諸天善神ヲモ別ニハ用フベカラズ、又妙法ノ五字ニ緣因ノ萬行ヲ含スルガ故ニ別ニ香花燈明ヲモ供スルニ及バズト云ンヤ、若然ズバ十界勸請ノ曼茶羅モ徒然ノ儀トナリ、祖師ノ御曼茶羅ニ善德佛等ヲ勸請シ玉ヘルモ理不盡ノ儀ト也、香花等ノ助行モ用ヒザルベシヤ、故知ヌ法然所立ノ彌陀念佛ヲ堅ク制シ給フニ依テ執權謗實ノ者ニ若開會ノ念佛ヲ許サバ、巨火ニ薪ヲソヘ長氷ニ水ヲ添ル風情ナルガ故ニ、台宗ノ開會ノ念佛ヲモ强ク誡メ玉ヘリ、然レバ事理ノ中ニハ事相ヲ以テ肝要トシ、三業ノ中ニハ身口ヲ規則トスル事、吾宗ノ通格ナリ、然ルニ今紛ハシク供養ノ語ヲ世間ヘ亙サバ、豈謗法ノ混亂ノ大科ヲ招ク事、彼台宗ノ徒、念佛ノ名ハ同ジケレドモ開未開ノ異アルガ故ニ開會ノ念佛ハ苦シカルベカラズト募ル義ト少モ替ラヌ語ニアラズヤ、是二、其上サキニモ粗ノブルガ如ク、不受不施ノ制誡ハ宗旨ニ深ク思ヒ入リ夷齊ガ淸操ヲ挾デ楊震ガ四知ヲ恥ルホドノ至誠ナキ者ハ、動モスレバ堅制ノ敬田供養ヲ濫リニ受用スル事尋常マヽアル事ナリ、況ヤ悲田ニ約シテ紛ハシク供養ノ義ヲ許サバ、何ヲモ悲田ト名ヲ附テ受用セン事必然ノ道理ナレバ、宗義ノ制法永ク滅却シテ自他宗ノ分モナク成行キ、捨邪歸正ノ入路ヲ塞グ事、心アルモノ誰カ之ヲ悲歎セザランヤ、是三、是ハ且ク供養ノ語、敬田悲田混同ノ義ニ約シテ其弊ヲ論ズ、敬田供養ノ財體不轉ノ事及一札ノ文言又支證トナラザル事、前段ニ屢論ズルガ如シ、吾宗相似ノ謗法ヲ誡ムル事、分明ナル證文、文殊問經ニ出タリ、下ノ追加ニ引ガ如シ、

○他書云、問、若供養ノ名言ハ敬田ノ供養ニ似タリト云ヘドモ、慈悲ノ二字ヲ加ヘテ敬田ヲエラベルガ故ニ相似ノ謗法ニアラズトイハヾ、タヾ法然所立ニ簡異シテ法華開顯ノ南無阿彌陀佛ト唱ヘシヤイカン、答、豈上ニイハズヤ、我忝モ佛母ノ實相ヲ唱ヘ奉ル、ナンゾナヲ隔執ヲ存ジテ別ニ名號ヲ唱ンヤ、若又吾祖ノ所判ノ中ニコノ覺立テ後ハ行者小乘阿含經ヲ讀トモ法華經也ト等判シ玉ヘルガ如ンバ、スデニコレ智者ノ解行ニシテ下愚ノ堪ザル所ナリ、何ゾ智愚賢不肖ヲ分タザランヤ、實ニ瑣入ノ短懐、小識ノ便口也、已上他書、

彈云、前段ニ委曲辨明スト云ヘドモ愚迷ヲ憐デ再ビ筆ヲ馳ス、凡ソ開會ノ上ニモ稱名念佛ヲ許サヾル事、古來多義アリトイヘ共、畢竟初心ヲ將護シテ其ノ名ヲイムヲ以テ本意トス、是則我祖宗旨建立ノ初メツカタ立正安國論ヲ作テ鎌倉ノ執權平時頼ヘ捧ゲ玉ヒシ時、哀音ノ念佛、亡國ノ濫觴タル旨ヲノベ玉ヘリ、其功空シカラズ、執權ノ邪執ヲ蕩シ時機相應ノ難信ノ妙法ヲ普天ノ下ニ徧ク流布ス、サレドモ釋迦ニ提婆、太子ニ守屋ト云ゴトク、念佛ノ邪法ナルヲ競ヒ起テ謗實ノ邪義イマダヤマズ、豈此時ニ當テ猥シク開會ノ念佛ヲ許ンヤ、汝供養ノ語世間ニ亙ル本據ニ僻依シテ敬田供養ノ語ニ混亂スル事、全ク台宗ノ迷徒ト同ジ、汝聞ズヤ先年大佛供養ノ時、一宗巨難ニ臨ンデ岐路ニ倒惑シ、或ハ宗旨ヲ改メ或ハ新宗ヲ立、ワヅカニ宗門ニ列ルト云ヘドモ謗法供養ヲ受用シテ歴代ノ格式ニ背キ、初メハ一タビ供養ヲ受テ後必ズ詫言ヲ遂テ再ビ受ベカラズトノヽシリシ輩、名利ニホ

ダサレ我見熾ンニシテ或ハ王土ニ居スル身ハ辭スルニ處ナキ故ニ國主一人ノ供養ヲバ受ベシト募リ、次第ニ轉計シテ萬民ノ供養ヲモ此方ヨリ勸テ受ル事、却テ功德ナリト云邪義ヲ立、人ヲ勸メ書ヲ顯ハシテ無窮ノ放逸ヲ盡セリ、其中ニ或ハ開會ノ念佛ハ苦シカラズト云、或ハ社參物詣ヲ許セリ、其弊終ニ盛ニシテ自宗他宗ノ選ビナク同座ノ供養ヲウケ、吾宗ノ牛王ニ愛宕ノ札ヲ並べ置キ、伊勢參宮ハ申ニ及バズ學室諸生新談義興行ノ立願ニ鞍馬清水へ參詣スル風俗トナレリ、就レ中日乾諸檀那ニ對シテ宗旨相續ノ爲ナレバ公方ヨリ念佛申セトアラバ念佛ヲモ申べシト荒言セリ、佐藤了世ト云俗士、親ク聞テ、慥ニ語リ傳ヘタル事也、豈淺マシキ作行ニ非ズヤ、誠ニ莫レ見ニ乎隱ニ莫レ顯ニ乎微ニトイヘル聖人ノ誡メ愼ザルベケンヤ、汝等既ニ謗法ノ根ヲ隱シテ却テ混亂ノ洪基ヲ開ク、次第ニ非ヲカザリ眞ヲ亂テ宗旨ノ正轍ヲ磨滅シテ終ニハ念佛ヲモ許ス義ニクミセン事掌ヲサスガ如シ、吾祖弘法ノ第三戯論ヨリ慈覺智證ノ理同事勝ノ咎深シト判ジ玉ヒタルハ、人ノ迷ヒヤスキヲ誡メ玉フ意ナリ、似テ非ナルモノヲ惡ムト云ヘル古賢ノ語誠ナルカナ、然バ則其罪ヲ論ズル時モ他宗ヨリハ受不施重カルベシ、受不施ヨリ新受ノ咎莫大ナルベシ、

○他書云、問、又或人轉計シテ、タヾ供養ノ語敬田ノ供養ニ相似セルノミニハ非ズ、慈悲ノ名マタ甚ダ卑野ニシテ仁恩ノ語ヨリモ劣レリ、乃至實ニコレ杜ニ膠シテ瑟ヲ調ベントスルノ短智也、問、マタ凡ソ悲田ノ施ハ遊民遊食ノ受べキ所也、乃至敢テ悲田ノ施ヲ受ルニ就テ異目アルニハ非ズ、已上他書、

今云、此二段ノ中初段ニハ仁恩悲田ノ語ノ勝劣ヲ議論シ悲田院ノ語ニ付テ太子ノ四院ノ事ヲ永々ト沙汰セリ、次ノ段ニハ悲田ノ施ハ遊民ノ受べキ所ニシテ、士農工商ノ中ノ士ノ攝屬タル出家ノ人ノ受べキ所ニ非ズト論ジテ、四民皆悲田ノ施ヲ受べキ道ヲノベタリ、コレミナ世間ニ唱ル所ノ悲田乞食ノ義ヲ心ニ懸

テ永々シキ閑言語ヲ設タルモノナレバ、誠ニ嗚呼ガマシキ所論ナリ、其上沙門ハ四姓出家皆名爲レ釋ノ例ノ如ク、士農工商ノ四民ノ限域ヲ離レタルモノナルニ、通局モナク士ノ攝屬ト云ヘルハ、國主ヲ諂フ義ニ逢着シテ釋氏ノ本意ヲ失ヘルニ非ズヤ、

○他書云、問、或人又云、凡ソ息世譏嫌ノ戒法ハ菩薩ニ於テ尤モコレ重トス、然ルニ今悲田ノ施ナリトイヘドモ既ニ供養ノ名アルトキハ、ナホ世間ノ譏嫌ヲ招クニ至レリ、菩薩ノ重戒ヲ犯セルニアラズヤト云々、コノ義如何、答、夫レ忠言耳ニ逆フト云ヘドモ諫ズンバアルベカラズ、良藥ハ口ニ苦シト云ヘドモ服セシメズンバアルベカラズ、乃至今正三札ヲ公場ニ捧テ、悲田供養ナル事スデニ天下ノ公論ナリ、ナンゾ衆愚ノ謂々タルヲ用ンヤ、已上他書、

此段ニ息世譏嫌ノ戒法ニ背ケル義ヲ問答シテ曲會私情ノ義ヲ設タル事アリ、凡不輕ノ而《マヽ》強毒レ之、吾祖ノ折伏破摧ノ弘通ハ時機ニ相應ジテ逆化ノ弘通ヲ設タルモノナレバ、如來現在猶多ニ怨嫉一、況滅度後ノ未來記ニ符合セル上ハ誰人カ背ヲ其間ニイレンヤ、此逆化既ニ嚴密ナル上ハ息世譏嫌ノ戒法亦從テ嚴重ナルベシ、況ヤ汝ガ問難ヲ設タルガ如ク、菩薩ニ於テ譏嫌是重シトハ雙林最後ノ遺誡ニ非ズヤ、汝邪智白非ヲ馳セテ此譏嫌ヲ逃レント欲ストモ永代逃ルヽ事ハアルベカラズ、況ヤ雙テ重ヲ犯セル大罪アルヲヤ、

○他書云、問、又或人ノ云、假令悲田供養ヲ受ル事ハ其義允レリト云ドモ、出塵ノ身ヲ以テ在家ニ對シテ一札ヲ捧ゲ施物ヲ受ル事甚ダ禮法ニソムケリ、何ゾ固ク是ヲ辭セザルヤト云々、此義如何、答、凡出家ハ此レ尊德高位ヲ具シテ在家ノ凡俗ヲ禮スベカラズトハ、如來ノ遺誡ニシテ經論ノ常制也、乃至方ニ今國主上意ノ旨ニ任テ一札ヲ捧、寺領ヲ拜受スル事、又コレ小事ヲ以テ國風ニ從ヒ宗制ノ大義ヲ立ントスルノ大猷也、豈却テ瑕瑾ナリトセンヤ、況復大行ハ細瑾ヲ顧ズト云ヘリ、ナンゾ苟モ世間ノ小事ニ拘テ佛法ノ大

理ヲ破ランヤ、乃至聊モ邪曲ノ險難ニ赴テ無間ノ火坑ニ陷ルコト勿レ、已上他書、

彈云、此段ニ彼レ一札ノ瑕瑾ヲ護惜シテ種々ノ佞言ヲ吐ク、少シモ許スベカラズ、凡ソ此一札ノ儀、上達ノ根性ニ約シ宗旨ノ本意ヲ探ラバ、公儀ヨリ一札ノ儀興行ノ根源ヲ考ルニ、吾宗傳來ノ不受不施ノ義ヲ拒ミ、手形ノ難題ヲ以テ宗義ヲ陷墜セント謀レルモノナレバ、此時ニ當テハ異體同心ノ道念ニ住シ、強テ諫鼓ヲ鳴シテ刑罰ヲ顧ミズ、少モ折伏ノ威勢ヲ失ハズ、宗義進退ヲ佛意ニ任テ一札ノ儀ヲ領掌セザルヲ以テ正風體トスベシ、サレドモ一等ヲ降シテ與ヘテ論ズル時ハ、公庭ヘ訴テ謗施ノ財體モ轉ジ、供養ノ語混淆スル譏嫌ヲモ離レ、後代ノ支證ト成テ立義ノ礙リニナラザル一札ナラバ、國風ニ隨ヒ上意ニ應ジテ大義ヲ相續スル善巧トモ云ツベシ、然ルニ宗義ノ綱格タル謗法供養ヲ受ケ性重譏嫌トモニ犯シ、纔ニ火ヲ水ト思ヒナス分齊ヲ許サレテ、最早幸ノ事ニシテ一札ヲ捧ルハ、宗義ヲ破テ國風ニ隨ヒ祖意ヲ忘レテ上意ニ阿レル儀ナレバ、誠ニ釋門ノ姦賊法中ノ夭孽ナリ、已ニ横作法制ノ未來記アル上ハ國主ノ政道必正路ナリトモ究メガタシ、只上意トイハヾ隨ハントテ、無理ヲ以テカスメラルヽ事何ンゾナカラン、若念佛ヲ申スベシ或ハ肉食等ノ非道ヲ行ズベシトアリトモ又隨從センヤ、法苑珠林一百十二云、問曰、酒ハ是和神ノ藥、肉ハ爲二克レ飢之膳一、古今同レ味、今獨何見レ鄙而不レ食、若使二佛教清禁、居喪二禮制一、卽如下對二於嚴君一勅賜中俗食上、豈闕二僭過一、拒而不レ食耶、答曰、貪レ財喜レ色、貞夫所レ鄙、好レ膳嗜レ美、廉士所レ惡、割レ情從レ道、前賢所レ歎、抑レ慾崇レ德、往哲同嗟、況肉由殺レ命、酒能亂レ神、不レ食是理、寧可レ爲レ非、縱逢二上抑一、終須二嚴斷一、雖レ違二君命一、還順二佛心一、文、君主ノ命タリト云ヘドモ堅ク肉食ヲ用ベカラザルノ旨分明ナリ、君命ニ違フト云ドモ還テ佛心ニ順フノ言、誠ニ肝ニ銘ズベシ、肉食尙爾ナリ、況ヤ吾祖ノ制法ヲ破却セントスル與

行ニ於テヲヤ、然ルニ沙門王者ヲ拜セザル等ノ小事ヲ以テ此ノ一大事ノ制戒ニ例シテ、大行細瑾ヲ顧ミズト云テ世間ノ小事ノ樣ニ云ナシ、剩隨方毘尼ナドト云ハ、天ヲ地ト諍ヒ黑ヲ白ト論ズル程ノ事ナルガ故ニ、彼惡口ノ車匿ニ異ナラザレバ默擯シテ治スベシト雖モ、止ム事ヲ得ズシテ是ヲ呵責ス、況ヤ汝還テ隨方毘尼ヲ犯セル事前ニ粗示スガ如ク、本朝ノ風俗吾宗ノ約束、供養ノ二字ハ出世敬田ノ義ニ用ヒ來ルヲ、今更カシコ顏ニ本據ヲ大唐ノ字書ニ考ヘ所依ヲ梵國ノ經說ニ求メテ國風ヲ破リ新義ヲ企ルハ、彼癡人ガ主君ヨリ賜ル知行ヲ御布施ヲ拜領セリト罵シル程ノ事ナレバ、是又論ズルニ足ラズ、輔行ノ十ニ玉鼠ニ璞ノ名同體異ヲ釋スル時、俗書ヲ引テ云、璞者玉也、鄭重二玉璞一、若有レ得者、與二其厚賜一、周人聞レ之、規二其厚賜一、周人風俗、名二死鼠一爲二玉璞一、乃將詣レ鄭、鄭人笑レ之、其人悟已答二鄭人一曰、楚人鳳凰、其實山鷄也、以二楚王重レ鳳有二不レ識レ鳳者一、路行見下擔二山鷄一者上、問レ之曰、此何鳥、擔者知二其不レ識、乃戲曰鳳凰、其人謂レ實、便問二擔者一、販耶、答販、問幾錢、答萬錢、用レ價買レ之、擬欲レ上レ王、得已便死、楚王聞レ之、愧而召問、王亦謂レ實、乃以二十萬一賜レ之、故知周鄭之體、淨穢永殊也、無レ著如レ鄭、起レ見如レ周、名同體異、此之謂也、文、此文分明ナレバ註スルニ及バズ、新受ノ徒世間ニ通ズル供養ノ語ヲ出世ニ混ジテ公庭ヘ訴フルハ、周人ノ死鼠ヲ捧テ玉璞トシテ鄭人ニ笑ハレタルニ似タリ、誠名同體異ヲ知ザル執見ノホド手ヲ拍テ笑ベシ、公庭モ鄭人ノ如ク心ニハヲカシク思スベケレドモ、無事ヲ好ミ玉フ故ニ佯リヲロカニシテヤミ玉ヒヌルモノ歟、

○他書云、客ナヲ疑テ云、上來ニ呈示セル處、文理マコトニ親切ナリトイヘドモ、既ニ博問ノ達者思辨ノ英士ナヲ又慈悲ヲ厭惡シ供養ヲ恐懼シテ、或ハ親リ邊鄙ニ放タレ或ハ自ラ寺院ヲ出タリ、コレアニ徒ニシテ如レ是スルコトヲ得ンヤ、蓋シ是祖師患難ノ跡ヲ慕ヒ先哲配流ノ踵ヲ繼ゲルモノナリト謂ツベシ、

和僧何故ニカ濫ニ罵詈スルコトヲイタセルヤ、答曰、法然弘法等ノ祖師雄傑、名ハ天下ニハセテ一宗ノ開基タリ、日遠日暹等ノ諸師、博覽ノ譽レヲ都鄙ニウケテ一山ノ貫主タリ、然レドモ今皆取ザルコトハ既ニ達路ニ迷テ方偶ヲ失ヘルガ故也、何ゾ必シモ法理ニ依ズシテ専ラ人師ヲ貴ンヤ、サレバ吾宗ノ所制ハタヾ他宗敬田ノ謗施ヲ受ザルガ故ニ不受ノ名ヲ立タルニ、今度彼徒新ニ不受悲田ノ邪義ヲ加テ四百年來ノ舊規ヲ亂リ、無味無方ノ邪制ニシヅメントスル、是ソノ破佛法罪ノ一ツ也、又仁恩ハ則チ悲施ナル事ヲ知ズシテ、年來國主仁哀ノ恩光ヲ破リ父母養育ノ慈澤ヲ受ナガラ、却テ吾ハコレ慈悲ノ施ヲ受ズト云テ世人ヲ欺カントスルノ梟惡、是其不知恩罪ノ二也、又吾祖師已ニ専ラ悲田ノ供養ヲ受玉ヘル事ハ書判ノ文理歷然ニシテ古德ノ的傳分明ナルニ、彼徒又却テ悲田ノ施ヲ受ルハ甚ダ是僻見ニシテ無間ノ業因也ト毀謗スルモノ、コレソノ師敵逆罪ノ三也、又往昔ニ奥師幷ニ六人ノ先聖スデニ左遷追逐ノ巨難ニ罹レル事ハ厚シ、是レ別時敬田ノ供養ヲ固辭シ玉ヘルガ故ニシテ、尤モ此レ死身弘法ノ正理也、果シテ悲田不受ノ麤義ヲ立テ謫居擯出ヲ得タルトハ天ト地ト楚越萬里ノ異目アリ、然ルニ彼等今不惜身命ヲ誇耀シ、奥樹ノ蹤ヲ紹繼スト云テ諸人ノ耳目ヲ誑ラカス事、宛モ盜賊ノ死ヲ比干ニタクラベ、小人ノ勇ヲ曾子ニ等フセントスルガ如シ、甚ダ是先祖ノ嘉名ヲ穢シ後人ノ嘲弄ヲ招クモノ歟、是ソノ虚誑大罪ノ四也、又彼レ一日ノ名利ヲ甘ジテ無實ノ誑言ヲ構ヘ現世ノ非義ヲ隱サンガ爲ニ私曲ノ臆談ヲ囀リ、法華信受ノ諸人ヲ推シテ爾前謗法ノ僞宗ニ至シメ悉三途ノ溝中ニ納レ無間ノ火坑ニ沉ムル事、コレソノ與同謗罪ノ五也、至加ナラズ彼スデニ配流ノ現罪ニ處スト云ヘドモ、現ニ又數口ノ慈施ヲ受テ身ヲ全シ命ヲ安ンジナガラ、シカモ他人悲田ノ施ヲ受ルヲバ大ニ訇レリ、斥テ謗人ノ大罪墮獄ノ業因也ト云事、コレソノ自讚毀他罪ノ六也、乃至嗟夫一盲前ニ迷ヘバ衆盲ヲ導キ一犬コヽニ吠レバ萬犬ヲ驚ス、良ニソレ悲ムベキノ甚キ也、已上他書、此段彌非義ヲ盡セリ、祖師已來ノ制法ヲ守リ身輕法重死身弘法ノ行ヲ立テ配流ニアヘル諸聖ヲ、或ハ法然弘法ノ雄傑ニ例シ或ハ日遠日暹等ノ博覽ニ比シテ無義ノ誹謗ヲ加ヘ六箇ノ罪ヲ數ヘタル事、皆破スルニ足ラザル莠言ナリ、サレドモ例ノ迷者ヲ諭サンガ爲ニ一々ニ彼ガ僞リヲ點示セン、凡ソ新受ヲ謗法ト誡メラレタル事ハ、財體不變ト供養混亂ト二箇條ヲ以テ呵責セラレタルニ、悲田ヲ受ザルハ破佛法罪也ト云ヘル、是其僞ノ一也、又仁恩卽愍施ニシテ尤モ報ズベキ事ハ日講ノ諫狀等ニ分明ナル故ニ諍フベカラザル處ニ、今還テ不知恩罪ト云ハ其僞ノ二也、仁恩悲田相配ノ事ハ流聖一同ノ義ニシテ古德ノ的傳少モ相違ナク、殊ニ其砌ニ卷物ヲ作テ處々ヘ送ラレタル中ニモ仁恩悲田同一ノ旨ヲ記サレタル事分明ナリ、流聖ノ內、悲田ニテモ受ベカラズト云ヘル筆跡アラバ何ゾ是ヲ出サヾルヤ、只推カケテ虛言ヲ云カクルハ是何事ゾヤ、然卽師敵逆罪トソシル、還テ其僞リヲ顯スノ三也、奧師幷ニ六人ノ先聖別時敬田ノ供養ヲ固辭セルガ如ク、今度ノ流聖モ敬田ノ財體轉ゼザルニ、此方ニテ私ニ御慈悲ト思ヒナシテ書ルヲ謗法ノ根源トシ、其上四百年來供養ノ語出世敬田ニ屬シタルヲ、今俄ニ急ニノゾンデ轍ヲカヘ世間ヘ亙シテ遁辭ヲ設タル新義ヲ咎メテ謫戮ノ巨難ヲ顧ミズ、祖師ノ風儀ヲ學ビ萬代ノ龜鏡ヲ殘サレタル義ナレバ後人ノ嘲弄ヲ招ク虛誑ノ大罪ト却テ謗言ヲ加フルハ、其僞リノ四也、又名利ヲ貪テ身命ヲ捨ルト云ヘル無實ノ云カケハイカナル愚人モ合點スベカラザル處ニ、嗔恚ノ餘リ途方モナキ語ヲ吐ルハ還テ天罰ナルベシ、其上諸人信力ヲサマシテ他宗トナレルハ汝等ガ不受不施ト名乘ナガラ非義ヲ與スル事、宗家ノ謀叛人ノ如ナルヲ見限ハテ、其上汝等公庭ヘ訴テ日本國ノ正統ノ流レヲ汲メル寺院ヲ斷絕シテ無理ニ檀那ヲ新受方ニセント巧ミケレドモ、サス敵ナレバ其手ニ入ラズ、サスガ身命ヲ捨ル事能ハザレバ泣々改宗セリ、然レバ此改宗モ咎ハ汝等ニ歸スベシ、然ルヲ流聖勸メテ他宗トナセルヤウニ云カスメ與同謗罪ノ名ヲ立ル、是ソノ僞リノ五ツ也、正統ノ衆聖死ヲ讓テサキニヲキ諫言ヲ竭サレケルニ、公庭配流ノ刑ニ仰付ラルヽ上ハ其身ヲ公庭ヘ任テ心ハ隨ハレザル事全ク祖師ノ行儀ノ如シ、既ニ供養ト仁恩ト各別ノ道理ヲ飽マデ公庭ヘ訴テ、其上ニ受用セラルレバ仁恩ナル事隱レナシ、サテ彼邪徒ハ敬田ノタヾ中ヲ僞テ悲田ト名テ受用シ、世人ヲ誑惑セル大罪之アルヲ指ツメテ墮獄ノ業因ト呵責セラルヽハ、祖師以來呵責謗法ノ格式ニマカセテ少シモ私意ヲサシハサマレタルニ非ズ、而ルヲ自讚毀他ト云、其僞ノ六ナリ、況供養ノ語三田ニ亙レル事、初心始行ノ者スラ知レル事ナルヲ、博覽ノ諸聖コレヲ知ラザル事アランヤ、其上汝等最初ヨリ沙汰シタル事ナレバ世間ニモ普ク流布セル事ナルヲ、深密ノ奧義ノヤウニ、供養ノ語三田ニ亙ルヲ知ザル不覺ヨリ起レリナドト云事、餘リニヲロカナル筆跡也、今汝ガ六箇條ニ翻例シテ汝等ガ誤ヲ指摘スベシ、既ニ公儀ヨリ堅ク三寶供養ト仰渡サレ、始終其格カハラズ財體不變ナレバ、コレヲ受用スルハ根本謗罪ノ其一也、其謗罪ヲ隱覆シテ私ニ悲田ト名ヲ立、世人ヲ欺誑スルハ覆藏重罪ノ其二也、凡ソ宗家尋常國主ヲ諫曉スルヲ以テ本意トス、則コノ忠節ヲ以テ國土ノ謗法ヲ遁ルヽガ故也、サレバ今度御朱印ノ儀ニツキ難題仰懸ラルヽ時ハ、幸ノ好時節ナレバ尤モ諫鼓ヲ鳴スベキ時ナリ、是則國主ノ恩ヲ報ズルノ要術ナリ、而ルヲ一言ノ諫メヲ入レズ、却テ公庭ニ阿ツテ理ヲ曲ゲ謀ヲ廻ラスハ、併公庭ヲ欺誑スル事ハ申スニ及バズ大段不知國恩ノ其三也、其上供養ノ二字、祖師已來堅ク敬田ニ究テ少シモ世間ヘ通ズル義ナシ、然ルヲ新義ヲ構ヘテ供養ノ二字ヲ混亂セシムルハ、祖師敵對ノ其四也、タマ〳〵訴訟シテ慈悲ノ二字入ルト云ヘ共、只火ヲ水ト思ヒナス分齊ノ許シニテ公庭ヨリ轍ヲカヘテ慈悲供養ナリト云義ニハ非ズ、而ルヲ此一札ヲ支證トシテ世間ノ人ニ衒ヒ而モ不受不施ト名乘ルハ、名實乖角誑惑世間ノ第五也、流聖衆等祖師已來終ニ是ナキ一宗總滅ノ先鋒ニ當リ、强ク鼻祖ノ蹤跡ヲ蹈デ屢諫鼓ヲ鳴シ始終其節ヲ全シテ謫戮ノ巨難ヲ顧ミズ身命ヲ塵芥ヨリ輕ジテ萬代ノ龜鏡ヲ殘セリ、其莫大ニシテ列祖ニ劣ラズ、然ヲ妄リニ無實ノ謗言ヲ加フルハ毀謗正師ノ其六也、更ニ數條ヲ添加ス、妄重罪ヲ點示セリ、凡ソ釋門ノ風儀正直ヲ以テ根柢トシ篤實ヲ以テ肝要トス、世間ノ淺事ナヲ浮僞ヲ以テ事ヲ成セントスル時ハ末トゲザルノミナラズ還テ害ヲ招ク、況ヤ一大事ノ因緣、自他得脫ノ進退ニ望デ、假令ノ謀ヲ以テ本意ヲ遂ル事アランヤ、大段公儀ヨリ仰懸ラル、三寶供養ノ語ヲアリテイニ辭退スル事アタハズ、其供養ノ語ニ則テ遁辭ヲ設ルハ、諺ニ云ヘル耳ヲ取テ鼻ヲカマントノ事也、是則公儀仰出シノ語ヲ重ンズルニ似テ還テ公儀ヲカスメタル者也、公儀若實ニ格ヲ改テ悲田トセバ又仁恩ヲモ許スベキ事也、若實ニ改メズシテ此方ヨリ公儀ヲ重ンズルフリヲスル外相ニ准ジテ其カスメニ與同セバ、公儀理不盡ノ裁許ニシテ龍頭蛇尾ノ仕置ニ似タリ、曲テ事ヲ成サントスル故ニ其心ノ不實ヲ顯スノミナラズ、公儀ヘモ理不盡ノ咎ヲ謀ルニナリヌ、加レ之節々作文ヲ調ベテ府内ヘ廻シ、或ハ表ニハ衆議一同ノ旨趣ヲ立ル訴訟ヲ上野ヘ披露スト稱シテ內ニハ私ノ悲田供養ノ義ヲ興行ス、其外ノ甘談詐媚擧テ數フルニ遑アラズ、コレソノ不忠不直ノ其一ナリ、其上前ニ粗示スガ如ク慈悲ノ二字訴訟調ラザル時ハ勝劣方ノ如ク書物スル筈ニ豫メ相談ヲ究メナガラ、慈悲ノ二字入ルレバ日述幷ニ一派異議ナシト虛說ヲ構ヘ和州ヘ訴訟スル故ニ、和州モソレヲ實儀ト納得シ慈悲ノ二字入ル筈ニナリヌ、然ルニ慈悲ノ二字訴訟叶ハズンバ書物セズ難ニ逢フ筈ナリト披露シ、且又重テ敬田供養ノ時ハ身命ヲ捨テ受ベカラザルヨシ荒言セリ、一ヲ以テ一ヲ察スルニ、勝劣方ノ如ク書物スル義ヲ推カクシテ訴訟調ザレバ難ニ逢筈ナリト虚談スル事歷然ナレバ、心ニハ敬田供養ヲモ時ニ望ニハ受ベシト思ヒサダメナガラ愚俗ノ聞ヲ驚シメテ不惜身命ヲ立ント云ナラン、是身口相違ノ其二也、又寛文五年ノ冬日沭等配流ノ後、餘類ハ其分ニテ召置ルル筈ナリシヲ彼徒節々三談所ノ儀ヲ嗷訴スル故ニ、同六年再ビ公儀ノ僉議アッテ日浣日講又遠流ニ處セラル、松崎日瑤ハ遂變スルニ依テ事ナシ、是陷墜法燈ノ其三也、又日講和州ヘ諫狀持參ノ序ナガラ暇乞セラル丶時申サル丶ヤウハ、一身ノ儀ハイカ樣ノ刑罰ニ仰付ラレテモ覺悟ノ前ナレバ是非ニ及バズ、府內其外日本國中三箇寺小湊誕生寺、碑文谷法華寺、谷中感應寺、支配ニ付ザル寺院コレ多シ、願クハ餘類御構ヒナキ樣ニ御憐愍賴入ルノヨシ申サレケレバ、其時和州挨拶ニモハヤ餘類ヘハ御構モアルマジ、其上此程小湊等ヘモ最早此上ニハ訴訟無用ノヨシ云キカセタレバ、別儀モアルマジトノ挨拶ナリ、然レバ公庭餘類ニ御構ヒナキ事必然ナリ、而ルニ府內清法ノ六箇寺殊外繁榮シ新受ノ檀方モ清法ノ寺ヘ赴カントスル者過半ナレバ、小湊等二度訴ヘ府內ノ六箇寺ヲ滅亡スルノミナラズ終ニ宗旨手形ノ儀ヲ訴訟シ、日本國ノ寺院ヲ滅却シ清法ヲ斷絕スル暴虐ニ至レリ、其時分日禪講席ニ於テ、日本國ノ寺一宇モ殘ラズ日禪ガ首カケスベシト訇リシ事、諸人ノ知ル處ナリ、公庭ヘモ我等上意ヲ重ンジ一札ヲ捧候處ニ、彼餘類ヲ御立置候ヘバ我等ノ寺院ハ自滅ニ及ビ候條急度御裁許仰グノ由、稻葉濃州等ヘ訴シカバ、和州ノ力ニモ及ズ總滅ニ成來レリ、是宗門ノ根ヲタッ其四也、其後寬文九年ノ夏、小湊等ノ三箇寺、松平藝州ノ御簾中ヘ內緣ヲ以テ申入ル丶趣ハ、我等公儀ヘ手形捧候事、寺院相續ノ爲ナレバ、是非ニ及バズ其首尾ヲ調ヘ候、流聖衆ノ法義イカニモ宗旨ノ本意ニテ候、向後時節ヲ以テ先年捧候一札ヲ公儀ヨリ申ウクル訴訟ヲ致スベシ、其上流聖衆御赦免ノ才覺隨分肝煎申ベキナドト紙面ニシルシ、其上龍土屋敷ノ佛前ニ於テ、今迄ノ罪障ヲ改悔懺悔致スベキ由丁寧ニ申入シカバ、御簾中女儀ニテ前後ノ顧ミモナク、改悔ノ上流聖ノ御赦免肝煎ベキ儀ナレバ其懇望ニ任スベシトアツテ、終ニ龍土ノ佛前ニ於テ小湊等改悔懺悔ノ作法ヲ勤メ訖ヌ、其上ニ小湊等申ス様、此改悔幷ニ一札ノ儀堅ク御隱密賴入候、若面々ノ檀那聞付候ハヾ忽ニ參詣ヲ止メ候ベシ、其段御賢察所レ仰候ト挨拶シテ罷歸リ、其後四五日ヲ經テ小湊等又内緣ヲ以テ御簾中へ申入ルル様ハ、先日指上候一札ノ儀何方ヨリ洩聞ヘ候ヤラン、檀那聞付候テ我等迷惑申候間御返辨賴入候、心底ハ替ル儀モ是ナキヨシ申セシカバ、是非ニ及バズ其一札返サレタリ、數日ノ間ニカクノ如ク手ノ裏ヲ飜ス様ニ邪謀ヲメグラス事、彼等ガ心行不正無慙無愧ハ申ニ及バズ、覿面ニ三寳ヲ忽緒ニスルノ其五也、又前ニモ粗示スガ如ク、延寶八年嚴有院殿御葬禮ノ時上野ヘ諷經ヲ勤メ、一應ノ辭退ニモ及バズ御布施五十貫ヅツ三箇寺共ニ拜領セリ、日來諸檀那ニ對シテ別時供養ノ時ハ身命ヲ捨テ受ベカラズトノヽシリ、先年諸國ヘ廻セル邪書幷ニ此三田問答ノ中ニモ、潔ク敬田供養ヲ堅ク受マジキ由懇ニシルセシニ、忽ニ相違シテ其語ヲ蹈マズ、何ノ面目アツテ諸人ニ對顏センヤ、但シ是モ例ノ悲田供養ト名ヅクレバ妨碍ナキ儀ナリト云ンヤ、コレ言行矛盾ノ其六也、又先年ノ邪書ニ日浣日講兩人ハ仁恩ト悲田ト不同ナリト見立ラレタリ、日逑ノ義ハ仁恩ト悲田ハ同一ナレドモ、只供養ノ二字ニ深クナヅミ能施ノ人ノ心ヲ強クアヤブマジト見ヘタリ、已上、彼義ナラバ日浣日講バカリ悲田仁恩各別ナレバ悲田ヲ受ベカラズト云義ニハナルトモ、法燈首頂日逑ニハ曾テ其儀ナシ、只敬田供養轍ノカハラザル義ヲ恐慮シテ受ベカラズトイヘル義ナリ、然ルニ今此書ニハ日逑等ノ流聖ヲ推ナベテ悲田ノ供養受ベカラザルノ義ニ書ナセルハ、是又自語相違ノミナラズ眼前ノ虚誕ナリ、況ヤ前ニモ示スガ如ク日講日浣モ悲田ト仁恩ト法門ノ義味ニ付テ内談ノ時一往同異ヲ論ゼラレシカドモ、後ニハ悲田仁恩同等ノ義ナル事隱レナシ、何ゾ無實ノ批判ヲ加ルヤ、其末流淺識ノ輩ニ至テハ或ハ新受謗法ノ相貌ヲ知ズシテ只悲田ヲ破スルト意得タル者モアリ、或ハ京都悲田寺ノ乞食ノ義ニ例同シテ悲田ト云ト思ヘル者モアリ、或ハ新受ヲ相似ノ謗法一邊ナリト會得シテ破ヲ加ヘタル者モアリ、或ハ仁恩ト悲田ト各別ノ義ヲ募レル者モアリ、豈ニ是等ノ枝離蔓延ノ無稽ノ談ヲ以テ開闢ノ導師ニ課テ非理ノ難ヲ加ヘンヤ、其外彼等ガ自語相違前後矛盾ノ誑惑等一々ニ點見セバ、聞ク人興ヲサマシ身震ヒスベシ、餘リニ淺マシキ事共ナレバ筆ニアラハスニ及バズ、上來ノ謗法ノ根源ヲ委細ニ了知シテ、カリソメニモ彼惡知識ニ阿黨スル事ナカレ、吾祖秋元抄ニ永代ノ末弟弘法ノ格式ヲ定テ、元設ヒ謗身ハノガルト云トモ謗家謗國ノ失如何セン、謗家ノ失ヲノガレント思ハヾ父母兄弟等ニ此事ヲカタリ申セ、或ハニクマルヽカ或ハ信ゼサセ參ラスルカ、謗國ノ失ヲ思ハヾ國主ヲ奉二諫曉一死罪カ流罪カニ可レ被レ行也、我不レ愛二身命一但惜二無上道一ト被レ說、身輕法重死身弘法ト被レ釋コレナリ、過去遠々劫ヨリ今ニ佛ニ不レ成事ハ加樣ノ事ニ恐レテ不二言出一ケル也、已上、サレバ諸門流ノ列祖必國主ヲ諫曉シテ身命ヲ顧ミザルハ、此祖制ヲ守テ國土ノ謗法ヲ遁ント欲スルガ故也、然ルニ汝等縱平生ハ少モ諫曉ノ志ナクトモ先年寺領供養ノ公儀ヨリノ難題、幸ノ時ナル故ニ宗旨ノ立義ヲ若ハ紙面ニ顯シ或ハ道理ヲ宣テ堅ク辭退スベキ處ニ天性臆病ニシテ其擧動ヲナス事アタハザルノミナラズ、結句理不盡ナル慈悲ノ二字ノ訴訟ヲナストイヘドモ敬田ノ義少シモ改ラズ只名ヲ付タル分齊バカリ也、若敬田供養公儀實ニ改ラバ、嚴有院殿御葬禮ノ時モ汝等ニハ御布施御免アルベキ事ナリ、又汝等モ幾度モ訴テ先年御裁許ノ通敬田ハ受用申サヾル筈ニ御座候間御許シアルベキ由訴訟セバ則相叶ベキ事ナリ、縱ヒ時ニ當テ失念コレアルトモ、前代既ニ台徳院殿以來ノ敬田供養ト改テ悲田ト落居アル義ナラバ、其筆記分明ニ是アルベキガ故、卽チ訴訟相調フ筈ナリ、凡武家タルモノ大名小名ヲ不レ簡、家々ノ日々記書傳ルコト當世別シテ押並テノ風俗ナリ、況ヤ天下ノ公論是程ノ年來ノ格式、敬田ノ義ヲ改メテ悲田トセバ、尤筆記コレ有べキ事ナリ、然ルニ汝等一徃ノ詫言ニ及バズ作善供養ノ施物ヲ受タルヲ以テ、知ヌ公儀モ敬田ノ轍ヲカヘズ、汝等モ先年只思ヒナシノ分齊ヲ許サレタルバカリニテ別ニ證據モ是ナキ故ニ、訴訟シテモ迚モ叶フベカラズト思定メ、檀那ニ對シテ日來荒言セシ恥辱ハ内證ノ事ナレバ苦カラズト合點シテ受タル者ナルベシ、然ルニ加樣ノ時身命ヲ捨テズンバイカ樣ノ時節ヲ待ベキヤ、汝ガ如ク急ニ望デ逃道ヲコシラヘ或ハ公儀ニ阿テ理ヲマゲ事ヲ寺院相續ニヨセテ計略ヲ設ケバ、末法萬年ノ末迄モ法華ノ行者ノ難ニ値ト云フ事ハアルベカラズ、若爾バ猶多怨嫉況滅度後ノ金言モ泡沫ニ同ジ、或ハ獅子尊者ノ絶タル跡ヲツギ不輕ノ跡ヲ紹繼スト遊シタル御文言モ徒事トナリ、或ハ日蓮既ニ先ガケシタリ若黨ドモ二陣三陣ツヾヒテ龍樹天親ニモ勝レ天台傳教ニモ超ヨカシ等遊シタル御遺誡モ反古同前ナルベシ、凡ソ寺院ハ鞘ノ如ク法水ハ刀劍ノ如シ、刀劍ヲ失シテ鞘バカリヲ殘シ還テ莊嚴スル人ノ如ク、法水ヲ忘失シテ寺院ニ着スルハ大キナル誤ナリ、然ルニ日述日講等ハ屢公庭ニ出テ快ク宗旨ノ法門ヲ談ジテ烈日ノ折伏ヲナシ或ハ諫狀ヲ捧テ、祖師已來ノ軌則ヲ相續シ末代ノ規矩ヲ殘セリ、當今時運塞テ理非決斷ノ儀ナク玉ヲ抱テ土中ニ埋ルト云トモ千載ノ下豈ニ繼ギ廢レタルヲ興スル知己ノ人ナカランヤ、況ヤ冥ノ照覽ニ於テヲヤ、然ルヲ還テ怨嫉ヲ構ヘ種種ノ妄語ヲ設テ誹謗スルハ、誠ニ斷善ノ闡提、今ノ世ニ當テ汝等ヲ置テ誰ヲカサヽン、御妙判云、露ノ命ノ消難サニ或ハ落テ或ハ兎角ス、又云、國主ニ背キヌレバ既ニ法華經ノ行者ニテハアルナリト云々、嗚呼電光朝露ノ名利ニ着シテ永劫ノ苦趣ヲ顧ミザル事、情アラン人恐ルベシ愼ムベシ、

此書殺伐ノ聲アツテ大悲ノ訓ナキニ似タリト思フ人アルベシ、サレドモ可レ畏破惡、可レ愛生善ハトモニ大悲ノ示現ニシテ攝受折伏亦二羽兩輪ノ如シ、末法既ニ逆化折伏ノ時ナレバ、吾祖一代ノ所判又其樞機ヲ忘レズ、然ルニ其流ヲ汲ムモノ正統ヲ失フテ多岐ニ跉蹲ヒ謗法供養ヲ受用シテ宗旨ノ本意ヲ忘却スルノミナラズ、不受不施ト名乘テ而モ宗義ノ命脈ヲ失ヒ、正派ノ法燈ヲ謗テ多クノ眞俗ヲシテ惡趣ニ赴シム、此法滅ヲ見テ苟モ狂瀾ヲ既倒ニ廻サント欲シ、始終殺伐ヲ主リ前後截斷ヲ事トスル事、良ニ所以アル哉、只我家ノミナラズ、儒門又勸善懲惡ノ賞罰是正シキヲ善トス、サレバ人ノ善ヲ擧ゲ人ノ惡ヲカクスハ聖人ノ志ナレドモ、春秋ニハ又一字ノ褒貶ヲ以テ萬代ノ亂臣賊子ヲ誡メ百世ノ仁人義士ヲ勵セリ、若法運再ビ開ケテ新受ノ徒亦先非ヲ悔ヒ正義ニ復スル事アラバ、能破所破猶シ昨夢ノ如ク、麤言輭語悉ク第一義ニ歸セン、

三田問答詰難終

三田問答詰難追加

問、前御代ハ勿論三寶崇敬ノ供養ノ義、當御代モ嚴有院殿薨御ノ砌マデハ敬田供養ノ義ナレドモ、近年悲田供養ノ義、上聞ニ達シ連々御聞分有テ、悲田ノ義ハ祖師ノ掟ニモ違ハズ上意ヲモ違背セズ、尤モノ立義ニ思召ス趣ナレバ、一旦謗罪ニ墮シテモ、終ニ本意ヲ達セバ祖意ニモ背クベカラズ、イカン、答、世間ノ風聞カクノ如クナリト云ヘドモ、宗旨ノ立義有リノ儘ニ上聞ニ達スルヤ否ヤ、誠ニ上意ハカリ難シ、縱ヒ上聞ニ達シテ只今其義ヲ許容シ玉フト云トモ、前御代手形ノ謗罪、上ニ略シテ示スガ如ク十箇條遁レガタキ處アリ、況ヤ嚴有院殿薨御ノ時、作善ノ供養ヲ受タル事限前ナレバ、法水穢レ究タル事分明ナリ、若正統ノ師ニ逢テ改悔懺悔ヲ勸メヌレバ、正法ノ命脈斷絕ノ儀ハ替ル事アルベカラズ、一タビ濁テモ法義相續ノ爲ナラバ苦シカラズトハ許スベカラズ、サレバ開目抄ニ云、大願ヲ立ン、日本國ノ位ヲ讓ラン、法華經ヲ捨テヽ觀經等ニ付テ後生ヲ期セヨ、父母ノ頸ヲハネン、念佛申サズバナンドノ種々ノ大難出來ストモ、智者ニ我ガ義ヲ破ラレズバ不レ用トナリ、其外ノ大難、風ノ前ノ塵ナルベシ云々、一タビ誤テモ後ヲ能スルヲ本意トセバ、先枉テモ日本國ノ位ヲ讓ラレテ後ニ本意ノ如ク法ヲ弘メバ善事ナラザランヤ、又カリソメニ一タビ念佛ヲ申シテモ父母ノ命ヲ扶ル儀アラバ其謀モアルベキ事ナリ、サレドモ用ヒジト究メ玉フハカリソメニモ理ヲ枉テ法ヲ弘ムル事ヲバ許シ玉ハザル義ナリ、唯宗祖ノ妙判ノミナラズ、佛家ノ通規亦爾ナリ、犯戒ノ人、一タビ誤リスル後ハ其者ト同座同行セズ、深重ノ懺悔アツテ後是ヲ許ス事定レル式法ナリ、只佛家ノミナラズ、儒道亦爾ナリ、サレバ孟子云、且夫枉レ尺而直レ尋者以レ利言也、如以レ利則枉レ尋直レ尺而利、亦可レ爲與、註、此以下正ニ其所レ稱枉レ尺直レ尋之非一、夫所レ謂枉小而所レ伸者大、則爲レ之者計ニ其利ニ耳、一有ニ計レ利之心一、則雖ニ枉多伸少一而有レ利、亦將爲レ之邪、甚言ニ其不可一也、已上、是ハ孟子ノ弟子陳代ト云ヘル者、孟子ヲ勸メテ云ヤウハ、己ヲ局シテ諸侯ニ見ヘバ王霸ノ大業ヲ致スベキ事ナレバ、一尺ノ少シナルヲ枉テ一尋ノ大ナル事ヲ調ヘバ苦シカルマジト勸メシ時、孟子齊景公狩シテ虞人ヲ招クニ其禮ニ應ゼザレバ死ヲ守テ不レ往ノ例ヲ引テ、陳代ヲ誡メル様ハ、少ヲ枉テ大ヲ直スルハ只是利ヲ量ル儀ナリ、カリソメニモ利ヲハカル心アラバ大キナル事ヲモ枉ルハ必定ナルベシト云ヘリ、今亦カクノ如シ、一旦法義ヲ枉ゲ宗義ノ堅制ヲ破ルハ大キナル事ヲ枉タル者ナリ、其上ニ非ヲ悔ズンバ何ノ取ル處アランヤ、サレドモ且ク彼ガ義ニ附准シテ次第ヲ作リイハヾ、初ヨリ財體不變ナレドモ悲田ト名ヲツケテ兎角會釋セントシタルハ、尺ヲ枉ルニ似タリ、サテ嚴有院御葬禮ノ時、一往ノ辭退ニ及バズ作善ノ敬田ヲ受タルハ、尋ヲ枉グルニ似タリ、孟子ノ誡宜ナルカナ、是ハ且ク汝ガ陳報ニ准ジテ尺尋ノ不同ヲ論ズ、ソレ實ニハ初ヨリ悲田ト思ヒナシテ名ヲ付タルバカリニテ、財體不轉ナレバ、ハヤ尋ヲ枉タル者ナリ、又云、比而得ニ禽獸一、雖レ若ニ丘陵一、弗レ爲也、如枉レ道而從レ彼何也、且子過矣、枉レ己者未レ有ニ能直レ人者一也、註、比阿黨也、若ニ丘陵一言レ多也、或曰、居ニ今之世一、出處去就不ニ必一々中レ節一、欲ニ其一中レ節、則道不レ得レ行矣、楊氏曰、何其不ニ自重一也、枉レ己其能直レ人乎、古之人、寧道之不レ行、而不レ輕ニ其去就一、是以孔孟雖レ在ニ春秋戰國之時一、而進必以レ正、以至ニ終不レ得レ行而死一也、使下不レ卹ニ其去就一而可中以行レ道上、孔孟當ニ先爲レ之一矣、孔孟豈不レ欲ニ道之行一哉、已上、是ハ註ニ委シケレバ細釋スルニ及バズ、就レ中己ヲ枉タル者ハ未ダヨク人ヲ直フスル事アラザルモノナリト云ヘル、誠ニ名言ナリ、新受ノ徒其身既ニ誤テ大キニ枉リ、還テ枉レルヲカクシテ直ナル旨ヲ陳報スル迷者ナレバ、一人ヲ化シテモ正路ニ入シムル事アタハザル事必然ナリ、然レバ則前代ノ誤リヲ改悔セズンバ、現當ノ勝利ヲ失フノミナラズ惡趣ニ墮在セン事掌ヲサスガ如シ、心アル人必ラズ彼レニ阿黨スル事ナカレ、

三田問答詰難追加 終

御袖の下

言葉《ことば》耳《に》亭《て》伊《い》波《は》流《る》々《る》程《ほど》能《の》伊《い》呂《ろ》奈《な》良《ら》波《ば》知《ち》利《り》天《て》也《や》君《きみ》仁《に》花《はな》遠《を》加《か》多《た》羅《ら》無《む》

親　鸞

親鸞聖人御袖下

是は一如の袖の下、あだに沙汰し玉ふべからず、過去久遠劫の古代《ふるきよの》の法身《のりのこゝろ》一如《ひとつ》と申都《せかい》は、虚空を縁として満在《みちてましま》す、已に六時の中の難は眞如の都に至り玉ひ、又人に縁を結び成佛《ほとけになる》の直道を敎玉ふ、微妙音の聲を出して人間の命を眞如の都《まことのせかい》へ向ひ取て、頓て正定聚の位に登せ給ふ、正定聚の位といふは大乘至極の信也、この信にいたり至りぬれば極て衆生に利益のおもひあるべし、此故に和讃にも安樂淨土に至るべし、五濁惡世にかへりても、釋迦牟尼佛の如くにて、衆生も利益もきわもなし、問て曰、古代の人に命を歸せと候は如何やうなる所へ歸し候べきや、答て曰、是當に大事の不しんなり、相構て〳〵詞に出し玉ふべからず、夫御一人の都の象と申は虚空の如くのものなり、其虚空の如くの者は、則衆生の五臟の内に入満て一念發起と成玉ふなり、時にその又衆生の行者《おこのよひと》は其縁引れて虚空に登り光の象に候て末代うせず、山彦ともいふべし、行者の心こくうに登れば、淨土の都に至り通力自在なる事言語にのべがたし、又あるときは妙覺《たゑなるほとけ》のうてなに至り無礙《さはりなき》の光明を放ち、一天世界の至らぬ所なし、更に詞を以ていひ盡しがたし、其故はすでに日月は西方に通て闇の夜を照らし、御本尊の象と成て一切衆生の蓮花《つらなるはな》の中に至る、爰を卽淨土とかまへて一念發起の象となし置、やがて其淨土の縁をはなれて東の境に歸り、また東の光り西の方に傾き玉ふ也、是則生より滅にかへり、滅より生に歸り、是が長命の不老の命也、此儀よく〳〵我心に決定し給ふべし、此樣に心血脈の次第身低こと〳〵く止るは是偏に如信一人の爲也、捨命および此こたへ退轉あるまじき也、因位といふは法性法心也、是則虚空に滿て其中の渧◎渧《トジ》以下といふは赤渧白渧の水渧也、是眞如の都に住し玉ふ本覺の彌陀とは是也、甚深微妙の象也、無形の佛と申也、然れば彌陀一切衆生の願《ミナモト》、三世諸佛の本師本佛《もとつほとけ》なりと知らるべし、法便法心といふは、阿呼《アウン》の二字より出生し玉ふ、陽の一念の息は卽阿の息なり、此阿の息の一念によつての彌の字とは成玉ふ也、是を心と號るゆへに法性也、法性《のりのこゝろ》の二字は阿の一念を呼と受る所也、陀《かたち》の字と顯るゝなり、故に赤渧白渧和合の所を法報應の三心とは號るなり、故に金剛界は白渧也、胎藏界は赤渧也、然れば陰陽和合の所より出生し玉ふ故に、法心の理性と報身の智品とこの二つを一つに極めてなす所を阿彌陀と號る也、故に南無の二字は魂魄の神心意の眞也、然れば南は父也無は母也、故に名號の父名號の母とは申すなり、法性法心を放たる法性も法便もなし、法便法心を放ちたる法身もなし、是を悟を佛とは申也、是卽因《じきにらなみ》緣和合の恩德《めぐみめぐむ》なれば自力の理は卽他力の圓滿なり、能々報恩謝德の思ひをなすべし、歸命といふは本覺《もとのほとけ》の彌陀佛と私覺の命をかへす事也、本覺の彌陀佛は眞如の理佛《まことのほとけ》なれば、我心を以て心を悟、おのれが心の彌陀佛を能々觀じ無我の南無に歸名すれば、歸命すれば唯身の淨土同じ事なるべし、安樂淨土は遠からず、斯の如く一心一念に極るを回向とはいふなり、是偏に我穢心の心をすて一法に歸するゆへ、和讚にも曰、五濁惡世の我等こそ金剛の信心計にて、且は生死を捨果て自然の淨土に至る也と書しるしたり、只是本願《もとのみなもと》の他方の恩德なり、不生不滅不去不來の佛といふは始もなし終もなき心を悟る時は不去《さりもせず》なり不來《きたりもせず》なり、故に南无阿彌陀佛と自然の法なるが故に、則法心《のりのこゝろ》は常にして終もなし始もなきもの也、自然の自の字はおのづからとも自からともよむ、是則水渧なり、しかるの間月輪は水の精なるゆへに

夜を司どり玉ふなり、然の字は然と讀て是則火辨也、然る間日輪は火の精なれば、薪の心の火を以て煩惱の心を燒盡すべし、

往生といふは無量壽佛の事也、無量壽佛といふは佛の壽也、本願他力《もとのみなもとてんのせい》の事也、此心を悟らば、長く生死の門を離れて無爲の報土に至るなり、故に往生といへるは不往不動といふ也、生は不思議解脱の果にて不《せう》生《せず》なるゆへに、無始無終《はじめなし》は本正覺の花より化生する故也、自然にして阿彌陀佛といふ也、淨土にむかふる故に報土の往生《ほとけのいのち》とは宣ひし、體を守らずして只心を信ずべし、心といふは法なり、法といふは性也、性といふは心也、心は則他力心也、他力心《てんのせいのこゝろ》が本心也、本心《まことのこゝろ》を觀じ見て生死の根元をば離れて無上佛《うへもなきほとけ》に至るを、不可稱不可說不可思議なる事也、我本心といへるは、此四大を遠離《とをくはなるゝ》すると虛空の一心に歸り極るなり、是を安養淨土の極樂とも寂光淨土とも申也、四大といふは地水火風の事也、

法然上人の夢の中に告ての玉はく、空心無生死解脱の果必歸無生故に卽得往生正涅槃、此文の心は伸がたし、

法然上人の歌、

我しらで每夜《ねている》にかよう心こそ
夢といふとも佛なりける

是は無爲涅槃の二字眠り得ると讀此謂なり、此如くに信心決定するを清淨の淨土といふ也、此本心は元來不二《ひとつ》ゆへに、生死にも繫がれず又涅槃には住せず、本心は淸ければ濯べき垢もなく、厭ふべき菩提もなし、願ふて來る佛もなし、故に正覺の衆生とは云也、名體不二《なとたいとひとつなり》なり、かくの如く成就するを果位とは云ふなり、アヽ有がたや〳〵、諸行無常の春の花は是生滅法の法風に散り、生滅滅已の秋の月は寂滅爲樂の空にかくるゝ、左すれば命のあるうちに得よ不審をはらして、今度の往生《ほとけのところ》決定し玉へ、今生にて已《じき》に利益をかふぶりぬれば彼所に至長時に法をきく、曆事供養

圓に詣ず道場の座は何れに遙ならん、誠に此書は貴僧一人の爲に目安にして參らせ候、是より奥ふかき事を存せば、二尊の憐みに洩て流轉の凡夫たるべし、

愚禿　親　鸞

如信上人に

安心決了鈔

夫御本尊の無極の象つく〴〵観ずるに、偏へに安心の安の一字也、是則空の一に極る所とぞ見へ候也、南無阿彌陀佛の六字の文字は、泥海に降らず、天の逆戈のしたゞりも氷《カタマ》らず、然れば此世界を安國ともいふ、又神といふ字を神《タマシヒ》とよむ、神は則神也、安國神國とは安神の所也、この安神の二字は本と安の字一字也、その斷《ワケ》は安の字の宀は國なき已前なり、其下の女といふ字へ宀を順じ成就するによりて、安の字を國と定めたり、然れば其時始て天地開けたり、則安の字の宀は天也、下の女の字は地なり、是にて天同體と知るべし、又安の字の宀に子是則字《アジ》也、眞言宗に祕密する所也、されば宀の中の三點、中は彌陀なり、左右は觀音勢至なり、是また水火ともいふなり、いかなれば水より發る火也、また火より水は發るなれば、天地の本の根元は唯安の一字なり、此また安の一字を上中下とは、上の意は呼《ウン》也、下の意は阿也、中の意は阿呼の中達也、故に此安の字國土ともいふ、三千大世界ともいふ也、此安の字則空の字也、空は則人人の一心也、息なり、しかれば心といふ字の上の三點は法報應の三辯なり、過去現在未來の三世佛也、是が則彌陀の本願の大知海《おゝきなこゝろのうみ》なり、故に此空の一字の所が分りがたき故に、諸宗とも只空とばかりいふて置也、然るに此空の所の一字を守るこそ淨土眞宗の本願の他力の所なり、此空の一字の心眞覺の人の力にて分るによつて、分るといふ字を人の力と書なり、人の力こそ是又他力の業《ナス》所にして則空の恩德《めぐみめぐむ》也、然ればば善知識の敎を受て相違せざれば、則他力の人なり、

他力の人といふは、善知識の敎によつて本覺の彌陀に歸命したる人をいふ也、歸命といふは我が息を本覺の彌陀の息に歸す事也、本覺の彌陀佛と申は無色無形の佛なり、無色無形の佛といふは、本來空より吹來る風なり、風は則人々の息也、息は則彌陀佛なり、我が息といふものはもと空より生じ、終も空にとゞまる也、人の體は地水火風の四大を合せたるものなり、扨又五逆十惡の罪人五障三從の女人といふとも、念佛申とは願ひあるに相違はなきなり、左すれば此四大を早く遠離すべし、釋尊龍樹菩薩に告てのたまはく、六賊の中に風則自空來現自變彌陀と宣へり、然れば空の心は無始無終の佛にて候也、此上に是非善惡生死迷悟を論ずる事あらん、彌陀の法便釋尊の附屬の經論諸說、又淨土二十九種の莊嚴、又三十二相八十種好といへるは、須彌の四州を定め四界を定め、天地といふも陰陽といふも更に六かしき別の儀にあらず、只此安心の安の一字を擧て、偏に衆生を眞如の都に迎ひ入玉わんが爲の深理なり、其深理といふは、須彌は三十三天、下は七十二天、兜率の內院といふ迄王宮のまします都あり、更に新らしき記にあらず、衆生は目の前に佛の在ます事を知らざるゆへ、譬へを以ていへば、國に有ながら王を王とも知らず、又所にありながら守護地頭を知らず、佛の世界に有ながら其佛の意味《こゝろのあじわい》を知らず、人の身を受ながら死る事を知らず、我壯なる時は衰ふる事を知らず、富貴なるものは貧なる事を知らず、草木は雨露の德の恩を知らず、日月星辰は西にかたむくといへども西を自《オノレ》と知らず、人は身の中に五臟有ながら五智如來の譯を知らず、また六腑有ながら南無阿彌陀佛の六字の譯を知らず、五體大骨十二あれども十二時十二支十二月の因緣を知らず、又小骨三百六十あれども年中の日數の譯を知らず、眼耳鼻舌身意あれども此六道を知らず、百味の食物食ひながら菩薩の恩を知る事なし、加樣に說聞かすといへども善知識《よきものしり》の恩を知る人稀なり、本心といふは始も空終も空にして三界明らかなるものなり、ア、愚なり〱、安心の心の趣もいひ出さんとすれば、舌頭とても我身にあらず、筆を立んとすれば是信心利劒也、末世の衆生の迷ひ何を以て晴さんや、書留んとすれば天地の恐れ獄卒の杖となる、大慈大悲の恩徳も龍樹菩薩已來の血脈も、今以て絶ずして覺え侍る也、南無廻向するより外はなき也、日月星辰もえこうし玉ふ也、其故は、月も朔日より十五日に滿る也、十六日より滅ぜられ歸り去り、二日迄は見へ玉はず、是則回向にあらずや、凡夫衆生も此理を聞辨へて疑さへせざれば、善知識の教を持つによつて悟る也、自力の難行にて成がたし、涅槃といふも此心を以て知り玉ふべし、或は一つには宿善、二つには善知識、三つには光明、四つには信心、五つには名號也、加樣に五重定といへども只信心一つに極まれり、其故は、迷ひが悟りになるも信心の悟が迷ひになるも心根也、我こそ秀し念佛者と思ふている人目の當りに有也、是等は體を法に失ひ誠の信心うとき也、くらやみと迷ふて、向來に日月の白赦《ホノ〴》々々と明らか成事を知らずに迷ふ人の多かりき、善知識のいふ所の根元を麗氣の緣に成て、したしふおもはざらんは、まへに伸る如くに、國にありながら守護地頭を知らざるに似たり、急々《イソ〱》善知識に親しんで後生の一大事を聞得て、常住の極樂にすんで佛恩報謝の念佛申さるべき事なり、我信心を決定せずして何を當に念佛申べき事ぞ、我が本心を彌陀佛と知らずして申念佛を譬て云ば、虛空に向て矢を射るが如く也、我手まへ一寸ちがへば先にては一尺ちがふ如きの事也、また我本心を彌陀佛と決定して其後申念佛は、能き射手の安土を定めて的を射るが如くにて、我手前慥なれば的る也、早く今生にて我本心を決定して安心し玉ふべし、

即身佛體の鈔

夫慈覺大師の釋に曰、則五佛性《いつゝのほとけのこゝろ》はみな衆生に有とい

へり、然れば衆生は五佛性也、それ五臓の曼多羅は本來五佛生の分身《わかれたるみ》也、故に行者が則佛體也、六婆羅《かのよし》密の功徳なれば是六字の名號也、念佛三昧の心は空中より顯れたれば則佛、三毒の煩惱は他力に依て三諦にすれば是阿彌陀の三字也、行者の體《からだ》をば三千大千世界にたとへて、頭は須彌山にたとへ手足を四州に譬れば、是が直に佛也、金剛界は東曼多羅、陽也男なり、胎藏界は西曼多羅、陰なり、是は則三世佛の父母なり、然れば僧も尼も女人も比丘も優婆夷も是みな佛の御子御弟子なれば、いかなる人も極樂往生せざらんや、

拜ませて拜まれ玉ふ彌陀如來
彌陀が佛か我が佛か

此御歌を觀じ見らるべし、

五臓肝心胃肺腎の事

肝の臓は藥師如來の法座也、甲乙の方、發心門の眼を開ひて東の方寅卯の時、雙調の響にして酸味を說法す、木の體を短形にして青き色に飾立頭に戴きたれば、春三月の景色なり、目に通用したり、然れば一切の草木森羅萬象も日も月も人の身も悉く此東の門より出生する故に、肝の臓より通ずる所の萬物は是皆藥師如來也、六字の名號の中にては南の一字也、五部の大乘經の中にては華嚴經とする、是皆肝の臓を譬んが爲なり、歌に、

木をもつて作る藥師は誠ならず
誠の藥師實にぞある

心の臓は法性如來の法座也、丙丁の方、修行門の舌を伸て南の方黄鐘調の響にして、苦き味を說法す、火の體を三角なる形にして赤き色に飾立、夏三月の景色也、笹苦《セツク》の世界の菩薩連、衆生濟度の爲にとて船と橋とに身をなし玉ひ、勢至菩薩も悉く皆心の臓より通ずる所の萬物はみな是法性如來なり、六字の名號の中にては阿の一字也、五部の大乘經の中にては阿嚴經也、是皆此心の臓を譬んが爲なり、歌に、

日の勢は有□有なれど
消ては歸るもとの住家へ

胃の臓は大日如來の法座也、戊己中道の理なれば壹越調の響にて甘き味を說法す、土の體を四角成形にして黄色に飾り立て、四季の土用景色也、艮に通じて三千世界といふとも中道を放れず、有情非情は悉く中道には離れず、扨こそ中道をば大日國主と申也、大日とは一人の日と書なり、故に五臓の中に胃の臓を大日國主と譬る也、頭のうへの七穴も下の二門も其外も、胃の臓より通ずる所の萬物は是皆大日如來なり、六字の名號の中にては陀の一字也、五部の大乘經の中にては法藏經也、胃の臓を譬んが爲なり、歌に

我體は土なるものと知らずして
おしみかくせし事ぞはかなき

肺の臓は阿彌陀如來の法座也、庚辛の方、菩提門の鼻に通じて西に申酉の時、平調の響にして辛き味を說法す、金の形を半月の體にして白色に飾立、秋三月の景色也、此肺の臓を石瓦にたとへて、また骨は金に譬へ、金の響をして一切衆生た無常を示し玉ふ也、故に御文にも曰、諸行無常《つゝなさ》の春の花は是生滅法の法の風にちり、生滅滅已の秋の月は空にかくるゝと四方の人に告渡るも、此肺の臓の金なるべし、或はまんまんたる空中に白雲をひるがへし、諸佛の飛行し玉ふも、此肺の臓より出入るの風也、諸法實相を唱なふは、峯の嵐も法の聲も、雀のちう〳〵鳴も鳥のかあ〳〵鳴も是皆佛智の至極也、釋尊四十九年の說法も皆出入りぬ息の風の音信なれば、皆肺の臓の力なり、歌に、

雲はみな拂い果たる松風を
松に殘して月を見るかな

萬法の極意の譬へに月といふも雲といふも松に殘す風といふも、みなこの肺の臓より通ずる所の萬物はこれ阿彌陀如來也、六字の名號の中にては無の一字なり、五部の大乘經の中にては般若經なり、是皆肺の臓を譬んが爲也、歌に、

息は日勢《ひのせいき》《カゼ》日勢を命と思ひしに
人のあらしとなさんかなしさ

腎の臓は釋迦如來の法座也、壬癸の方、涅槃門の耳を開いて此の亥子の時に、盤渉調の響にして醎味を説法す、水の體を丸き形にして黑色に飾り立て、冬三月の景色也、此腎の臓の法門を以て一切衆生の煩惱の垢を濯也、然れば水は方圓《かくまる》の器に順ふ如くにて、釋迦如來は水の本性なるが故に、一切の衆生の上根下根者有智無智《ちゑあるちゑなき》の者に應じ法を説聞し三千大千世界中に光を放つて應相縁應《かたちにしたがひゑんにしたがひ》の教なれば、釋迦如來應身佛と申也、左あればとて釋迦も達磨も善導も法然も比丘も、往古伊弉諾伊弉冊の上代も、日月星の意も腎門、他より現はれ出させ玉はねば、扨こそ女人は是諸佛の道場ともいひ諸佛出世の母ともいふ也、故に此腎の臓より通ずる所の萬物は是皆殘らず釋迦如來なり、六字の名號の中にては彌の一字なり、五部の大乘經の中にては涅槃經也、是皆腎の臓を譽ん爲なり、歌に、

水の泡かたまり土となりぬれど
解ればもとの野邊の玉水

夫衆生の五臓は五佛性也、南无阿彌陀佛の本體也、比有貴人身と生れて來ながら、正道正智《たゞしきおこなひたゞしきこゝろ》慈悲善根の心《カヽル》もなきは淺間敷次第也、只自由の諸佛を縛り搦て阿鼻無間の地獄へ投入る如き也、能々心を靜めてわが本心を悟り、他力の念佛に赴き、その身をも嗜んで唯《ひと》心《つのこゝろ》の淨土己心の彌陀と成るべし、

發願回向の鈔

問て曰、過去久遠劫の古代、天なし地なし父なし母なし我なし人なしの時、三國の衆生は何方より顯はれ出たるものにて候やらん、

答て無量壽佛の中に智惠の象有、その智惠の形と申は、日輪蓮花と申は更に人間の儀《ハカル》に及ばぬ所也、滿虚空より日輪と月輪と智惠の命を催して、既に毎日毎夜惠闌《めぐみまじはり》を施し玉ふ都なり、此都を法性の都と申也、ア

ア愚なり〳〵、南州に入國土に人間の生を請る事別には用なし、只不生不滅不去不來の心を悟り、法生の都へ歸る爲なり、

問て曰、法性の都といふは何方やらん、また無色無形の心の得やうは如何やうやらん、

答て等覺《ひとしきほとけ》一天の智惠の蓮花《こゝろのめぐみつらなるはな》と妙覺眞如悟りの蓮花とを祕すべし、すでに日月西に入くらき闇と成候も、無色無形の風と彼蓮花座にいたり、白色の勢露《しろきいろいきおひのつゆ》を出し清淨樂の發起は心も詞もたへたり、然るに此談義穢土の中の沙汰には用なし、三人は多し二人は少しと云へるも此心也、

問ていわく、歸命といふは本覺《もとのほとけ》の彌陀に私覺《わたくしのほとけ》の命をかへす事と候が、夫はまたいかやうなる所へ歸す事にて候やらん、

答て是正に大事の一句也、筆に及ばれず詞をもつても云ひがたし、准へて申べし、夫御本尊の象といふは則往生の象なり、此御象が人々に緣を結び我々が都にも住し玉ふ也、是を凡夫に必披露し玉ふべからず、大事の祕事なり、穴賢々々、

問て曰、不生不滅とはいかやうな心やらん、

答て是尤なる不審也、詞を開かんとしては舌に谷あり、祕すれば邪見に似たり、夢ばかりに知らすべし、不生不滅と申は本願の是非なり、是則勢力也、其勢力といふは日輪と月輪との象也、眞如の都より法性の智惠を保て發起をあらはし、一如の神《タマシヒ》虛空を駈り玉ふなり、是私の儀にあらず、本覺の智因《こゝろのちなみ》によつて約束に光りの象を現し玉ふなり、是を悟なき凡夫や女人にゆめ〳〵知らすべからず、斯の如く眞如法性《まことのせいゝひの》の理《りのこゝろことはり》は近しといへども、悟り得ざるには力およばず、眞の同行あひ奉りて能々得心して、其上の念佛は瓦つぶても黃金と成が如し、玉の性は同じけれども磨とみがかざるによりて光なし、光なきは石瓦の如し、少しなりとも能々同行こそ望なれ、早くも一念を起して信心を催され、無上佛果に至るべし、

不生の智因は量なし、此智因は凡夫衆生の儀ひに及ばざる所也、獲の字は因位の時を獲といふ、得の字は果位の時に至て得るといふ、名の字は因位の時の名を名といふ、號の字は果位の時の名を號といふ、

自然の自の字は自《おのづから》といふ詞なり、然の字は然るといふ詞也、是全く行者の儀ひにはあらず、他力の誓ひにて成が故に法爾といふ、此法爾こそ他力の御誓ひなるが故に、すべて行者の儀ひなきを以て、他力には儀なきを儀とすと知るべき也、自然といふは本來自然といふ詞なり、他力の御誓ひは本來行者の儀にあらずして、南無阿彌陀佛と賴ませ玉ひて向へんと儀らせ玉ひたるによつて、行者の善からんとも惡しからんとも思はぬ所を自然とは申也、御本尊の無上佛と申は、象はましまさぬ事を知らさんとて、始て彌陀佛と衆生に聞せ習はせ候、此道理を段々心得、後は此自然の事は常になり申候、然し此自然の事は必常沙汰すべき事にあらず、常に自然を沙汰せば儀なきを儀とすといふ詞猶儀の有べし、是は他力本願の佛《てんのせいりとのみなもと》智《ほとけのこゝろ》の不思議にて有なり、

右の書、或人伯耆國へ下る訓染の寺願を經ける程に、二人にも見知られて心安く結びける中に、眞の同行の逢ゝと終日後生の物語りなど仕る序に、此書は御開山上人より他力本願の眞を如信様へ書き遣はし玉ふよしにて、卷物を拜見しけるに、然に上人御眞筆にて不思議に代々所持候よし、彼旅人ひたすら懇望して、寫し度候由、其頃奥證なり、

元祿十一年戊丑九月廿日白レ之、

右發願廻向抄終りの處に、此智因凡夫不及也、次に穴賢の字無レ之して其つゞき直左の通り有しなり、

八萬性の貫書ある人問て曰く、本覺の彌陀の御命と申候は、いかやうなる心をもとの命とはたのみ申候べきや、答て曰く、一大事の不審なり、言に云ださんとすれば三世の諸佛のなみだをながし玉ふ、しかれば

彌陀如來は智慮を以て慈悲をほどこし、慈悲を以て方便にかなへ玉ふ、故に法身如來と顯し、ついに應身とも顯し、三身の形眞如の都に住し玉ふ、一念發起の形は日月の御勢力なり、これ行者の力をくわへざる處也、私ものによりなして冥加にはてさせ玉な、釋迦如來四十九年の御說法も、かの勢力をしるさんが爲なり、其勢力と云へるは入出の二門なり、入出は風なり、風は息、いきは命なり、命は彌陀なり、彼彌陀を一念發起の時日月の御勢力に歸するなり、嗚呼をろかや〳〵、天にあをぎ地にをどり、よろこぶべきは御息なり、骨をくだきても報じがたきは御恩也、つゝしむべしかなしむべし、これを思へばかんるい膽にめいず、うれしきことは言語に絕たり、故に行者一人の發起を一念發起とは申すなり、其故は、月も一體日も一體私も一體、うけたまはり候も如レ斯悟りたる人を一體分身と申すなり、彼人の命は不生不滅無我なり、彼人に歸命するを無我の南无に歸命すると申すなり、彼人の御ことばをば唯心の淨土と申すなり、されば彼人は法藏比丘の昔の本願知慮の形をしたまふ人なり、をろかに思ひ玉ふべからず、穴賢々々、ひそかにをもんみれば、いつをか始ともいつをか終りとも知り難し、不生不滅は夢中なり、自然は日月なり、かの一念發起なり、發起の形は御本尊の御立どころなり、法性法身との中間なり、日月の命を養ふ蓮華なり、これを眞蓮華とは名けたり、かの蓮華にはよく〳〵心をとゞめ給ふ、これ穢土とは申すなり、あらたに沙汰無用なり、甚だもてとくべからず、息きれ眼を閉ての後金剛心のをさまるなり、ゆめゆめ疑ひあるまじきなり、穴賢々々、

以上御袖下の御書終

御袖の下終

法要章

諸行無常　色《いろは》匂《にほへど》散《ちりぬるを》
是生滅法　我《わが》世《よ》誰《たれぞ》常《つねならむ》
生滅滅已　有《う》爲《ゐの》奥《おく》山《やま》今日《けふ》越《こえて》
寂滅爲樂　淺《あさき》夢《ゆめみし》不醉《ゑひもせず》

南無阿彌陀佛

それつら〳〵、この世の體たらくを按ずるに、電光朝露夢幻の如くなり、たとひまた榮華にほこり榮耀にあまりて思ふやうなりとも、それはたゞ五十年乃至百年のあひだの樂なり、今にも無常の風きたりて誘ひなば、如何なる病苦に遇ひてか空しくなりなんや、まことに死せんときは、かねてたのみをきつる妻子も財寶も、我身には一つも相添ふことあるべからず、死出の山路のすへ三塗の大河をばたゞひとりこそ行きなんずれ、しかるときはたゞ深く願ふべきは後生なり、又賴むべきは彌陀如來なり、他力の信心獲得してまゐるべきは安養の淨土なり、然れば急ぎて他力の信心を獲得して極樂の往生を遂ぐべきこと肝要なり、其他力といふは凡夫の信心ではなく如來の信心の事なり、獲得とは身心の得になり、宿善開發して善知識に遇ふて聽聞すれば、他力の信心身にも心にも得られてあり難く喜ばるゝなり、其うへは御禮申すばかりなるに、遂に善知識にも遇はず、また時刻をさして信心決得いたしたることなく、何時のころよりか無常を觀じて寺堂場へ參詣し、また御勸化を聽聞して、ありがたや忝けなや、かゝる淺間敷我等が爲に五劫が間御思惟遊ばし、永劫が間御修行なされた御恩を忘れず疑はずして念佛申すが、安心決定と思ふ人あり、それ計りではまことの安心決定にてはなきなり、その故は御文に五重の義をあそばして、一には宿善、二には善知識、三には光明、四には信心、五には名號、この五重の義成就せずば往生はか

なふべからず、

と仰せられたり、宿善といふは今生の善にはあらず、生々世々の間如來の御憐みによりてこのたび開くるを宿善の開發と申すなり、すなはち極樂の東門ひらくる瑞相なり、宿善開發すれば善知識に遇はるゝなり、善知識に遇ふによりて法藏因位の本誓をきゝ、祖師聖人一流御相傳の御勸化を聽聞すれば、立處に日ごろの自力迷心すたれて疑の心なく、今生の善惡は前世の宿業とあきらめ、今晩の命もはかり難しと思ひ、夜の眼もあはぬ程に思はるゝが光明の催しなり、此光明の緣に遇ふによりて信心發るなり、信心發りぬれば如來は其機をしろしめして御助けあるゆゑに名號となふるなり、爰に謂あれども相傳なれば記さず、

この時刻に佛心と凡心とを一つになしたまふが故なり、依て御文にも、

南无と歸命する機と阿彌陀佛の助けましますが法とが一體になるところをさして、機法一體の南無阿彌陀佛とは申すなり、

と仰せられたり、また宿善の有無は何たる事か聞かんと思ふ心附きたるが、則ち宿善なり、聞耳つぶしてまぎらかし空念佛申し居るが無宿善なり、故に御文二帖目十一通にも、

夫當流親鸞聖人の勸化のをもむき、近年諸國にをいて種々不同なり、これをほきにあさましき次第なり、そのゆへはまづ當流には、他力の信心を以て凡夫の往生をさきとせられたるところに、その信心のかたをばをしのけて沙汰せずして、そのすゝむることばにいはく、十劫正覺のはじめより我等が往生を彌陀如來のさだめましく〳〵たまへることをわすれぬが、すなはち信心のすがたなりといへり、これさらに彌陀に歸命して他力の信心を得たる分はなし、さればいかに十劫正覺のはじめより我等が往生をさだめたまへることをしりたりとい

ふとも、われらが往生すべき他力の信心のいはれをよくしらずば、極樂には往生すべからざるなり、この他力の信心の謂れとあるをよく〳〵思案あるべし、依て御文をかへす〴〵幾度も拜見せらるべきなり、

御文は八十一通なりと雖も、たゞ一通の御文なり、在家衆生の願生者の爲に御讓り下された御文なれば、一帖目の始より五帖目の終まで心を留めて御聽聞なさるべし、斯樣な御文を下されず有緣の知識に遇はずば、我等ごときの一文不知の極惡深重の罪人、赴く道は三塗八難、落つる處は無間地獄、多劫を經とも浮ぶ瀨もなき者が、如何なる因緣のありしにや、生々世世のあはれみにて善知識にめぐりあひ、祖師聖人一流御相傳の肝要を聽聞して安心決定し、其上に御文を拜見せば割符を合すが如くなり、ありがたしといふもおろかなり、さもありなん、忝くも彌陀の直說、釋尊の金言、開山聖人の御勸化、其外唐天竺の祖師がたの御釋こと〴〵く御引きあそばされて、委しき御文なるが故なり、然れども信心決定いたしたれば悉くわかりきこゆるなり、此信心とり易きことなれどもとる人まれなり、この信心を御和讚に、

眞實信心うることは末法濁世にまれなりと、恆沙の諸佛の證誠に得がたきほどをあらはせり、

と遊ばされたり、信心とる人は稀なり、ゆゑに果報人なり、また御文に。

されば彌陀に歸命すといふも信心獲得すといふも宿善にあらずといふことなし、しかれば念佛往生の根機は宿因のもよほしにあらずば、われら今度の報土往生は不可なりとみえたり、このこゝろを聖人の御ことばには、遇獲信心遠慶宿緣とをほせられたり、

と、この文の意は、祖師聖人、遇はたま〳〵と訓せられて、たま〳〵とは稀なることなり、獲信心遠慶宿緣とは信心を得ば遠く宿緣をよろこべとのことなり、

依て如來の御廻向の信心獲得の衆中は、よく〳〵仕合せ人なり、希有人なり、また此如來御廻向にあづからずんば何時か生死を離れんや、其故は和讃にも、
往相還相の廻向にまうあはぬ身となりにせば、流轉輪廻もきはもなし、苦海の沈淪いかゞせん、
と、流轉輪廻とは、地獄餓鬼畜生修羅人間天上を五道とも六道ともいふなり、この五惡趣の間を何時までと云ふ限なく、車の輪のめぐるが如く、生たり死したり苦しみ迷ふことなり、地獄は業力を以て一日一夜に六十億度生れて六十億度死すと、また地獄によりては一日一夜に五百億度生れ五百億度死すともあり、かくの如きことをきけば、早くも人の数に順ふてまことの信心決定して、五惡趣を免がれ極樂往生を遂ぐべきこと肝要なり、よく〳〵思案あるべし、
また御文に、
報恩謝徳をなさんとおもひて聖人の御まへにまいらんひとのなかにをいて、信心を獲得せしめたるひともあるべし、また不信心のともがらもあるべし、もてのほかの大事なり、そのゆへは、信心を決定せずば今度の報土の往生は不定なり、
と仰せられたり、よく〳〵思案あるべし、報恩謝徳をなさんと思ひて聖人の御前に參り連なる人々は、十人は十人百人は百人ながらみな信心決定いたしたりと思はるゝなり、其故は信心決定いたすまいと思ふ人は報恩謝徳をなさんと思ひては參らぬなり、これ御恩なきによりてなり、たゞ何となく後生を願ひに參る人は初心の者なり、この體の人を仰せらるゝにてはなく、初心の人はそれ〳〵の御勸化あるべし、いはゞ「いろは」の御勸化なり、是等の人は先づ寺道場へ參りて、御法談聽聞せらるべし、此人等は何が信心何が決定やら一向に差別はなきなり、然れども結句自流なければ、宿善あらば、人の言を眞受にし一流に入りて信心決定し易きもの也、併し右體の人は今生のみに耽りてあれば、先づ「いろは」の御法談を聽

聞せられて無常を知らるべし、今仰せらるゝは此初心の人にてはなく、隨分法義者と外目にも見へ、自身は度々法談をきゝて、之が信心之が決定と自身にきめて、如來の下さる信心なりと思ひ、又御宗旨になりさへすれば淨土參りのやうに思ひて、喜んで御禮の爲に參りし人々の爲に仰せられたる事なり、然るに斯樣に思ひつめて居らるゝ人々の中に、まことの信心決定の人もあり、また未決定の人もあり、また未領解の人もあるゆへに、不信心のともがらもあるべし、もてのほかの大事也、其故は信心を決定せずば今度の報土の往生は不定なりと仰せられたり、よく〳〵御思案あるべし、

眞實信心の人も、また未領解の人も、未安心の人の目には精だして御坊御寺へ參り、念佛申す心ばへさへよき人なれば、信心者のやうに見ゆるなり、斯樣な人は信心者にてはなきなり、しかし惡しきことではなく福德の因緣にはなるべし、また萬人に一人化土の往生はなさるべきも報土往生はかなふべからず、眞實信心を獲得すといふこと、短文なれども未安心の人にはみえぬなり、御開山の御歌にも、

聲なくばいかでそれとは知りなまし
雪ふりかゝるあし原の鷺

と詠じ玉ひたり、この歌の意は、信心決定したことは未安心にて、經論諸釋諸敎を悉く御覽じても見えぬなり、前に云ふ如く、信心決定の人も未決定の人も未安心の人の目には同じ事なり、故に蘆原に雪ふり懸る中に白鷺の居るとも見へ難し、鷺も雪も同じ樣に見るが如し、もし聲あらば知らるゝなり、然れば其聲をきけば早く從ひ行きて實の信心を決定して、報土の往生を遂げよとある御歌なり、又容易く見えねばこそ、勿體なくも法然上人は、五遍六遍と一切經を御繰あそばしたれども見分たまはで、四十三歲の御時にかたじけなくも善導大師の夢告によりて信心決定あそばされ、それより諸經諸釋文を御覽じたれば、悉

く割符を合すが如く見えさせたまへりと、こゝに至りて専修専念決定往生の浄土門御建立遊ばされしなり、また自力にて迚も往生できねばとて、肥後の阿闍梨は遠江の櫻が池に入りて彌勒の出世を待ちたまふ、法然上人はこの櫻が池へ御出でなされて曰ふやう、さても殘り多い次第かな、我今三年はやく決定したらば、いかで空しく斯くなさせ奉らんや、學々に在せばこそ生死流轉の苦しみを知り給ひ、智惠々々に在せばこそ諸行往生は難行なれば成就し難しと思召して、彌勒出世を待たんとて此水に沈ませたかと、法然上人は池の汀にひれ伏して悔み給ひしに、不思議なるかな水の中より大蛇忽然として顯はれ、上人に向て涙を流し、たゞ戀しげに御顏を打ち守りたり、上人も落涙かぎりなかりしが是非もなければ別を告げたまへば、大蛇も水底に沈みしと、是に由て博學多才も自力にては往生かない難しとみえたり、

又御開山聖人も二十九歳の御時、源空上人の御門人につらなりたまひて信心決定せられたり、能々考ふべきなり、法然上人は勢至菩薩の御化身、又開山聖人は善住持彌陀法王の化身、天竺では天親菩薩、唐土では曇鸞大師、我朝では善光寺如來の御化身にて、御幼年に佛智の心きざして、九歳の春洛陽東山粟田口青蓮院慈鎮和尚の御弟子とならせられ、御剃髪あそばして少納言の公範宴と名のり、それより比叡山東の坊無動寺の大乘院に住して、天台の要法を學び一念三千の奥義を極め、八家十宗を修學し内典外典悉く通達して、天台の碩學にまでならせられたる御身なれども、自力にては知ること能はずして、源空聖人に尋ねて他力の信心獲得せられたり、斯様に兩聖人は佛菩薩の化身なれば、御尋ねなされずとも獨御自身に決定なされさうなものなり、また信心決定なされずとも御淨土へ御歸りは必定なれども、末世の我々が爲に善巧の御方便なり、たゞ往生極樂の爲にはこの信心一つなり、一切の經文も釋文も兩聖人の

御出世も、たゞ此信心ひとつをとらしめんが爲のみなり、また御文にも、

祖師聖人御相傳一流の肝要はたゞこの信心ひとつにかぎれり、これを知らざるをもて他門とし、これを知れるをもて眞宗のしるしとす、

と仰せられたり、爰を以てよく〳〵聽聞あるべし、祖師聖人御相傳一流の肝要はたゞ此信心ひとつに限ると仰せられ、また之を知らざるを他門と仰せられて、肝要たる信心を知らぬ者は御宗旨の人ではなきなり、然るに大方の人の心得られたるは、たゞ御坊寺へ精出して參り怠りなく念佛さへすれば信心の人なりと思はるゝなり、左様なことにてなきなり、若それが信心なれば皆其位のことは知りて居るゆへ、「知らざる人の知りたる人の」とは仰せられぬ筈なり、またこれぐらいの信心を人になく我は心得たりと思ふは慢心なり、また此くらいの信心が御相傳一流の肝要たる信心なりと思ふは悲しきことなり、勿體なくも祖師聖人をなみ〳〵の御方と思召すが故か、御和讃には、

如來大悲の恩徳は身を粉にしても報ずべし、師主知識の恩徳もほねをくだきても謝すべし、

と仰せられたが、右體の信心を以ては、いかでか身を粉にし骨をくだくとは思はれましやう、よく〳〵ありがたく嬉しきことがあればこそ、身を粉にし骨をくだきても謝せよと仰せられたるなれ、打あけて云はれずあらはして書かれぬことあればこそ、幾度幾度も人に尋ねよと御文に仰せらるゝなり、又蓮如様の御言にも、

聖敎を澤山に書くべきやうに人は思へり、それは然るべからざるなり、機を以て許し與ふるなり、世間佛法ともに總じて許さゞることあるべし、聖敎を惜むは傳へ弘めんが爲なり、

と仰せられたり、恐れながら喩へて申さば、世間に一子相傳の丸藥ありて、自分の子五人七人ありとも、

其中の心を見立て一人へ相傳をなす、其相傳は十味を合す藥なれば九味は五人七人ながら知れども、たゞ殘りの一味を相傳するなり、たとひ九味は知るとも殘り一味を知らざれば能書通りの藥にならず、自分のはからひにて一味を加ふるときは却て大なる害をなすべし、よく〳〵思案あるべし、

祖師聖人御一流の相傳といふは歸命の一念なり、歸命の一念とて別のことにはあらず、御文のとほり聊かも餘念なく阿彌陀佛と一念にひしと賴みて、かゝるあさましき我等が今度の一大事の後生たすけたまへと、一心一向にたのむことなり、然るに我等はこのまゝにては一心一向にはなれぬなり、此處が一流相傳の處、書にかゝれず云ふに云はれぬところなればこそ、幾度も人に尋ねよとかゝせられたり、御口書の通り相尋ねて聞きさへすれば一心一向にならるゝなり、然れども其尋ねらるゝ人未安心なれば、知らざるによりて決定はならぬなり、依て誰にてもきくべき人あらば謹んで御聞なさるべく、愚な人は智惠ある人に從て微妙の御法をきゝ、御一流相傳の肝要の信心を決定して、今は寐てもさめてもたゞ御恩報謝の念佛ばかりにて日ぐらしなさるべし、此人を指して御開山樣は、ありがたくも御同朋御同行とのたまひしなり、

然るに此一念とらんずるに、何の造作もなく、智惠あるも愚癡なるも貴きも賤しきも善人も惡人も富貴も貧窮も男子も女人も、たゞ善知識の敎を眞受にして渴仰の首をうなだれて、解脫の耳をすまして聖敎をきゝて佛前に跪きて、諸の雜行雜修自力の心をすてて、我身は惡しき徒づらもの極惡深重の私と過りはてゝ、一期に一度一心に阿彌陀如來今度我等が一大事の後生御助け候へと、二心なくたゞ一筋に如來の御袖にひしと縋り參らする思ひをなして、一心一向に餘念なく助けたまへとたのみ奉る一念の時、かたじけなくも八萬四千の大光明を放ちて、其光明の中

に其人ををさめいれてをきたまふなり、さればこそ、此心を經には光明遍照十方世界念佛衆生攝取不捨とは說きたまへり、斯くたのみ奉る者には、無上大利の功德をあたへたまふなり、この意を御和讃に、

五濁惡世の有情の選擇本願信ずれば、不可稱不可說不可思議の功德は行者の身にみてり、

と遊ばされたり、これすなはち如來の衆生に廻向しまします心なり、この廻向にあづかるによりて、過去未來現在の三世の罪咎一時に消えうせて、すぐに正定聚の位に定りて不退轉となるなり、このときは卽ち平生往生なり平等業成なり、又光明とは彌陀の御智惠のことなり、遍照とはあまねくてらしたまふとなり、十方世界とは東西南北四維上下のことなり、また善惡淨穢のへだてなきなり、念佛衆生攝取不捨とは、信心決定の衆生を收めとりて捨てたまはぬ御ことなり、無上大利の功德とは、このうへなき大德利益を與へたまふなり、五濁惡世の有情とは、今末法濁亂の世に生れたる極惡深重の我等がことなり、選擇本願信ずればとは、第十八の本願を信ずるとなり、その十八の御本願とは、至心信樂欲生の三心四修これ信心決定の事なり、不可稱不可說不可思議とあるは、信心決定いたした人には功德利益廣大なること、云ふに云はれず說くに說かれず思ふに思はれずとあることなり、然れば斯樣のありがたきことを身にみたし下さる事なれば、一刻も早く信心決定して正定聚不退轉となりて極樂往生なさるべきなり、さればとて此信心をとることに何の造作もなきなり、大經にも卽得往生住不退轉と御說きあそばされたり、此文のこゝろは卽座に往生を得て不退轉に住することなれば、晚と云へば晚、今と云へば今にても、これまでの心を捨てゝ一心一向に佛たすけたまへと歸命する時刻に御助けあるゆへに、南无阿彌陀佛と申なり、是卽ち一念歸命の他力信心を獲得する平生業成の念佛行者といふはこのことなり、此時口に述ぶる改悔が

誠の改悔にて、これまで陳べ來りし改悔は名聞なり、これよりは御坊寺同行等の報恩講の折には、別けて改悔をのべ御禮あるべし、この改悔文のこゝろは、一念歸命の時、信心を下されたる御禮申す事になるなり、改悔文とは、

もろ〳〵の雜行雜修自力のこゝろをふりすてゝ、一心に彌陀如來我等が今度の一大事の後生御助け候へと、如來をひしとたのみ申して候、たのむ一念のとき往生一定御たすけは治定と存じ佛恩報謝の稱名念佛申し候、かやうの御ことはりまぎれもなう聽聞申しわけ奉ること、偏へに祖師聖人この土へ御化導の御恩、次第御相承のたゞ今の眞の善知識のあさからざる御勸化の御慈悲、いよ〳〵ありがたう存じ候、なほこのうへには仰せ出させらるる御定の趣違背申さぬやう、命をかぎりに相たしなみ申すべく存じあげ候、

然るにひしとたのみたる覺えもなく、何年何月何日何の刻に御たすけにあづかりたる覺えもなくして、賴み奉つたの、御助け一定だの、我往生は治定だのと云ひ、また眞の善知識に遇はずして斯樣の御理り紛れもなう聽聞申分けたのと口には云ふとも、所詮なき悲しきことなり、此世はそれでも濟まうが、濟まぬ處が今に來るべし、御思案あるべし〳〵、又仰せ出さるゝ御定めの趣違背申さぬやう命をかぎりにあいたしなみ申すべくとある掟は、彼の一念歸命のときの一流相傳の肝要を、たとひ我々の家內中親でも子でも夫でも妻でも、安心決定せぬ人には語るなとある掟なり、たゞ宿善に任すべし、此外掟は數多あれどもそれは王法の掟にて表向のことなり、よく御文を拜見すべし、親子の間でさへ一流の肝要を云ふなとあることなれば、況んや他人に話すべからざるに、之を話す人ならば信心知ること能はず、然れども幾度も幾度も尋ねば宿善ある人と思ひて云ひきかすなり、蓮如樣の御言にも、

我は嚴冬の寒夜にもまた三伏の夏の夜蚊にをほく責られても、平座にて誰々にも對して閑談するも、佛法方の不審をも出言の人あれかしと思ひ、信心の行者一人も侍れかしと思ひ、辛勞をかへりみず堪忍せしむれども、さぞと思ひ入りたるともがら一人もなし、

と御なげき遊ばされたり、よく〳〵考へてみねばならぬところなり、蓮如様でさへ問はねば仰せられず、たゞ不審をうちて問へかし〳〵と思召させられども、みな胡椒丸呑にて、問ふ者一人もなしとの御述懐なり、不審をうちて問へとは、御和讃の中の斯様なところは如何、御聖教の中のこれは如何、御文の中の一念歸命とはどうする事か、時刻を指してとあるは如何、學者や坊主に問へとはなく信心の人に尋ねよとあるは如何、と我心得顔せず問ふことなり、幾度も〳〵問へとは、信心決定した人稀なる故に、つい尋ねあたらぬに依てのことなり、然れども宿善到來の人は一人に問ふて〻尋ね當りて、信心決定の謂をきく人もあり、又宿善なき人は眞の同行より勸めても聞入れぬなり、悲しきことなり、ゆへに此信を大經には、

若し人、善本なければ此經を聞くことを得ず、

と御說遊ばされたり、然れば宿善まかせなり、蓮如様も御文(四帖目十五通、)に、

愚老當年の夏ごろより違例せしめていまにおいて本復のすがたこれなし、つひには當年寒中にはかならず往生の本懐をとぐべき條一定とおもひはんべり、あはれ〳〵存命のうちにみな〳〵信心決定あれかしと朝夕おもひはんべり、まことに宿善まかせとはいひながら、述懐のこゝろしばらくもやむことなし、

と御なげきあそばしたり、書くにかゝれず云ふにいはれぬことなればこそ斯様に御心を痛みさせらるゝなり、然れば隨分尋ねて、知る人あらば早くゆきて無

上大利の御法を御聞きなさるべし、問はずして悟らんと思ふは蟷螂が斧を以て龍車を覆さんと思ふが如し、達磨を詠みたる歌に、「九年まで坐禪するこそおかしけれまことのときは彌陀のひところ」とあり、上根上智の達磨さへ九年の御思案、況んや下根下智の愚鈍の我等、問はずして彌陀の謂が悟られんや、勿體なくも彌陀法王の御化身なる吾御開山さへ、源空のまします吉水の禪房へ尋ねまゐり給ひし故、立處に他力攝生の旨趣を受得し、あくまで凡夫直入の眞心を決定しまし〱けると御傳鈔にもある事なり、旨趣を受得すとあれば、教のおもむきの授けを受け得るなり、こゝらをよく〱御思案あれ、御開山様は教の趣を授かり得たまひて信心決定あそばされたり、是全く御身の上のことにはあらず、末世凡夫の爲に、かくの如くに尋ねて我淨土へはやく參れとある御慈悲のあまり、はや淨土より觀音菩薩を此土へ聖德太子と示現させて、佛智不思議を現はさせたまひて、佛法を弘めさせたまへり、其うへにまた大勢至菩薩が法然上人と出現なされ、淨土門を弘め、易行大道專修專念決定往生の大願をひらかれ、また愚禿親鸞と現はれて分段同居の塵に交りたまひ、塵點久遠劫よりまよひ〱たる我等が先達とならせらせて導きたまふ、この先達の同行にならずば、爭か報土の道を知るべきや、依て此先達の同行より誘はれなば、これ彌陀の御使と思ひて違背なくはやくゆきて信心決定して、平生往生の一味の同行となりたまふべし、このうへには、命あらんかぎりは御禮のため、行住坐臥時處諸緣をきらはず稱名念佛なさるべし、

この信心を決定して一味の同行になること、何の苦勞もいらず、またむづかしき事もなし、御文の如く、たゞ人の言を疑はず眞受にして聞さへすれば信心決定はいたさるゝものなり、然るをたゞ我身は能く心得たり、これが安心これが決定と思ひて、椽の端に腰をかけ動かぬ者多し、ゆへに聞得る人も信心とる

人も稀なることは、經釋ともに明かにみえたり、大經には「易往而無人」と説かせられたり、この經文の意をとりて御文に、

彌陀を一向にたのめば淨土へはまいりやすけれども、信心をとる人まれなれば、淨土へはゆきやすくして人なしといへるは、この經文のこゝろなり、

また御和讃には、

善知識にあふ事もをしふる事もまたかたし、よくきくこともかたければ信ずることもなほかたし、

とも仰せられたり、この御和讃の意は、善知識に遇ふことの難いとは、信心決定の人稀なる故に容易く思ふことならぬといふ事なり、敎ふることのまた難いとは、信心決定の人は未安心の人に言いきかしたき事は山々なれども、未安心者は祕事だの自力だのといふてきゝ入れぬなり、依て敎ゆることは難きなり、よくきく事も難ければとは、未決定の人は前に云ふ如く强て勤めば誹謗をなし謗難の辱をめぐらすによりて、親にも子にもしかとは云はぬなり、よりて能くきくことも難いと仰せられたるなり、また信ずることも難しとは、しかと云はぬにより能く聞かざればありがたくもなきなり、このありがたきことを知らぬゆへ信ずる人なきなり、よく〳〵御思案あるべし、この信心とりたる人は仕合せものなり智惠者なり、この信心は學問にては知りがたき故に、佛法の義を學者に問へとも御房に尋ねよとも仰せられず、たゞ幾度も〳〵信心の人に問へと計り仰せられたり、この幾度も問ふには、前に云ふ如く信心の者にてもしかとは云はぬ故、隨分をり入て賴み尋ねよとのことにて幾度も〳〵と仰せられたることなり、また學問にて究め或は寺道場の表向ひと通り一應の御勸化をきゝて之が決定ときめらるれば殘り多きこととなり、他力と思はるれどもそれは自力なり、其故は、御開山聖人の法流一天四海に非類なき御勸化なれども、御文の中(三帖目十二通、)には、

いづれの經釋によるともすでに宿善にかぎれりとみえたり、しかれば宿善の機をまもりて當流の法をばあたふべしときこえたり、このをもむきをくはしく存知して人をば勸化すべし、

また、

無宿善の機のまへに於ては正雜二行の沙汰をするときは、かへりて誹謗のもとひとなるべきなり、と仰せられたり、この正雜二行とは、信心決定せぬ人は皆雜行なり自力なり、いまだ宿善なき人なり、また信心決定の人々は皆正行なり他力なり、然れば信心決定せぬ人は皆無宿善なり、依て信心領解なき人に向ひて、それは雜行これは正行なりと爭ひては、却て誹謗をなすなり、故に無宿善の機の前では正雜二行の譯をいふなとあることなり、何故なれば未安心なれども諸佛菩薩をたのまず彌陀一佛を念じて居る人に向て、何程彌陀一佛を念じて怠らず念佛申さるゝも、信心決定致さずば自力なり雜行なりといへば、其人は大に腹を立て、却て正行を毀なり、然るに其自力なり雜行なりといへばとて、諸神諸菩薩の守札を張り用ゐる人のことにてはなく、それらの人は御宗旨に名ばかりかけた人にて、內證は聖道門の人なり、此等の人に沙汰するときは、諸神諸佛をたのまずして彌陀一佛をたのみ、南无阿彌陀佛と唱へば、一切の神も佛もこのうちにこもりたまふ故、たゞ怠りなく寐ても覺めても南无阿彌陀佛を稱へて御恩を喜ばれたしと申すばかりなり、かやうに云ふは、千人萬人の中で云ふとも一人も誹るべき者はなし、よくよく思案あるべし、然るに彼の正雜二行は、諸神諸佛もたのまず御札守も用ゐず、たゞ彌陀一佛を念じ、外の佛をも賴まぬことをのみ一心一向なりと思ひて、怠りなく念佛申し疑はざるが安心決定なりと喜び居る人に沙汰する正雜二行なり、斯く思ひ込みたる人は、それは一應の聽聞なり、誠の信心決定にてはなきなり、其譯を御文(二帖目六通)に、

その名號をきくといふは、たゞおほやうにきくにあらず、善知識にあひて南無阿彌陀佛の六の字のいはれをよくきゝひらきぬれば、

と仰せられたれば、まことの安心決定は、善知識に遇ふて五重の義成就して、時刻をさして斯様々々に一念歸命のたちどころで、屈伸臂頃即生西方と下げた頭をあげぬ頃に御助けあるが、平生往生の御門徒と申すものなり、然るに前の如き名ばかりの御門徒は、容易く合點せず、その上にまだ此廣大な御本願に何んぞ左様な事があるべきや、それは祕事法門といふものなりなどと、我も誹り人にも謗らせする人あり、是等の人をよく〳〵分別して、誹らず疑はず眞受にして、さて〳〵かやうなことを今迄信せざりしはあさましやと、我身をみさげあやまりはてゝ、聞きさうな人を能く見わけて此法をば與ふべしとの御文の意なり、斯様な譯をあやまりはてゝ聞く人は、即ち宿善の機なり、かへす〴〵御文を幾度も拜見すべし、一應の聽聞は必ずあやまりあるべしと蓮如様も仰られたり、一大事なればよく〳〵思案あるべし、御文は我等が極樂參りの鏡なり、定規なり、一句にても違ひなば極樂の往生は不定なり、信心決定せば、夜の明けたるが如くに明にわかりみゆるなり、然れば早く尋ねて善知識にめぐりあひ信心獲得なくば、三途に赴くべし、其故は御文(二帖目二通)に、

抑開山聖人の御一流には、それ信心といふ事を以て先とせられたり、乃至この信心を獲得せずば極樂には往生せずして無間地獄に墮在すべき者なり、

と仰られたり、斯様なことをきく時は、早く信心獲得すべきこと肝要なり、さて又御坊寺の朝暮の御敎化は、表向一通の御法談なり、ゆゑに寺の御法談は、御門徒にかぎらず八家九宗みな參詣して聞くなり、寺の法談は宿善无宿善も宗旨の何たるも御吟味はなければ、世間通途の御勸化なり、御文(四帖目初通)の中にも、

宿善無宿善のふたつを分別せずばいたづらごとなるべし、

と仰られたり、然るに數國人の參詣の中には、他宗の人もあり、御門徒といへども無宿善の人もあるべし、故に縱令安心決定した御坊方にても、內心深く蓄へて、正味の本末は卒爾には申さるまじ、若しさはなくして正味を打ちあけて申さるれば、其人は御開山の御同行にてはなきなり、其故は蓮如樣の御言にも、もしこのむねをそむかんともがらは、ながく門徒中の一列たるべからざるものなり、

と仰せられたり、然るときは寺の法談はたゞひととほり通途の御勸化なり、よく〳〵御思案あるべし、又未安心の御坊方は、何か申たきも知らねば言ふこともなし、たゞ學問にては安心は知れぬものなり、よりて御文にも、

夫八萬の法藏を知るといふとも後世をしらざる人を愚者とす、たとひ一文不知の尼入道なりといふとも後世をしるを智者とすといへり、しかれば當流のこゝろは、あながちにもろ〳〵の聖敎をよみものをしりたりといふとも、一念の信心のいはれを知らざる人はいたづら事なりとしるべし、

とあり、この一念の謂あることをよく〳〵考ふべし、譬て申さば、野山の石や木などに注連張りてあるを、何ぞと問へば、其謂を知らぬ人なれば何ともなき事なれど、其謂を知りたる人に問へば、色々なありがたき事が明かに知れるが如く、信心の謂をよく知りたる人に問へば、ありがたき謂の知れる事なれども、知らぬ人に問ふては何事もなきなり、其六字の謂が知られば信心決定なり、信心決定せられたなれば、十人は十人百人は百人ながら皆極樂へ參らるゝなり、又信心決定せねば百千萬人の中に一人も往生かなふべからず、この一念の信心の謂をよく知りたる人に尋ねて信心決定なさるべし、又蓮如上人の常々の仰に、佛法の義をよく〳〵問ふべしと仰られしに、或人が誰

に問ふべきかと申上しに、佛法の沙汰にてあらば上下を云はず問ふべし、佛法は知りさうもなき人が知るものぞと仰ありたり、然るときは、如何なる人がこの信心を知り居るやも計られぬなり、たとひ文字も知らぬあさましき者にても必ず輕しめ給ふべからず、又我々體の人信心決定なされたりとも、內心に深くたくはへて外相にみえぬやうになさるべし、猶又在家にも容易く勸めんとは思ふべからず、なかなか聞きうる人は稀なり、千人に一人も有るか無きかなり、在家も出家も未安心ながら相應の猿智惠がありて、我々が申條は爭でか用ゐ申すべき、却て誹り罵りて害をなすべし、其譯は御和讃に、

五濁增のときいたり疑謗のともがら多くして、道俗ともにあひきらひ、修するをみてはあだをなす、

とのたまへり、まことに斯の如なるときなれば、必ず〳〵居にも御出しなさるまじ、誹らるゝ身は厭はねども、坊主憎ければ袈裟まで憎しといふが如く、勿體なくも名體不二の御信心まで誹るなり、然れば哀れな者に誹謗の罪を重ねさせる道理になるなり、是によりてたゞ宿善に任すべしと仰せらるゝなり、さなき人には必ず沙汰あるべからず、若沙汰して其人誹謗せば、其罪のがれがたし、御和讃に、

念佛誹謗の有情は阿鼻地獄に墮在して、八萬刧中大苦惱ひまなくうくとぞときたまふ、

とあり、是によりて宿善の有無の根機をあひはかりて當流の法を與へよと、蓮如樣は仰せられたり、容易く合點せねばこそ斯樣にくれ〴〵も仰らるゝなり、然れば在家にても出家にても、此法を勸むる人あるとも、必ず嘲り笑ふべからず、嘲り笑ふは憍慢なり、御文の中に、

近年佛法の棟梁たる坊主達、我信心はきはめて不足にて、結句門徒同朋は信心は決定するあひだ、坊主の信心不足のよしをまうせば、以てのほか腹立せしむる條言語道斷の次第なり、已後にをいては

師弟ともに一味の安心に住すべき事、と、然らば智者でも學者でも、此法を勸むる人あらば愼で御聽聞なさるべし、博學多才の人たりとも、自分の計ひにては得難き信心なり、況んや尼入道の一文字も知らぬ者が信心決定するを得たるは、龜の浮木に遇ひたるが如く優曇華の花を見たるが如し、逢ふことは難し、和讚に、

一代諸敎の信よりも弘願の信樂なほかたし、難中の難とときたまひ無過此難とのべたまふ、

とあり、此和讚のこゝろは、一代諸敎の聖道難行のむづかしき信よりも、此弘願のとりやすき信心をとる人稀なる故に、なほ難きなり、難中の難とは難き中の難きと仰せらるゝ、これ全く智者愚者によらず、たゞ宿善にかぎるなり、又經釋ともに隱顯の二あり、此隱顯の沙汰も學者はなされても、一つ知れぬ事あり、此一つは耳にきゝて心に持ち口より授ける事なれば、之を口訣とも口傳とも云なり、此口傳を聞かざる間は自力を他力と思ひ居らるゝなり、俗に一をきゝて萬を知るとも萬能より一心とも云ひて、往生治定の義は博學多才の萬能たりとも愚癡の一心にはかなふまじ、若し學者方は無念と思召すとも、堪忍の二字を守りて愼み聞かるべし、恥をかきても德をとれとはこゝの事なり、蓮如樣の御言にも、負けて信をとれと仰らるゝ、韓信は市人の胯をくゞりて堪忍せしかば、終に高祖に召され軍師に名をあげたりと、然ればたゞ愚者にかへりて信心決定なさるべく、これ御開山の御意にもかなふべし、御開山や法然上人さへこの信心を決定あそばして、さて斯樣なことを知らで一切經を幾度もくりかへし、此を修して往生を遂げん、彼を持て悟りを開かんと思ひしは、偖も愚な者なりしと御身を下し、愚禿親鸞と名のりて末代の我々に見せしめんが爲なり、今世間に云ふ念佛にてはなく、若世間にいふ念佛なりせば、一代經五遍六遍と御覽なされずとも、たゞ一遍にて知らるゝことな

り、蓮如様も仰せられたることあり、火の上に置きて燃やす時もまた火を吹き消すときも、火を吹く息は同じことなり、然れども其趣によりて消えもし燃えもするなり、今念佛も斯の如く、稱ふる名號も稱ふる人も同じけれども、極樂に往生するとせぬとの別は彼の信心によるものなり、如來御廻向の御信心獲得せぬ間は同じく知れぬとも、法然樣は仰せられて、何が他力やら知らずして、たゞ口に餘言を交へず、念佛さへ申せば他力と思ひ居るなり、御和讃にも、

自力の心を旨として不思議の佛智をたのまねば、胎宮にむまれて五百歳三寶の慈悲にはなれたり、

と、此和讃の意は、自力の心を旨として專ら念佛申す人のことなり、此人何程阿彌陀一佛を念じて晝夜餘言なく念佛申したりとも、不思議の佛智をたのまねば、胎宮に生れて五百歳の間三寶の慈悲に離るゝとあるなり、又不思議の佛智とあるは、彼の御廻向の信心のことなり、御廻向の信心といふは、卽はち一念歸命のときに如來より下されたる信心なり、歸命とは助けたまへといふことなり、助けたまへとは如來をたのむことなり、斯樣に賴む者を御たすけあるに依て極樂に往生するなり、然るを斯樣に賴まぬによりて胎宮に生るゝなり、胎宮に生るれば五百歳の間淨土へは往かれぬなり、淨土へ行かねば三寶の慈悲に離るゝなり、故に早く信心決定して極樂に往生すべきなり、また胎宮の五百歳は人間の五百歳とは何程久しき事か知れがたし、御文（二帖目十二通）の上にも、

夫人間の五十年をかんがへみるに、四王天といへる天の一日一夜にあひあたれり、またこの四王天の五十年をもて等活地獄の一日一夜とするなり、

とあり、然るときは久しき事計りがたし、三寶とは佛寶法寶僧寶の三なり、胎宮に生れては此三寶を見ず、卽ち彌陀如來を拜むこと能はず、法を聞くこともならず、菩薩をも知ることかなはず、たゞ空々寂

寂として蓮華の中に居ることとなり、之を牢獄にかたくいましめおはしますと仰せらるゝなり、然れば同行の言ふこと聞分けて、頼む心を起したまふべし、一期に一度も如來をたのまずして、何程大事をかけて御念佛申すとも、自力なるがゆゑに往生はかなはずとみえたり、また此こゝろを語燈錄の中には、晝夜十二時頭燃を灸《はら》ふが如くに念佛申したりとも、邊地懈慢の往生なりと仰らるゝなり、此晝夜十二時は一日のことなり、百日のことにてはあらず、臨終の刹那まで正念に唱ふる人のことなり、斯様に念佛申したりとも、他力の信心を獲得せねば自力なるゆゑ、報土往生はならず、然れども邊地懈慢までは生るべしとなり、邊地懈慢へ生るれば五百歲の間は報土へは行かれぬなり、又五百歲すぎても皆々往生するではなく、百千萬の衆中に一人も報土へすゝむべきことなり、斯様な念佛を我物と思ひ、數を重ね功を積て、我方より廻向して往生を遂げんと思ふは自力行者なり、此樣な人は臨終正念を願ひ來迎を恃みたまふべし、是自餘の淨土宗の心にて、皆人常に念佛さへ申せば他力なりと思召さうが、他力の念佛とは、第十八の選擇本願、招喚の勅命、至心信樂欲生の三信の念佛なり、然るに此念佛の謂をきくこと、たゞおほやうに聞くにあらず、前に言ふ如く、善智識に逢ふて南无阿彌陀佛の謂をよく〳〵聽聞して、南无と歸命する一念の時に如來より下さる、御廻向の信心の念佛は、一日に何邊申しても他力なるが故に極樂に往生すべし、此信心決定して他力の念佛行者となりさへすれば、十人は十人百人は百人ながら往生疑なし、これ恆沙の諸佛の證人なり、必ず疑あるべからず、この信心得られんこと何よりの肝要なり、

法然上人も末世の衆生のために「一枚起請文」を御殘し遊ばされたり、其文にいはく、

唐土我朝にもろ〳〵の智者たちの沙汰し申さるゝ觀念の念にもあらず、また學問をして念の心をさ

とりて申す念佛にもあらず、たゞ往生極樂の爲には、南无阿彌陀佛と申せば疑なく往生するぞと思ひとりて申す外には別の仔細候はず、但三心四終なんど申す事の候は、みな決定して南无阿彌陀佛にて往生するぞと思ふうちにこもりて候なり、此外に奥ふかきことを存ぜば、二尊のあはれみにはづれ本願にもれ候べし、念佛を信ぜん人は、たとひ一代の御のりをよく〳〵學すとも、一文不知の愚鈍の身になして、尼入道の無智の輩におなじくして、智者のふるまひをせずして、たゞ一向に念佛すべし、

これは建暦二年壬申正月二十三日、下賀茂の明神の御神意にて、卽ち韋提希夫人が末代の我等のために官女と示現なされて、法然上人に請ひたまへりしなり、今日現に黒谷の什寶物となれること誰も知るところなり、然るに此起請文の御意は、今の衆生疑深きによりて書き殘されたるもの、其故は、四十五十又は七十八十までも聞かざることを始めて聞くに依て、まだ此上に何かあらんと疑ふ人の爲に仰せられたる起請の文なり、たゞ一度決定さへすれば、極樂往生に疑なしとあることにて、其上に奥ふかき事もあれば、二尊のあはれみにはづれ本願にもるゝとある御誓言なり、これ滅後の邪義を防がんが爲に御殘し下されたり、このありがたき三心四修を合點して、信心決定の人々は、いよ〳〵御喜びあるべく、此上には、聲聞羅漢方また佛菩薩が如何様に御勸めありても、最早無用なり、然るを賴みた覺えもなくて斯様な勸めを聞き入れ、玆に留る人は、誠に湯に入りて垢おちずといふものなり、御和讃にも、

三恆河沙の諸佛の出世のみもとにありしとき、大菩提心おこせども自力かなはで流轉せり、

とありて、言にも筆にも盡されぬところなり、信心さへ決定せば、悉くわかり知らるゝなり、

また所によりては、改悔文を口にのべて、是が彌陀

をたのむ事なり、これが信心決定なり、一期に一度たのみたりなど云ふ人もあるが、大なる誤也、此改悔文は彼の一念歸命の時、如來御廻向にあづかりたる上にて御禮を申上る言なり、故に蓮如上人明應三年七月十日始めて御筆を染めさせられ、江州の金が森道西へ下しおかれたる御文なり、前の如く改悔文を口に述ぶるが彌陀を賴むことになれば、御開山より蓮如樣までは何と申して彌陀をたのみしか、此たのめといふ事は、御開山は勿論如信上人、覺如上人其外御代々御相承なること明かなり、又或人は善知識とは御開山及び御代々御門跡のことのみなりといふ、若し左樣ならば御開山は五百年以前の御出世なれば、善知識に問へとありても御尋申すことはならず、代々御門跡には尋ねに行く人もなく、たとひ尋ねに行きたりとも容易く御信心御授けはあらず、若し此御授あらば門前は毎日市をなすべきに其模樣もなし、然ればば尋ね行く人なしとみえたり、尋ね行かねば善知識には逢れず、逢はねば往生はかなはず、然れば一人一人に有緣の善知識に逢はねばならぬなり、有緣とは其人に緣ある善知識があるとも、それが親やら子やら主人やら乞食やら知れぬなり、知れぬによりて幾度も上下の別なく問ふべし、上下別なく問ふはよけれども學者や出家に問ふべからず、知りたる坊主たりとも容易に授けず、然りと雖も、此南无阿彌陀佛の謂を聞きたくばたとひ一代の法をよく學すとも、一文不知の愚鈍の身になし尼入道の無智の輩に同じくして、智者のふるまひをせずして御尋あらば授けたまふべし、然るに學者や智惠者は、かくの如くに身をへり下り學問をすてゝ聞く人なきものなり、依て學者には深くつゝみて知らさぬゆへ、學問はしても結句智惠が邪魔になりて信心は得られぬなり、却て愚癡なるは幸なり、

御歌に、

ことたらぬことをうらみて鴨の足

みじかくてこそうかむ瀬もあれ

此歌の意は我々を鴨に比べて御詠みなされて、水鴨は足短きゆゑ鷺の足の長きを見て恨みたりといふことを思ひ出でたまひて今之を歌にし、鷺は足長き爲に水の淺きにはよろしけれども深きには行かれず、鴨は足短きを以て歩むに不自由はあれども、深まに入りては浮みて自由に行く事ができる、我等は學問なければ不自由なるも、事の足らぬを恨むに及ばず、事の足らぬ我等ゆゑに、多生の昔よりこのかた逢ひがたき超世無上の本願に遇ひ、億劫にも得がき信心を獲得して報土の往生をいたすことなり、金もち學者などは多くは聞き入れぬものなり、金もちたる人に信心を勸むれば金錢でも出さねばならぬやうに思ひ、學者は自分の學力で我々が申すことは見さげて、何れも耳に入れぬものなり、また聞きさうな人をも邪魔して聞かせぬなり、御文(一帖目一通)にも、

されば ちかごろは大坊主分の人もわれは一流の安心の次第をもしらず、たま〱弟子のなかに信心を沙汰する在所へゆきて聽聞し候人をばことのほか説諫をくはへ候て、或はなかをたがひなんどせられ候あひだ、坊主もしか〲と信心一理をも聽聞せず、また弟子をばかやうにあひさゝへ候あひだわれも信心決定せず、弟子も信心決定せずして一生はむなしくすぎゆくやうに候こと、誠に自損損他のとがのがれがたく候、あさまし〱、(以下略す。)

と仰られたり、この御文をよく〱考らるべし、大坊主分の人も我は一流の安心の次第をも知らずとあるか、然れば安心の次第あることを心得はなきなり、是までの信心は、まことの信心ではなきことをよくよく考ふべし、又たま〱弟子の中に信心を沙汰する在所へゆきてと仰せられたるが、弟子とは在家の門徒のことなり、前に述ぶるが如き眞實の信心沙汰をする人の家へ行きて其の信心を聽聞した人をば、殊の外に説諫を加へ、なかをたがひなんどする坊主

あり、之れを今信心の一理をも聽聞せずと仰られたるなり、大坊主分が、弟子をば、かやうに叱りこらしむるによりて弟子も信心決定せず、我も信心決定せずして、一生は空しく過ぐると御歎き遊ばさるゝなり、是れまことに、自損損他の咎のがれがたし、自損損他とは、斯樣に弟子を叱りて信心決定もさせず、自分も信心決定せねば、我も損人も損なり、次の御歌のこゝろは、大方合點あるべし、まことの安心決定せねば嬉しくもなけれども、信心決定せば、身のおきどころもなく、をどりあがるほどに嬉しきなり、依てよろこびは身にもうれしさがあるといふ意なり、

御和讃に、

　西路《さいろ》を指授せしかども、自障障他せしほどに曠劫以來もいたづらに、むなしくこそはすぎにけれ、

と仰られたり、これ極樂を敎へさづくれども自障障他するなり、自障障他とは自分をも障へ人をも障ゆるなり、卽ち極樂の路を同行より敎へ授けしをも、それを用ふるなく、我身も人も障をするなり、よりて若し同行より右の信心の謂を勸むる人あらば、まうけにし御聞きなさるべし、之れを聞きても心もとなしと思ひて坊主や學者に御尋なされば、自障障他になるべし、坊主學者に問はず、同行善知識の御勸めを、如來の勅使、御開山樣の御代官と思ひ、謹みて御聞なさるべく、又斯く云へばとて、坊主や學者を誹るにはあらず、坊主學者は、多くの書物を讀みても自分に知らぬことを問はるゝによりて、左樣な事はないと、人を障へて聞かせぬやうにし、また自分はなほ聞く氣はなし、聞く氣がなきゆゑに、信心決定はせぬものなり、たとひ一代の御法を能く學びても知れぬはたゞこれ一つなり、師弟の中にても、よく〳〵尋ねずば御授はなきなり、故に「御傳鈔」の上にも、法然上人の昵近の弟子は三百八十餘人ありしに、信不退行不退の座を分けられしに、信心決定の御弟子わづかに五六輩にだにも足らずとありて、

兩聖人の外三人よりなし、この三人とは法印大和尙位聖覺、信空上人法蓮、熊谷直實入道、この五人のみ信不退の座につきたまふ、信不退の座とは、信心決定の御座なり、是れ昵近の御弟子なれば御授あるべきはづなれども、尋ねざるゆゑ授けなされず、この三百八十餘人の御弟子がたも、法然上人の直の御弟子なり、故に聖道門にてはなし、他力專修の淨土門なれば、自身のはからひにて知りがたし、よりてこの信心の謂は學者たりとも問はずして知るべからず、また御傳鈔の中に、親鸞聖人は法然上人の御前にて、聖信坊、勢親房、念佛房その外以下の人多き中にて、はかりなき諍論を遊ばしたり、そこで親鸞聖人の仰には、法然上人の御信心と、善信房が信心と聊もかはるところあるべからず、たゞひとつなりと仰られたり、ゆゑに外の弟子たちとがめていはく、善信房は法然上人の御信心と我信心とひとしと申さるゝこと謂なしといはれしとき、親鸞聖人は、などかひとしと申さゞるべきや、其ゆゑは、深智博覽にひとしからんとも申さばこそ、まことにおほけなくもあらめ、往生の信心にいたりては、ひとたび他力信心のことはりを承りしより以來全く私なし、然れば聖人(法然)の御信心も他力よりたまはらせたまふ、善信(親鸞)が信心も他力なり、故にひとしくしてかはるところなしとあり、是にて法然聖人の仰に、信心にかはりあるは、自力の信にとりてのことなり、智惠各別なれば信心また各別なり、他力の信心は、善惡の凡夫ともに、佛の方よりたまはる信心なれば、源空が信心も、善信房が信心も更にかはるべからず、たゞひとつなり、我が賢くて信ずるにあらず、信心のかはりあふておはしまさん人々は、わがまゐらん淨土へはよもまゐりたまはじと仰せられたり、然れば此のところ思案あるべし、一度他力信心のことはりを承りしよりは全く私なしと御開山樣も仰せありしが、この理とは今世間にむねとすゝむる信心の如くなれば、別に理とは仰せられぬ、たゞ念佛の信心ぐらゐのことなれば、能く〳〵御存じのことなり、それにてはなく、ゆゑに法然上人も「一枚起請文」に、唐我が朝にもろ〳〵の智者達の沙汰し申さるゝ觀念の念にもあらず、また學問して念の心をさとりて申す念佛にもあらずと仰せられて、御開山も、善惡の凡夫他力よりたまはる信心とあれば、佛の方よりたまはる信心をも貰ふことなくば、法然上人御開山樣の御まゐりなされた淨土へは、よもや參ることはかなはじ、然れば信心を佛の方よりしかともらはねばならぬなり、何時貰ふたおぼえもなくして、たゞ寺道場へまゐり、世間通途の御勸化を聽聞し、信心獲得の人のことを仰せらるゝを、獲得もせぬ己がことと思ひ、御恩も忘れず念佛も申すによりて、之れが信心決定と思ひ、御開山の御門徒一味の同行とおもふは悲しきことなり、是れ人まね名聞なり、自分の心にてきめたれば、すなはち自力なり、他力と申すは、自分にきめず、如來善知識にきめてもろふが他力なり、しかし未決定の人たりとも御念佛申さるべく、たとひ今度の報土往生かなはずとも、生々世々の間に再び人界に生を受くれば、この念佛を縁として宿善開發すべきときあるべし、聞き分けて信心決定いたしたる人は、今度往生とげらるべし、よりて今眞の同行より各々に御すゝめあらば、眞受に聽き信心決定して、このたび報土の往生なさるべし、御開山樣も、眞實の信心を獲得したる人は攝取せられまゐらせたるなりとたしかにあらはしたまふ、然れば无明煩惱を具して安養淨土に往生すれば則ち無上佛果にいたると釋迦は說きたまへり、五濁惡世の我等が釋迦一佛の御言を信受せんことありがたかるべしとて、十方恆沙の諸佛證人とならせたまふ、と善導大師は釋せらる、釋迦彌陀十方諸佛、おなじ御こゝろにて、本願念佛の衆生には、影の形に添へるが如くに離れたまはぬなり、この信心獲得の人を、釋迦如來は我が善き親しき友なりとよろこびたまひ、この信心の人を、眞の佛弟子とものたまへり、この人を正念に住する人とも、またこの人を攝取してすてたまはざれば、金剛の信心を得たる人とも、妙好人とも、希有人とも申すなり、この人は正定聚の位に定るなり、然れば彌勒とひとしき人とものたまへり、この信心を得ることは、釋迦彌陀十方の諸佛の御方便よりたまはりたりとしるべし、然れば諸佛の敎を謗ることなく、餘の善根を行ずる人を誹ることなし、また念佛する人は憎むことあるべからず、如來の御慇は同じことなれば、憎まずして悲しむ心をもつべしと聖人も仰せありたり、又蓮如上人は、眞實の信といふは、經には三信と說き、論には一心といへる是れなり、蓋し第十八の至心信樂の願より出でたり、聖人、顯淨土眞實信文類の三に、この信心を釋してのたまはく、

大信心とは、則ち是れ長生不死の神方、忻淨厭穢の妙術、選擇廻向の直心、利他深廣の信樂、金剛不壞の眞心、易往無人の淨信、心光攝護の一心、希有最勝の大信、世間難信の捷徑、證大涅槃の眞因、極速圓融の白道、眞如一實の信海なり、

とあり、また次に、

凡そ大信海を按ずれは、貴賤緇素を簡ばず、男女老少を謂はず、造惡の多少を問はず、修行の久近を論ぜず、行にあらず、善にあらず、頓にあらず、漸にあらず、定にあらず、散にあらず、正觀にあらず、邪觀にあらず、有念にあらず、無念にあらず、尋常にあらず、臨終にあらず、多念にあらず、一念にあらず、たゞこれ不可思議不可說稱の信樂なり、

ともあり、これすなはち眞實の信心なり、この信心によりて、淨土に參りてまことのさとりを開き、今生にては、たのむ一念のとき正定聚に住して、今度は必ず滅度の益を得るなり、また正定聚に住するとい

ふは、眞實の信心を得れば、攝取不捨の利益にあづかるゆゑに、信心定るとき往生また定るなり、之れを正定聚の位に住すとも、また不退轉に住すとも、等正覺にいたるとも、彌勒にひとしともいひ、また淨土に生れて證《さとり》をひらくを、法身を得るとも、法性をさとるとも、實相をさとるとも、眞如にかなふとも、一如にかなふとも、涅槃を證すとも申すなり、又正定聚に入るとは現世の利益なり、この益にあづかるゆゑに、今度必ず滅度にいたるなり、信心決定の人人は御喜びなさるべし、また懈慢邊地に往生し、疑城胎宮に往生するだにも、彌陀の御誓の中に、第十九第二十の願の御あはれみにてこそ、不可思議の樂にあふことにて候へ、御恩の深きこと、そのきはもなし、いかに況んや、眞實報土へ往生して、大涅槃のさとりをひらかんこと、佛恩よく〲御案候ふべし、是れさらに性信房親鸞がはからひ申すにはあらず、と仰せられたり、また

信心を得たる人は、かならず正定聚の位に住す、かるがゆゑに等正覺の位と申すなり、「大無量壽經」には、攝取不捨の利益にさだまるを正定聚となづけ、「無量壽如來會」には等正覺と説きたまへり、その名こそかはりたれども、正定聚、等正覺は、ひとつこゝろ、ひとつ位なり、等正覺と申す位は、補處の彌勒とおなじく、このたび无上覺にいたるべきゆゑに、彌勒とおなじと説きたまへり、さて大經には、次如彌勒とは申すなり、彌勒はすでに佛にちかくましませば、彌勒佛と諸宗のならひは申すなり、然れば、彌勒におなじ位なれば、正定聚の人は、如來とひとしとも申すなり、乃至彌勒すでに无上覺に其の心さだまりてあるべきにならせたまふによりて、三會のあかつきと申すなり、淨土眞實の人もこのこゝろを心得べきなり、光明寺の和尚の「般舟讃」には、信心の人はその心すでに常に淨土に居すと釋したまへり、居すといふは、

淨土に信心の人の心、常に居たりといふこゝろなり、これは彌勒とおなじといふことを申すなり、これは等正覺を彌勒と同じと申すによりて、信心の人は、如來とひとしと申すこゝろなり、（末燈鈔）と仰あり、また

華嚴經にのたはく、信心歡喜者與諸如來等といふは、信心をよろこぶ人は、もろ／＼の如來とひとしきといふなり、もろ／＼の如來とひとしといふは、信心を得てことに喜ぶ人を、釋尊のみことには、見敬得大慶則我善親友と說きたまへり、乃至願成就の文には、よろづの佛にほめられよろこびたまふとみえたり、少しも疑ふべきにあらず、

と仰せられたり、しかるときは急ぎて信心決定なさるべし、彌勒如來は、智惠の光明を以て不斷にその身を照し下され、剩さへ御喜びかぎりなく、また諸佛も同じ御心にて、其の身を影の形にそへるがごとくあそばさるゝなり、御開山は、御同朋御同行とかしづきて御よろこびかぎりなく、梵王帝釋諸天善神等は、夜晝つねに守りたまひて、よろづの惡鬼を近けたまはず、堅牢地祇は尊敬して常に守り、難陀跋難大龍等無量の龍神尊敬してまもりそひ、閻魔法王、五道の冥官みなともに、念佛の行者をまもりたまふ、然れば一刻もはやく願力不思議の信心を決定なさるべし、信心決定すれば、佛と衆生と機法一體の南无阿彌陀佛なり、是れ卽ち一心なり、一心になれば金剛心なり、菩提心なり、是れ大信心なり、この人を諸神諸佛菩薩は悉く守らせたまふとあるなり、ありがたきことならずや、信心決定の人は、廣大の御恩をよろこび、また未決定の人は、この趣をよく御思案ありて一日も早く決定せらるべし、さればとてこの信心をとらんずるには、何のわづらひもなく、貴も賤も老も少も、たゞ同行善知識の敎をうけて御影前にかしこまり、我身は極惡不善のいたづらものとみかぎりはてゝ、渴仰の手をあはせ、もろ／＼の

雜行雜修のひが思を離れ、一期に一度、一心一向に今度の我等が後生御助け候へと、たゞ一すじに如來の金色の御衣にひしとすがりまゐらする思をなして、餘念なく助けたまへと賴み奉る一念の時、かたじけなくも、如來は深くよろこびましくて、遍照の大光明を放て、その光明の中にその人をさめとりたまふ、これ卽ち平生往生の御門徒と申すはこれなり、よくく御思案ありて信心決定何より肝要なり、然る上は幾度もく御讀みかへし、我が一大事をば御案なさるべし、

夫　秋もさり春もさりて、年月をおくること昨日もすぎ今日もすぐ、いつのまにかは、年老のつもるらんともおぼえずしらざりき、しかるにそのうちには、さりともあるひは花鳥風月のあそびにもまじはりつらん、また歡樂苦痛の悲喜にもあひはんべりつらんなれども、いまにそれともおもひいだすこととてはひとつもなし、たゞいたづらにあかし、いたづらにくらして、老のしらがとなりはてぬる身のありさまこそかなしけれ、（右御文四帖目四通全文を揭げたれど、已下これを略す。）

法要章終

天　照　理

日本大道安國談

或御方亦者門人どもより、毎度問へのあり候には、發起學流の諸著述なりとも顯し候ではの問、夫大道本歸發行の所、中々もつて文書の及處になく、彌道立候はゞ、却て文字の道邪曲にも成行候形、日本の道に見へ候樣覺悟いたし居り、不レ能ニ其儀存知一候、併入小口ばかりをもと申事によりて、左に三道の敎は、有來の書にて十分候なり、唯言行に不會も發し度事にて、唯夫氣象造化の神、陰陽日月の靈、其說多しといへども、未詳は土を孕、島を產み、神を生じ、人を立るの敎に闇がいたすところなり、上古尊命の御敎を窺ひ奉るに、唯天地人の眞汚穢《けがれ》、本善の人事の道なきが中にも、蒼生萬苦の罪、事咎祟に落入し時、忝なくも三十餘座の明神、幽妙の神理發させたまひ、是を悟すに眞こと正實をもつて、天地人をはじめ人心の正鵠となし、其心を慰に、もろ〳〵の祓をもつて敎の本とし、神人合德の心の位をも定むべき、神術には鏡を懸け、珠を吐、劒を喫ひ、蛇を切より、三種十種の神寶てふものならん、彌其御敎の說盡せし後は、勿體なくも、天照太神、海内一致の高天原の一元に留りたる神明の御稱德の現るべき神明不思議の天理ならん、旣に御鏡一面にすべて、第二神忍穗耳尊へ此日の國と共に御敎の政を御讓りなさしめ玉ひしなり、このかた今日に及び、猶後の世に致るまでも、萬域常立一統嫡々、神道演るにもあまりある有りがたき事にや、

抑其神道の顯露の事を、近く日用に見奉る時は、よく我性命を正しく明に產生し、國土をも生むの理事より、神をも生ずべき大理もて、人を初じめ、おそらく天下の萬物をも養育なすの外になく、此敎、尊命の難き誠の正實ならではかなふまじ、猶仰だにもあまりあるにや、夫が上に亦道の枝葉に花實をもなすとて、儒佛の道も添へて、いよ〳〵民の敎の本となん、

其聖の道とする所、人は天より性命下りて、自然に仁義禮智の信とある心備りて生るものゆへ、我にあ

るべき明徳の本善たる場に、ふかく思慮を定め、自己の性命を糺し、日用常行によく意を誠にして、こころをたゞし、其分度をつとむる時は、天地と參成人のまことの一體にかなふ、是を仁義の術として亦命を生るの道理、專一に見へて、近くは唯人慾を退き、人に誠のひとをなせとの敎ならん、●扨又佛の道とする所、本來の面目と卽心卽佛たるを、人我の意地より三毒となり、煩惱となり、五濁惡世の堺、生死輪廻因果に致るまで說顯し、如來佛の無儀念たる正實の道、自己の佛心をひらき、能々生死を決斷したる誠より、諸行を無常と見定め、此世界を寂光淨土と安じ行ひ、來世極樂往生の疑なくせしものならん、故に我佛心を治め人を導びくに柔和にんにくをもつて宗とす、此三敎のもの入る所、勸善懲惡より深く〳〵も學び得るに至時は、誰も天地人の一元なる眞ことの一つにして、皆々太神の神明たる御鏡にうつるべき事、不思議の大理にて極り候なり、雖ㇾ然中々にも人智をもて伺ふべき堺にはなく、唯深くも〳〵能く〳〵も自己心意眞ことの明へきの一念強く發し、天地人の道理より日用常行の實に止り、

或は人は小天地なる故、天地に後れて理には天地にも先立つ一つ心の位と見極るか、或は善惡より入、無二邪正と見果してより、我にかいり行ふ所に寄て見るか、或は我生死をよく決着なして無我の理を得るか、或は有無の理を決斷し、眼前の有無を離れて本來の有無を知り得るか、亦深く神聖佛と我人體の心を不二と知り得るか、是等の大理より何成とも元來の一理といふを得道して、思慮をよく押極て、其不動心を亦能く自己の丹田へ修るに感の至らんと欲する時、□□月雲はるゝも己が了簡工夫差別思慮も無きに極る時を期として、不思議にも其妙、神聖佛の天鏡と、己れ〳〵が心鏡と、不二合德の天理、自得發明成るべき事、元より天地人の定理にて修行さるゝなさば、届べき事は必定に候なり、是を神道にて神理を開き、神人合德の心の位に至るといふて誠正實の本をも知り傳る、天の磐戶を開くも是ならん、聖の道にも一貫通、豁然自得などと云ふて、仁義禮智の信を知り誠の人になり、明德の明かなるべき至極ならん、佛道には大悟小悟解脫得脫緣覺正覺など各々次第、何れも心の位より立、羅漢菩薩の言行を

なし、佛如來の至極をなすなり、
是其入所は別々なれども、止る所は一致に極り候まゝ、よく〳〵道理をひらき得て、至善に止り、日用常行の道となし、言行をもてほどこすときは、一人より男女治り、齊家におよび、是を廣くせば安國とも淨土とも治國平天下とも成るべきの大理故に、日本大道と申候なり、然る時は其後神とも聖とも佛とも、後の世に人の稱しあがむるにて、是則勿體なくも明神心なり、則君子心なり、則菩薩心なり、畢竟是に疑を立るといふは、我本來の性の面目に背て筋なる故自然天罪をも蒙り居るべきの道理に候、是にて一通り大悟理談盡候ゆへ我は覺候得共、中々に天地人の大理、神聖佛の奥義なる故、九牛が一毛にも及べきにもあらず、猶更に御うたがひもあらん、よりては道に志の御方は御面談ならでは、言行の實事、用捨行藏なされがたきものにあらずや、

仙波敎條

往昔より二百年ほど前までは、國々合戰打續て世上一同に物騷し、百姓もひたすら軍役に使われ、其上貯置ところの米穀を掠取られ、或は家を焚こわされ、又は妻子を劫され、一日も心安く日を送る事のなかりしに、今時かく目出たき太平の御代となり、安穩に世を渡ることは、皆東照權現樣の御恩德なれば、上も下も難レ有思ひ、人々身持よろしく家業を精出して、御地頭所に御苦勞をかけず、親兄弟に世話をやかせ心勞致させまじと心掛べき事なるに、いつしか昔の難儀を忘れて、家業をおろそかにいたし、身の分限をとり失ひ奢侈に長じて家を亡すもの出來るのは、必竟人間に生れながら人間の道を知らず、報恩といふ事を思はざるより事起る也と、當御上樣いたわしく思召、此書も常々讀聞せ御神領の百姓共、人間の道を心得、子は親を大切にいたし、親は子を懇に敎へ、下は上を敬ひ、上は下を憐み、心掛よき老人の申事を守り、家内むつまじく家業を精出し、萬分の一も御恩を報じ奉るようにとの御示しに候間、誰も心をとめて承り此趣を守り候樣にとの厚き思召に候、

一、天地の間に生とし生るもの人を始として禽獸蟲

魚等に至るまで、數多き中に人間ほど智慧ある尊きものはなし、其尊き人間に生れ來たる上は、人間の道を心得べき事なるに、形は人間にありながら心根も行作も人間の道にあらぬものは禽獸にも劣るべし、烏には反哺の教といひ、鳩には三枝の禮と言ひ、獺は魚を祭り豺は獸を祭るといふ、みな孝行禮義報恩の事共也、禽獸さへかゝる心得あれば、まして人間と生れし身のいかで人間の道を心得、報恩の義を思はですむべきや、是第一の心掛に候、

一、扨人間の道いろ〳〵ある事、下に云ふ通り也、其内第一とするは親への孝行也、人々子を持たらんものは、其身に覺あるべし、先母親の胎内に居る内より其母惡き食物を喰ず、起居に心をつけ種々の忌嫌等いたし、神に祈り佛に願ひ、扨生落してより其子の人心地付までの養育限りもなき艱難辛苦、口にも述がたく筆にも書とりがたき事共也、夫のみならず成人しても、其子の身持片付等はいふに及ず、病氣等に至まで親々の苦勞、食事の隙も止時なし、去れば子たるもの親の子を氣遣ひ愛する心を常々心に忘れずして養育の恩を思ひ、孝行怠べからず、孝行の仕方一々には述がたけれど、兩親の心を休むるが孝行の第一也、朝夕の食事をあたへ夏冬の衣類を着するばかりを孝行とは申がたし、犬猫鷄などにても畜置からは食事はあたへべきはづ也、親を大切にいたし心遣ひせぬ樣にと我が身持を大事にするをこそ、誠の孝とは申也、兩親の心遣ひといふは、家業を怠れば身上に疵を付もやせんかと氣遣ふ、大酒をすれば口論または病を生じもやせんかと氣遣ふ、博奕すれば公吏に見咎られ、又は喧嘩して軀に傷もやせんかと氣遣ふ、夜遊すれば遊里へでも行やせん、又は狐狸に迷されもやせんかなど、總ての事に就き一として親の氣遣ひせざる事はなし、此氣遣ひをかけるが第一の不孝なり、刑罰の數三千箇條ある中に不幸の罪咎より重き罪はなしと孝經にも記し給へり、此等の儀をよく考へ思ひて身持よろしく親の心を休め可申也、其外朝夕懇にやさしく氣を付て兩親を大事にすべし、又兩親過去たりとも、父母の恩は海より深く山より高し、いつまでも盡せぬものなれば、朝夕靈前へ香花等供へ忌日年忌には丁寧に念佛抔申、存生のごとく心得、大恩を報ずべき也、かくのごとく孝

行せば其子も亦我に孝を盡し、其上孝行の人をば神佛も常に護給ひ、地頭役人の見出しにもあづかり子孫繁昌すべき事疑なし、又人の親たるものは子を育敎へて善人となし、家を讓て先祖より傳りたる身上に疵付ざるやふに致さすべし、子あれども敎ざるは父母の過なり、父母敎て學ざるは子の過なりと申せば、子の生立あしきは親々の敎かた宜しからざる故と知るべし、子の敎方も品々あれど正直に溫和に家業を精出し酒色博奕等に染らず、御上の御法度を背かぬやふに敎るが第一の敎訓也、百姓の身にて武藝風流など入らざる事に候、夫とも家業の透間もありて身のたのしみに人柄よくなる藝覺る事も親の心に背かず身の障にならざれば、强て咎る事にてもなし、又我が子也とて非道に打たゝき無法に叩などすべからず、宜からざる行作あらば靜に敎訓意見すべし、又子はたとへ打れ叩られたり共腹立恐べからず、我が孝行の足ぬ故也と思ひて、いよ〳〵大切に致すべき也、世間に養子養父母の間は就中不和なるもの多く親子ともに惡名を顯すものあり、猶更前の趣を考へ實の親子よりは親切に仕るべしと心を用る事肝要也、親子の道かくのごとく心得るを人間の道とは申也、

附、昔は聞及ぬ事なるが、近來は世間にて胎を墮事數多く聞へ候、是等は誠に鬼にも勝る大惡心にて人間の心根を失ひ恐しき心と成たるなり、まして生れいでたるものを收《とりあげ》ず殺棄なすものは正しく人間にては無レ之候、御神領にはよもや左樣のものはあるまじけれど、世の風俗といふものはいつとなく染渡るものなれば、夫婦の間よく考へ思ふべし、犬猫鷄など皆畜類にて何の辨も無きものすら、產置たる子を蛇鴉などにとられぬれば周章哀てなき叫ありさまいと不便なり、然るに人間の身にて、われと我が手に胎をおとし、產子をなくするなど、いかなる心根に候や、犬鷄にも遙に劣たるあさましき有樣といふべし、人を殺せば己が命をとらるゝは天下の御大法也、其法を犯す咎いかでか報ひ來らであるべきや、報の早は卽座に母親の命を落すもあり、たとへ眼前に報ひ顯れずとも遂には其くるしみを受べきこと理の當然に候、いまだ胎を成ざる子なりとも、生れなば長久なるべき人なるをおろし無すれば、體を成たるひとを

殺と、命をとる事は同じき也、又胎を成たるを墮はなり、生出たるものを殺すは成人したる子猶更の事也、生出たるものを殺すは成人したる子を殺すに同じ、是皆眼前少の世話を免れんとて未來永く苦を買ふものなり、必世間の風俗にならはず互に意見を加へ未來を怖て此事を愼むべし、
一、兄弟中睦くすべし、昔の人も兄弟は手足の如し再び得がたしと言へり、兄は親に續くものなれば親に事る心得を以て敬ひ慮外すべからず、兄の仕方むりなる事ありとも聊怨べからず、又兄は弟を子の如く矜み行屆かざる事ありとも強て咎べからず、隨分慈悲を加へ教訓いたし、常々心をあはせ父母へ孝行いたし、若互に過あらば、靜に意見をくはへ善人と成るやふに心掛べし、始は兄弟中よくても銘々家を持か養子などに行て、妻子も出來候へば、妻の讒愬抔をふと信として、夫より中あしく成り親への孝行もおろそかになり、行末には他人よりも疎々しく成ものあり、皆人間の道を失ふなり、かやふの事能々つゝしむべし、
一、女は人の家へ行、人の妻となり、夫の父母を父母とするものなれば、嫁しては夫の父母へ孝行する事、第一の心得也、古聖人の定にも不孝なれば去とあり、何ほど夫の氣に入りても父母に不孝なる婦は去ること世界の定也、又夫婦は別ありと言て心易立の過ぬ樣にする事第一也、妻は夫を天のごとく敬ふと云へば、夫へ對し聊も慮外仕間敷、別て過言等申べからず、朝夕心を付、夫を大切にいたわるべし、女には三從の義ありとて何事も我が思ふ存分には生涯ならぬ事としるべし、三從とはいまだ嫁せざる内は父母に從ひ、夫をもちては夫に從ひ、夫死すれば子に從ふこと也、又女は飲食衣服の世話をするが第一の仕業也、夫をさし置、利口發明立にて口きゝなどするは見苦きのみならず家の不吉となるなり、古人も是を牝鷄の晨時を告るにたとへり、又女は貞信を第一とする事にて一度嫁しては其家を出ず、夫を二人持まじき教也、世上に不義密通等するものは皆夫を輕しめ身の穢を思はぬよりの仕業也、嫉妬の心をもつべからず、夫は外に交るものなれば止事を得ざる所行もあるべし、嫉妬ふかきは是又家を亡すの基なれば、嫉妬なるは去ると云ふ定あり、夫怒罵甚しきは打擲するとも決して口對惡口又は驅出しな

どする事あるべからず、いくへにも顔を和げ言を丁寧にして益貞實を盡べし、又家内の取始末よきとあしきとは皆女の心得による事なれば、農業精出すは云ふに及ず、夫によきものを着せ、よきものを食せ、其身は惡ものを着、あしきものを食ふと心掛べし、夫を粗末にして身の奢を思ふべからず、夫は弊垢たる衣類を着して妻のよき衣類着たるは女の辱也、心根しられて扨々見苦し、何事もかやふに心得て少しも夫の苦勞薄きやふに心遣ひ致すべし、又夫は妻をあわれみて禮義にかけぬやふにすべし、今は我が妻となれども元傍輩の娘にて、夫と並て先祖の家業を立るものなれば、失禮すべき筈なし、常に用事を申聞るとも下女下男を使ふごとくにすべからず、惡口過言又は打叩すべからず、所存にかなわざる事あらばいかにも正しく心長に意見すべし、夫婦の義を取結ぶには皆夫々の媒妁あれば、たとへ離別に及ぶほどの事ありとも、みだりに追出すべからず、古き書にも三不去とて妻に呼迎る時には急度したる親元ありしに、其後親の家斷絶して今はかへすべき家元なければ去るべからず、又兩親をよく介抱して見送り哭れし妻は去るべからず、又妻に迎へし時は夫の家貧乏なりしに後身上よくなりて、いまは不自由なき身となりては去るべからずと記置給へり、我妻なりとて我儘の振舞すべからず、家を理るには夫婦力を戮さゞれば理らず、夫婦中あしければ必家を持崩し、父母先祖への不孝となりて子孫繁昌せざるもの也、夫婦心を合せて兩親へ孝行いたし、家業を精出し見すれば、其子も婦も亦見習ひて其ごとくなるべきなり、

一、百姓の身分にては武士とは違ひ、格式知行と云ふ事なければ奉公勤仕といふほどの事もなし、去りながら其領分に住居して地頭所の政務を受る身なれば、土地の恩、地頭の恩を蒙る事莫大にて、君臣上下の禮、武家と同じ事に候、地頭は下を治るが役目なれば、水旱の損亡なきやふに、盜賊火災の無やふに、田畑の荒ざるやふに、所に無法のもの出來ざるやふに、他より不埒のもの入來らざるやふに、何卒領内安穩にして鰥寡住居のものまでも饑寒の患なきやふにと、種々に心を盡し不便を加へて百姓を撫育する事也、就レ中御神領は總て慈悲を第一として刑罰輕

く課役少く租税等も緩にして、地頭よりの用金、先納等被ニ申付一候事も從來無レ之、寛仁の政道のみ多ければ、實に住能土地也、去れば百姓ども此所をよく勘辨いたし、是皆
權現樣の御恩澤、且は慈眼大師の慈悲なり、佛法を行ふ功德也と雖レ有常々心に失念なく御法度をよく守り、農業を精出し、少しも地頭所へ苦勞かけぬよふに心掛べき也、或は喧嘩爭論公事訴訟又は博奕其外不法の儀等いたし、地頭所へ苦勞をかけ、村役人へ世話をやかせ、親類組合等へ難儀をかけなどする族は、大成不忠不義といふべし、左樣の儀なきよふに常々に心掛べき也、

一、親類のつき合ひ、村内の交り、隨分むつまじく溫和にして、互に難儀を救ひ、いかよふの事ありとも爭論等致すべからず、地頭所はたとへば父母の如し、百姓はたとへば子の如し、しからば百姓同士は兄弟のごとくなれば、あしき事は異見を加へ、行屆かぬ所をばたすけあい、相互に家業を勵み分限を考へ、聊も奢がましき事致すべからず、右の定にて一年の取物を三つにして、二つ分にて諸入用を辨じ、一つ分は各別の入用の手當に致すべき事也、然るに近來は世間一同に奢强、分限に過ぎ、翌年のとり物までも當にして遣ひ散らし、遂には人に損をかけ、又は道ならぬ利欲を得んと企つ、皆奢より起る事なれば人々年中の取目を考へ分限を守るべし、能々農業を精出しおごりを禁じなば貧窮の憂はあるまじき也、たとへ縱緩地肥なる田畑なりとも精出さゞれば收納少し、又收納は十分にても分限をこへておごる時は一年の入用不足すべし、奢にはさい限なきものなるに、其奢を思ずして不足のみを抱なば事足時節は有まじ、農業を精出し分限を守りて其上の災難等にて身の行立ぬことならば親類組合も見捨まじ、村役人の目にも留り、地頭よりも救ひ遣すべし、田畑を荒し作にいたし平生奢をなして己が分限を顧ず、遂には困窮の身となりなば親類組合、村役も救ひがたし、地頭たりとも致方あるまじき也、今時は前に云ふ通り昔の難儀をしる人なき故に、人々農業に骨を折らんよりは商人となりて、居ながら利德を得るが遙に優れり手近也など申て、纔の田畑抔ながら自身には手を下さず、傭人など遣ひ後には百姓の渡世な

りがたく、路頭に迷ふ事いかにも不便の次第に候、農業を本產と云ひ、商賣を末產と云て、百姓は國の本と申せば、是に過たる世渡り無レ之候間、必商人の產業を羨べからず、

一、神佛信心すべし、不慮の災難を遁れ加護を蒙る事夥し、別て御神領に候得ば朝暮信心して御恩德を報じ奉るべし、權現樣戰場の御はげしき中にて每日六萬返の念佛御怠不レ被レ遊と申傳候、扨て神も佛も正直の心を受玉ふ事故、實に心を正直にもち少しも詐事なく眞實に祈念すべし、村內一同に此心あらば水旱の災、火難盜難などもおのづから追べきなり、

一、佛法の教、難レ有中に俗人の爲に手近は五戒なれば、五戒の事申聞すべし、五戒とは五つのいましめと云ふ事にて、一に殺生、二に偸盜、三に邪婬、四に妄語、五に飲酒也、御神領は殺生堅く禁制の御場所なれば、其土地に住もの物の命を取べき筈のなければ、今更云ふに及ざれども、殺生の罪となる道理を云んに、禽獸蟲魚其姿はかわれども、天地の間に生を受ることは人と同じ、尤其物の果報にて數百年の壽命を保つ物もあり、又朝に生れて夕に死するものもあり、去れども其命惜しきは同じ事也、人は死ぬべき時は死ぬものに辨へ居てさへ死を悲み落涙するに及ぶ、まして禽獸魚蟲は智慧なく只ひとへに命を惜めば其悲堪がたかるべし、形小しといへども其身分にてはやはり大きく思べし、夫故象も鼠も海鰌《くだら》も泥鰌も鷲も雀も命惜事は差別あるべからず、されば蚤蚊蠅に至るまで殺すと云へどもさまで滅事もなきに、唯罪造りして自分の福をへらし命をちゞめ未來には身を殺さるゝものと生るゝ事を求るは愚なる事也、蚤をとりて爪にて潰は人の大石に押殺るゝ思ひすべし、紙燭にて蚊を燒は人の火炙に逢ふ心地すべし、此道理をよく辨へなば殺生の念絶ぬべし、又物の命を救は大なる陰德也、むかし蟻を救て高官に任ぜし人あり、併又一殺多生といふ事あり、衆をたすけん爲に物の命をとる事也、たとへば狼又は猰狗など出て往來の人に傷、喰殺がごときは是を殺害して、衆の人をたすくるの類也、畜類のみに限らず人にも此事あり、たとへば一村の內、惡人あつては或は盜賊し或は火を付け又は博奕などを事として同類を引入れ村內の若ものどもを其道へ引込、動れば酒に醉

ひ、人を打疵付け、甚しきは親兄弟にも刃向ふごときものなどは、地頭より嚴敷仕おきを申付、おふせいを救遣す、是等は殺生に似て慈悲となる、此道理も亦よく考へ見るべし○二つに偸盗、是は人の物を盗みとりて我ものとする也、人の家へ忍び入り家財を取出し、又は人の見ぬ間にひそかに懐へ入れ歸るなどは、誰も目に見へたる盗なればいふに及ず、盗と心得ずして盗となること甚だし、たとへば人の金錢等を借りて返さず、商物を買もとめて代金を遣さず、或は屋敷地の境、田畑の境等をせりて、いつしか手前のものとするみな盗也、總て我がとるべき筋に非ずしてとるは皆盗の類ひ也、世間に强慾なる事をして富裕になり、生涯無難に暮すものあれども、それは昔の世に植置たる福有故なるべし、眼前に其たゝりなくとも、未來にかならず貧窮の所へ生れ、又は子孫へ祟りて其家を失ふに至る、唯盗と見へず人も氣付ず、自分も氣の付ぬ盗あるべし、こまかに心を付べき也○三に邪婬、是は我妻と定らぬものを犯すをいふ、主ある妻はいふにおよばず、夫に後れしもの、いまだ嫁せざるもの、又は尼など、みな邪婬なり、是皆よこしまの所爲なれば、佛の戒玉ふ所也○四に妄語、是はいつはり言なり、是にも大小輕重あり、又綺語と兩舌と惡口とあり、其内綺語は無益のたわ言などなれば、常の人は急度いましめもならず、兩舌は兩方へ申事ちがひて兩方の中あしくする也、是は急度愼むべし、惡口は人柄よきもののする事にあらず、常々物やわらかに申て必惡口すべからず、妄語はうそをいふ也、其中悟も開ずして悟りたりといふを大妄語といふ、是は甚大なる罪也、其餘佛等の御告あると云ひ、又は現れ玉ふを見たりなどいふ、皆其罪深き事也、常のうそいふも害となるあり、さまで害にもならぬうそもあれども總じて口故に大事を仕出す事まゝ有る事なれば、口は第一愼まねばならぬ事也、常々少しのうそも云ふまじと思ふても、うそは出易きもの也、少しのさわりに成事も云ふまじと心掛ても、さわりに成事を云ひ出すものなり、夫故口を第一愼み少しもうそは云ふまじ、少しも障となる事は云まじと心掛べし○五に飲酒、酒を飲まじとの戒なり、昔より酒に醉て大事を仕損じ、又は酒に溺て國天下を失ふ人數多し、酒は人の血氣を壯んにするもの故、多くは酒狂となり、或は口論し或は打あひ、又は大事を洩し、又は勤を怠り、甚しきは刃傷に及び、命を失ひ、忠孝禮義もとり失ひて、誠に害多く德少きものなり、又は他人に手出す程の元氣なきものは、自分の妻女又は小兒召使等を打擲いたし、或は家内の道具等を打破、見苦敷事共多候、又左樣の手あらき事いたさぬものも、酒に強く醉ては物の用に立ず、死人も同樣の身となるなり、されば就レ中愼むべき事也、殊に女の酒飲は甚見にくし、女は萬事愼深く言少く實貞なるべきに、酒に醉候へば男子の前をも憚ず口をきゝ、又は見苦敷戲等をいたし、遂には不義の行をも恥ざるに至る、第一酒は隙を費す物にて奉公に精を入れ、或は稽古事又は家業に身を入れ候ものの酒宴すべきものにあらず、殊更女など打寄り男子のごとく酒盛し歌ひののしる事皆風俗の亂となり、酒ゆへに家業を失ひ、先祖よりの田畑家屋敷まで失ふに至る、專愼むべき事也、但し酒も古へより世上にとり用ひ候ものなれば、祝儀等總て人の中よく和ぐ爲に用るは格別の事、又血氣のおとろへ候老人、或は年長候もの骨折候業致し候時など少しの養ひに用候分は養生と成る事もあれば、過さゞるやふに用るは苦からず候、されども前に云ふ如く、害は多く益は少きものなれば、飲ぬほど宜事はなし、たとへ愼深く口論等總て不埒の儀不レ致ものも多く、數年飲ては後には酒脹とて總身腫裂、又は吐血下血して命にも及ぶ事あり、いづれにも不レ宜ものと知るべし、

右の外人間の道につきて心得數々あれども、一朝一夕に述盡しがたし、前々申聞候趣能々相考へ家内睦じく、村内靜謐、農業出精いたし、博奕諸勝負事堅く禁レ之、酒宴遊興總て奢がましき事いたさず、天下の御法度をよく守り、地頭所村役人え苦勞を懸ず、風俗美敷やう、權現樣御恩澤且は慈眼大師の御恩を奉レ報候樣人々相勵み可レ申候、文化十歲星在二癸酉一夏六月三日記、

天照理終

神道烏傳序

千早ぶる神のむかしより天地造化の道やんごとなきかみ代のみに不レ傳は、いかでか末に生るゝ者の知らんや、諾册二尊、陰陽自然のみち天地の御柱を立てより、天照太神素尊のふるまひ、四季の行われて崩るゝ事なく、瓊々杵尊降臨に至りて人の心素直に備り、天稚彦の反矢に當て産聲の初となり、火々出見尊火闌命のさらけて、人の性質のまことと心の隈なき事しらるゝ、磐余彦尊の道定りて代々のひつぎ萬代迄盡せぬ事とはなれりける、爰陰陽死手の離別の戀の情よりせつなるはなし、心に於てきたなきかぎり忘去事のならざるは此人情の常なり、斯きたなきを洗ひすゝぐこそみそゝぎの致なり、日向の小戸橋の檍原にあらざれば天理の本情の洗濯なりがたかるべし、此事人の人たる心の道、縣主かふるゝ家に傳て敎の則打出して八尋の鰐に乗りくまなき事を心やりにしるし、後の世の學の手づきに傳はれよと水莖の跡殘せしは世の稀なる寶とや云ん、そも此縣主は昔の八咫烏の流の末にて、世に其傳の殘りしぞ我邦のいとけき則つたへ事なり、此之皇國ぶりのかみの傳と云ぬべき事なり、此ふみを見て人々心を改て誠の我國の道に入は生前のけりの幸ならんかし、

神道烏傳祓除抄　巻上

従五位上飛彈守賀茂縣主規清述

表題烏傳とあるは賀茂建角身命《たけつかみのみこと》、神武天皇に仕へ奉り給ひしとき、天皇此命の功しを譽申させ給ひて八咫烏と申給り、規清この命神孫にして遠祖八咫烏の命よりの相傳の神道なり、ゆへに後の世の怪異の神道とは其説大に違ひて神代正統の實傳なり、見ん人其邪正を定むべし、

神代の巻一書にいわく、伊弉諾之尊既にかへり則おひ悔のたまわく、吾前に不須込目汚穢《いなしこめきたなき》の所に至る、かれ當《あたり》に滌去《あらいすてん》、吾身の濁穢《けがらはしきものを》、則往て至二筑紫の日向の小戸橘の檍原《あをき》に一祓除《みそきはらいたもふ》焉云々、扨伊弉諾尊並に伊弉冊尊と申す御神は皆人の知る萬物の祖神にてましくける、就レ中人間には上御一人より下萬民に至る迄皆この御神の御神孫なる事は既にかの御巻に現然たり、然れば元は上下皆御兄弟のごとく聞ゆれど左にあらざる事なり、爰に怪力亂神の神道者等、正實の傳を知らざる故、やはりかのごとく元は上下榮へましくて以來、雲上地下と分り、其餘種々の身分の違ひいできにけるよしふといへり、恐れ多くも萬乘の君の御先祖と我人の先祖なども元一つ體にして初め天子の皆御兄弟なるよし以の外の非言なり、そは伊弉諾尊伊弉冊尊の元より幾人も在坐事を知らざる故なり、勿論萬乘の君の御先祖の伊弉諾伊弉冊尊は元より臣下なり、異國の天子と違、我國の天子の貴き御事は人智を以て量りしるべからざる御事也、爰に伊弉諾伊弉冊と申す御名の事は誘ひ誘なふと申御事にて、誘ひ誘れの尊と申義なり、元より萬乘の君も御夫婦ましく、同我人も夫婦ありて男女互ひに思ふ情合影形なきものにして活用あるは則ち元より形なき靈めう測の神の御活用なり、此御神を伊弉諾伊弉冊尊と申なり、此御神常に誘ひいざなはれましまし、御心の男の方より女の方へかよひたまひ、女のかたより男の方へ通ひ給ふ事、夜晝の間に其度幾許ならん量り知るべからず、斯のごとく幾度となく通はせ給ふ橋を天の浮橋と號けし也、尤此浮橋の上に二柱の神常に立せ給ひて瓊矛《ぬほこ》を指おろし給ふとは陰陽の神交合の御事也、爰に磤馭盧《おのころ》島を得給ひきとい

ふは、かの一元水の事にて則女體の子宮へ、その水の止まらせ給ふといふ御事なり、扨國土を產給ふといふ事は胎内にある間に二百七十五日にて凡十月の間に此五體五臟のでき揃ふ事をいふぎなり、右全く成就知て生れ出たる此姿を大日本《おゝやまと》の國共、豐葦原の瑞穗の國ともいふなり、斯の如く此大日本の國へ二柱の神天降り給ひて同じく國を產給ふ事、百億萬歲相替る事なし、既に今何れの家々にも此二種の神まし〳〵て神代のごとく道を行ひ給ふものなれ、爰に二柱の神の御靈の本來を言んに、まづ冬至より百八十二日の間に發して夏至に至る陽氣を伊弉諾尊と申なり、又夏至より募りて冬至に至る陰氣を伊弉冊尊と申也、寒暖二氣に陰陽妙合感通して所レ謂春夏秋冬および二十四節七十二候等の神たちをうみ給ふ、此神達同じく妙合感通して森羅萬象を八百萬の神と申なり、扨祓除てふ事は身《み》洒洗《そゝぎあら》ふと云ふ事なり、洗祓同意、共に胸中の妄想を除くの義理なり、此祓は神代に伊弉諾尊が伊弉冊尊の神退《かんざり》まし〳〵たる御靈を戀給ふて、伊弉諾尊のかの黃泉國に至り給へり、爰に伊弉冊尊の御姿の脹膾太高て膿沸蟲流るを御覽せられ、かつ御身の其穢に混じ給ふを悔給ひ、かの國を逃出給へり、然るを冊尊《みのみかど》恣《いか》りまし〳〵て黃泉醜《よものしゆこ》女《め》且《かつ》八色の雷等を出して、かの諾尊《きのみかど》をおふて止めまつらんとし給ふを、諾尊拂々黃泉平坂まで歸り給ふ、然して終に筑紫の日向の小戸の橘の檍原に至りまして、かの穢わしきを洒ぎ拂ひ給ふと云々、此意はかの冬至より夏至に至る陽氣の伊弉諾尊、また夏至より冬至にいたる陰氣の伊弉冊尊の昇降し給へる年中の活用を述る所なり、さればその寒暖陰陽の二神互ひに誘ひ誘はれてまします御實情の妙合、歲へし給へる所より春夏秋冬の四神二十四節及び七十二候等の神達御出生まし〳〵て萬物を產なし給ふ、其由前に荒增擧たり、さて冬至より四月頃までは陰陽二氣の御神雙び立給ふによりて、春の三月の間に大概萬物の種を施し給ふ、於レ是追々四月の頃迄に發生するものも亦少からざる也、時に四月の節立夏といへる頃には、陽氣次第に盛んになりて多分地中に其陽氣を復して地中の蒸るに隨ひて、かの草木は勿論蟲魚甲貝等の神達追々に出生し給ふなり、その地中の暖に蒸り陽きを火神《ひのかみ》軻遇《かぐ》突智命《つちのみこと》と申すなり、此神を產給ふ期は則四月の節なり、此頃かの陰氣の寒き册尊《みのみこと》は神退たまひて陽氣の諸尊のみになり給ひ、こゝにおひて陽神の諸尊かの陰神の册尊の神さりまし〳〵たるを歎き給ひて、十月の黄泉國に赴かんとし給ふ、其御道すがらは先五月六月七月と次第に陽氣の方へ赴給ふ、既に七月の中の頃には良秋冷を催して畝丘樹下には少《いさゝ》か露のおり初て、何となくさびしき氣色を含めり、折から松蟲鈴むしのしほらしき音を發するなどおのづから物衰の心持ぞすれ、是を神代卷にかなしみ給ふ泪落て神となり啼澤女命《なきさはめのみこと》と申給へり、然して八月の末にも至れば野山のけしきも殊に變りて哀れなるに、秋風の膚に寒き心持する折から初雁の雲井遙に鳴渡り、氣色に花芒の穗に出て招くもいとさびしげなるに、傍にはこうろぎのこうろ〳〵と鳴すだく邊りに女郎花刈萱なんどの露にしほたれたる姿ひとしほ秋の興ありけり、扨九月にも至れば、かの盛なりし千草のいつの間にかは枯果て殘り、蟲の音もあなたこなたに幽かに聞ゆるもいとゞ哀れになん思ひて、

初霜のおける枯野に鈴蟲の
ふり殘されし聲のあわれさ

かくいふまもなく十月に至れり、神代の卷にいわく、吾夫君尊《あがなせのみこと》何ぞ來也晩也《おそくいでましつるや》吾已《あれすで》に湌泉之竈矣云々、此は伊弉册尊の御言葉なり前件伊弉諸尊終に此十月に至り給ふ所をいふ義なり、但し此月を不須也込目《いなしこめ》汚穢《きたなき》之處と云ふ譯は、かのうつくしき野山草木も枯果て何の草何の木もいふきだも見へわかず、朽たゞれたる姿の見惡き氣色をいふ義なり、將此月を黄泉國といへる譯は、かの草木も皆根に歸り及びむし魚等土中に蟄して自由ならず、其上日々寒氣の募りて或は村雨雪霰等降るのみ也、殊に氷も昨日今日と厚く張つめたれば、地中出渡り蟄する所の蟲魚および草木も地中にて寒威に責らるゝてふ由緒により黄泉國と號しものなり、佛者の地獄と唱ふ場所とは大ひに違へり、又爰を根の國底の國とも云ふ也、そは十月は亥の月なり、時にをれば夜の四ッ也、十月より草木根に歸り、又夜は亥の刻より人も夜毎にねに歸るにあらずや、尤も子は十一月にして夜は九ッなり、此故に十月十一月の間をさし或は夜の四ッ九ッをさして根の國底の國共いへるなり、かの御卷に陰《ひそかに》取《とつて》ニ湯津《ゆつ》

瓜櫛《のまくしを》ニ屌折ニ其雄穗一以爲ニ秉炬一而見レ之云々、此意は十一月にいたり一陽來復する事を申させ給ふ義なり、されば伊奘諾尊かくの陰神の穢はしき姿を御覽ぜられて殊の外御相そ盡させ給ふによりて、かの不淨の場を逃出給ふなり、所レ謂冬至より十五日二十一刻餘逃かへり給ひて、漸々小寒と云ふ十二月の節にいたり給ひ、夫より同じく十五日二十一刻餘逃歸り給ひてようへ大寒と云ふ十二月の中に逃歸り給ふ、然に不《もちいずして》レ用ニ要言《ちぎりことを》一、令《あれをして》ニ吾恥辱《はぢ》一、九泉津醜女八人並に八雷等を伊奘冊尊の方より遣し給ひて追て留まつらんとす、ゆへに伊奘諾尊彌逃んとし給ふをいよいよ止めんとす、かくの如く陰陽互ひに撃《すゝ》して戰《せめ》つ責られつする時候、則大寒より立春に至る間をいふ、其頃寒氣の殊に甚しきはかの陰陽の撃する間急なるゆへなり、爰に泉津國《よもつ》醜女《しこめ》と云ふは火の如く見にくき女といふ義にして、見惡きとは陰氣の忿る姿をさしていふ、だすはその大寒の頃、寒氣のおそろしげ成氣色をなぞらへて醜女といふ事也、八人とは先この頃の氣色、東には雪、西に雨雲、北には颪雲、南には時雨雲等立ならび、其隅々には或ひは霙霰氷或は地震雲等の雲立、かの八方に現れてせめ來る陰氣をさして醜女八人といふ、是等みな陰氣に添ひたる氣色なるゆへは伊奘冊尊の黄泉國《よもつくに》にて召仕給へる女なりとあるは此故なり、並八雷《やくさいかづち》もこれにそふ雷のなるときのくも立は墨の氣色たる如き黑雲なり、其おそろしき雲立の如く大寒の頃、雪氣の雲立の氣色是に同じといふ義なり、斯のごとくおそろしき鬼共のかひなき小陽をせめ圍みて逃るゝ方なき大寒も漸々過て立春とゆふ正月之節に至り給へば、少々うらゝかなる氣色を催せば、心なき草木もかの陽氣に誘はれけん、先梅てふ花の諸木に先立て雪の中より一葩二葩花の咲出たる姿は、さすがに悦びを含める色なり、係るおりしも鶯の來啼なれぬ音に囀りなど一入うららかなる心持ぞすれ、かくて雨水といふ正月の中に至れば軒の氷柱に露の溜りてや、折々落る音して埋火のもとに響きなど何となう長閑に覺へり、かの御巻に投《なげたもふ》ニ黑鬘《くろきかつらを》一此則化成ニ蒲萄一醜女見而採噉《とりはむ》之、噉《はみおへ》了《て》則《すなはち》更《また》追《おふ》とは則ち正月の中の頃の時候を申給へる所なり、こは陰氣に包まれし陰氣の此頃に至り漸々御頭のほとり而已、先陰氣の取除きたるといふ義なり、是則化成《なる》蒲萄《ゑび》とは此時節に至れば雪の消間にゑびづるてふ草の少《いさゝか》茅《かや》の發するを、彼醜女見而採啖《とりくむ》氣色なり、最も此頃一入春暖を催し殊に天氣も打續て霞なんどの棚引氣色長閑なる時候を譬へて、かの醜女の採啖に云なせるなり、されば其如く此五七日道草喰て醜女のおひ奉らざりしに頓て雪氣催せば、あるひは霙霰等降りきたりて又もや醜女の追奉るゆへに寒中の如くさへかへりてたへがたき寒となり、是に啖おはつて更追と、かの御卷に申させ給ふなり、斯の如く幾度にも及びて啓蟄に至り春分に至り、終に清明と云ふ三月の節に至り終る、是を泉津《よもつ》國平坂《ひらさか》に至り給と云り、此泉津平坂てふ山の名の意は形の有山をいふにはあらず、理の上にある山なり、されば此春分清明の頃、陽氣は次第に登りて終に夏至の頂上に至る、また此頃陰氣の寒きは次第にくだりて終に平坂となれり、但し清明穀雨立夏の邊に至れば寒氣陰氣の少しの小坂もなしといふ義なり、此三四月の間を泉津國平坂と理の上にて號しものなり、伊弉諾尊既に還則追悔之曰吾前至ニ不順一也《かへりすなはちおひくひのたまはくあとさきにいたるいなゝり》、込目《しこめ》汚穢《きたなき》之所《ところ》と云々、意は前にいふ如く伊弉諾尊十月に至り給ひ、

夫より十一月十二月と次第に御艱難ありて、ようよう此頃清明といふ三月の節まで陽氣の逃歸り給ひて、先に十月の極陰に墮入らせ給ふ事を思ひ出されてくひ給ふ所を云義なり、故當レ條ニ去吾身之濁穢一《かれまさにあらひすてんとのたまいてちかみのけ》則往至ニ筑紫日向小戸橘青木一而祓除焉《からはしきものをゆいていたりつくしのひうがおどのたちばなあをきがはらみそぎのぞきしたまふ》云々とあるは、陰氣にまみれたまふる不淨を此頃に至り漸々拂除て元の陽氣になり給ふと云ふ義也ば、三月四月の間に寒き陰氣を拂除、一陰もなき五月の中までに至り給ふ所、祓除成就之場なり、但し六月晦日は夏越の祓にて秋を向へるの祓なり、此祓とは少違へり、筑紫の日向はともに西國の事にはあらず、三月頃には地中にふくめる萬物の現れ盡《つくす》の義理を筑紫と云ふなり、日向は陽に向の義理、小戸は陽氣の少々戸開くを云へば、草木も少々戸をひらきて二葉の生ずる姿、橘はかふじの類の橘にあらず、橘は立鼻《たつはな》といふ義にて、木の芽草の芽の立はなといふ義也、花ははなるてふ事にて立初るの意なり、橘檍原草木の芽の出かけの柔かなる姿をいふ、又青木の原ともいゝて野山の色、一面に青く成所の廣きをさして青木が原ともいふなり、祓は右三月四月の檍原にて陰氣を拂

ひ除きて去年に少しも變らぬうるはしき元の陽神の御姿になり給ふ所、五月の中夏至なり、是におひて漸々祓成就せり、抑此二柱の御神、神代のむかしより今日唯今に至り年々歳々此虚空中に現はれ給ひて同じく春夏秋冬及二十四節七十二候等の神達を産給ふ、此諸々の神達同じく虚空に現れ、かくれて夜の守り日の護りに我人の守り幸ひ給ふはいかなる由緒有りての御事ならん、人間に生をうけたりけるには責て此一通りの道理なりとも心得置べきものなり、しかいへば世界の心、信者達我々はかの地獄とやらん極樂とやらんいふ阿彌陀且多寶なんどの世界より生れ出たる者にて、かの伊弉諾尊伊弉册尊なんどの元より子孫にもあらず、又少しもかの神等の世話に預るべきものに非ずといらへん、人間若此十年とか廿年とかの間だ寒暖陰陽の神現れたまはずんば、日月は勿論春夏秋冬二十四節七十二候等の神達は生れ給ふまじ、然れば風雨霜雪雷地震等の神達の御用もあるまじ、斯の如く神道亂て常闇とならば草木及び禽獸蟲魚甲貝人間等はいかになるらんや、此時かの阿彌陀が照して日の神の代りとならん、また妙法の曼荼羅より光明を放て日の神の名代をやなさん覺束なし、此時よもや、かの木佛や金佛の踊出して不思議も現ずまじ、矢張木に目鼻付たる阿彌陀は阿彌陀成べし、紙に書たる妙法は妙法なるべし、如レ斯益にたゝずの阿彌陀や妙法がいかなる譯ありて有がたからん、能々きゝとゞめて信心あるべし、何は兎もあれ、どふでも伊弉諾伊弉册尊の陰陽の二神在坐さずんば一日も佛信者立行まじ、是でもまだ伊弉諾伊弉册尊の御世話には預からんといふや、將又少く十年も廿年も實に常闇にてありたらんならば勿論草木は枯盡すべし、及び禽獸蟲魚甲貝人間等は必定死絶て世界に何一つ殘るもの有べきや、如レ斯一切盡果たる世界また元の如く此虚空へ寒暖陰陽の二神、則伊弉諾伊弉册尊出現ましく〳〵てかの妙合感通し給へば、日月は勿論春夏秋冬及び二十四節七十二候等の神達出生し給ふ、於レ是風雨霜雪雷震等現われて年中元の如く照降する時は其年の間に極めて草木生べし、此草木別な物は生ずまじ、矢張元の如き物生ずべし、然して二年三年五年八年の間には或ひは蟲魚鳥獸甲貝の類まで生ずべし、是も同斷別なる物は生ずまじ、かくの如く一切の萬物生じて後、十年も二十年も年を重ねば人間も亦生ずべし、此人間初は數少なけれど次第に多勢になりて後は又今日の如くなるは必定なり、然れば草木禽獸蟲魚甲貝人間等皆以て伊弉諾尊伊弉冊尊の御子孫にして、曾てかの佛等の子孫にあらざる事をよく〳〵辨べし、是では地獄とやらん極樂とやらんといふ所より生れたる者少して、決て伊弉諾伊弉冊尊の子孫にあらずといふや、斯のごとく陰陽二氣の御神ならで誰か萬物を産なさんや、さすれば其子孫の御爲にこそ日月星を誘ひまし〳〵て春夏秋冬二十四節七十二候等の神達を産て年々歳々此萬物を夜の守り日の護りに幸ひ給ふ者なれ、されば其子孫たる萬物殊に其長たる人間誰に助けられて今日かく我儘をいふにやあらん、皆是大祖伊弉諾伊弉冊尊の二神今日只今此處に空中にまし〳〵て無量寶財をなし、我々におよび給ふ廣太無邊の神恩によりて、かく自由自在の振舞をなせるをや、但し其無量寶財とは食物衣服家財をいふ、是皆年中の時候より極す所のものにして木佛金佛等のものに決して施すべきものに非ず、或ひは山川海田畑等より年々此寶財生じて今日我人をすくひ助け給ふ者なり、勿論此山川海田畑等は則天照太神の皇子の治占す大日本の國にして、かの天竺とやらん佛等の支配せる國にあらざる事を知るべし、然れば人々此身を助けて自由自在ならしめ給ふものは神より外に有べからざるなり、よく〳〵思慮をめぐらすべし、ゆへに郡々村々に至り神社勸請して年々祭禮をなすは此神の恩を報ぜんが爲なり、此外家々に大麻《おほぬさ》等を神棚に勸請して毎朝拜禮をなし、かつ先祖の御靈を祭るなど皆恩を報ずるの禮にして外に意味なし、人々此意を得て神拜懈怠事なかれ、扨是より以下に述る所、神祕にして予が如き凡夫の伺ひしるひようなき神の御活用なり、但しかく多人數の中にも智者達の追々修行の上、漸々にして至らるゝ所なりと承る、尤此場文字言句の及ぶ所にあらず、故にあるほどの博識も終に此妙用をへず、恨みを殘して失たりし人々昔より今日に至り其數幾許ならむ量知るべからず、於レ是和漢とも爰に至る人甚稀なりとかや、若《もし》いよ〳〵此深理妙用を安談なして今日に活用をなして世の人を助ける人々を神とも聖人とも云て後の人是を仰ぎ貴めり、かほどのむづかしき道理を規淸《のりきよ》如き拙きものいかにして此深理を述分けんや、恐る〳〵賢き御事なりかし、神武天皇の巻曰く、皇師欲《みいくさはつす》レ趣《おもむかん》ニ中洲一、而山中嶮從無《さかしくしてなし》ニ復可《まゆくべく》レ行の路一、乃按遑不《ちしゝまひてしらず》レ知ミ其所ニ跋渉《ふみゆかん》一時夜夢天照《こゝよろゆめみたまはく》太神訓ニ于天皇一曰《くわき》朕今遣ニ頭八咫烏一宜ミ以《て》爲ニ嚮導者一云々、此は普通の軍にはあらず、心中の敵を退治するの軍なり、その心中の敵とはかのおれがといふ曲《くせ》者《もの》なり、此曲もの强敵にして容易に退治なりがたき者なり、此敵を退治せんのみに神道儒道佛道といふ道有て、此道各文字を覺よといふ事にはあらず、古人の只厚き思し召にて後の人を助給へる御達書也、ゆへに古人の思召を身に行ふて銘々生涯無難に經《おく》るこそ本意といふ者ならん、於レ是人々學問をなすは只此胸中の大敵を退治なさん爲にして餘事にあらず、左ればかの御巻にある御軍も矢張皆此胸中を戰《せむ》るの御軍也、扨中津は神の都也、此都はかの深理妙用にして則ち天人合一萬物大和の國なり、此國へいらんとするには大なる峠あり、所謂闇かり峠是なり、山中嶮《さかしく》引無ニ復可レ行《の》道ニ云々、前件智者達の修行の上、漸々爰までは至るといふへども、殊に此一坂大難所なり、上り登るべき道なしとぞ、こは此坂より先の道は文字にも書とれず立語《りイと》にも述がたき微妙の場にして、此上はいかんとも詮方無所也、按遑不《しゝまいとしらず》レ知ミ其所ニ跋渉《ふみゆかん》一云々、此はかの智者儒者達、力を以て此山迄は到らるれども此麓より先は道の見へざる間、各々そろ〳〵として種々に心を散亂す、於レ是終に實地を覺悟せずして萬人が萬人ながら元の凡夫に立かへりて生涯をふるとなん、此萬人の中より其道の見えざる闇がり峠を打こして、かの實地に至りたる人を神といゝ佛といゝ聖人といふよしなり、かゝる大難所を予が遠祖賀茂建角身命別勞《たけつかみのみことべつらう》八咫烏命、天照太神の神勅を蒙り神武天皇を導奉られたる旨かの御巻に現然たり、是におひて神武天皇終に大和國を安《あん》どなし給へるなり、此全く頭八咫烏命の功なればなり、賤しくも規淸、此命の正に後胤たれば聊遠祖の傳へを相承し、且遠祖の先例に任せ、此度人々の爲に賢くも此大難所を導なさんと欲す、天照太神神代の御誓に違はずんば人々の爲に遠祖の如く神勅を蒙らん事を、並遠祖頭八咫烏命此志しを滿足あれと恐れみ恐れみ敬白、次に死なぬ人死なん人、右諸々の人達へまふす、規清身不肖成といへども斯のごとく遠祖の例に任せ日の神の出現を告、其聲左に證す、將死なん人々此數聲の一聲なりとも夢の耳に屆ん事を乞ものならし、扨先六根清淨の御祓にもある如く人は則天下の靈物也と云々、此意は人は萬物より生れ出たる靈物といふ義なり、その萬物とは草木禽獸蟲魚甲貝等なり、其萬物の情あつまりて人間となるといふ心なり、爰は麁なれども名におふ闇がり峠の難所なり、暗くして分りがたかるべし、怡弉遇《いざわ》怡弉遇《いざわ》、是はかの八咫烏命の聲なり、神武の御卷に出たり、爰に草木は非情也、禽獸蟲魚甲貝等は有情の物なり、されば此有情も人間の心のごときものにはあらず、只陰陽思ひ合ふと喰たいと呑たいと思ふ情より外なし、右非情有情ものの實の心といふは夫々身に備わる味ひが、かれ等が實の心にして人間の心の如く活用するものなり、先人間は心に春夏秋冬二十四季七十二候をしる、彼萬物は味ひに春夏秋冬二十四季七十二候をしる、未だ人間は形に味ひなふして心に味ひを含藏す、其味ひの實にして誠は忠孝也、去ればかの萬物天地の御恩報ぜんために忠孝といふものこそ、いわぬ命の果して恩を謝す、其恩謝人間に請て銘々今日如レ斯、右人間はれうの身の果して忠節を盡すほどの惠を施したる覺元よりなし、然るに何ゆへにかゝる節操を人間の爲に立けん考べし、命を捨るほどの義たとへ非情のものなればとて膳に向ふとき少しはかたじけないとかいふ一言ありたればとて何ほどの大義成事かあらん、然るをあたりまへの如く思ひて多くのものの命をとりて己一人の歡をなすが何事ぞや、此因果報ひて病神と變じ一身腦亂して命を失或ひは子孫に崇りて種々の災を起す、恐るべき事ならずや、何は兎もあれ彼等は右の如く恩謝して天に復命を申せり、然るに人間其長として天地に恩を謝さず、今日何の所詮もなく生涯を經るは、かの鳥獸にもおとりたる物ならん、か程恥しき事はまたと有べからず、右御恩を謝すのみかは其身一つを修め兼て種々の惡心を起し無量の害をなす、是又鳥獸におとりたり、夫鳥獸に及一切の殊口、其上身を修め兼るもの曾てなし、皆夫々身を修めて天地の道を行ふものを云、されば人々常にいふ、人の物さへとらずば人間の道立たりといへり、一通り聞ばたる故なれど、かの鳥獣に劣りたる我々實に日々世を盗み其上天地日月を盗み、其餘萬物を盗む、是ほどの大盗人なるを知らずや、斯の如く不法不埒がしたらぬとて諸々の神社へ種々の立願を懸奉る、其願ひ皆無道なり、其無量なる立願いかにして神の納受あらん、前件の次第を辨へたらんならば神前の鏡に向ふも恥かしき至りならん、然るに彼神に利勝あり、此神に利勝なしなんどと我無道の人根をさし置、神の方に批判をなせり、是等木氣のさたとやいわん、夢の中の夢とやいわん、怡丼遇怡丼遇、何人間に生を禀たり、今日立歸りて工夫あるべし、扨人間天地へ御恩謝といふは餘事にあらず、かの二尊の御子達に仕合惡しき方大勢在座《まし〳〵》けり、其多勢の御子達を殊に二尊の憐み御在座、是を御介抱申參すが人間の御恩謝なり、尤萬物の長たるものの御恩謝は、かの萬物の命を果しての御恩謝に比ぶれば甚だ手易きものならん、但し其不仕合の御子達とは第一五體不足の人々、惡しき病有人々、次に智の足らぬ人々、次に鰥寡孤獨の人々、無窮人の類、此外道をしらざる人々等也、右之御子達、世には幾萬にましまさんや量知べからず、我人同じ天地の間に生れ同じよふ御恩を蒙りながら、かの御子達は幾件の御溥運にかならん、夫に比べては我々はいかなる高運にかあらん、將いかなる仕合ものにかあらん、身にたちもどりてたる事を知べし、於ㇾ是高運の者より溥運の人々を夫々相應に助けなさんが人間天地へ御恩謝し奉る所なり、爰に孝悌忠信仁義禮智は人間の骨の如くなり、人間の立て働くは此骨あるゆへなり　於ㇾ是これを行ふを珍らしとすべからず、又是を行ふを天地の恩謝と思ふべからず、何分人間の御恩謝は情人より外なし、但し品をもつてする御恩謝にはあらねど先々進むべし、實の御恩謝は國を治る義なり、次に道を施し衆人の惑ひを解て和合なさしめ、その人より人と、かの溥運の御子達を惠むよふになすが其次なり、係らば銘々身の冥加にして人間今日天に復命する所なり、勿論人間のかく生れ出たる趣意は只人につかわるゝ爲にて人を遣ふに出たるに非ず、ゆへに下賤の者ほど人を多く遣ひて天地の道に違り、又貴人は人に遣はれ給ふ樣にして曾て人をつかひ給はず、ゆへに下賤の人々隨分人につかはれる也、專ら心かけべし、今國主領主の民を治給ふは則天地の恩を謝し給ふ所なり、凡貴賤其品異るといへども何れも皆天地の恩を謝さゞるはなし、こは人の道なり、其仔細は右の主人天地恩謝し給ふを其家來御手助となりて民を治む、然れば家來は主人へ仕へて奉公をなすは則我身の直に天地へ御恩謝をなす所也、ゆへに是より進んでこそ精勤をなすべきなり、將又その主人の爲に身を果すは直に天地へ御恩謝也、但し草木禽獸蟲魚甲貝は幾萬之命を果して我爲に是迄忠義を立、況んや人間命を果して主人の爲、天地の御恩謝をなすは何條事はあらん、扨其命を捨るは棄るにあらず、實を拾ふの大徳なり、こは棄て拾ひ拾ひて捨るの損徳也、近く例せば大石内藏助は命を棄て實を拾ひ、大野九郎兵衛は命を拾ひて實を捨る、其損徳はいづれが是ならん、されば九郎兵衛老年の齡五年三年拾ひたればとて何ほどの事かあらん、然るを其五年三年の命を惜みて萬年の實を棄る、其損なる事、言語の及所にあらず、武士に限らず、此決着肝要の義なり、次に百姓は耕作に出精して領主の恩を謝す、此恩報る所直に天地の御恩謝也、ゆへに若此棄つるに無情なす時はたちまち神罰を蒙らん、此者のなり果を見るべし、工は夫々に其職に心を入、少しも其道に手扳なく、唯人の爲によきよし專らとすべし、右人の爲よき樣になす所、直に天地の御恩謝なり、若其細工に手拔をなして惡き物を人にあたへば忽神罰を蒙らん、此者のなり行を見るべし、商は世界の品物あつめて諸人の辨用をなす、ゆへに隨分其よき品をゑらんで惡物を人に與へざるよふ心懸け並に利益を深くとらざるようにして、かの辨用をなすが直に天地の御恩謝なり、若高利を貪り其上惡しき品等を人に與へるに於ては忽神罰を蒙らん、此者のなり行を見るべし、もし正直ならざる事をして得たる寶財を神に奉り諸願滿足の立願するとも決して不レ叶、懸る穢しき寶財を神に奉り諸願を祈らんより、まづ其業正直になさば何寄もつて神の忝く納受在座所也、勿論其正直いつとなふかの海運の御子達にめぐりて助り給はゞ二尊の御願滿足す、於レ是日の神を初め奉り諸神達一同に歡喜の聲を發し給ふ、各信心あらば專ら此正直を心がけべし、其正直の中には、かの如く天地の御恩謝も籠り孝悌忠信仁義禮智もこもり並に子孫長久富貴繁昌智命延長諸願滿足もこもり、次に惡事災難も其外何もかも拂ひ除て願望一切是に籠る、如レ斯正直の實地を踏はづし、運氣に逆しまに顚倒して有をも知らぬ凡俗、猥りに神佛に立願を懸、東西に走りめぐるは、實に愚の至りと云ふべし、扨萬物各々形に味ひを備へたるごとく、人間は心に味ひを備へり、其味ひとは正直の心なり、其正直心とは天地の御心にして實なり、此實は目に見へず、手に取ずして空なり、此空只今自由自在の活用をなす、妙用直に國常立尊成、かく申述れば何か事々敷聞ゆれど、さにあらず、各御持合の心にて我ものなり、其我ものを我物になせるは何か餘事あらん、しかし古今智者連の三十年五十年も唯此心一つに骨折て、よう〳〵我ものになしたるありなさゞるあれば、一寸手輕きものにあらざる事爰をもつて知るべし、所謂是が闇がり峠の難所なり、怡弉遇《いざわ》怡弉遇《いざわ》、猶其次第下にゆふべし、

神道烏傳祓除抄巻之下

爰に三百六十餘日の靈、草木と變じ幷に禽獸蟲魚甲貝と變ず、其證左の如し、まづ草の品類三百六十四、木の品類三百六十四、鳥の品類三百六十四、獸の品類三百六十四、蟲の品類三百六十四、魚の品類三百六十四、甲の品類三百六十四、貝の品類三百六十四、合せて二千九百十二品也、右の靈味、人間胎中に入て五臟六腑を經歷して所レ謂腎の一滴となる、但し此靈味初め乳汁と成て小兒を養育し、箸を取より以來終に十五六歲の人となせり、於レ是十五六歲より男女ともに筋骨全く備り色情を發するは、其骸中かの靈味の滿餘る所の餘勢なり、此餘り勢感じて元水となる、此一元水銘々の身の元なり、其仔細をいはんに、先魚は水中に住て水を知ず、人は氣中に住て氣を知ずといへる諺のごとし、人の水を見るごとく此空中に氣の滿々たるものなり、試に扇子をもつて此空をあふぐに、其氣散亂して風を生ず、此風則氣なり、氣則靈味なり、靈味則神なり、神則國常立尊、此國常立尊

二つに分て陰陽なり、陰陽則ち伊弉諾伊弉冊尊なり、此伊弉諾伊弉冊尊、春夏秋冬と分り、其春夏秋冬より二十四節七十二候とわかれる、總て三百六十餘日なり、此候八品と分り、其八品二千九百十二品に分り、其二千九百十二品の群類人間と分り、於レ是天地の活用至り盡せり、但し此二千九百十二品の群類より人間と分る所は、只今眼前に人より人と分身する根元の沙汰なり、此上人間大祖初て出生の次第は、夜明けて後自得有べし、まづその遠き大祖の事よりさし當り我々は何のゆへかく生れ出たるならん、將生れぬ先は此魂いづれにありしにやと、我身の生せし根本を得と穿さくあるべし、時に其根本いづれを尋求るにも及ず、前件述るごとく唯父母の食せられたる靈味の此身と變じたるなり、其變ずるは竈の神と申、大切なる御神、媒となり給へり、其御媒、日日三度づつ三百六十日怠り給ふ事なし、於レ是我々前生は釜の中に鍋の中にあり、何れ不斷臺所元にあり、或は箱の中に入、或ひは棚或は此隅かのすみ或は土間等にごろつきて有たるものなり、夫より以前は商人の手に有て彼らの思ふよふに自由になりたる者なり、其以前は百姓或は獵師共の手にあり、其以前は田川とうに出生したるもの也、此時の名は八百萬の神と申たり、其前生はといへば春夏秋冬二十四節七十二候なり、其前生はといへば伊弉諾伊弉冊尊也、其前生はといへば國常立尊なり、此國常立尊とは此虚空中に滿々たる氣也、爰に世の中の佛信者は過現未の三世といふは、強《あながち》此體の生れぬ先の事と心得つれど、そは大なる謬なり、過去とは前に述る所の事なり、能々思慮し給ふべし、若爰を踏まよふ時は生涯實道に至る事なし、誠に大切の場なり、但し釋迦のいふ過現未幷因果因縁之事は、此體の生れぬ先に及び、死せし後の事をいふにはあらず、今日我人の妄想をさして過現未及び因果因縁を説て勸善懲惡を示す所以也、何分人の迷ふは此過現未及因縁因果の道理なり、ゆへに隨分わかるよふに説諭して是を安心さするが導師の役なり、猥りに生れぬ先、死せし後をのみ説て愚昧の凡俗を誑すは、甚だしき罪なり、其誑されよふによりて御國政に害をなす、佛道といへば縮る所は御國政を助け奉る道なれば、愚昧を威すにも心を用ひておどすべきなり、夫は兎あれ、前にいふ二千九百十二品の群類の靈味凝て人間となり、其靈味の最上の分此體を養ひ、其餘の一滴水子宮へ入て又人間となる、斯の如く相續て萬年の限しるべからず、次に其絞り粕、人々の前尻より出て元の田畑に歸りて食物と變じて又人の口にいり、又前尻より出て田畑に歸りて初のごとく姿の如く年々歳々循環する事、是又量るべからざるなり、然れば銘々今日食する所のもの、多くは人の前尻より出たる物也、夫を食して此身を養ひ其餘り子となる、又我前尻より出たる物を人に喰させて人の體をやしない、其餘り人の子となる、されば神代のむかしより尻と口と續き〳〵て生れ出たる今日の我々、實に臀咕《ふとなめ》の御嘗のごとくなり、爰を以て考ふれば人と我と別なるものにあらず、よく此旨を自得有べし、かくの如く深切に示すといへども、しからず我々の生て居は、おれといふ者は生ていて今日自由自在をなせるなんどと、不咜口《へらずぐち》きく人々に洞《とう》されば、人々のいわるゝ如くおれが目でおれが見て居、おれが耳でおれが聞て居る、又おれが骸でおれが自由自在をなせるとぞ、然ればおれほど貴きものは又となきものなり、是においてまづ五十日計り喰ず呑ずして矢張元の如く見るも聞も手足の活用も何もかも自由自在がなるものならん哉、いよいよ其通り五十日も喰ず呑ずして自由自在がなる物ならば、おれほど貴きものは有べからず、なれども右五十日も喰ず呑ずして目もみへ耳も聞へ手足も自由自在に、よもや活用はなるまじ、初め十日や十五日は夫ほどにも有まじけれど、廿日ともならば、そくざに目が見へぬかたになるべし、然れば目が有ながら見えず、おれが耳が有ながら聞へず、おれば手足がありながら自由自在にならず、かくの如く見へぬ目に聞へぬ耳に活用せぬ手足ならば、たとへおれがいか計貴きものならんもしらねど、其見へぬ目が何にかならん、聞へぬ耳が何にかならん、働かぬ手足が何にかならん、將其見ぬ目に聞へぬ耳に働かぬ手足となりたるとき、常におれが〳〵と思ふ心はいかになりけん、そのおれが〳〵と思ふおれが曾ておれにあらず、皆かの萬物の靈味なる事を知べし、然れば此體は天地萬物の持合にして、おれといふ者一所もなき事を辨べし、されば其萬物は人間の前生にして、其前生の萬物を食して人間今日活用す、ゆへに生涯何の所業もなく只喰呑する事にのみ心を入て朝から晩まで是に勞せり、誠に色と喰呑とには高きもひくきもおしなべて迷ふもの也、こは古郷忘じがたきの所以ならん、人間に限らず總て群類皆如レ斯し、其中虱の前生は人間也、ゆへに虱は前生の人間を喰して活用するごとく、皆前生を喰せざる物なし、然れども彼是は前生一品より十品もあり、百品もあり、ゆへに大小各異なり、先牛馬は前生百品の草也、ゆへに前生の草百品を喰て命を全す、右牛馬へ試みに鳥獸の肉を與へるに食せず、そは彼が前生鳥獸にあらざる事著明し、かくの如く品物各々好所の食物みな其物其物の前生也、此類いち／＼記にいとまあらず、此旨を以考ふべし、此中人間前生は一體の萬物なり、ゆへに人間の食せざる萬物なし、凡食の廣きは人間に限れり、其食の靈味、人間胎中の主なり、是又國常立尊と白すなり、此尊此體中にましますによりて、我人目が見へたり耳が聞へたり手足が活用たりして、かく一身自由自在なるものをや、是を神とも天の鏡とも心ともいふ、總て靈味のかへ名也、こは萬人一體の心にして老若男女貴賤の差別なし、不生不滅の姿にて天地に一つの魂なり、此魂影形なし、則身の外にも内にも滿々たる氣也、此氣の內外一體の國常立尊を述わけん、先虛空中に滿々たる靈味國常立尊無念無想の御姿にして、諸神達にも萬物にも分身し給はぬ以前の尊體、一度うごひて陰陽二氣となる、此陰陽二氣則伊弉諾伊弉冊尊にして直に天地の神となり給ふ、其二尊動ひて日月星と成給ふ、此日月星動ひて春夏秋冬となり給ふ、其春夏秋冬動ひて二十四節七十二候となり、合て三百六十四日なり、是動ひて萬物となる、此萬物二千九百十二品と分身す、如レ斯年年歲々動きて百億萬歲と限るべからず、されば人間此胸中の虛空に滿々たる靈味國常立尊無念無想の御姿にして、八百萬神に分身し給はざる以前の尊體、一度動きて萬事萬物等に活用す、其次第時に花飛て眼前に漂ふ、此時間に髮を入ず、かの國常立尊一度動ひて陰陽二氣と分る、此陰陽則伊弉諾伊弉冊尊也、此伊弉諾伊弉冊尊、かの間に髮を入るより早く何か有と思ふ時、既に二尊胞中に現れ給へる證なり、その間に髮に、早日月星の三神御出生有や否や勝速日尊御出生ありて、かのひらつける物を梅の花とも櫻の花とも急度見定め給ふ時は、心は櫻の花梅の花に生たり、此時胸中に我なし、只櫻の花のみなり、勿論其櫻の花の一寸も飛行ぬ間に、國常立尊より花に心の生るゝ迄かく大勢の神達御出生あり、其間に髮の妙々言語に及ぶ所にあらず、誠に神の活用、誰か此自在妙々をなさん、然るを銘々我がなせりと思ふは愚の至りといふべし、此外見にも聞にも手足の活用にも一度々々にかの如くして、日々に千變萬花の生滅幾萬々度にかあらん、右の如く日々無量數の生滅あれど、思ふ物は一度も生せずして、生ずるもの皆身の外のものの言也、まづ天を見れば胸中天より外の物なし、日月を見れば胸中に日月より外の物なし、草木をみれば草木より外のものなし、禽獸蟲魚甲貝をみれば胸中にその物より外のものなし、ゆへに毎日人を見れば其人なり、人の事を聞ば其人となる、於レ是此胸中我ものながら我は少しも住わずして他のものをのみ住しめたり、其他の者もまた住通しには住はずして、一日の間に立交り入代る事幾萬々度ならん、然れば畢竟此胸中は明渡しの借渡といふ者なり、ゆへに耳より入込、目より入込る、暫時も胸中に物の絶るまなく、その饒なる事世界に少しも異る事なし、然れども物耳より入ときは目は空也、もの目より入ときは耳空也、爰に目より入込者心とならんとせば、目より入込心滅して耳より入込者に心生れ變れり、かくの如く日々千變萬化、意の生滅、目と耳と〳〵の中に世話しき事かげろふ稻妻も及ぶべからず、右毎日耳目鼻及び總身より入て意をなせり、此意日々無量數の生滅するに、地獄に出入するや極樂に出入するや、胸中に手をあてゝ得と考べし、然ればば六道生死流轉の場を大悟して極樂の門に入、不生不滅の佛に逢べし、此佛矢張元の何屋何兵衛にて心の入替りたるのみ也、何分身に立歸りて工夫あるべし、時に意といふ者は、前に述る如く耳目鼻總身より入込ものが意となりたるにて實如レ此、胸中の主には非ず、實の主は國常立尊と此主を心と號け、我を意と號、係る意味の深智なるを辨ぬ凡俗、唯向より來る物々に胸中を奪れ、生涯他の者に身を遣る、其仔細は、先着替一つ持たざる程の者も胸中は大名或は高持金持等の長者也、此物々に大切なる心を動されて其身の分限を忘るゝ所より、道を失ふて所レ謂六道に迷ふ、是より不足々々の念慮生じて各々地獄に堕落し、種々の苦を請て少しも心の儘ならず、明けても暮ても口舌の止時なし、少の間にも貪慾が浮出で、どふのこふのに今日もおくり明日も經り、毎日々々胸中惱亂して須臾も安堵の思ひをなさず、其中には火難の病難のとて手をかへ品をかへて種々の災難に責立られ、今年も過今年も過るとおもふ間に、いつの間にか皺だらけ見苦しき姿となりて老行先の流浪哀れなる事ども也、こは人の事ならず、銘々の年よりてまごつかぬよふ且今の中大道修行あるべし、されば深理得道の人とても凡俗に異る事なし、同じ來る物みな意となれど、得と我身の分限を悟りて人の榮華に胸中を奪はるゝといふ事なし、今日天地及び造化の活用を見て意とし聞て意として、變化自在胸中活用則ち天地此儘の意なり、然るに此妙用を得ぬ人々譬へ何程の高官高祿の人々たりとも、大道の修行なければ矢張胸中に不足も止べからず、常に地獄を懷にして生死の有無に迷ひ心中散亂して少焉も安き心なし、其上火難水難病難等に手をかへ品をかへて起る所の惡事災難におひ立られて、今年々々も目たゝく間に老衰して終に最期に至り臨終の苦の中には、其榮耀榮花も皆夢とそなれり、誠にはかなき事ならずや、何分此苦しみを逃んとするには其取附ものをはなすべし、その取付ものとは怨靈の類にもあらず、狐狸の類にもあらず、私が取附て居なり、此私し中々離れがたき曲者なり、此曲者をはなすが大道修行なり、爰に人々何年何月何日誕生せりと知りて生たる者はあらず、皆成人の後、我誕生の時日を親々に言聞されしによりて始て是をしりたるもの思ひなり、思ひとは人々の意なり、此意は胸中の主にはあらず、實の主は心にして國常立尊なり、此心誕生の時もしらず、今日も知らず、一生も知ず、此上幾萬年もしらぬものなり、たとへば梅の木櫻の木の如し、此木ありて花實を生ずる也、然れば梅櫻の木は其花實の心なり、其花實は其木の意なり、されば人間の心有て其心より生ずる意は、かの木より花實の生ずるが如し、畢竟人間一生は、かの花實の發落る如し、ゆへに意に生滅有て心に生滅なき事を辨ふべし、それは天地の働きは動くが常なり、此動く所より生るゝ者意なり、此意は今日銘々の活用にして我也、ゆへに其意の生れぬ以前に立かへらば、我生滅する事天地の常にしておどろくべからざる心を握るべし、於レ是生通しの國常立尊を大悟して生死の苦を速かに遁るべし、か丶る大理を悟らるべき人間に生れながら、爰に少しも心をよせず、種々の妄想に追立られ一生を空しく過すは、誠に歎かはしき至りならん、扨彌生死の苦を遁たる上は、我といふ者を器物の如く思ふかたよろし、然して臨終に至んずる時は、此器物の砕けて用に立ずと思へば、させる苦勞も有べからず、尤年來遣ひ馴染の器物なれば、おしき物也と思はぬにはあらねど是非に及ばず、古茶碗などのこはれたるを打捨る心持なれば、縦へば火に上げ土に埋め或は山川に捨るとも夫迄に念を止ず、是が意を頼にせぬ人の決着にして、死にぎわに念佛なんど申よふなる不甲斐なき了簡にはあらず、そは死ぬ先から死して極樂の主となれば我名をいかに唱んや、夫に付て奇談あり、越後國妙香山に怪物有、この怪物、世界の變化を見んとて空を飛行し、先三箇の津を始め日本中の國々郡々村々を一軒づつ見あるきけるに、三都は申すに及ず、いづれの村々にも七八十歳の人より四五十歳或は二三十の人有、其中に小兒あり、其小兒の中にも今生れたるなど有て又病人の今既に死んとしける抔ありて、大概國々此旨にて外に相變る事なし、其中に貴き人あり賤き人あり、何れもなき笑の二つ也、右怪物思ふよう、中々世上變化は急には見定がたし、付ては一度妙香山に歸りて今五年過て後又斯のごとく一覧せば何か變りあらん迚、かの山へ引込寐臥てありしが、頓て五十年も立んと思ふ頃、目を覺して又元の如く諸國を一々改め廻るに、前に見し如く少しも變る事なし、年寄は矢はり年寄、二三十歳の男女はやはり二三十歳也、また乳呑子はいつ迄も乳を呑て成人する事なし、また今死んとせし病人是も矢張元の如し、於レ是怪もの甚不測に思ひ又山に歸り、前の如く五十年の間寐臥て有しが又目をさまして、また元の如く諸國一覧するに、前々見しに少しも變ざるなり、斯の如く五十代桓武天皇の頃より今に至り五十年めく〳〵に、此怪物諸國を改むるよしなれども、今に七八十の人は矢張七八十の人なり、二三十の人は矢張昔のごとく二三十にて、年の寄といふ事さらになし、乳呑子は矢はり乳を呑て、桓武天皇より千餘年になれ共、成人するといふ事なし、いつまでも此儘也となん、こは千年にも限らず、神代の昔より變ぬ姿が國常立尊とは心の事也、爰に人々は心と意と一つに思へるゆへ萬事の決着危し、夫人といふものは天地日月を孕て萬物を産なす親の事也、勿論心は無念無想にして則ち此體を持る主なり、意とは心の活用にして自由自在をなす者なり、この自由自在がなる儘に、いつか私といふものを孕て本主を失ふ、此私といふ者は意とは又別也、意といふものを例せば、天には日月星動、隨ひて二十四節七十二候を生じ給ひ萬物を生ず、人間の心また其如し、唯向ふに動く物々に隨て孝悌忠信仁義禮智は天の二十四季七十二候なり、此二十四季七十二候は目に見へ耳に聞る者にはあらずして、萬物を撫育し天地を活用なす者也、續て人の孝悌忠信仁義禮智もその如く、影も形もなきものなれども、世界を活用し人氣を撫育する者也、されば其如くかの二十四季七十二候は天の意也、ゆへに年々變りて年々に同じ、將孝悌忠信仁義禮智は人間の意也、ゆへに代々に變て代々に同じ、右のごとく二十四節七十二候の年々に變りて年々に同じと等しく、人間代々に變りて代々同じ姿也、斯の如く意は正しきものなり、然るを敎を稟ぬ人々は大切なる孝悌忠信仁義禮智の時候亂て一日も快晴たる日なし、毎日々々雨がふり通し、其上雷地震一所に震ひ起りて萬物の長たる德を雨嵐に吹流し、日々胸中の騷動止時なし、かゝる不時候を幸ひとして入込邪氣が私也、此邪氣の爲に胸中惱亂して生涯狂ひさ迷へり、天また其如し、時候少し不順なれば邪氣行われて病人多し、然れば天の私は邪氣也、いづれ邪氣は不和合より生れ出るものなり、是を拂ひ除くが御祓の趣意なり、何分早くこの妄崇をはらひて萬人一體の心に返る時は、今日只今生涯の場を遁れて萬年此儘の人となるなり、されば心は動かぬものにて意は動くものなり、此動ぬと動との二つの者の中に動物程哀なるはあらじ、我等此頃迄子供にてありしが直におとなとなれり、そのおとなも直に白髮とぞなれり、夢に親兄弟身寄の者及び懇意の人々續て竹馬の友達もいつのまにかは死失、此頃のこりずくなになり、友達を逢見つれば互ひに昔に變しおもかげとなり、一人もの哀の心持ぞすれ、また昨日今日まで五歳八歳と思ひし子供のいつの間にかは男盛に成て勢ひをなせると思へば、其家内はこと〴〵く入替りて、かの親達も位牌となりて立花の影に並居る丶戒名を讀む、言葉は出ざりける、誠に世の移り變る事車の輪の如く、めぐるよりも早く、人間老少不定とは申ながら身まかりたる人々の後を思へば、水の泡の消たる如くはかなき哀れなる事どもなり、其哀と思ふも今日の事にて、明日は人に哀と思る丶やらん、我身の露の命をもおもひやらる丶こそ、斯の如くはかなき露の命の夢の浮世に住ながら、何により大切なる實の道を得ず、うか〳〵今日を經る人の多かりけるは歎かはしき事ならん、されば其實の道とは前に委曲擧たるごとく、胸中に移る所の物、日々無量數の生滅あり、是を少の一生と心得べし、又三百六十日寐起する生滅、是を中の一生と思ふべし、斯の如く少の一生と中の一生との數萬々重て命の終る、是を大の一生と心得べし、然ば死る時死るに非ず、生る丶時生る丶にあらず、日々無量數の生滅有事を大悟すべし、譬ば此身は泉水の如し、此水のあらん限りは日月及び萬物移れり、此水なくなればいづれも皆移る事あたわず、人間の命終るはかの水のなくなりたるごとくなり、此水はなくなりつれども、日月及び移るもののなくなるといふにはあらず、其移る物は大切な心にして、心さへ死ずはよしや水はなくなるとも、それほどに歎くべきにあらず、故に兼々此身捨て向ふ物の本に心のならば、天地にあらゆるもの皆我心にあらざるなし、爰を決着する時は大丈夫なり、猶人間五十年八十年の壽命を天の壽命に比る時は、稲妻の光る間に人間二三代も變るほどにあたれり、迷へば死をおそれ、悟れば日々胸中に移る物々の數萬度の生滅ある如く、此身の生滅直にそれなりと覺悟せば、其時生死の苦樂を遁れて天地常住の石に至るべし、右の如くいよ〳〵死を決着せば其時心の本宅へ返るべし、其本宅は不老不死の妙體成、斯の如く兼て此身をなくして同じく生て居時は第一重荷をおろしたるごとくにて甚だ安き心なり、勿論爰を修行の屆かざれば、何程たくみに孝悌忠信仁義禮智を述るとも只口先の論なり、何分此體さへなくせば孝悌忠信仁義禮智が形になりて手足耳目の活用《はたら》く如く、口をきくに及ず、獨りでに自由自在になるものなり、かくならば我身一分の幸にはあらず、直に天下國家の御寶なり、呉々此體の有間は不淨の身なり、ゆへに早々此體を捨て淸淨の妙體となりて君父に仕ふ時は、神代則今日にて、今日則高天原也、こは烏傳の極意なり、大和の國御安堵の所なり、總て神の御心は人のとふ裏に在坐せば、よくその道理を語りて其如くせば何藝の奥義も窮むべし、爰をはなれては天下に實道はあらず、各迷ひ給ふべからず、呉々御修行肝要に候也、始規淸も神道は只鈴をのみ振物のよふ心得つるが、深く修行至る時は、然は神道は國家を治るのみの道にして、決て餘の事にあらず、實に己を捨て神明合一に至るの心法なり、此旨人々會得あらば修身齊家の極意を得ん、然らば既に國家安全の御祈禱たらん、その意味兼て述る所なり、但し文中に漢天竺の語をかり用ゆる所あれば、何か漢めき天竺めきたる所も有て、口合ざるよふ思ふ人もあるべし、そは今の世の中、年來佛語を聞馴れたれば只其辨用よからん爲に漢語及佛語を借用るのみなり、尤外國の言葉を交へ用ひずんば國人の耳に入ぬ世の中のありさまとはなりたる、なさけなき事ならん、此意を察したまへといふ、總てかく神祕を明すは誠に恐れいりたる御事なれど、今の世の中只怪力亂神のさたのみにして實意をいふもの更に見へず、こゝにおゐて無レ據神祕をあらはすもの也、然ればとて年來の染付、中々元の白地にも成べからず、又是を信ずる人も有べからず、なれど萬一此旨につきて迷ひを晴さん人もあらんか、何分一人にても實の道を得ば則ち國に寶を求るもの也、在《から》レ行《あらば》聊か國恩報謝にもならん、呉々人間の迷ひと言ふものは死をおそるゝの一つより事起りて欲情の妄想を生じ、縮所はおれがといふ一塊りになりて胸中を塞ぐ、斯の如く一塊り各一つ宛所持して生涯是の彼のといふ口舌を起す、其甚きは身を滅し家を滅し國を亡す、實におそるべきものはおれならずや、其おれといふ一塊りより親殺主殺および火附盗賊其餘種々の妄想籠れり、人々此塊りを胸中の主として生涯是につかわる、其中大概は此妄想をおさへ通して生涯を經る人あり、是らまづ目出度人といふべし、しかし生涯おさへ通しにおさへる手は嘸かし苦しからん、中にはおさへ兼る人々なんどあり、世の中は區々の者也、何れ人のおそるゝ惡事災難は皆銘々の胸中にありて決して外にあるものに非ず、於レ是人々立願すとも神の方にはなされがたし、其證據はいつしか神の聞たる例なし、夫故今に何の望も滿足せず、其儘なり、又あらじ、災難も來る時は、遠慮なく來りてふせぐべき手便なし、右何程神佛を祈りても、肝心のおれがといふ一塊を取捨ずんば福徳も來るべからず、災難も遁るべからず、然るを世の中、木に目鼻つきたるものを神とか佛とかいゝて、こと〳〵く利勝有よふに中なし財寶を貪るもの、是を怪力亂神といふ、此外紙に墨を付たるものが盜賊除けになるの、火防になるのといゝ、及び祈禱の加持の或は地獄の極樂のなんどといふて人を誑も、一寸愚昧の者或は惡人なんどを防ぐ用にも立ん、なれど餘り甚しくする時は都て害となれり、ゆへにあつさりとするかた宜し、扨かの塊物の濫觴を考るに、當歳子の二歳三歳と次第に智惠づく折柄、傍の人々小兒を歡しめん爲に手業なんどし、あるひは種々理の合ぬ事どもを云聞せり、時に小兒夫をきゝて笑ひなんどしけるは實に歡しきにはあらず、たゞ不思議の一念胸中に生じ、夫より每日々々人の事を聞に、理の合ぬ事は鏡に影の移る如くして其跡を止ざれども、兎角理の合ぬ事はかの心中に止まりて捌けず、然して年重ぬるに隨ひて猶々虛實の聞わけられて、虛成事は追々かの初一念に止まりて、五六歲の頃には餘ほどの塊とはなれり、此かたまり譬ば煙りの塊たる形の如くなるべし、於レ是最早親のいふ事を聞ず、わるさをのみなせり、そは胸中の鏡に影を殘さず、惡は胸中の鏡に影を殘せり、其殘るものと殘らぬものと二つある中に、殘る物はこたへがありて面白く、殘らぬ物はこたへがなくて面白からず、ゆへに殘るものを好で、殘さゞる物を嫌ふ、そも〳〵是が生行先《むまれゆくさき》の災ひの根なり、爰に下賤のものほど親の附合あしくして、立寄ものも立寄るものも多くは不道の者なるゆへ、いづれ云事筋ならず、此筋ならざるを小兒の見溜聞ためてかの塊とはなれり、ゆへに下賤の者ほど小兒の智惠づきはやし、實に心得べき事也、かくして此小兒十二三歲にもならばいよ〳〵煙玉の大きくなりて種々の惡作《あくいたづら》をなせり、爰にまた友達の子供、何れも右の如し、其中少しも空言の聞溜の多きほど友達仲間の大將成、斯のごとく小兒の時より塊が意の住家にして明暮に出入せり、夫より十五歳廿歳と次第に年を取るに隨ひ色情を發す、於レ是種々道ならぬ事を工むは、其下地はかねて小兒の時より根堅く仕込置ゆへなり、付ては其思ふ通りにいかにせば叶わんといへば、遊んで暮して金銀が澤山に欲、次に女を大勢自由にして、かつ酒宴遊興して日々を暮したひ、勿論身分何の位にもすゝみたひ、其上限りなく生て居たひ等の望のよし也、然れどもこれら不道の望は天道の免し給はざるによりて悉く思事成就せず、こゝにおいていよいよ此望ばかりえんとして、かの神佛を祈る迷ひ心出たり、是が當時の社人坊主の米びつ也、然して色々のこれのかれのと狂ひさ迷ふて終に少しの財寶も遣ひなくして、後は世間の義理をかくやふになり行て、以の外不手廻りとぞなれり、付ては家内不和となり、其上子供は追々出生し不慮の災難難病等打續て、是におゐて手を組で種々の工風をすれども、思案の出る所皆かの塊物の中より取出すのみなれば、いづるいづるも皆無分別より外のものは出ず、是より先不忠なり不孝也、餘皆是に類す、爰におひて天地の御恩及び御國恩などは露も心に懸ず、偶神佛を拜めば御禮ではなくて欲に深い注文なり、こは當時世の中普通の人情と見へたり、唯人殺火附盜賊をせぬ計、惡事といふ惡事は大概爲もらさゞるなし、邪氣佞奸貪慾なんどは表向、薄情義理しらずは空吹風のごとし、右貴賤男女推並て斯のごとくならんか、彼佛の三世とさゝれたる此塊なり、此塊より毎日毎夜幾萬遍となく、人々意の生れ變り死に變り三界流轉せるは思ひ當られける、爰に地獄も餓鬼も畜生も修羅も人間も天上も皆此塊物の中にある事をよく〳〵辨べし、かゝる忌々しき塊物なれば、勿論天地の御胤にあらず、又我々胎内より所持せしにもあらず、生れ出て後、人より附られたる不淨物なれば惜むにたらず、速に是を投捨べし、右彌投捨て天地の儘に戻らば、思ふたより心の樂なるもの也、御樂に是まで願ふ所の諸願一つとして叶ざるは全く天道に違へたる故なりと心得たる上は、神の方には少しも御無理なき所なり、穴賢是までの如く我儘勝手儘の仕打して罪も祟りも不レ請、尋常に生涯を全ふし、幷に子々孫々榮へて惡事も災難もなく天道が御通しなさるべきや、せひに夫々御祟りがなくて叶ふべからず、かゝる結構なる世界に生出たる今日には何か餘程の御役がなくて叶ふべからず、然にしたがひの振舞をなし、十分にふざけ次第にふざけても何ともなければ誠に役ものなれど、縮《つゞま》る果には天罰に劒難にあふとか災難に遇とか、又大煩ひして五體不具になるとか、五年十年病に苦めらるゝとか、逆行事が重るとか、商賣が不如意に成とか、する事なす事齟齬とか、又家を頽《つぶ》すとか、子供に不吉の起るとか、家内死絶るとか、何とか歟とか災の身に報わでは何とせん、身の成果はかなしかりける、斯の如く身の成果る根元はといへば皆かの塊物の所爲にして、私を返りみれば罪も報ひも因縁も因果も皆是他より來るにあらず、つねに此胸中に種有て其惡種の發生する處也、時に此不淨者胸中の主となり、生涯此體を押領して手足耳目を自由に遣ひ、其上是も不足かれも不足、明ても暮ても只不足々々として天をも恨み人をも恨みて生涯たることをしらぬ曲者、五十年八十年ほしい儘に不義不道を行ひても、まだ飽たらぬとや思ひけん、唯死にとむない〳〵と頻りに是を苦勞にせり、爰に賣主等其弱みに付込で、かの往生極樂をすゝむ、こゝにおひてかの曲者其極樂へ宿がへして又右の如く不義不道を行わんと決着やしけん、木に目鼻付たる人間を佛壇とやらんに祭りて飯を喰せたり或は香を黑燒《いぶ》しなんどして追從をなせり、こはかの極樂とやらん覺束なき所に宿替せんの願ひと見へたり、哀なる咄とは此上は有べからず、人々若きも年寄も何時の知れぬは人の命也、臨終に差かゝりてかゝる哀の有さまとならば、泣より外の事ならで未練此上有べからず、人々兼て爰を助り至る極樂也、立戻りて勘考有べし、呉々今日思ふ了簡は本心にあらず、本心とは國常立尊分身の尊體にて、願はずとも極樂也、この尊體不淨にまみれ給へるを洗ひ濯ぎ拂ひ清めて、國常立尊清淨の御姿となり給はゞ、其時生死の苦樂は夢の覺たるごとくになるべし、扨祓除の肝要たる所は、かの年來の染付の不淨心を洗ひ濯ぎ拂清て元の清淨心になせるの修行なり、故に我是迄の思ひ違ひの垢を日日洗ひ濯ぎ拂清めて胸中清く淨かになす時は、忽神明此胸中を居宅となし給ふ、然ればこの以來惡事災難といふ一切を免れ、成所の願望成就せずといふ事なし、勿論壽命長久子孫繁昌して家富榮へるの滿足これにしかん、返すぐ御本主に拜謁あらんと思ふ人々、此書に付て日々祓除修行し給はゞ諸願成就たらん、右天下泰平御祈禱のため、小册を綴り信心のともがらに與ふ事爾り、

神道烏傳祓除抄　終

鎭宅靈符緣起集說目錄

鎮宅靈符緣起集說卷上

第一、化現次第大意

抑北辰尊星と申奉るは、天すでに開闢て圓なる物現ず、其中に一點の神御座ます、神道には是を國常立尊と申奉る、此一點の御神すなはち天の御あるじにて北辰尊星と號す、此一點の御星また陰陽を産給ふ、日月是れなり、この星又五を生じて五星と化し五行と成る、是を神道には地神五代と申す、五行生じて人間生じ、この星又七を生じ七星と成り玉ふ、されば人間の生ずる處は五星化し來つて人と成る、根元は一點の星、太一の靈光、天降つて人に命ず、孔子是を說て命レ天謂レ性といへり、此星人に命じて一身を守り玉ふを運と云ふ、又一身の主を心と云ふ、其太一五星を列ねて一身にそなはる故に、一心に五常を含むを仁義禮智信と云、儒子は爲ニ明德一佛家には佛性と云、

第二、七情起ニ一心一事

太一又七を化して七星と成る、七星又人に降つて七

情となる、喜怒憂思哀惡慾、一心より起る七つの添心なり、人はしばらくも天をはなれず、故に天にしたがふものは存し、天にさかふものは滅ぶ、故に人としては北辰尊星を祭りて天恩を報じ、運を長ずるを人間の大道と云なり、

第三、靈符法、漢孝文帝從ニ劉進平一傳受事

夫鎭宅靈符の法は、異國の漢孝文皇帝、弘農縣の劉進平と云ふ者より傳受し玉ふて、卽ち勅して世に廣く行はせ玉ふ、四海靜かに治まり、萬民までも富さかへし妙法なり、

第四、日本弘通之由來

其後世々に相傳り吾朝推古女帝人王三十四代の御宇に百濟國定居元辛未年聖明王第三の御子琳聖太子、吾朝に渡り玉ひて此法をもつぱら弘め玉ふ、其後儒佛神ともに執行しけると舊記に見たり、彼琳聖太子の渡來の地、肥後國八代郡白木山神宮寺是なり、

第五、肥後國八代郡神宮寺靈符神日本始

肥後國八代郡白木山神宮寺にまします靈符の尊像は妙見菩薩なり、昔漢孝文皇帝、弘農縣の堺に至り三愚の宅の豪富なるを見玉ふて、あやしみ其主を呼て是を問ひ玉ふ、彼者答へて姓は劉、名は進平と云ふ者なり、往昔我が家、禍災甚しかりしに、何方よりとも知らぬ書生二人來りて七十二符を傳へ授く、卽ち敬ひ受て以來、此法を修すること十年にして大富貴、二十年にして子孫繁昌、三十年にして必ず白衣の天子宅に入ることあらんと云て、門を出去る事五十歩にして失ぬ、只白氣一道、天に升る而已なり、其しるし一々是を見るといへども、未だ白衣の天子を見ずと云、孝文皇帝信敬して靈符を傳へ天下に施す、

第六、八代神宮寺靈符版之由來并正平御免事

吾朝に靈符の版を彫ることは人王四十五代聖武天皇御宇天平十二庚辰年に肥後國八代郡白木山神宮寺にをいて是を梓にちりばむ、其時の版は今は滅す、今の版は南朝正平年中に後醍醐天皇第六の御子征西將軍良懷親王、八代郡高田郷に御住居の時、梓を御建立成され神宮寺に納め玉ふ、今出る靈符の曼陀羅是なり、

八代細工町の染革屋古來より傳ふる版二枚あり、一枚は中に天平十二年八月と有て、妙見の像及び八幡

の二字幷に梵字等あり、右神佛の形ある故に商買を忌憚るを征西將軍八代におはしましける時、南朝正平年中に別版を彫せらる、是より商買の免を得たるが故に、正平御免革と稱す、此版には正平六年六月と有て神佛の形、梵字を除く、唐草花を畫けり、諸國正平染の權輿なり、

第七、八代上官之事

神宮寺妙見上宮、中宮、下宮、三宮、上宮の妙見は本地大日如來なり、妙見の託に曰く、釋迦阿彌陀觀音地藏金剛藏王虛空藏大威德我身也、種々に現ずる故に七體妙見と號す、

第八、七佛所說經北辰菩薩妙見之事

今按ずるに七佛所說神咒經云、我北辰菩薩、名曰二妙見一、今欲下說二神咒一擁中護諸國土上、所作甚奇特、故名曰二妙見一、處二於閻浮提衆星中一最勝、神仙中之仙、菩薩之大將、光目諸菩薩、曠濟二諸群生一、有二大神咒一、名二胡捺彼一、已上胡捺彼晉言二擁護國土一、消レ災卻レ敵、莫レ不レ由レ之、又曰、廣濟衆生神咒經云々、或は摩醯首羅俱生神、三寶荒神と變じ、上元太乙神となる、漢書云、祀二大乙一以二昏時一、祠至レ明矣、事物紀原云、宋天僖二年閏四月詔して眞武の號を加ふ、東太一西太一中太一とあり、白氏文集に求仙の事を戒る詩に、徐福文成多二誑誕一、上元太一虛祈禱すとあれば、中華の道士の宗とする事を知るべし、天に有ては北斗尊星と云、

第九、三台北斗神器之事

太上感應編云、有二三台一、北斗神君在二人頭上一、錄二人之罪惡一、奪二其紀年一、抱朴子云、熒惑火之精、朱鳥生、辰星水之精、玄武生、歲星木之精、龍生、太白金之精、白虎生、鎭星土之精、乘黃生とあり、今考るに辰星は則ち北斗尊星なり、漢土にては顯眞武上帝也、

第十、玄武則龜蛇之事

五雜俎に眞武は玄武なり、朱雀青龍白虎と四方の神なり、後世地を掘て龜蛇を得る、廟を立て北方に鎭む、朱鳥白虎蒼龍の神は亡滅して祠なし、わづかに玄武のみ殘るとあり、今考るに玄武は今の妙見なり、靈符の像の前に龜蛇を置て以て玄武神なる事を知する者なり、

第十一、四神相應形之事

史記天官志云、北方玄武、後漢書曰、玄武北方神、龜

蛇合體、又云、水神名、文選註云、龜與レ蛇交曰二玄武一、北方神獸也、又云、太乙常居二後玄武一、朱子語類云、玄龜位有二北方一曰レ玄、武蛇身有二鱗甲一故曰レ武也、已上是もと則ち虛危星の形是に似たり、故に北方を名けて、玄武七星となす、東方角房尾の形、龍に似たり、故に蒼龍と云、蒼與レ青同、西方奎婁の形虎に似たり、故に白虎と云ふ、南方張翼の形、鳥に似たり故に朱鳥と云ふ、今玄武を以て眞武とし、龜蛇を下に作るも上に準じて知るべし○宋名臣言行錄云、孔道輔原魯寧州にありし時、道士が眞武の中より蛇を出し神異なりと怖しけるを、原魯笏を以て蛇を打殺して惑を解と云、目深手長早足三人の形を現し、明州の津より黑蛇に乘て肥後國八代郡土北鄕白木山八千把村竹原の津に着く、白鳳九庚辰年人王四十代天武天皇御宇也より三年を經て、益城郡小隈野村千代松峰、に移る、今の所を白木平と云、九十年を經て寶龜二辛亥年四十八代稱德天皇御宇也、八代郡横嶽にうつる、上宮是也、目深手長早足、葬地を三寶嶽と云、

第十二、千歲龜無窮蛇之事

抱朴子云、玉策記云、千歲之龜、五色具焉、其額上兩骨起似レ角、游二於蓮華之上一、或在二叢蓍之下一、其上時有二白雲蟠蛇一、又云、蛇有二無窮之壽一、已上、是尊星を單心無二に貴敬する時は心中諸願成就して龜蛇と年を同する驗あり、

第十三、神宮寺造營始修覆之事

造營の始は人王五十代桓武天皇御宇延曆十四乙亥年、再興修覆は延曆十四年より四百三十一年を經、人王八十三代土御門院御宇建仁元辛酉年、これより二十五年を經て修覆を加へ、又後深草院御宇建長四壬子年、龜山御宇文永十癸亥年、後二條院御宇德治二丁未年、次第に修覆を加へ玉ふ者なり、其祭る所は大日如來釋迦彌陀三尊なり、此宮寺を白木神宮寺と號し、妙見宮地に靈符堂を建て靈符の版を納む、

第十四、中宮下宮三宮事附近衛信尹公歌之事

中宮は人王七十七代後白河院御宇宣旨に依て永曆元辛辰年、平清盛の家臣肥後領主肥後守平能三が三寶嶽の麓に中宮を建立し田園四十町を寄附す、其本尊は千手觀音愛染明王毘沙門天なり、其宮の前に流る丶川を中宮川と云、岩畔に機樹多し、天正年中に近衛信尹公薩州左遷の時、此所を過給ひしに折節秋の末つかたなれば、紅葉影うかんで谷水錦を染るに似た

り、信尹公一首詠じ玉ふ、

かげ見えてちらでもしづむ山川に
ながれもやらぬ村紅葉哉

○下宮本尊は十一面觀音辨財天なり、人皇八十二代後鳥羽院御宇文治二丙午年十一月十五日大江高房、勅を蒙りて造立す、

○三宮の本尊は上宮中宮の本尊を勸請して安置する者なり、人皇七十八代二條院御宇應保元辛巳年八月二十三日從五位下越中前司平盛俊、妙見三所を宮の原に移し田園を寄附すとあり、舊記

第十五、周防國氷上山降臨之事

凡當山星堂開基の事は、琳聖太子五代孫茂村朝臣氷上山に移されける、太子は百濟國の聖明王第三の皇子、日本に來朝の事は推古天皇五年三月二日卿相雲客殿上人百司百官百餘人を相具し、周防國多々良濱に着玉ふ、時に不思議の靈驗あり、其由來を委く尋ね見れば、推古天皇三年乙卯九月十八日に當國都濃郡鷲頭の庄青柳の浦に大星落て松樹の上に留つて七日七夜赫々と耀き玉ふ、國民をどろき騷いて奇異の疑慮をなす、于時巫人に託して宣はく、吾は是北辰妙見なり、是れより三年を經て三月二日に、百濟國の聖王日本に來朝す、太子を日本に留めて王法を修行し國家を治むべし、是を聖德太子に告べしと託し玉ひて天に歸らせ玉ふ、國民やがて是を注奏す、是に依て勅使兼日此處に下つて相待處に、龍頭鷁首の舟を推寄たり、王使御迎の由を申す、是より長門國大内の縣に御所をしつらいて待奉ると奏す、琳聖太子叡感斜ならず、長門の縣に暫く穩座し玉ふ、其後鷲頭山に星宮を建立し九月十八日を祭祀の日と定め玉ふ、

第十六、長門國桂木山影向の事

其後北辰尊星天降玉はず、長門國桂木山に影向まします、此時亦た桂木㴱嶺に移し玉ふ、

第十七、重而氷上山降臨之事附星堂建立之事

太子五代の後、亦氷上山に再宮殿を移し、星堂は金銀を鏤め、本堂に釋迦の三尊、脇立に四天王の像、四面の回廊二階の樓門、東西の二塔、鐘樓輪藏經藏長日の護摩不斷の如法經堂、八幡の社、三十番神、山王の社、法界門十餘町に軒を並べ、五百の衆徒は百餘坊に住し、其外伶倫巫等は山のふもとに在て、毎日の神供、四季祭禮、仲春の大會經行管絃音樂聲

明舞童斷絶なし、後土御門院人皇百四代、文明十八丙午年中納言實隆卿三條西、號二逍遙院一、法名堯空、を以て當山の額、宸翰を染玉ふ、勅願寺たるべき宣旨在て以來、天下安全豐饒懇祈をこたらず、日本初て尊星王の祭祀の起る事、推古天皇十九辛未琳聖太子の百濟の王法を説て日本の職をあらため十二階の冠衣服を定め玉ふ、是に由て此年琳聖太子に玉冠を賜ふて、難波の京生玉の宮にをいて北辰尊星供行ひ玉ふ、それよりこのかた一千餘年多々良氏に綸旨を賜ふて家傳に是を行ひ奉る、昔尊星太一天降り玉ふて數箇條の神制を示し玉ふ、若神制にそむくときは其家其人必ず滅すべしと神言新なり、

第十八、國司多々良二位義隆背二神言一失レ國滅レ身事

周防國司多々良二位の義隆、此神言に一々背き玉ひ、此時星供司多々良正忠諫言を加ふといへども、義隆諫めを不レ用、一千餘歲天降り玉ふ太一尊星も降臨し玉はざれば、五百の衆徒七日七夜まで招請の壇法を修すといへども甲斐なく、別當尊光法師も當山辭し、星供の司正忠は當家の師範諫臣に定め置れ、剩へ星供の檢使代官なれば憤り安からず、是も遁世して高野山に入りければ、其身義隆も數代の國を失ひ數代の家臣に殺されぬ、已上舊記、

第十九、賢王賢臣共可レ奉レ信二仰尊星一事

師を尋ねて神制を用ひ行ふときは普天の災難を退け、率土の凶横を拂ふ、偏に是れ妙見尊星の威德なり、故に天下を治むる賢王賢臣は鎭宅靈符尊星を信仰し奉つれば願として成就せずといふことなし、地神二代の主正哉吾勝尊は星の神なり、慈覺大師の神祇鑒輿云、日神は天照太神月神鹿島嚴島神星神已上、嚴島日本第二主正哉吾勝勝速日天忍穗耳尊也、我朝爲二我朝三台精威德一也、北辰妙見菩薩、變二宇賀神將一、宇賀神將者一切衆生壽福神、今靈符眞君是也、然則從二胎內五轉元初一、爲二倶生神一、至二最後臨終之一念一、不レ離二我身一、靡レ非二薩埵加護一、遺告曰、靈符尊星崇レ之成二宇賀神一、乖レ之大荒神已上、かくのごとくなれば、己が壽福神としらずして靈符尊を崇めず尊まざれば大荒神と成て災禍を下し玉へり、貴むときは子孫に至るまで繁昌うたがひなし、

第二十、祈二子孫繁昌一在二其證據一事

豐臣系圖云、秀吉公先祖國吉、生國江州淺井郡山門住侶（號二昌盛法師一）後還俗、尾張國愛智郡中村居住、當昔往二于江州一之時、竹生島辨財天一千日籠居祈事、其後近江國荒神山登斷食二七日、鎭宅靈符秘法修行、其願文曰、

爲二衆生濟度一再還俗、祈レ天、傳云、靈符秘法、必白衣天子入二其宅中一、給二吾子孫之中一、必可二將軍一、然忽導二衆生一云々、果して秀吉公の武威、異國までも榮る事ひとへに先祖の願に隨ふものなり、又罪を謝せんと思はゞ此尊星を祠るべし、

第二十一、爲二滅罪一祈二尊星一其證據事

後三條院、（人王七十一代、）按二神皇正統紀一、帝者後朱雀院第二之子、後冷泉院之太弟也、後朱雀院遺詔、令レ在二後冷泉院之宮一、迨レ至二卽位之後一、世稱二有德之君一、此君爲二儲皇一時、僧都成尊候二禳其宮一、一日成尊問レ帝曰、陛下拜二北斗一乎、帝曰每月拜レ之、非二是徼一レ福、他日登祚（卽位之事、）之事、欲レ無二之念一、而猶未レ免レ有レ意二于此一、是豈臣子之心乎、吾深懼二其罪一、所二以拜一レ斗也、成尊流涕（已上、故事談、）人の北斗を拜する事は多くは福壽を求めんがためなり、穆たる彼の青宮（帝爲二儲君一時之事、）祈るところ何の祐、みづから非二其非一謝二罪乎天一、忠孝之言、聽者泣然たり、或問儲君罪を恐て斗宮を拜するは何謂也、答、按二北斗經註一、人之住也、北斗莫レ不レ降二氣於心一、心之象、內虛而中藏二於水一、水者天一之水、卽北斗之精也、故人運二誠心於內一、北斗こと〲く知り玉ふゆへに拜したまふなり、帝王編年集には九月被二斗升法一とばかり見えたり、

第二十二、日本熊野權現北辰妙見事

役行者筆記云、閻浮提守護、四神王在、一妙德圓滿摩訶陀國正中、在二本地阿彌陀如來一、日本證誠大菩薩名、二北辰、閻浮提北在、本地藥師、日本熊野權現名、三大夫、四白太、此二神者兄弟也、補陀落山座、本地觀世音也、日本那智權現名（已上、）

第二十三、江州三井寺閼伽井號二尊星水一事

天下に四ヶ寺の大法と云事あり、其中に三井寺の尊星供とて他門にかつてしらざる事なり、是北辰妙見の秘法、天下安全國土豐饒のために修する法なり、彼の寺の閼伽井に影を垂れ玉ふ故に尊星水と云ふ、天上の星降つて井を穿ち玉ふ、其星この井を護り玉ふときは九頭龍王と現じて池中に栖、よく雨を降す、所

レ謂降龍の會日あり、人可ニ以避一焉、正月七日三月三日四月八日五月五日夏至六月晦日七月七日八月朔日九月九日冬至毎丑時忌レ臨ニ池邊一也、出ニ談海記九巻一、三井記云、傳曰、昔三辰自照ニ於儲常一、俾下九頭之龍加中護於大淵上、已上八代の版圖の下の聖降之日と同じければ、疑ふ所もなく靈符尊星の影を移し玉ふ池水なり、

第二十四、尊星號ニ神武仙一事

此尊星曰ニ神武眞仙一、事物紀原ニ云、眞武號、宋朝會要、天禧二年閏四月、詔ニ醴泉一所レ立觀曰ニ祥原一、六月詔加ニ眞武號一曰ニ眞武靈應眞君一、

第二十五、圖ニ尊星形像一由來

瑯邪代醉編二十九云、大和山眞武像、披髮跣足、相傳、永樂時塑像不レ識ニ其貌一請レ之、文皇帝時、成祖正披レ髮去レ膸、云レ當レ如レ我、然眞仙通鑑載、宋道君問ニ林靈素一、願見ニ眞武聖像一、靈素曰、容臣同ニ張淨虛天師一奏請、乃宿レ殿致レ齊、於ニ正午時一黑雲蔽レ日、大雷霹靂、火光中見ヨ蒼龜巨蛇塞ニ於殿下一、帝祝香再拜告曰、願見ヨ眞君幸垂ニ降鑒一、霹靂一聲、龜蛇不レ見、但見ニ一巨足塞ニ於殿下一、帝又上香再拜云、伏願玄元聖祖、應化慈悲、既沐ニ降臨一、得レ見ニ一小身一、不レ勝ニ慶幸一、須臾遂見ニ身長丈餘一、端嚴妙相披髮皂袍垂レ地、金甲大袖、玉帶腕劍跣足、頂有ニ圓光一、結レ帶飛繞立一時、久帝自能寫レ眞、寫成忽不レ見、次日安奉醮謝、蔡京奏云、竊恐眞君未レ易レ降ニ於人間一、昔日太宗皇帝、嘗命ニ張守眞一請レ降亦有レ畫、本藏ニ於閣下一、乞取對レ之、可レ見ニ眞僞一、乃宣取展看、與見本更無レ差、殊帝愈悦、則眞武本像如レ是、非レ取ニ像於成祖皇帝一也、因記レ此、已上、事物紀原一云、漢有ニ天下一、高祖制詔ニ御史一、令下天下立ニ靈星祠一、蓋祈レ穀也、時漢興八年矣、周制仲秋祭ニ靈星於國之東南一、則非ニ漢始祠上之也、已上、

第二十六、三愚地并秘法釋義并供物禁物

三愚の宅とて大凶の地あるなり、其三愚とは、

○宅の前、高くて後の方低し、是を一愚と云、

○北に流水あり、是を二愚と云、

○東南たかくて西北の方、平地なるを三愚の宅とて、かくのごとくの屋敷は忌嫌ふ事なり、

靈符祕法之事

總じて祕法と云にはさま〴〵の習あり、或は尊形を祕するもあり、或は根本印明幷種子を祕するもあり、或は壇場を祕する事もあり、或は本尊を祕する

もあり、是等をみな祕法と云なり、今此の靈符の法も祕法なれば容易く授くべからず、此法を修するに大法略法八代流駒形流多々良の家傳品々傳來あり、能傳授せし人に尋ね習ひて修行すべき事なり、毎月聖降の日、此法を執行せば一間を道場として前日より塵を拂い、齋戒沐浴し勿論魚味不淨を除き、心身共に清淨にして修し奉るべし、世間出世の願ひ求むる所に隨ふべし、

供物次第

△梔子　△木犀　△松　△梅花無レ花時は干梅、

△榧　△上葉茶

右六種は四季ともに究めて供するなり、其外に、

△御酒　△醴酒　△團餅　△洗米　△栗　△柹

△飴

此外何にても有合物を尋常には取添て供養し奉るべし、皆人々志を表するまでの事なり、文曰、沼沚之芼、蘋蘩之菜、禮奠雖レ薄、以ニ志敦厚一、照尙享レ之と云へり、

香は沈眞盤等を用べし、畫像懸るに口傳あり、尤も符を認め札を書にも日取時取の習ひあり、容易く知事にあらず、奥に至りて記す、

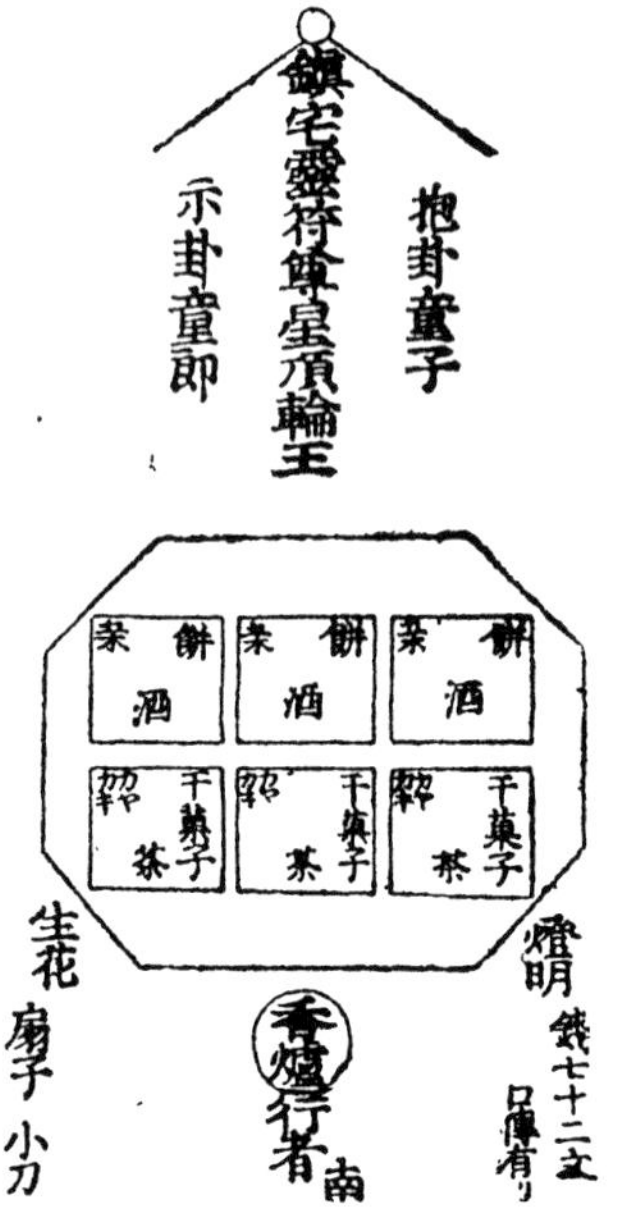

五木は右にしるす梔子、木犀、梅花、榧、松、是を生花に用ゆるとき五木と云、

一生禁忌物

鴈　龜　鼈　牛　犬若誤而食者、七十五日在齋あるべし、　鰻　鼈

黑鯉　鰡　鱓　五辛　生大根若誤て食せば一七日在齋あるべし、

自分の產穢死穢は服忌令にある日數の如く愼むべし、蹈合同火は行水次第なり、

第二十七、七十二道靈符神

圖畫に七十二の符形あり、先天の八卦に後天の六十四卦を加へて建立すと云へり儒者傳也、或は七十二候を象るとも云へり、是則ち天に九天あり、地に九州あり、

人に九竅あり、三九積りて二十七と成る、是れ天の二十七宿、又三を倍して八十一と成る、天の九宮を除きて七十二と成る、是則ち天の七十二候、運んで一歳となる、人は如ニ影隨レ形の七十二神也、皆是天地人ともに靈符神にあらずと云ふ事なし、されば天に神道なければ三光あることなし、又四時もなし、地に神道なければ五行ある事なし、又萬物もなし、人に神道なければ一命ある事なし、亦萬法もなし、故に頌曰、太元神勅、天有ニ神道一、故有ニ三光一、亦有ニ四時一、地有ニ神道一、故有ニ五行一、亦有ニ萬物一、人有ニ神道一、故有ニ五大一、亦有ニ六根一已上、問、縱尊星の名を聞、小緣の神拜にも其加護ありや、答七十二道は如ニ影隨レ形の星なれば一揖一禮猶必加護あり、何況祕符相傳の人乎、第一には壽命なり、第二には無病なり、第三には福祿なり、是を隨身の三寶と云ふ者なり、第一第二は身内の寶なり、第三は身外の寶なり、壽命第一とは命を存するが故に病を治む、命を保つが故に財を求む、故云、壽命第一無病第二とは病を得る者は壽命の危きを恐れ、病に沈む者は財寶の重きを忘る、故に云、無病第二福祿第三とは、壽命は身の根本なり、諸病は身の枝葉なり、福祿は身の花實なり、故に云、福祿第三、故大論云、一切寶中、人命第一、人爲レ命故求レ財、不ニ爲レ財故求一レ命已上、花實は枝葉の所生なり、枝葉は能生なり、根本は一靈の生養なり、一靈は始に云、天すでに開けて圓なる物の現ず、其中に一點の神座すと云ふ者なり、

北斗元靈經曰、眞者神也、正也、直也、化也、聖也、靈通而妙明、謂ニ之眞一者也、天無レ眞、萬物不レ春、地無レ眞草木不レ根、人無レ眞不レ能レ御レ神、已上、自他互に意を以て理を成す、意を以て言を成す、意を以て手足を成す、皆是心神の所爲なり、一切含靈鎭宅靈符尊星の進退なり、皆是三業淸淨の密法なれば云ニ靈符祕法一也、鎭宅二字、別而面授口決也、尋レ師可レ聞、

鎭宅靈符緣起集說　卷下

尊星行法の義は師傳無ては叶はざる事なれども、仰仰の門弟に知せん爲に、昔より儒佛神の行者、是を執行するの行法を左に出すものなり、

第二十八、儒法靈符行法次第

先沐浴淨衣、靈符畫像向レ南掛、掛有二口傳一、行者向レ北燒レ香、香有二習事一、謹而奉二執行一、

○敬拜文曰、

謹而奉レ勸二請鎭宅七十二道之靈符神一、

○次取レ笏或扇子、或幣、有二口傳一、

北面稽首再拜大皞伏犧太皇　兩段

北面稽首再拜周文王昌大聖　兩段

北面稽首再拜周公旦大聖　兩段

北面稽首再拜大聖至聖文宣王　兩段

北面稽首再拜漢孝文皇帝　兩段

北面稽首再拜漢劉進平先生　兩段

北面稽首再拜易中一切諸神等　兩段

○次又燒香、叉レ手當レ胸供物加持、口傳、

黍稷非レ香、明德惟馨、沼沚之草、蘋蘩之菜、禮奠雖レ薄、以二志敦厚一昭尙饗レ之、三反微聲心念、

○次正念誦四德文、

乾元亨利貞八十一反、

○次八卦文

乾、兌、離、震、巽、坎、艮、坤、一十一反、

○次奉請

奉二招請一救苦天尊、太乙神、抱卦童子、示卦童郎、六爻神將、飛伏二神、世應兩將、皆在レ前、北斗北辰　七遍、

○次祭文

于レ玆七十二道靈符神、具二足身上一某氏名入、守護賜、夫神者妙二萬物一、通二變化一者也、立二天道一謂二是陰陽一、立二地道一謂二是柔剛一、立二人道一謂二是仁義一、三才兼レ兩之、故六畫成レ卦、天地定レ位、山澤通レ氣、雷風相薄、水火相射、八卦相錯、推レ往知レ來者神也、乾曰レ奎、坎曰レ虛、艮曰レ斗、震曰レ房、巽曰レ角、離曰レ星、坤曰レ井、兌曰レ昴、天地吉凶非レ神無レ知、故備二八珍八財八菓珍華異香美酒甘肴一、陳二禴祭一、仰冀今日之祈主、某甲、福壽增長、除レ災與レ樂、心中善願、決定成就、決定圓滿、三反、

○次六十四卦之名　七反、

乾、姤、遯、否、觀、剝、晉、大、有、水、節、屯、
旣、濟、革、豐、明夷、師、山、賁、大畜、損、聯、
履、中孚、漸、雷、豫、解、恒、升、井、大過、隨
風、小畜、家人、益、無妄、噬嗑、頤、蠱、火、旅、
鼎、未濟、蒙、渙、訟、同人、地、復、臨、泰、大
壯、夬、需、比、澤、困、萃、咸、蹇、謙、小過、
歸妹、上巳、

○次二十八宿之名 七反、

角亢氐房心尾箕、東方、斗牛女虛危室壁、北方、奎婁胃昴畢觜
參、西方、井鬼柳星張翼軫、南方、

○次

善星皆來、 惡星退散、百反、

○次

上眞垂レ祐某甲災害不レ生、福壽增延、子孫榮顯、田蠶倍
盛、六畜興生、掃二除精怪一、蕩二滅妖氣一、靈符祕妙、永鎭二
門庭一、此符靈驗來歷甚多、遁レ之難レ盡八十一反或三反、

○次

乾元亨利貞八反口傳、 默然而坐、鳴レ齒三度、口傳、

○次

大哉乾乎、剛建中正、純粹精也、六爻發揮、旁通情也、
于レ時六龍、乘以御レ天、雲行雨施天下平、八反、

○次送神文

一心奉送、上所レ請一切尊神、一切靈等、各還二本宮一、向
後奉レ請、卽不レ捨二慈悲一、急須レ垂二光降一、三反、
次床下而一揖退出、再拜去、已上儒法に用る行法の次第也、

○供物之次第

正月鏡蛩菓、二月粟飯、三月菓餅、四月大麥飯、五
月粽子、六月小麥皈、七月圓物、八月栗飯、九月芋
飯、十月豆腐、十一月小豆飯、十二月黑豆飲、

○幣五段、串寸法口傳、

陰日陽日子陰丑陽、如レ常、

第二十九、吾朝神道者行法私記

先沐浴淨衣、入レ壇、乍レ立再拜、文曰、
一鏡一見、 六根淸淨、

○次着座揖問、志之認二於願書一、置二之壇上一、

○次手當レ胸勸請、 文曰、

一心奉レ請北辰妙見、眞武神仙、韓檀關公、
劉進平先生、 漢孝文皇帝、 靈符七十二神、 喼々如律
令 二反、

○次供物加持普印口傳、

黍稷非ㇾ香、明德惟馨、沼沚之草、蘋蘩之菜、禮奠雖ㇾ薄、志以二敦厚一、昭尙享ㇾ之、

○次御酒加持 捧二御酒壺於八葉中一口傳、微聲唱云、

此酒妙味、遍二滿虛空一、祭二諸神等一、祭二諸靈等一、天福皆來、地福圓滿、三反、或此文諸神通、

○次拍掌

大哉乾乎、乾元亨利貞 齒打八、口傳也、

○次正念誦 四德文、

乾元亨利貞 百二十反、

○次取ㇾ幣 或笏或扇子、口傳、

心上護神、三元加持、胸霧自消、心月澄明、大願成就、上天妙果、三反、

○次取二念珠一 進二於念珠一以二木犀木一作ㇾ之、其數一百二十也、

上眞垂ㇾ祐、災害不ㇾ生、福壽增延、子孫榮顯、蠶田倍盛、六畜興生、掃二除精怪一、蕩二滅妖氣一、靈符祕妙、永鎭二門庭一、此符靈驗、來歷甚多、述ㇾ之難ㇾ盡、祭日には八十一反常には八反、

○次普通印 口傳、

行年護神、三元加持、一切星宿、養ㇾ我護ㇾ我、年月日時、災禍消除、

○次拍掌畢乞瞎印 口傳、

上來諷誦、所ㇾ集功德、上界天人、下界諸神、扶桑國內、王城鎭守、八大金剛 各々某甲、守護 一反心念、

○次乾元亨利貞 八反、口傳、默念坐、

○次下座再拜去、已上日本神道者多々眞家之傳也、

第三十、唐樣鎭宅次第

先劉進平傳、謹疏百拜上獻、

昊天金闕玉皇太帝 一拜、

星主北極紫微太帝 一拜、

周天三百六十纏度星君 一拜、

太歲至德尊神 一拜、

今七十二星神恭望星茲附垂、長跪座讀、

太陰化生、水位之精虛、危上應、龜蛇合ㇾ形、周二行六合一、威接二萬靈一、無二幽不一ㇾ察、無二願不一ㇾ成、劫終劫始、剪二伐魔精一、救二護群品一、家國咸寧、數終末申、妖氣流行、上帝有ㇾ勅、吾固降ㇾ靈、戰二揚正法一、蕩ㇾ邪讐兵、化二育黎兆一、協二贊中興一、敢有二小鬼一、欲二來見一ㇾ形、五日一視、吾嶽摧傾、嗚急如律令、奉ㇾ導誓願、何不二成就一乎、合掌、

○次乾元亨利貞、八唱默然、

其外如二前法一無ㇾ替、能々可ㇾ受二師傳一者也、

第三十一、吾朝佛家習合法

先入レ壇、自ニ南面一向、再拜、文曰、
唵サルバ、タヽギヤタバン、ナヤノキヤロニ有ニ口傳一二度、
○次着座志願書認、壇上置レ之、兩手當レ胸勸請、
一心奉レ請北辰妙見等文如レ前、
○次供物加持
黍稷非レ香、明德惟馨等文如レ前、
○次御酒加持
此酒妙味、遍滿虛空等文如レ前、
○次拍掌口傳、四德文、
○次正念誦百二十反
○次取レ笏心上護神等文
○次取ニ念珠一上眞垂レ祐災害不レ生等文八十一反、
○次妙見菩薩咒依レ師可レ習、二十一反、
白衣觀音咒二十一反、十一面咒二十一反、消災陀羅尼百反、或七卷、
○次普印行年護神等文
拍掌、上來諷誦所レ集功德等文
○次乾元亨利貞八反、默念坐、何如ニ前法一、
○次退出再拜

第三十二、每日勤行至極之略法

至ニ神前一先再拜、靈符七十二神、喼急如律令二度、

○次兩手當レ胸某甲可觀六度、口傳、
○次法末燒ニ香具一有レ習、口傳、
○次黍稷非香等文三反、
○次兩手叉手、夫神者妙ニ萬物一而通ニ變化一等文如レ前、
○次乾元亨利貞文千反、或百反任意、
○次上直垂祐等文二十一反、或十一反又八反、
○次大哉乾乎、剛健中正、純粹精也、六爻發揮、旁通レ情也、時乘ニ六龍一以御レ天也、雲行雨施天下平也、
心上護神等文唱而默然坐、退出而再拜去、

第三十三、有ニ十二種大法一其名字

鎭法所用大法、種々鎭法有レ之、
第一除ニ疫病一法、第二長壽無病法、第三護持國王法、
第四除ニ宿曜一法、第五除ニ人疫一法、第六除ニ畜疫一法、
第七除ニ頭病一法、第八除ニ鬼魅一法、第九除ニ虎病一法、
第十除ニ嬰魅一法、第十一除ニ劫賊一法、第十二除ニ苗稼一法、
鎭法者、日月星宿天變、家內怪異、火水大風、盜賊蜂起等、七難之時、別而可レ修レ之者也、
新宅移徙之時、猶以可レ修レ之、

第三十四、守札有ニ十三種之功能一事

○毎朝向二北方一修レ之時、無下心中善願不中成就上、擧二其功德一者、
第一被二貴人思一德、第二衆人愛敬德、第三壽福增長德、第四怨敵退散德、第五子孫榮顯德、第六田蠶倍盛德、第七六畜興生德、第八掃二除精怪一德、第九蕩二滅妖氣一德、第十得物通用德、第十一火災不レ合德、第十二寶買有レ利德、第十三所望成就德、
此七十二符靈驗不レ可二擧計一、依二行者信力一、述レ之難レ盡、傳受已後、懈怠不レ信者、壽福減少如二南表雪一矣

第三十五、調二札守一時用日取事附 毎月降臨日之事、造二七十二靈符一加持吉日事、

甲子　乙亥　戊寅　己未　壬寅
甲寅　丙午　戊辰　己酉　壬午
甲辰　丙辰　戊午　己亥
甲午　丁酉　戊申　庚寅
甲戌　戊子　己巳　壬子

右の日、符守等造るに吉也、又亥卯酉の日大吉也、
此等の日取も傳受一法なり、又符守り認むる水に九水を用るに品々あり、知人に尋習ふべし、九種の水の中に瀧水と云あり、五瓶の水を云、一切敬愛等の守符を調へる時用る水なり、依レ之毎朝の元水を取て北辰に供じて其日の所用すべし九種水之事習有レ之、

毎月降臨日之事

正月初七日　二月初八日　三月初三日
四月初四日　五月初五日　六月初七日
七月初七日　八月初十五日　九月初九日
十月廿一日　十一月初七日　十二月廿七日

右の日は別而沐浴淨衣して壇上を清め、逮夜より明日まで慇懃に相勤むべし、供物香花燈明等如レ前、

第三十六、尊星王供告文

朝野群載第三尊星王告文二あり、曰、
○告文尊星王供告文　式部大輔正家作
維康和二年歳次庚辰十月朔甲午十一日甲辰南瞻部州
大日本國皇帝諱
謹敬白擁護衆生慈悲奇特尊星王大士繼黃軒以君臨撫蒼生以子育萬機惟繁一日匪懈抒除厄消災偏仰玄應延年益算在丹祈尊星王大士者衆星中王諸仙中主住閻浮提四天下拔濟衆生如船橋苞萬物如父母是以擇良辰定

吉日專凝精進之誠令修深密之法空谷無心待邑以相應圓鏡有明瀉影以照況如來實語尤可歸依者乎仰請尊星大士還念本誓成就所祈早答一心之懇祈永保萬歳之寶祚敬祗至深必以尙饗

私云、此告文に點假名付知せたく存ずれども、天子の尊星への命示の御文なれば恐れて態と點假名不レ附、例せば後醍醐天皇告文一紙を以て相摸入道が恐を靜めんと思召し、萬里小路大納言宣房卿を勅使として關東へ下さる、相摸入道、秋田城介を以て告文を請取て則ち披見せんとしけるを、二階堂出羽入道道蘊かたく諫めて申けるは、天子武臣に對して直に告文を被レ下たること、異國にも我朝にも未だ其例を聞ず、然るを等閑に披見せられん事、冥見に付て其恐れあり、只文箱を啓ずして勅使に返進せらるべきかと再往申けるを、相摸入道何か苦しかるべきとて、齋藤太郎左衛門利行に讀進らせられけるに、利行俄に眩き衂たりければ讀終ずして退出すとあり、然れば天子の告文などは平人のたやすく讀べきにあらず、此に告文を出すこと上代には天子までも祭り玉ふと云ふ證に書出すまでなり、又は諸人の思ふには外教の法にして佛說にあらざるやうに思ふ人の爲に委く出せり、

又朝野群載云、

尊星王法　　式部大輔正家作

維康和五年歳次癸未五月朔己卯四日壬午南贍部州大日本國皇帝諱

敬白擁護衆生慈悲奇特尊星大士握乾之後年過十年撫民之間日愼一日引頃者天變頻示年厄可愼就中去月雷降今月地動司天之奏恐畏無極夫轉禍爲福偏在於佛法消天得祥永任於星宿是以擇吉日占良辰專凝精進之誠今修深密之法抑尊星王者衆星中王諸仙中主住閻浮提領四天下救濟衆生旣如船橋苞倉萬物又如父母然則早消變異永除災厄延年益算宜在眇身丹祈至深玄應盍答圓鏡者瀉影空谷者傳響如來實語同於影響也仰請尊星王大士還念本誓成就所祈必除今年之重厄久保萬歳之寶祚兼又消天地之變異拂內外之不祥祗敬尤早以尙饗

已上、此外北斗御修法祭文、北辰祭文、恐繁不レ出、

○比叡山日吉七社權現を北辰に比したる證歌

新續古今集に、

空にすむ星となりても君が代を
ともにぞまもる七の神垣

第三十七、伊勢國岡本妙見之由來

伊勢國岡本橋と申す所に妙見菩薩を勸請す、是も仔細ある事なり、

○王城の四方に斗北堂建立の事

又王城の四方に北辰妙見を勸請し大將軍の社あり、みなこれ帝都の鎭護とす、是れ星を祭るものなり、又舊記にあやまり云へることあり、中古爭亂の時、王城の四方に蜀の關羽の廟を建て、これを祭るは羽王は猛將たるに依てなり、妙見の鑄像所々に殘り玉ふを見て羽王と讚するは甚だあやまり也、

第三十八、日蓮宗尊崇七面大明神之事

日蓮宗に七面大明神を寺々の鎭守とす、是れ上に出す所の七佛妙見と云はれ玉ふものなり、

○草山集云、足蹈二白蛇與一レ龜、左手擎レ蓮、右手提レ劍、以二七曜一爲二圓光一、

白蛇綠毛、福壽兼施、金蓮寶劍、攝折稱レ宜、北辰所レ在、衆星共レ之、赫々光木、不レ容二人知一、豁然今日開二慈眼一、我主我親又我師矣、

白蛇靈龜在二脚下一、七曜爲二圓光一、左手持レ珠、右手執レ劍、

二靈洋々、七星閃々、福云慧云、無レ所レ不レ贍、一見威神、惟狂克念、以レ筆左邊點云、左眼映二寶珠一、右邊點云、右眼照二寶劍一、

又南無三光天子七星靈符云々、

第三十九、八幡宮與二妙見一御座一所證

北辰殿、宇佐記云、當山先住之神大菩薩御修行之時、可レ在二一所一、而守二吾君一之由、令レ相二語之一給畢、北斗七星變作、南州常住之利生也、機緣已厚、此界行度、不レ移二他方一、來レ從二天宮一、已爲二地主一矣、

御正體、同記云、元曆逆亂之時、勅使權右中辨平基親朝臣推二問之一、權神主大神宮忠申云、北辰者俗體、以レ木而坐、像奉レ造レ之、入二綿於調布一奉レ被レ之云々、辨官田部妙盛申云、北辰者妙見、本地觀音歟、依レ不レ奉レ開レ戸、不レ令レ拜二見御體一、又舊記云、武士取失畢、今度更不レ及二沙汰一申二云々、

同記云、若宮之內、御正體五體安レ之、內第三御正體、如二毘沙門天形像一、御甲黃色也、着二打掛一左右御手胸

留、左御足下、右御足擧、坐二磐石一、深沓黑色也云々、同記云、今五體之條、可レ尋二先規一之者也、但二季大祭之間、午日後祭之時、名二北辰舞一、而神官等令レ舞レ之、五體之内一所者北辰歟、

私云、鳩嶺足立寺繪圖、亦有二北辰殿一、善法寺之境内、妙見宮幷七佛藥師堂于レ今現在、河州有二妙見山一、其處曰二星田一、便善法寺之領地也、

北斗堂、昔日平安城に北斗堂と號して、都の四方に妙見菩薩を安置し其寺を靈巖寺と名けて王城の鎭守とすと云へり、東山階大屋家村に妙見菩薩あり、二ヶ所、又西郊奥海印寺村寂照院の西北の山を妙見山と號して、尊星王を鎭め奉る、二ヶ所、又西九條長見寺に妙見石と云ふあり、三ヶ所、北岩倉の東巽に妙見山あり、四ヶ所、皆是昔日北辰尊星を祭るの所なり、公事根元幷年中行事等にも三月三日九月三日兩度北斗の御修法あそばしけると見へたり、

第四十、伊勢國山宮祭者祭二妙見菩薩一事

神國決疑編中、十九紙、山宮祭者祭二妙見菩薩一也、妙見菩薩者、度會姓遠祖大神主飛鳥苗胤大内人高主女、大物忌子也、貞觀元年十一月十五日沈二御贊河一卒、時年十五、卽時從二御贊河淵底一得二妙見星童形像一、奉レ居二尾部陵以西小田岡崎宮靈地一、以祈二氏人繁榮一、尊像今尙在焉、爰貞觀二年十一月十五日高主生レ子、一胞二男、宗雄冬雄是也、同三年十一月十八日、亦同胞二男子生、春海秋並是也、同四年十一月十五日、亦同胞二男子生、冬綿春彥世傳與二菅聖一友善、崇二祀白大夫神一是也、是也、仁和四年十一月十八日、神主春彥時年二十七、任二妙見尊星王靈託一、率二氏人等一向二清淨山谷一、奉レ祭二妙見大菩薩日光月光等一、今號二山宮祭一是也、仔細載在二于山宮祭祀詞一也、據二岡崎宮本緣起一而記レ之、

第四十一、陸奥但馬伊勢在二靈符尊一事

奥州相馬家、世以二靈符尊一爲二本尊一祭二祀之一、建二祉於城中一、安二觀音大士像一、以爲二御正體一、奥州記、

但馬國石原山帝釋寺日光院妙見菩薩、北斗七星垂迹、本地藥師如來、但馬舊記、

伊勢岡妙見者、每月二十二日緣日也、寺曰二常明寺一、此寺兩太神内院也、後陽成院勅額故、禰宜衆中每正月八日堂中に集り祭禮あり、此堂は中央は藥師如來、左右は兩太神なり、此境内に大倭姬穴隱の所あり、依レ之妙見山より高源寺山を打越、常明寺山までを隱岡と云、

元亨釋書、第十、釋公伊投ニ園城寺賴豪一、學ニ顯密教一、一日修ニ北斗法於宮中一、此時伊被レ酒醉甚、及レ入レ宮酩酊不レ醒嘔吐、殿上王臣皆嫌ニ其不軌一、然業已應レ請不ニ卒改一也、其夜帝夢、衣冠之人數輩刹ニ北斗壇宮死一、帝驚令ニ人問一、冠人曰、今夜伊公供ニ北斗一、北斗當レ降レ壇、先令ニ我等闢レ路耳、帝覺後敬レ伊云々、

第四十二、木犀木之由來

禪林風月集註曰、木犀始は天より靈隱寺の前山に降る、木犀樹あり、秋到則は其香氣遠く薫徹す、而人嘗て其故を知らず、于レ時李木李犀者二人有て、至ニ於此一、或人依レ之其故を問ふ、二人答云、是れは天上の桂花なり、未申の枝零ニ落於此地一而種と爲り、便ち生ずる也、秋風を迎へて其花開く、今言ニ木犀一者則李木李犀を借て以て爲レ名也、謂る李木李犀は卽天人の化身なり、靈隱寺の山者、靈鷲山之未申の角山落ニ於此一、故曰ニ飛來峯一、又竺峰とも云也矣、

第四十三、靈符七十二道之解釋

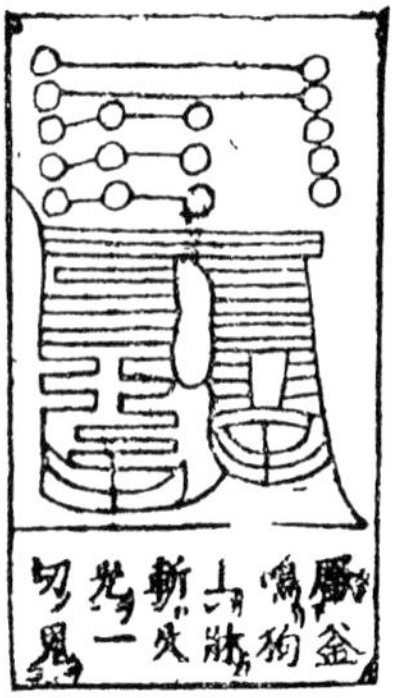

○釜鳴て病事をこり、狗床の上へあがりて口舌火難をこり、又火光とてひかりもの飛などする、一切靈鬼を厭除く靈符也、

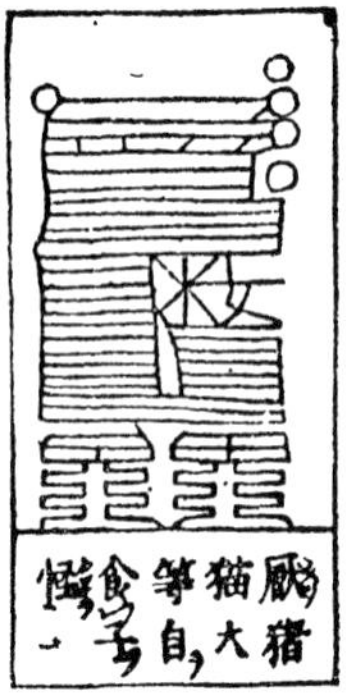

○猪猫犬など我子を喰などして、家内に怪事おこるを厭除く靈符なり、

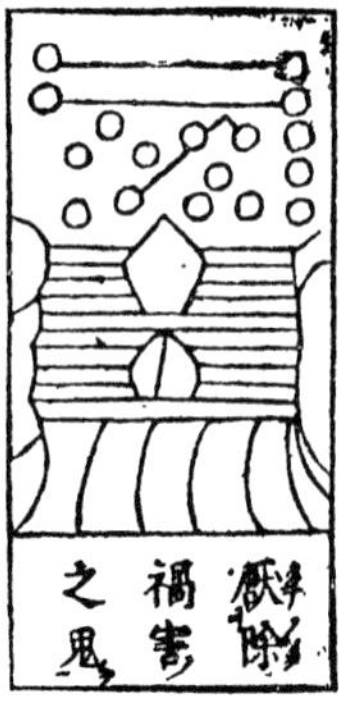

○禍口舌又人を害しみづから殺害する凶事をこる、靈鬼又其如くなる災にあひ、又人に害せられ、自害などなして死たる靈鬼の祟を除く靈符なり、

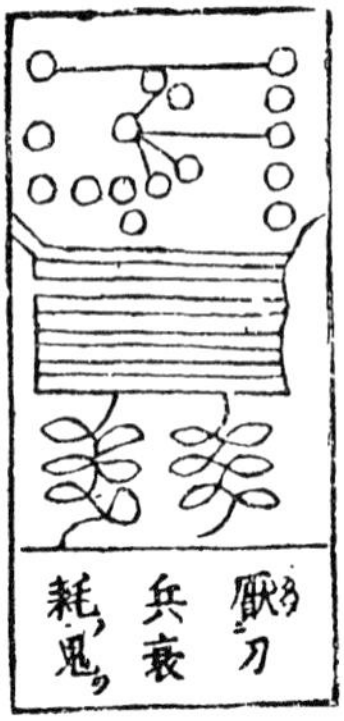

○刀兵とは戰場軍陣に於て討死し、又衰民と云ひて困窮に逼り餓死などしたる靈鬼ありて祟をなすを、厭除く靈符なり、

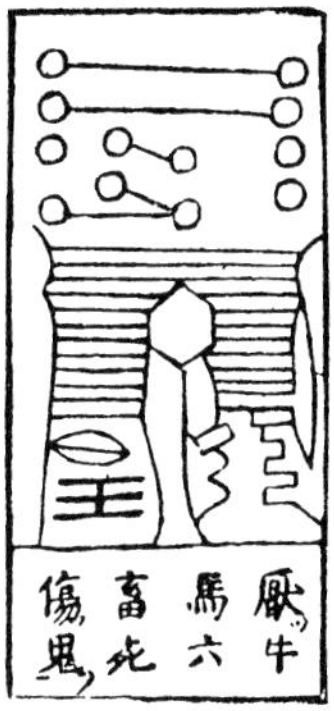

○牛馬六畜死して其靈鬼祟りを爲し災をおこすを厭除く靈符なり、

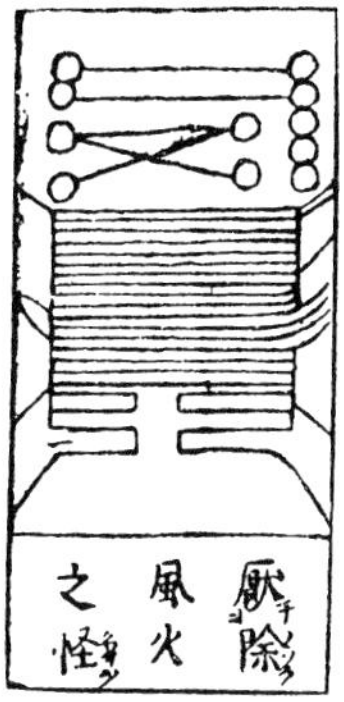

○風奇怪く土砂を吹て鳴り音あやしく、又燈火に色々の花ありてあやしく、又火のひかりなくして怪事をこるを厭除く靈符なり、

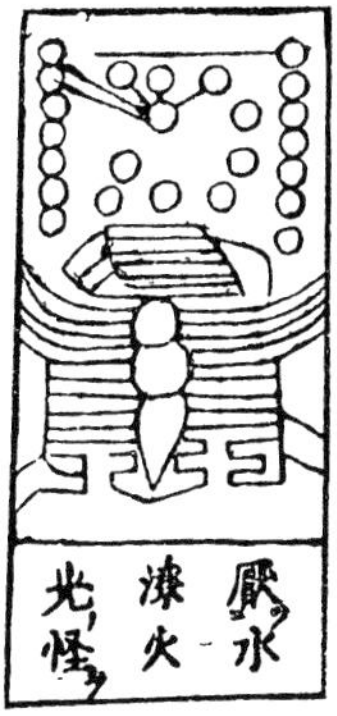

○水潦又は井の水などの俄に濁り穢れ入、香あしく、又火光とて光物とび、又は燈火に奇き花出ること有て家内に災をこるを厭除く靈符なり、

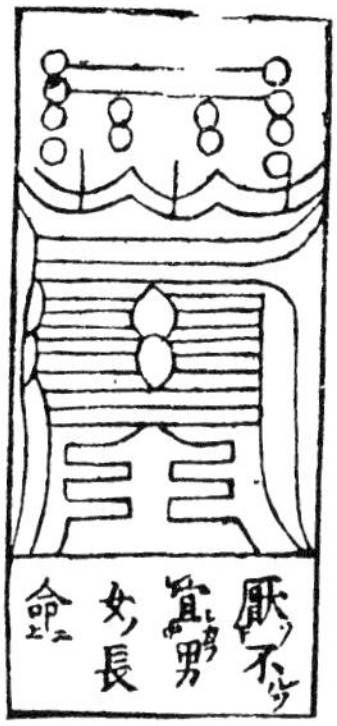

○男子女子夭死して長命ならざるを厭除きて、人命長壽ならしむる靈符なり、

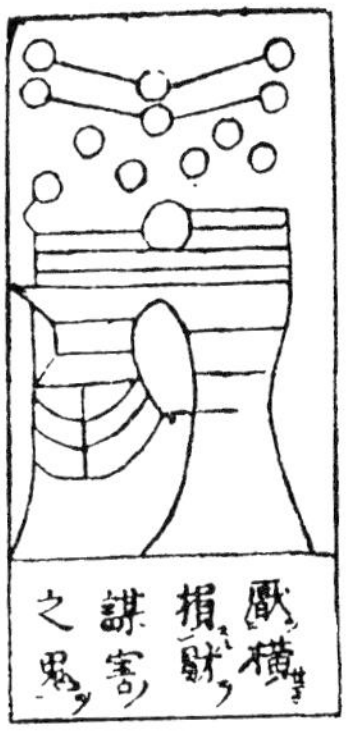

○不慮に街事などにあひ、よこさまに財寶を損失し、はかりごとによりて口舌災難をこることある靈鬼を厭除く靈符なり、

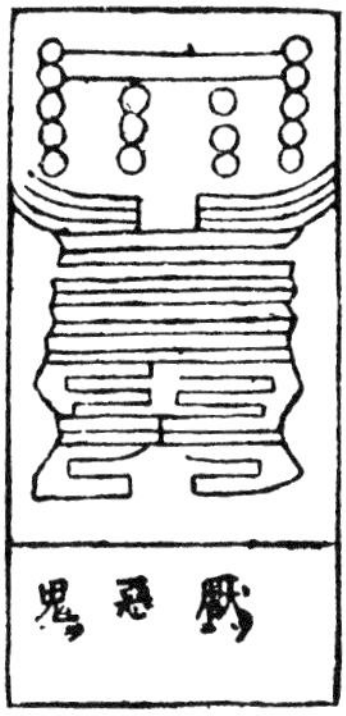

○惡き靈鬼祟りをなしてさま〴〵惡事災難の絶ざるを厭除く靈符なり、

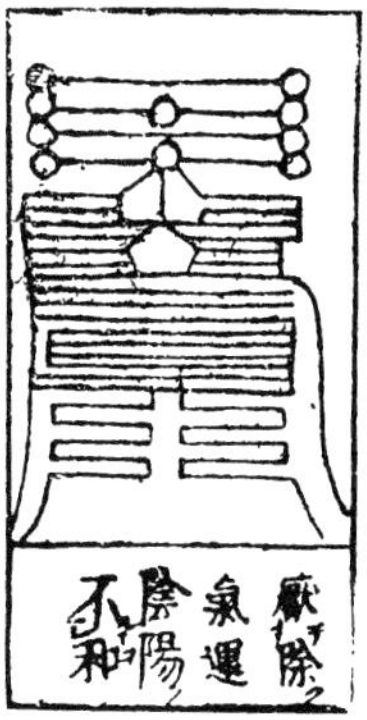

○天地陰陽の氣運和せずして大雨ふり、又旱魃などして四季寒熱の運氣正しからざるを厭除く靈符なり、

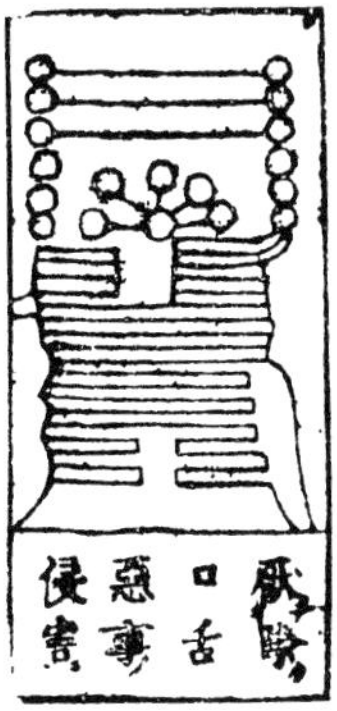

○口舌をこり又惡事に侵し害せらるゝわざはひを厭除く靈符なり、

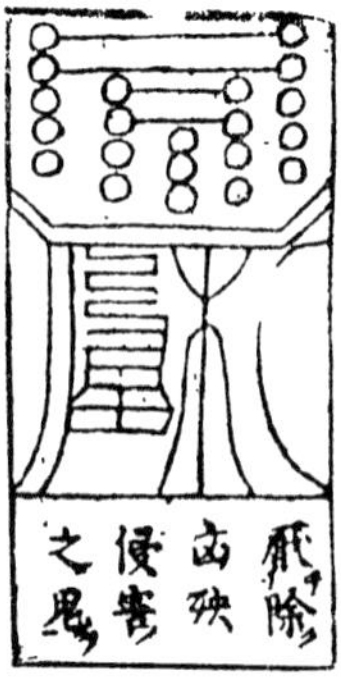

○凶き殃に侵され殺害などしたる靈鬼を厭除く靈符なり、

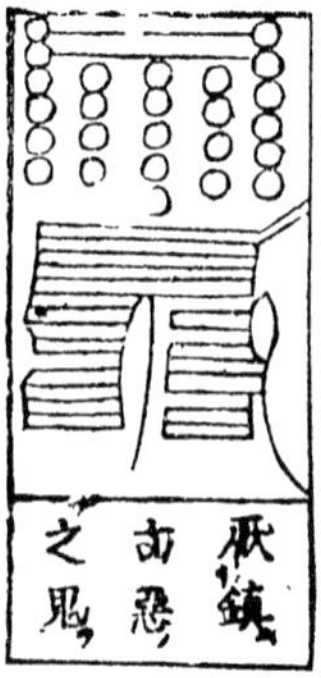

○凶き靈鬼又惡き邪氣の靈鬼を厭除く靈符なり、

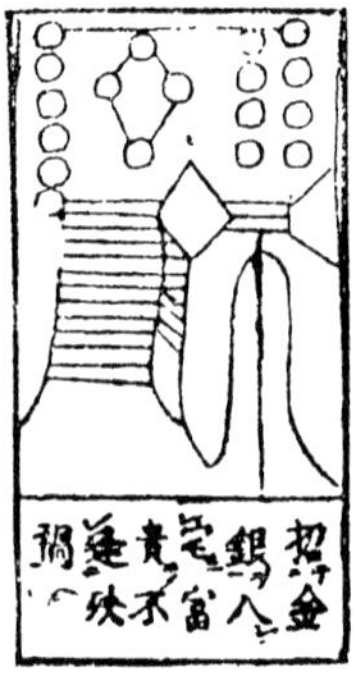

○金銀を招き入れ家富貴に成て而も殃禍をこらざる靈符の法なり、

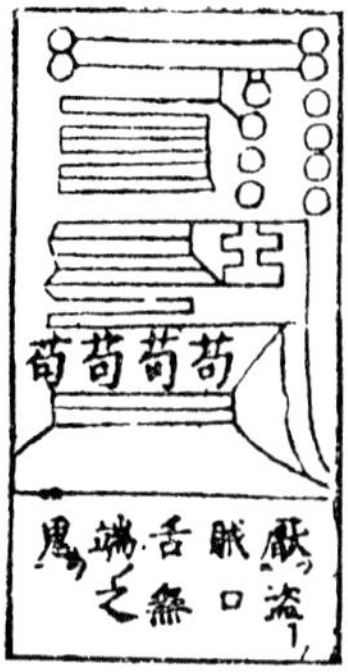

○盜賊にあひ口舌をこること無端靈鬼を厭除く靈符なり、

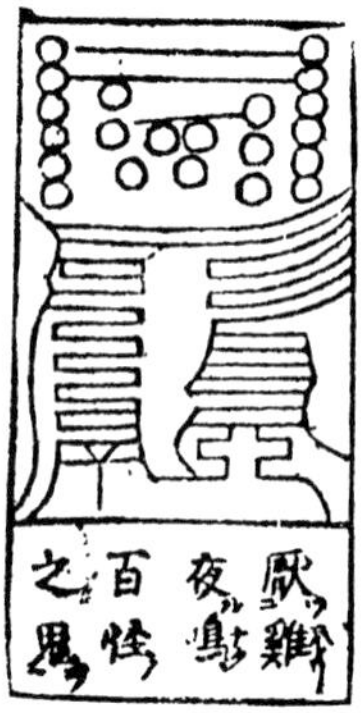

○雞夜鳴て病事損失有て憂事をこり、又さま〲の怪事あるを厭除く靈符なり、

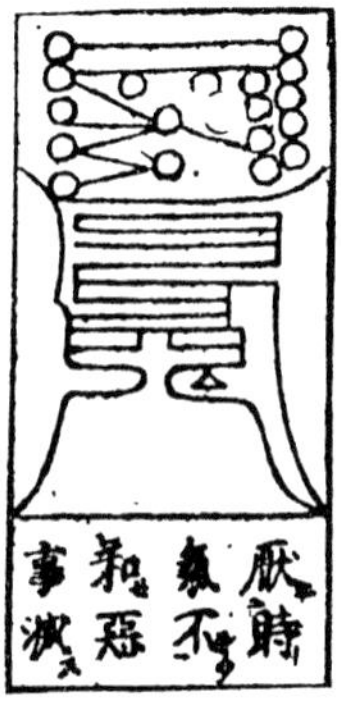

○四季の時氣和せずしてときならず熱し又は寒して、人氣病事時行などするを厭除きて、惡事災難を除滅する靈符なり、

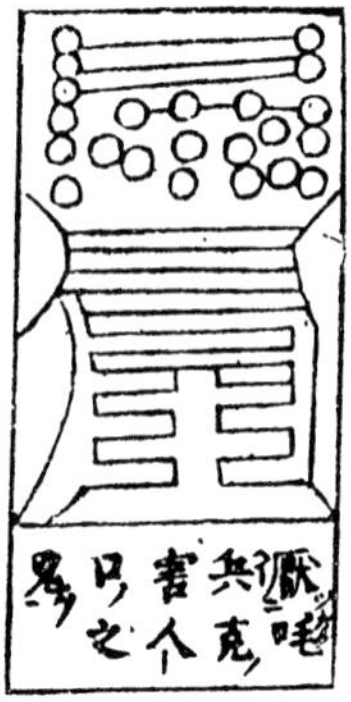

○軍兵を咤あつめ人を克害し國家亂れ、人の口にいふ詞などもあやしき事をこる靈鬼を厭除く靈符なり、

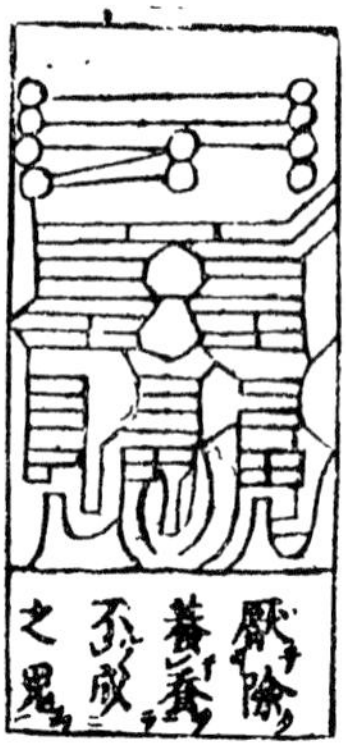

○蠶を養ても成就せず、物にあやかり損失するを厭除く靈符なり、

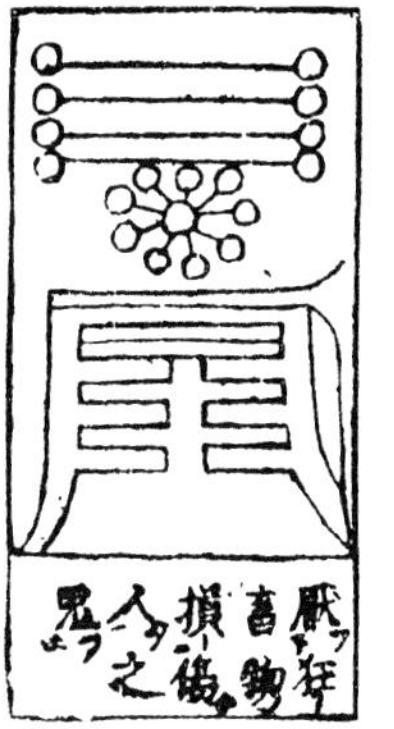

○畜類狂ひきをひて人を損じ傷るを厭除く靈符なり、

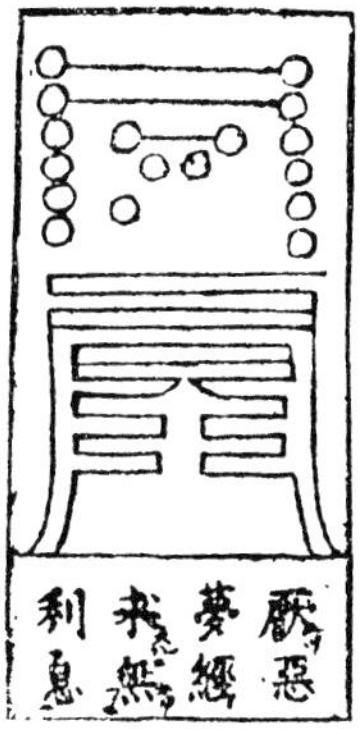

○惡き夢を見てあやしく、又營み求むる事に利分得難く、成就せぬを厭除く靈符なり、

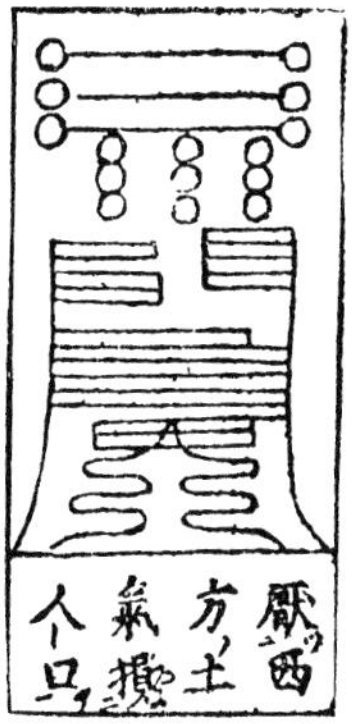

○西方の土神の氣たゝりて人口にあしく云れ、又家來成就しがたき靈鬼を厭除く靈符なり、

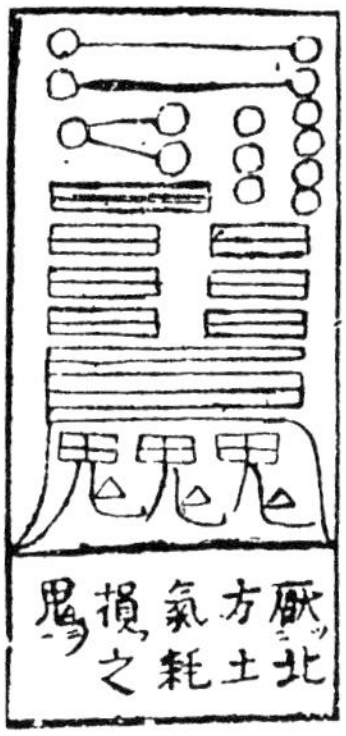

○北の方の土神の氣崇りて財寶を耗し損失するを厭除く靈符なり、

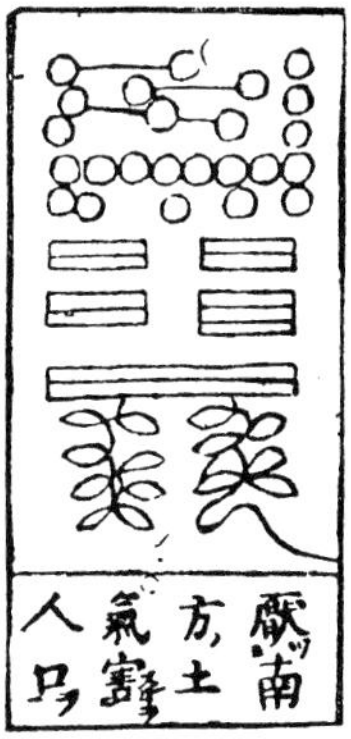

○南の方の土神の氣崇り、下人家來を害し、又人の口に害を言るゝことあるを厭除く靈符也、

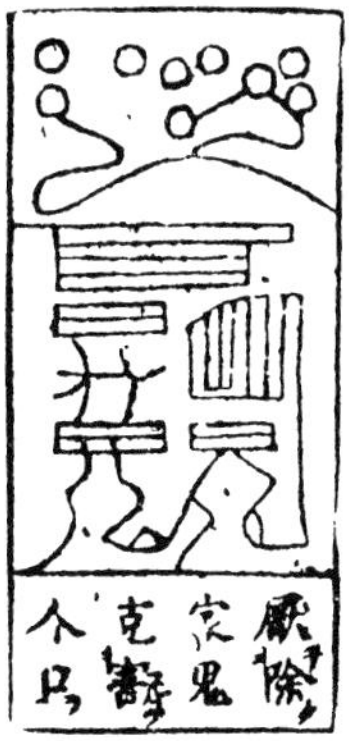

○家內鬼神たゝり、人の口に克害することを云れ、又家人害にあひ死失することあるを厭除く靈符也、

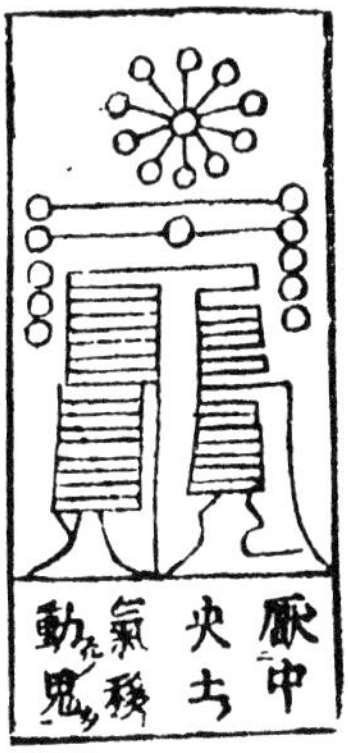

○中央の土神の氣崇り、度度家人移り替るを厭除く靈符なり、

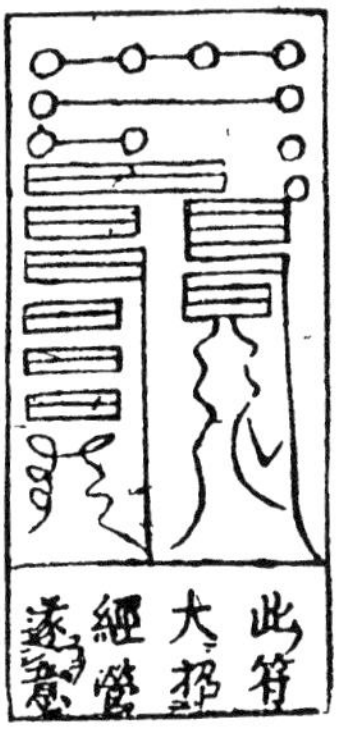

○此靈符は世間人間の營みに大きに願ひ望むこと、心に思ふことを遂成就する符なり、

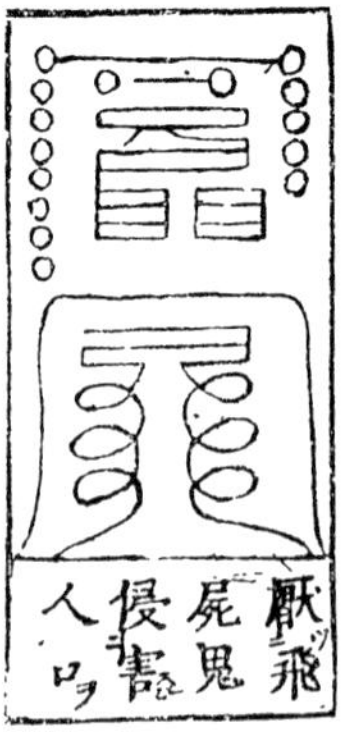

〇惡く死たる屍有て祟り、人の口に侵し害せられ、家人家來ともに侵し害せらるを厭除く符なり、

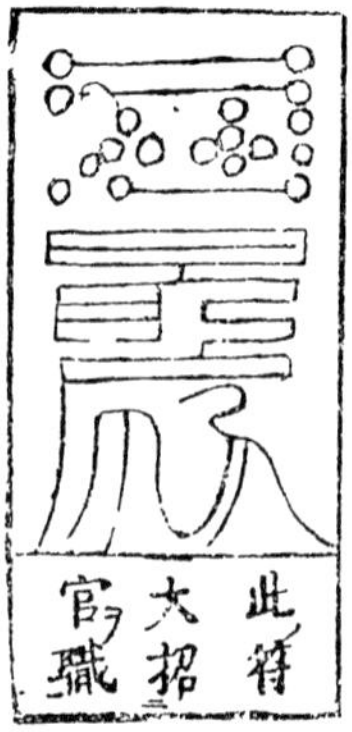

〇此靈符、官位職祿を招き望むに必ず成就あるべき符なり、

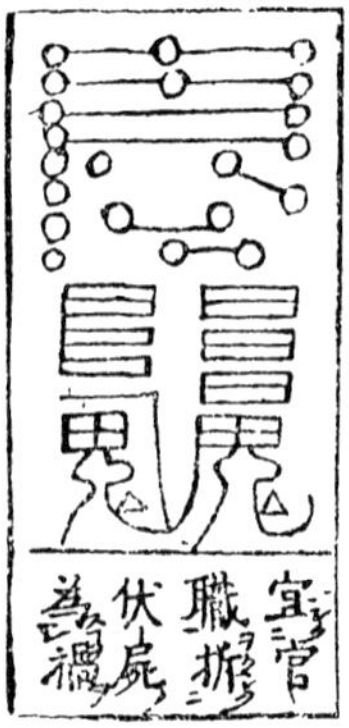

〇惡き屍の靈鬼祟りをなして、官職を贈るに此靈符を修すれば、死靈鎭る神符なり、

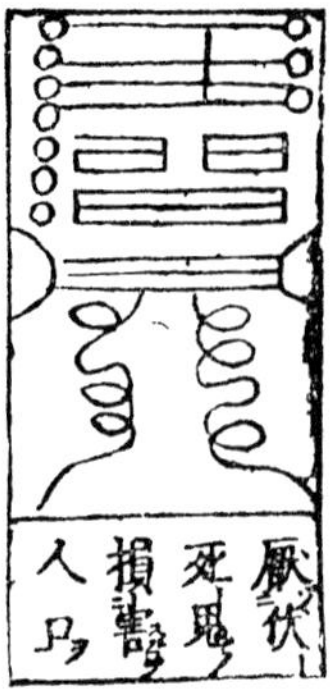

〇寺地或は墓の跡などの地の中に伏したる屍ありて、下人家來などに災害をなすを厭除く靈符なり、

〇盜賊の難害に侵されず、萬事心に稱ひさいはいある神符なり、

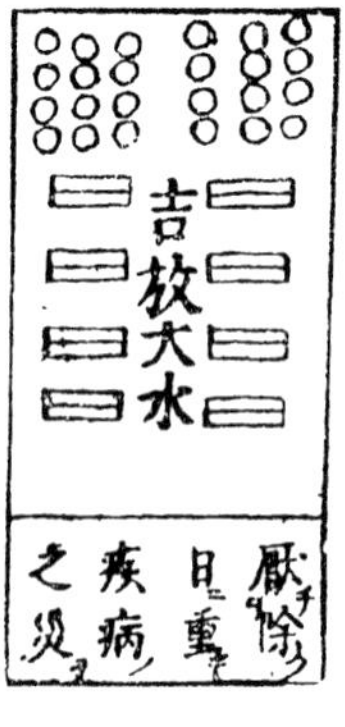

〇疾病日々に重るを厭除きて平癒なさしむる靈符なり、

〇龍神弔來ることなく、旱天して雨ふらず、田地うるをひなく、又家内にも龍神影弔なき家には災をころ、是を迎弔する靈符なり、

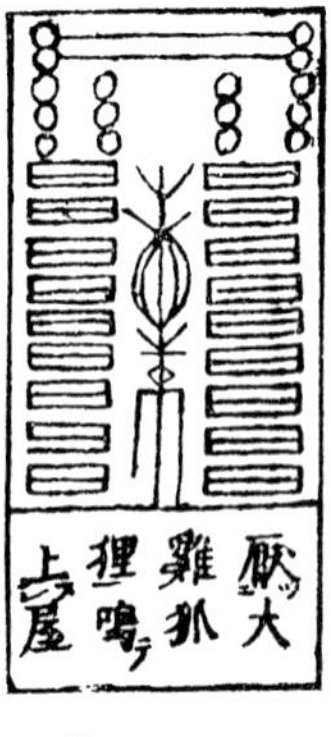

〇雞犬狐狸などの獸屋の上に昇り居て怪事をころを厭除也、第一の靈符に似たり、

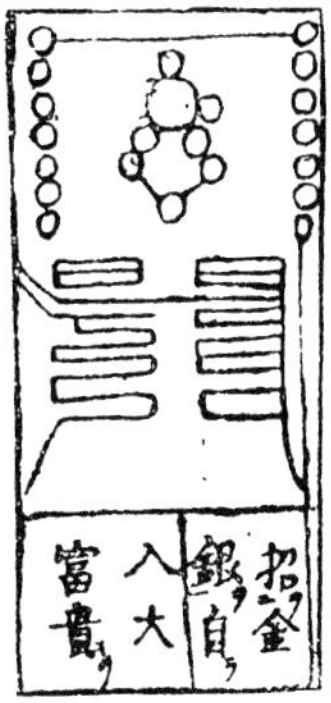

○金銀を招き入れ、自然に富貴する靈符なり、第十五の靈符に似たり、

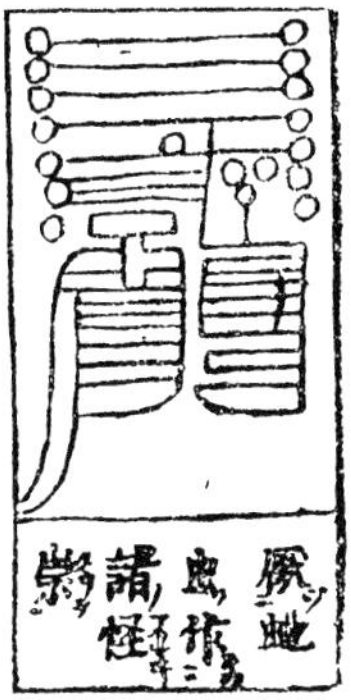

○蛇人家に入り、又諸の怪事祟をころを厭除く神符なり、

○舍宅の門戸をよく堅め守りて災入來らず、又人の口に云ふ詞も清くよろしくあるべき靈符なり、

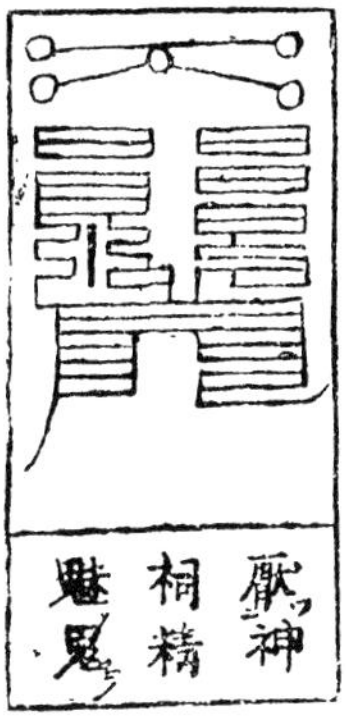

○神の祠のたゝり、又は野精土石精山魅などの祟りを厭除く符也、

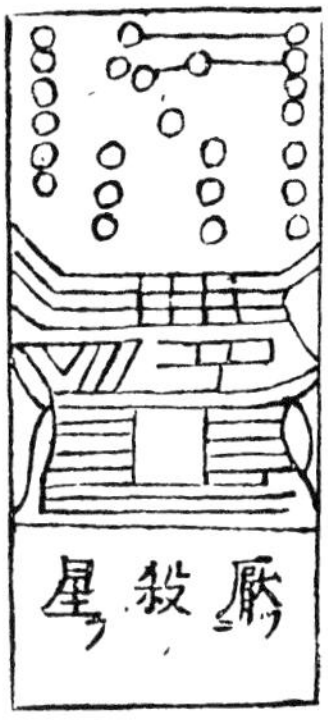

○人の生年月日時に依て、惡き刻殺の星氣にあひ、一生わざはひたえぬを厭除く符なり、

○萬物の精狂ひをこりて、譬へば秋さくらもゝの花さき、又衣類に咎はへ、又家鳴しあやしき物とびなどするを厭除く靈符也、

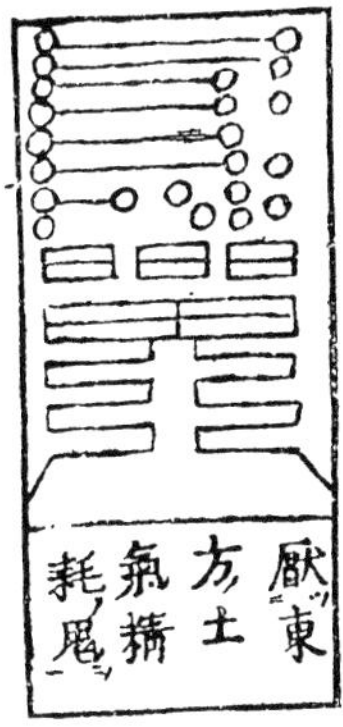

○東方の土神祟て人の精氣耗散せるを厭除く靈符なり、

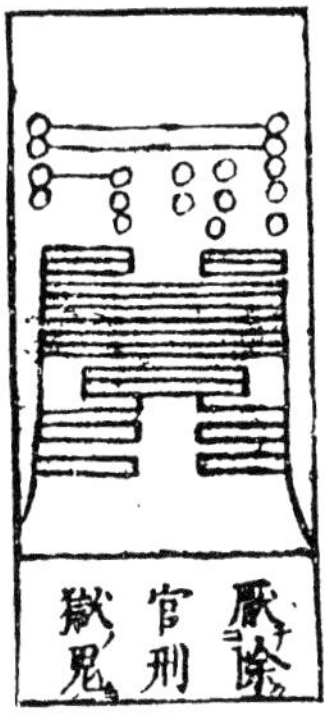

○官事に刑罰せられ牢獄に押こめられて死したる靈鬼など祟あるを厭除く符なり、

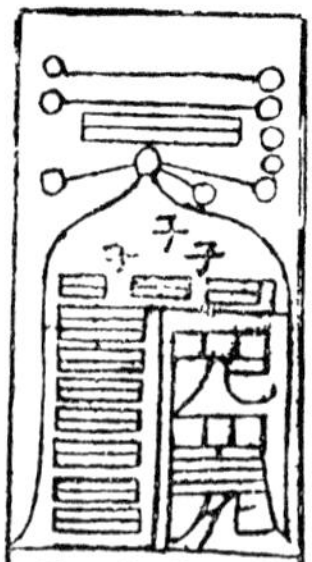

厭老樹木精魅鬼

○古く老たる樹木の精鬼と云ひて、祟をなすを厭除く靈符なり、

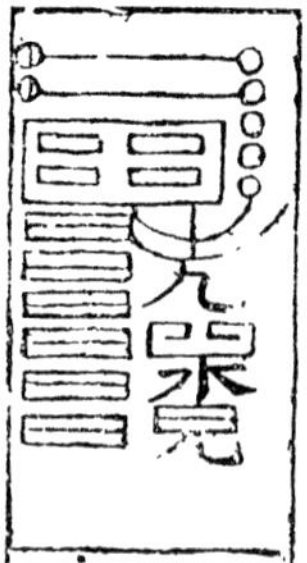

厭除淫祠好惡之鬼

○淫たる祠の祟り、又惡邪の氣を好みをこす邪神の靈鬼を厭除く靈符なり、

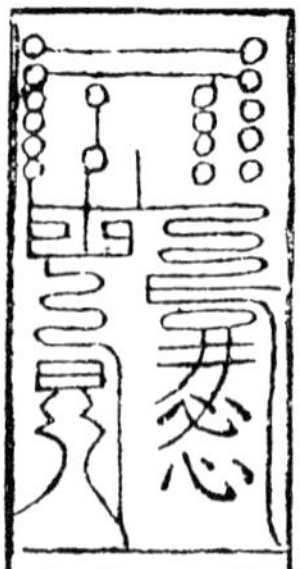

三光百靈雷電不侵

○月日星の三光に怪異の形見れ、國家の災を厭除き、雷電のをそれ侵さゞる靈符なり、

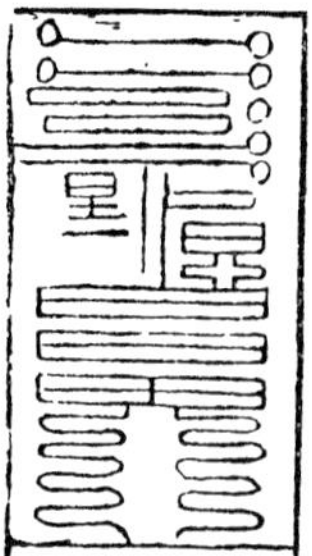

厭除太歲疫疾之侵

○太歲年によりて疫病はやるに此靈符を修し、疫神侵すことなし、

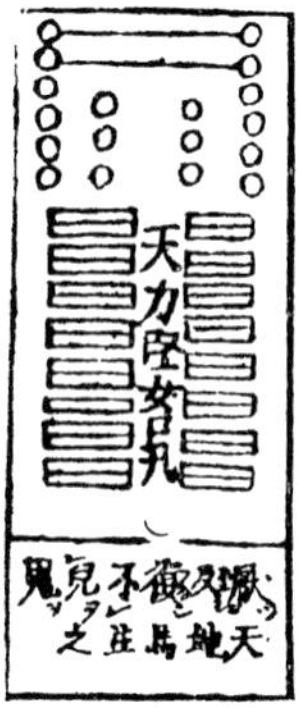

厭天地變又馬兒不生之鬼

○天氣變じ地氣復して災起り、又馬兒を生ぜずして、國家に災起るを厭除く靈符なり、

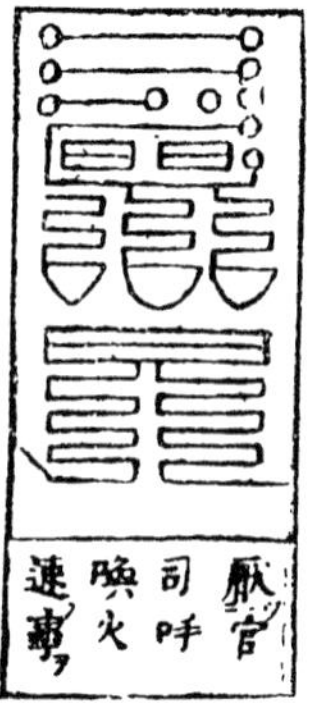

厭官司呼喚火速事

○公事訴訟に出、官司に呼喚れ、火急に催促するを厭除く靈符なり、

辟邪驅鬼衛正保家

○邪氣を避去、惡鬼を駈除け、正氣を復し、家を保く平かにする神妙の靈符なり

厭疫氣百雜鬼

○疫病を除き百難さまぐの靈鬼を皆厭除く靈符也、

○寐て夢におどろき物におそはるゝを厭除く靈符なり、

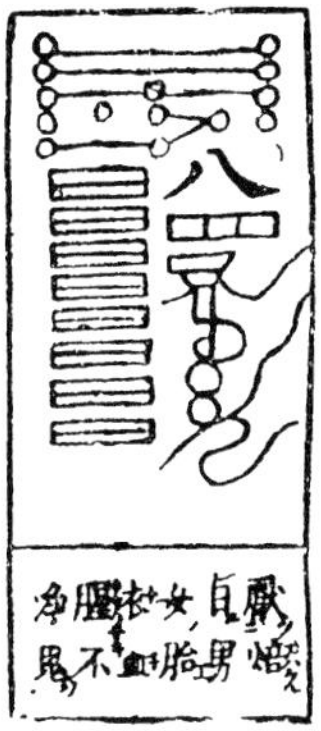

○男子女子の胞衣をさめ所あしく、日にさらしかわきて腥く不淨にて、靈鬼と成りたゝりあるを厭を除く靈符なり、

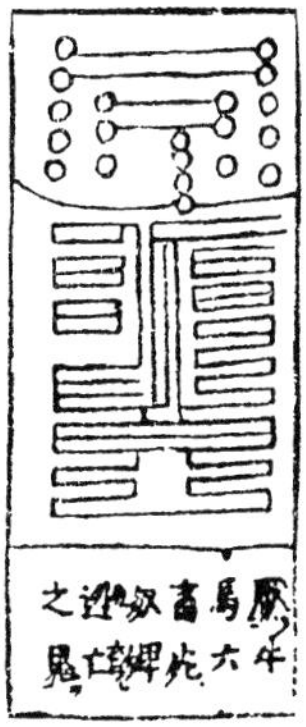

○牛馬六畜の死穢ありてたたり、又は男奴女婢逃亡ることあるを厭除く靈符なり、

○人をおどろかし人のおそろことある怪事などを厭除く靈符なり、

○食傷して腹脹あるひは水腫脹滿などのわづらひを成す靈鬼を厭除き、本復せしむる奇妙の符なり、

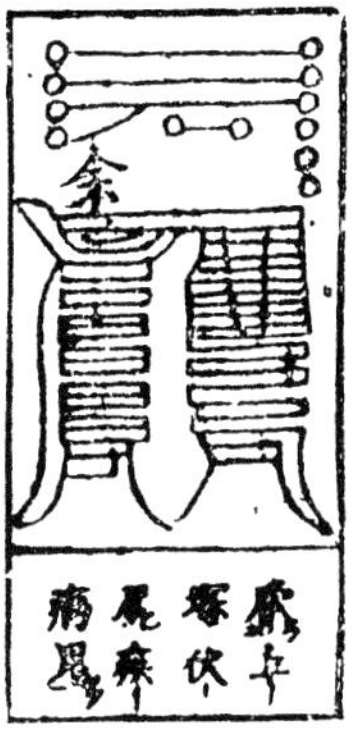

○ふるき墓のあと或は寺地などの屍伏してある所に家を立住居して、人の疾病たえず、祟りをなす靈鬼を厭除く神妙の符なり、

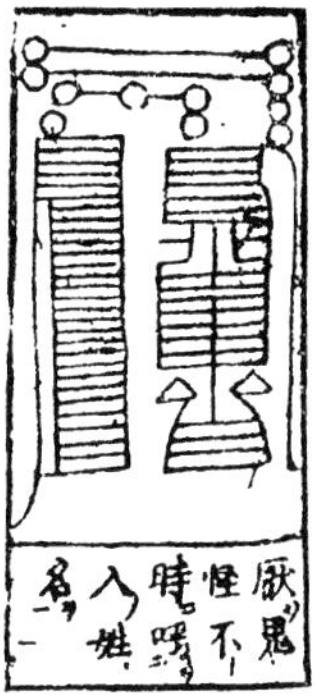

○靈鬼ありて人の名を呼び人をおどゝかすを厭除く靈符也、

○盜賊人をおどろかし惶れしむるを厭除く靈符なり、

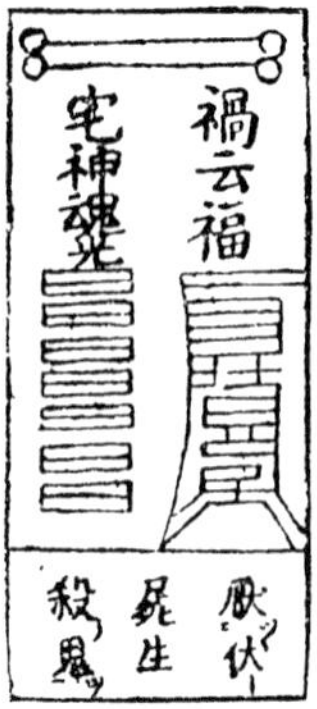

○地中にうづもれたる屍の靈鬼又は牛靈死靈を厭除く靈符なり、

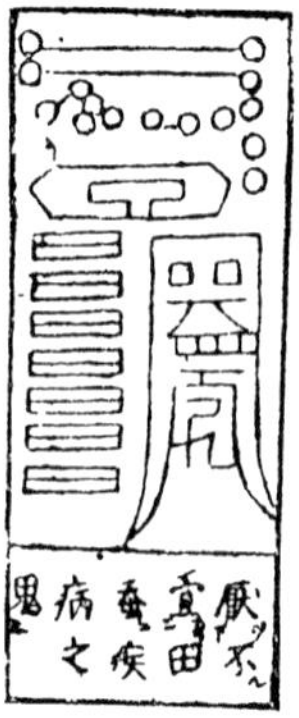

○田地の不作又蠶の不熟、或は病人のたえざる災難を厭除く靈符なり、

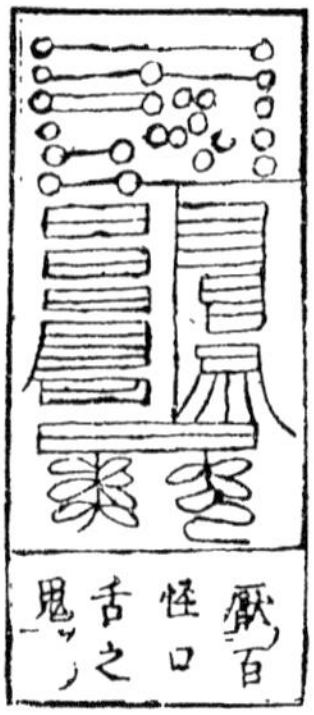

○さま〴〵の怪事ありて百怪百靈祟り、又口舌をこるを厭除く靈符なり、

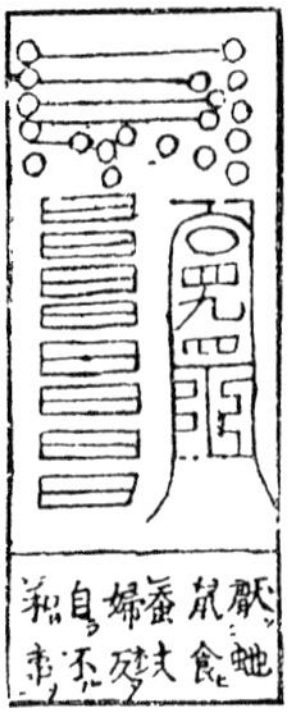

○蛇鼠蠶につきて食ひ、又は夫婦の心に異變をこりて不和なるを厭除く靈符なり、

○田畠よく熟し、蠶成就するをねがふに能蕃息ふ靈符也、

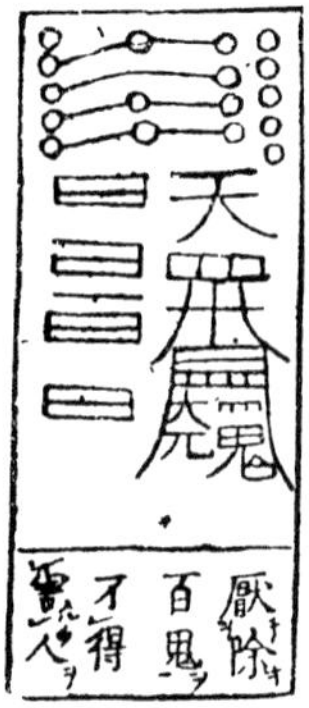

○百鬼百靈さま〴〵祟をなし、人を損害するを厭除きて、安穩ならしむる靈符なり、

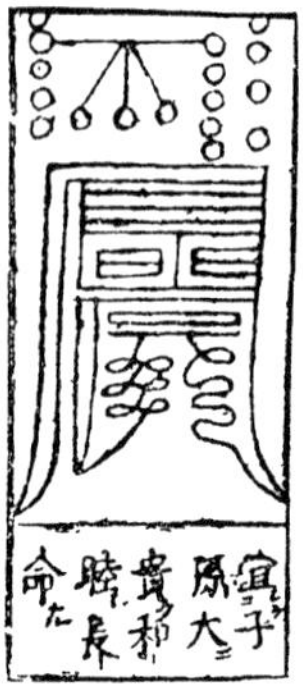

○子孫富貴して間よく和睦く長命ならしむる神德の靈符なり、

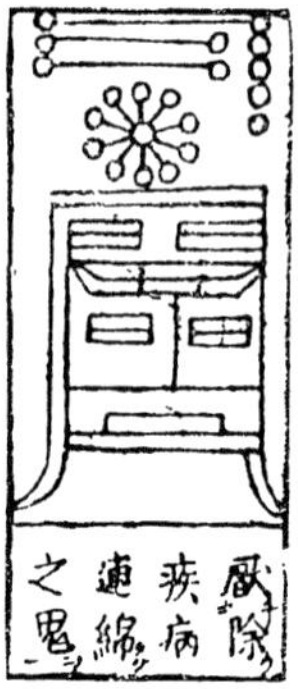

○疾病連綿とながびくを厭除きて快氣せしむる靈符なり、

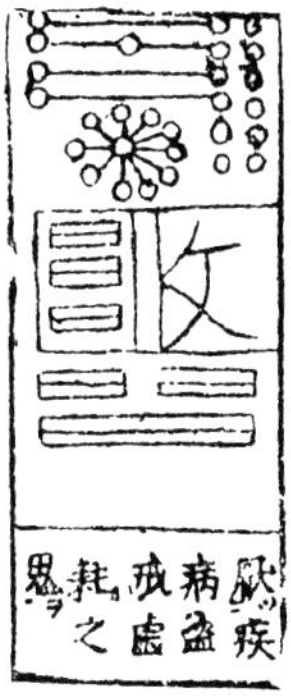

○疾病たえず、又盗賊の難にあひ、又は不慮に財寶を損耗するを厭除く靈符なり

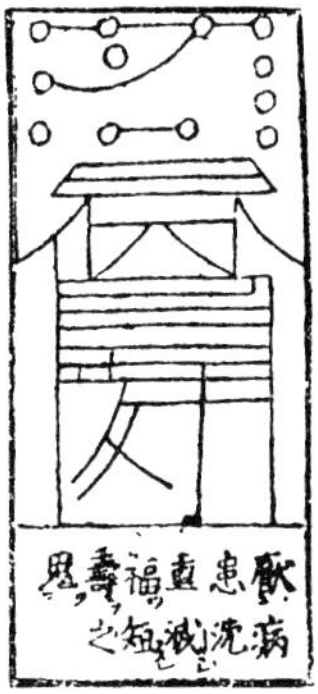

○病おもく患へにしづみ、又福を減じ壽を短くする悪靈の精鬼を厭除きて、安全ならしむる靈符なり、

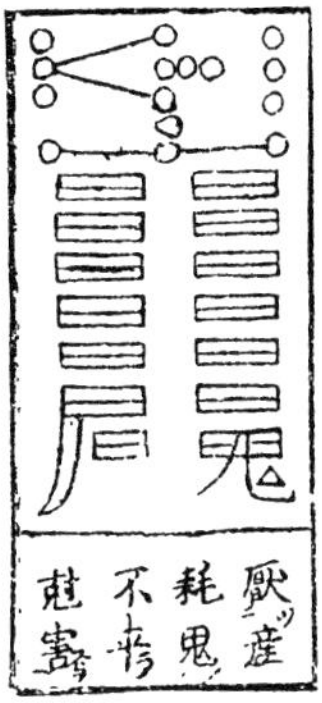

○家業産業を損じ耗して平かならず、人を刻害する靈鬼を厭除く靈符なり、

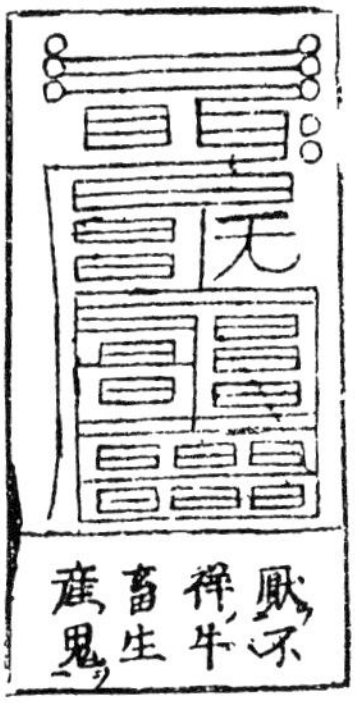

○祥ならずして牛馬六畜を損じ、産育をさまたげ、孳をそこす靈鬼を厭除く靈符也、

縁起集説跋

夫清靈昇てより濁る物凝て地と成る、未分の靈をよんで國常立尊と號す、此靈神無體にして一也、此行を謂則は息事なし、此神の形を云則は大也、大は無外を以ての故なり、天地の中に一つの物ありと云は是なり、此一物流行して不レ息故に、二氣五行四時百物無レ不ニ於レ是生一、所レ謂元亨利貞、是神明の所レ守、物を長ずるの源なり、元は在レ天則は春也、在レ人則は仁也、亨は在レ天則は夏也、在レ人則は禮也、利は在レ天則は秋也、在レ人則は義也、貞は在レ天則冬也、在レ人則智也、本理如レ是、故に五の物を生じて形を成す、其長たるを名付て神とす、分れて七種あり、天神七靈是なり、城を構へ舎を作るに鎮宅靈符を勸請すべし、此一靈めぐつて萬物を化生す、故に神とは天地元氣萬物靈性衆生の本心なり、又衆生を養ふのみちは亦是元氣の用也、故に萬物をめぐむを神とし聖とす、正直の者は神の宿祉なり、故に有レ福、況や天下泰平の政、豈空しからんや、凡九萬八千七社の

神明は皆天下の政道のためなり、故に政道を正しふするは神を敬の人なり、神社を修造すとも政道を亂る人は神道を破る惡人也、故に神罰を蒙り家を失、身を亡す、是歴然たる神明の賞罰、豈可レ不レ恐乎矣、

寶永四丁亥年八月吉日

出雲路十念寺澤了謹集

右鎮宅靈符之本尊幷緣起儒釋道修法上下二册、新令ニ彫刻ニ世廣レ之者也、

寶永第五戊子歳

洛陽四條坊門

水田書堂藏版

鎮宅靈符緣起集說　終

甲庚祕籙敍

太上眞君、嘗勅二授斷三尸九蟲之靈法一、以救二護修道之羽客及無修之萬民一焉、詳說二其靈法於道藏七籤庚申部一也、經曰、有二三尸神一、在二人身中一、每二庚申日一、上詣二天曹一、言二人罪過一、求二長生一者、先須二避レ之敬一レ之、天道祐レ之、福祿隨レ之、衆邪遠レ之、神靈衞レ之、而神仙可レ冀矣、又所レ說下於二道家一太上感應編、抱朴子列仙傳等、於二佛家一華嚴經、藥師六齋精進經、無量壽經等、於二神家一舊事紀等、於二醫家一醫宗必讀等上、異レ名而歸レ一也、嗚呼守二庚申一之義、豈可二輕忽一耶、雖レ然非下知二其靈法一而修上レ之、則徒勞而無レ功耳、夫太上眞君勅授桃板斬三尸之寶符者、玄門之神法、而其靈驗以レ語不レ可レ盡也、然其法易簡而易レ修レ之、實脩生之神要也、以レ此修一レ之則可下知二癒レ痼延レ齡之術一、識中太上勸懲之意上也、予勉以二國字一述二其傳一、名曰二甲庚祕籙一也、但貴下讀者易二於曉悟一、而行無中枉錯上耳、如レ通二擧中山玉櫃經、列仙除三尸之法、及和漢之故實一者、欲レ令三讀者求二其備一也、其如二道藏七籤一者、幸冀將來道君以改二國字一焉、但欲下同以宣二揚神仙之妙道一、而普昇二入九天三清一、而拜中觀太上元始上爾、

安永丁酉孟冬庚申

菊丘臥山人文坡江匡弼書レ之

目次

斬二上尸三蟲一之寶符
斬二中尸三蟲一之寶符
斬二下尸三蟲一之寶符
勅符咒

一 太上眞人庚申を守るの祕法

太上惠民甲庚祕籙

皇京　菊丘臥仙文坡江匡弼撰

中山玉櫃經服レ氣消二三蟲一訣

昔大黄帝君(黄帝有熊氏の事なり)、群臣を崆峒山に會して、仙人不老不死の道を廣成子に問玉ふには、夫人生を養ひ眞を全して天庭の間に遊觀し、洞房の中に止息《とゞまつ》て衆聖と共に齊く群居ることを得て、童顏を駐《そのまゝ》に敗ひ損らざる者は、何の法を以て最寶《すぐれ》たる法とするぞ、廣成子答へて曰く、それ人と申者は元氣を以て本と爲すなり、其本化して精と爲る、其精が變じて形と爲り、其人の形好生ると雖も、各慾といふものが其形を損じ竭《つき》さすなり、故に慾は縱に爲べからず、是を縱に爲る則《とき》は其長生を虧て短ふす、故に其慾を能制し止れば生盈る、生盈るとは精滿て氣も盛に百神備り足るなり、それ死あれば生あり、生あれば必ず形虧損す、虧たり盈たり盛たり衰ふたりするは物の常理なり、

註曰、たとへば日中すれば移り、月滿れば虧け、樂

極れば悲來る、物盛なれば衰ふ、生死あるは是天地人の常數なり、聖人の智は萬物に通じ、法を以て身を堅ふす、養育の門あり、形本を犯す事なき則は化元の道に合するなり、

夫人の體內に百關九節あり、

註曰、百關は百脉の神と號す、九節の用とす、九節は一は掌、二は腕、三は臂、四は膊、五は肩項、六は腰、七は腿脛、八は脛踝、九は腦、是を九節と云ふ、

合して形質を爲す、洞房玉戸紫宮泥丸丹田もつて泊る處、

註曰、古人猪薄と作す、今神氣棲息を論ず、故に宜く處に泊るべし、洞房等みな天庭三田神、正に泊處なり、

百神守衞て六靈潛《かくれ》々護る、

註曰、百神は百節の神ありて營魂を守固し五藏神保護す、五神淸き則は百節靈なり、五神傷る則は百節匡す、五神淸き則は少く、傷る則は老る、經云、貪慾嗜味、傷レ神促レ壽、金玉滿レ堂、莫二之能守一、六靈は眼耳鼻舌身意、亦これを六識といふ、常に心に隨て動く、念を動ずる則は識便これに從ふ、この故にこれを制する則は寧、これを用る則は成、これを察する則は悟、これを任ずる則は冥し、又三魂あり身に伏る、七魄は腑に藏る、故云、肝は魂を藏し、肺は魄を藏し、脾は志を藏し、心は神を藏し、腎は精を藏す、是れ皆百神六靈の主なり、宜く濁亂を防ぐべし、輕躁動作これに違へば守らず、自敗傷を致すのみ、

其玄關を保ち眞要の路を守る、

註曰、道は眞入を以て玄關と爲し、專籍を以て要路とす、

旣に百穀を食則は邪魔生じ三蟲聚る、

註曰、蟲に三名あり、人の三命を伐なり、亦三尸と號す、一を青姑といふ、上尸と號す、人眼を伐、人の泥丸を空す、眼暗く面皺より口臭く、齒落鼻塞耳聾髮禿眉薄くなるは、皆青姑の作なり、一本には青石と作す、二を白姑といふ、中尸と號す、人の腹を伐、人の臟腑を空す、心旋意亂肺脹胃弱、氣ともに胃を傷る、失飢過度皮癬肉焦るゝは皆白姑の作《なすわ》ざなり、一本には白石と作す、三を血尸と

名づく、下尸と號す、人の腎を伐、人の精髓を空す、腰痛脊急腿痺臀頑腕疼脛瘦陰萎精竭血乾骨枯るは皆血尸の作なり、一本には血姑と作す、此三尸毒流噬嗑胎魂、人の心務めて其速に死なんと欲《おも》ふ心出來る、故に邪魔生と謂なり、人死する則は尸化して鬼となる、幽冥に遊觀して天庭の樂を樂むにあらず、常に人の心識の間に於て人をして常に惡事を行ひ色を好ましむ、喜怒を增して腥穢を重じ良善を輕じ、意識を惑亂し昏危に陷らしむ、一日の中、念々の間に於て想を絶《たつ》べからざる事なし、常に甲寅庚申日を以て上天冑に曰へ、下地府に訟ふ、人の罪狀を告、人の過惡を述る、十方刺史其詞を受、九泉主者その對を容るなり、爰に於て上帝或は罰し玉ふ、輕者は世逓にあり、求を逼にすれども遂ざるとす、重者は奄《つひ》に大夜《めいど》に歸す、或は其身を分改ためて、殃ひを成しなどするなり、是はこれ人百穀を絶、五味を斷、嗜慾を誡め、貪妄を禁ずる事能はずして、自その傷殞ひを致すなり、内景玉書云、百穀の實、土地の精なり、五味は外美にして邪魔、腥臭神明を亂る、胎氣零《おち》三魂恍々なり、魄靡《これ》傾く、成敗を知らんと要せば、彼三蟲この五穀に由て生ずる也、

五臟を貫穿ち六腑を環鑿ち、丹田をして華實ならざらしむ、津液流注がず、血脈通行せず、精髓凝注せず、胎魂宮を守らず、陰魄戶を閉す、人をして五味に耽らしむ、貪慾を長じ形老神衰へ、皮皺髮落て禿ならしむ、若し粒を卻け味を絶、嗜を禁じ色を戒ざれば尸蟲全く生じ、自必ず死す、若三蟲を滅じ鬼を弭ゞめ、魂魄を安じ精髓を養ひ、形神を固し天地を保ものは、氣術に非ずんば倚べからず、且我大仙氣術を以て先とす、元氣は是本、これ大和を以て宗とす、沖元は是本、及び吾これを妙に歸し、これを玄に寂に、これを無に化し、これを自然に用ひ、自然に輕擧て玄に昇る、玄無間に出入す、其道恬《ひろ》し、道と靈に通ず、當に何の患かあるべき、

註曰、内景云、七祖殃患を受しむることなかれ、但道を以て非人に傳ふることを許ず、卽七祖その殃を受るなり、今本文に當に何の患かあるべきといふは、是亦道に依て奉行すれば、保て殃咎なきとなり、

夫上仙は元氣を以て宗とし、中仙は丹術を以て本とし、下仙は藥術を以て首とす、此の三の者を量るに、夫何を以て久しく道を得ぬぞなれば、皆勤を以て神を勞し、金を餌《えは》み玉石を服して、動《やゝ》貨泉を費し寂に歸することを失ふは、蓋自然の理を得ず、眞道に乖くゆゑなり、昔大隗翁曰、生は吾身にあり、憂は吾勤勞す、念は吾飢渴す、情に觸、欲を縱にす、過患こゝに起る、遂に玄化の道を虧なり、

註曰、これ廣成子、初古大仙の要道を述る、所得の祕旨なり、

於レ是大黃帝君、心神を謹て元氣を觀想す、乃太一眞君に感じ、玄元內景氣訣妙經一篇を持し、これを大黃帝君に授く、帝君その後に中嶽に降玉ふて、復群山に會し玉ふて是妙經を宣玉ふ、因て中山玉櫃服神氣經と名づくるなり、(已上は道藏經七籤庚申部に出たり、)

此次に太一眞君の由來、甚深微妙の仙道、一切の仙人此仙法を以て仙道を成就し、天に昇り地に入、種々神通自在に身をなす、祕方修行、三尸九蟲を消滅する一大事、太一眞君の五誠誠心にたもつ時は、神仙天降て仙方を授け玉ふ、奇妙不測の仙方ありといへども、今の人間なか〳〵修行し、此仙法を成就する事能はざるべし、因て此仙方を記さず、然し太一眞君の祕授したまふ仙方の第一は、各々の三尸九蟲を消滅するを以て最要の仙方とあれば、但此三尸九蟲を滅すやうにするが事一なり、故にこの次下より、但人間の三尸九蟲をほろぼす仙方をあかすなり、上に說ところは、道藏經七籤庚申部第三卷に記しあり、

庚申待甲子待を修する心得違ひの事

夫庚申待といふ事は、或朝人王卅六代皇極天皇の御宇に唐土より庚申の儀式といふ事、始て日本へ渡りけれども、女帝にて在ませしかば、此式を行はれず、其後三十九代天智天皇の御宇、始て庚申の儀式を修せられき、又四十二代文武天皇大寶元辛丑歲に始て天王寺にて庚申待を修せらる、其後六十一代朱雀天皇天慶二年に始て內裏にて庚申の御遊ありと、本朝の國史に悉く見ゆ、されば日本にてはいかなる事にや、庚申の神體は猿田彥太神なりといひ傳ふ、是は理を以ていひし者なり、庚《かのへ》は金の兄《え》にて金に屬す、申《さる》は猿なり、猿田彥は金德の神にて猿は去なり、田は土

なり、彥は日子にて男子の稱なり、去は惡き金氣を去て善金氣を大縮《つゝしむ》べしとなり、金に惡害の用あるに依て、惡き金氣盛なれば身を亡す、去は卽祓《はらひさる》去なり、惡き金氣とは叛逆非道血氣の勇を賴て上を慢、又は咎なき人を虐、妄に忿怒して人を害し身を亡すは、人間の五行の內、惡き金氣のわざなりと誡むる義なり、庚申に七つの數を用ゆるは、庚は十干の七つめなり、十二支も寅より數へて申は七つめなり、七つは中熱《なかあつ》の訓にして十二辰位の日の在《いま》す處、故に日神の子の導をし給ふ、又庚申祉に今三猿の耳目口を押へ塞ぐは表示なり、猿を神體とするには非ず、耳二つ目二つ鼻二つ口一つともに七竅にて、鼻は七竅の眞中にあり、申は七月に當り秋の金に屬す、又喜怒憂思恐驚の七情、みな是七竅より起るなり、

七猿の和歌　慈惠大師 元三大師の事なり、

つくづくと浮世の中をおもふには
　まじらざるこそまさるなりけり
みきりでもいわでもかなはざるものを
　浮世の中にまじるならひは
つれもなくいとはざるこそうかりけれ
　定めなき世を夢とみるから
何事もみればこそげにむづかしや
　みざるにまさる事はあらじな
聞けばこそのぞみもおこれ腹もたて
　聞かざるぞげにまさるなりけり
心にはなにはの事をおもへども
　人のあしきはいはざるぞよき
みず聞ずいわざる三つのさるよりも
　思はざるこそまさるなりけり

又袋雙紙曰、庚申せで寐ぬる時の歌、しや蟲はいぬや去ぬや我床をねたれどねぬぞねゝどねたるぞ、かやうに誦して臥せば災ひを退るゝと記し、又拾芥曰、庚申、彭候子、彭常子、命兒子悉入二幽冥之中一、去二離我身一と、女人は必ず庚申を守るべしと記せり、又中華にても柳子厚が尸蟲ヲ罵文と、韓退之が窮鬼を罵問答して送窮文といふものを作る、是世に對偶の事に談ず、韓退之柳子厚は古今の學者なれども、三尸九蟲と窮乏神とは恐れしなり、庚申の夜孕る子は成長し盜賊となり、酉陽雜俎にも庚申を守ることを記し、古今醫統には、女人は殊に庚申を守るべし、癆

療その外の惡疾を退る丶と記せり、和漢ともに庚申の事久しく傳へぬれど、其正法を知らずして、世に庚申待甲子待といへば、青面《せうめん》金剛あるひは大黑天を祭り、徹夜酒宴して瞽者盲者或は戲文妓の輩を集め、琴三味線尺八なんどの音曲をなし、唯終夜を明すを是なりと心得しは、大に了解違ひなり、かやうに酒宴亂舞し姦聲もつて濫溺し、俳優雜戲し男女間雜《まじへみだれ》て、是を以て庚甲待甲子待と心得て、無益に夜を明さんよりは、只枕を高ふして足を伸て宵より臥にしかず、是却て無福短命災害を招き諸病を起すの災の根本なり、抑庚申待甲子待といふ事は、仙家祕法の斬三尸の修法なるを、中世已來巫釋の徒牽合附會して、青面金剛の猿田彥太神のと種々の說をもふけぬれども、釋尊の所說を未聞ず、神書にその正說を見ず、甲子待の大黑天も其正說を考へず、皆信ずるに足らざる事なり、庚申待甲子待とは俗にいふ所にて、庚申を守り甲子を守る義なり、其庚申甲子を守る仙家の祕法をあかす、此祕法に依て修行せば、一生涯無病息災にして富貴延命如意滿足にして、年々に修する則は長生不死、神仙の至道に達するなり、然れども佛家儒家神道者の輩いまだ其道に達せざる人は、或は仙人の道を邪說とし至道をさみする者多し、譬ば庚申の事をさみせんと欲しては、其證に僧史略といふ書を引て曰、僧史略に曰、近間周鄭の地邑に社おほく結て庚申會を守る、初集に鐃鈸を鳴し佛の歌讚を唱へ、衆人念佛行道し、或は絲竹を動し、一夕睡ず、以て三彭、上帝に奏する罪を避くと註し、算奪ふことを免ると、然れども此實は道家の法なり、往々無智の釋子有て會に入、小利を圖謀て其根本を尋ず、誤て邪法を行ふ、深く痛むべしと、此僧史略の文を引て道家を邪道と說輩あらん、弘法大師空海は日本國に於ては眞言宗の大導師善知識也、此空海大師の書に綜藝種智院の式幷に序あり、其中の文に曰、貧道有レ意レ濟レ物、竊庶ニ幾置ニ三敎院一云々、此文長き故に略す、是は大師洛南油小路通九條坊門に儒釋道の三敎の學室を天長五年十二月に建立ありし時の式幷に序なり、性靈集に委見へたり、此大師すら仙道をさみしもふされず、既に右大臣藤三守の宅地に於て儒道佛道仙道の三敎を學ぶ人の爲に、古此所に學室を建て、綜藝種智院と號けられぬ、然るに後世の釋徒、仙道を邪法と説は心得ぬこと也、已に寶暦甲戌の頃、瓔珞和尙の作の典籍概見といふ書などにも、道家は全く日本神道者と同く佛にも儒にもあらず、二家の中間なり、儒佛の書をぬすんで建立すなどと記されしが、誠に空海弘法大師の書を見ざるにや、悲むべし、又儒家より書を以て引て難ずるに、東國通鑑などを以ていはん、通鑑に曰、高麗元宗王六年南宋度宗咸淳元年、當二日本龜山院文永二乙丑年一、四月の庚申に太子邀宴す、安慶公涓に樂を奏し曙に達る、國俗通家の説を以て、每に是日に至て必ず會飮して徹夜寐ず、是を庚申を守るといふ、太子も時の俗に徇ふ、時議これを非《そし》ると云々、然れども中華本朝ともに庚申を守ること諸史に記して多く非ず、本朝には朱雀天皇天慶二年に、內裏に始て庚申の御遊あり、是庚申を守る事なり、前人王四十二代文武天皇大寶元年庚申正月七日、僧仕善、帝釋の使告を蒙り始て修すと、蓋大寶元年は辛丑にて庚申にはあらず、人王五十五代文德帝の時、智證大師入唐して庚申待を傳ふと、宇多帝醍醐帝の後宇專に庚申待を行ひ玉ふ、菅丞相の庚申の詩などあり、考へ見るべし、又庚申の歲は別して愼べき歲なり、已に人王四十四代元正天皇養老五年の詔に曰、世諺云、歲在レ申有レ事、故此如レ所レ言、去庚申年咎徵屢見、水旱竝臻、今亦去年災異之餘、延及二今年一、亦猶風雲氣色、有レ違二于常一云々、此詔を以て見るべし、近世の腐儒無眼僧の非るは論に及ばず、唯先達の智者高僧の修したるを以て信ずべし、然ども此庚申と甲子の徹夜の修行の說は、神道の說にあらず、儒道にあらず、佛家の所說にもあらず、是はこれ仙人微妙乃至道に說所の斬三尸九蟲の祕法にて、他家の說に非ず、依て其仙家微妙の要法を說て諸人に利益あらしめんと欲する事しかり、

庚申甲子に三彭人の善惡を天へ告《かう》す事

夫れ斬三尸九蟲の祕法は修眞の要術、養性の先務なり、その祕法は何經に說、何書に記せるぞと考へ見るに、此祕說は道藏經に說おける神仙微妙長生不老の要術にて、たやすく凡人の識べき祕法にあらず、若人あつて此祕法を信じ行へば、如レ此利生靈驗有、又信せず行ふ事能はざれば、如レ此災害に遇て無福短命なるべし、其證文をいふ則は、抱朴子といふ書に曰、夫人間の身中に三尸九蟲といふ物あり、是は一尸に三蟲ありて、三三が九蟲なり、此三尸九蟲といふ物は、

其形を人見ざるといへども、實に魂靈鬼神の屬にて人をして早く死せしめんと欲す、又諸の病ひを生ぜしむ、一切の災害をなすものにて、人々の身中に此三尸九蟲の無ものは一人もなきなり、然るに此三尸九蟲が、庚申の日甲子の日の夜に到る毎に、輒ち天に上りて、司命道人に人間の所作の過失をことごとく告白すなり、扨其三尸九蟲が告る所の人々の過失の罪狀大なる者は紀を奪ふ、紀とは三百日のことなり、又その過失の罪狀小なる者は算を奪ふ、算とは三日の事を云也、然れば其過失の大なる人は、庚申甲子の日毎に壽命三百日づつ滅消るなり、又小なる者は其日毎に壽命三日宛滅消るなれば、一年中の庚申甲子の日に遇ふ度毎に、壽命を減じ災害を増し諸病を生ぜしむる時は、天命百年の壽命も五十年に縮まり、五十年の壽命も二十年に縮まるのみならず、一生の間諸の災難に度々遇ひ、平常に疾病身を苦め、癆瘵種々の難治の諸病を受て壽命を絕に到る、誠に歎しき事にあらずや、雲笈七籤の洞章に曰、常に庚申日を以て徹夕眠らざる時は、下尸交對斬死して還復せず、又庚申日に徹夕眠ざれば、上尸交對斬死して還復せず、三尸皆盡れば司命死籍削り去て、長生無病の壽錄に著はして上天人と常に遊ぶ事を得べしと記せり、然るに此說を誤り傳へ、いか樣にしてなりとも、徹夕たゞ眠らざれば宜きと心得違て、酒肴を調味て酒宴亂舞し、姦聲以て濫溺し俳優雜戲し男女間雜れ、琴三味線尺八等の婬聲を樂で、酒を飲肉を食ひて終夜をあかすは、却て司命は死籍に著《しる》し、長生無病の壽錄を削り去て其人短命無福の病者となり、一生涯諸の災難に遇て貧窮孤獨の身となるべし、庚申待甲子待は大に心得有り、愼ずんば有るべからず、本草綱目云、尸蟲は人と俱に生じて人の大害を爲す、其狀犬馬の尾の如く、或は薄筋の如し、脾に依て居る、三寸計にして頭あり尾有と記せり、太上感應編曰、人々に三尸神あり、人身の中にありて毎に庚申日天に上りて、天曹に詣て人の罪過を告白るなれば、長生を求る者は先須らく此三尸九蟲を避て是を敬すべし、天道是を祐け福祿是に隨ひ衆邪これを遠け去て、三尸を避敬する人を神靈かくの如く衞り玉ふ、神仙を冀ふ人は別して此法三尸をさくる祕法なり、を知らずんば有るべからずと、然れば感應編に記す如く、庚申日甲子日は身を別して愼み是を敬すべき筈なるに、其夜に到りて酒宴亂舞音曲姦聲をなし、放逸無慙にして一夜をあかし、却て災害を招くは何ぞや、愼ずんば有べからず、夫庚申甲子の日毎に行ふて人間に災害をなす三尸九蟲といふ惡神を退治するの祕法あり、此祕法を行ひぬれば、天道これを祐けて其祕法を行ふ人、三尸九蟲の惡神月毎に退き、福祿日毎に增し、衆邪神この人を遠け去て神靈この人を衞り、諸善神常に隨順して惡事惡病災難橫死等の諸の邪惡退散し、諸の善事日々に增長し、士農工商ともに諸願如意なるべし、殊に神仙微妙の至道を慕ひ仙道を修行して長生無病不死の仙人とならん事を欲《ねが》はゞ、此三尸九蟲を退け消滅するの祕法を第一に修行せざれば仙人となること能はず、若此祕法行ひて三尸九蟲ことごとく消滅すれば、自然と長生不死の身となり、終には仙道成就して白日に雲に乘じ天に昇る事を得べしと也、

斬三尸桃板寶符靈驗利生の事

然るに庚申甲子の日に於て斬三尸桃板寶符といふ符を書寫し法の如く行へば、人間の三尸九蟲を消滅し長生不死の神仙になるといへり、先その仙籙に記する事左の如し、其靈驗利生をあらまし謂ふときには、

○削二去死籍一とは、此祕法を行ひ寶符を書寫して常に佩れば、人間の壽命は天數ありて長命なるべき人なるも、我造る所の過失の罪狀によりて壽命の縮まるは、天に死籍とて死人の數に帳面に記し置玉ふより、長かるべき命も短くなるなり、然るに此寶符の靈驗には、其縮る所の壽命、死人の數に加へ玉ふ死籍を削去たまふとなり、

○著二長生錄一とは、此桃板寶符の靈驗にて、罪過を犯し天上の死籍に記されたる人も、忽ち長生の錄に著れ、短命の人も壽命を增長し諸運つよく、萬事成程の事吉祥にして如意滿足せしむとなり、至りて此祕法を行へば長生不死の仙人となり、白日昇天すべし、

○上天人遊とは、此桃板寶符の祕法を行ひ常に佩る人は、誠に三尸九蟲滅し盡て、常に此人を諸天善神守護しぬれば、天人影身にそふて此人と遊ぶとなり、

○除二治勞瘵一とは、此祕法を行ひ、桃板寶符を佩る男女は、癆瘵を病ふことなく、癆瘵を病人は忽に治す、此病は人間一端の事にあらず、神氣と形體と虛

損し心氣腎精を勞傷して此病を生ず、心は血を主どる、腎は精を主どる、精汁つき血液かわきて卽此病を生ず、凡壯年の時、血氣充滿し精液全く備をたもち、愼まず酒食房事を過し精元を傷り、不食盜汗白濁遺精し、面白く燥き頰紅に體熱し咳痰血骨蒸等おこる、腎虛するに依て火邪盛に金衰ふ、重は半年にて死し、輕きは一年にて死す、如レ此難治の癆瘵たりとも、此祕法桃板寶符を佩れば自然に治す、醫者の輩知らずんば有るべからず、

○治二五中風一とは、此桃板寶符を佩る則は五の中風を治す、五は五臟の中風の事なり、肝心脾肺腎の五より起る中風なり、又醫學發明に經と臟と腑との三證を明す、口ゆがみすぢらば、血脈の中風と知るべし、手足かなはず、つきぶしなへすくまば、六腑の中風と知るべし、耳目口鼻とぢこふり舌こはり聲いでずば、臟の中風と知るべしといへり、如レ此難治種々の中風あり、卒中風など皆難治の症とす、かくの如き中風たりとも、桃板寶符を佩れば忽に治すべし、

○治二溫傷寒一とは、此桃板寶符を佩れば、傷寒溫病をうつらず、又病人は忽に治するなり、傷寒とは冬甚だ寒き殺癘の氣に傷られし病なり、冬中に病を傷寒といひ、又寒毒骨肉の中に隱れ春病を、溫病といふ、夏の熱とたゞかひ病を熱病といふ、然れども醫家おしなべて皆傷寒といふなり、此難治の病も桃板寶符にて治するなり、

○除二治五瘧一とは、此桃板寶符を佩れば五瘧を治す、五瘧とは癉瘧寒瘧濕瘧牝瘧牡瘧なり、六經の瘧とは素問の論に足の太陽の瘧、足の少陽の瘧、足の陽明の瘧、足の太陰の瘧、足の少陰の瘧厥陰の瘧これなりと、此瘧には桃板寶符を井華水《くみてのみづ》に三枚ともうつし、病人に呑すべし、卽座に神効あり、

○治二十二疫一とは、桃板寶符を佩れば十二の疫病を治すべし、陳無擇が云、それ疫病は四時皆不正の氣ありて夫に感じて生ずる也、十二とは世に謂る獄溫、傷溫、墓溫、廟溫、社溫、山溫、海溫、家溫、竈溫、歲溫、天溫、地溫等なり、究めずんば有べからずといへり、此疫病または時行《はやり》疫病たりとも、此寶符を佩れば、かくの如き惡病を遠け避て病ことなし、他人の疫病を病に近づきても染ことなし、

○咒二治癰疽一とは、此桃板寶符を以て常に癰疽を撫

れば、自然と癰疽消却すべし、薛伯宗といふ人は公孫泰といふ人の背の癰疽を咒ひ、氣を以て柳樹の上にうつす、明日癰疽柳樹にうつりて便一つの瘤となれり、其後公孫泰は病癒て柳樹は痿損したり、

○治二諸邪祟一とは、世にいふ諸の惡神惡鬼又は狐狸一切の畜生の人につきて祟なり、如レ此もろ〳〵の邪祟等にて苦痛する人あらんに、桃板寶符を以て咒する則は、一切の邪祟たちまち退去るなり、

○治二百病邪鬼蠱毒一とは、是も諸の病、死靈生靈の邪祟又は魑魅魍魎獅子狂象虎狼野干山神河神塚神等の邪祟、又は蠱毒とて種々の咒咀まじなひ等も、此桃板寶符を佩れば一切災害をなさず、

○野火遊行とは、暗夜雨降などに田野又は屋中にて遊光を見る、これを名づけて燐鬼火といふ、或は人の死血久しくなりて火となり、亡靈の幽火など人に逼りて人の精氣を奪ふて其人病身となるを、寶符にて退くべし、

○暴風雷電の時、この寶符を佩れは害なし、毒蛇蚢蝮毒蟲毒獸に傷害せられず、常に佩び又は旅行に佩れば、一切の災害なく歸國すべし、

○人腹九蟲とは、三尸九蟲と此書に記たる九蟲には非ず、是は常に腹中に生じて疾病をなす蚘の類にて、これを蛔とも蛸とも人龍ともいふなり、本草綱目に曰、蚘は音《シ》爲《トム》、人の腹中の長蟲なり、人の腹に九蟲あり、一切癥瘕久しくして皆蟲となる、凡上旬には頭上に向ひ中旬には中に向ひ下旬には下に向ふ、服藥すべくば月の初め四五日の五更の時に於てすべし、則効ありやすし、其九蟲は如レ左、出二巢元方病原一

△伏蟲は長さ四分、群蟲の主なり、△蚘蟲、長さ五六寸より一尺に至る、發ときは心腹痛をなし、上下の口涎および清水を吐く、心を貫き傷むときは人死するなり、△白蟲、長さ一寸、色白く頭ちいさく、生育轉た多し、人をして精氣損弱し腰脚疼かしむ、長さ一尺なれば亦よく人をころさしむ、△肉蟲、狀爛沓《らんとう》の如し、人をして煩悶さゝしむ、△肺蟲、狀蠶の如し、人をして咳嗽して勞をなさしむ、人を殺す、△胃蟲、狀蝦蟇《かへる》の如し、人をして嘔逆し、喜て噦《しやくり》さゝしむ、△弱蟲、一名は鬲蟲、狀瓜瓣の如し、人をして睡り多からしむ、△赤蟲、狀生肉の如し、動作に腹鳴るなり△蟯蟲、至て微なり、形菜蟲の如し、胴腸中に居て人

をして癰疽を生せしむ、疥癬瘡癘痔瘻疳䘌齲齒の諸蟲、皆觴胃の間に依る、若人臟腑の氣實するときは害をなさず、虛するときは侵蝕す、變じて諸疾を生ず、

是を腹中の九蟲といふ、凡九蟲の中、六蟲は傳變して癆瘵となる、胃蚘寸白の三蟲は傳はらず、其蟲の傳變すること、或は嬰兒の如く鬼形の如く蝦蟇の如く守宮《いもり》の如く蜈蚣の如く螻蟻の如く蛇の如く鼈の如く蝟の如く鼠の如く蝠の如く蝦《えび》の如く猪肝の如く血汁の如く亂髮亂絲等の狀の如く、勝て窮むべからず、是等の九蟲はもとより此桃板寶符を佩るときは、自然と消滅して災害をなさずと信ずべし、

都て此桃板寶符を佩て常に身をはなさず所持する人は、たとへ水火の中に入とも其身を燒溺することなしと傳べし、神變奇妙不測の祕法、桃板寶符なれば、其祕法を行ひ寶符を桃板に書寫する人、愼て誠心にすべし、其祕法を行ひ寶符を書寫する時、少しにても疑念を起すか又は不淨なる近所又は經水の女の傍へ近寄ても成就せず、もとより五辛酒肉一切不淨を忌むべし、扨此桃板寶符を祕法の如く書寫し所持して、若は人の一切の病患あらん、其寶符を以て其病患を除き、或は一切災難横死非命刀仗水火盜賊怨讎貧乏厭魅咒咀等の災害を除滅し、常に一切の善神諸眷屬と共に晝夜衞護玉ふが故、日夜に貧賤を轉じて富貴になり、諸運つよく或高官高位知行加增を得、又農家は田畠能熟し、町家は商賣繁昌し、上一人より下萬民に至るまで、壽命永久子孫繁茂し、諸願滿足如意吉祥ならしむべし、然れば諸人庚申日甲子日に到るごとに必ず祕法修行すべし、誠に桃板寶符の靈驗不測、此次に次第して其祕法の修行の式法、又は桃板寶符書寫の祕訣を一々に記す、此書を讀人かまへて疑ふべからず、上古は如レ此の祝由《まじなひ》を以て諸病を癒せし事諸書に見へたり、日本紀曰、大己貴命、少彥名命、力を戮《あはせ》せ心を一つにして天下を經營《めぐり》、復顯見蒼生及び畜彥《けものゝ》災異の爲に其禁厭の法を定め玉ふと見へたり、又中華上古の神醫に弟父といふ人は、北面して十言を咒し玉へば卽諸病癒へしとかや、又中古の神醫に踰附といふ人は、木を搦めて腦とし草を芟て軀として竅を吹て腦を定めければ、死せし者皆復蘇生たりとかや、是は藥を用ひずして皆祝由て癒やせし

にあらずや、鼻洟仙人は常に鼻屎を搏《まろ》め人に與へて諸病をなをし、後漢の華佗は患ふる所の肉を割て腸をいだして療治して舊の如くせしもあり、醫は意なり、意の欲する所自然と妙所を得ば、是を上醫といふべきのみ、本朝の醫藥、神の禁厭の法を定め玉ふを以て信ずべし、

神仙除三尸の古方傳授所來の事

漢の元帝神爵年中に蘇林字は子玄といふ人あり、幼年より神仙の道を慕ふ志あり、嘗て負擔して趙の國に至りて琴高先生を師として、氣を煉て命を益の道を授る、時に二十一歳、琴高先生は九百歳なり、赤鯉に乘つて水に入り、また世間に出入す、蘇林後あらためて華山の仙人仇先生を師とす、仇先生曰、子は眞人なり、當に眞道を學ぶべし、我を師とすべからずとて、涓子仙人に見《まみ》へしむ、涓子曰、子地上の眞人とならんと欲せば、必ず先藥を服して三尸を除き去るべし、穀蟲を殺滅せ、三尸とは一には青姑と名づく、是下尸彭琚の事なり、人の眼を伐、人の眼をして暗、面皺より口臭く齒を落さしむ、是青姑の氣、泥丸を穿鑿するに依てなり、二には白姑と名づく、是中尸彭瓆の事、人の五臓を伐て人をして心耄て氣少く、喜亡ひ荒悶せしむ、此白姑の氣、六腑の液を貫き穿によるなり、三には血姑と名づく、是下尸彭璚の事なり、人の胃管を伐て人をして腸輪煩懣して骨枯れ肉焦れ志意開けず、所思同じからず、食失ふ則は飢悲愁ひ感嘆し、精神昏怠らしむるは、此血姑の氣、魂胎の關を流噬によれる、若三尸を去らずして仙道修煉の藥を服せば、穀食を斷と雖も、若三尸九蟲生て存ずる則は、人不死長命を求とも得べからずと告たもふ、後涓子蘇林に語て曰、我今仙し去べしと、忽に天に上りたもふ、蘇林その時に涓子の寢室に於て書一幅を得たり、其文に曰、吾れ朮を餌ひ精を養ふ事三百年、氣を服する事五百年、思を精くすること六百年、三一を守ること三百年、洞房を守る事六百年、玄丹を守る事五百年、中間また名山に周遊し、四岳に回翔して洞室に休息し、形を守り眞を思ふ事二千八百餘年、今始て上帝より召れて上りて天位を補す、子それ勗めよと、蘇林この書を見て涙を流し、乃祕法を奉じて精修す、仙道成就して天下に周遊しが、形を分、影を散じて丘陵に寢息し、又は履《くつ》を市巷に賣て以て世人の心を試む、諸人こ

れを識ることとなし、漢元帝神爵二年三月六日、弟子周季通に語て曰、我昨日玄洲より召れて眞人となりて上て大極中候大夫を領ず、今汝に此事を告て別るるなりと、明日果して雲中より雲車羽蓋驂龍駕虎侍從數百人下りて蘇林を迎へ、卽日に天に登る、冉々として西より北の方に至て行方を見失ひけると列仙傳に記せり、

○朱璜といふは廣陽人なり、壯年に毒瘕を病みければ、睢山下に就て道士阮丘に事へけるが、阮丘これを憐て言はく、卿腹中の三尸を除かば眞人の業を致べしと、璜曰、病さへ癒るならば君の奴とならんと、卅年が間仕ける、阮丘因て朱璜に七物藥を與へて日に九丸を服させければ、百日にして病下りぬ、其形肝脾の如き者數升なりしが、病は癒て後數十日にして肥健になり、心意更に開朗なり、乃老君黄庭經を與へて讀ましむ、後阮丘朱璜と倶に浮陽山の玉女祠に入て八十年して故鄕へ歸りしが、白髮ことごく黑髮となり、長三尺餘なりしと、後また行方なくなりしと、庚申部の二卷二十四丁に見へたり、今世庚申に七色の菓子を供物となすは七物藥に法るか、

○僧契虚の姓は李、其父は開元年中に御史となる、契虚は僧となりて長安の佛舍に居す、玄宗帝の時、亂をさけて太白山に入、柏葉を食ひ粒を絶て食はず、道士喬君に遇ひければ、喬君曰、師は神骨孤秀なり、後仙都に遊ぶべしと、契虚これを謙謝す、後に契虚、稚川眞君に謁す、眞君の曰、汝三彭の仇を絶するかと、契虚對ること能はず、眞君曰、此いまだ仙道を知ず、此に留るべからずと、卽梓子に命じて人間に歸らしむ、歸路にて契虚梓子に問て曰、眞君三彭の事を問玉ふに、我いまだ是何といふ事を知らずと、梓子答て曰く、三彭は三尸の姓なり、常に人身の中に居して人の過を伺ひ人をして死せしむ、毎に庚申日を以て人の罪目を條列て上天に奏す、仙を學ぶ人三尸を去ざれば道を得る事なく、徒に苦むで益なきのみ、依て仙道を學び長命を願ふ人は、庚申日に祕法を行ひ三尸を去るべしと遊稚川記に記せり、

沈文泰李文淵斬三尸桃板寶符を弘る事

沈文泰は九嶷人なり、斬三尸九蟲の桃板寶符、還年益命《とゞへる》の仙道を得て是を修行し効あり、崑崙山に行て安息事二十餘年なり、李文淵に此桃板寶符の祕法を

授る時にいふには、三尸九蟲を去ざれば服藥行道しても益なし、汝愼て此桃板祕法の寶符を書寫して三尸九蟲を除滅すべしと、祕要を授て二人ともに昇仙す、今竹根汁を以て丹を煮、および黄白の法、斬三尸桃板寶符の祕法は、此二人よりして人間に傳ふと、故に列仙傳にも三尸を去る法は此二人に出と記せり、

劉無名仙人庚申を守りて一鬼を見る事

劉無名といふ人、嘗て夜坐して庚申を守り雄黄を服す、後一つの鬼を見る、其鬼の曰、我來る事は君を攝し去ん爲なれども、君が頭上を見れば黄光數丈ありて近づくべからず、一金二石これを丹といふ、君その石を服し更に其金を服せよ、然ば鬼籍の名を落し去て、靑華に定籙せんといふて消失ぬ、後靑華眞人に遇ふて竟に丹訣を授り、仙人と成ると瑣碎錄に見ゆ、

道釋神の三教に三尸司過神を說事

夫世界の人間にことぐく司過神三尸九蟲といふ物ありて、誕生するより其人につきそひて、庚申日甲子日每に其人の罪過を天に告て其人の壽命を減し災を起させ、其人をして無福貧乏ならしめ、一切の難治の病を起さしむ、故に道藏經庚申部に曰、凡道士醫師たゞ方を按じ身を治る事を知て、伏尸の所在を知ず、上尸は寶貨千億を好み、中尸は五味を好み、下尸は色を好む、若これを去れば心神を飢ざらしめ、靜念にして延生を得べし、眞人は其道を貴み、道士は其藥を尊み、賢者は其法を樂む、愚俗は其事を笑ふと、又太上感應編に曰、三台北斗神君ありて、人の頭上にありて人の罪惡を錄し其壽命を奪と、文坡著述の北斗七星神符傳にくはしく本命元辰を記す、又抱朴子第一五十丁、に易の內戒及び赤松子經及び河圖記命符を引て曰、天地仙道經に司過神あり、人の犯すところの輕重の罪過に隨ひ其壽命を奪ひ、人をして貧耗にして疾痛を生ぜしめ、屢憂患しめ其人短命にして死すと、又神道にては舊事紀第二に云、變識着神、直識着神、這二神、能諸神等の所作の善惡の事を記して天帝に白し、又泉神に白すと、又佛道には藥師經六齋精進經等に三尸の事を俱生神と名づけ、人の身の左右の肩に有りて其罪惡を記すと說れ、華嚴經舊譯の四十五の十七丁に出か、曰、人生れて已に二天ありて、恆に相隨逐して其人の罪惡を記す、一を同生といひ、二を同名と名づく、二天は常に其人を見れども、

人は其二天を見ずと、又新譯の六丁大疏六十五丁、無量壽經曰、神明記識といふは嘉祥の疏云、神明記識といふは名籍先定て蹉跌せず、一切衆生に皆二神あり、一に同生といひ二を同名といふ、同生は女にて、右肩の上にありて其作惡を書し、同名は男にて、左肩上にありて其作善を書すと、弘訣の八巻に身と名を同ふし、身同く生ずれば名づけて天神と爲す、自然にあるが故に天とは名づけたりと、然れば儒釋道神の四道ともに此司過神ある事を知るべし、如ㇾ此大惡神三尸九蟲を各々庚申日甲子日毎に消滅させずんば、短命無福災害病身にして一生涯患愁て身を過さん、尤この三尸九蟲を消滅さするの祕法は仙家に其法數多あり、然れども容易修し行ふ祕法ある事なし、故に今太上眞君祕授の斬三尸桃板寶符の祕法を傳授す、猶その他の三尸を滅する仙法を一二これを記す、見る人此書を委細に見るべし、

○○諸眞君仙人三尸九蟲を除仙方類聚

神仙守ニ庚申一法

常に庚申日を以て徹夕眠らざれば下尸交對斬死して還らず、復庚申日徹夕眠ざれば中尸交對斬死して還らず、復庚申日徹夕眠ざれば上尸交對斬死して還らず、三尸皆盡て司命死籍を削去て長生の籙に著はす、上天人と遊ぶ、或は六月八月庚申彌々佳、宜ニ竟日竟夕守一ㇾ之、三守ニ庚申一三尸伏沒、七守ニ庚申一三尸長滅、

趙先生三尸九蟲を除くの祕法

趙先生云、常に月建の日月建の日とは正月は寅日、二月は卯日也、餘の月も是に準へ知るべし、夜半子の時を以て密に庭中に出て正に東に向ひ、五體を平にして氣を正ふして齒を叩こと卅通、齒をからかとかみ合すこと三十度なり、訖て頭を擧てふし仰ぎ、卽また頭を下、すこし俛き因て液を咽むこと二七過、二七過とは十四度つばをのむことなり、又前に向ひ兩手を仰ぎ二七過し、前後仰て手を綏ふし是を爲す、扨辭に咒して曰、

南昌君五人官將百二十人、爲ㇾ某除ニ三尸一、伏尸將某、周ニ遊天下一、過度災厄、

咒し訖て、徐々に左に廻り還て臥す、此祕法を能行へば三尸九蟲消滅す、若又月中に重建ある時は、重建とは其月に二度その建とある事也、正月ならは寅日、また右の日此法を修行すべし、

太上眞人六甲三尸を除くの祕法

太上眞人曰、一心を清淨にして中庭を掃除し、正に北に向て一案を用ひ、三杯を案上に羅列て、井華水を以て此三杯に着て、甲子日夜半の時、髮を拔き後に

置て三度拜跪して曰、△臣自ニ某州郡縣鄕里一曾孫某を稱す、是を其行人の國所の名と我名を神に告る事也、扨北極三台君斗中眞人に請奉て、杯水を以て右案上三杯の水を以てなり、三尸を除去る、某をして道を修せしむ、神仙を得て因て三杯の水を飲むと、心中におもふて、扨まづ東より起り東の方の水より先飲はじめるなり、飲時祝して曰、

△日月君水除ニ我頭尸一、

と唱ふべし、扨又中央の杯水を飲時に祝して曰、

△眞人水除ニ我腹中尸一、

と唱ふ、扨又次の西の方の杯水を飲時祝して曰、

△日月君水除ニ我足尸一、

と唱ふべし、扨ことごとく稱して臣三拜して左に廻り還りて牀に臥なり、時に夢中に人の辭謝して去を見るべし、若この夢を見ざれば三尸去ずとおもひ、又の甲子日に右の祕法を行ふべし、夢に人の辭去を期とすべしと、雲笈七籤に見へたり、庚申待も甲子待も同じ事といふは、右甲子日を用ひて三尸を去るゆゑなり、

庚申夜祝尸蟲の祕法

常に庚申夜中を以て平座して齒を叩くこと七下、額を擊て彭倨を呼び、次に齒を叩くこと七下、心を撫て彭質の名を呼ぶ、又齒を叩くこと七下して、腰を捫て彭矯を呼ぶ、先兩手心に太上と書祝して曰、

吾受ニ太上靈符五嶽神符一、左手持レ印、右手持レ戟、日月入レ懷、濁氣出、清氣入、三尸彭倨出、彭質出、彭矯出、急々如律令、

平常除ニ三尸一仙法　雲笈七籤にも見へたり、

常に雞鳴の時を以て、口を嗽に醴泉を取て、これを咽こむ事三度して、徐々にして氣を定め人と言語せず、庚申部に見ゆ、

正月五日七月七日祝ニ去伏尸一の祕法

正月五日、七月七日、商陸《やまごばう》根を取、細切て玄水を以て是を漬ること三日、陰乾にして米にし、方寸七を服す、玄水にて服下すること日に三服、百日に伏尸ことごとく下出る、人の狀の如しと、醮てこれを埋む、祝曰、

伏尸當レ屬レ地、我當レ屬レ天、無ニ復相召一、卽去隨故、道無ニ還顧一、

つねに食に先だち服す、一切血肉辛菜の物を禁ず、

神仙去ニ三尸九蟲一殺ニ伏尸一方

章陸根《やまごばうのね》は味酸、毒あり、胸中邪氣を主どる、癰腫に塗、精物を殺す、五臟を鍊、水氣を散ず、根人形の

如き者神なり、故墟田間に生ず、三月八月に採なり、一名章陸、一名夜呼、一名蕩根、一名常陸、一名莧陸、一名長根、一名蔏陸草、一名神陸、一名白華、一名逐邪、一名天草、一名逐陰之精といふなり、尤神草なりと云々、三尸を去、伏尸を殺し、面皯黒を去、智を益て忘れざらしむ、男女五勞七傷、婦人乳産餘病帶下結赤白みな癒る也、

○右麴十斤米三斗を用ひ、天門冬を加へ末となして、一斗酒に釀て章陸を漬ること六日、すなはち齋服し、五日に食減じ二十日に穀絶す、腸肥容氣充茂して諸蟲皆去、耳目聰明になり、瘢痕皆滅す、道士常に此藥草を靜室の園に種、此草人をして道神ならしめ、人をして老ひず長生ならしめ、三蟲を殺し、百病を治し、毒も傷る事能ずと、道藏七籤卷の八十二に見へたり、

仙人除ニ去三尸九蟲一の秘法幷藥術

劉根眞人下ニ三尸一の秘法

六甲存童子去玄靈法

潁陽書下篇略例

治ニ脾腎舌一術、治ニ鼻口喉嚨一術、治ニ肺心耳一術、治ニ兩眉間腦舌中一神術、治ニ肝目身中陽氣一術、治ニ兩手足一術、此六甲存童子去玄靈法は、道藏七籤八十二卷の九丁より十三丁に至りて出レ之、依レ之略レ之、

甲子日信靈香を以て天地神祇を祭る秘法

天地の神祇を祭るに信靈香を用ゆ、信靈香の方、

沈香、白檀、降眞、乳香、莎草、各一錢、大黃、玄參、各二錢、甘松、二兩、藿香四錢、笞菱香、白芷、藁本、各八錢、

右細末して煉蜜にて丸じ、小指の尖の大の如く揑て餅と作し、寒水石を衣となす、○甲子日攢めて丙子日に碾て戊子日に和て庚子日に丸じ、壬子日に葫蘆の内に盛入て甲子日に開べし、先三餅を燒て天地の神祇を供養すれば三尸を消滅す、長命無病なりと居家必用に見えたり、

甲子日三尸を除滅するの秘法

甲子日に三尸を除くには、常に甲子日の夜半を以て髮を披き、東に向ひ坐して腹中の伏尸の名を呼ぶ、第一の名を蓋東といひ、二を彭俟、三を蝦蟆といふ、一度其名を呼び、右の手を以て撫ること三過すれば、三尸まさに人に應じて便復去りて、人の過を言ずと、雲笈七籤に見えたり、

心留伏尸を撫て三尸を除離の秘法

又曰、男は左手を用ひ、女は右手を以て心留伏尸を撫れば、卽三尸人を離れて上て其過を言はず、人但

よく勤て氣を行ひ氣を閉る者は、身中の神も亦おのづから安く、久しく是を行へば三尸九蟲を消滅すべし、

斬三尸といふ三尸を制する日の祕訣

凡甲寅庚申の日は、是三尸の鬼競て精神の亂る日なれば、夫婦と同室に寢食すべからず、甲寅日指甲を割べし、甲午日脚甲を割べし、此は是三尸の遊ぶ所なり、此故に此日甲を割除ば、尸魄を制するなり、是を斬三尸と名づくと、

三尸の名を呼て諸病を除く祕法

又毎年六月八日及び庚申日の其夜睡らざれば三尸を振伏するなり、又常日にも毎夜齒を叩こと三十六遍して、左手を以て心を捧て三尸の名を呼ぶなり、曰上尸彭踞出、中尸彭瓆出、下尸彭蹻出、右の如く呼ときは三尸害をなさず、無病の人も常に能行へば、精神倍爽し五神恬靜にして、諸病こと〴〵く消滅し長命なりと、衞生易簡方に見ゆ、

太上眞人三尸七魄を除くの要訣（道藏經には略レ之、）

庚申の夜二魂を抱《かゝゆる》の祕法

庚申の夜に臥則は枕を去、上に向ひ足を伸て手を心上に交へ、目を瞑《ふさ》ぎ氣を閉、三息して齒を叩く事三通し、心に赤氣ありて鷄子の如きが、内より仰上し目中より出て外に轉じて大に身を覆ひ、變じて火となり身を燒、内外に周匝て洞徹こと一の如きことを存じ、體中すこし熱することを覺ば、齒を叩こと三通して、○爽靈、○胎光、○幽精の三神名を唱て、急に微祝して曰、

太微玄宮、中黄始青、内錬三魂、胎光安寧、神寶玉室、與レ我倶生、不レ得二妄動一、監者太靈、若欲二飛行一、唯得レ詣二太極一上清、若欲二饑渴一、唯得レ飮二徊水一玉清、

右の祕呪を唱ふべし、

庚申の夜七魄を制するの祕法（道藏經に出るなり、今略レ之、）

神仙勞瘵を治する斬三尸の祕法

男女の勞瘵を治せんと欲はゞ、庚申日に手の甲を去て、丑日を以て足の甲を去り、この指甲と足甲を毎度ながら香合などの物に集入置て、扨七月十六日に右集置し、一年中の手足の甲を灰に燒、水に和して服すれば、三尸九蟲皆滅して、勞瘵せん〳〵に平癒す、是を斬三尸と名づくと衞生易簡方に見ゆ、

太上庚申を守る捷法

此法は道藏經に出たり、又遵生八牋、居家必備にも出たり、三尸の所在各々異にして名も又異なる義ありて大同小異なり、雲笈七籤に委くこと〴〵く出る、又道藏經庚申部にも見へたれば今、是を略す、

歳星を祭りて三尸蟲を滅する祕法

春正月の上の甲乙日に歳星の在る所を視て香を焚て朝々に禮拜して、誠心に祝して曰、臣願、東方明星君、扶二我魂一、接二我魄一、使二我壽命綿長如二松柏一、願臣身中三尸九蟲盡消滅と唱ふ、三尸滅して長命ならしむ、道藏經に見ゆ、

上清元始譜錄太眞玉訣 凡二門、又名二解形遯變流景玉光三惡門一、

三尸三惡門、

第一門、名二色慾門一、名二上尸道一、一名二天徒界一、

第二門、名二愛慾門一、一名二中尸道一、一名二人徒界一、

第三門、名二貪慾門一、一名二下尸道一、一名二地徒界一、

此三惡門を一に三尸の道と名づけ、一に三徒の界と名づく、常に人身中に居し、人の三關の口を塞、人の三命の根を斷、人の仙を學ぶの道を遏む、人の飛騰魂を抑へ、仙道を學ぶ人三尸を三道の上に落し、三慾を三界の門に去ずんば、仙人飛行の術、長生不死の道を得る事能はじと、道藏七籤卷八十一に見ゆ、

太上眞人三尸九蟲を絶滅するの寶符

太上眞人曰、三尸九蟲は能萬病を作し、病人夜夢に戰鬭を見るは皆この三尸九蟲なり、桃板を用て符書三通を爲し、門闑下に埋則は、一切の惡病難病時行病一切の災害諸難惡鬼魔魅の類、一切家内國内其身を侵害することなし、其外の諸病等は前記に見へたり、此寶符の靈驗神異不測は別に前書す、其卽効を見むと欲ふ人は、若人蟲齒にても又は何となく痛齒にてもありて苦痛せんに、葦を用て其齒を痛人の平常飯を喫ふその箸の寸尺に其葦を切て、其に其人の當年の歳と名を書て、扨その箸の尺《たけ》に切し葦を痛齒にてしかとかまし、其時に呪して上尸彭琚出と三遍唱ふべし、此呪その人にても又他人にても唱ふる時、口の中にて唱ふべし、扨その葦の兩端をかみひしやぎて、此葦を紙にて包て火葬場へ持行て燒棄る、尤その行時歸る時他人と言語一切に禁ず、火葬場にても仕形にておんぼうに燒くれよと賴で燒もらふべし、燒賃十二文紙につゝみ持べし、如レ此して二度齒の痛む事なし、神効信ずべし、

斬三尸九蟲桃板寶符の祕要

上より件々に諸書を引證して三尸九蟲を消滅するの祕法を記すと雖ども、此甲庚祕錄の祕要とする所は次に記す、斬三尸桃板寶符の三種に極る、ゆへ如何となれば、前に記す三尸を滅するの數ヶ條は、事繁多して其法むづかしく、庶人の容易に修し難き煩あり、今此桃板寶符の祕法は、一度これを修して一生涯また書改むるの煩なく、又他人の病氣災難等に遇ひ難儀せんに、此寶符を借あたへ又は此寶符にて加持しやるべし、上に件々書記したる諸仙人の祕法と靈驗利生すこしも異なる事なく、始に記置たる通の靈驗利生不思議奇妙の桃板寶符なれば、上天子より下士農工商の四民に至るまで平常是を佩べき也、殊に仙人飛昇の道を學ぶ道士、諸人の病苦を救ふ醫者又は修驗者等は、此寶符を傳授し修行して人にも與へ我も佩て、其靈妙不測を知り信じ尊ぶべきなり、

桃木の諸木に勝れて靈木なる事

夫この寶符を桃の木にて作る所以は、桃木は五木の精にて邪氣を伏する仙木なり、本草綱目曰、桃は乃西方の木、五行の精、仙木なり、故に能く邪氣を厭伏し百鬼を制す、今人門上に桃符を用るは此を以てなり、又地上に桃木を釘打て家宅を鎮す、是を桃橛といふ、許愼云、羿《けい》桃棓に死すは杖棓なり、故に鬼桃を畏る、又曰、桃花は惡鬼を殺す、荆楚歲時記曰、桃板を造りて戸に着、是を仙木といふと、又正月元日に桃木に神荼鬱壘の二神の形を畫て門に立れば凶鬼邪氣をふせぐ、是を名づけて桃板桃梜仙木桃符といふと事文類集に見へ、風土記曰、桃、五行の精、邪氣を厭伏し百鬼を制すと、又通典曰、周人は木德、桃を以て梗と爲す、今の桃符是其遺制なりと、事物紀原、典術花鏡、草木方、古今醫統等、三才圖會なんどに桃の靈木なることを記せり、本朝の或書曰、伊弉諾尊桃子三箇を採て火務女《ひさめ》を擊、惡卒皆去、よつて桃樹を勅して名て稜威神富命といふと和漢三才圖會に見へたり、又日本紀曰、伊弉諾尊桃實を采て以て雷に擲ち玉ふ、雷等皆退去る、此桃を以て鬼を避るの緣なり、如レ此靈木なるに、其上斬三尸の寶符を書寫し、是を尊信し佩るに於てをや、其靈驗利生更に疑ふべからざる者なり、

絕三尸九蟲之桃板寶符の證據

又桃板にて寶符を作ることは、仙經曰、
太上曰、三尸九蟲、能爲二萬病一、病人夜夢二戰鬪一、皆此蟲也、可下用二桃板一爲中符書上、三道埋二於門閫下一、卽止矣、毎以二庚申日一書帶レ之、庚子日呑レ之、三尸自去矣、常以二六庚日一書二姓名一、安二元命籙中一、三尸八牋作二二月一、不二敢爲レ患也、
右は遵生八牋、雲笈七籤、金丹正理、大全綱目等、其外の道書に多く見へたり、

太上眞君桃板斬三尸寶符の式法

先桃板寶符を作むと欲せば、桃樹の東方へ茂れる枝を採て、是を板にひき割て三枚となす、其三枚ながらの板の寸法は左に記す、圖の如くすべし、

桃板の寶符の寸法の圖

長さかね尺にて二寸、横もかね尺にて一寸、板の厚は圖のあつさにすべし、

右の寸法にして三枚同じ様に拵へ、寶符を書終りて勅符咒を唱へ了ば、是三枚を上尸中尸下尸と符の次第に重て清淨なる美濃紙にて包み、其上の表に次の圖のごとく題號 記す、

三光之靈文
太上眞人斬三尸桃板之寶符
天眞之神信

如レ上に書て其裏に年號月日と我名を書て、封じ目に印をことごとく押、尤我所持の印判を押べし、

右の如く認め、其上を又美濃紙にて包て錦の袋に入れ、常に首に掛て肌身を離すべからず、錦の袋は人々の生性により其色を用ゆ、木性は青色錦、火性は赤色錦、土性は黄色錦、金性は白色錦、水性は黒色錦を用ゆ、是また傳なり、

桃板斬三尸寶符書寫の式法

扨桃板に斬三尸の寶符を書寫せんと欲ば、三日前より房事五辛酒肉を禁じ、月水の女、瘡癬癩病すべて不淨病ある人に近よるべからず、毎朝毎夜三日が間は

汲たての水を浴て、太上虛無北帝七元諸天尊と唱へて齒を叩くこと三十六度して、尤身心ともに愼み淨くいさぎよく有るべし、如レ此ことを一事にても闕ば、桃板寶符の靈驗利生すこしもある事なし、扨庚申日を當日と定め、早朝より起て、曉に井華水を浴て口をあらひ一心清淨になりて、一間の内に籠り髪をさばきて後に垂て平坐し兩眼を閉、神をこうじ心に金光一筋、天より圓焰《まろかせ》となり、火の如きが舞下りしと欲ふ時、この金光を一呑にぐつと呑て、これを新しき筆に吹入て、扨三つの寶符を一々次第に書なり、但し前日より案の上に硯墨筆を淨めて置、水は其朝汲たるを用ゆ、人に見すべからず、

寶符を丹簡墨籙に書寫するといふ祕傳

太眞科曰、丹簡は卽朱漆の簡なり、火は陽を主とする事を明す、墨籙は墨を以て書き、水は陰を主どる事を明す、人長生を學ば是に遵ふべしと、若丹簡の心にて書せんと欲ば朱に書べし、墨籙の心ならば墨にて書べし、稚川曰、符を書は文字を書に同じ、符を少しにても書誤る則は、但に益なきのみにあらず、大に災害をまねくべしと、然れば隨分と一心をこらして三の寶符の誤なき樣に書べし、少も誤なく清淨に書ざれば靈驗利生更に有べからず、

太上眞人桃板斬三尸之寶符

斬ニ上尸 三蟲ニ之 寶符也

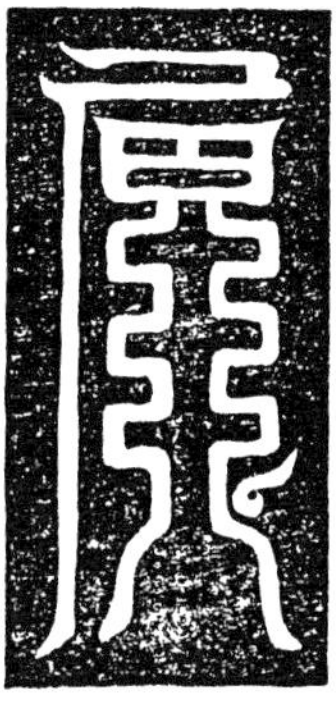

斬ニ中尸 三蟲ニ之 寶符也

斬㆓下尸三蟲㆒之寶符也

右の通に次第に三枚の符を桃板に書寫て、扨是三枚の寶符を兩手に捧て勅符咒を唱ふ、

日出東方、赫々堂々、某服㆓神符㆒、符衞四方、神符入服、換胃蕩腸、百病除瘉、骨體康强、千鬼萬邪、無㆑有㆓敢當㆒、知符爲㆑神、知道爲㆑眞、吾服㆓此符㆒、九蟲離㆑身、攝㆓錄萬毒㆒、上昇眞人、急々如律令、

此咒を三々の九遍唱へて、扨伽羅にても沈香にても焚て、其香の煙の立あいだに右の三枚の寶符を重て紙にて封じて包絡る、香きれたらば香を續べし、此修法如㆑此と云々、

太上眞人庚申を守るの祕法

○上尸彭踞出、　洞神玄訣曰、上蟲は上丹田腦心に居す、其色は白して靑く、彭踞と名づく、人をして好て嗜慾凝滯せしむ、仙道其外一切の道を學ぶ人、宜しく是を消滅さすべし、假令五穀を絕せざるも、常に此斬三尸の祕法を行へば、一年の外上尸自消る、人是を行ふ事知らずして空く五穀を絕、若貪慾を絕ざれば、いづくんぞ上尸三蟲滅することあらんや、

○中尸彭瓆出、　洞神玄訣曰、中蟲を彭瓆と名づく、其色は白して黃なり、中丹田に居す、人をして財を貪り喜怒を好んで眞氣を濁亂す、三魂をして居しめず七魄を流閉せしむ、洞玄經曰、喜怒なければ中尸大に懼る、貪ず慾せずして和氣常に足る、座に元陽萬福來集するを見るといへり、

○下尸彭璚出、　洞神玄訣曰、下尸其色白して黑し、下丹田に居る、彭璚と名づく、人をして衣服を愛し酒に耽り色を好ましむ、但仙道を學ぶ人、心識內に安じ、常に淡泊を守れば、三尸自ら死して永く災ひをなさずと、雲笈七籤道藏經等にも見へたり、又衞生易簡方にも見へたり、

如㆑此の三尸九蟲も右の桃板寶符を常に佩れば、皆次第に消滅し、子孫連綿して家內繁永富貴に、無病息災に長命不老還少の靈妙不思議ありと、道藏七籤卷の八十一八十二八十三庚申部にも委見へたり、此書は

宋の張君房の輯にして、明の張萱の訂せる道書なり、三彭の事は諸書に出たり、陳簡齋が集の玉延賦にも掃除三彭見二蓬萊夷路一とあり、南紀の善齋道慶年十有四歳にて、洛東建仁寺稽古澗に從ふ、一夕隣寺の僧數輩來り訪ふ、時に庚申日に丁《あた》る、古澗衆僧に詩を作らしむ、善齋同賦す、

一宵清話共相親　忽轉朱欄月色新、
且喜三彭今可レ伏、　靜焚二香炷一守二庚申一、

右膾餘雜錄に見へたり、此詩を記して筆を投じ了ぬ、

跋

老君遺誡、敎二子防軀一、外如二空城一、裏如二丹朱一、外常不レ足、內實有レ餘、保二道五藏一、勿レ得二發舒一、行レ正念レ道、常覆二子軀一、思レ道念レ道、座致二行風一、思レ道念レ道、常以レ道俱、內懷二金寶一、外常如レ無、保レ神愛レ氣、萬邪不レ拘、長生在レ己、三尸自去、百病九蟲、皆自消除、身過二千災一、仙人鄰居、以爲レ跋、

丹陽一百二拾有三叟關富翁書

太上惠民甲庚祕籙　終

修仙靈要籙敘

烏樞沙摩、此云二火頭一、是此力士、觀二念火性一、得二無上道一、如二佛經云一、釋迦金仙時臨二涅槃一、百千萬衆、無量人天來集供養、哽咽悲惱、唯有二梵王一、名曰二螺髻一、與二諸天女一共相娛樂、不レ來二斯會一、大衆皆曰、今日金仙臨二般涅槃一、唯此螺髻何故不レ來、驅二使咒仙一、策二進金剛一、往二梵王城一、欲レ使二捕來一、梵王城塹敷二散穢物一、不淨臭氣薰二馥四方一、何爲咒仙無量金剛、兕レ氣傷レ穢、悉空歸來、於レ是大衆倍復嗥哭、是時金仙慈二愍大衆一、左心化二出不壞金剛一、是此金剛、現二顯神通飛騰自身一、至二梵王所一、以レ指指二點不淨汚穢一、一時變成二大淸淨地一、螺髻發心、至二金仙所一、穢跡金剛神力如レ是、亦說二玅法一、化二度衆生一、百變法門四十餘符、法術靈要種々神咒、咒法効驗、不レ可二思議一、神變自在、如意吉祥、降二伏諸魔一、成二就仙道一、不淨金剛神力如レ是、若夫伎法現二於熱相一、其誦レ咒人得二千歲活一、若二烟出一者得二萬歲活一、火焰出者飛二上天上一、火頭金剛神力如レ是、蹝佛說之修仙靈要、佛者瞻レ之、觸レ途成レ滯、仙家看レ之、墮レ坑落レ塹、是謂二僞經一、無レ事生レ事、是謂二眞經一、無レ風起レ波、烏樞烏瑟、突出難レ辨、若人要レ識二眞箇化出不壞金剛一、更向二經外一可二合掌一焉、

天明元年辛丑孟夏

菊丘臥山人文坡江匡弼書レ之、

目次

乾之卷

一烏樞沙摩供養法印咒第五、同治鬼病印咒第六
一烏樞沙摩跋折囉法印咒第七、同擲鬼法印咒第八
一烏樞沙摩骨索法印咒第九、同輪法印咒第十　右法印咒已下四十二ありと雖ども、目錄には之を略す、本文には四十二咒ことごとく是を載せたり、
一烏樞沙摩咒法効能佛教の全文を直に載、七仙を修する功能を證す、
一火頭金剛降魔噐伏法佛經の全文を直に載て、佛說に修仙の法ある事を示す、
一阿修羅宮殿、阿修羅王、阿修羅女の因由の和解
一穢跡金剛法禁百變法門經の和解、印法神變延命法
一心智自然智宿命智を得、種々の大法門を得る印法
一一切の人をして愛樂大自在衆苦を離るゝ事を求る印法
一空所に飛騰し日に行事三百萬里、人の見ざるの印法
一伏連病鬼病精魅鬼病一切の惡病を治するの印法
一延命無病聰明多智辯才無礙を得るの印法
一萬病を治し長壽益智大神驗を得るの印法
一人をして壽命天地と齊しく大自在を得るの印法
一延命益智大神驗を得、一切の病痾を治るの印法
一種々の珍寶を得、他人の財寶を自然と得るの印法
一八大金剛衛護して其人を離れざる吉祥の印法

一大火災起る時火中に擲て其猛火滅するの印法
一大惡風起る時擲て其大惡風を止むるの印法
一大水起る時水中に擲て流水を止め人を救ふの印法
一大雨降る時雨中に擲て其雨を止るの印法
一一切の諸符を用ひ驗なきに用ひて神驗を得る印法
一佛說大圓滿陀羅尼神咒、穢跡眞言、同眞言
一三井寺開山智證大師將來の梵字の陀羅尼
一烏樞瑟摩金剛、密言解穢眞言幷に散華咒
一百變法門經中四十六靈符疑惑諸印の辨論
一百變法門經中四十六靈符、諸師の疑惑、論辨論の答釋
一咒に急々如律令を用るの論、薩嚩訶幷に解脫の辨

烏樞沙摩金剛修仙靈要籙卷之乾

皇京　菊丘臥山人江匡弼文坡撰

○不壞金剛解神咒を說て衆生を化度する因由

往昔大聖金仙釋迦牟尼世尊諸の衆生を憐愍し、卽大遍智神力を以て左心に隨て不壞金剛を化出す、是を烏樞沙摩明王と號す、時に此不壞金剛すなはち座より起て大衆に白して言、我に大神咒あり、能螺髻梵王を化度し來らむと、是語を作已りて、卽大衆中に於て大神通を顯し、此三千大千世界を變じて六反震動さしめ、天宮龍宮諸の鬼宮を皆悉く摧崩らしめ、卽自身を騰して螺髻梵王の所に到り、指を以て是を指ば、梵王城邊の彼種々の穢物ことぐく變じて大地となる、時に於て螺髻梵王をして發心さしめ、能大圓滿陀羅尼神咒、穢跡眞言を說て、一切衆生の諸願をして滿足さゝしめ、殊に我仙法を修行の人をして容易に仙道を成就なさしめ、能長生不老にして終に昇天なさしめ給ふ、故に經に曰、高峻四絕の山頂に詣り、更に場壇を作りて如法に供養し咒を誦する事十萬遍に滿足し竟て、高聲に大に呼べば、諸仙人の門、阿修羅の門皆悉く自開く、又蔓菁子半升を取て、自身の血を取て蔓菁子に和し、一捻一咒して火中に是を燒て八千遍に滿ずれば、阿修羅女及び仙人仙女等出て行者を迎へて內に入て供養し、常に甘露を與へて飮しむ、其時是を飮む行者、齒髮皮膚ならびに自脫去て、更に新に齒髮皮膚生じ、白髮變じて紺瑠璃色となり、其人の身形たちまち金色に似たるが如し、咒を持する人は千年の壽命を得て力金剛の如く、一千年後命終りて忉利天に生じ、自身卽忉利天王となると佛說たまへり、又經曰、火頭金剛降魔器仗法に曰、此法已に成就し其咒を誦ずる人は千歲の壽命を得、あるひは萬年の壽命を得、または天上に飛上る、若仙を求めんと欲ふ人は山間高頂の上に於て此法を修せよと、佛說陀羅尼集經卷第十金剛部の卷の下、金剛烏樞沙摩法印咒品に詳なり、卽此經を全部和解し、次に載て我仙敎修行の人の倢徑とす、故に此書を題して烏樞沙摩金剛修仙靈要籙と名くるなり、夫仙敎は天竺震旦日本三國に於て天地開闢より自然の妙道にして、人々固有の眞一の靈旨なり、眞一の靈旨とは禪宗にては本來の面目といふ義に同じ、天竺にては釋尊諸の仙人に隨從ふて此旨を修行し、終に雪山に入て此靈を大悟す、震旦に於ては黃帝軒轅氏是を廣成子に傳へて此靈旨を契悟し龍に駕して昇天す、後に老子五千言を吐て此靈旨を諭す、我日本國に於ては、神代の人自然と此靈旨に契ふを以て、其世の人を君臣ともに神と稱し、其世を神代と號す、其道を傳へて後世唯一の神道と稱す、然れども其初學の人、入門の修行敎異なれば、其神仙佛の三道本來一致なる事を悟らず、

○穢跡金剛說神通大滿陀羅尼法術靈要門經の
和解

夫烏樞沙摩明王の依經三部あり、所レ謂烏樞沙摩明王經、三卷、穢跡金剛法禁百變法門經、一卷、法術靈要門經、一卷、此三部の外諸經に明王の事を說と雖ども、專此明王の利生を說所の佛經たるを以て、此三部を稱して明王の依經といへり、今先此書の表題に修仙靈要籙とあるを以て、首に法術靈要門經を國字にて解し、明王初て出現の因緣由來を示す、其烏樞沙摩明王經、百變法門經の如きも與に國字にて解し載たり、詳なる事は次にて見るべし、

穢跡金剛說神通大滿陀羅尼法術靈要門經

北天竺國三藏沙門無能勝　譯

如是我聞一時佛拘尸那國力士生處跋提河邊娑羅雙樹の間に在す、爾時如來入涅槃に臨給ふ時、無量百千萬衆天龍八部人非人等、佛の涅槃に入給ふを悲歎て、啼泣て佛の四面に向ひ哽咽悲惱みて住ず、爾時復諸天大衆釋提桓因等皆來りて佛を供養するに、唯螺髻梵王といへる王あり、諸の天女をして四面を圍繞しめて坐し、前後の天女千萬の衆と共に相娛樂で、如來の般涅槃に入給ふを聞ても來りて觀省せず、觀省せずとは來りて弔ひ歎かざるなり、時に佛の四面に來集する所の諸大衆皆共にいはく、今日如來般涅槃に臨み給ふに、此螺髻梵王のみ何が故に來ざる、梵王必ず我慢の心あつて是こゝに來至らざるなり、我等の徒衆に小咒仙を小咒仙とは神咒を持念して仙人となりたる仙人をいふ也、驅使して彼螺髻梵王を往て取來しめんと、是語をなし已て百千衆の小咒仙を策進めて彼所に到しむ、時に小咒仙彼梵王の王城に到りて見れば、種々の不淨汚穢の物を城の塹と爲て、其臭惡の氣四方に薫りぬ、小咒仙この臭惡の氣に觸て各咒を犯して皆卽時に死したり、時に於て諸大衆この事

を聞て小咒仙の臭惡の氣に觸て死せる事は、昔より未だ曾て有ざることなりと怪みて、復無量金剛の策を進めて去しむ、無量の金剛神咒を持して彼螺髻梵王の城邊に到れども、彼臭穢の氣甚しく近寄こと能はず、無量の金剛盡く空しく歸來りぬ、已に七日を經れども誰か此螺髻梵王を捕來る者なし、故に諸大衆この事を見聞て倍復悲み哀みて同聲に偈を說て曰、

苦哉大聖尊、入ㇾ眞何太速、諸天猶決定、天人追喚得、痛哉天中天、入ㇾ眞如ニ火滅一、

諸大衆此偈を說已て倍す復哽咽悲啼嘷哭す、是時如來諸大衆を愍み給ふて、卽大遍知神力を以て左心に隨ふて不壞金剛是卽烏樞沙摩金剛なり、を化出し給ふ、其化出せる不壞金剛卽大衆中に於て座より起て大衆に白して言、我に大神咒あり、能螺髻梵王を捕らむと、是語を作已て、卽大衆中に於て大神通を顯し、此三千大千世界を變じて六反震動し、天宮龍宮諸の鬼宮皆ことごとく摧け崩ぬ、其時不壞金剛卽自身を騰して螺髻梵王の所に至り、指を以て彼城塹の一切臭汚の穢物を指ざせば、其彼種々の穢物變じて大清淨の大地と爲る、爾時不壞金剛、彼螺髻梵王の邊に至て報じて曰、汝大愚癡なり、將に我如來涅槃に入むと欲し給ふ故に、世界の無量百千萬の衆、天龍八部人非人等諸天大衆釋提桓因等に至るまで、悉く來り集て哽咽悲惱す、然るに汝一人何が故に彼所に至らざるやと、金剛不壞の力を以て微しく梵王を指ざせば、螺髻梵王忽に發心して如來の所に至りて佛を供養しぬ、爾時諸の大衆、不壞金剛を讚て言、大力士汝能是神力あり、彼螺髻梵王を捕て此に來至すと、此時不壞金剛卽諸大衆に告て曰、若世間に衆生あつて諸天惡魔一切の外道に惱亂せられば、但我神咒十萬遍を誦せば我自身を現じて一切有情をして隨意に滿足さゝしめ、永く貧窮を離しめて常に安樂ならしむべし、其咒を誦する時、先此大願を發す、南無我本師釋迦牟尼佛如來滅後に於て此神咒を受持し誓て群生を度し、佛法をして滅せざらしめ久しく世に住めしめんと、是願を說已て卽大圓滿陀羅尼神咒穢跡眞言を說、

唵《ヲン》嚩《ハ》旺《サラ》崛《クツ》𠷈《タ》、摩《マ》訶《カ》鉢《ハ》囉《ラ》台《ニ》很《カ》那《ナツ》𠰘《カ》、吻《フン》什《シフ》吻《フン》、微《ビ》咭《キツ》微《ビ》摩《マ》那《ナツ》栖《セイ》、嗚《ウ》深《シン》暮《ホ》、崛《クツ》𠷈《タ》鉡《ウン》鉾《ム》泮《ハツタ》泮《ハツタ》泮《ハツタ》、娑《ソ》訶《ワカ》、

時に彼不壞金剛此神咒を說已て、復言我如來滅後に於て常に此神咒を誦す、若衆生ありて情願して此神

呪を受持する者は、我常に給使者と爲て求る所願の如くならしむ、我今如來の前に於て此神呪を説、只願は如來眞際の中に於て我等を照知し給へ、世尊

諸惡鬼神の害

若衆生あつて多く諸惡鬼神の爲に惱亂せられむ時、此神呪を誦せば皆害を爲こと能はず、永く苦難を離れしめん、

萬病を救療し及び一切の願を滿足さゝしむ

世尊若善男子善女人あつて萬病を救ひ療治せんと欲はゞ、先此神呪を持する事四十萬遍せば、病ある者を見て是を治せん、驗あるは淨と不淨とを問ことなく意の隨に驅使せん、我當に隨從して一切の願を滿しめん、

枯木に花を咲せ枯樹に實を結ばす法術

若枯樹をして枝葉を生ぜしめんと欲はゞ、白膠香一大兩を取て匡弼按に、白膠香は楓樹の脂なり、楓を日本にてはもみぢと訓じ、かへでと訓ずるは誤なり、楓樹は日本には昔は決して無し、詩に丹楓といふ香木なり、此樹脂多く幹より吹出る、其色白く光澤なり、故に一名を白膠香といふ、惟だ白膠といふときは鹿角膠の事也、楓は日本の楓には非ず、樹心に塗り楊枝にて枯樹を呪する事一百遍、日に三時、滿三日に至て卽華咲て實を結ゞむ、

枯井に水を涌す法術

若枯たる泉に水を出さしめんと欲はば、淨灰にて是を圍て井華水三升を取て泉の中に置て、寅時に於て呪する事一百八遍すれば、水車輪の如く涌出す、

枯山に草木を生ぜしむる法術

若枯山をして草木を生ぜしめんと欲はゞ、鑌鐵力一口を取て四方に於て山を圍呪する事三千遍、七日滿ずれば卽草木を生ず、

野獸をして馴伏せしむるの法術

若野獸をして歸伏せしめんと欲はゞ、安息香を匡弼按に、安息香は魯府禁方に櫁香といひ、輟耕錄に命門錄事といひ、紅毛國にてベエンシハンといふ、松脂に似て赭黄色にて明亮なり、軟なるを安息油といひ、堅實なるを安息香といふ蠻國より來る物なり、取て燒て獸の住處に向ひて呪する事一千遍すれば、其獸夜間に至て持法の人の門首に集り、歸降する事人間の如し、

夜叉を歸降せしむるの法術

若夜叉をして自來り歸降せしめんと欲はゞ、桃柳枝十翦を取て齊しく截て水一碩を取て煎、五升を取て桃柳枝を澇出し丁香三大兩、匡弼按に、丁香とは丁子をいふ、紅毛國にてカリヨウフレイ、金光明經に索瞿者とある是なり、蠻の美洛居の香山は皆丁香なりと、乳頭香三大兩、匡弼按に、乳頭香とは乳香の事なり、薫陸香乳香といふときは蕉香は脂の名なり、乳香とは脂滴り圓く乳頭の狀に類するを乳香といひ、乳頭香といふ、一名は明王珍乳香の上品をチクビといふ、漢土にて又明乳香ともいふ、白膠香三大兩を以て後柳水に和し五升に煎取て、卽一砂盆中に置て一桃枝長三尺なるを取て水を攪し、神呪を誦する事一百遍、一切の夜叉羅刹皆來現して行法の人と共に語り人の侍者と爲む事を請求す、

諸惡鬼神毒蛇蝎猛獸等の毒を除滅するの法術

若諸惡鬼神毒蛇蝎猛獸等の毒をして滅せしめんと欲はゞ、淨灰を取て所居の穴孔を圍ば普自出來る、當に微しく聲を出して是を呪する事一百遍すれば、其蛇等一切の蟲獸、各その

毒心を滅して敢て人を傷らず、速に解脱を得べし、〔惡鬼人を害し傷らざる法術〕若惡鬼をして人を傷ざらしめんと欲はゞ、食一摶を取て咒する事七遍、其食を與ふれば、永く人を傷らず復聲を出さず、〔惡人を降伏する法術〕若惡人をして來りて降伏さゝしめんと欲はゞ、前人の姓名を（前人とは其惡人の事なり、）書て咒して人の脚下に置て、是を咒する事百遍し、心に彼人を念ずれば、其人立所に至て降伏し怨憎の心を捨べし、〔人をして相憎しめ相離れしむる法術、俗に云緣切の法〕若人をして相憎しめんと欲はゞ、彼二人の名號を（二人とは譬ば夫婦にても、他人と他人とにても兩人の名を書なり、）書て自足下に於て咒する事二百一十八遍すれば、其人たがひに相離背し相愛敬せず、〔相憎む人を相愛敬さすの法術〕若相憎人ありて相愛敬さゝしめんと欲はゞ、卽彼相憎む人の名姓を書取て、自の足下に於て咒する事一百八遍すれば、其人便相愛重して永く相捨ず、〔安樂ならざる人を安樂ならしむる法術〕若未安樂ならざる人有て安樂ならしめんと欲はゞ、前人の（安樂ならざる人なり、）名字を取て足下に書咒する事三百遍し、當に彼人の爲に大誓願を發すべし、我彼時に於て卽みづから辯才無滯を送りて行者の意に隨ふて須る所の者並に悉く施與む、〔種々珍寶摩尼如意珠等を求むる人種々の珍寶を得る法術〕若持咒の人、種々の珍寶摩尼如意珠等を求むる者は、但至心に咒を誦する事おのづから多少に限る、我卽送りて其所願を滿しめん、〔頓病の人を平癒さすの法術〕若人の病を治せんと欲はゞ、頓病の印を作せ、先左手頭指中指を以て索文を押へ、卽是を咒する事一百遍し以て頓病の人を印する事七丁、其病立所に瘥べし、〔病人死せんとするを快す法術〕若病人死せんと欲するに臨む者は、先禁五路印に於て然して後是を治す、卽死せず、印自如レ是、先以二准印一以二無名指一屈て掌中に向へ、小指を竪て是を咒する事百遍、其患速に除く、〔邪病を除く法術〕若邪病を治せんと欲はゞ但病患の人の頭邊に於て安息香を燒て是を誦すれば、立所に邪病を除くべし、〔蟲毒病治る法術〕若蟲毒病を治せんと欲はゞ、患ふる人の名字を紙の上に書て是を咒すれば卽瘥、〔精魅病を治る法術〕若精魅病を治するが如きも如レ上の法なり、〔伏連病を治る法術〕若伏連病を治するには患ふる人の姓名及び病を作す鬼の姓名を書く、患ふる人の床下に埋め是を咒すれば、其鬼速かに名字を奉じ自身を出現し、便彼鬼をして三世の事を看せ、一々具に人に說向すれば其病速に瘥、〔時氣の病を患ふる人を治る法術〕若人あつて時氣の病を患ふる者は、咒師これを見れば卽瘥、〔行病鬼王をして國所へ入ざる法術〕若行病鬼王をして界（界とは其國中又は市中なり、）

に入ざらしめんと欲はゞ、十齊日に於て我此咒を誦する事二千八遍せば、能萬里の中の衰患を除くべし、

穢跡金剛説神通大滿陀羅尼法術靈要門經畢、

謹曰、右の靈要門經を和解する所、經文に於て甚だ解がたき所多し、故に經意を取て其大略を解、或は經文を其儘にして點をつけたる所あり、看る人詳にして可なり、又經文の中に諸惡鬼神の害を除く法術如レ是に圈して其法術を解する者は、經文には是なしと雖ども、看る人速に其法術の品を看出さしめんが爲なり、

○經中に螺髻梵王といふは、色界の螺髻梵王の事なり、色界とは倶舍云、色界の天人は淨妙の色ありて身相端嚴なるが故に色界といふと、三界義上九丁、曰、色界の天人は淨妙の色ある故に色界と名づく、身相端嚴等是なりと、夫螺髻梵王とは註維摩經第一、名義集卷二、觀音義疏丁、法華直談鈔十の本等に詳なり、螺髻梵王は色界の天主にして初禪天の頂に居す、尸棄大梵天王是なりと見ゆ、

○經中の咒仙らは陀羅尼神咒を誦し持して仙道を成就したる仙人をいふ、是を悉地持明仙といふなり、大日經一行疏卷六曰、圖に持明仙人といふは、是餘の藥力等の成する所なり、悉地持明仙とは皆是專咒術に依て悉地の人と爲と、又卷九曰、持明といふ者は梵に陀羅尼といふ、持明とは一切明門明行を總持す、乃至此三昧耶誓願を盡して以來終に漏失せず、故に入佛三昧耶持明と名づくと、本朝の法道仙人も天竺の靈鷲山中の仙苑に住む五百の持明仙の其一仙人也、皆咒術に依て仙人となりたるを咒仙といふ、百千衆の咒仙とは數の多きをいふなり、

□次に佛説陀羅尼集經卷の第十金剛部卷下、を和解す、尤も其大意を擧記して多く省略するは經文の繁を以てなり、詳なる事は全經を以て看べし、

○烏樞沙摩明王の依經三卷幷に儀軌一卷の解

釋尊、烏樞沙摩明王の利生を説玉ふ事、諸經に於て多く是を閲すと雖ども、全く此明王の事を説たまふ經は考へるに只三部あり、所レ謂、

金剛恐怖集會方廣軌儀觀自在菩薩三世最勝心明王經

大威力烏樞沙摩明王經　三卷

穢跡金剛説神通大滿陀羅尼法術靈要門經　一卷

穢跡金剛法禁百變法門經　一卷

此三部を依經と爲す、又金剛烏樞沙摩法印咒品是は陀羅尼集經第十卷に出たり、此外に大威怒烏芻澀摩儀軌一卷、又元慶寺安然和尙の八家祕錄卷の下に載る所左の如し、

烏樞瑟摩法六

大威力烏樞瑟摩明王經三卷集經亦名二大頭金剛大佛頂經一、具說二本行一、

大威力烏樞瑟摩明王經无能勝譯、貞元新入目錄、海仁運列外題云二卷、亦云阿質多霰譯、私云方廣威力烏樞沙摩明王經上下兩卷、金剛恐怖集會方廣儀軌觀自在菩薩三世最勝心明王經一卷、而烏樞瑟摩經兩卷、內題前加二書觀自在經題一、又觀自在經外題烏樞瑟摩經題、加二前四卷一、以爲二大威力烏樞瑟摩明王經三卷一、内云二金剛恐怖集會方廣儀軌觀自在菩薩三世最勝心明王經一、

烏芻沙摩最勝明王經一卷圓仁將來、

大威怒烏芻澁摩成就儀軌一卷不空譯、貞元新入目錄、空海圓仁惠運圓珍圓覺將來す、

梵字烏瑟澁摩儀軌一卷、空海、梵字烏樞澁摩眞言一本、圓仁、梵字烏樞澁摩心心眞言一本、圓仁、

穢跡金剛法七

穢迹金剛法禁百變法一卷、无能勝、穢迹金剛說神通大滿陀羅尼法術靈要門經一卷、无能勝譯、貞元新入目錄、海仁云、阿質達霰譯、圓珍云、穢迹金剛說神通法一卷、无能勝譯、圓覺寺宗叡將來、

解

○烏樞沙摩明王一體多名にして漢字不同なる火頭金剛、穢跡金剛、不壞金剛、不淨金剛、不淨潔金剛、金剛烏樞沙摩、烏樞沙摩金剛、又唯云二金剛一、烏樞瑟摩、烏芻澀摩、一本芻作レ𦏰、烏瑟沙摩、烏素沙摩、烏𦏰沙摩、此餘は略す、是の如く此明王に多の名ありと雖ども、今たゞ烏樞沙摩とのみいふなり、又烏樞沙摩明王の種子は吽の字を以てす、其字義功德等は吽の字義等の如し、

○烏樞沙摩因位發心并に化出等首楞嚴經の說大佛頂首楞嚴經曰、烏樞瑟摩、如來の前に於て佛の雙足を合掌頂禮して佛に白して言、我常に先久遠劫の前を憶ふに性に貪欲多かりき、時に佛あり、空王如來と號しき、其空王如來我に告て、婬欲多き人は猛火聚と成ると說たまふて、我に敎て徧く百骸四支諸の冷煖の氣を觀せしめたまふに、我神光內に凝て多婬の心を化して忽に知惠の火となる、是より諸佛みな我名を呼召て火頭と爲したまふ、我火光三昧の

力を以ての故に阿羅漢と成り、心に大願を發して諸佛の成道したまふ、時には我力士と爲て親しく魔怨を降伏す、時に佛我に圓通を問たまふ、我身心の煖觸を諦觀するに、無礙流通するを以て諸漏既に銷して大寶燄を生じて無上覺に登る、斯を第一と爲す、

按に首楞嚴經疏（巻之五）の首書曰、烏芻瑟摩等○直解云、前後の諸章を按に、皆卽從座起とあるに、今此尊者に座起とはいはざる者は、まことに烏樞沙摩は金剛身にして佛を衞護侍從して本座を設ざる事を示す、故に座をいはず、 猛火聚 長水子璿の註に、烏芻瑟摩、此には火頭といふ、貪欲多きに因て佛の敎を聞て觀を修し是に從て悟を獲たり、貪欲盛なる者は是鬼獄の因なり、因には欲火の爲には燒れ、果には業火の爲に燒る、因果相當して倶に火聚と名づくと、 智惠火 初め身心を觀じて唯煖觸のみを見る、後に煖氣を觀ずるに無相無生なり、我身自空なり、煖何より値する、身心既に寂すれば性火妙に發す、故に神光内に凝て智惠火となる、 諸冷暖氣 正脈云、冷の字、譯文の誤なり、應に諸の暖觸氣とすべし、經文には百骸四支諸の冷煖の氣を觀せしむとあれども、冷の字を諸の字に書替て諸暖觸氣として見るべしとなり、

○烏樞沙摩の化現諸經論に於て種々異說の辨論

諸廻向寶鑑五（廿八張）曰、烏樞沙摩明王は不動明王の化現なりと、又烏樞沙摩軌儀には普賢菩薩の化身と說り、又烏樞沙摩明王經には、金摩手菩薩、一往衆生降伏の爲には烏樞瑟摩の身を現じ、衆生哀憐を請ふ時は還復如舊して烏樞瑟摩曼荼羅法及び其相を說たまふなりと云々、又靈要門經には釋迦如來の化現と說り、又陀羅尼集經の中の烏樞沙摩畫像法の如きは、釋迦と彌陀との二尊の化現と說り、其餘の經の異說爰に略す、夫諸佛薩埵の大慈悲は衆生無邊誓願度の故に、或は忿怒の形を現じては强剛猛惡の衆生を調伏し、或は柔和の相を現じては衆生を衰憐し、應物現形神變自在なり、故に觀世音の三十三身、地藏の多身、其餘の菩薩ことぐ〱く分身して衆生を化益す、此明王も亦然り、時に應じ機に契ひては佛菩薩となり、又は釋迦彌陀普賢不動すなはち烏樞沙摩の身を現じ、穢物を轉じて大淸淨ならしめ、或は暴惡愚癡の衆生

を調伏し、現在所得の利生を與へて終に菩提の道に引入し給ふ、無緣大悲の善巧方便なり、凡夫の妄情を以て必ず佛果不思議の境界を疑惑すべからず、

○烏樞沙摩明王の靈像種々異形あるの辨論

此明王は烏樞沙摩明王經、陀羅尼集經、祕密儀軌、圖像造彫法等に説所の畫像には、或は二目二臂八臂、或は三目二四六八臂等あり、其手に持所の器も異なり、又其身の色も或は黑色或は青色或は赤色と爲す、一一に枚擧すべからず、或寺に安置する烏樞沙摩の靈像は臺座の面に海を畫き、其中に盤石の座あり、此座の眞中に一面三目八臂、通身黑色大忿怒の形にて、下より頭の上まで火焰を起し、焰の中に金輪光を現し、身の長は等身半（一尺二寸五分）にして、頭に釋迦佛の座像を頂き、寶冠を着し、左右の第一の手には印を結び、左の上と中と下との手には次の如く劍と三股鈴と索を持し、右の上中下の手には寶棒と獨鈷、金剛と一弓二箭を執たまふ、靈驗奇特の尊像なり、

○烏樞沙摩明王侍從夜叉訶利帝母阿修羅衆の事

此明王の侍者は烏樞沙摩明王經上（二張）云、烏樞沙摩明王は夜叉及び阿修羅衆幷に訶利帝母及び其愛子等をして侍從とす、皆明王を瞻仰すと云々、按に夜叉といふは梵語、此にては捷疾鬼といへり、足の疾き鬼なり、夜叉に三種あり、地と虛空と天とに住す、佛事法會の時、地夜叉其事を唱ふれば、虛空夜叉是を聞て亦其事を唱ぶ、時に天夜叉是を聞て如レ是して梵天に至るといふ事、註維摩經第一、飜譯名集第二、觀音義疏下、法華直談等に見へたり、又訶利帝母は訶利帝母眞言法には訶利帝藥叉女とありて其形像を説く、法華經陀羅尼品には鬼子母とあるは訶利帝母の事なり、眞談鈔十末（六丁）云、鬼子母とは訶利帝母なりと、其千子の中の一子を、佛鉢の下に隱し給ふ事を明せり、又阿修羅衆は飜譯名義集卷の二（十二丁）云、阿修羅舊は無端正と飜し、新には非天と飜す、西域記云、阿素洛は舊阿修羅、阿須倫、阿須羅といふ、皆訛なりと、楞嚴經には四種の阿修羅の類を説き、新婆沙論、新寶藏經、法華疏、淨名疏等に見へたり、華嚴經云、羅睺阿修羅王の如き、本身は長七百由旬にて、形を化せば長十六萬八千由旬にて、大海の中より其半身を出すと説り、

○烏樞沙摩明王廿三日廿九日を結緣日と爲すの論

烏樞沙摩明王經に、烏樞沙摩法供養等の種々の法を說、其中に黑月八日或は十四日を以て供養し加持し修法せよと說たまふが故に、此方にて廿三日廿九日を以て緣日と爲すなり、夫天竺國にては朔日より十五日までを白月と名け、十六日より後を黑月と名づく、故に十六日より日をかぞふる事一八すれば、第八日は廿三日に當り、亦十六日より日を算へて十四日に至れば、第十四日は廿九日に當るなり、此故にては月の廿三日廿九日を以て結緣日と爲して供養し參詣す、然れども常に參詣し供養して香花燈明を獻じ、信仰して不淨を除き大願を成すべし、

○烏樞沙摩明王を井神と稱する事幷に一切の靈驗

烏樞沙摩明王を厠の神といふ義は既に說り、此明王は又井の神とも水神とも稱すべきなり、故に靈要門經曰、若枯井に水を涌さんと欲はゞ、淨灰を以て是を圍み、井華水三升を以て井の中に置て、寅の時に於て咒を誦する事一百八遍すれば、水車輪の如く涌出ると、或は難病惡病を除滅さゝしめ又は一切の惡獸猛獸諸惡鬼神等を降伏する等の靈驗利生は、經文に照然たれば爰に略す、今我朝に於て信者、此明王を尊信し祈願して眼前靈驗を蒙りたる靈法を一二だに記す、左の法を修して其明王の大威神力自在なる事を感得すべし、

○烏樞沙摩明王、大人小兒の疱瘡を輕くなさしむるの靈法

若し人、大人小兒に限らず疱瘡を輕くなさしめんと欲はゞ、每年の節分の夜に於て烏樞沙摩明王の護身靈符を本尊と爲して、壁或は床に掛て、扨燈明をとぼし七種の供物を清淨にして机の上に陳ね供ふ、七種の供物とは洗米、餅、昆布、勝栗、榧、ころ柿、棗なり、扨明王の尊像の前に大豆二粒、新らしき土器に盛て供へ置べし、扨願主沐浴して身を清淨にし陀羅尼を七遍唱ふべし、陀羅尼に曰、オンクロダナウンザ、此陀羅尼を七遍唱へ了て願主尊像に對して曰、何の年の小兒或は何歳の男、又は女或は名字、名にても同じきなり、何とぞ明王の大威神力にて疱瘡を輕くさゝしめたまへ、南無烏樞沙摩明王哀愍納受と、其人の年の數程唱ふべし、扨三拜し畢て、

右明王の尊前へ供へ置し大豆二粒を其人に頂戴さす時は、疱瘡をしても甚だ輕き事、多くためして疑ひなき者也、

○烏樞沙摩明王祈念天行時行の厄病風邪を除く靈法

若世間に風邪流行し或は厄病流行し人毎に病ごとあらば、早く烏樞沙摩明王の護身靈符表具にして掛て燈明供物をそなへ、別に大豆一粒にて總身を撫て陀羅尼七遍唱ふべし、陀羅尼曰、ヲンクロダナウンザ、七難卽滅、七福卽生、烏樞沙摩明王哀愍納受と誦しながら總身を撫畢て、扨て此大豆をそのまゝ懐中にて風に當らぬ様にして綿につゝみ、其上を紙にてつつみて閾、俗にいふ門口の敷居なり、の内三寸計前を掘て埋み置時、又ヲンクロダウンナザと陀羅尼を唱へ畢て、此大豆より花咲まで病難をまぬがれしめ給へ、歸命す烏樞沙摩明王哀愍納受と十三遍唱ふれば、流行風邪厄病をまぬがる事神驗あり、但し此靈法は元日毎年の、に行ふ時は年中風邪を除き厄病をまぬがる故に、無病の人も元日に於て我年の數程陀羅尼ヲンクロダナウンザを唱へ、烏樞沙摩明王愍哀納受と祈念すべし、若又病者の平癒を祈禱せんと欲はゞ、明王の護身靈符を掛て燈明供物をそなへ陀羅尼ヲンクロダナウンザ、七遍唱へ祈禱し奉る、何某病氣本復壽命延長、歸命す烏樞沙摩明王哀愍納受と七遍唱ふべし、至信に祈れば病痾平癒せずといふ事なし、

○烏樞沙摩金剛王女方、婦人安產卽驗梵字の靈符

烏樞沙摩明王婦人安產の靈法は神祕中の神祕なり、其法に曰、

 紙に此二字の梵字を書て左手に持べし、

 紙に此二字の梵字を書て右手に持べし、

扨無所不至印を結び、彼の二字の梵字を左は左、右は右と違はざる様にして慈救の咒八遍、竈神藥師愛染等の咒又は諸神の神咒各意に任せ誦し畢て、壇上に彼二字の梵字を開き落す、次に閼神の方の水にて右の紙に書し二字の梵字を二枚ながら產婦に呑すれば、其子生るゝ時、此梵字を女子は右の手、男子は左の手に拳りて生るゝ也、扨此拳持て生れし梵字を其子の一生の守として袋に入て佩さすべし、扨此靈法を玉女の方といふ也、玉女方とは其日の九つ目な

り、又聞神の方とは其日の三つ目なり、右の梵字は其子の手に持ゐずば産湯の中に有べし、意をつけて見るべし、此加持を行ふ時、必ず左右の梵字違はざる様に加持し畢て後に、梵字を合せ丸して産婦に服するなり、

竈神の神咒俗に三寶荒神といふは甚誤なり、唵劒婆耶劒婆耶

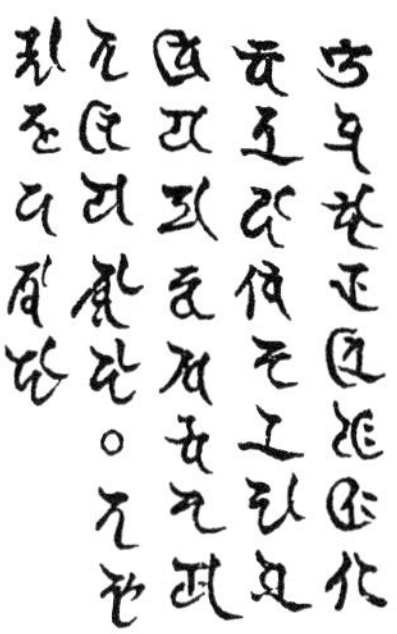

安産之守

下の梵字と産前安穏の明の梵字とを清淨なる紙に書きて烏樞沙摩護身圖滿の靈符を一枚ともに紙にてつゝみ封す、

産前安穏の明

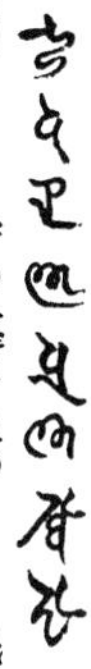

守の表に上の梵字を書べし、守の裏に上の梵字を書、下に卍此萬字を書べし、

扨不動の慈救の咒、竈神の神咒、訶利帝母の咒、藥師の咒、愛染の咒、千手観音の咒、六字明王の咒、八字文殊の咒、地藏の咒、何れも其尊の印を結び明を誦す、竈神訶利帝母六字明王この三印は普印なり、明は何れも七遍づつ唱ふべし、八字文殊の印明は内縛して二中指を合せて上の節を劒形に爲なり、

烏樞沙摩の咒、ヲンクロダナウンザ、百遍となふべし、

六字の咒ギチ〳〵ギヤチビラカンシユ〳〵タチバ

右烏樞沙摩明王安産の靈法は古今甚だ神驗多し、

○烏樞沙摩金剛の靈法傳授越三昧耶罪幷に越字訓

若此烏樞沙摩明王の靈法を修行せんと欲はゞ、天台宗眞言宗或は禪宗及び他宗の沙門にても、此烏樞沙摩明王の陀羅尼眞言等を能知りて讀誦する僧に授りて此靈法は修行すべし、何れの靈法法術にても修行するに皆明王の眞言陀羅尼あり、此靈法法術は僧に授るに及ばねども、只眞言陀羅尼を能知れる僧に授からねば越三昧耶の罪を得るなり、越三昧耶の罪とは塵添壒嚢抄巻十五二十二張、云、越三昧耶の罪とは三昧耶は梵語なり、是に平等誓願除障驚學等の義ある中に、今は誓願の義なり、祕藏記云、誓願を釋て云、譬ば國王の自法令を造りて敢て違犯せず、他をして是を行はしむるが如しと云々、凡事相に於て種々の制法あり、是を背ば則如來の誓願に違ふといふの意なり、越をば常にはこふる、コエルとも讀ども、此には違ふ

と讀べき也、本誓に越はず、弘誓に越はずをば、越すとは讀ず、越はずが讀なり、列傳に率禮を越へずと讀が如し、猶此事知識の僧に尋問ふべし、

○永明壽禪師金神七殺の方を犯して九眼の圊を建る談

修驗故事便覽卷の三曰、予嘗て永明道蹟を讀に、降伏神殺と標して曰、永明壽禪師の法を聽者多し、師便地に就て九眼の圊を爲て金神七殺の方を犯す、大衆諫れども聽ず、然るに或人數々晨に起て、七人蓬首にて髮を湖水の中に沐するを見て、近づきて其故を問に、彼七人の中より答て曰、我は七殺神なり、壽禪師圊を吾頂に建られたり、然れども歲君の令ありて別宮に移る事能はず、又古佛の徒の壽禪師に殃をもせず、只日々に大小便を浸られて此所に來りて水を沐て穢を去るのみなりといへり、然れども永明壽禪師は此事を聞て更に圊を除かず、其まゝに置れしと云々、按るに永明壽は大悟道の知識なり、圊を金神七殺の方に建られしかども、七殺神これを如何ともしがたし、只毎日髮を湖水に沐し洗ふ、是を以て見るべし、道念堅固なれば金神惡鬼も害をなさず、神仙の靈符、靈佛の陀羅尼咒の能不浄を除き、一切の鬼神を退け、一切の善神をして其人を衞護なさしむる事、誠に照然なるをや、

○厠の字に多字ある事、厠を屛厠東司雪隱といふの説

厠、音差、圂溷圊偃、説文に徐氏云、厠は古是を清といふ、いふこゝろは其不浄なるを以て、常に當に清く是を除くべきを以てなりと、玉篇の説も同じ、訓蒙圖彙卷の一曰、厠、かはや、厠、圊溷ならびに同じ、稱して溷、厠、厠所といふ、釋家に東司といふ、或は雪隱といふ、厠の始りは、漢土にても本朝にても何代より始るといふ事を未だ考へず、釋氏要覽下廿一張、曰、厠を屛厠とあり、夫厠は七堂伽藍の隨一として、淨土諸廻向寶鑑卷の五、其餘の佛家の書に見へたり、

○厠の神の神名、厠の精の名幷に其害を避るの神法

厠の神は白澤圖云、厠の精を精と名く、青衣を着て白杖を持、其名を知て是を呼は退く、其名を知らずして是を呼ば死すと、又云、寶を築こと三年、其中に居らず、人を見る則は面を掩ふ、是を見る者は福あり

と、又居家必用云、厠の神は姓は廓、名は登といふ、是庭天飛騎大殺將軍なり、觸犯すべからず、是を犯せば能災禍を賜ふと、又大眞科經に云、厠の鬼を頊天竺と名く、一には笙といふと酉陽雑俎卷の十四三、にも見へたり、

○厠を建る吉凶方位、吉凶の月日并開厠の咒法

五刻理氣纂要詳辨三台便覽通書正宗卷の十三(三十一張)、曰、厠を作る方位に曰、開厠咒、用二清水一西淨、咒曰、先開後閉、似二水清氣一出入無レ拘、百無二禁忌一、五谷退レ淨穢入レ地、急々如律令勅、

子の方は蠶を損じ、癸の方は人口田蠶に離る、丑の方は利益、艮の方は五音吉、寅の方は吉慶、甲の方は益吉、乙卯の方は人口を損じて凶、辰の方は忤逆、巳の方は家相爭ふ、巽の方は不孝の子を出す、丙の方大吉、庚の方は吉慶、酉の方は人を損じ虛耗せしむ、壬戌の方は吉、乾の方は壽を損ずる事を主る、亥の方は多病、

子午を天中と爲し、卯酉を天横と爲し、寅申巳亥を四生四隅と爲し、乾を天門と爲し、巽を地戶と爲し、坤を人門と爲し、艮を鬼路と爲し、乾坤艮巽を又四維と爲す、

右四維鬼路等は甚だ忌べし、是に厠を建れば大害起る、厠を前門に對し建べからず、後門に對し立べからず、井竈に近くべからず、經云、鬼來跳、又隣家の厠と合せ建べからず、

丙寅、戊辰、丙子、丙申、庚子、壬子、丙辰、(此已上の日を天聾日と爲す)、乙丑、丁卯、辛巳、乙未、丁酉、己亥、辛丑、辛亥、癸丑、辛酉、(已上を地啞と爲す)、右厠を作り建るに大吉日なり、

瘟煞神　正未、二戌、三辰、四寅、五午、六子、七酉、八申、九巳、十亥、十一丑、十二卯、右の日、厠の糞を出して災を生ず、最忌べしと道藏經に出たり、

朔日、望日、庚申、甲子、五戊日、糞を出す事を忌む、

猶厠を建る吉凶方法、逐月の吉凶等は左に記す、諸書に載す、

新鐫皇明司臺曆法立福通書卷の八、(八丁)、

新鐫曆法便覽象吉備要通書卷の二十四、

其餘の通書又は吳興沉亮功が著す通德類情等に見へたり、

○天溷星、天廁星、天文家の諸説并に天溷天廁の圖

天に天溷天廁の星あり、天溷星は奎宿の三度に入り、天廁星は參宿の一度に入、今天文の諸書を考へ見るに諸説左の如し、

史記評林卷の二十七、天官書第五に曰、西宮咸池の其南に四星あり、天廁といふ、正義曰、天廁の四星は屏にあり、(屏とは是も星の名七星あり、)溷を主どる、占に色黄なれば吉、色青きと白とは皆凶し、見れざれば人疾に寐といへり、廁の下の一星を天矢といふ、正義曰、天矢の一星は廁の南にあり、占は天廁と同じ、天矢の色黄なる則は吉なり、青白黒なる則は凶なりといへり、天文指南の説は是に異なり、天廁の下に屎の一星あり、北極を去こと一百一十五度三の三度半に入、天廁は北極を去こと一百一十八度半三の二度に入といへり、

天文書(是は通用の天文の書をいふなり、通用の天文學の書若干ありと雖も、今其一書の星圖を擧て示す、)

奎宿天溷星圖

天溷七星去二北極一九十七度入二奎三度一

參宿天廁星圖

天廁四星、去二北極二百一十八度半入二三二度一　○屎星去二北極一百一十五度入二三三度一

天經或問註解(游子六著、)

廁

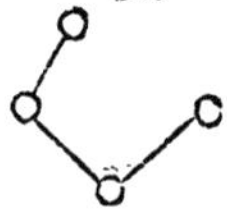

南極至二赤道圈中一分一半見界總星圖

黃赤二道見界總星圖には天溷星を載す、但同く改正圖には奎宿婁宿の間に天溷たゞ一星を出す、

天文成象方圖(保井氏春海著、)

天溷星

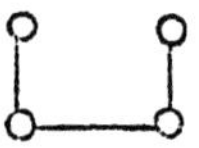

天廁星

○正一品張天師仲歸眞人玉篆烏樞沙摩の靈符

烏樞沙摩金剛護身靈符は、漢土江南信州廣信府貴溪縣の龍虎山の仙觀第二十三代の天師正一品(諱は季文、字は仲歸と號す、)眞人、烏樞沙摩金剛の靈告によつて、此靈符を篆ず、金剛は卽仙敎守護の本誓、照然として仙道修行の人を衞護し仙道成就さゝしめ給ふ、故に能長命延壽無病堅固にして諸運長久、諸の災難消除す、故に是を護身靈符と號し、又諸願如意子孫繁昌家業繁永ならしむるを以て、是を圓滿靈符とも稱す、夫靈符の靈驗利生不思議にして凡夫の測り識るべき事に非ず、故に其靈驗を略して擧ず、又能大不淨汚穢をし

て忽轉じて大淸淨ならしめ、諸の神仙諸佛諸菩薩常に親近したまひ、諸の善神常に守護したまふが故に、諸の邪神惡鬼等遠く避て、此靈符を佩び信念する人を惱亂する事能ず、故に亦是を除穢の靈符とも號す、夫張天師の開基する龍虎山の仙觀は、日本の唯一神道者を稱する者の如く佛法を忌嫌て、假にも佛菩薩

大圓滿○靈符式

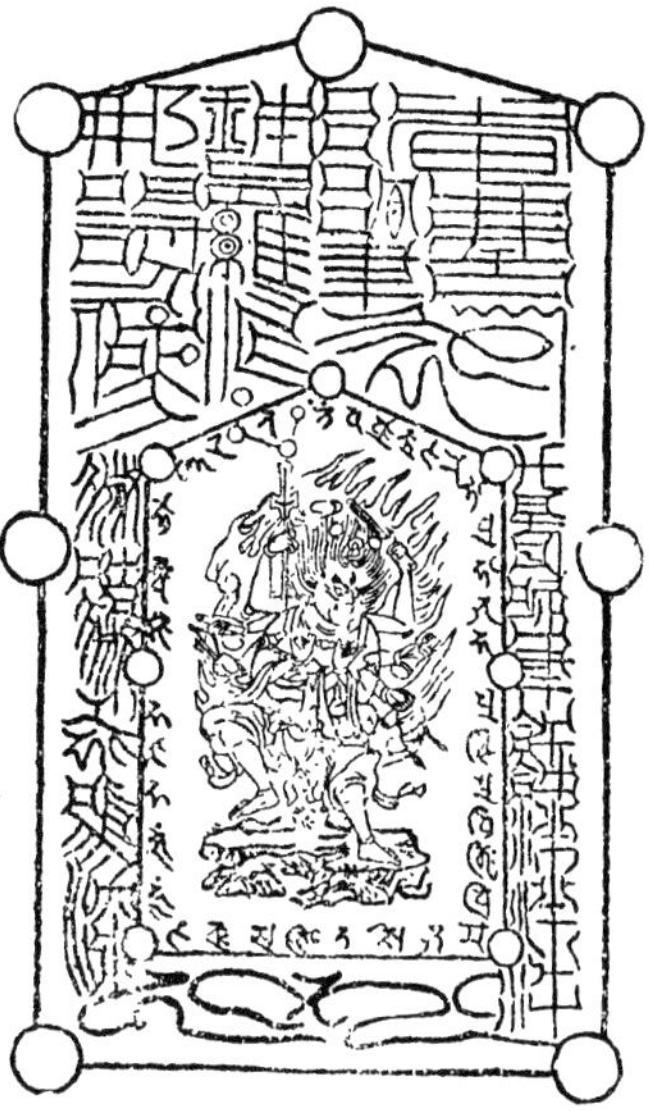

皇京　菊丘以仙　江匠弼文坡謹書

の名字をも說ず、然るに此靈符は正しく佛經に說所の烏樞沙摩明王を以て中央に安じ、周廻は明王の眞言陀羅尼の梵字、其亦外を周廻る十星は天溷星、四星は天厠星（此天溷星天厠星の事は猶次下に詳に說り）なり、此七星四星の外に書する者は、即張天師仲歸眞人の明王の靈告に依て

篆ずる所の大圓滿陀羅尼の靈章なり、其靈驗利生は前にも說が如く、信念する人の心願に隨ふて種々の神驗靈應あり、故に此靈符を烏樞沙摩金剛大圓滿靈符と號す、常に錦囊に盛て首に掛け、又は表具して壁に掛、或は板に張糊て壁に掛、或は厠の外の戶叉は柱壁などに掛て、常に明王の神咒陀羅尼を誦し、香花燈明菓子等を獻じて諸願圓滿を懇禱《いの》り、一切の災難疫病等を除滅さゝしめ給へと祈禱、又は種々の心願を祈るに、諸願して成就せずといふ事なし、厠に行て出て此明王を拜し念すれば、臭穢不淨を除滅して心身大淸淨ならしむ、故に士農工商は別して常に不淨に觸るゝ事多し、心身不淨汚穢なれば仙佛善神親近したまはず、常に邪神惡鬼等親近する事、譬ば蒼蠅の臭穢の物に集が如し、其心身常に淸淨なる人に仙佛善神親近し擁護したまふ事は、譬ば種々の名香を焚ば諸人歡喜して來集するが如し、故に此護身靈符を恭敬し信念供養する人は、能八萬種の不吉祥の事を除滅し、能八萬種の大吉祥福德の事を成就して無量の諸願如意圓滿なる事、大仙の金言豈虛しからんや、故に別紙に此靈符を梓して普く海内に弘む

る者なり、其靈驗利生は信念懇禱して自得すべきなり、世に九重の守といへるにも、最初に烏樞沙摩の靈像眞言同小咒を載す、尙とぶべし、

烏樞沙摩金剛修仙靈要錄卷之坤

○神佛仙の三敎一致の論、神仙眞一の靈旨ある靈要

夫仙敎は天竺にて釋尊、漢土にては黃帝、我朝にては大己貴命、少名彥命、其敎ある事を世に弘通す、其旨清淨無爲にして能眞一の靈旨に契ふを以て神仙とし、能唯一の大道を得るを神道と稱し、本來の面目を大悟せしを佛心といふ、其敎異にして異ならず、故に本行經に曰、忍辱修行三千二百劫、始て金仙を證し、號して淸淨自然覺王如來といふと、又華嚴經音義二曰、佛は是大仙、身は眞金色、故に此に佛を名づけて金色仙と爲と、又般若燈論十に曰、二乘菩薩も亦仙と名て、佛は其中に於て最尊上の故に大仙と名づくと、廣成子、黃帝に至道の要を敎て曰、我其一を守て其和に處る故に、千二百年未だ嘗て衰老せずと、其一を守るとは、其本來の面目を契悟せんとて胎息胎息とは禪宗の坐禪と同じ事也、工夫の中をいふ、已に本來の面目を大悟せしを眞一といふも、强て名づけたるなり、能此

眞一を得るを神仙と號く、故に道德經曰、天一を得て以清く、地一を得て以て寧く、神一を得て以て靈なりと、我神國神代の君臣は、卽此靈旨に契ふを以て是を總て神といふ、神は仙なり、仙は神なり、豈神仙の差別あらんや、

○仙敎は清淨無爲を旨とするの要文、守一眞掃地の文

夫仙敎は神敎、佛敎、清淨無爲を以て旨とす、先其性を清淨ならしめんと欲せば、其心を清淨ならしむべし、其心を清淨ならしめんと欲せば、先其意を清淨ならしめよ、其意を清淨ならしめんと欲せば、先其身を清淨ならしめよ、其身を清淨ならしめんと欲せば、先その行住坐臥を清淨ならしめよ、其行住坐臥を清淨ならしめんと欲せば、一切作業ことゞゝく清淨ならしむべし、其清淨に內外清淨あり、六根清淨あり、六根清淨は先身口意の三業を清淨ならしむ、故に今先身業清淨ならしむるの要を說なり、其身を清淨ならしめんと欲はゞ、一切の不淨を除滅すべし、何をか身の不潔淨なる、不潔淨に多種あり、先厠に登りて抽脫する、抽脫するとは雪隱に行て糞尿するをいふ也、是第一の不潔淨なり、夫神仙の道を修行し、聖人の道を學び、佛法を修行し、神道を行ふ者は、心身常に清淨ならしめ、一切の不潔淨を除滅すべし、漢土杭州の淨慈寺の守一眞禪師の掃地の文に曰、此掃地の功德を以て法界の衆生に回向す、色塵清淨の故に眼根清淨なり、眼根清淨の故に眼識清淨、聲香味觸法も亦復是の如し、又願は一世界清淨乃至盡法界虛空界皆ことゞゝく清淨にして、諸の如來の莊嚴に同じく、圓覺伽藍の清淨覺地に住持し、永く習氣淨穢の二邊、凡聖の垢染を斷じ、一塵立せず、是の如く願清淨なれば、智も亦復清淨ならんこと、是の文を以て見るべし、一切の法は清淨を以て本と爲す事を、故に先厠に行の人、其不淨を除滅する解穢の靈法を知るべし、故に左に說こと、悉く解穢の靈法なり、

○厠に登る作法、諸經諸書の大略幷に柴手水の故事

夫厠に登り及び洗淨するの事は、百丈清規、沙彌威儀經、阿含經、本事律、雜譬喩經、梵網經、善見律、資持記、釋氏六帖、釋氏要覽、釋氏洗淨法、諸廻向寶鑑、谷響集等に詳なり、今その書の大略をいはゞ、先

厠の前に至りて彈指する事三下し、或は謦咳して人なきを知りて方に入べし、又痰を厠の中に吐入べからず、又厠の中に在りて語言して聲を作べからず、大小便の時は、身口の狀木石の如くにして聲を作ことなかれ、厠の中にて晝字を書べからず、又洗淨の手水の事は、釋氏要覽下廿二丁、曰、大小便等の不淨に行時は必ず洗淨すべし、身清淨にして諸天に敬奉はる、若洗ひ淨ざれば罪を得るなれば、塔を遶り佛を禮し經を讀べからずと、然れば大小便の時は勿論、朝夕の勤め禮佛誦經、神祇の神前、眞人聖人の靈像に對する時は、必ず口漱ぎ手洗ひ身心清淨にして爲すべし、若水なき時は塗香を用ひよ、又は草木の枯葉を以て手を洗ふべし、是を柴手水といふなり、生葉を用るは壞生の罪となる、故に枯葉を用るなり、塵添壒囊鈔卷十六三十一張、云、弘法大師槇尾にて檜葉を以て御手を摩清め、近邊の椿の木の上に授け繫て誓て曰、我宿願はたして遂ぐ可ば、此葉彼木に生付べしと仰られけるが、檜葉すなはち椿の上に生つきて今にあり、是を世に柴手水といふとあり、

○神社道観及び伽藍精舍の近邊に小便すべからざる戒

釋氏要覽下廿一張、曰、小便に往を私といふべしと、私とは小便のことなり、今我朝の俗、小兒に小便をさすとき、必ず私々といふは是を據とするか、佛經に伽藍法界の內の地に大小便を漫にすれば、五百生拔波地獄に墮し、後に二十劫が間常に肘手を以て此穢地を把しむと說り、又曰、伽藍の內の處々に小便する事を聽さず、一の屛猥の處に聚、若は瓦瓶木桶を地中に埋め、物を以て蓋し覆ひ臭氣を禁むと、仙敎に於ては殊に此戒あり、長文ゆへ爰に略す、故に社地道觀伽藍等の庭にては大小便を愼べし、

○漢土にて常に溷を掃除して世業する者を抒厠といふ故事

說文に徐氏云、厠は古これを淸といふ、言は其不潔なるを以て、常に當に淸く是を除べきを以てなりと、又通鑑綱目、後漢隱帝紀曰、西京の留守王守恩、性貪鄙にして專ら聚歛を事とす、喪車も錢を輸するに非ざれば城下を出る事を得ず、抒厠行乞の人に至るまで課牽を免れずと、集覽云、抒厠は、抒は文呂の切にして、厠溷を掃除するの賤人なりとあり、是を以て

見れば、漢土にては後漢の時分より廁を掃除して渡世とする者ありと見ゆ、我朝にては未だ聞ざる所なり、説文にいふが如く、廁は至て不淨なる所なれば、常に清淨にすべき事なれば、漢土にては人を賴で廁を掃除す、然れども廁は自身是を掃除し、烏樞沙摩明王を恭敬し香花燈明を獻ずれば、其功德無量ならん、

○雪峰禪師廁を掃除し、幷廁に烏樞沙摩明王を祭る法

虛空藏經曰、若罪を懺《くゆ》るの人は廁を掃除する事八百日、能罪咎を滅すと說玉ふ、昔雪峰禪師常に廁を掃除し玉ふ、故に廁を雪隱といふ故事あり、夫人厚志ありて常に廁を掃除し、塵芥を箒拭ふといへども、其糞尿の臭氣身に觸れば、其身常に不淨なり、然るに烏樞沙摩明王の神力は都て穢惡の物を變じて大清淨ならしむ、故に寺院の東司雪隱のことに於て、此明王の像を掛て燈明供物を獻じ、香花をさゝげ禮拜恭敬して、其不淨を除滅せん事を願ふ、

○紀州高野山に烏樞沙摩を勸請幷に不動明王の辨論

傳聞紀州高野山の寺院は廁ことごとく谷川の上に建て、穢物大小便ことごとく皆溪川に流れて山の下に下る、此溪水の流落る所に、弘法大師石を以て烏樞沙摩明王の像を作りて數ヶ所に置給ふ、此溪水は山下へ流れて又麓の者汲て飲食を調ふるを以て、此溪水をして清淨ならしめんと、此明王を安置し、穢れたる水を清淨水になさしめ玉ふ、大師の深意なるを知らざるものは、不動明王なりといへども、左にあらずと、然れども按に、不動明王といふも又可なり、諸廻向寶鑑五廿八張、曰、烏樞沙摩明王は不動明王の化現とあれば、何れにても利益同じ、

佛說陀羅尼集經卷第十金剛部卷下、

唐中天竺三藏大德阿地瞿多　譯

金剛烏樞沙摩法印咒品此云㆓不淨潔金剛㆒、印有㆓十七㆒、咒有㆓四十二㆒、

烏樞沙摩護身法印咒第一印咒あれども略す、是法印咒は、若人火頭法事を作むと欲せば、先此印を以て咒を誦する事七遍して護身し、然うして烏樞沙摩の法を行用すれば、皆悉く驗あり、此印咒を用ひて一切の病を治す、

烏樞沙摩身印咒第二、印咒あり、略㆑之、是法印咒は、若道場に入て法を作の時、日々供養するに皆此印を以て護身結界し已て、還て此印用ひて金剛を喚請す、中略、一百日

の内更に道場の外に出て宿し、婬を行し戒を破らざれ、若戒行を破らば衆神其力を助けず、亦大なる驗なし、若出て大小便を行むと欲する時、淨衣を着して廁に上る事なかれ、食する時も亦爾り、若大小便及び食を喫し竟て、必ず香湯を須ひて、淨して洗浴し已て、還て淨衣を着し道場中に入て本業を誦持す、中略、又法、但是一切鬼神病は石榴枝を以て呪する事三七遍、用て病身を打ば其病卽差、

烏樞沙摩結界法印咒第三、印咒あり、是を略す、是法印咒は、若人夜臥て心驚怖する者、咒三七遍二十一遍彈指して臥せば永驚怖なし、

烏樞沙摩歡喜法印咒第四、印咒あり、是を略す、是法印咒は、若人惡瘡を患ふるに、此印を以て瘡上を摩し咒を誦すれば、其瘡卽差、若毒藥を食せば、當に此印を作して身頭上に繞し、咒を誦すれば卽差、

烏樞沙摩供養法印咒第五、經文略レ之、

烏樞沙摩治鬼病印咒第六、一名殺鬼印咒、是法印咒は、咒師若病を治し去むと欲する時此咒法を行へば、病鬼病人の邊に近づく事を得ず、亦其家の門戸に入る事を得ず、

烏樞沙摩跋拆囉法印咒第七、咒印あり、是を略す、是法印咒は、若病を除むと欲する者、此印を作て其病の上を印し、數々咒を誦す、中略、一切の鬼病を除く、

烏樞沙摩跋鬼法印咒第八、咒印略レ之、是法印咒も病人を治する法、

烏樞沙摩骨索法印咒第九、咒印略レ之、是法印咒も同上、

烏樞沙摩輪法印咒第十、咒印略レ之、是法印咒は冷病を治る法、

烏樞沙摩大身斧法印咒第十一、同上、是法印咒は、若人卒に氣疰鬼疰背氣背髆重等病を患ば、此印を作し咒を誦し、其病む所を打ば當時に卽差、

烏樞沙摩稍法印咒第十二、同上、是法印咒は病人を治る法、

烏樞沙摩頭法印咒第十三、同上、是法印咒は一切鬼病を治る法、

烏樞沙摩頂法印咒第十四、同上、是法印咒無レ事、

烏樞沙摩口法印咒第十五、同上、是法印咒は、若婦人產の時、腹中の兒死して出る事得ずんば、手に掬して水を取、水に少計の阿魏藥を和して前の供養咒を誦する事一百八遍し、是を服せしむれば死兒卽產す、

烏樞沙摩跋折囉毋瑟知法印呪第十六、同上、是法印呪は、若此印を作して呪を誦すれば、卽一切の歡喜を得て障礙する所なし、

烏樞沙摩解穢法印呪第十七、匡弼曰、此解穢の法印呪は烏樞沙摩明王根本の印呪なれば、經文を詳に擧て左に和解す、信者は密顯の師に依て傳受し、越三摩耶の罪なき樣にして此法を修行すべし、二小指を以て掌の中に相鉤し、二無名指食指を直に竪て相縛し、二大母指を安じて掌中に在、二小指上に在て腕を合して呪曰、

修利摩利、一、摩摩利摩利、二、修修利、三、莎訶、四、是法印呪は印中水を着《つけ》、呪する事七遍し已て面を洗ひ、然して諸餘の呪法を誦持す、呪法を行ふ人、若死尸、婦人の產處、六畜の產、生血光流の處、如レ是等の種々の穢を見る時、卽此印を作し解穢の呪を誦すれば、卽清淨なる事を得べし、行ずる所の呪法悉く効驗あり、若爾ざれば人をして驗を失し、反て殃害を被り面上に瘡を生ぜしむ、解穢の神呪必ず忘る事を得ざれ、行者每日香を以て身を熏じ、道場の東の壁に於て金剛の像を張り、金剛の淨座を敷、座に吉祥草を用ゆ、如レ此草なくんば白茅を以て是に代べし、呪師の身は赤衣を着、赤座具を用ゆ、然後に菖蒲の席上に於て坐す、又黃蔓菁子及び白芥子を取て呪する事七遍し已て四方に散着れば、一切の惡鬼天魔の神嬈亂する事を得ず、呪師金剛の前に向て、兩手を以て赤色紫色二種の色の華を散ず、

文華呪第十八、呪曰、

唵、一、蘇鷄羅、去聲、夜、二、莎訶、三、更有二一本一呪曰、

唵烏㖶、一、涉筏、二合、囉、去聲、耶、二、莎訶

烏樞沙摩大呪第十九、大呪略レ之、是一法の呪、烏樞沙摩金剛大法神呪と名く、若人能誦する事十萬遍し、法の如すれば、一切所作種々の法事成辨す、

畫二烏樞沙摩像一法呪第二十卽烏樞沙摩の像を畫く法を詳に載たり、

烏樞沙摩金剛供養壇結二四方界一法呪第二十一呪法略レ之、

火結界呪第二十二、呪法略レ之、呪水和粉泥呪第二十三呪水呪第二十四、呪法略レ之、滅除罪呪第二十五呪法略レ之、呪索呪第二十六、呪法略レ之、呪跋折囉呪第二十七、呪法略レ之、火結界呪第二十八、呪法略レ之、大結界呪第二十九、呪法略レ之、是一法呪壇を作りて大界を結する事を說なり、此莊嚴下方に五色粉を用ひ、所用の采粉を一々皆呪する事一百八遍、一切の壇法粉を用こと皆然り、若粉を呪せざれば作法成らず、呪二白粉一呪第三十、呪略レ之、愚註

白色秔米粉なり、
呪二赤粉一呪第三十一、同上、赤色若朱沙末、赤土末等、
呪二黃粉一呪第三十二、同上、黃色若鬱金末、若黃土末、
呪二青粉一呪第三十三、同上、青色若青黛末、乾藍淀等、
呪二黑粉一呪第三十四、同上、黑色若用墨末、若炭末等、
其粉皆和二沈香末一用、
烏樞沙摩喚二使者一法印呪第三十五呪法略レ之、
烏樞沙摩呪レ水洗レ面呪第三十六呪法略レ之、
烏樞沙摩止レ啼呪第三十七呪法略レ之、是一法呪は小兒女子夜啼哭する時、索を呪して頸下に繫ぐ、一切諸鬼神等を畏れず、復更に啼す、兒長命なる事を得べし、
烏樞沙摩調突瑟吒呪第三十八呪法略レ之、烏樞沙摩牽都、二合、提呪第三十九、呪法略レ之、烏樞沙摩調伏呪第四十、呪法略レ之、烏樞沙摩那瑜伽呪第四十一、呪法略レ之、烏樞沙摩目佉槃陀那呪第四十二呪法略レ之、已上畢、

烏摩沙摩呪法功能經文を直に擧て仙を證する功德を知す者也、

若有二苾芻優婆塞等一、意欲レ受二持烏樞沙摩金剛呪一者、當レ作二水壇一、每日平旦以二諸香華一、發三心供二養十方諸佛般若菩薩金剛天等一、心口發願、然後一坐誦呪、卽滿二八百遍一、日中黃昏中夜各八百遍、准レ前供養、誦呪之時、皆不レ得下共二旁人一戲笑、交レ頭亂語上、呪師面作二極大嗔顏一、初受二此法一、必須二堅固一、若能誦レ呪滿二十萬遍一、心々繼レ念不二斷絕一者、更莫二餘緣一、一切所レ爲無レ不二成辨一、其供養香、純燒二安息香一、用二赤色華一、紫華亦得、招二赤數珠一、瑠璃珠亦得二中用一、復着二赤衣一、坐二菖蒲席一、席下敷レ氈、安置訖已、呪レ水七七遍、潑二散四方上下一、結界後呪二白芥子一七七遍已、遍散二四方上下一結界、次請二金剛及眷屬等一、安二置座一已、取二一火鑪一、西門外南呪師前著、取二稻穀華一、和二好牛酥一、於二火鑪中一、燃二穀木柴一、以二柳枝策一呪一遍已、火中燒レ之、滿二八千遍一、爾時呪神下來現レ形、或夢中見二其呪神形一、正見レ神時、呪師莫レ怖、身毛不レ動、安然定レ想、隨レ心任レ意、種々發願、得二此驗一已、可レ詣二高峻四絕山頂一、更作二場壇一、如レ法供養、誦呪滿二足十萬遍一、竟高聲大叫、諸仙人門、阿修羅門、皆悉自開、又取二蔓菁子半升一、取二自身血一、和二蔓菁子一、一捻一呪、火中燒レ之、滿二八千遍一竟、阿修羅女及仙人女等出迎二行者一、入レ內供養、常與二甘露一、飮二其行者一、齒髮皮膚並自脫去、更得二新生一、其人身形如レ似二金色一、持レ呪人得二一千年活一、力如二金剛一、一千年後、命終卽生二忉利天上一、自身卽爲二忉利天王一、

火頭金剛降魔器仗法

火頭金剛降魔器仗法は、當に淨好の熟鑌鐵を用て金剛杵を作るべし、杵の長一尺、其杵の兩頭、六楞峰を作し、縦廣二寸、細腰四楞狀、金剛力士の把杵の如く輪法を作す者(輪を作法者イ)は、轂輞具足して狀車輪の如し、輪の闊一尺、縦廣皆然り、中六楞峯を隔、亦六峯の外、十二楞峰亦十二周匝して刃あり、次に斧を作る法は兩頭に刃あり、身六寸、柯の長二尺、刃一口を作る、又須く稍一張を作るべし、長さ四尺許、木身鐵峯、其用る鐵皆須く預め一百八遍呪すべし、護淨結界し器仗を作り訖り、各其物を呪する事一百八遍、各呪し已竟て當に受法壇中に於て是を着べし、日夜前の遍數に依て呪を誦す、器仗を候て大神通威力を見るを要して限とす、若器仗の上に熱相を現して手も近づけ難きは、當に知べし此法已に成就し竟る事を、其呪を誦する人千歲の活を得、千歲の活とは千年の壽命を保つ仙人となるなりといふ義也、若烟出る者は、其呪を誦する人萬歲の活を得べし、萬歲の活とは萬年の壽命を保つ仙人となるなりといふ義なり、若火焰出る者は、其呪を誦する人天上に飛上す、天上に飛上すとは仙人となりて白日に天に昇るをいふなり、若此法を作ば必ず須く閑靜の所に詣りて行ひ、又は山間高峯の頂頭にて行ふべし、若小々に求めば淨室の内に於て作法し行ふも亦得たり、亦得たりとは淨室にて行ふても成就すべしとなり、若仙を求め及び大驗を取むと欲はゞ、必ず山間高頂の上に入て是を作せ、定て最勝の大驗を得む、匡弼按に、經中の大意、專に仙道を得るの靈要を擧、其烏樞沙摩呪法功能は佛經の全文を直に記す、其經文を看べし、此明王の法を修行すれば、諸仙門皆こと〴〵く自開といひ、又仙人女等出て行者を迎て內に入て供養し、常に甘露を與て飮しむ、其行者齒髮皮膚並に自脫去て、更に新に生ずる事を得、其人身形金色に似たるが如く、呪を持する人、一千年の壽命を得ると、又同器仗法には千年の壽命を得、或は萬年の壽命を得、又は天上に飛上すと、是仙傳にいふ白日昇天すといふに同じ、是佛說の仙道修行の要文なり、猶匡弼和解する所の經文に於て疑ひの心あらん事を恐れて、最後の經文を略記す、其烏樞沙摩明王の修法は專に仙を求る要たれば、仙教を信ずる人は、先此和解する所の經文を見て、猶疑ふ所あらば陀羅尼集經の全文を見て疑氷を解べし、更に器仗法の經文を略して直に次に載のみ、

火頭金剛降魔器仗法、當下用二淨好熟鑌鐵一作中金剛杵上、中略、各呪二其物一一百八遍、各屢已竟、當下於二受法壇中一著上之、日夜依二前遍數一誦呪、要下候二器仗見大神通威力一爲上限、若器仗上現二於熱相一、手不レ可レ近者、當レ知此法已成就竟、其誦レ呪人得二千歲活一、若烟出者、其誦レ呪人得二萬歲活一、若火焰出者、其誦レ呪人飛二上天上一、若作二此法一、必須レ就下詣二閑靜之所一、及之中山間高峯頂頭上若小々求二於淨室內一、作法亦得、若欲三求レ仙及取二大驗一、必入二山間高頂之上一作レ之、定得二最勝大驗一、

已上器仗法の文なり、再び此に出すは、不信の人の疑を解て信を增益さしめんが爲なり、

烏樞沙摩金剛法印呪品畢、

或人匡弼に問て曰、右經中に諸仙人門、阿修羅門、皆悉自開云々、諸仙人門といふ義は識りぬ、阿修羅門自開とは如何なる義ぞ、匡弼答曰、此經の烏樞沙摩跋拆囉法印呪第七に曰、又去て阿修羅の宮殿に入むと欲ば、當に此呪を誦する事二十萬遍すべし、即能入ことを得と、又畫二烏樞沙摩像一法呪第二十曰、其金剛の像の底に海水を畫作せよ、中に蓮華あり、其華上に於て金剛を立て海中に着く、八阿修羅王を畫作せよ、左邊の四箇、右邊の四箇なり、其八王の形皆低頭禮拜の形を作と、又云、若意に阿修羅宮殿中に入むと欲せば、即呪を誦する事二十萬遍に滿れば、即能入ことを得、以後即色壇供養を作せと、是の如く阿修羅宮殿中に入ことを願望する事を說るを以て、最後に阿修羅門開る事を說り、其阿修羅宮殿に入の所益は、明師に尋て知るべし、

○阿修羅宮殿、阿修羅王、阿修羅女の事

翻譯名義集卷の二十三丁、云、阿修羅は舊は無端正と翻す、男は醜く女は端正なり、此には非天と翻す、淨名疏云、此神果報最勝にして諸天に鄰次して天に非ず、新婆沙論云、梵本の正音は素洛と名く、素洛は是天なり、彼は天に非ず、故に阿素洛と名くと、西域記云、阿素洛、舊は阿修羅、阿須倫、阿須羅といふ、皆訛なり、什曰、秦には不飲酒といふ、此因緣、雜寶藏經に出たり、華嚴經云、羅睺阿修羅王の如き、本身は長七百由旬、形を化せば長十六萬八千由旬、大海の中に於て其半身を出し、須彌山と正に齊等なり、楞嚴經云、復四種の阿修羅の類あり、若鬼道に於て護法の力を以て通を成して空に入る、此阿修羅は卵より生ず、鬼趣の所攝なり、若天中に於て德を降し

て貶方欽墜せられ、其卜《さだ》むる所の居、日月に隣る、此阿修羅は胎より出、人趣の所攝なり、阿修羅世界を執持するにあり、力洞にして畏ことなし、能梵王及び天帝釋四天と權を爭ふ、此阿修羅は變化に因てあり、天趣の所攝なり、別に又一分の下劣の修羅あり、大海の心に生ずと、又長阿含經云、南洲に金剛山あり、中に修羅宮あり、所レ治六千由旬、欄楯行樹ありと、又起世經云、修羅所レ居の宮殿城廓器用は地居天に降る事一等、亦婚姻男女の法式あり、略人間の如しと、問、法華經に列する所の婆稚阿修羅王、佉羅騫駄阿修羅王、毘摩質多阿修羅王、羅睺阿修羅王、四種の阿修羅と楞嚴經の四種の阿修羅とは同きか異なるか、答て曰、資中の云同じ、淨覺云、彼四をもて祗此四の中に接在すべし、次第に分て其類に屬すべからず、荊溪師云、法華經の四種、皆帝釋と鬪戰す、一往これを觀ば、但今經の第三類に同じきのみ、靈要門經の阿修羅は天趣の所攝なるべし、

穢跡金剛法禁百變法門經

三藏沙門阿質達霰　譯

爾時に金剛復佛に白して言、世尊若善男子善女人ありて我此咒を持して効驗なくんば、是處ある事なし、山をして摧しめんと欲せば、白芥子三升、上好の安息香を取て山中の寶あらんと疑ふ處に於て、鑌鐵刀一枚を取て四方を畫して界と爲し、淨巾一枚香爐一枚を取て安息香を燒き、先咒する事一千八遍して白芥子を取て四方に散じ、乃至七遍是法を作せば、其山自摧む、若寶あるの處は其藏神寶を捨て出て意に任て是を用ゆ、若海をして竭しめんと欲せば、先咒する事一千八遍して、金銅を以て一龍の形を作り海中に擲れば卽、時に海竭す、若江河をして逆流せしめんと欲せば、安息香を取て一の象の形を作り、大小を問事なく水中に擲て咒する事一百八遍すれば、登時に逆流す、舊に依らしめんとならば、一の淨石を咒して是を水中に擲れば、其水故の如、雷雹地震霹靂毒龍卒風惡雨あらば卽止ニ雷雹一印を作せ、左手の中指と無名指と小指とを以て並に掌中に屈めて、頭指は大拇指を以て頭指の中節の上を捻へ咒を誦す、是を咒し印を以て遙に雷震の處を指ば自止む、若一切の鬼神自來て歸伏して給使と爲しめんと欲せば、水三升を取て銅器の中に盛り淨灰を以て是を圍み、卽都攝錄の印を作せ、二の無名指を以て並に掌中に屈め背をして

相倚しめ、二の中指頭相捻、二の頭指と及び小指各開華の如くし、大拇指を以て頭指の中節を捻へ、默して咒する事一百八遍すれば、其世界の內の所レ有諸の惡鬼並に來り雲集して、自其身を現じて毒惡の心を捨て、行人に任せて驅使せらる、若山を禁ずる者、至る所の山にて咒を誦する事百遍、大に叫事三聲、卽印を作す、右手の無名指を以て掌中に屈て直竪、中頭大拇等指並直竪、向山印之七遍卽却行七步後七卽山共、山中卽一切鳥獸並移出山、若作此印咒七遍、以印向空中印三七度共、空中毫塵不遇此印已下文解し難し故に經文を直に擧て點せず、若人をして語いはざらしめんと欲はゞ、前人の姓名を書て口中に是を含めば、其人口言ふ事能はず、吐出せば卽語ことを得たり、若一切諸咒を誦せば先須く壇を作べし、若我咒を誦する者は、卽勿須作壇但刻一跋枳金剛橛杵於佛塔中、此印已下解しがたきゆへ敎文を直に擧て點せず、或は靜室の中に於て香泥を用て地を塗り、其大小に隨ふて種々の香華を着て供養し、杵を壇中に安じて誦する事一百八遍すれば、其杵卽自動き或は變じて種々の異物と作る、亦是を怪事なかれ、更に咒を誦する事一百八遍すれば、其杵自地を去る事三尺、以來或は五六七尺、乃至以來持法の人卽須く歸依懺悔發願すべし、我彼中に於て卽眞身を現して、行人意に隨ひ願樂所ならびに皆速に意の如くなる事を得む、我卽菩提の記を與授て卽身心解脫する事を得む、先須く十萬遍を誦すべし、滿て然ふして後に法を作せ、若課いまだ充ざれば効驗を得ず、

印法第二

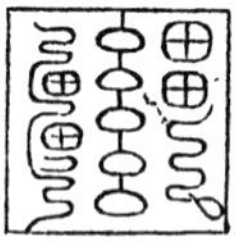

此印法一寸八分、刻レ之咒一千遍、用ニ白膠香一度レ之、刻レ印日勿レ令ニ人見ヲ用レ印、印レ心得ニ心智一、自然智宿命智、持レ印百日、卽得レ任ニ種々大法門一也、

方一寸二分、咒六百遍、以ニ安息香一度レ之、帶行令下一切人、愛樂大自在、求上離ニ衆苦一、

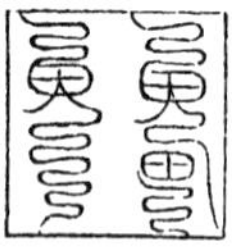

方一寸五分、刻レ之咒六百遍、以ニ白膠香一度レ之、用レ印印レ脚、便得下飛ニ騰空所一向所自在上、

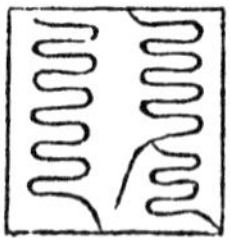

方一寸八分、刻レ之用ニ白膠香一度レ之、咒七千遍、用レ印印レ足、可ニ日行三百萬里一、無ニ人得ヲ見、

神變延命法

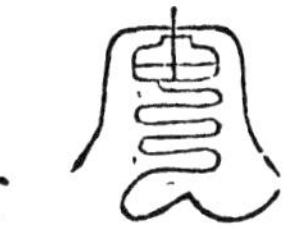

伏連書二心上一卽瘥、大吉急急如律令、

心爲書レ之立所卽除レ瘥、大吉利、急々如律令、先呪七遍、

鹿病、朱書呑レ之、

精魅鬼病之人、朱書呑レ之、七枚立レ瘥、大神驗、

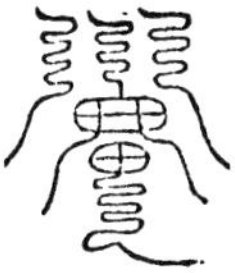

若依レ法之人、取二白檀綾二丈一尺七寸一、白練裹レ之、置二於地輪世界一、令三人延レ年得二七十歳一、若無人送者、卽安二自宅中庭一、掘レ地七尺埋レ之亦得、又得二聰明多智辯才無礙一、

此七道亦能治二萬病一、呑レ之亦令二人長レ壽益レ智一、大神驗、

此上七道、用二朱書紙上一、呑レ之千枚、令下人延レ年、卽得中與二天地一齊上レ壽、不レ得レ令二人見一レ之、

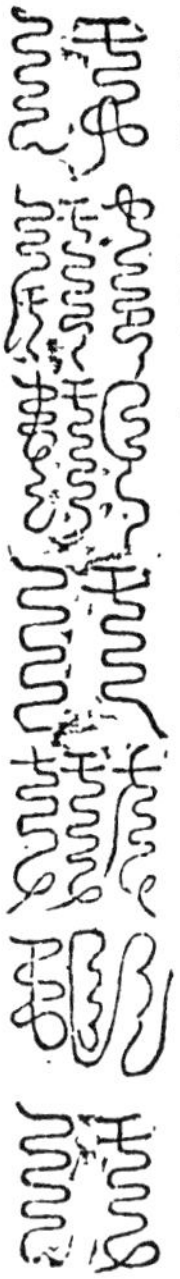

此上七道、若有レ人患二一切病一、以二此符一書レ之、皆得レ除レ瘥、若人書レ符呑レ之者、延レ年益レ智、大驗効矣、

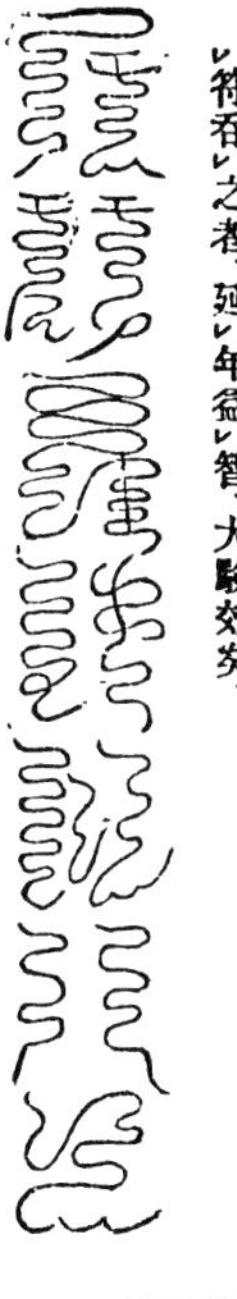

此上七道、若有レ人求二種々珍寶一者、朱二書此符一、呑レ之滿二七日一、卽有二種々妙寶自然而至一、若求二他人財物一、當レ書二彼人姓名於符下一、其人立卽送レ物到、

此上三符、朱二書牀四脚上一、常有二八大金剛一衛護、悉不二暫捨一、惟須二嚴淨一、勿レ令二汗染之物入一レ房、切須レ愼レ之、

有二大火災起一者、書レ符擲二一枚一、呪二一百八遍一、向二火中一、須臾災自滅、

大惡風起者、書二此符一呪一百八遍、擲向二風中一、卽止、

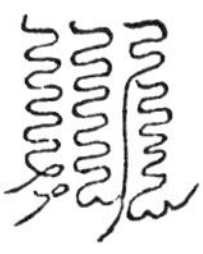

有二大水起一者、書二此符一擲二於水中一、立、卽斷二流水一、不レ溺レ人矣、

有二大雨一者、書二此符一、呪レ之一百八遍、向レ雨擲レ之、其雨立卽自定レ之、

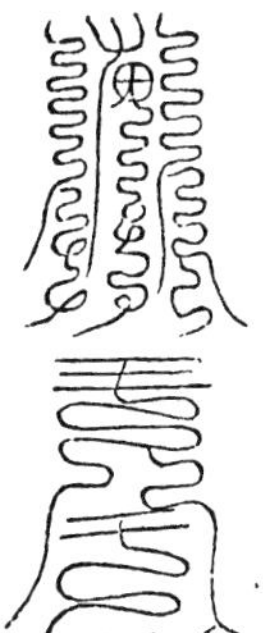

此符朱書呑二三枚一、及可レ與二他人書符一、卽有二驗効一、若不レ爾者用二諸符一無レ驗、

爾時穢跡金剛、此符を說已て大衆同聲に讚言く、善哉大力士、汝能是大妙の法を說て諸の衆生をして皆

解脱を得せしむと、爾時金剛頂日、諸大衆當に知るべし、我汝等此法に於て流行の處の若き、我等大天常に當に此行法の人を護て助成就せしむべし、是時金剛復是言を作《なさ》く、若衆生あつて此法を行ふ者は、我卽彼に往て其人の前に現じ、求め願ふ所の物我亦施與し、彼をして種々變現種々神通を得せしめ所作無礙ならしめん、常に須く我本師釋迦牟尼佛を念ずべし、我卽常にこれに隨逐して、一切の法をして皆助け成就さすべし、爾時金剛此法を說已て、大衆倍悲喜を加へ、及び諸天龍大鬼神等各聖言を奉じ足を禮して去、

穢跡金剛法禁百變法門經畢

古經本咒四十三字、唐大宗朝人、多持誦感驗非レ一、除二去十字一、今就錄出、速獲二靈應一、無レ過二此咒一、

大圓滿陀羅尼神咒穢跡眞言

唵咈咶、啒嗶摩訶般囉、二合、很那哻、吻汁吻(嚧)(摩)(尼)嗷咭徵、摩那棲(唵)(祈)(急)(那)烏深暮、啒嗶吽吽、(吽)泮泮泮(泮)(泮)、娑訶、

眞覺禪師所レ傳神咒、與二今經咒一同、但梵音餘切字語少異也、

唵佛咟窟聿、摩訶般那很詡、吻泮吻、尾訖尾、摩那棲、烏濫謨、窟聿吽吽吽、癹癹癹、莎訶、

右の眞言は二咒とも異本にあり、又異字考ふべし、

同眞言 左は慈覺大師、弘法大師、智證大師の傳、假名附師說、廣儀軌說可レ用レ之也、

唵咈咶啒嗶、摩訶鉢囉二合恨那哻、吻什吻、徵咭徵摩那栖、嗚深暮、啒嗶𠹭𠹭、泮吒泮吒泮吒娑訶、

三井寺開山智證大師將來梵字の陀羅尼 大圓滿陀羅尼なり

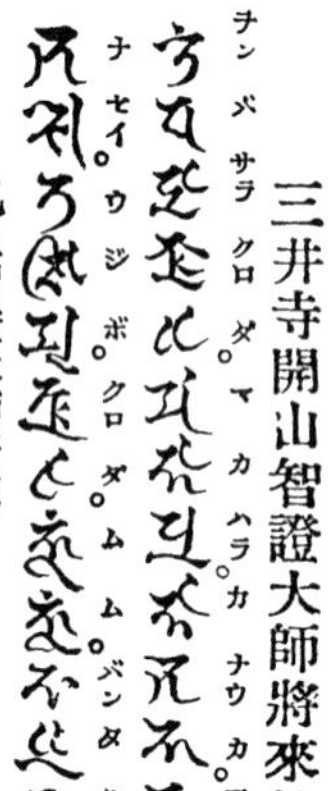

已上智證大師將來の梵文陀羅尼なり

烏樞瑟摩金剛心密言、

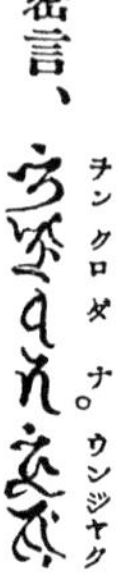

解穢眞言

上の密言は陀羅尼集經大青面金剛咒法に出たり、次の解穢眞言は甘露軍荼念利誦儀軌に出たり

○百變法門經中四十六符疑惑諸神の辨論

運敞の谷響集卷の一七丁云、又問大藏中に穢跡金剛百變法門經一卷あり、阿質達霰三藏の譯にして符を載る事四十六、急々如律令を以て咒語と爲して餘の咒を說す、符は抱朴子の中の入山符に似たり、豈佛經中に急々如律令の咒を說の理あらんや、進で僞經と

言むと欲すれば、八家祕錄云、穢跡金剛法禁百變法門經一卷、無能勝譯と貞元の目錄にあり、圓仁の本は經の字を加へ、圓珍には下の法の字を除き、亦經の字無し、無能勝亦阿質達霰といふ、新に貞元の目錄に入る、且又圓仁圓珍の二大師の請來なり、退て眞經と謂むと欲すれば、同譯の穢跡金剛說神通大滿多羅尼法術靈要門經一卷と百變法門經と同じ、經の說相眞俗懸に谷りぬ、如何とか爲や、答曰、豈梵文の眞言を譯して巫者の呪語と作の理あらんや、西土中國僞經流布する事由來尙し、若糺して道理に違はゞ何ぞ簡去ざらん、想に圓仁圓珍の二公是を請來すると雖も、未だ糾正して眞僞を論ずるに暇あらざるか、已上谷響集還譽師云、京都大龍精舍主、或云此符の事、谷響集云が如し、況や符を擧るの初に於て印法第二と題す、當に知べし、百變法門經の中に第一第三の語なし、何ぞ印法第二の語來らんや、故に知ぬ漢土の人誤て漫に此經中に加る事を云々、是を以て百變法門經といふ者は、四十六符を除去て餘の長行の文是也、又云、抱朴子內篇卷の四に入山符を明ず、十八種にして其書符依用功能を述する者なり、今百變法門經の中の符は、其數かの入山符に倍する事廿八種なり、其符字形互に相似て似ざる物なり、其書符依用功能を演述するも亦復爾り、故に尙餘錄を拔て鑑校すべきのみ、且云、若此符穢跡金剛の眞說なる則は、諸の印相を說が如く書符の法を說べし、然るに其符法を說ずして莫直に符形を說事其理疑ふべし、若梵本には語言を以て書符の法を說と雖ども、譯人唯符形を譯して其符法を略去といはゞ、其譯者の私情責ずんば有べからず、若次上の神呪靈要門經所說を符形に作といはゞ、符字の形と彼神呪の字數と過少殆ど異なり、神呪の全句を以て一符の字と爲か、神呪の中一字を以て亦一符字と爲か、是又當らず、百變法門經每符功能等の語勢を以て是を按に、或は仙家の靈符を選取て以て烏樞沙摩明王大威神力を請護し得益せしむるの方便かと云々、又云、百變法門經の初に爾時金剛白㆑佛言、世尊若有㆓善男子善女人㆒、持㆓我此呪㆒、無㆓効驗㆒者、無㆑有㆓是處㆒といふ、故に知ぬ此經未だ神呪を說すは、次上の靈要門經に說是なり、此神呪を指す、此百變法門經の初に於て云、持我此呪等といふ也、又此經符を載せ、次前文に先須㆑誦㆓十萬遍㆒、滿然後作㆑法等といふ、所謂作法とは上來所説の種々の修法を指て先須誦乃至作法といふ也、故に次下の印法第二、又神變延命法等の書符依用等を指す、先須誦乃至作法と云には非ず、亦既に符を載す、次下の長行の文に説ニ是大妙之法一、○我於ニ汝等一此法若流行之處○護ニ此行法之人一等といふ、亦復同意なり、故に載る所の四十六符は後人行ふ所なり、當に知るべし是此長行の文に大衆同聲讃言、善哉大力士、汝能説ニ是大妙之法一、令ニ諸衆生皆得ニ解脱一といふ、普門品の如き、若受ニ諸苦惱一、設入ニ大火一、若大水所レ漂、若羅刹之難、被レ害ニ怨賊一等の危難を消除せしむるを皆得ニ解脱一と説、今此經の所説、令ニ諸衆生皆得ニ解脱一も亦復同意なるや、但し次上に我即與ニ授菩提之記一、即得ニ身心解脱一といふ、彼此の文を考へ見るに、應に解脱の言は現當に通ずべき者か、此等の義趣を以て按に、載る所の四十六符等は或は譯人或は後人の所作にして、烏樞沙摩の直説ならざるべし、是を以て載符の次文に至り、爾時穢跡金剛説ニ此符一已といふ、所謂符の字は恐らくは咒の字の寫誤なるべし、連上に符あり、故に筆工誤りて咒を符に作るか、若然らば所謂咒とは何ぞや、謂靈要門經所説の穢跡眞言是なるべし、佛經の中に於て符を説こと未だ聞ず、何ぞ此經に限り此明王に際りて豈符を説や、佛家は皆悉く陀羅尼に無量の功能を攝在して印を結び眞、言を誦して各利益を得せしむる事、佛法の通法なり、故に經中に符を説事是未だ聞ざる所なり、此經を見る人訛を生ずる事なかれ、此經の事、谷響集に靈要門經と百變法門經と經の説相眞俗懸に隔といふ、然るに予還響、與て是をいはゞ、百變法門經は靈要門經の末文なり、云何は靈要門經には如是我聞一時佛在狗尸那國乃至若欲令行病鬼王不入界者乃至能除萬里衰患と説て信受奉行の相なし、直に經題を置く、百變法門經は爾時金剛復白佛言乃至爾時金剛説此法已乃至各奉聖言作禮而去といふて、如是我聞等の語なし、二經ともに經題の頭に穢跡金剛の四字を置たり、是を以て二經通貫する則は二經全く一經たる故に、百變法門經は靈要門經の末文なり、若然らば一經の連文を以て始末を分て經題を異ならしめて二經と爲に何の意あらんか、謂同經同譯、故に意味思ひ難し、但暇日多少に由て此異起るか、又二經經題の意を勘ふるに、穢跡金剛の利益莫大なる事を顯さんが爲に、翻

譯の期に随ふて經題を異ならしむるかと云々、
○百變法門經中四十六符、諸師の疑惑辨論の答釋
右百變法門經中に四十六の靈符を説を以て谷響集に運敞の論辨を載る事前文の如く、又還磬師が此符并に經題等を辨論する事も右前に記する如く、其餘の諸師の辨論區々たり、皆其論説是に似たりと雖ども、按に穢跡金剛百變法門經は阿質達霰三藏の譯にして貞元新入の目錄に入り、且圓仁圓珍二大師の漢土より將來する所の佛經なり、夫圓仁は天台嶠第三代の座主にて慈覺大師是なり、又圓珍は天台第五代座主三井寺の開山智證大師是也、其圓仁の傳を考ふるに、仁明天皇承和五年七月二日に入唐し楊州海陵縣の開元寺に留りて宗叡に從ふて梵學を習ひ、全雅に密教を習ひ灌頂を受、已に唐の文宗帝開成四年に歸朝せんと欲して、たまく逆風に遇て再び唐國淮南府の海州の界に還りで再び歸帆を催すと雖ども、又逆風に遇ふて登州の界に返り、是を幸として靑州府に往て龍興寺に居す、時に判官蕭慶中といふ人禪法を明む、圓仁是に從ふて參禪し、慶中の印可を得て後、五臺山の志遠法師に摩訶止觀を受、兼て台宗の諸書を寫し、後長安に至りて元政義眞法全宗穎等の諸大智識に從ふて顯密の奥祕を受、又天竺の寶月三藏に悉曇章を受、長安に住る事凡六年、念誦經書道具等五百五十九卷二十一種を得たり、時に會昌五年唐の武宗帝佛法を毀るに遇ふて、圓仁其難を避て漸くして長安をまぬがれ出で、本朝承和十四年丁卯に歸朝せり、又圓珍は本朝文德天皇仁壽三年八月十五日に入唐して福州の開元寺に寓居し、中天竺國の那蘭陀寺の般若怛羅三藏に從ふて梵字悉曇章を學び、兼て種種の佛經法器を授る、此器智證の御請來目錄に詳也、又諸州を經歷して諸善智識に謁し顯密の奥祕を授る、又國淸寺に於て教文三百卷を寫す、唐の宣宗帝大中十二年の夏歸朝せり、我朝文德天皇天安二戊寅年なり、冬帝都に入て大唐にて得る所の台宗密宗及び諸宗の經書千餘卷を表上す、夫圓仁圓珍二大師の行狀を以て見る則は、其將來の佛經法器に至るまで、無益杜選の物片紙寸器と雖ども攜へ持歸らんや、況や圓仁圓珍の入唐留學は佛法を我朝に弘通せんが爲なり、然れば一佛經と雖ども其眞僞不分明の者を攜へ

歸りて後世無眼の僧俗をして迷惑さゝしむるの意あらんや、今千年の後に出世して慈覺大師、圓仁、智證大師圓珍、の將來の佛經を是非するは、是己が淺慮を以て佛法弘通の開祖の深意を量り識ざるの致す所なり、墨子が絲を悲しみ楊朱が岐に泣といふは何の故ぞや、佛法の開祖たる二大師、此經の是非を糾正さずして後昆に傳へ、迷ひを引の理あらんや、豈思はざるの甚しきに非ずや、謹で按に夫仙敎は佛敎なり、佛敎は仙敎なり、仙敎は神敎なり、佛說普耀經に曰、世尊城を逾て出家し、檀特山に至りて始て阿藍迦仙人の處に於て三年が間不用處定を學び、非を知て便捨て、復鬱頭藍仙人の處に至りて三年間非想非非想定を學び、非を知て亦捨たもふと、然るに又佛說普集經曰、菩薩此菩薩といふは卽釋迦牟尼佛を云、二月八日菩提樹下に於て頭を擧て明星を見て悟道成佛したまふ、先阿藍迦仙人鬱頭藍仙人の處に往て恩を報ぜんと欲す、時に神人あつて報て曰、阿藍迦仙人は已に七日已前に死し鬱頭藍仙人は已に三日已前に死すと、釋尊、是を聞て是非なく鹿野苑に往て五倶輪を度したもふと云々、釋迦如來始て阿藍迦仙人に學びて非を知て捨去、又鬱頭藍仙人に學びて非なる事を知りて捨去て後、明星を見て悟道成佛す、先二仙人の處に往て恩を報ぜんとす、已に非を知て捨去、今此何の深恩あつて往て報ぜんとするや、諸人會するや佛法は仙法なり、故に佛經に多く仙人を說、然りと雖ども今漢土の列仙等、名は仙と稱すと雖ども、千萬の中此眞實の仙道に達し眞一の靈旨を契悟せし仙人なく、只幻術技術を以て諸人を迷はし、或は長生不死を以て仙とおもへり、若多壽にして此眞一の靈旨を悟らざる仙人は、何ぞ松柏の多壽に異ならむや、夫元慶寺の安然が著す八家祕錄を閱するに、祕錄卷の下曰、穢跡金剛法七に穢跡金剛法禁百變法禁百變法一卷細註、無能勝譯す、貞元新入目錄に圓仁慈覺大師、は經の字を加へ、圓珍智證大師、は下の法の字を除て亦經の字も無し、無能勝亦云、阿質達霰譯す、已上八家祕錄の文、看るべし、圓仁は經の字を加へて百變法經と爲し、又圓珍は百變法經の法の字、經の字も除きて法禁百變とのみ題する事を、經題に於て已に是の如く意を用ゆ、其經中の是非を糾正ざらんや、運敞谷響集に曰、想ふに圓仁圓珍の二公此經を將來すと雖も、未だ糾正して眞僞を論ずるに暇あらざるかといへるは、圓仁圓珍二大師を見る事の淺きなり、豈圓仁圓珍眞僞を糾正さずして一經たりとも後昆に傳むや、若又眞僞を糾正して世に傳ふるといはゞ、圓仁圓珍後世に佛法の害を傳ふる也、餘經は知らず此百變法經のみは往昔圓仁圓珍眞僞を論じ糾正せではならぬ經なり、嗚呼識ずや、圓仁は天竺の寶月三藏に從ふて學習し、圓珍は天竺の般若怛羅三藏に學ぶ、此時諸經の眞僞を糾正して豈杜撰の經を將來せんや、又八家祕錄は陽成院の御宇元慶寺勅灌頂傳法沙門安然元慶九年正月に撰ずる所の書にして、傳敎弘法常曉圓行圓仁惠運圓珍宗叡の八師入唐學法歸朝を記し、八師將來の經論書圖等の品を擧、已に台徒今に至て五大院の先德と稱する安然和尙の撰に於ても思ふべし、蓋仙家の祕授する所の靈符寶篆は、元來天竺國の仙家より傳たるを、漢土の仙家に於て己が家の靈符として傳授するか、漢土仙家の祖は黃帝なり、老子次で道德經を述す、故に黃老の敎といへり、此敎は唯淸淨無爲なるのみ、煉養服食は說ず、然るに赤松子魏伯陽は煉養をいふて淸淨無爲をいはず、盧生、李少君は服食をいふて煉養をいはず、張道陵、寇謙之は符籙をいふて煉養服食をいはず、然れば仙家の靈符寶篆は中世天竺の仙家の法を傳たるか、又天竺の仙敎に擬して漢土の仙家に於て中世張道陵、寇謙之等始て傳へたるや識べからず、是を以て按るに、佛敎の靈符印法は漢土の仙家の據といふも可也、今の僧徒仙敎の由來を識らず、唯その靈符は漢土の仙家の者のみと思ふに依て、此百變法經の靈符を看て、蜀犬雪にほゆるが如く種々の辨論をなす、猶經中の印法第二に疑ひあらば此經の善本を閱て疑氷を解べし、其百變法門經は靈要門經の末文なるかといふに於ては甚だ當れり、恐らくは是ならん、靈要門經、百變法門經は佛說の仙敎を修行するの仙經なり、其今の黃老の道を說者煉養服食符籙等を以て仙家の至敎と思へるは、神仙至道の靈旨を識ざるに依てなり、然りと雖ども末世の人情皆以て奇妙を說、奇異の術を作す則は神仙なりと尊信し、其神仙の靈敎たる眞一の旨を說ときは、聾の如く啞の如し、噫是を如何せん、若眞實に神仙の至道を慕ふ者あらば、仙家に此眞一の靈旨ある事を知て始て玄門を尊信すべし、

○咒に急々如律令を用るの論、薩噶訶幷に解

脱の辨

玄門の符咒に急々如律令を用る事は事文類聚に曰、律令は是雷邊の捷鬼なり、此鬼善走て雷と相疾速なり、故に此鬼の疾走るといふ義を以て符咒の結句に是を用ゆ、柳文四十一卷に纛を祭る文、禡牙文等の末に急々如律令の文字を用ゆ、又資暇錄云、符祝の類、末句に急々如律令者、人以爲酒を飲の律令の如く速去て滯ことを得ずと、又漢朝に下行の書ことは皆律令の如しと云、又佛說の陀羅尼神咒には薩嚩訶沙婆訶薩訶等を用ゆ、沈存中筆談に詳に出たり、又些娑も同じ、是は楚辭に出て只語の終に云事、前の薩嚩訶と同意なり、飜譯名義集第五に娑婆訶或は莎訶とも、此には善說とも散去とも飜すと、然れば佛說の陀羅尼神咒の末句、仙敎の神咒の末句に於て深意あるに非ず、故に薩嚩訶といふべきを急々如律令と作すは、此經專に修仙の要を說を以て漢土の仙敎に順ふて急々如律令と作は飜譯の師の作略なるべし、又經中の印法は名義集卷の三四十六丁、云、優檀那は妙玄に云、此に印といふ、亦は宗と翻す、印は是楷定して改易すべからず、釋名に云、印は信なり、物に對して驗を爲す所以なりと、然れば天竺にも印なきに非ず、又經中の解脫を說こと、名義集卷の十三十七丁、云、解脫は肇曰縱任無礙にして塵累拘ること能はざるは解脫なり、又曰、心自在を得て不能の爲に縛せられざるを解脫といふ、淨名の疏に云、一には眞性、二には實慧、三には方便、故に經云、若菩薩此解耳に住すれば、能須彌の高廣なるを以て芥子の中に內、乃至種々に變現して測ことなき、則是三種の解脫不思議の義なり、何者は諸の菩薩解脫あれば卽是眞性なり、若菩薩の此に住するは則是實慧、能須彌を以て芥子に入等は則是方便なりと、其百變法門經に烏樞沙摩金剛を大衆同聲に讚言して、善哉大力士汝能是大妙の法を說て諸の衆生をして皆解脫を得せしむといふの解脫は、上の解脫の說を以て考へ見るべし、還譽師が普門品をのみ引て辨ずれども、普門品同意の解脫は、陀羅尼集經中に多く見へたり、往て見るべし、又飜譯名義集卷の五十丁、に目帝羅こゝに解脫といふ、淨名の記を引、又智度論を引て詳に解脫の義を明ず、摩騰法師漢の明帝に答て曰、佛初て成道の時、菩提樹下に坐す、世人未だ是佛の光明顯照する事を識らず、咸言て曰、摩訶大仙生ず、未曾有なりと、舍利弗、目蓮等空中に坐臥し神化自在なり、相謂て言、此是大仙の弟子なりといへり、是を以て知るべし、仙敎は佛敎より先に天竺に弘通する事を、故に曰、佛敎卽仙敎、仙敎卽神敎なりといふ事を、眞一の靈旨、悟ば是を會得すべし、

烏樞沙摩金剛修仙靈要籙 終

北辰妙見菩薩靈應編序

嘗得二總持一護二鳳宸一、普臨二國界一濟二群倫一、神通妙用三三九、一顆寶珠萬福臻、

近衞准三宮賜白鶴袍菊丘臥山人江匡弼文坡拜贊

北辰妙見大菩薩神咒經

拔二出七佛八菩薩所說神咒經一、失二譯師名一、開元附二東晉錄一、有二藏之羊函一也、

我北辰菩薩名曰二妙見一、今欲下說二神咒一擁中護諸國土上、所作甚奇特、故名曰二妙見一、處二於閻浮提一、衆星中最勝、神仙中之仙、菩薩之大將、光二目諸菩薩一、曠二濟諸群生一、有二大神咒一、名二胡捺波一、一本作レ彼、晉言二擁護國土一、佐二諸國王一、消レ災却レ敵、「莫レ不レ由レ之」、目《ボ》低《チ》帝《テイ》、屠《ト》蘇《ソ》吒《ダ》、阿《ア》若《ジヤ》蜜《ビ》吒《タ》、烏《ウ》都《ド》吒《タ》、具《グ》耆《ギ》吒《タ》、波《ハ》賴《ラ》帝《チ》吒《タ》、耶《ヤ》彌《ビ》若《ジヤ》吒《タ》、烏《ウ》都《ド》吒《タ》、拘《ク》羅《ラ》帝《チ》吒《タ》、耆《ギ》摩《マ》吒《タ》、莎《ソワ》呵《カ》、誦レ咒五遍、縷七色結作二三結一、繫二痛處一、此大神咒、乃是過去四十億恆河沙諸佛所レ說、我於二過去一、從二諸佛所一得レ聞レ說二此大神咒力一、從レ是以來經二七百劫一、住二閻浮提一、爲二大國師一、領二四天下一、衆星中王得二最自在一、四天下中一切國事、我悉當レ之、若諸人王不下以二正法一任用中臣下上、心無二慙愧一、暴虐濁亂、縱二諸群臣一、酷二虐百姓一、我能退レ之、徵二召賢能一、代二其王位一、若能慙愧、改レ惡修レ善、若能任レ善、退二諸惡人一、其心弘廣、普慈二一切一、容受拯濟、猶如二橋船一、包二含民物一、猶如二父母一、國有二賢能一、當レ徵二召之一、尊レ賢尊レ聖、如レ視二

父母一、王自躬身臨レ政斷レ事、不レ枉二民物一、猶如二明鏡一、若其國王能修二是德一、改レ往修レ來、悔二先所レ作、慙愧自責、鄙二悼懲咎一、自悔責レ己、當レ修二三德一、一者恭二敬三尊一、二者憐二愍貧窮一、國土孤老、當レ撫二恤之一、三者於二怨親中一、心常平等、斷二理怨枉一、不レ枉二民物一、若能修二行上來諸德一、我時當下率二諸大天王諸天帝釋伺命都尉天曹都尉一、除レ死定レ生、滅レ罪增レ福、益レ算延レ壽、白二諸天曹一、差二諸善神一千七百一、邏二衞國界一、守二護國土一、除二其災患一、滅二其奸惡一、風雨順レ時、穀米豐熟、疫氣消除、無二諸强敵一、人民安樂、稱中王之德上、是王若能兼行、讀二誦此陀羅尼一、譬如下轉輪聖王得二如意寶珠一、是珠神氣消中伏災禍上、我今以二此大神咒力一、上來諸德悉能辨レ之、消レ災滅レ惡、亦復如レ是、當レ知是此大神咒力如二王明珠一、亦復如レ是、

妙見大菩薩神咒經終

妙見奇妙心眞言 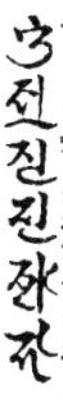

妙見心中心咒 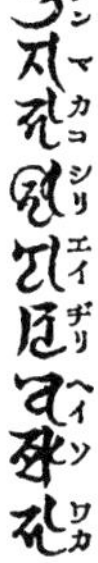

北辰妙見菩薩靈應編

神京　菊丘臥山人江匡弼文坡謹撰

夫北辰妙見は天に在しては太一北辰尊星と號して諸の星の上首たり、又天御中主尊とも國常立尊とも號しては本朝開闢の祖神たり、又眞武太一上帝靈應天尊と號しては神仙の始祖なり、妙見大薩埵と號しては諸の菩薩の上首たり、太一上帝と稱しては儒敎に尊奉す、太極元神と號しては卜筮家に於て尊信し、左右に抱卦童子、示卦童子を置なり、漢朝の儒者、六經に上帝とある所を指て太一北辰星と釋す、然るに後世の儒者等は上帝とは天理をいふと説は、三代の遺意に非ずと、太明の葛屺瞻も是を論ぜり、抑太一北辰の尊事、天上天下に於て比倫すべき者あらんや、故に天竺震旦日域を始め餘の諸國に於ても尊奉恭敬する事知りぬべし、夫我朝に於ては每歳正月元旦寅の一點に、忝くも天子先北辰尊星を拜し玉ふと、江家次第卷の六二張、に御燈を北辰四方を拜し玉ひ、次に天地へ奉らる事見へたり、年中行事に三月三日御燈を北

辰へ奉らる、昔は靈巖寺などへ奉らるゝ由、一條院御記に見へたりと、江家次第に曰、齊王群行の年九月御燈の事なし、京畿幷に近江伊勢國、此日供レ奉レ燈二北辰一式文、上古御燈を奉らるゝの時は北山靈巖寺の邊にて供す寛平の初は月林寺、後は圓成寺と、又延喜式神祇の五齋宮の五二十八丁、曰、凡齋王太神宮に入むとするの時、九月朔日より三十日まで京畿内伊勢近江等の國、北辰星へ燈を奉る事を得ずと、此等の文を考へ見るに、昔は日本六十餘州に於て北辰尊星王へ皆御燈を獻じ神供を奉りて尊信恭敬し奉り、其國其所に於て天下泰平五穀豐熟人々諸願成就富貴萬福如意吉祥を祈念せしと見へたり、今の人々も是の如く爲ば、諸願成就して大に利益を蒙るべき者也、和漢古今に於て其靈應利生枚擧するに暇あらず、然れば上帝王より下萬民に至る迄、此北辰妙見尊星に歸依し恭敬し至誠に信念供養し奉るべき者也、今此北辰妙見菩薩の所說神呪經を引證し、又和漢古今の事實を擧て其靈應不思議靈驗妙感窮りなき神仙の始祖北辰眞武靈應眞君妙見薩埵の靈德を略說する事左の如し、

夫北辰妙見菩薩の事を說る佛經は七佛八菩薩神呪經卷の第二に出で、別に北辰妙見神呪經と題號はなし、又初に如是我聞とも說ず、直に我北辰菩薩名曰二妙見一と說出して、終りは如王明珠亦復如レ是にて了ぬ、其次は太白仙人の神呪經、其次は熒惑仙人の神呪經等なり、扨又此經を一名に廣濟衆生神呪經といへり、但し飜譯の師の名なし、故に僞經なりといふ人あれども左に非ず、按るに七佛所說神呪經四卷あり、初卷に七佛十一菩薩說大陀羅尼神呪經と題せり、或は七佛八菩薩神呪經と題す、蓋此經は大乘の所攝なり、是故に智昇法師大藏錄の中に判じて大乘に在り、誠に經の旨に符り、扨此經は東晉の代に飜譯す、東晉は我朝十七代仁德天皇の御時の頃に當る、漢土の代の名なり、時に東晉の元帝、姓は司馬、名は叡、字は景文といふ帝、都を建康といふ所に建られ、亦南晉とも號しぬ、此東晉の元帝の建武元年丁丑仁德帝の五年に當る、より同じく恭帝の元熙二年庚申に至り、凡十一帝一百四年が間に僧俗十六人して飜譯する所の經論幷に新舊の集、失譯の諸經すべて一百六十八部四百六十八卷なり、此北辰妙見神呪經は失譯錄に入るなり、然りと雖ども此類の佛經甚だ多し、藥藏菩薩經は經錄に載す、諸藏になし、然れども輔に此經を引て四聖

の因緣を擧て證眞私記に出せり、又大梵天王問佛決疑經は天台諸錄に載す、然れども禪家の依經の如くす、又淨土本緣經は譯人を失ひ眞僞分たざれども、西晉錄に附して梓に鏤め是を用ゆ、又千手千眼陀羅尼經は譯名を失ひて人是を信ぜざりしが、園城寺の百光阿闍梨この譯者を考へ出せり、即迦梵達磨多羅三藏の譯せられし經と知れたり、又却溫神咒經も譯名なし、然るに沙門亮汰の曰、八家別錄に此經は圓覺寺の宗叡僧正の請來なりといへり、又十往生經も譯名なし、或は留支の譯せりといふ、伽陀經は經錄の中に載す、陀羅尼經は諸錄の中に隱沒せり、然るに今隋衆經目錄に載るを見る、右の如く昔疑ひし經を今は信じ、今行はるゝ經を疑ふと雖ども、大唐將來の一百洛乂部經(此云十億)あり、又本朝へ將來の經は都て七千餘卷なりと、然れば渡來る藏經には增たると減《すく》なきとあるべし、貞元入藏錄の經は五千餘卷、開元入藏の經は七千餘卷といへり、今此北辰神咒經は右の開元入藏の錄中に東晉錄に附す、又藏經には羊の函に在り、疑念なく信念すべく恭敬すべきなり、抑北辰妙見菩薩は一切の國土を擁護し、上天子より下萬民に至るまでを守護し玉ひ、天下泰平國土安穩ならしめ、寶祚長久萬歲萬々歲にして文武の官將は官位昇進し高祿知行加增あらしめ、立身出世あらしめ、金銀財寶充滿して諸運長久家業繁昌子孫連綿として一切の災難火難水難等を退れしめ、運弱く貧窮病身なる者、衣食貧しき者、此北辰妙見を一心に信念すれば、金銀米錢自然に充滿し、運を開き富貴の身となるべし、若智恵福德ある男子を得む事を祈り、又は端正艶美の女子を得む事を祈り、又は婦人產に臨みて祈らば安產ならしめ、或は一切の難病惡病等を祈らば、皆平癒する事を得せしめ、又は士農工商の諸道諸藝に妙達を得せしめ、又は山中海上の一切の難を退れしめ、其餘一切の祈願をことごとく成就なさしめ玉ふて、五穀豐饒萬物ことごとく能生し饑饉の患ひなからしめんと、一切の國土を擁護し給ふの誓願なれども、一切の人この北辰妙見菩薩を信念せざれば、其靈應利生を蒙むる事なし、然れば尋常この菩薩を朝夕に禮拜供養して一心至誠に祈り奉り、其靈應妙驗を蒙るべき者なり、此菩薩の一切國土を擁護し萬民を哀愍し、諸願を成就さゝしめ諸人を救護し玉ふ事、一切の諸菩薩に勝れ玉ふが故に、〇北辰妙見菩薩神咒經に曰、我北辰菩薩、名曰二妙見一、今欲下說二神咒一擁二護諸國土上、所作甚奇特、故名曰二妙見一、此御經に我北辰菩薩と我とは直に北辰の自名乘玉ふて、我北辰菩薩を妙見と名く、妙見とは其作たもふ所の事業、一切の國土を守護し、諸人を大慈悲を以て救護玉ふ事、餘の諸菩薩に超過て神變奇妙なる事、思量分別を以て測り知るべき事にあらず、是本地報身如實知見にして、妙中の極妙なるを以ての故に妙見と名くるとなり、此北辰妙見神咒を說て諸の國土を守護し玉ふなり、神咒は奥にある胡捺波の神咒なり、扨此菩薩は世界に出現し玉ふて、天に在ては諸の星の上首なり、扨又仙人の元祖なり、又一切の菩薩の上首なり、故に〇神咒經に曰、處二於閻浮提一、衆星中最勝と說玉ふ、閻浮提とは此娑婆世界の事なり、大論に曰、閻浮とは樹の名なり、提をば州とす、此州の上に閻浮の樹の林あり、此中に河あり、底に金の沙あり、是を閻浮檀金と云、此樹ある故に閻浮洲と名づく、此洲に五百の小州ありて圍繞みたり、楞嚴經に云、此閻浮提に大國すべて二千三百ありと、又仁王經に云、

此贍部洲に閻浮提の事なり、十六の大國五百の中國十萬の小國ありと、又名義集に閻浮提、此には勝金といふと、西域記に云、南贍部洲を舊は閻浮提洲といふ此世界の事なり、扨又衆星中最勝とは、此妙見菩薩は北辰尊星にて北辰は諸の星の王なり、故に論語の爲政第二に孔子の曰、爲レ政以レ德、譬如下北辰居二其所一而衆星共上レ之とあり、朱子の曰、北辰は北極天の樞なり、其所に居て動玉はず、衆星四面に旋繞てこれに歸向す、政をするに德を以てすれば、無爲にして天下これに歸する事、北辰へ衆星の向ひ歸伏するが如しと、又爾雅に云、北極これを北辰といふと、郭璞註に云、北極は天中以て四時を正す形と、又史記の天官書に曰、中天の極星その一明なる者、北辰の常居なりと、又抱朴子外篇君道卷第五に、左袵これを仰こと衆星の北辰に繫が若しと、又天文書に曰、北辰星は北極に坐す五星なり、其極樞を抱く四星を四輔といふと、漢の甘公石申が星經に曰、四輔の四星、北極の樞星を抱く、君臣の禮儀を主どり萬機を輔弼て萬邦を佐理し、北辰星を輔佐し出入して政を受と、又天一の一星は紫微宮の門外の右、星の南に在り、天帝の神なり、此

星は戰闘を主どる、人の吉凶を知ると、又太一の一星は天一の一星の南に在り、天帝の神なり、明にして光あれば陰陽和合し萬物豊熟して國王に吉なりと、又漢書に云、太一を祀るは昏より祠て明に至ると、又靈樞經に太一の事を詳に說り、見るべし、又曆に天一天上といふ事あり、春秋命曆に云、天一とは地皇の靈なり、太一とは人皇の靈なり、尤も尊星とす、俱に天上紫微宮の門外に在す、左を天一といひ、右を太一といふ、天一は戰闘を主どり吉凶を知る、太一は風雨水旱兵革飢疫を主どる、陰陽書に云、天一は己酉日天より來りて、東北の維に居ること六日、人頭蛇身と化す、中略、癸巳日より天に上る事十六日の間、大微皇天紫房等の宮に遊行して己酉日より地に降り八方に運行す、角に六日、方に五日、都て四十四日に運終る、其遊行の方角は百事これを犯ば大凶し、愼み犯す事なかれと、是天一、太一の分身地に降り天に上るなり、其本體は動玉はず、元より北辰尊星は一體にて種々に分身し、人間吉をなせば是に福壽を授け、惡をなせば是に罪禍を與へ玉ふなり、張景岳、西志を引て曰、中宮は天の極星、其一明なるは太一の常の居玉ふ所なり、太とは至尊の稱なり、一とは萬數の始め、天元の主宰たり、故に太一といふ、卽北極なり、北極は中に居て動ず、北斗は外に運る、北斗の七星の杓旋て十二辰を子丑寅より戌亥まで、指て以て時節を建、是を北極統る故に北辰といふなり、北辰尊星は北極紫微宮の中に住して其一名を天極といふ、其紐星は天の樞なり、天運は窮りなし、日月星は迭に耀き運て北辰尊星は移り動き玉はず、卽ち天上の天子なり、故に衆の星の中の最勝と最も勝玉ふ所なり、此北辰妙見星迹を北方の七宿に現じたまふ、是北宮玄武なり、札子語類に云、玄は龜位有二北方一故曰レ玄、武は蛇身有二鱗甲一故曰レ武、なりと、史記天宮志に云、北方玄武と、抱朴子に云、辰星は水の精、玄武を生ずと、蔡邕が月令章句に曰、北方玄武は介蟲の長なりと、又文選の思玄賦の註に、翰が曰、龜と蛇と交るを玄武といふ、北辰の神獸なりと、又楚辭に曰、玄武を召て奔屬すと、註に北方の七宿、龜蛇をいふ、是斗宿牛宿女宿虛宿危宿室宿壁宿の形を以ていふなり、後漢書に曰、玄武は北方神龜蛇合體と、又云、水神の名なりと、是北方の水を以てなり、酉陽雜俎後集三に曰、朱道士といふもの大和八年に常に廬山に遊ぶ、澗石に甜ふて忽蟠蛇の綰錦を擁ふするが如きを見るに、俄に變じて巨龜となる、依て山叟に問に、叟が曰、これ玄武なりと、夫妙見菩薩は、北辰尊星なり、五雜俎卷の一に、中宮は天の極星帝星といふ是也、玄武は北辰尊星の住す所の北方七宿の尊形にして卽ち北方の神靈、是又北辰尊星の垂迹ともいふべき者なり、故に北辰を玄武眞君とも稱す、夫北辰星は帝星にて君位なり、北斗七星は臣位にて、天を循環て賞罰を下界に降す、北辰は帝星にて仙敎にて是を上帝と尊稱す、儒敎にても又上帝と稱す、故に周易尙書毛詩周禮禮記春秋等を漢朝の儒者これを釋するに、上帝とある所を必ず太一北辰と指て釋す、我仙敎に於て太上眞君上帝と尊稱して尊奉する本尊は北辰星なり、故に〇神咒經に曰、神仙中之仙と說玉ふ、是神仙の中に於て上首の神仙といふ義なり、夫神仙の至敎は修練服食長生不死等を以て極要とするに非ず、唯清淨無爲眞一の靈旨を大悟する事を極要とするなり、眞一とは佛經にては佛心佛性といひ、禪家にては本來の面目とも主人公とされもいふ、儒敎にては性といふ是なり、此眞一を大悟ば直に仙人とも眞人とも神仙ともいふ、神道にて唯一といふも是なり、此眞一を大悟ば直に北辰妙見太一尊星の神慮に契ふ、故に神仙を本尊と稱して尊信恭敬する事なり、依て北辰神武眞仙とも稱し、太上眞武上帝とも太一天帝とも天一眞君とも太一救苦天尊とも元始天尊とも太乙虛無眞君とも紫微北極天帝とも三淸玉帝とも消災解厄天尊とも長生保命天尊とも大慈大悲普救三界一切衆生脫離苦難消災解厄天尊とも天獻眞武太素三元太上玉晨大道神君とも北方鎭天眞武靈應眞君とも尊稱し奉る、其聖降日は道書に記す、近くは事林廣記卷の四にも別集、見へたり、宋朝會要に曰、宋の天禧二年閏四月眞宗皇帝詔して醴泉に祥原觀を建て、六月詔して眞武の號を加て眞武靈應眞君と號すと、五雜俎卷十五に曰、眞武は玄武なり、宋朝諱を避て眞武とす、後地を掘て龜蛇を得たり、遂に廟を建て以て北方を鎭す、今に宋朝より明朝まで、至りて天下の諸人皆尊信すと、但し此北辰靈星は周の武王の代より祭る、故に周制に仲秋に靈星を國の東南に祭ると、又事物紀原の一に曰、漢の高祖天下を有て、天下に詔して北辰靈星の祠を立て五穀豊饒を祈ると、然れば三千年來、此北辰尊星を今に至るまで恭敬し尊信し玉ふ事、和漢ともに同じ、先代舊事本紀第七十一神社本紀に曰、父忍國に大星神社あり、豐浦宮天皇の時、北辰此地に降り玉ふて告て曰、吾は是北辰の精なり、妙見菩薩と名づく、天下一切の事至心に我魂を祭ば、福として得ずといふ事なく、事として成ずといふ事なし、斯國の人、昔より我號を呼で天御中主大神と稱すと、是に由て祠を立て祭るとあり、豐浦宮天皇は十四代仲哀天皇なり、其後卅四代推古天皇の御宇に北辰靈星を御勸請あり、社を慈覺大師崇敬ありて建立す、又七十八代二條院永萬元年鶴岡八幡宮の御告に、北辰妙見を鎌倉に勸請あり、昔は妙見寺又號二靈岩寺一王城の四方にありしなり、又肥後國八代郡神宮寺、又周防國氷上山、長門國桂木山等其餘は記し盡すべからず、省古代より勸請し崇敬あり、此妙見薩埵を神仙の祖とし本尊とする事、猶奥にて詳に說べし、扨この妙見北辰菩薩は一切の菩薩に勝れ靈驗利生あらたなるを以て、〇神咒經に曰、菩薩之大將、光二目諸菩薩一、曠二濟群生一と說玉ふなり、菩薩の大將とは、此妙見菩薩は譬ば諸軍の中に於て大將軍の如し、一切の衆生を救はんが爲に諸の菩薩を引率して其魔軍の中に降り玉ふて、一切の魔を追拂ひ一切の災難を救ひ玉ふとなり、大將軍は後漢書の百官志に曰、將軍は常に置ずと、本註に曰、背叛者を征伐する事を掌どる、三公に同じ、比《たぐひ》の者四人、第一大將軍、次は驃騎將軍、次は車騎將軍、次は衞將軍なり、又前後左右の將軍あり、事物紀原の五に曰、周禮に天子は六軍、軍ごとに萬二千五百人、其將皆命卿なり、晉の獻公より三軍を作りて、獻公自上軍に將たる故に、將軍の名此に出るなり、本朝にも左右の近衞大將の官あり、同中將少將の官あり、扨諸菩薩に光目としてとは、陀羅尼雜集には諸天に光目とあり、何れも其上首としてといふ義なり、菩薩とは賢首の云、菩提こゝには覺といひ、薩埵こゝには衆生といふ、智を以て上菩提を求め、悲を以て下衆生を救ふを菩薩といふと、夫佛も菩薩も羅漢も皆常の人間にて悟を開たる者をいふ、仙人も同じ、皆この心性を覺たる人なり、扨妙見菩薩一切の衆生を曠濟ひ玉ふ大神咒あり、此咒の名を天竺にては胡捺波といひ、漢土の東晉の代の人は此咒を擁護國土と名づけぬ、此神咒を以て諸の國土を佐護て一切の災を消滅さゝしめ、敵を却け萬民に福を與へ、運を開しめ壽命を授け、家業を繁昌さゝしめ、金銀米錢財寶を充滿さゝしめ、男女愛敬子孫長久ならしめ、諸願成就ならしめ玉ふ、故に諸人常に此神咒を念誦する事懈怠なければ、右の如き諸願皆成就して如意吉祥ならしめ玉ふ、其

胡捺波の大神咒に曰く、

目低帝《ボチテイ》、屠蘇吒《トソタ》、阿若密吒《アジヤミタ》、烏都吒《ウトタ》、具耆吒《クキタ》、波《ハ》賴帝吒《ラチタ》、耶彌若吒《ヤビジヤタ》、烏都吒《ウトタ》、拘羅帝吒《クラチタ》、耆摩吒《キマタ》、莎訶《ソワカ》、

右の神咒は、天台眞言禪宗其餘の宗旨にて讀方少々づつ違ふなれど、利益に於ては違ふ事なし、此神咒のみならず、此外の陀羅尼眞言神咒にても其宗旨の讀方に大同小異ありと知るべし、但し此神咒も普通眞言藏には目を《ロク》となすなり、此咒を梵字にて書ときは、

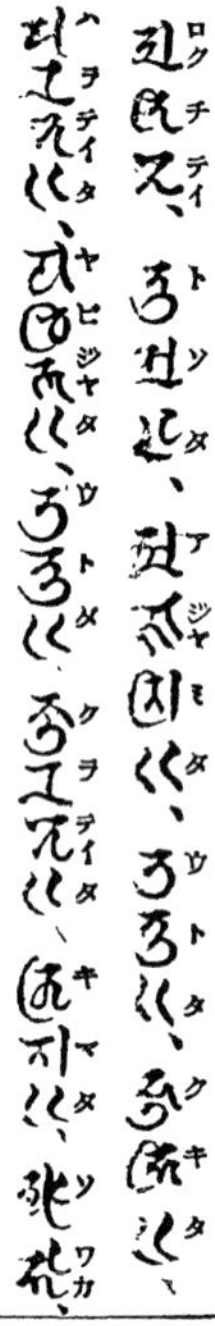

右の神咒に印契あり、智識に問習べし、又胡捺波を胡捺彼とも胡癸波とも作る經あり、扨神咒とは心經疏に云、障を除き虚ならざるを神咒と爲すと、扨又誦咒の軌則あり、〇神咒經に曰、誦レ咒五遍、縷七色結作ニ三結一、繫ニ痛處一と説玉ふは、若此神咒を持して以て七色の縷を加持し、以て結んで三結となして其痛處に繫なば、一切の病を治する事、神力妙用思議すべからずとなり、神咒を演密鈔に云、神咒或は眞言又は陀羅尼とも號す、但し名義に殊なる事あれども、皆密藏に屬す、祕藏記に云、咒は佛法未だ漢地に渡らざる前に世間に咒禁の仙法ありて、能神驗を發し災患を除き種々の妙を現はす、念佛の陀羅尼神咒を持する人も能是の如し、故に咒といふと、夫仙家には種種靈妙なる符咒あり、是を神符とも靈符とも寶符とも稱す、仙家の符書五百餘卷あれども、日本へ未だことぐく渡らず、仙書に神咒を祝とも祝由とも咒詛とも咒由ともいへり、皆咒ふと訓なり、素問に曰、古の病を治する者は、唯其精を移し氣を變じ由を祝ふて已すと、又本朝にて神代卷に曰、大己貴命と少彥名命と禁厭の法を定め玉ふと、又日本書紀卷の三に曰、神武天皇夢に天神訓て曰、嚴咒詛を爲よ、是の如く

せば虜自平伏んと、天皇敬みて將行玉ふと、咒詛をかぢりと訓り、佛家の加持は大日經義釋第一に曰、神變加持は、舊釋には或は神力所持又は佛所護念ともいふと、演密抄に云、義を以ていはゞ、佛加被の力を以て行者を任持して除災與樂せしむ、故に法師咒を誦して病者の除災を祈るを加持といふと、是を以て知るべし仙佛神の三敎一致なる事を、今神咒經に七色の縷を咒する事は、凡此七佛八菩薩神咒經に此事多くあり、第一惟越佛より第七釋迦牟尼佛を始め、第一文殊師利菩薩より虚空藏觀世音乃至釋摩男菩薩等に至り、其神咒毎に各縷を咒して痛處に繫る事を說り、扨阿難比丘の神咒より卷の一の終に至りて此事なく、又卷の二の首の文殊菩薩の神咒より卷の二の終に至り、又卷の三の首より終の漚波羅龍王所說の神咒に至るまで、皆此事を說り、然りと雖ども凡ての神咒唯病のみを治する神咒と思ふべからず、持念すれば種々の靈妙あり、北辰妙見は此胡捺波の神咒を過去の諸佛に授り玉ふてより、種々の神變奇妙を現し、種々の神通自在を得玉ふが故に、○神咒經に曰、此大神咒、乃是過去四十億恆河沙諸佛所レ說、我於ニ過去一、從ニ諸佛所一、得レ聞レ說ニ此大神咒力一と、此億に四等あり、十萬も億といふ、百萬も千萬も萬々も皆億といふ、今いづれの億をいふや知らず、恆河沙は殑伽なり、玄應對法論音義に云、殑伽は河の名なり、其大河の沙の數を以て諸佛の量なき數を譬たり、北辰妙見菩薩右の如き諸佛の所に於て胡捺波の大神咒を說玉ふを聞玉ふ、其大神咒力に依て娑婆世界に於て大國師となりて四天下を領じ玉ふ、故に○神咒經に曰、從レ是以來經ニ七百劫一、住ニ閻浮提一、爲ニ大國師一、領ニ四天下一と說玉ふなり、七百劫とは劫は梵語にて、具には劫波といふ、飜して分別時分と云、年月の多きを劫といふ、閻浮提は前に說が如し、四天下とは須彌の四州をいふ、阿含第十八又は飜譯名義集に詳なり、所謂四州とは東弗婆提州、南瞻部州、西瞿耶尼州、北鬱單越州なり、北辰妙見菩薩この四州を領じて大國師となり、一切の國土を擁護し萬民を普く守護し玉ふて、其國々の帝王の政事を輔佐し怨敵を退け玉ふが故に大國師と稱す、國王の師範といふ義なり、僧史略の中卷國師章に曰、昔尼犍子を、其國の王封じて國師とすと、又漢土の北齊の僧法常を崇て國師とし、唐の肅宗帝、南陽の慧忠禪師を國師とす、本朝東福寺の圓爾を聖一國師とす、其餘宗にも多く國師あり、又太公望を周の武王崇て國師とす、其餘は記し盡すべからず、皆是尊みて其王國師と稱し玉ふなり、又仙家には天師といふあり、龍虎山の歴代を正一品天師と稱するが如し、扨北辰妙見菩薩は是の如く其國の帝王の爲には大國師となり玉ひ、又天に於ては元より衆の星の王として神通自在なれば、○神咒經に曰、衆星中王得ニ最自在一、四天下中一切國事我悉掌レ之と説玉ふなり、衆の星の王とは、前にも説が如く一天に羅列て現るゝ恆河沙數の如き有名無名の衆の星の中に於て、北辰尊星は王なり、其餘の衆星は臣の如し、星の事は漢の甘石申が星經、天經或問、事林廣記前集、史記、漢書等に載る所見るべし、群書拾唾に云、周天三百六十五度四分度の一、二十八宿を列布て以て天體を定む、角、亢、氐、房、心、尾、箕の宿を東方の蒼龍の體と爲す、凡七十五度、斗、牛、女、虛、危、室、壁の宿を北方玄武の體とす、凡九十八度四分度の一、奎、婁、胃、昴、畢、觜、參の宿を西方白虎の體とす、凡八十度、井、鬼、柳、星、張、翼、軫の宿を南方朱雀の體とす、凡一百十二度といへり、又事文要玄の天集に廣雅を引て云、四方凡三百六十五度四分度の一、一度とは二千九百二十一里をいふと、二十八宿の間相去る事、積一百七萬九百一十三里、徑り三十五萬九百七十里と、又後漢天文志の註に曰、黄帝星次を分、星次は星宿と同じ、又は星舍といふ、道中五十三次といふが如し、凡中外宮、常に明なる星百二十四、名ある星三百二十、微星、萬一千五百二十と、又長暦に大星は徑り百里、中星は徑り五十里、小星は三十里と佛經に星を説事、儒の説とは大に異なり、佛説には一天の諸の星は、過去の天仙の布置て世界を護持す、皆是諸天の宮殿にして內に天ありて住す、依報の感ずる所にて福力を以て光明ありとす、大集日藏分第十に云、佛娑婆世界の主、大梵天王釋提桓因四天王に告云、過去の天云、仙何か諸の宿曜辰を布置て國土を攝護し衆生を養育すと、大梵天王等佛に白て言、過去の天仙、諸の宿曜辰を分布安置して國土を攝護り衆生を養育、四方の中に於て主どる所ありと、又大集日藏分第八に曰、佉盧虱吒驢神仙人、諸の衆生を安樂にせんと星宿を布置て各分部ありと、又曰、佉盧虱吒仙人、大衆の前に於て合掌して說て言、是の如く日月年時大小の星宿を安置すと、又大集日藏分第九送使品に曰、彼佉盧虱吒仙人、無量劫より來、種々の福德具足圓滿して、乃至淨飯王の家に生れ摩耶夫人の腹內に託し、既に生れ已りて手を擧て唱て曰、我三界中最尊最勝と說玉ふ、是を以て見るべし佉盧虱吒仙人は釋迦牟尼佛にして、釋迦佛仙人たりし時、日月星宿を一天に安置する事を、仙教の佛教より先にありて釋迦牟尼佛も仙家より出たる人なる事を知るべし、又大集日藏經第八魔王波旬星宿品に星宿の事を詳に說り、又星の大小を佛說には、增一阿含經には大星一由旬、小星二百步と說、又樓炭經には大星圍七百二十里、中星圍四百八十里小星は二百四十里と說り、又大集經第二十三昧神足品には光味仙人二十八宿の衆生の壽命貴賤に屬する事を說、又文殊師利菩薩及諸仙所說吉凶時日善惡宿曜經には二十八宿の吉凶を說り、又大集經第十星宿攝受品、同第六護持品等に星宿の事を說玉ふ、是の如き諸の星宿の中に於て北辰妙見尊星は帝王として最上神通自在を得玉ふが故に、四天下の中の一切の國政及び萬事を悉く掌どり玉ふ、故に○神咒經に曰、四天下中一切國事、我悉掌レ之、若諸人王、不下以二正法一任中用臣下上、心無二慚愧一、暴虐濁亂、縱二諸群臣一、酷二虐百姓一、我能退レ之、徵二召賢能一、代二其王位一と說玉ふ、四天下とは前にいふ須彌の四州にて此日本漢土天竺等は南贍部州の中なり、然れば此四州四天下の中の一切の國の政及び萬事を北辰妙見是を悉く主宰し玉ふが故に、彼漢土の夏の桀王が如き無道にして正しき法令を以て臣下を任用せず、心慚愧る事なく、暴虐と百姓をいため虐げしかば、北辰妙見菩薩是を罰し玉ひ、商の湯王の如き賢能の人を其王位に代しめ玉ふ、又殷の紂王が如き忠臣を退け佞臣を任用、暴虐濁亂にして諸の群臣を縱に退け、又は用ひ百姓を酷く虐げ苦めしかば、忽ち周の武王出て是を征伐す、是等の類和漢に於て古今例多くあり、是皆北辰妙見の賞罰し玉ふ所なり、故に人是等の惡王の滅亡するを見て天命といへるは、天は卽北辰尊星上帝の命令し玉ふて是の如きといふ義なり、賢能とは賢は賢とも善とも訓じ、能とは是も善とも能とも訓り、共に善行ある聖人賢者をいふなり、孟子に曰、賢を尊み能を使、俊傑位に在る時は、天下の士皆悅びて其朝に立む事を願ひ、其市に藏れんことを願ひ、其路に出む事を願ひ、其野に耕む事を願ひ、是が民たらん事を願ふ、信に能此五の者を行はゞ、鄰國の民是を仰こと父母の若くせんと、呂氏が曰、天命を奉行す、是を天吏といふ、廢興存亡は惟天の命ずる所、敢て從ずんばあらじ、湯武の若き是なりと、是儒家の說なれども今北辰妙見の誓に應ず、天命は上帝の命令にて、上帝とは北辰妙見菩薩なり、是國王のみに非ず、一國一城の主、一郡一邑の主より大家小宅の主に至るまで、何にても其主人たる者は身を愼み恐れ天命を奉行すべき者なり、次に○神咒經に曰、若能慙愧、改レ惡修レ善、若能任レ善、退ニ諸惡人一、其心弘廣、普慈ニ一切一、容受拯濟、猶如ニ橋船一、包ニ含民物一、猶如ニ父母一と說玉ふ、若し能慙愧してとは、增一阿含經に曰、佛諸の比丘に告玉ふ、世に二の妙法ありて世間を擁護す、二とは一には慚、二には愧なり、諸の比丘若しこの二法なくんば世間の父母兄弟妻子智識尊長大小を別たじ、卽畜類と同等、この故に比丘當に習て慚を知り愧を思ふべしと、今神咒經に說玉ふ慚愧も慚愧る義にて、若し暴虐無道の惡王なりとも、其惡行を慚愧て惡を改め善政を修し能前非を悔て、若し能善臣に萬事を任て、彼善臣を用ひ諸の惡人を退け、其王自弘廣と寬く心を持て普く一切を慈愛し、容受と廣き器に物を容受るが如く、一切の人民を拯ひ濟ふ事は橋の諸人を受て餘さず往來さゝしむが如く、舟船の一切を餘さず容乘て大海江河を渡すが如く、民物とは猶民人といふが如し、但し民は萬民、物は一切の物をいふ、玉篇に云、天地の間に生ずるを何によらず物といふと、又物は類とも訓なり、民物を包含するとは包は裹といふ字にて、又は胞《はらごも》りとも訓なり、含は銜といふ字にて、物を口に含をいふ、然れば萬人を包容含受する事は、物を絹に包が如く、口に物を含が如く大事にし、重寶の如く萬人を劬り憐む事、父母の愛兒を憐み劬るが如くせよとなり、右に說玉ふ經の意は、若し諸の國の中に於て其國王若は諸侯若は一城一郡の主若は大家の主の如き都て諸人の首領たる人、其家の元祖より定め置たる正しき國法家法を背き、無慚無愧にして歡樂奢侈を事とし女色を寵愛し、忠功ある臣下を退け、晝夜唯文學詩歌亂舞散樂等を事とし、政事を奸佞邪慾の臣等に任せ、其身は晝夜歡樂を恣にすれば、其奸佞邪慾の臣等は私慾の爲に百姓を酷く虐げ諸民を苦め、其傍輩に忠良の者あれば讒して是を退け、新古譜代の選なく姦佞忠良の選びなく、唯金銀を以てするか、或は己に媚諂ふ者を主君に進め登用ひ、後災を慮からず唯眼前の利慾に耽りて、國家の傾く事を顧ず、然るに其國王或は主君たる人、忽然に是を覺りて我惡行を慚愧て從前の惡を改め、今日より善行を修し諸の佞惡の臣を退け忠良の臣を任《もち》ひ、其心弘廣く寛仁にして普く一切の者を慈愛て容受拯濟する事、諸の橋の數萬億の人を受濟すが如く、諸の船の無量の人を容拯ふが如く、萬民を大切にする事、產婦の胞りを大切にするが如く、又は重寶の珠玉を錦繡に包て祕藏するが如く、或は物を口に含が如く、萬民の爲に猶父母の如くすべしとなり、書經の泰誓に曰、唯天地は萬物の父母なり、惟人は萬物の靈なり、亶《まこと》に聰明にして元后と作《な》る、元后は民の父母と作るとい、又性理大全に曰、聖人の天地に於る猶子の父母に於けるが如しと、大學に曰、民の好む所をば是を好み、民の惡む所を是を惡む、此是を民の父母といふと、唐の帝堯は心を天下に存じ玉ひ志を窮民に加へ玉ふて、百姓の罪に罹事を痛み、一民の飢たるは我是を飢せり、一民の寒たるは我是を寒するなり、一民の罪あるは我是を陷るなりと宣ふて、自の身を罪し玉ふ、是この御心、世の人の父母の子を慈むが如し、詩經の大雅に云、愷悌君子、民の父母と、又佛說大薩遮尼乾子經第三に云、王者は民の父母なり、能く法に依て衆生を攝護し安樂ならしむるを以ての故に是を名づく、王たる者は常に知るべし、王の民を養ふ事常に赤子を養ふが如くすべし、乾けるに推し濕へるを去るに其言を待ずと、夫君子の過は日月の食の如し、過ときは人皆見る、更るときは人皆仰といへり、孔子の曰、大哉堯の君たる、惟天を大なりとす、惟堯則ると、是堯王は天に法る、天とは北辰妙見菩薩と見るべし、所以者何なれば、北辰妙見の人君たる者を敎訓し玉ふ事、此神咒經の始終に於て見るべし、此北辰尊星の敎戒に從ひ法則となして國家を治むる則は、堯の如き聖天子といふべし、又曰、無爲にして治るは其舜か、夫何をか爲や己を恭しふして正く南面するのみ、是舜帝の如き聖王の無爲に天下を治め玉ふも、是又北辰の其所に居て衆星の是に共《むか》ふが如しといふべし、人君たる人、夫これを思ひ玉ふべし、○神咒經に曰、國有ニ賢能一、當レ徵ニ召之一、敬レ賢尊レ聖、如レ視ニ父母一、王自躬身臨レ政斷レ事、不レ枉ニ民物一、猶如ニ明鏡一と、北辰妙見菩薩猶萬國の人君に教諭て曰、其國に賢能あらば當に是を徵召出すべしと、孟子の公孫丑章句上に曰、孟子曰、賢者位に在り能者職に在り國家間暇なり、是時に及て其政刑を明にせば、大國と雖ども必ず之を畏むと、朱子が註に曰、賢は德ある者、これを臣の位に在しめば、以て君を正ふして俗を善するに足り、能は才ある者、これを其職に在しめば、以て政を修め事を立るに足れりと、又曰、賢を尊び能を使ひ俊傑位に在る則は、天下の士皆悅で其朝廷に立む事を願ふと、右の意を以て北辰妙見の國に賢能あらば召出すべしと宣ふを曉るべし、賢を敬ひ聖を尊ぶ事、父母を視ては尊敬するが如くせよとなり、又其國王人君たる者は、自身其廳に出で民の訴訟を聽て是非を分明に糺し明にし萬事を決斷して、民物を枉ざる事明白にして、明鏡の善惡邪正を直に照して私なきが如くすべしとなり、故に和漢に於て昔は天子自萬民の訟を聞玉ふ、況や諸侯大夫の其國に於てをや、夫明鏡は抱朴子に曰、萬物の老たる者、其精皆能く人の形と變じて人を惑す、然れども鏡に對ふては形を變る事能はずと、狐狸の類より一切の者、年數を經れば能く變じて種々の形をなし人を惑はす者なれども、鏡に對ては變化《ばける》こと能はず、其明にして私なく分明に物を照すを以てなれば、人君たる人は政事に臨みて明鏡の如く分明に判斷すべしと、猶賢を敬ひ聖を尊ぶ事は、無量壽經にも聖を尊び善を敬ふと、次に○神咒經に曰、若其國王、能修ニ是德一、改レ往修レ來、悔ニ先所レ作、慚愧自責、鄙ニ悼愆咎一、自悔責レ己、當レ修ニ三德一、一者恭ニ敬三尊一、二者憐ニ愍貧窮一、國土孤老、當レ撫ニ恤之一、三者於ニ怨親中一、心常平等、斷ニ理怨枉一、不レ枉ニ民物一と說玉ふ、此經の意は、若し何れの國の帝王にてもあれ、前に說玉ふが如く前非を悔ひ明鏡の如く意を磨明にして、往を改め來を修すとは、往は往昔にて過去りし昔より昨日まで爲したる惡事を慚愧て改める事也、來るは已來《こしかた》とて今日より死期迄を云、今日より已來を嗜み辛苦て善事を修行し、專先に作たる惡事《とが》を悔て慙愧し、自心と身とを責て一切作來る所の愆咎を鄙み、悼て自悔責ㇾ己て當に又三種の德を修行すべしと說玉ふなり、三種の德とは、次に解するが如し、鄙悼てとは玄應が云、鄙悼は補美反、鄙は恥なり陋なり、悼は方言に秦晉にては傷を悼といふ、悼は哀なりと、右の如く北辰妙見菩薩叮嚀に其事を繰返々々て國王たる人に敎諭し玉ふ、此事豈たゞ國王天子のみの御身の上、御心の愼みを說玉ふ義ならんや、上は天子下は公卿より諸侯大夫及び一國一城一郡一邑の主より下萬民に至るまで、大家小屋の主たる者及び一切の庶人に至るまでの身の上、心の戒めを示し說玉ふなり、是一を擧て萬を諭玉ふと愼み恐て信受奉行し、人々往を改め來を修して北辰妙見の仙慮に叶ひ、日夜擁護を垂玉ふ樣に意得べき者なり、次に三種の德とは、一には三尊を恭敬し、二には貧窮を憐愍、國土の孤老は當に是を撫恤すべし、三には怨と親き中に於て心常に平等にして怨枉を斷理し、民物を枉ざるなりと、先第一に三尊を恭敬するとは、三尊の義何等の佛菩薩を指て三尊と爲すや、蓋是を按ずるに必ず佛法僧の三寶を以て三尊と說玉ふならん、四十二章經に曰、百萬人の持戒善人四果の支佛を飯せんよりは、三尊の敎を以て一世の二親を度せんには如じと說けり、是も三寶を以て三尊とす、誠に佛說に於ては佛法僧の三寶を恭敬すべしと說玉ふ、是當然の理なり、然れども匡弼按るに今此神咒經には北辰妙見、專に國王人君の爲に說示する治國平天下の敎戒なれば、三尊若し三尊ならば佛法僧を恭敬せんより孟子のいえる三寶を恭敬すべし、孟子の曰、盡心章句下、諸侯の寶三、土地人民政事なり、此三寶は諸侯のみに非ず、帝王の爲にも是に勝る寶はなし、帝王及び諸侯等の三寶三尊と恭敬せらるべきは孟子のいへる三の寶なり、此三を失ふ則は暫くも國家は立べからず、深く佛說を考へ見る則は、江海には船を以て渡り、陸道には馬輿を以て往來す、天下の政事及び五倫の道は儒敎に勝し者なく、安心成佛及び追善作福等には佛敎に勝りし者なし、故に和漢古今の帝王武將其天下を平にし其國家を治め玉ふに、其聖德武德ある其美名今に傳はる者、我朝に於ては神武天皇より宣化天皇に及び、其已後の帝王の政事を專に萬民の撫育し自身を顧玉はざる聖王賢帝、或は武將賢將の行狀を以て考へ見るべし、又漢土に於ても黃帝より堯舜禹湯文武の聖王及び五代の周の世宗、宋の仁宗、明の太祖又は齊の景公、衛の靈公の如き、皆萬民の飢渇を救ひ其辛苦を察して衣食を諸人に賜ふの聖慮賢意、是皆北辰妙見の神慮に叶ふべし、周孔の敎を以て爲る所あり、釋迦の敎を以て爲る所あり、夫人察せずんば有べからず、右匡弼が說所は私意を雜ぜず、又此神咒經直解といふ書には、此所を卽ち三尊は三寶を目《なつ》く、並びに世のため尊重する所を以てなりと解して、隋の煬帝の事を擧て辨論せり、沙門の解なれば非とすべからず、但し匡弼が右の解をなしたるを釋氏是を見ば非とすべし、日達が山陰雜錄卷の上に、梁武之論として曰、世の腐儒、梁の武帝が國を亡し臺城に幽死する事は純佛法を崇むに因ると、是俗典に束縛せられ小見に壅蔽せらるゝの謂なりと、龍逢比干周武周公等を擧て論辨せり、又石田が都鄙問答卷の三には梁の武帝の佛法に泥て國家を失ふ事を非れり、是の如き儒釋の辨論は和漢古今の僧儒互ひに論辨し來りし事にて珍しからず、今匡弼が孟子の三寶を以て此神咒經の三尊とするは却て佛意に叶ふべし、北辰妙見尊星如何とか見玉ふ、但し非か、三には貧窮の者を憐愍て、其國に孤とて兩親のなき子あらば撫育てゝ成長させ、老は老人をいふ、是と孤とは隨分憐愍撫恤むべし是其國王たる人の仁なり、聖德太子の曰、天下の黎民は皆天皇の子なり、夫父母として豈等閑に子の飢餓を悲ざらんやと、古今三國の聖王賢君の鰥寡孤獨を撫恤み老翁を憐愍し玉ふ事珍しからず、大薩遮尼乾子經第三に云、王者は常に民を憂みて赤子を念ふが如く心に離さゞるべし、國內の人民の苦と樂とを知り時を以て按行し、水を知り旱を知り、風を知り雨を知り、熟と不熟とを知り、豐を知り儉を知り、有を知り無を知り、憂を知り喜びを知り、老を知り少を知り、病不病を知るべしと說けり、扨三には怨と親き中に於て心常に平等にしてとは、怨は恣恨むる事にて讐敵といふ中なり、親きとは是人と昵しく中好をいふ天下國家を治る帝王及び諸侯等は其政事に臨み公事訴訟を判斷するにも、私の怨恨ある者にても又は昵じく親き者にても、依怙贔屓を爲さず正直に其事を判斷すべしとなり、是を心平等といふなり、訟を聽と人の身の上を我身に當て判斷すべし、夫國家の政道を執行ふ君子は、德を以てすれば自然と諸人歸伏し天下國家泰平なり、德とは其道を行ふて無爲清淨眞一の靈旨に契ひ心に得る事あるをいふ、故に德は得なりと註せり、論語の爲政第二に、子曰、政を爲るに德を以てすれば譬ば北辰の其所に居て衆星のこれに共が如しと、此無爲清淨の德を得れば是の如き妙益あり、中庸に曰、大德は必ず其位を得、必ず其祿を得、必ず其名を得、必ず其壽を得ると、豈是のみならんや、萬事に於て得ずといふ事なし、祕密三昧經第三に云、當に怨親二分の中に於て常に平等堅固慈を行ふべしと、扨怨枉を斷理し民物を枉ざるとは、怨は讐なり、枉は邪曲をいふ、斷理とは、斷は判斷とて物を決く義、又は斷絶とて物を截絶《きりたや》す義なれば、今按るに、怨枉なる事を斷絶りてといふ義ならん、民物は諸人といふに同じ、人の道理あるを枉て非とし、邪曲なるを枉て是とすべからずとなり、夫萬民の上に立者は純仁慈を以て國政に臨み權威を以て事を枉げず、心明々たる鏡の如く物を照す事平等《ひとし》かるべし、老子經曰、怨に報るに德を以てすと、論語の憲問第十四に曰、孔子の曰、何を以てか德に報ひん、直を以て怨に報ひ、德を以て德に報ゆと、又論語の爲政第二に曰、魯の哀公問て曰、何を爲てか萬民歸伏すべきや、孔子答て直を擧て諸の枉るを錯錯は捨置なりときは萬民歸伏し、枉るを擧て諸の直を錯ときは萬民歸伏せずと、今經に民物を枉るとある合て信ずべし、次に○神咒經に曰、若能修二行上來諸德一、我時當下率二諸大天王、諸天帝釋、司命都尉、天曹都尉一、除レ死定レ生、滅レ罪增レ福、益レ算延レ壽、白二諸天曹一、差二諸善神一千七百一、邏二護國界一、守二護國土一、除二其災患一、滅二其奸惡一、風雨順レ時、穀米豐熟、疫氣消除、無二諸强敵一、人民安樂、稱中王之德上と說玉ふ、右の能く上來の諸の德とは、上に說玉ふ三德及び餘の善行をいふなり、帝王及び諸侯大夫まで
も、說の如く修行するぞならば、我北辰妙見自諸の大天王、諸の天帝釋及び司命都尉天曹都尉を引率玉ふて、暫時に其國に降臨し玉ひて、其帝王を始め公卿諸侯大夫より下萬民に至るまで、已に死せんと欲する者を救ひ、其死を除き生を定むとは、其生涯を安じ定め、或は犯せる重罪を滅して善心を發しめ、又は福德を增しめ算を益し壽を延さしめ玉ふ、算とは枹朴子に曰、九尸九蟲が告る所の人々の過失の罪狀の大なる者は紀を奪ひ、紀とは三百日をいふなり、罪の狀小き者は算

算とは三日を云、を奪ふと、然れども算に多説あり、今經に説玉ふ算は唯壽命の事なり、扨諸の大天王とは色界の十八梵をいふ、諸の天帝釋とは欲天に就て言なり、帝釋を三十三天中王と爲す則は、諸天は是三十二天なり、天を梵語には提婆といふ、智度論に云、清淨光潔にして最勝最尊なる故に天と名づくと、亦云、上品の十善を修習すれば欲界の一なる四天王天又は二なる忉利天に生ると、諸天の事は長文になるが故に略す、扨天帝釋とは梵語にて釋提桓因といふなり、大論に云、釋迦を秦には能といひ、提婆を天といひ、因提をば主といふ、是を合て釋提婆那民といふ、又は釋迦提婆因陀羅といふを略して帝釋といえり、淨名の疏に云、帝釋は是昔迦葉佛の滅度の時、一の女人あり發心して塔を修す、三十二人又發心して助け修す、此功德にて忉利天の主となり、其助修したる三十二人は輔臣となれり、君臣合て三十三天と名づくと、扨司命都尉とは人間の壽命を司どる官人なり、都尉とは官の名なり、淨度三昧經に云、天帝釋の鎮臣三十二人、四鎮大王、司命司祿諸齋日に於て世界に下りて、人間の罪福を案行し、死を除き生を定めて文籍に註記すと、博物志に云、左を司命とし右を司祿と爲す、人命を主司ると、正法念經には伺命とあり、此神咒經にも伺命とする本あり、天曹都尉とは天人を支配するの官を云、曹は輩といふ字にて譬ば漢土にて吏部の官を東曹といひ、戸部の官を戸曹、兵部を兵曹などいふが如し、雲笈七籤の洞章に曰、司命死籍を削り去て長生無病の壽籙に著して上天人と常に遊ぶ事を得べしと、又太上感應編に曰、人々に三尸神あり、人の身の中に在て庚申日、天に上りて天曹に詣て、人の犯し作る罪過を天曹に告ぐといえり、法苑珠林第十に冥報記を出して曰、道は天帝六道を總統せらる、是を天曹といふ、閻羅王は人間の天子の如し、太山府君は尙書令の如く、錄五道神は諸の尙書の如しと、夫北辰妙見菩薩上に説玉ふが如き諸の善行ありて三德を修行する國王又は公卿諸侯大夫、一國一城の主、一郡一家の主及び萬民の家にても、北辰妙見諸の大天王、諸の天帝釋、伺命都尉、天曹都尉を引率玉ひ、其國又は其家其所に降臨し玉ひ、人の將に命數盡きずして死せんと欲するを、死を除き生涯を定め、諸の惡業重罪を作るべき者は、其惡念を黐させ善心となし、福壽を增し家業繁昌して運を開き、官位增進し立身出世し、子孫連綿家門永久如意吉祥ならしめ玉ふ、猶又北辰妙見菩薩、右の如く善德を積み仁慈を行ふ國所へは、天曹に告玉ひ、諸の善神一千七百神を差降して其國所を邏衞せ守護さゝしめ、災害を除き憂患を除き、其奸惡と邪なる臣又は惡人等を自然と滅亡させ、或は洪水地震大風大火旱魃山崩地裂猛浪等の種々の害ひ《わざはひ》、又は五穀實《み》熟らず、又は蝗蟲稻を枯し饑饉困窮し、或は兵亂鬪爭の難、又は疫病流行し人多く死する等の災害を悉く消滅さゝしめ、風雨時に順ひ穀米豐熟し、疫氣消除し諸の强敵なく人民安樂にして、其國の帝王の德に稱《かなは》しむべしと誓玉ふ、信ずべし崇むべし、然るに右說示し玉ふ敎戒に背き、其行ひ惡しく萬民の苦みを顧ざる國王又は公卿諸侯大夫より下萬民に至るまで、其現罰を蒙り國家を失ひし靈應は、次に大內多々良氏の元祖、尊星を信念恭敬して家を興し、又は神誓に背て家を亡せし事實を略記す、是一事を以て萬事を信ずべし、又白雲漫士陶明元が玄武眞君を祈りて母の心痛を癒せし始末を略記して、其靈應炳然《いちじるしき》ことを次に載て、以て

北辰妙見菩薩の不可思議の靈驗を世の信者に示す事左の如し、次に○神呪經に曰、是王若能兼ニ行讀ニ誦此陀羅尼一、譬如下轉輪聖王得ニ如意寶珠一、是珠神氣消中伏一禍上、我今以ニ此大神咒力一、上來諸德悉能辨レ之、消レ災滅レ惡、亦復如レ是、當レ知是此大神咒力、如ニ王明珠一、亦復如レ是と說玉ふ、是北辰菩薩神咒經の終なり、扨是王とは前に說玉ふが如き仁慈善行にして三德を修行し神制を能守り奉行するの國王をいふ、是の如き國王にして其上に胡捺波の陀羅尼を神呪を云、常に讀誦する事を兼行ひぬれば、譬ば轉輪聖王の如意寶珠を得玉ふて、此寶珠の神氣一切の災禍を消伏するが如くならん、我北辰妙見、今此胡捺波の大神咒の妙力を以て、上來に說く所の諸の德を悉く辨じて、一切の災ひ一切の惡事を滅する事も亦復是の如し、當に知るべし、是此大神咒の奇妙不思議の大神力なり、轉輪聖王の得て一切の災禍を消伏するが如き妙力も亦復北辰妙見の胡捺波の神咒の神通靈妙の神力と同じく是の如しとなり、夫轉輪聖王とは天竺にては、斫迦羅伐辣底曷羅闍とも遮迦越羅ともいへり、俱舍論に云、此洲の人壽無量歲なる時より八萬歲に至

りて轉輪王ありと、詳なる事は飜釋名義集卷の三に見へたり、但し金輪銀輪銅輪鐵輪の四種の轉輪王あり、此神咒經の轉輪聖王は金輪聖王なるべし、長阿含經第十八に云、增劫八萬四千歲の時、金輪王出て灌頂位を紹て七寶を具足す、一に金輪寶、二に白象寶、三に紺馬寶、四に神珠寶、五に玉女寶、六に典財寶、七に主兵寶なり、今經の如意寶珠は右の第四の神珠寶なるか、此事晉譯の華嚴經にも說り、曰、轉輪王道を得る則、その正殿に於て婇女圍繞し七寶自至る、一に金輪寶と七種、右と同じ、如意寶珠は正法念處經第二に曰、此珠八種の功德を具す、一には夜闇中に於て能光明をなし徧く百由旬を照す、晝日熱時には冷光明を放て諸の熱惱を除く、二には曠野水なき處に於て人衆渴乏すれば、清淨水を發して一切の渴を解せしむ、三に若し轉輪聖王、水を憶念する時、王の意の隨に淸淨水を流す、四に八楞具足して、一一の楞に種々の色を放つ、五に能く百由旬の內の人をして病を離れしむ、六に此珠能く惡龍をして惡雨を降さしめず、若降ば淸涼の甘雨なり、七に水及び草木なき處に於て能華木をして繁茂さゝしめ、池水願のまゝに流れ溢しむ、八に此珠ある處、人橫死する事なく相殺害せず、諸の嗔恚を離れて常に自和悅《よろこば》しむと、右の如意寶珠の如きは八種の功德あるのみ、今此經に北辰妙見の譬玉ふ轉輪聖王の如意寶珠は右の類には非じ、別に不可思議無量の大功德ある寶珠ならん、然らずんば豈靈驗妙應神變無礙不可思議無量の大功德ある胡捺波の大神咒に譬諭し玉ふべけんや深く思ふべし、若し人眞の如意寶珠を知むと欲せば、匡弼が漫說を聽べし、昔釋尊或時隨色の如意寶珠を以て五方の天王に問て言、この寶珠は何色なるや、五方の天王たがひに答て或は赤色なりといひ、又は靑色或は黃色又は白色黑色なりと種々に其色を白す、時に釋尊彼寶珠を袖に藏して、手を擡て此寶珠は何の色を作やと問玉ふに、五方の天王皆云、佛の手中に珠なし、如何ぞその色を知らんと、釋尊歎じて言、汝等何ぞ迷倒の甚だしきや、吾世の寶珠を以て是を示せば、各其色を種々に說、吾眞の寶珠を以て是を示せば便總に知らずと言ば、其時五方の天王おの〳〵皆大悟を開ぬ、諸人若し北辰妙見の大神咒に譬玉ふ如意寶珠を知らむと欲せば、釋尊五方天王に對て未だ

手を擡たまはざる已前に向て會得すべし、

北辰妙見菩薩神咒經大尾

○降三臨擁二護國土一之顯證

後太平記を閲に曰、昔人王百六代後奈良院の御宇に鎭西の探題大内多々良朝臣二位兵部卿義隆といえる人あり、其先祖は百濟國の聖明王第三の王子琳聖太子とぞ號しぬ、時に推古天皇三年乙卯の九月十八日に周防國都濃郡鷲頭庄青柳の浦に忽然として天より赫々たる大星降りて松樹の上に留り、七日七夜光明を放ち玉ふ事滿月の如し、國中の諸民大に驚き奇異の思ひを爲す所に、忽ち巫人に託して宣く、我は是北辰妙見尊星なり、今より後三年して三月二日に百濟國の琳聖太子此國に來るべし、此事を聖德太子に告て彼琳聖を此國に留むべしと告玉ふ、依て此旨を京師へ奏聞しぬ、推古天皇甚だ悅ばせ玉ひ、同五年三月二日卿相雲客百餘人を周防の多々良の濱に遣し玉ふ時に、琳聖太子龍頭鷁首の船に乘て多々良の濱に着玉ふ、卽長門國大内の縣に宮殿を構へて是に居しめ玉ふ、是に依て琳聖太子卽鷲頭山に宮殿を造立ありて、北辰妙見尊星王を勸請し、星の宮と稱して祭祀の日を九月十八日と定め玉ふ、

匡弼三國史記を以て考ふるに百濟國の始祖溫祚王高勾麗の元祖高朱蒙第二の子にて漢の鴻嘉三年に卽位す、より第廿五代聖王、名は明王といふあり、是琳聖太子の父聖明王なるべし、此聖王は廿四代の武寧王の子にて、梁の武帝の普通四年癸卯の五月に卽位す、後梁の孝元帝承聖三年甲戌に軍勢を帥て新羅國を侵す、時に新羅の大將令武力が爲に殺され、在位卅一年にて薨ず、是本朝欽明天皇十五年甲戌に當るなり、依て聖王の子、名は昌といふを以て百濟王とす、是琳聖太子の兄にて廿六代威德王これなり、然るに本朝推古天皇二十二年に當りて威德王在位四十四年にて薨ず、是時隋の開皇三十五年甲戌の十二月なり、扨琳聖の來朝は推古五年丁巳三月二日といへり、後太平記に百濟の定居元年辛未三月二日來朝と記するは誤りなり、辛未なれば推古十九年なるべきなり、扨又琳聖太子來朝の事國史に見へず、元亨釋書資治表一に曰、推古五年夏四月百濟の王子偈を說て太子聖德、を拜す、○五年四月百濟の王子阿佐來朝して聖德太子を見て作レ禮して曰、敬禮大悲觀音、下略、同

書の聖德太子傳に云、敏達天皇十二年に百濟の日羅來り聖德太子を再拜して曰、下略、日本書紀に曰、火葦國造阿利斯登の子達率日羅、賢にして勇ありと、本朝高僧傳に日羅が傳あり、又平氏撰の聖德太子傳曆に曰、五年丁巳の夏四月百濟王の使王子阿佐等來りて調を貢ると、右の數書の中に於て琳聖太子來朝の事見へず、然れども其末孫大内多々良氏今に在り、其歷代の良將名士ありて、其源ある事疑ふべからず、按るに王子阿佐といふ者、是琳聖太子ならん、猶考ふべし、

其後琳聖太子の子、大内多々良正恆朝臣より五代の孫大内茂村朝臣の時に、同國氷上山に星の宮を移し尊敬ありしに、何なる事にや尊星降臨し玉はずして、長門國の桂木山に影向ありしかば、卽星宮を桂木の泖の嶺に移し玉ふに、又元の氷上山に降臨ましくける、依て此山に再び星の宮を建て、每日の神供、四季の祭禮、仲春の大會經行、管絃舞童音樂を奏し、純に多々良家武運長久子孫繁昌を懇祈し奉りけるに、北辰妙見尊仙王の靈應、響の音に應ずるが如く、正恆朝臣より八代目の大内周防介盛房の子大内弘盛、其子滿盛の代に武家となりて、元曆文治の年間に平家追討の節、源右大將賴朝公に忠勤の賞として始て長門國を領す、滿盛より三代目大内周防介弘貞、文永九年の頃蒙古の夷賊攻來り日本を侵す、時に弘貞百濟國より軍兵を招き共に鎌倉を犯さんと議す、將軍惟康親王の執事北條陸奥守政村大に驚き周防國を與へて和睦す、其後大内十九代正壽院道階入道多々良弘世北辰妙見尊仙王を深く尊信恭敬し、星の宮に祈願怠りなく靈應速にして、弘世が武威天下に輝き、諸卿百官諸侯大夫に至るまで皆拜趨歸伏す、此時周防長門石見三州の太守となる、依て周防山口を居城とす、弘世が嫡子大内左京權大夫義弘は足利將軍義滿の右將軍となり、今川伊豫入道了俊の男右衞門佐仲秋が女を妻とす、時に關東の今川西國の大内と兩家文武の師範たり、其武威天下に竝ぶ者なし、義弘に子七人あり、嫡子は伊豫守滿弘、次男は新介弘茂、三男修理大夫盛見、四番は女子にて、山名讃岐守時政が妾なり、五女大友修理大夫親世が妻、六女は大宰少貳賴光が妻、七男は大内介弘政といへり、抑この大内左京大夫義弘は、深く北辰妙見の神制を守り、

三綱五常の徳を修し、諸氏を憐愍て人に下り禮儀正しかりければ、武威先代に超過し諸國の英雄招ざるに來服して、威光天下に輝き富貴繁昌す、時に明徳二年山名陸奥守氏清謀反す、大内義弘洛北内野に於て氏清を討て武威ます〳〵輝きぬ、依て紀州泉州和州を加賞せられ都合七州の太守となる、其頃三月十七日の五更に五星月を圍て出現し、色を變ずる事三變して失ぬ、是四海の大變天下大亂の先兆なりと、天文博士賀茂有國が奏聞に依て、大内多々良弘政を召れ北辰尊星供を行はる、着座の公卿には鷹司殿九條殿一條殿を始め、大中納言左右の辨、又執事細川武藏守頼之、畠山尾張守義深、斯波山名佐々木仁木赤松等白地の直垂を着し列座す、其餘の大小名の警衞嚴重なる儀式は爰に略す、後太平記天の部一の二卷に詳なり、斯て北辰尊仙王星壇に降臨し玉ひ、光明十方を照し天地四方照輝き異香薫じければ、殿内殿外の公卿百官諸侯大夫大小名に至るまで、思はず頭をたれ禮拜す、然るに其翌明徳三年壬申大内義弘南帝を洛西嵯峨に移し奉り、三種の神器を再び禁廷へ納めし忠勤に依て忽ち四位上に敍せらる、是北辰尊仙王の擁後に依て南方吉野の剛敵滅び三種の神器御歸洛ありしなり、又永享三年辛亥鎭西九州大亂の時、大内修理大夫從四位上盛見朝臣九州に發向して敵將菊地を討亡し、其餘の國主十二人を討捕て、其身は討死せられしかど、其武威に依て肥豐筑の三國を領し、十箇國の太守となる、其後文龜年中足利義稙將軍、周防國に沈落ありしを、前左京大夫大内義興九州の大軍を引率し忠戰して、永正五年の春義稙將軍を再び歸洛なさしむ、依レ之義興天下の執事となる、同八年八月洛北舟岡山の合戰に、逆敵細川政賢を討て武威四海に震ひ、天下の貴賤尊敬歸伏す、此大内義興は別して北辰尊仙王を恭敬し信念せられて、常に甲の天邊に北辰妙見の金像を戴かれぬ、故に應仁記、中國軍記、後太平記等に曰、永正八年細川右馬頭政賢、同阿波守政國等謀反す、時に大内左京大夫義興大將として洛北舟岡山にて合戰す、其軍裝を見るに、紺絲緘の鎧に陽六の五枚甲の天邊に金像の北辰妙見尊星王を安置し、赤地蜀江の錦の直垂に左折の緣塗を着し、北辰尊星の幡を差たれば、誰か此軍中の大將軍を見損ずべきと記せり、是の如く大内家代々元祖より北辰妙見尊星王を信念恭敬するを以て家門繁昌し武威天下に輝きぬ、然るに廿八代目大内兵部卿義隆といえる人、元祖より北辰妙見神仙の加護あるを以て從五位より正三位の侍從に越て、遂に二位大納言に敍任す、依て二位大納言兵部卿兼太宰大貳多々良義隆と稱せり、其上に肥豐筑紀泉和長防石州等都て十二州の國守となりて、威勢富貴誰か比ぶ者あらん、然るに忽ち北辰妙見尊星の神恩を忘れ神制に背きて驕奢を極め武備を忘れ、專詩歌管絃を弄び、北辰の祭祀星供を退轉し勤行信念を懈怠せしかは、家臣陶尾張守晴賢、同五郎隆房、内藤下野守隆世、野上修理大夫政忠等、大内家の城亡を悲み、屢諫言すといへども用ひず、遂に家臣陶晴賢等が爲に害せられ、大内家廿八代にして斷絶す、看ずや北辰神咒經に曰、心に慚愧なく暴虐濁亂にして諸の群臣を縱まゝにし百姓を酷虐せば、我能く是を退け賢能を徵召て其王位に代へむと、是を以て見れば、國王のみに非ず、諸侯大夫と雖ども士庶人といへども、北辰の賞罰嚴重なり、故に主を討し陶晴賢等は毛利家にことぐく討亡されぬ、猶くはしき事は後太平記にあり、往て見るべし、

輟耕錄卷の六に曰、白雲漫士陶明元諱は煜といふ人、弱冠時より仙家の法を信じ玄武眞君に仕て甚だ謹めり、明元が母、心痛を病て痛《くるしむ》ときは、拍張《をどり》跳躅《あがき》て牀簀衾褥を齧て號叫て以て苦楚こと甚だしく、歲每に是の如く、死せんと欲すること六七度、醫術を盡せども癒すこと能はず、明元每に胸を掐ち舌を嚼で以て母の痛に代らんと欲すれども爲方なし、或日又母の心痛大に起りて危き事甚だし、明元走て玄武眞君の尊像の前に行て再拜して禱て曰、今母の病甚だ危し、某が一の臠を截て藥となし、母の苦痛を助けむ、願くば某が股を截し跡を早く瘥してたまへと祈願して、刀を以て股を截むとせしに、忽ち二人の童子外より躍入て、汝股を截ことなかれ、我は天醫なり、汝が母の心痛を癒すべしと、明元大に駭き地に伏して哀を乞ひければ、童子案上の筆を取て十數字を書て筆を擲て、二童子共に地に仆る、明元が家人水を以て其面に噀ければ、良久ふして蘇生を見れば鄰家の兒どもなり、其故を問に知らず、其書し字を讀ば藥方なり、讀ば隨て消失せぬ、明元大に喜び、是日頃尊信恭敬し奉る北辰玄武尊仙王の靈告なりと、其藥方を以て

母に與へ飮しむるに、忽ち心痛平癒して一生涯の中再び痛むことなかりしとなり、此陶明元が子を陶宗儀といへり、其友に會稽の張憲といふ者、右の傳を撰て北辰妙見玄武靈應眞君の靈驗を述ぶ、又孝經列傳七に曰、庾黔婁字は子正といふ人、大孝行なる人にて、父の病を北辰尊星に祈りしと、此庾黔婁は二十四孝の中の一人なり、右の如く和漢に於て古今靈應利生を蒙る人記し盡すべからず、今世間を見るに妙見菩薩は日蓮宗にのみ尊み念ずる菩薩と誤る者多し、妙見菩薩は天台眞言禪宗淨土宗より八宗九宗に何宗に限るといふ菩薩に非ず、誤る事なく諸人こと〴〵く信念恭敬すべし、豐臣家の先祖は國吉といへり、此人いまだ昌盛といえる僧にてありし時、江州荒神山に登りて北辰妙見尊仙王の靈符の仙法を二七日修行し、祈念して我子孫に天下を泰平に治むべき名將を賜へと丹誠を抽むでしかば、果て國吉の子孫に豐臣太閤秀吉公出玉ふて四海を治め、其餘光大明朝鮮等までに輝き、武名を萬世に傳へ玉ふ、匡嘏短才不學といへども、北辰妙見尊星王の靈德仙蹟に於ては猶考へ置ける事甚だ多し、然れども此靈應編に於ては是を記せず、猶後篇に於て其餘の靈德仙蹟を述んと爰に筆を指置のみ、

北辰妙見菩薩靈應編大尾

不二行者食行錄

抑不二行者食行身祿侚と申は、勢州市志郡下上川の莊の產にして、伊藤氏なり、八歲のころより大和の國宇田のこおり小林氏にやしなはれ養育をうけ、ゆへありてふたゝび勢州へ立歸り、つら／＼思ふに、父母の恩のおもきこと報ぜざるは人倫の道にあらず、父母のゆるしをうけ、十三歲の秋勢州を立、武州江戶へ下り商賣をなし、十七歲の時より不二仙元大菩薩の難レ有き事身にてつし、毎日毎夕兩度のこりを取、信心不レ怠、此加護にや日をおつて祿おもし、金銀富けんぞく多くかしづき、然れども人間八十八の壽命米一粒なり、金銀はかへつてあだなる事を見開き、家財金銀眷屬へあたへ、其身は妻子をつれ、かすかなる住居わびしき業をなし、唯仙元大菩薩の出現を拜み奉り御暇出るまでは御山に止り、五七日又は十日おまりにして下山し、住居にては月に四日の御式日、御備三寸餅を奉レ獻、其身一人、御身貫の前にて通夜をして、御授の十五首を夜とともに勤め、四拾五ヶ年を經て六十八歲にして、御山において入定とおもひ定めしかど、仙元大菩薩より新に靈夢を蒙り、五ヶ年をいそぎ登山入定とおもひたち六十三歲にして享保十八年丑六月十日、妻子に向ひ、我つね／＼六十八歲にして富士山へ入定と申わたせしかど、仔細有て今日登山のおもひ立なりと、妻子へ白苧一とさきづつあたへ、我をねんずる心あらば不二へ向ひ拜禮せよと、御傳の御詠歌をさづけ、六月十日に江戶を御立、同十二日愚翁某方へ御着有て、翌十三日卯の上刻愚翁めしつれられしから、斷食にて釋迦の割石に立玉ひ、夫より入定の室にいり玉ふとき、我三十一日が內、汝に仙元大菩薩の御開き一ち／＼講じきかすべし、我にきかしゝ我が講ずる所を筆をもつて記置、一卷につゞり、末々信心の者に傳へ、その外汝よく見ひらき衆生を化度せよと尊命をうけ、則七月十三日丑の刻に遷化し玉ふ、是誠に仙元大菩薩の變身をうたがふ所にあらずと、一ち／＼書しるし置、

六月十三日

享保十八年丑六月十三日辰の一天、食行身祿愚翁を召つれ、御山へ五寸齒の足駄をめし登山あり、我ふ

める所の足駄に千人の眞佛をこめ、足下にふまへ、不二頂上釋迦の割石に立、我念願今日跡卒《マヽ》の內院にたち衆生を化度すべき事成就す、よつて汝我安座して息たへざる內は、汝に人間得達すべき傳へを講じ聞すべし、不得心なる事あらば問をかけ發明すべしと、御仰に隨ひ、愚翁三尺四方の入定の廚子を七合目烏帽子岩の元へ取立、同日是へ被レ爲レ入安座ましく〳〵て、汝當山水のみなかみ三月藤のわけ講じ聞すべし、まづ世界空々寂々たる時、水こりかたまり御山出現す、しかれども人王へ移るころおひまで雲霧おゝひ見へ奉らず、しかふして後人皇のころ、雲きりはれて御山出現し玉ふを、其時よりの御山とこゝろへたるは大きなるあやまりなり、もと月日あらわれ玉ふと仙元大菩薩出現し玉ふと同時、是一佛一體の元なり、よつて萬水よりはじまるなり、仙元大菩薩月の體なり、月は水を體とす、御山北を表とすること、水をもつゆへなり、人間の胎に含る時、まろき露なり、その露かたまつて人となるゆへ、人間とても仙元大菩薩の御胤、一佛一體のひらき、是にて發明すべし、また御山の姿みな人間のかたち、頂上の八りうは是人間の體なり、御山の下を裾といふ、是人間の兩足、この兩足をもつて八文字八十八の體となり、よつて御山の像不二としるべし、元日本は扶桑國と名付る事、桑をもつて飢を助るのりはるかにへだたり、仙元大菩薩米の種三粒をもつて今駿州かしま郡へ投させ玉ふ、穗をはらみて一粒萬倍となる、是を以て萬民の食物となし玉ふ、よつて御山を穀聚山ともいふ、御山の道法一合二合と法を計るも此所謂なり、また北口の裾吉田村といふ南に田子の浦、右三粒のはらみたるを以て三穗の浦と申也、仙元大菩薩の御慈悲かくのごとし、よつて米眞の菩薩也、一三の開にて十一となる、桑より米を御見出し、十一に米をもつて桑を扶るを知るべし、扶桑國の事發明すべし、凡人間八十八の眞の我體に有ながら、惡をなし邪をなすのたぐひ、眞の菩薩たちまちに消玉ふこと惜いかな、よく發明したらんには仙元大菩薩、我體人の體ともに一佛一體の理志をとげざる事おしむべし、汝よくひらきて人間のありがたき事をさとし、斯泰平成御代に生れ出る、此道理をわきまへず、邪慾に落入る事かなしまずんばあるべからず、汝ときつたへ一佛

一體の冥慮に叶ふ事を開き聞すべしと御仰を蒙り、愚翁某頓首して我が石室に歸山す、

同十四日

人間母の胎より生る事、貴賤露よりおこり胤とす、是月の移り玉ふなり、日とまりて血とまる也、是日移り玉ふなり、よつて月日合體となつて眞玉備る、是仙元大菩薩也、五ヶ月にして東西南北中央定る、是すね也、此五句にて御山野像となる、御山の姿をもつて五體とす、十月にして止る所の水、汐みちて月出る時、人生る、是によつて經水を月水といふ、此水を不淨也と忌の理、甚以て誤る所なり、人生ぜんために與へ玉ふ水なれば、花水と御名付、かつて忌み玉はず、かへつて清淨の水なり、かくのごとく三體具足の人間、貴賤の隔なく我が身より外にたつときはなし、其貴身を請ながら、無道にして其貴我體を知らず、邪をなす衆、四民の外にはなされ人非人と生れおとるの人間、悲しまずんばあるべからず、其四民のうち士に取ていわゞ、其主君への勤めおこたらず、誠をつくさば今日より明日、すぐに生れ增の利分明なり、士農工商則その業を懈怠なく勤る時、今日より明日、貴き自在の身にて生れ增こと分明なり、かくのごとく當時目當あることを得道せず、闇然と送る者、明日則人非人ともなるべきなり、尤後世生增生おとる、其わけ顯然なり、假當時萬寶を得る身と成とも、其貧をわすれ奢に移る志出る時は、其時より生れおとるの理也、假まづしき身なりとも、志誠をもつてつくさば神佛捨玉はず、其惠に逢ふ事掌をさするごとし、然らずんば德ある人とはいわん、生れ增の理よく〳〵開き發明して可レ傳、

同十五日

汝衆生を說可レ開事、遠き事にあらず、三歲の童子も知ることなれども、知らぬにはおとる事の多くあるゆへ、是又よくいひ聞すべし、主君への忠不忠、我跡卒におつて改るゆへ、忠あるものゝ人間、仙元大菩薩の冥慮に叶ふ事、是一佛一體とあらはるゝその一つなり、不忠の者はたちまち八十八の眞のぼさつ定る、壽命より前に食物米の穀藁のなわにていましめられ、死ざいうける事、是八十八の眞の菩薩すてさせ玉ふ、仙元大菩薩の明慮に背くの一つなり、よく開き發明して可レ傳、

同十六日
父母への孝、仙元大菩薩御感應し玉ふ一つなり、父母への孝を盡す事、是我を尊の元なり、我祖としてて守り居るなれば、後世生増の理顯然なり、體に有所の兩眼日月は體の眞の菩薩也、則仙元大菩薩の三體具足し、其上孝心の人へ追付、その行を學んもの、一佛一體の理に叶ふ、しかれば人をも助るの理ひとかたならぬ大善大菩薩なり、我跡卒にてかんゑつすべき事、是より大いなるはなし、人眞眼の二句、孝心の誠よりは亡父母を拜禮するとも、外眼にては見へず、眞眼を以て拜さす、亡父母もあるがごとくおがまれん、不孝なるものはいふにたらず、惡人なり、今有親も見へず、いわんや亡親はなをさらなり、外眼眞眼見へねば盲目もひとしく、かく惡人に月日照らさせ玉ふべきや、眞眼外眼とも明めくらとなり、極る所の惡不忠不孝の科、神佛扱玉ふべきや、いねの穀藁の繩にていましめられ、斬罪する事顯然なり、能開き傳ふべし、

同十七日
四民其家々の業を晝夜懈怠なく勤め、其餘慶少しき間も、一度なりとも仙元大菩薩の御名を唱へ奉り拜さば、是を誠の信心ともいゝつべし、その業を不勤にして經をどくじゆしたりとも、など神佛受玉ふべきや、月日仙元大菩薩晝夜行有串を思ふべし、いわんや人として其業を勤めざるは盜賊の類にひとし、盜人のもの神佛受玉ふや、四民夫々の業にうとき時は米にはなれ、士は知行をうしない、農工商は餓に及の類顯然也、よくひらきはつめいして傳ふべし、

同十八日
米の恩とく云きかさずとも知らぬものはなし、其恩をしりながら用ひざるは、知らぬにははるかおとれり、是によつてとき聞す、元來米、水より出、芽を生じ、晝は日の陽氣を受そだち、夜は月の陰氣を得て露をもつてふとりて後みのる事、誰ゆへぞや、月日仙元大菩薩の加護ならずや、しからば眞の菩薩外になし、體に菩薩納るゆへに人間の體一佛一體なり、一日なり共喰ずんば何を以て命を衞る者あらん、其貴き眞の菩薩をほしひまゝにしそまつにしたらん者、餓死すべき事顯然也、元一粒萬倍なりともおもんじ大事に行し、十石の祿、後世に生れ増の理是なり、

命をたもつ所の菩薩大事にかけ、すたれをたすけ、むゑきの飽よくせよ、喰のばする時は餓死おもせずの理、人間一人助事、是より大成善事外に有べきや、是によつて米眞の菩薩なり、眞の菩薩は不二山の體、我が體二つなし、よく開きはつめいしてつとふべし、

同十九日

仙元大菩薩米を眞の菩薩とたつとみ思召事、みな己が身の上に有、士農工商の四民はなをさらこれを尊く、あきたらぬ事は、まづ士に至て五十石の祿を得ば士の部に入、あたへは千石萬石の大小名國主たりとも米を得ずんば、何を以て千石萬石の大主といわん、或は百萬石の大主たりとも米一粒よりおこり、百萬石ともみつるなり、是によつて不二山を富士の御山といふなり、士はわけてたつとみ敬ふ事、富るひとさして我得る所をおもひ信仰すべし、農は十石の作徳、百石千石に作り廣めば、天下大樹の御役にもたち、大ぜいのたすけともなるべし、工商は十石を調るもの、百石千石調へ納時は、けんぞく多くかしづく大勢をも撫育し、人の助ともなりぬべし、依レ之米を眞の菩薩と尊とみあきたらぬ事、語るにつきず、よく／＼ひらきはつめひしてつとふべし、

同廿日

水を元とする米、眞の菩薩なれど、苗水をもつて葉茂り實のりても元水の德也、人間の體も元露の水より五體はじまる也、其體へ朝夕水をのみ、水に水の添力と成て、眞の菩薩います理顯然也、人間急死の時、水を以て面にそゝぎ咽に納る時は、その息を返す事、是水の德ならずや、その水常に用る時は毒なりと、用ひず捨る事甚だ以てあやまり也、眞の菩薩あらずといへども、水を以和らげずんば順和すべからず、體に水たへ血乾きなば命助からぬ、其命助るの水、其一つの水より起の理也、命も助かり人をも化度したらん、今日ふたゝびあたへて其一つの水にて數人となる時は、神とも佛とも成べき理、よくよく發明してつとふべし、

同廿一日

人間の尊事よくものおこなへば神にも佛にもなるべき人間、これよつて我體人の體一佛一體なり、其一佛一體の身として傾城夜發の類に賣り、その價にて今日を喰ふ、是よりすぐれたる惡人はなし、其親常

に身持あしく夫々の業を麤末にするゆへ喰事ならず、是によつて子を賣て喰ひ、よき人間にも可レ成もの、たさびにひつぱる事、鳥獸にもおとりたる惡人成、常に仙元大菩薩このしろこはだといふ魚をいませ玉ふ、言ならはせ故にはあらじ、親の身として傾城夜發に賣て其子、代子の肌を喰ふ事を忌せ玉ふ、魚のこのしろ、こはだは何ほども喰べし、かつて以て仙元大菩薩忌ませ玉ふにあらず、然るを傾城に仕立多くの客を惑し、主親の勘氣を得させ、出家を墮落し、いくばくの人間墮罪させるや、一佛一體の人間、月日を墮獄するにひとし、能ひらき發明しつとふべし、

同廿二日

人間の體、父母より起り始る也、露うかんで其のち五つの御借ものをとゝのへ、五體そなはる也、凡父母の讓りを請るもの、寶箸住居の類ゆづりゐるといへども朽損する事有、其體我命あらんほどは朽ず、是天の道なり、しかれ共我が命體に限りあり、五つの借もの其元々へかへせども、心はかへさず、其眞玉のつくる事なきは、父母の恩つくる事なく重き事を知るべし、仙元大菩薩を信ずるは我體のまさり也、我體を政《まつ》らば父母を祭るなり、父母を祭れば日月仙元大菩薩を祭る也、是に依て報じてもはうじがたきは、誠に月日仙元大菩薩の御恩徳ならずや、敬ひ尊んであきたらぬを、よくひらきはつめいしてつとふべし、

同廿三日

天地の政り事にかなへたるは、士農工商の四民なり、相助て働は萬物調ふる元也、其用所の内、官位高祿を受けし人、無官下方までも元一筋の菩薩なり、十疊の床刀にたのしむといへども身の置所有、一疊にしるし、萬石寶藏に滿るといへども喰の一句に止る、喰一字は八十八眞の菩薩、己が胎に納る外他事なし、命をたもつの元なり、命なくんば金銀とみみちても何の益かあらん、しかしながら命にかぎりあり、眞玉は限りなし、よく〳〵人を見て鏡とせば眞玉の曇りもはれん、左ある人には月日の光り形見にそひて、眞玉の光りもいよ〳〵増り、人間の身善惡たちまちに見得ん、然らば仙元大菩薩の御願力にも叶ふ人也、加護なからんや、唯眞玉の晴曇りに心を付、能く開き發明して傳ふべし、

同廿四日

人間男女の差別あり、女は罪業深く五障三從のつみ有といふ事、佛法にて第一にとき聞す也、女とても惡に成まじき事、惡になるべきゆゑんなし、女とても善を勸めば善也、男とても惡をなさば惡也、今生にての御仕置も、男より女は其罪も一段かるく行れ候を見てあきらむべし、しかし女は物事內につゝみ外をかくし、是にて內心にて邪惡あるゆへに、只邪惡をのぞき內を淸淨にしたらんに、男とても女とても何れのへだてあらん、同じ人間なり、すでに仙元大菩薩女體にてわたらせ玉ふは、猶更女人を御助すくひ有べきとの御本願也、女は三從をつゝしみ身の內の惡を拂ひすなおに勸めば、なんの罪科有んや、是女の勸め第一也、其つとめをつくしつゝしまず、夫にがひをなし、或は夫を殺害させ、或は人を咒咀するたぐひ甚以て大惡なり、是を愼み、其家を麤末にせず、勸めたらんに、あに男と違ひ有べきや、女內心に惡事うかまば仙元大菩薩の御名を唱へ、一筋に御願申さば、惡事の思ひ有も止るべし、たとひ經水の身成とも御かまひ有まじきとの尊命也、よく〳〵女にとき聞せ、內心に惡事うかまば御十五首を唱へ、はらひのぞくべき事能開き發明して可ㇾ傳、

同廿五日

人間の體男女等しき中に、わけて女をすくひの御本願ことく〳〵く講じ聞すべし、まづ此頂の髮は神への通音也、よつて髮也、遠山の霞をもつて黛也、顏ばせに赤白を粧ふ是月日なり、八十八を體とすへ衣服を着さしむ、御山の雪を表して衣服の雪とす、御山の袖を表していふくの袖とす、御山の裾野を表して衣服の裾とす、御山の嶽を表して、いふくのたけとす、如ㇾ此みな御山にもる事無して、人と成て六七の數、四十二相を得る、又老て頭の髮白々となつて是雪をいたゞくといふなり、人の親となれば、仙元大菩薩の御事にて悟し發明して可ㇾ傳、

同廿六日

人の子として親よりきよふに多藝なりと譽稱美する事あり、是皆其親に有、親の罪業すくなき者の其子身の上、上げ用ひらるゝ事也、其親罪科有て子生ぜば、加へて先へ行屆かず、あとへ〳〵と戾りて器用も多藝もやくにたゝず、人の親たるもの慈悲善事を好み、子に惡事を聞せずして撫育するならば、幼少より善

事におもむかすべし、左ある時は能人と成り、先へ先へと歩の理也、子を知る事其親に有、先其親身持たゞしくして見習すべき事第一也、請がたき人間のと生を受、鬼畜に仕立る事無念也、殘念なり、親と也て其子をにくむ者一人として有べきや、子をふびんおもふ心ならば、其親常に心掛に寄所也、能發明し可レ傳、

享保十八年丑六月廿七日

人間産業にあらざる無益の殺生、或は水につり竿をおろし、鳥類を飼目を悦しめ、是をたのしとする事愚也、惡人なり、人にあらず、とがなき諸鳥を牢室へ入、かなしみのこへ、なきさへずるをたのしむはいま〳〵しきたのしみ也、つりの魚はたらき働くをころしてたのしむは、いま〳〵しきたのしみ也、是をたのしみと思ふ者は不仁惡人愚人也、たとへば二人のつれ、一人は渡し場の川瀬は知りたるに、一人は前後に迷ふ、一人の人異見をして、我が臨む岸へはおしへずして、すへほどふかき淵へしづむ事を、その邊りにうちすごす事は、二人ともに愚人なり、しらざる者へは幾へんも〳〵も傳へて淺き淵瀬を渡したきものなり、是によつてむゑきの殺生このむ者へも能さとし、後世生れおちざるやうに、鳥籠をも破らせ釣竿の絲をもきらせ、永く輪廻のきづなをもきらせ、發起の上慈悲あわれみを思ひつかせ、人非人をのがれ能人とも成べし、さある時は人一人の再興これより大いなる善事あるべからず、能開き傳ふべし、

同廿八日

凡人間の境界善事をのぞまば能事うかむべし、惡事を望ば惡事におもむく、つね〴〵心掛に寄所也、下成者をも見下さず、我より上と心ざしを思はゞ、更に物の道理をわきまへざる者なりとも、後には尊とみ有がたきと云ことを思ふべし、然れども角有ものを丸きを覺へ、御山のかたちと成べし、其上は邪意もまがれるもすなをにならん、さある時は人間といふ者になる也、人間一人相續したらんには、堂塔伽藍寄附したらんよりはるかにすぐれたる大善なり、たゞ善惡友によるの理けんせんたり、たとへ惡人なりとも、とき聞せしたらんには善人ともなるべき方便なり、惡人を善人にしたらん者、仙元大菩薩の御本願にも叶ふ人たるべし、後世は生増理うたがふ所に有べか

らず、能開き發明して傳ふべし、

同廿九日

寄附勸化布施物之事、次第に名聞をおもひ、過分の金銀米錢出家に與ふる事、是あやまれる所也、元來三粒を下し世界に滿る事、仙元大菩薩の御助ならずや、それを我ものにして多分出すの類甚もつたひなき事なり、その寄附布施物淸し、出家へ《マ》き役と必ず衣服も美を盡し、その餘は魚にくを喰らひ、或は邪婬を起し、大罪に落入事、何ゆへぞや、寄附布施物きつるゆへなり、出家は乞喰して一體にて、その日〳〵の手の內にて命をつなぐべき事也、一體なき時は死をいそぐを以て出家とす、俗より名聞を思ひつく事なれば、過分の布施物出す者も名聞是二つ相同じ、これに依て罪業を作るもといの一つ也、しかし寄附布施物一向やむる事にはあらず、ほどよく有べき事也、たとへばまづしき物に一日の食物を施ば一日の命たすかり、其助る內、寶錄をする事も有べし、たとへ金錢のほどこし物ゑずとも、片時も一命を助りしと思ひ、心ざしいづくへほうずべき、爰を以てよく開き發明して傳ふべし、

同晦日

人間に思ひつく所の目あて無ては願成就成がたき事也、たとへば藝業にても能師を取、一向に其藝懈怠なく出精し其とくあらわる也、不精にてはゆかぬ事也、其行德のきわまらぬは湊へ舟のつかざるごとくなり、成就第一のいのりなり、しかし終の理を案ずるとて始《マ》ずくらす內には命の日もくれぬべし、すこしを先へ取付、習ひいるは一日々々のとく、其身々々にそなわる事けんらん也、信心も左のごとく、たとへ仙元大菩薩へ信心の心ざし有とても、物にうつり安くして願行とげがたし、人は首尾大事也、誠を以て信心の志あるにおいては仙元大菩薩の加護うたがふ所にあらず、能ひらき發明して可レ傳、

七月朔日

天下國家の政じ眞實にして御代泰平の德、今此時に現れし也、忠有者へは祿恩賞を玉ふ、孝ある者へは恩賞をあたへ、病有ものへは施藥をあたへ、如レ此御惠仙元大菩薩の御本願にも違ふ所なく、是一佛一體と思ふべし、忠有者の眞似をさせ、孝有者の眞似をさせ、自然とそれへ移る理、人一人を人となし玉ふ

事さへ大善なるとの御傳へ、ましておうくの人、忠孝の祿をするもの、夫に習ふ者、夫へ移る者、生増の理多からん、天下の御慈悲言語につきず、如レ此の御慈悲を知らずして我身の忠は上へ屈ず抔と、内心に恨みを含むの類甚以て惡人也、我が忠未熟成故、よつて上へ屈ず、未熟なるゆへ上を怨るきざし出る也、誠に忠の志あらば、たとへ屈とも不レ屈とも其所へ心を寄ぬ筈也、未だ忠の心ざしなきゆへ其事を思ふ物也、又孝も同じ事なり、誠の孝ならば人のほめそしるに何にかまわんや、其志にては外へ見へずとも、此二つを愼み勤を誠の忠とも孝とも云つべし、能開き發明して傳ふべし、

同二日

仙元大菩薩の尊き三神有、鬼王、玉萬、大我と御名付、此三神蠶の神とならせられ、高き人は裝束を以て位官正し知らしめ、下つかたへは膚を隱し暑寒の氣をふせがせ、如レ此御慈悲をたれ玉ふ事、仙元大菩薩の大助ならずや、是によつて蠶の忠質生長して其額に雌雄のわかち、一文字いの字居り、いの文字一への返音也、三神の三つを合て一一三の開き是にて知べし、呉服鳥あや羽鳥異朝より渡る、織始る事になし、我朝右尊き蠶の眞とならせられ、絲といふ物を出し、桑を以てゑじきとしいとならしむ、是扶桑國の證據也、是によつて蠶の蟲、胤紙を以て胤を殘す事、神への返音なり、此蟲清淨にして養育する事にて知るべし、是は常々汝にしめし置所の扶桑國のわけ政事のわけ、事永きゆへに前々より聞せおくなり、よく開き發明して傳ふべし、

同三日

不二を三十三とさす事遠き事にあらず、一一三の開きなり、世界の人間三十三段と開き、是己々が體に三十三天有と極め、上の三、下の三、一一を竪横にして十と成、十を我が體にして中に立る時は我體三十三天と成る、上下の二つ、三中の眞直にして勤る時は、後世公家殿上人大夫にも生れ増の理うたがひなし、人邪意邪癡にして情を知らず、慈悲を知らずして其身を行ず、是餓鬼畜生修羅のたへぬ人間に、後世生れおとるべし、しかれば己が一心に曲れる一一を行ふ事、眞直になし、體の一一十を竪横ともに曲らず、一ち一ちに行ふ事第一なり、常々是汝に云

聞せ置事是也、能々開き發明して傳ふべし、

同四日

御山の心の鏡として面に向ふに不レ背、と角無き内に慈悲を以て其身を直に不レ曲おこなへば、慥成一佛一體也、我と我名をさして身祿といふにはあらず、身直にろくにならん、内に眞の菩薩納り玉ふなれば菩薩共いわん、竈の神よりたまわる所の絲を以て其身其身の祿を改め、まがわぬよふ心直にし、心の鏡を能磨き身すなほにして人間の鏡とも成、人間再興助にも成べき人、仙元大菩薩の明慮に叶ひ候事、是より大成はなし、能々ひらき發明して可レ傳、

同五日

御山登山の者、信心の者ども垢離精進、我天より云聞す事は、内心の猛惡、邪れる者うはべ計あらひそゝぎたれば、内心のこりけつさいにはならじ、また魚肉を□□精進したればとて精進には成まじき事顯然也、是によつて今日只今御寶前に申上候に、鱸と云る文字ふたつと有所の員數被二下置一、是只今汝が見る所にあらずや、汝何にても魚獻せよと申付候に、鹽いわしといへる魚を持參す、我是をとつて一つを前へなげ衆生へ授け、一つをば後へ投げ打、御山へ以來留置所也、汝信心の者へしらしめ垢離精進の二つをゆるす、これに依て垢離精進、心に悟し、清めには内心の邪意を除き、水一盃を以て體へ納るならば、はるかなる垢離精進に増る事げんぜん也、邪意邪癡に除く時は猛惡邪惡出るすくなく、此義を能ひらき發明して傳ふべし、

同六日

此御山世界のすねとさす、不レ二所の高山なり、御山のすねは此世界の立柱也、土は肉、岩は骨、水は血なり、是皆天地一體の元也、此御山へ一度登り奉二拜禮一、内心の垢離精進せば、誠に生増ん事うたがひなし、尤登山して我儕を見とゞけ能き人間とも成べき種也、たとへ異朝の者成共不二といふ事を知り、いわんや日本に生出るの人間、誰教ねど不二と云、是によつて親の胎を司どる所の理是也、面向不背の玉といへども外になし、蓬萊宮といふも此御山をさしていふ也、御利生有事、その身其身の信心にて云聞せずとも、其身に知るべし、御山登り下山の者、足下にふみ落す砂、夜の間にもとのごとく御山へ登る事、皆人

の知る所也、ふしぎといふ事なし、衆生の登山を好

せ玉ふ理也、能發明して傳ふべし、

同七日

庚申といふ事、仙元大菩薩云置玉ふと云事有、此猿

鳥心の道理もつぱら孝道の一つ也、見ざるきかざる

いわざるの三つ猿也、惡しき事をば見ざるよしとす、

惡しき事をば聞ぬが吉とす、惡事をば云ぬが善とす、

此三つより起る也、たとへば外より子猿來りて物を

問ひ、一疋の猿口を悶て物をいわず、一疋の猿耳を

ふさぎて問所の事を聞ず、一疋の猿同所の體を見ず、

依て子猿聞事を得ず、せんかたなく親猿に其答へぬ

事を、親ざる子猿に語ていわく、ものの親として、そ

の子を惡しき事を敎へべきや、其能事を傳ふべき親

をさし置、外の猿に聞事、我を尊ず元を末にし麤末

より起る也、是によつて三つの猿、三つながら答ず、

鳥に反哺、鳩に三枝の禮有、如レ此鳥類だに其道を知

る、いわんや人としてその道を辨ざるは、壁に三つの

猿を出し置なり、よつて庚申は孝心なり、此たとへ

を以て開き悟し發明して可レ傳、

同八日

不二八葉八流裾野八湖明見山中舟津西之海精進本巣

仙水志尾禮、是以て湖水の内八海と云也、その外に

外八海、有是を合せて八八六十四卦と成る、爰を以

て扶桑國六十四州にあたる、右海御山第一の御寶也、

總じて生有物或は千草萬木まで、皆水を以てその生

をたもたる事、皆人の知所也、月日水より出て水へ

入らせ玉ふ、人間とても水より生じて水へ入る、し

ばしの間も水の離れざる事、爰を以て水を元とする

也、その水曲れる時は直に返らず、或は井堤にあた

る物に横たはる、人間心に井堤になく眞直に流るゝ

やうに身を納め、水の德とその身の德と合體すべき

やうに常に心を付て勤べき事第一也、能開き發明し

て傳ふべし、

同九日

御山に牛がつぼといふ所有、名付て四季の節鳥とい

ふ、御山八合の脇にあり、此所の雪、春二月比鳥の

鸛のごとく成かたちになるころ、是をしるゝに此時

米の種をおろす、四月に入、右之かたちに羽を生ず

此時田をうがちて土おこす、五月に入り、右の牛の像

に見ゆる、此とき田を植付て米と成、是仙元大菩薩、

る、人間助の元を知らしめ、農業を勤めなさしめ給ふ、古より北口は御山の根方或は近郷水を以てこやしとす、その水こやしとしてますこやしなく、如レ此農業の元を御さづけ玉ふ、水の勢力にて知るべし、依て米を作りいとなみとする者、米を主君より請ずる、子孫相續するもの、何れも此御恩徳にあづからぬものなく、是則仙元大菩薩の御恩徳報じても報じ難き事を能々悟し發明して傳ふべし、

同十日

我登山入定の日より五十七首の詠歌をつらぬ、前に詠じ候十五首と已上七十二首と成、前十五首を唱へ御寶前へいさめ、祭り事として是を勤る時、差當り病難助すくひと成、後五十七首は後世へ生増の所謂のしめし也、尤唱諷る時は惡をしりぞけ邪意を除くの一つ也、參明薩の御文句、大領の御文句、同御身貫の御文句、是は邪魔障礙横難をのがるべき有難き御傳也、汝信心のものよくその行をとげべきものに傳へよ、江戸におひて是を傳へよ、我奇瑞ある事を見すべし、尤一字不説の護符汝に授る、是又傳へ置也、多くの衆生の病苦を助けべしとの尊命也、是によつて愚翁是を授り、則愚翁も御歌一首つらね差上しに、善成哉、是を御寶前へ奉レ捧、此詠歌御伺ひ申上、汝に得と聞すべし、右十五首の詠歌の内八つは男の數也、七つは女の數なり、是をがつたいして十五首のわけ、一《ち》〱汝にしめし置所、能ひらき發明して可レ傳、

同十一日

裾野の内吉田村より一合登りて水の入丸桶といふ所に、女の胎内の像有、是人間出生、母の胎内をしるし置所也、今以て母の乳房通る事たゆる事無、信心の者參るといへども眞の起りを知らず、只名所の拜所のといふ計也、見誤るなり、依て末世に及んで母の乳不通の時、御體よりもる所の露をいたゞかしむるに、その身通る事顯然なり、如レ此有難所能きかせ置べし、此所名紫にして女の經水のかたまる所也、丸樋といふ事、女の月留る命也、または登山駒留の鈴原より十四町上り、御室の仙元南にみかまといひなす石あり、是女の開門の質、則内に子のふくめる所のつぼあり、これ女體の御質、北表の印也、登山のもの足下にふまへ登るあり、是則御體にはらむの理あ

きらむべし、御山の中央の草木は開門を包の理、みかまといひなす事は、外眼開門と見るは眞眼なり、此事能々講じ發明してつとふべし、

同十二日

參明藤水の水上の譯、前書に記さしむ、參明藤のわけ一ち大事也、參の一字、後世生れ増の卑賤の者なり、その身へ冠烏帽子着す人間と成すべし、參に願ふべし、參の冠は夹なり、明は日月也、藤は一ち一ち竪横十十是なり、扁は月也、つくりは夫也、是三つの人也、體具足也、是に水を以て體とす、其外に祕多き事也、月日の體の總じて一人間いのる所の神佛或は釋迦彌陀大日と申せども、古よりいひ傳へたる計りにて、いま慥に目に見えし者は有まじ、神も左のごとく、仙元大菩薩の慥成事は、毎々古より今に、日出させ玉ひて晝の六時を御守り、月出させ給ひて夜六時を守らせ玉ふなり、人間拜し奉事、是慥成證據也、神佛へ御かげねことして諸願を奉レ掛より、月日晝夜目前に立せ玉ふゆへなり、月日に戸帳なしよつて、御山に戸帳なく緣起傳書もなし、御直願ならびに眞の菩薩にはなされざるやうに御食願へと申上るの理なり、是祕事なり、よく〳〵開き發明して傳ふべし、

同十三日

我年來の願望今日成就する事、汝隨身して六月十三日より今日まで給仕し勤る事、甚以てかん悦す、尤三十一日が内、晴天日々にして我願ひみつ事、喜悦の眉を開くなり、日々傳へ置所のわけはじめの一つより起る也、一つ違へば一生違ふ、後世も闇し、只明に悟し講じ聞すべし、汝眞眼外眼の明鏡を開き、眞の御敎へ一佛一體を開くべし、去る十日に差上る所の詠歌を御前へ奉レ捧所、明慮にかなひ御かん應、依て此歌三方目出度と末世までも唱ふ傳ふべき尊命あり、愚翁有難き事身に徹し、然らば末の世にうたがひなき所の御印願ひ奉りしに、此歌の三方目出度心やすし、烏帽子岩の元にて、是を傳へ、我と御書のごとし愚翁へ下しおかれ、則參明藤の御文句相勤へ御息施奉る、愚翁感涙にめいじ御廚子をしめ奉り小石を積、我が石室へ歸山す、

享保十八年丑七月十三日

愚翁と申は、富士吉田村北口御師田邊十郎右衛門、北行鏡月の事也、

右一卷、甲斐守樣御屋敷身祿術の御緣家とあり、食行寛壽といふ仁所持候所、同御屋敷内御祈禱守立て有て、其寺の禪僧智海といふ人、當丑八月廿三日に我方へ御尋、此一卷を御持參にて、不㆓寄存㆒はい讀の上、是を寫たてまつるなり、

折もあれ當年身祿樣六十一年に御當り被㆑遊候時節、おもひ不㆑寄る御一卷御入被㆑遊候事、因緣中々有難き仕合、身にてつし感淚きもにめいず、

不二行者食行錄 終

富士講唱文獨見祕書

〓

備〓大〓吵王〓體拾坊光〓心、

南無仙元大菩薩大我、

參明藤開山天備《ご》〓《くう》大〓《ぞく》吵〓日晃王王萬大我、

南無長日月光佛大我、

〓

相門苦《げつ》心金仡《でんい》開風皆生我志、

ありがたやとうとや、今日是まで御召なし下さる御恩徳、ほうじてもほうじがたし、垢離とりてあらひながせば身も清し

心も清し富士のみたらし

備〓大〓吵王〓體拾坊光心、

乍レ恐御身名をよみあげ奉、體を改ましたら正淨の信、正淨の體と御極被レ下、一筋に御助け御願田野身奉、

御廾の御上藤八庚日月仙元大菩薩様《をんみなかみよじはちりよくじつげつ》、萬法の御本地、三國一佛一體とおがみ奉、

御慈悲をもつて士農工商共に、めん〳〵に備はりたる日々の世渡家業、とゞかふりなく相つとめ、今日安のんと御助御守り被レ下御恩徳、法事ても法事がたし、つくしてもつくしがたし、

備〓天〓吵王〓體拾坊光〓《くう》心、

別而御山御開山書行藤佛〓御代々

日玥《にちがん》様　晩心《がんし》様　月〓《けがん》様

〓《せいがん》様　月行〓《そうじろくう》什〓様

御鏡元祖食行身祿〓《くう》菩薩様

一筋に御助け御願たのみたてまつる

備〓大〓吵王〓體拾坊光心

一切のがんがけ願事申事なり

南無元〓《モトノ父母》〓様　南無王様

南無仙元大菩薩様

南無長日月光佛様

御慈悲仁々々々、一切の惡性をみぢんに御たいじ、御はらゐ御めつし下されまして、惡のみちを御切あそばされ被レ下まして、惡のみちをおん引わけあそばされ被レ下まして、今生みらい此生のあらんかぎり、此世のあらん限り、天地のあらんかぎり、世々おつかうなく、一筋に萬法の衆生もろともに、親子兄弟一家畜類共に、一筋に御助け御願たの

み奉、
ありがたやとうとや、御慈悲に御傳え下され候、御
身貫の御文く、四歌の御文く御祝儀御禮差上奉、
一筋に御助御願たのみ奉、
備侞大〓吵王〓體拾坊光侞心、

御水の御文侞

月の身子しろ露のみたまる日の御てらし安全拾坊
がんぜん門萬清光明風日ふうしふうらゐ伊とく相
生日、一念生の佐し侞《く》の生一筋に御たすけ御願た
のみ奉、

體加田まり御文侞

東天笠　早知嘉田まり　人風
南天笠　身嘉田まる　火風
西天笠　相手をもとむる　惡風
北天笠　血を北ゐて歸す　黑風
地天笠　光侞心のみち成す　生風
れい萬國　鬼門國　光久丹
會所天　北州齋　侞《くうく》六天心南
三光天　地和六界天拾天八天
一ッ天　一筋に御助御願たのみ奉

御心哥御文く

拾坊《とうゆう》拾〓《しつそく》のやみにも三千町の月庭明るし、三千町
の月にも七十八天庭朧成《なをほろなり》、三代王、や見と見る事も
身《み》備侞《へうくう》一體王しらざる我故、參度身代王《みよを》明留《あかる》侞《く》見
る事も地の道王《を》行我《ゆくが》故成、天地和《は》腺《みつ》、和合南《な》さけ、
食は本《もと》、室ははかり、子寺《すじ》和《は》にほゐ、ほねは木、ま
なこはうつし、はたらきはよるひる、いきは風、一
筋に御助御願たのみ奉、

ちかみとう御文く

あさましき晝夜の界行、ざいごふをゆるさせられ
て、法家《ゑ》の儀は不ㇾ及ㇾ申、萬法の衆生、二親生佛も
ろともに、今生未來此生のあらんかぎり、天地の
あらんかぎり、世々おつかうなく、一筋に御助御
願たのみ奉、

南無仙元大菩薩樣

備侞大〓吵王〓體拾坊光侞心
有がたやとうとや、御じひに御傳え下される御
文く、御禮差上奉、御もんくの御りやくにあづか
り奉、あく事さい難病難盜なん水なん火事さい難
の御はらゐ、御めつし下されまして、身も心も正

浄心正、上々信と御極下され、諸願成就、大願成就、一筋に御願野田身奉、別て御弟子同行御直願心信のともがら、親子兄弟一家重類にいたるまで、御たづね下され、一筋に御願たのみ奉、

南無仙元大菩薩様

乍レ恐夜ぃの明星天、夜中の明星天、夜明の明星天、七星九星二十八宿、天に五十三億の星の心の光りを以て、地に五十三億の人の心、内川外がは定八方御萬力御番神天地御役人、高山たけ〴〵の神々、別而富士十萬八千佛様の御慈悲の御取次に預り奉、御恩徳法事てもほうじがたし、別而御中宮に御嶽石尊大權現、大天狗小天狗様の御恩徳ほうじてもほうじがたし、別て當所の鎮守様の御恩徳ほうじてもほうじがたし、御慈悲を以て年月日ごろ御願差上奉、過去現世より成置たるつみを御助下され、此身は御慈悲の御さたに預り奉、たゞ一筋に御助御願田野み奉、別て御開山書行《かへぎやう》藤佛様、御代代の御師匠様方の御法恩、法事てもほうじがたし、元祖食行身祿仲菩薩様には御山七分め、ゑ帽子岩に御しつらい成下され、御心な長上釋迦の割石と御極下され、萬法を御ながめ、天下泰平國土安穏五穀成就萬民豊樂御代長久今日安穏と御助御守りなし下され、御恩徳ほうじてもほうじがたし、御弟子同行御直願心信のともがら、家内の物ども一家親類にいたるまで、一筋に御助御願たのみ奉、御恩徳に御傳え下され候御十五首、御身抜の詠歌、御禮差上奉、

備仲大〓吵王〓體拾坊光仲心

三國の光のもとをたづぬれば
あさ日に夕日ふじの備樂《ごゝらく》

南無阿彌陀佛

見るにあかぬ雪うちかくるふじの山
たゞ白砂に心ふかくも

藤の山のぼるはらゐの雪こをり
千代萬代もそらに知られて

藤の山ほの〴〵とあく萬世の
みちの心もみねのいたけさ

かゑる身のしるしとばかりのこしおき
つきせぬふじのみねにことのは

あらたなる見まいをたちていにしへの

伊勢の川上見るぞうれしき
内外の八つ〳〵の水のみなかみは
つきせぬ御代の藤のみたらし
泰平の御代をうとうや身祿佾歌
五穀成就はやす御田うへ
天地和人日月清心天下泰平國土安のん、五穀成就萬民豐樂御代長久今日安のん、一筋に御助御願田野身奉、
ひろめおく書は上ねもなきとそつ
天地はあし原の四方の國まで
藤の山みねに言の葉のこしをき
ひろきすそのの末のよまでも
此中の原より四方の雲晴て
見へにけるかな山もふじのね
藤の山すそのにさても聞ゆなる
其おくひろき白絲のたき
藤の山のぼりて見れば何もなし
よきもあしきも我心なり
藤の山よきもあしきもなす事は
いくよへるとも身にぞきたりし

藤の山登りて見よやあらたなる
うへは白雪うちはけんこん
をのづからかざる心をふりすてゝ
玉の光りのふじの山本
いつまでも心やはう〳〵藤の山
たゞ一筋に玉の光りを
南無阿彌陀佛
佾備大䙣吵王僊體拾坊光佾心
乍レ恐南無䅣僊様、御恩德ほうじてもほうじがたし、南無仙元大菩薩様、御恩德ほうじてもほうじがたし、
南無長日月光佛様の御恩德ほうじてもほうじがたし、南無むろく佛生佛様の御恩德ほうじてもほうじがたし、南無腺上様の御恩德ほうじてもほうじがたし、日々おもはずしらずつかいあらす御水の御恩德、ほうじてもほうじがたし、二親の御恩德ほうじてもほうじがたし、今日たゞ今にいたるまで、御やしないにあづかり奉御恩德、ほうじてもほうじがたし、
御菩薩の御上《みなかみ》、日月仙元大菩薩様

萬法の御本地、三國一佛一體とおがみ奉、
本願成就、五首詠歌、御禮差上奉、
備侚大䅗吵王䅗體拾坊光侚心、
三國の元のこをりをとり初て
今ぞ納るふじの白たい
不二《ふたつなき》おしゑのじひは日のひかり
雲吹はろふみねの雪風　此歌を唱て吹、
三國のゑぼし岩よりわくいづみ
くめどつきせぬふじの北口
ゑぼし岩身祿のたけとあらはれて
三萬めでとう戸をさゝぬ御代
月も日も富士は一佛一體に
皆さんごくをてらす身鏡
備侚大䅗吵王䅗體拾坊光侚心
一切は人りでたすくる

日本扶桑國御祭蠶子神　眞　行

乍レ恐日本扶桑國の御まつり、天下泰平、國土安穩、
五穀成就、萬民けらく、御代長久、一切萬法の御

衆生もろ共に、木かや草木、しつかい淨佛、なべての川のおふかのうろくずにいたるまで、一筋に御助ねがい奉、別て五りん五體、御かり物の御恩德法事ても法事がたし、つくいきひくいきの御恩德法事ても法事がたし、衣るいきそくの御恩德法事ても法事がたし、絲はりとならせられ、かんきのはだ合、御ふせぎなし下さる御恩德、法事ても法事がたし、蚕子女神四首の詠歌差上奉、
口しだいしゝ竹ふなに桑くふて
にはのあがりにまゆつくるなり
藤の山三つの心を玉にして
絲引のべてこまの手綱に
此手綱こんていこまの口に付
み鏡のせてとそつ天まで
み鏡のおしゑのごとく此心
するのよまでもいのる嬉しき
備侚大䅗吵王䅗體拾光坊侚心
ありがたやとうとや、御慈悲に御傳え下される御詠歌、御禮差上奉、御詠歌の御ひかりをもつて、一切の惡のきなんを御たいじ御はらひ御めつし下さ

れまして、身も心も正淨信正、上の信と御極下しおかれ、諸願成就、大願成就、一筋にねがひ奉、別て當日宿元そく才ゑんめひ、念願成就、火事さいなんの御はらひ下され、家内はん昌とねがひ奉、

南無仙元大菩薩様

此間にて一切の御禮御願事申、御たいそく天、何辨成共となへべし、小御嶽様御のつとう申べし、

扶桑國御守護神
龜岩八大龍王
小御嶽太郎坊正眞

何國ゑも火防風雨の守護なれば
かけつけたまい今朝の口神

ふじの山みな三國をあら玉の
ひがしを出てにしのおくまで

有がたやとうとや、今日も卯の御上、こゝ東より西のおく御てらし御日行にあづかり奉、ありがたやとうとや、我本町は不レ及レ申、三千大世界島々浦浦まで御助なし下され、御恩徳法事ても法事がたし、明日も〳〵卯の御上、こゝより御きげんよく御日行あそばさせられ、御じひをもつて、萬法の御衆生もろ共、士農工商めん〳〵に備はりたる家職をとゞかふりなく仰つけられ、今日安穩と御助け御守なし下さる御恩徳、法事ても法事がたし、御開長詠歌御禮差上奉、

三國をてらさせたもう其元ね
あさ行おふていのゑうれしさ

別て御願差上奉、御弟子同ぎやう心信のともがら、親子兄弟一家親類にいたるまでも御たづね下され、一筋にねがい奉、たすからんときはとふせいにて御めつし下されまして、何とぞよるひるとなく御つかいなし下され、一筋にねがい奉、

南無仙元大菩薩様

別て御禮差上奉、南無先祖代々うゑんむゑん、ないしほうかいさんがい萬靈、先立たもう御先祖様方、御きを御そろいなし下され、子孫はん昌と御守り下され願奉、ありがたやとうとや、御恩徳に御念佛差上奉、

備俰大䋏吵王䋏體拾坊光俰心

日　我

是より先祖を拜す

すみやかに花の都を立いでて

心やすくもいそぐ人はて
父母のうき御くろうで人となり
我ふるさとをおもへおもはゞ
世の中にほかを見る目もあらばこそ
不二より出でてふじに入る身を
此文はなしぬきの文と申して何れの仕舞にも付
せうかにんに入體は心光立、萬葉を開き、天南法
使の身血、人すじに萬行仁法る、本人仁合、一筋
に御助御願たのみ奉、　南無峯御鏡
備㑹大〓吵王〓體拾坊光㑹心
此歌を唱て吹く
けさまでのつみをゆるしてあすよりも
心のかゞみ日々にとぎぬく
月も日もみな一筋に願ふなら
惡ははなれて名をてらすらん
藤の山四方の雲きり吹はれて
お雪あらたや千代や萬代
石らくをいづくとみれば我身なり
らくにぞくゐば心うれしき
おしへにも玉のひかりのふじの山
願ふ其身も光りそふらん
三國のあかりの元をたづぬれば

あさ日さす夕日かゞやく
口ふじのすそ野の西口に
南無阿彌陀佛の淨土ありぬる
參明藤開山、　三國第一佛一體、
風先保ゆるし　眞行
參第開
月行開䏘日生よみ申候
藤の山こゝをさることとをからん
願ふ心は日々のぜん定
御本願食行身祿㑹菩薩御内
眞行粫睉日我
御ゆるし　金七殿に傳置也
寛政九丁巳年八月三日奉寫レ之、
右中山金七より乞もとめて寫し置、
文政八酉年四月　源　正　盛
保高息決定
仰楙富士山腺の上、日月仙元大菩薩様と奉レ申は、萬

法の〓、本地三國一佛一體にして、世界萬法の衆生は此〓恩御慈悲に依て相助り候事を、元祖食行身祿佾に源理明覺被レ遊候て、御弟子同行へ御傳へ被二下置一候所、然るに日行青山俗名〓四郎、には生國但馬國にて、寶永三年丙戌年出生仕、享保元申年十一歳にて江戸表に罷出、享保六辛巳年十六歳にて、初て御富士山に登山仕、享保十八癸丑年迄十三年の間、食行身祿佾に隨身致、信心に願入仕候處、身祿佾には同年六月十七日を御名日と御指遊ばせられ、同十三日御山七分目烏帽子岩元に御入定被レ遊候也、日行青山は其後四年を經て元文元丙辰年初て江戸身祿同行と申を取立、元祖御慈悲御願行の御志を繼、信心相續仕候て、五輪の道を明らめ御傳への道堅相守、安永二癸巳年迄都合年數五十三年、無レ滯〓山禪定大願成就仕、猶又萬法衆生老若男女濟度の爲、高田水稻荷境内に東身祿山と申、〓富山の御うつしを建立致、天明二壬寅年行年七十七歳にて相果候まで、元祖食行身祿佾御傳へ被レ遊は、忠孝正直慈悲情堪忍不定第一に相守、面々に備たる家業大切に相勤め候事を信心の同行へ敎へ示候段、難レ有御事に奉レ存候也、我等元より一文不通無學文盲に候得共、仙元大菩薩樣の御恩御慈悲の難レ有事心根にてつし、今年迄無レ滯、朝夕不レ怠信心仕來候に、此度心付、末々我等子孫の邪氣を防がん爲に、寸志決定趣を認め置候、又此書獨見の祕書と題號致候事、日行同行森星行俗名猪兵衛、此書披見致、誠に〓前の御慈悲の有レ難事を共に感悦仕、我等自心決定にして他の披見に不レ入書なるを以て、獨見の祕書と名付られ候間、其儘卷首書記候也、我等愚なれば、右の段々一々斷書致置候者也、

中山保高自序

獨見之祕書

一此世界國土の始りは、どろの海の如くなり、然る所に北斗仙元の〓心南無元の麱傎樣、大元の金の勢、此海の底ゑ〓入被レ遊候てより、則清るものは上りて天となり、濁るものは段々とこり堅りて地となる、天地の形定り、陰陽二氣現れて國土となる、此時北斗樣〓、富士山も御出現被レ成候、然るに右陰陽元の麱傎樣の氣が、五つに御わかれ被レ成

候て、木火土金水の五輪となる、其五輪がこり堅りて人間幷に御芥の種、萬物共に御出來被レ成候也、則唯今泉水を掘て置ば、おのづから魚の涌出る如し、又冬むき寒氣甚しければ、一夜の内に水が石の如くの氷となる如し、皆氣の堅りて形をなしたるものなり、扨國土に人間萬物共に涌出候時、豧傎様、此人間を治め導引給ふ時、北斗仙元の㣲德を能く考給ひて、眞の㣲柱を御建被レ遊候なり、此御柱と奉レ申は、大元の金氣、北斗仙元の㣲心にて、極て強く丈夫にて、萬事萬端の眞木となるものなり、此御柱さへ立ば、萬法の衆生は上を敬ひ下をあわれみ、本を重んじ、君には忠義を盡し、親には孝行にし、子をば惠み愛し、家來をば育み、夫を大切にし、妻を不便がり、兄弟よく、老若親類友達迄、夫々の道を心を祿にして行ひ候を眞の大道と申て、豧傎様御立被レ遊候眞の御柱の道なり、人間上下萬民共に此御柱の道に叶ふ様、御前の御慈悲を可レ奉レ願、御豧傎様、此御柱を御立被レ遊候て、御夫婦のあいだむつまじく、夫より國土世界山川草木鳥類畜類鱗に至迄、夫々の治め方を被レ遊候也、此眞御柱を根本に立て、萬事を執行へば、をのづから道の心ねになり申候也、元祖呉々御申傳へにも、我と我名を指て身祿と云にあらず、面々皆身祿なりとおふせ置れ候也、扨又腺の㣲上、北斗仙元大菩薩と奉レ申は、一元の水氣に坐して、天地と成も陰陽と云も、人間萬物と成も、又雨ふり風吹、雪霜露とくだるも、梅櫻の花咲、五穀の實のるも、草の片葉に至迄、仙元大菩薩様の㣲恩御慈悲に依てなり出でずと云ふ事なし、元祖食行身祿㣲御仰、人間は天地同根萬物一體とおふせ置れ候也、かほど尊き五輪五體の㣲借の物をかり、南無仙元大菩薩様、我體人の體、一佛一體の身をもちて、一切の惡性に迷入候は、譬ば淸水へどろ水のさし込たる如し、人間はかの五行の氣の堅まりたるもの故、罪科有、飮もの食もの、男女の色慾、金銀財寶に付、得手勝手の慾あり、其罪惡を拂ふには則㣲前の御慈悲の力を以て拂はねば拂ゑぬなり、罪科の出所は、かの木火土金水の五行の氣の堅りて人間と生れ出づる故、惡き氣のこり堅りて出、又は氣の一方づりたる所より出るなり、心魂は天と一體なれ共、此木火土金水の五行の濁が心魂をけがすなり、譬ば主從と親子でも、道理からは忠義孝行をするはづと心得ても、面々の氣の替りから行違ひが有て、譬ば親は木の氣が多く、子は金の氣が多きと云ふやう違へば、親は物やはらかに悅びがちに木の如くなり、子は金の氣なれば物每きびしく堅し、そこで親の物やはらか成を子がとがめて、不孝の心出るなり、是が生れの氣の替りとは心得て、親をとがめず、我が金氣をしづめたるがよし、夫が直に孝行になるなり、其外水の氣の勝たる生れ付は、物每に流れ安く、火の氣勝たる生れ付は、さわがしく短氣なり、土の氣多きは、しわくして慾深し、此類色々樣々也、然れ共善人は銀の茶椀に水を入たる如し、內の水は北斗仙元の㣧心なり、其心銀に移りて曇り無く光り耀くなり、又主を殺し親を殺して、はり付にかゝる如きの惡人は、黑茶椀に水を入たる如くにて、水も共に眞黑になる也、とかく氣質變化は㣧前の御力を賴ねばならぬ事也、又南無元の穪僎樣、南無仙元大菩薩樣、南無長日聞光佛樣の御慈悲の御かげにて、人の家居も茅葺の家を立始め給ひ、又蠶の絲を取りて織て着る事を敎へ、食物も田を作り畑を作りて五穀御芥を作り出させ給ひ、萬法の衆生を㣧養ひ御助被レ下候御恩德、報じても報じがたし、盡しても盡しがたし、此㣧恩の御慈悲をわすれず、我が生れ出たる本を忘ざるが則大本なり、是を知りての上でなければ、數々の㣧傳も御山禪定のわけも、㣧中道の譯も知れぬなり、別て㣧中道の事は過ぎ不レ及なきの中道にて、今日の人々の身の上の兼合なり、至て大切成る事なり、又我が罪惡を拂はねばならぬ事は、唯今座敷にてもごみが有ては誰も不氣味なり、夫を箒ではけば則清淨なり、手にてけがしたる事有るに、手を洗へば㣧傳書も取らるゝ、洗ねばおそろしくて取られず、是皆內外清淨のしるし也、心中に邪氣が出てよからぬ事を思へば、はや目の內も顏色もものいふもわるくなるは、是內外一つもの故なり、是をば㣧前の御力の箒を賴て、拂ふより外の事はなし、南無北斗仙元の御心は目には見へ給はね共、何事も誠を以て一筋御賴申上奉れば、御感應ありて清淨の體、淸淨の心と御助被レ下候なり、心の魂は御前の御光明を受るものなれば、明けくれ身心を淸めて、かりにもけがす間敷者也、右の趣能々合點しての上にて、數々の𡚴傳書、御山禪定の譯、𡚴中道幷に𡚴八湖の譯、源理決定すべし、夫故に道筋をふみ分て如レ此述置候者也、

一此一書は𡚴傳書、御添書と混雜不レ可レ爲者也、又此書他之披見に入候書にもあらず、保高が子孫之邪氣を防がん爲に、寸志の決定を記置者也、

元祖食行身祿㑹内

日行靑山同行

享和二戌年六月十七日

中山金七郎保高識

文政八酉年四月廿四日

源正盛寫

富士講唱文獨見祕書附錄

此富士之書中山金七方よりかり請て寫也

享和二戌年十二月

川崎平右衛門御代官所

甲州都留郡上吉田村

富士山御師總代

刑部　伊豫

田邊　和泉

寺社御奉行所松平右京亮様へ御窺書之寫

享和二年戌十二月帳上書

乍レ恐以ニ書附一御窺奉ニ申上一候、

甲州都留郡上吉田村

富士山御師

總代

刑部伊豫

田邊和泉

乍レ恐以ニ書付一御窺奉ニ申上一候

川崎平右衛門御代官所甲州都留郡上吉田村富士山御師總代刑部伊豫、田邊和泉奉ニ申上一候、富士山之儀者、三國無雙之靈山、諸神仙之元境たるを以て、仙元と尊稱し候へども、隱語にして

淺間と唱へ奉ニ崇敬一候、神體木花開耶姫命は萬代無窮之神靈、長生不老之神明なるを以て、日本第一安産之大祖、五穀豐饒之守護、歷然之儀に候間、往古穀集山を改號仕、富士山と尊號、依ニ勅宣一唱へ來り候、尤日本武尊東夷御征伐之時、子の方より遙拜被レ爲レ遊候所、大塚之丘と唱へ、御舊祉有レ之、從レ夫以來三國第一山之大鳥居假に御立、且諸國一般此神之奉レ願ニ守護一安産仕候故、國郡依ニ仕來一十五歲に罷成候へば、富士行之精進仕、其所々に勸請罷在候祉中へ拜禮仕、宮廻り候古例に有レ之、其節新に用候單物之白き、是を行衣と申、六七兩月登山參詣之節用來り候、尤富士山坊中にて御影を摺、寶印仕候、是を富士山之登山淨衣と申來り候、右淨衣判料の儀は、坊中へ取納候舊例にて、其外御山役錢、不淨祓料坊錢等受納仕、御府内大小之祈檀家、諸國一統、神札之初穗物、且信仰によつて大々御神樂講、或は日掛月掛月參講等相勤、登山參詣之助成を以て御師相續仕候、誠以八月より雪降り下り、翌年五月中に漸消候、陰冷にて無毛同樣之土地に有レ之候

へば、諸國配札幷登山參詣之助成無レ之候へば、一ケ年露命も相續相成候場所には無レ之候、古來は其國御領主樣方より配札御免被ニ仰付一、或は參詣等祈檀家へ申觸候樣御書下し等被ニ成下一、勿論三國第一之御山にて晴嵐不定に候間、麓役所に於て人數巨細相改、坊中へ相附、先立强力等差添、猶亦於ニ中宮と申所に一一人別に相改候而能く指南仕、大切に登山之人數紛無レ之樣致來り候、當山御緣年に相當り候節に、御緣年之度々諸國參詣之建札、御府内辻々其外所々御免被ニ成下一、無ニ此上一重々難レ有仕合に奉レ存候、然る所寬政七卯年御府内におゐて心得違之者有レ之、富士講と唱へ、俗にて平日行衣を着し、大道を步行勸化仕候者御座候由にて、右御停止被ニ仰出一候に付、富士山法令猥に不ニ相成一、御師職業全相立、難レ有仕合に奉レ存罷在候處、又候巳十一月中町御觸有レ之候に付、俗人は當惑仕候哉にて配札等及レ斷候者儘御座候に付、乍レ恐午三月中寺社御奉行所土井大炊頭樣へ、山例仕來りは不レ及レ申、其外祈檀家斷におよび候始末、如何可レ仕哉之旨御

願申上候處、御慈悲之御利解被ニ仰聞一候は、其方共往古より富士山之山例仕來之儀は不レ及レ申、檀家之者及レ斷、配札等延引致し候共、去る卯年御觸之御趣意は、不埒之所業差押候迄に候間、其方共右の段祈檀家へ申聞致ニ示談一是迄仕來り候通り可レ致段被ニ仰聞一難レ有仕合に奉レ存候、則御請印形奉ニ差上一、無ニ事故一是迄相續仕候、然處又候當九月中御觸之御趣意に相背候者有レ之由にて、御府内一統之御觸有レ之候儀は、誠以富士山法令猥に不ニ相成一、私共職業全相立、重々難レ有仕合奉レ存候、乍レ併大切之御時節柄と奉レ存一候に付、山内之舊例乍レ恐左に奉ニ申上一候、

一富士登山之節、山例によつて淨衣等、右冥加料致ニ受納一差出し來候、

一當山信仰によつて八葉御直會御供并太々御神樂、日掛月掛月參等の儀は寄限によつて執行仕、右御祓守等差出し來候、

一諸國配札之節、臨時願によつて安產御守は不レ及レ申、其外山例之御富世喜差出し來候、
是は外社にて用ひ候御符之儀御座候、

一信心によつて登山願候者へ當山之文傳來候、

一檀家ゟ御札守差出し來候、

前文申上候通、當山舊例之仕來相守、私共相續仕候、然處當御觸御座候に付、猶又右之段乍レ恐御窺奉ニ申上一候、以上、

甲州都留郡上吉田村
富士山御師
總代　刑部　伊豫
田邊　和泉

享和二年戌十二月
寺社御奉行所樣

右は御代官川崎平右衞門樣御役所より、御勘定所松平兵庫頭樣へ御窺の上、御下知有レ之、則十二月朔日寺社御奉行所松平右京亮樣へ御差出しに罷成候、

享和二戌年十二月
乍レ恐以ニ書附一奉ニ申上一候、
刑部　伊豫
田邊　和泉

乍レ恐以ニ書附一奉ニ申上一候

一甲州都留郡上吉田村富士山御師總代刑部伊豫、田邊和泉奉ニ申上一候、私共儀前々より御府内夫々に檀家有レ之、年々配札幷山例之守等差出し來候處、寛政七卯年御府内に於て心得違の者有レ之、俗にて行衣を着し、大道歩行勸化等致候者有レ之由にて御停止被ニ仰出一、當山法例猥に不ニ相成一、難レ有奉レ存候處、同巳年中富士講と號し候者有レ之由にて、猶又御觸有レ之、町方檀家之者恐怖仕、御祈禱守札等受候得者御咎にても請候樣心得違仕、及レ斷候者間々有レ之、檀家に相離れ候姿に罷成、自然と參詣等も減少致し難儀至極仕候に付、右之趣以ニ書附一、實意信心一通之者へ當山印鑑差出し置、猥成儀無レ之樣示談仕、前々之通配札無ニ差支一、信仰之心次第に爲レ仕度段、午年三月中土井大炊頭樣へ御願申上候處、段段御糺之上、印鑑之儀は是迄差出候儀無レ之上は難ニ申附一、是迄之御觸之御趣意に不埒之所業差押へ候迄に候間、右之趣檀家へ申聞示談致、往古より山例仕來之儀は先前の通可レ致、尤檀家之者心得違を以格別及レ斷候はゞ、其所之家主へ預置候歟、又は當人より斷書取、其段可ニ申出一、いづれ示談可レ致旨被ニ仰聞一、難レ有奉レ存候、則御請印形奉ニ差上一候、且亦其節當山御緣年所々建札之儀、一同奉ニ願上一候處、期月以前に罷出可ニ相願一旨被ニ仰渡一、是又御受印形奉ニ差上一候、且此度又々御嚴重之御觸有レ之に付、別而町方檀家の者共恐怖仕、心得違にて配札等見合に可レ仕段可レ及レ斷哉に奉レ存候、左樣の者有レ之候節、全心得違とは存候得共、御觸の御趣意は左樣の筋には無レ之段、檀家心得違之銘々へ私共の愚意を以申聞候儀、何共奉ニ恐入一儀、依ては別紙に奉ニ申上一候通り示談に相成、私共相續仕度、今般乍レ恐御尊意御窺奉ニ申上一候、以上、

川崎平右衞門御代官所
甲州都留郡上吉田村
富士山御師總代
刑部　伊豫
田邊　和泉

享和二戌年十二月

寺社御奉行所樣

享和二戌年十二月十九日

乍レ恐以二書付一奉二願上一候、

刑部　伊豫
田邊　和泉

乍レ恐以二書付一奉二願上一候

一甲州都留郡上吉田村富士山御師總代刑部伊豫、田邊和泉奉二願上一候、寛政七卯年中、御府内に於て心得違之者有レ之由にて御停止被二仰出一、其後同巳年中富士講と號し候者有レ之由にて、猶又御觸有レ之候處、御當地檀家之者心得違仕、配札等及レ斷候間、其段同午年三月中土井大炊頭樣へ御願申上候處、御役人中樣御理解被二仰聞一候は、御觸之御趣意は、俗にて行衣を着し、家々之門に立祭文を唱へ、御府内守を出し、不埒之所業等有レ之に付、御觸御座候事に候、私共祈檀家古來より仕來りの通、配札等及二示談一差遣し候ても不レ苦候間、是迄之通示談可レ致旨、御役人中樣御理解被二仰聞一、難レ有相守罷在候、然る處當九月中又々御嚴重之御觸御座候に付、檀家猶又配札等可レ及レ斷哉に奉レ存候間、是迄之通祈檀家、古來之通配札等示談之上差遣し候ても不レ苦哉之旨、御窺申上候處、寛政十午年三月中土井大炊頭樣御役人中樣御利解被二仰聞一候通相心得、山例其外古來仕來の分、祈檀家へ示談之上配札等差出し候ても不レ苦旨、御役人中樣御理解被二仰聞一、承知奉レ畏候、左候得者、外に相窺候儀も無レ之候間、差上置候御窺書御下げ被二成下置一候樣奉二願上一候、右願之通御聞濟被二下置一候はゞ、難レ有仕合に奉レ存候、以上、

川崎平右衛門御代官所
甲州都留郡上吉田村
富士山御師總代
刑部　伊豫
田邊　和泉

享和二戌年十二月十九日

寺社御奉行所樣

差上申一札之事

武州上藤井村新兵衞外一人、富士淺間講相催候趣入二御聽一、引合のもの共被二召出一、再應御吟味の上、左之通り被二仰渡一候、

一新兵衞文七儀、富士淺間講信仰致し、病氣平癒の後、日々水備へ線香燒、其身限信心致候儀は格別、

寄合等は致間敷處、四ヶ日と號、毎月四ど宛互寄合、富士淺間之畫像を飾、和歌唱候故、參り合候もの共も倶に祈念いたし、多人數寄合候樣相成、殊に村内幷隣村のもの共任レ望、備候水を遣し、本復之節は線香貰候段、俗之身分にて加持祈禱に紛敷致方、新兵衞は村役も乍ニ相勤一別而心得違之至、兩人共手鎖被ニ仰付一候、

一源長寺元貞儀、同村新兵衞外一人、富士淺間信仰致し候儀に付、無念之筋は無レ之候得共、寺領之御朱印入置候箱に葵御紋在之候はゞ、右由來篤と相糺し、不分明成儀候はゞ其筋へ申立、猥に無レ之樣可ニ取計一處、其心附無レ之、等閑に致候段不埒に付、逼塞被ニ仰付一候、

一源長寺在之候寺領御朱印入置候葵御紋附之箱幷本堂之内葵御紋附候欄間は、御取上被レ遊候旨被ニ仰渡一候、右被ニ仰渡一候之趣、一同承知奉レ畏候、若相背候はゞ重科可レ被ニ仰付一候、依御請證文差上申處如レ件、

堀田相模守領分
武州埼玉郡上藤井村

文化四夘年九月三日

組頭　新兵衞
百姓與兵衞悴　文七
同人領分
御朱印地同村
曹洞宗
源長寺　元貞

寺社御奉行所

前書被ニ仰渡一之趣、拙僧も罷出奉ニ承知一候、依レ之奥印形差上申候、以上、

觸頭　總寧寺

御奉行脇坂淡路守樣也

御觸書之寫

一富士講と號し、講中仲間取立、俗之身にて行衣を着し、鈴珠數等を持、家々門々に立祭文を唱へ、又は病人之加持祈禱致、護符等を出し、其外不埒之所業を致候者有レ之由相聞候に付、以來右體之儀堅

致間敷、於二相背一者急度可二申附一旨、去夘年相觸置候所、近頃又候講仲間取立、俗之身分にて行衣を着し、病人等之加持祈禱致、或は護符等を出候者有レ之由に付、此度右之者共召捕吟味之上、夫々御仕置被二仰付一候、以來觸置候趣忘却不レ致、急度可二相守一、若背、右體之者於レ有レ之は嚴科可二申付一候、此旨町中相觸べく者也、

戌九月

右之通從二町御奉行所一被二仰渡一候間、家持は不レ及レ申、借家店借裏々迄不レ洩入念申聞、急度相守可レ申候、此旨町中不レ殘可二相觸一候、

町年寄役所

戌九月四日

別紙之通、此度御觸有レ之候間、町々家持は不レ及レ申、地借店借裏々迄、一軒別に入念爲二申聞一、以來急度爲二相守一可レ申候、尤承知旨銘々受印取、右之帳合に店連判相認、來る八日迄に無二間違一可二差出一候、

但し御觸書、町々自身番屋へ張出し可レ申候、

差上申一札之事

富士講中と號し、右之通御觸書不レ殘相認、前書御觸之趣、私共銘々巨細に被二仰聞一、一同承知奉レ畏候、以來急度相守可レ申候、少も忘却仕間敷候、若相背候はゞ何樣にも可レ被二仰附一候、爲二後日一連判證文差上申候、仍而如レ件、

享和二戌年九月

申渡

一近來富士參詣に罷越候者、多人數申合、甲州道中筋旅行、東叡山御用抔と申紛、宿人馬御定賃錢にて爲二差出一、がさつなる儀も有レ之候由相聞候間、右體之儀有レ之候はゞ、其所に差留置可二訴出一旨、道中奉行にて宿役人共へ申渡有レ之候間、町人共右之趣相心得罷在、心得違無レ之樣可レ致候、

右之通從二町御奉行所一被二仰渡一候間、組合不レ洩樣申通、月行事持場所は、最寄年番名主方より可二申繼一候、

未五月五日

右者森村彦右衞門殿にて被二申渡一候間、此段御達申候、以上、

未五月五日

神田年番名主

文政六年未五月五日出、榊原主計頭様、筒井加賀守様御勤役中、
富士講と號し、講仲間を立、俗之身分にて行衣を着し、鈴珠數等を持、家々之門に立祭文を唱へ、又は病人之加持祈禱を致、護符等を出し、其外不埒之所業致し候者有ㇾ之由相聞候に付、以來右體の儀堅致間敷、若於ㇾ相背ㇾ者急度可ㇾ申付ㇾ旨、去卯年觸置候處、近頃又候講仲間を立、俗之身分にて行衣を着し、病人等之加持祈禱致、或護符を出し候者有ㇾ之由に付、此度右之者召捕吟味之上、夫々仕置被ㇾ仰附ㇾ候、以來觸置候趣忘却不ㇾ致可ㇾ相守ㇾ、若此上相背、右體之者於ㇾ有ㇾ之者、嚴科可ㇾ申付ㇾ候、此旨町中可ㇾ觸知ㇾ者也、
右之通追々觸置處、猶又内々にて富士信仰之先達と唱へ、不取締之儀を講釋抔致し、俗之身分にて行衣を着し、望候へば護符等出し、或は加持祈禱致し、人集等致候始末、愚昧よりの事には候得共、右之内には、身分を不ㇾ厭其席へ立交候族も有ㇾ之候由、風俗共不ㇾ宜、第一は御觸を不ㇾ用不屆に付、急度答を申付候條、此以來右體儀不ㇾ致、及ㇾ見聞ㇾ候はゞ差押へ、早々可ㇾ申出ㇾ者也、
右之通從ㇾ町御奉行所ㇾ被ㇾ仰渡ㇾ候間、町中家持借家店借り裏々迄、召使等迄入念申聞、急度爲ㇾ相守ㇾ可ㇾ申候、此旨不ㇾ洩、早々可ㇾ相觸ㇾ候、

四月七日　町年寄　役　所

文化十一甲戌年四月七日、根岸肥前守様、永田備中守様御勤役中、

富士講唱文獨見祕書終

鈴懸衣續篇目錄

鈴懸衣續篇

○霞場之事

一本山方と當山とは其位階の次第唱へもかはり、作法宗儀もおの〳〵異なり、本山は年行事と唱ふるもの、大日本國中に二十八人ありとなん、各許狀をうけて霞場を進退するなり、霞といへるは、前書にいふ如く堀河院寛治四年法皇熊野御幸の時、聖護院宮御先達ありしより、霞幷祈願の統領に補せられ、勅許ありしより始まれりとぞ、霞は一國何郡或は何鄕何村など、聖護院よりの許狀によりて進退する事にて、其院跡によりて次第多寡あることなり、又國々その所の霞に洩れたる山伏もありて、夫は京都の直支配を受るとぞ、

一霞と唱へ來れるは、おのれ〳〵のあづかる支配場の事にて、役小角初めて吉野葛城熊野までの嶮路を踏分け、雲に臥し巖に枕して難行苦身し給ひしは、或仙家に等しきによりて霞をもて稱となし、一望の連山月に遮る所、霞のかゝる所はみなをのが

住領せる所とて、霞とは唱へ來れるよし、往古は都て霞と唱へ來りしに、貞享年中本山と羽黒派と爭論起り、公事裁許ありし時より、この方本山は霞場と唱へ、羽黒派は檀那場と唱ふる事とはなりぬ、往古なべて霞ととなへし事は、後に出せる許狀をもて考へ知るべきなり、

一霞場引導は七社參詣とて、

　伊勢　熊野　富士　白山　愛宕
　三島　日光

是を七社といふ、參詣道者七五三卸し、すべて本山方職務なり、其餘の社參佛詣は、皆檀家の歸依次第なりと云々、

一每歲六月七日役行者忌辰とて、仙臺良覺院にて法會修行ありとぞ、聖護院の宮はいふに及ばず、諸先達等も皆しかるべし、

　○本山方段階之事

一大先達　正年行事　准年行事
　永小先　一代小先　小先格
　頭巾頭　直院　直院格
　並院

　同官位之事

一權大僧都法印　一權少僧都法眼
一權律師法橋
　右三官は大先達、正年行事、准年行事に限るなり、
一大僧正　一僧正　一權僧正　一院家
一勅官大僧都
　右五官は大先達に限るなり、
一金襴地結袈裟　一法印　一三僧祇
一二僧祇　一一僧祇　一權大僧都
一桃地　一院號
　右八官は小先格より並院迄なり、

一並院の修驗免狀を請るものは直院格となる、直院格は則直院の扱なり、直院格の者は小先格の扱に成、准小先、一代小先は院跡代々祖父の格式家柄によるなり、によるなり、大先達は江戸にては氷川大乘院ばかりなり、御府内本山の修驗は都て大乘院の進退する所なり、

　衣服之事

一鈴掛之事前篇に見へたり、古代の僧服にして、色は白無地、無文は上位の者着レ之、文繁きは下位の者の服なり、文疎なるは中位の者着レ之となり、

一紫衣は權僧正以上着レ之、色衣は僧都着レ之、
一結袈裟金襴地、免許によりて着レ之、但毛蔓は色によりて次第あり、下位は白を用ゆ、日光御門主は緋の毛蔓を用ひある由なり
一輪袈裟は金襴地、並院にても苦しからずとなり、
但仙臺領羽黑山伏は輪げさにても金襴地不レ着也、

謝禮物の次第

一入院の節小先達は大先達へ金二分と銀五匁、
同直院は金一分二朱、
同並院は銀十三匁、
一諸吉凶之節、小先達直院並院格は二百文、
同並院は百文、
一年頭扇子代、小先達は百文、役僧へ六十七文、
同直院格並院は六十七文、役僧へ三十三文、
同並院は三十三文、役僧へ十七文、

○本山聖護院宮御法系

神變大菩薩役小角、　義學尊師　義玄尊師
義眞尊師　壽元尊師　芳元尊師
助音尊師　黑珍尊師　日代尊師
日圓尊師　長圓尊師　智證大師
增命權僧正　勢祐權律師　智靜大僧正
靜圓權律師　勢覺法師　增譽大僧正
增智權僧正　覺忠大僧正　靜惠法親王
圓忠大僧正　靜忠大僧正　尊圓法親王
覺惠法親王　覺助法親王　忠助法親王
順助法親王　惠助法親王　尊珍法親王
覺譽法親王　仁譽法親王　深忠權僧正
良瑜准三宮　惠尊法親王　聖尊法親王
覺增法親王　道意准三宮　滿意准三宮
道興准三宮　道應法親王　道增准三宮
道澄大僧正　興意法親王　道晃法親王
入道道寛親王　入道道祐親王　入道道尊親王
入道道承親王　入道忠譽親王　入道增賞親王
入道忠譽親王　入道盈仁親王　入道雄仁親王

○諸免許狀之事

門竹　立門　七五三引
御祓立
神前備二魚類一事
伊勢　熊野　社參佛詣

令ニ道者引導一は修驗中
作法也、
慶長十四年五月
聖護院殿

右東照宮御定制御朱印、

伊勢　熊野　富士　白山　愛宕
三島　日光參詣道者しめおろし
之事、聖護院護門跡樣御內若王
子殿御墨付之通、山伏可レ令ニ執
行一者也、
寬永十六年三月八日
安藤右京進 在判
松平出雲守 在判
山伏中

陸奥國十二郡
年行司職之事被ニ免許一畢、
彌入峰修行無ニ怠慢一可レ抽ニ

國家安全之懇祈ニ旨、依ニ三
山檢校宮嚴命一執達如レ件、
文化三年十月十日
法印譽長 故障ニ付不レ能ニ加判一
法印譽龍 故障ニ付不レ能ニ加判一
法橋源寧 書判
仙臺
良覺院性眞

折紙

陸奥國內
牡鹿郡　志田郡　玉造郡　遠田郡
登米郡　桃生郡　栗原郡　磐井郡
本吉郡　氣仙郡　江刺郡　膽澤郡
右十二郡霞支配被仰出者也
文化十三年十月十日
岩坊 故障有之不レ能ニ加判一
宮內卿 故障ニ付不レ能ニ加判一

雜務 書判

仙臺
良覺院性眞

從二領主一書付

國分中之かすみ被二下置一候者也、依
如レ件、
元和三年五月十四日
山岡志摩守 書判
鈴木和泉守 書判
大條薩摩守 書判
良覺院

裏に割印有レ之

權大僧都御免之事
被二聞召一訖、不レ可レ有二仔細一旨
檢校宮依二御氣色一、
三山奉行若王子御房
被二仰出一也、仍執達如レ件、
年號〇月日 御朱印

法橋秀孝 書判
法橋秀賀 書判
奥州仙臺何郡何村
何院實名

裏に割印有レ之

法印御免之事
被二聞召一訖、不レ可レ有二仔細一旨
檢校宮依二御氣色一、
三山奉行若王子御房所
被二仰出一也、仍執達如レ件、
年號〇月日 御朱印
法橋秀孝 書判
法橋秀賀 書判
奥州仙臺何郡何村
何院實名

修驗中年行事職之事

右任下聖護院門跡被ニ定置一
先例上、領掌不レ可レ有ニ相違一
者也、仍如レ件、
天正廿年正月二十三日
東照宮様
御朱印
不動院

上總國年行事職之事
右任下聖護院門跡被ニ定置一
先例上、領掌不レ可レ有ニ相違一
者也、仍如レ件
天正廿年壬辰正月廿三日
東照宮様
御朱印
極樂院

御朱印
金襴地結袈裟之事

被ニ免許一之旨、依ニ聖護院
宮御氣色一、執達如レ件、
年號月日
法印祐文書判
法印源乙書判
法橋源良書判
奥州仙臺何郡何村
何院實名

裏に割印有レ之

一僧祇御免之事
被ニ聞召一訖、不レ可レ有ニ仔細一旨
検校宮依ニ御氣色一、三山
奉行若王子御房所レ被ニ仰
出一也、仍執達如レ件、
年號〇月日
御朱印
法眼秀孝書判
法橋秀賀書判
奥州仙臺何郡何村
何院實名

但二僧祇三僧祇御免、都而右に同じ、故に略レ之、

裏に割印有ㇾ之

桃地結袈裟御免之事
被ㇾ聞召ㇾ訖、不ㇾ可ㇾ有ㇾ仔細ㇾ旨
檢校宮依ㇾ御氣色ㇾ、三山
奉行若王子御房所ㇾ被ㇾ仰
出ㇾ也、仍執達如ㇾ件、
年號〇月日　御朱印
法橋秀孝書判
法橋秀賀書判
奥州仙臺何郡何村
何院實名

院號御免之事
被ㇾ聞召ㇾ訖、不ㇾ可ㇾ有ㇾ仔細ㇾ旨
檢校宮依ㇾ御氣色ㇾ、三山
奉行若王子御房所ㇾ被ㇾ仰
出ㇾ也、仍執達如ㇾ件、
年號〇月日　御朱印
法橋秀孝書判
法橋秀賀書判

一寛文十一年、奥州南部領本山方の山伏大徳院、安樂院、一明院三人のもの申は、本山方には諸國の山伏、霞の證文これあれば、羽黒山伏も進退いたすべきなど申掛、羽黒派と爭論に成、公裁うけ候節、御裁許狀に本山方は霞と唱へ、羽黒派は自今以後霞と唱へず、檀那場と唱へ候事にはなりぬ、其御文面左にいだす、

奥州仙臺何郡何村
何院實名

定

一羽黒山伏於ㇾ住居本山霞場者ㇾ可ㇾ受ㇾ本山年行司之支配ㇾ事
附、羽黒山伏自今以後檀那場不ㇾ可ㇾ稱ㇾ霞事
一羽黒山伏大峯客峰之時、從ㇾ本山方ㇾ不ㇾ可ㇾ受ㇾ補任狀ㇾ、又本山之山伏羽黒山容峰之節、從ㇾ羽黒方ㇾ不ㇾ可ㇾ出ㇾ免許狀ㇾ事、
一羽黒山伏羽黒山入峰之事可ㇾ爲ㇾ如ㇾ前、從ㇾ本山方ㇾ不ㇾ可ㇾ妨之事

右條々可レ相ニ守此旨一、仍爲レ後證書記レ之、雙方へ出置者也

貞享元子年七月四日

名書略レ之

公儀五ヶ條之事

定

一先年相定神社祭禮如ニ毎度之相勤一代院異亂申間鋪事

附、此外一切檀方者可レ爲ニ歸依一、雙方混亂不レ申、法用可レ勤之事

一代々院家相續可レ申儀、毎度心得之旨、雖レ然彌去退不レ申樣持領可レ申事

附、御朱印地者勿論先達家其外諸院其國之主人檀中非義にして押而滅亡申間鋪事

一御門跡免御許無レ之繪用レ之、袈裟衣不レ可レ着事

附、自宗に相定外は裝着申間敷事

一御霞之事、於ニ本山一可レ爲ニ支配一事

附、羽黑派本山之支配可レ請レ之、本山之霞へ祭異亂申間鋪事

一宗旨之作法守、天下安全之祈禱解怠有レ之間鋪事

附、法行事、祖師本寺之古風にまかせ可レ相ニ勤之一事

右條々、以來此旨急度相守、混亂無レ之樣可レ被ニ申渡一旨、依仰如レ件、

貞享三年五月日　奉行

聖護院御門跡

院家衆中

前書之通、此度於ニ江戸御評定所一被ニ仰渡一候間、此旨相守、尤諸同行不レ及ニ異議一事に候、

貞享三年六月

勝山院權僧正
伽邪院大僧正
花臺院大僧正
積善院大僧正
若王寺大僧正

日本國中
大先達中

○羽黒派之事

一羽黒派の曩祖は本山當山よりもいと古く、人皇三十四代推古天皇の御宇、能除聖者と云し人始て此山を開きて、謚號照見大菩薩の法流なりと云々、又天台宗となりしこともいと久しく、既に後に出せる應安の五重塔本尊建立の記にも、天台沙門觀學院とあるを以て知るべきなり、羽黒山別當往古は寶前院と號せしが、不正の行ひありて從ニ衆徒ニ及ニ訴訟ニ公裁をうけ、寶前院天宥および留守居大乘坊兩人遠島に相成、院跡斷絶に及びぬ、其後は東叡山執當にて兼帶せしとなり、寛永年中より輪王寺宮御門派とはなれる由、當時の別當左に出す、

出羽國椨引郡羽黒山別當天台沙門　光明院

羽黒山修驗往古より妻帶、衆徒三十六ヶ院あり、しかるに藥師院といへるは、俗稱を尾上典膳と呼び、俗體にて重役を司るよし、一山の賦税出入造營修理など、都て典膳の進退する所と云々、

○檀那場之事

一出羽國　陸奥國　越後國　信濃國　佐渡國

此五ヶ國は羽黒派檀那場にて一派の修驗、古來より地祭屋神供四節の守、仁王經湯殿の火注連これを司る、作法の由は寛文六年の裁許面に見えたり、

一羽黒山伏大峰に入るを客峰と云、羽黒山に入るを入峰と云、本山當山は大峰に入るを入峰と云、羽黒山に入るを客峰と云なり、

羽黒山御兼帶
東叡山　輪王寺宮
東叡山衆徒
觸頭　泉龍院

羽黒派修驗御府内住居のものは、都て泉龍院の指揮する所なり、

一羽州村山郡に六先達ありて、其外一郷に先達一人づつありて、十二先達ありて、都合十八先達ありて國々の山伏を進退する由は、元祿度羽州米澤城下當山修驗大善院と羽黒派六先達來甚坊爭論裁許面に見えたり、

○位階之事

一大先達法印　先達　法眼　法橋　觸頭
並院

官職之事

一大僧都　　權大僧都　　少僧都　　權少僧都
律師　　權律師　　三僧祇　　二僧祇
一僧祇　　御師在廳役　　御師役　　院號

一紫紋白結袈裟、是本山之金襴着用に准用レ之、

一本山方羽黑派ともに頭襟頭と唱へ、先達の下を支配する職あり、其後いと紛敷聞ゆるとて、本山は頭巾頭と唱へ、羽黑派は觸頭と呼ぶことにはなりぬ、されど大觸頭と云ふにはあらず、

一羽黑別當寶前院と湯殿山眞言宗本道寺大日寺注連寺大日坊湯殿山法流之事、異論訴訟之節、眞言四ヶ寺より、羽黑山は古來眞言宗に候處、寶前院法を背き我威に任せ、一山ともに改宗いたさせ、近來天台宗となれるよしを訴へけるに、其節羽黑山の宗門舊例御尋ありて、東叡山より宗門之古證文御尋ありけるに、一山難儀におよびけるが、五重塔本尊御腹籠りに天台の證文手向これあるよし、大林房なるもの靈夢を蒙り、衆徒へ其沙汰有ければ、衆徒役人立會之上、彼本尊の像を開き見れば、前々學頭尊像眞筆の一卷あり、其初めにかくこそ書しるしけれ、

應安五年正月十一日　天台沙門觀學院口像あり
大日本國出羽國羽黑山五重塔本尊建立檀主
天津兒屋根命二十一世孫大織冠十二代之廟裔太政大臣藤原道長末流前駿河守藤原朝臣氏家

とぞありける、次に諸經書寫の卷物なり、この一卷たゞちに飛脚を以て江戸へ登せければ、出入落着して、湯殿山の衆徒越度になりて天台宗に極まり、其卷ものは元の如く本尊の御腹に納めけるとなん、

○免許狀之事

霞之事

奥州大崎之内
一松山二十四鄉
一萩大松澤二十四鄉
一深谷三佛頂二十四鄉
右三ヶ所無ニ殘所一御師在廳、
同葛西之内
一東山三十三鄉

同南部之内
一稗貫三十三郷
右二ヶ所、無㆓殘所㆒御師計任㆓先條㆒者也、仍如㆑件、
羽黑山別當寶善院
寛永十五戊寅林鍾吉日　法印宥譽判
花藏院へ

通氣按ずるに、此許狀は貞享以前なる故に、羽黑派にても霞と唱へ來れるなり、貞享以後之許狀は檀那場とあり、これ貞享度南部領裁許以後、本山は霞と唱へ、羽黑派は檀那場と唱へる事になれる證據なり、本來は霞と檀那場とは一體異名にして他の義にはあらざるなり、又貞享度裁許狀に、羽黑山伏本山之霞場に住居せしむる者は、本山年行司の支配可㆑請事とあるをもて、右支配の請方、其節の羽黑山別當は東叡山執當圓覺院公雄兼帶の砌にて、奉行所へ窺けるに、公私御觸而已、支配請候よふにとぞ被㆓仰渡㆒けるとなり、是は羽黑山衆徒智憲院の申せし事をこゝに擧候、

陸奥國亙理三十三郷　柴田三十三郷
苅田二十三郷
出羽國長井内屋代十七郷　北條三十三郷
者寶德坊職爲㆓檀那場㆒、寛永十五年六月別當天宥證文被㆑出㆑之、寶德坊無住之刻、寛文七年三月十八日屋代北條兩庄屋、吉祥院迄二代令㆑支㆓配之㆒畢、守㆓此旨㆒亙理苅田柴田三郡者、寶德　院進退不㆑可㆑有㆓異議㆒、屋代十七郷、北條三十三郷者、任㆓後判㆒吉祥院彌可㆑爲㆓支配㆒、今度明細懸㆓吟味㆒之上爲㆓後證㆒雙方へ出㆑之者也、仍執達如㆑件、
執判別當公雄代和光院
永祿二年六月二十九日　照　寂判
寶德院へ

檀那場之事
奥州之内江刺郡三十三郷大崎上玉造十一郡　西岩井郡二十四郷

御師在廳役
同州　氣仙郡幷氣世沼二十四郷、栗原郡三廻二十四郷、此内土郷引殘、
御師役
南部和賀郡三十三郷
右任ニ寛永十五年先判之旨ヽ文化十三子年八月免許狀差出之處、文政二卯年就レ令ニ燒亡一改宛行之處、永不レ可レ有ニ相違一之狀、仍如レ件、
文政二卯年七月十五日　大僧都覺諄判
正穩院へ

○當山方之事

一當山起源は前篇に委し、聖寶尊師、謚號理源大師の法流にして、三寶院の宮御門派なり、先年宮の御願によつて當山派勤學修行のためとて、江戸青山において學館を建てられ、鳳容寺と號す、是則尊師の寛平昌泰の頃、吉野鳥栖山鳳閣寺において峰受灌頂の儀始て行はれし所にして、其寺號を移して鳳閣寺とは呼ぶなるべし、

○醍醐三寶院宮御法脈

聖寶尊師　勝覺權僧正村上帝第四世堀川左大臣源俊房公息男也、
定海大僧正　元海大僧都　實運權少僧都
勝賢權僧正　實繼大僧都　成賓權僧正
道教大僧都　良海權少僧都　聖海法親王
勝尊權僧正　憲源權僧都　定濟大僧正
定勝權大僧都　道性權僧正　賢聖大僧正
聖雲法親王　定任權僧正　賢助大僧正
聖尊法親王　聖尋僧正　賢俊大僧正
光濟大僧正　聖珍法親王　光助權僧正
滿濟准三宮　義賢准三宮　政深權僧正
義覺權僧正　政紹權僧正　持嚴大僧正
義堯大僧正　義演准三宮　覺定大僧正
高賢大僧正　房演大僧正　實演權僧正
良演法印　當時三寶院御門跡准三宮高演

○位階之事

一大越家　法印　權大僧都
阿闍梨　權少僧都　三僧祇
二僧祇　一僧祇　權律師
錦地　院號　坊號

但大先達出世と號す、
右次第に着座、同官之者は官途之遲速、同年之位階は入峰之度數、同等之者は交衆之年﨟、交衆同等之者は世壽之數、同年之者は其院之世代起立之新古を以て定む、且末修行之者は交衆之遲速を以定む、
右の官、大峰幷醍醐御殿において免許之事、但寺格有レ之、御門主御氣色に依て官位相疊御許容の儀も有レ之よし、
一桃地結袈裟
坊號之者着用、白絲房六つ貼レ之、輪寶貼に候も用レ之、宗門交衆之儀二十歳未滿之者弟子に相成、得度授戒之儀は眞言宗同樣にて、五戒或は十戒を受、剃髮いたし坊號を名乘る、大峰山入峰修行之度數を以て弟子に官位昇進の事、

同淸僧　華藏院

寶藏院

眞言修驗　竹内坊

一正月元日本堂禮拜其外諸佛忌法會の節は、悉竹内坊導師相勤、衆徒の上に相立、三ヶ院其外の衆徒不レ殘隨伴せるよしなり、恆例は左にあらず、﨟の高下に隨ひ、三ヶ院上に立、其次に竹内坊列し、其外の衆徒隨て序列すと云々、
又此末派も散在せるありて、入峰は決て他山へ不レ登、慈恩寺一山の内にて入峰修行る、法義法眼官位等も又當山かぎり授與なせるとぞ、

○三派修驗幷與ニ神職等一爭論公事裁許之事

一慶長十九年、本山方山伏頭奥州相馬の上之坊といへる者、羽黑山山伏頭日光院へ申掛けるは、此度諸國の山伏、霞共に聖護院御門跡御支配之御朱印有レ之上は、上之坊へ可レ致ニ出仕一旨申レ之、其折節東照神宮下總國小金へ御鷹狩に被レ爲レ成ける砌、日光院御直に目安奉ニ捧上一御訴訟申上けるに、古來より本山羽黑別山にて非義の申掛け不屆に被ニ思召一るゝとて、上之坊牢舍被ニ仰付一、七ヶ年牢中にありて相果けるとなり、
一承應二年江都中にこれある羽黑山伏共を本山方支配いたすべきよしを、寺社奉行所へ訴出けるに、其

節羽黑山伏共召出され、數度對決におよび、先規之通本山羽黑格別に被二仰付一、自今已後羽黑山伏一切本山へ入峰いたさず、本山山伏も羽黑へ入峰不レ致、互に混亂いたすまじきよし被二仰渡一、其砌羽黑山伏玉寳院といへるもの、初て羽黑山にて入峰修行いたすとなり、然るに其頃與樂寺夜討之御穿鑿の時分、羽黑方伊勢方の帳面に付候儀越度に相成、江戸追放被二仰付一もの、子供同行共、峰次第に可レ致被二仰付一、大嶺に初入峰の者は大嶺に被二仰付一、羽黑へ初入峰の者は羽黑へ被二仰付一けるに、金剛院といふもの羽黑山伏にて出世いたし、其後大嶺の出世いたし裝束いたす、宗儀混亂の山伏故、越度に相成、禪門に被二仰付一、其弟子共は何れも羽黑へ入峰いたし羽黑へ被二仰付一けるとなん、

一寛政二壬丑年、羽州山形大嶺方山伏行藏院といふもの、同領大濱村羽黑山伏の霞を理不盡に奪取、異論におよびけるに、大嶺方は大勢にて羽黑山伏の袈裟衣を剝取、羽黑方より訴訟におよび、雙方對決の處、行藏院越度に相成、右之袈裟衣早々相返し、向後互に構ひ申間敷よし被二仰渡一

一寛文八戊申年、本山方當山方諍論に付、於二評定所一每度雙方御糺明之上、左之通雙方へ御裁許狀を以被二仰渡一、

條々

一慶長十八年、先御代於二駿府一御批判之節、非法之儀計御停止之處、本山年行事職之事、かすめと申掛、霞棄破之由、從二當山方一奥州白河、駿州松山等へ書狀を以觸遣し候事不屆之至也、熊野之儀は聖護院御門跡代々三山檢校職たるゆへ、本山の支配紛無レ之、幷年行司職霞之事も置き、今無二相違一證文有レ之上は、熊野道者前之本山之山伏可二引導一事、從二聖護院御門跡一於二諸國一從二古來一被レ定二置之一年行事司職は、今以不レ可レ有二相違一、自今已後新規年行司を被二定置一候儀は御停止之事、

附、道者より出レ之最花錢、道者之心次第たるべし、おもく申掛べからざる事、

一同行者本山當山之袈裟筋幷以前持之補任狀相二改之一、近年本山附隨、當山之袈裟筋無レ紛者、其師匠へ可レ返レ之、當山も又可レ爲二同前一、然る上は以二才覺一同行を互に不レ可二奪取一事、

附、祈念之儀は願主のおもひ付次第たるべし、本山當山互に不レ可二防諍一、且亦彼衣綴順禮札之事、其屆次第雙方へ可レ書レ之事、

右條々、今般度々御穿鑿之上所レ被二定置一也、自今以後違背之族於レ有レ之者、糺二科之輕重一、速可レ及二御沙汰一、爲二後鑑一本山當山雙方へ書二出之一、記不レ可レ有二違失一者也、

寛文八戊申年十二月廿六日

御名前略レ之

一寛文十一年南部領本山方之山伏大德院、安樂院一明院三人のもの、本山方には諸國の山伏霞之證文有レ之間、羽黑山伏支配いたすべくよし申掛、異論におよひ、訴訟いたし、羽黑方も被二召出一御尋之處、霞之御證文は本山一派の事にて可レ有二御座一、其子細者東照宮樣以來度々爭論におよび候へども、羽黑山伏格別に被レ爲二立置一候間、前々之通被二仰付一候樣にと申上、先規之通被二仰付一るゝとなり、

一羽州村山郡寒川江總持寺へ同國左澤領志津村不動院外二ヶ院相手取訴訟之節御裁許狀

正福院儀八幡神領五石雖レ領レ之、御朱印別紙に有レ之、元來羽黑山伏にて本山霞下就レ令二居住一、是又本山年行司支配に候、然る上は長學院正福院儀、向後總持寺不レ可レ綺レ之、但八幡社役之事、如二前々一正福院可レ勤レ之、依爲二後證一如レ斯書付下置之間、可レ守二此旨一者也、

貞享元年九月二十七日

御名前略レ之

定

一羽黑山伏於レ住二居本山之霞場一者、可レ受二本山年行司支配一事

一羽黑山伏金襴地結二袈裟一不レ可二着用一、雖レ然於レ受二聖護院御門跡補任狀一、可レ爲二制外一事

附、羽黑山伏自今以後、檀那場不レ可レ稱レ霞事

一羽黑山伏大峯客峰之時、從二本山方一不レ可レ受二補任狀一、又本山之山伏羽黑方客峰之節、從二羽黑方一不レ可レ出二免許狀一事

一羽黑山伏入峰之事、可レ爲レ如レ前、從二本山方一不レ可レ妨レ之事

右之條々可レ相二守此旨一、仍爲二後證一記レ之、雙方へ書置者也、

貞享元子年七月四日　　御名前略レ之

一羽黑執行寶前院より同所衆徒訴論之儀、度々隨レ逐二穿鑿一、不分明儀依レ有レ之、酒井左衞門尉家賴爲二檢使一差遣、令二糺明一之處、羽黑山神領中掠高を指上、寶前院致レ頂二戴御朱印一、其上衆徒之坊舍數ヶ所破壞、坊領押領いたし、伐二採神領之山林一、用二自分之作事一、好二亂舞一不レ似二合出家一事業多レ之、此外從二衆徒方一所持之目安之內、數ヶ條之不屆有レ之、寶前院幷留守居大乘坊甚奸曲奢侈無レ紛相聞、因レ玆兩僧共に被レ所二大島流罪一者也、

寛文八年四月四日

一寛文六年羽州羽黑山天台宗寶前院と湯殿山眞言宗本道寺大日堂注連寺大日坊、湯殿山法流の儀就二異論一度々令二糺明一之處、雙方慥に隨レ無二證文一、眞言之四ヶ寺申所理運相聞候條、近代之通湯殿山法流可レ爲二眞言宗一、爲二後鑑一兩山へ成二下知一者也、仍如レ件、

寛文六年三月二十三日　　御名前略レ之

右出入之節、眞言四ヶ寺申上候は、羽黑山古來は眞言宗に有レ之處、寶前院法を背、一山共爲レ致二改宗一、近來天台宗へ罷成由申上候に付、舊例御尋之砌、羽黑山五重塔本尊御腹籠より天台の證文出し事は、羽黑山之件に委しく揚たれば爰に略す、

申渡之覺

天台　羽黑行人　大勝寺

眞言　湯殿行人　月王院

切火等之企、新法支配相背之由、本山年行事安樂院依レ申レ之、遂二詮議一候處、羽黑湯殿行人者格別に相立候段無レ紛之條、彌任二其山之法式一、如二在來一可レ勤レ之者也、

羽黑山伏へ申渡覺

本山年行事訴訟之儀、遂二糺明一之處、安樂院不屆依レ在レ之、閉門申付候、羽黑山伏之儀、先裁許之通、彌對二本山年行事一不レ可レ致二疎略一、貞享元子年裁許條目之趣堅可レ守レ之、若我儘之働於レ在レ之者、可レ爲二曲事一之旨、可レ得二其意一者也、

申渡之覺

新山社家

齋藤　伊豆
六宮社家
鈴木　伊豫
稲荷社家
三日市淡路
□□社家
市　太　夫

四人之者、爲二山伏筋目一之處、令二違背一之旨、今度本山年行事安樂院隨二訴出一、遂二糺明一之上、四人共に申分相立、社家無レ紛之間、向後從二山伏方一障難在レ之間敷候條、如二在來一神職可二相勤一者也、

申渡之覺

黑森別當
小　五　郎

於二山口江中一我儘相働之旨、今度本山年行事安樂院依二申出一遂二詮議一之處、黑森權現之裁配仕來之趣申分相立候、向後山伏方妨難在レ之間敷候條、如二在來一可二相勤一者也、

元祿元辰年十一月二十七日

元祿二年本山方安樂院、去年中出入落着越度被二仰付一、役儀被二召放一るといへども、猶羽黑山伏共を種種相掠難題申掛るに付、羽黑山別當尊重院より訴訟におよび、次第左にいだす、

一羽黑末派之山伏、往古より以來、終に他山に混同不レ仕、羽黑一派之法式を相守、一千七百餘年于レ今至而無二斷絶一相續仕候處、今度南部之大嶺山伏目安を以公儀へ申上候、大峰山伏を羽黑横取申候抔と虚言を申上候は、却て羽黑山伏を奪取可レ申企と奉レ存候事、

一權現樣台德院樣大猷院樣當上樣迄御四代之間、先規之通、大峰羽黑兩山之山伏各別立來候處、今度新規之御訴訟申上迷惑仕候事、

一彼者共諸國を大峰之霞に申請候證文御座候間、其霞下に罷在る羽黑山伏は、大峰方より支配可レ仕と申上候儀、是又前代未聞之誑惑にて御座候、其仔細は右の證文を以羽黑山伏を大峰方へ隨可レ申儀に御座候はゝ、何迚只今迄一千餘年、諸國の羽黑山伏各別に立來申候哉、不審奉レ存候、古來之證文は唯本山一派之霞之證文、本山派之山伏支配之證文にて、他山之羽黑山伏支配可レ仕證文にては在二御座一

間敷哉と奉レ存候事、
一権現様より御當代迄御四代之内、大峰羽黒兩山之山伏六ヶ鋪事申出、度々公儀へ被ニ召出一候へ共、終に羽黒山伏之支配、大峰方へ被ニ仰付一候儀無ニ御座一候、然者古來にも近來にも、彼霞之證文は唯大峰一派の霞の證文、他山羽黒山伏迄之支配可レ仕證文にては無ニ御座一候、然るに役者共、今度新規之御訴訟迷惑仕候、願は先規之通被ニ成置一被レ下候はゞ、難レ有可レ奉レ存候事、
一大峰羽黒兩山は同修験山には御座候得共、山伏之修法各別に御座候、大峰は金剛界、羽黒は胎藏界之峰にて、峯中の法儀各別に、山伏の行作各々に立來申候、若此度羽黒末派の山伏つぶれ申候はゞ、古來より執行仕來の羽黒の峰は滅亡可レ仕候、仰願は於ニ羽黒山一年々執行仕候天下安全之御祈禱之峰、先規の通無ニ退轉一相續仕候樣被レ爲ニ仰付一被レ下候はゞ、難レ有可レ奉レ存候、以上、

羽黒山別當
寛文十一亥年五月八日　尊重院

一羽州米澤領羽黒派總頭六先達者、古來より羽黒牛玉米澤領内中へ引、毎歲稻初尾取來也、然る處に米澤城下熊野當山派大善院は御領主の祈願所也、右大善院依ニ國法一公儀御觸流等羽黒派へも觸渡す也、大善院權威を以羽黒派を掠取、其上六先達之役料牛玉稻初尾取上げ、其身受納事數十年也、雖レ然御城主の役人ともに大善院同意か、羽黒山伏共可レ渡所なし、然るに元祿年中六先達之內、來甚坊身を捨、國之役所を遁れ出、公儀へ御訴訟申上、仍而大善院被ニ召出一於ニ傳奏一對決數度也、羽黒派利運被ニ仰付一、大善院は於ニ在所一城主より閉門被ニ仰付一、熊野當山役者菩薩院は、江戸十里四方追放被ニ仰付一也、此節此上より願上候に付、佛頂院より被ニ仰渡一、智憲院、照穩、經堂院、精好、於ニ米澤一山伏改、六先達を立、古來之通總頭役申付、其外一鄉に一人宛十二先達合て十八先達、先規之通羽黒派支配申渡、山伏改帳三冊、本社へ一、東叡山へ一、別當へ一冊納置也、
一元祿元戊辰年、於ニ南部領一本山羽黒出入之節被ニ仰渡一、

申渡之覺
一以來以ニ年行事之權威一、羽黒山伏へ種々役目宛ニ課

之、檀那場迄相妨申間敷事
一社家之者迄へ難題申掛、檀那場致ニ押領一企之事
一靈場之所職と羽黑入峰、又は他山參詣之輩迄差障
候事
右之趣依レ爲ニ不屆一閉門申付候、父子共於ニ在所一急
度可レ令ニ逼塞一者也、
元祿元戊辰年十一月二十七日
一永祿十六年秋、米澤領熊野當山派不動院と羽黑派南藏院と火注連出入、不動院依ニ出訴一、南藏院被ニ召出一於ニ寺社奉行所一度々對決、此出入南藏院非分に成候ては、此山末派難儀迷惑之儀故、衆徒カ◎議之上、東叡山へ奉レ窺、花藏院、圓珠院江戶出府、兩僧申立候者、出羽奧州越後信濃佐渡此五ヶ國は羽黑山檀那場にて、羽黑一派之修驗等持來候、古來より地まつり屋神供、四節之守、仁王經湯殿之火注連者、其檀那場持主の修驗等爲ニ家督一混亂なく仕來候、其外之當病枕祈禱護符守當座之諸祈禱者、檀方思寄次第御定目相守來候旨申上候へ共、祈念之儀は願主思寄次第たるべしと、寛文年中被ニ仰付一候御定目に候へば、申分立兼候、翌申年一位樣御隱に付御評定相延候故、十月華藏院、圓珠院歸國、翌酉九月花藏院北之院出府、度々御詮議、南藏院非分に依ニ聞召一、願主院へ願上、從ニ御門主一公儀へ御口上書依ニ御上一、御裁許相延、然る處南藏院病氣に付、翌戌十月歸國之上病死、相手不動院幷檀方今內儀も、於ニ在所一無レ間も病死故無ニ御裁許一云々、

鈴懸衣續編 終

信仰叢書　終

山田安榮
伊藤千可良　校
本居清造

信仰叢書

定価　六、四〇〇円＋税

大正　四　年　八　月二十五日　初版発行
平成十二年　二　月　九　日　復刻版　初　刷発行
平成二十九年十一月　二　十　日　復刻版　第三刷発行

編　者　早川純三郎

発行所　八　幡　書　店
東京都品川区平塚二―一―十六
ＫＫビル五階
電話　〇三（三七八五）〇八八一
振替　〇〇一八〇―一―四七二七六三

ISBN978-4-89350-278-0　C0014　¥6400E